银行资金居间业务培训

立金银行培训中心　著

中国金融出版社

责任编辑：亓　霞
责任校对：孙　蕊
责任印制：张也男

图书在版编目（CIP）数据

银行资金居间业务培训/立金银行培训中心著. —北京：中国金融
出版社，2022. 8
ISBN 978 – 7 – 5220 – 1690 – 0

Ⅰ. ①银… Ⅱ. ①立… Ⅲ. ①商业银行—资金管理—技术培训—
教材 Ⅳ. ①F830. 33

中国版本图书馆 CIP 数据核字（2022）第 121673 号

银行资金居间业务培训
YINHANG ZIJIN JUJIAN YEWU PEIXUN

出版
发行　**中国金融出版社**

社址　北京市丰台区益泽路 2 号
市场开发部　（010）66024766，63805472，63439533（传真）
网 上 书 店　www. cfph. cn
　　　　　　（010）66024766，63372837（传真）
读者服务部　（010）66070833，62568380
邮编　100071
经销　新华书店
印刷　保利达印务有限公司
尺寸　169 毫米 × 239 毫米
印张　12. 75
字数　175 千
版次　2022 年 8 月第 1 版
印次　2022 年 8 月第 1 次印刷
定价　45. 00 元
ISBN 978 – 7 – 5220 – 1690 – 0
如出现印装错误本社负责调换　联系电话（010）63263947

前　言

我一直在思考，银行究竟是靠什么赚钱？未来，拉存款、放贷款等将不再是银行的主流公司业务。

银行可以通过资金居间业务连接资金供给方和资金需求方，赚取更多的服务费用，而且不占用银行风险资产，不消耗宝贵的资本。

未来，资金居间业务一定会成为银行必不可少的主流公司业务。

一、具备"大金融"的概念

银行必须有"大金融"的概念。即使是一家小银行，也要有大思维，要给企业提供整体的资金解决方案。银行要担当企业的财务顾问，形成集银行、信托、保险、证券、租赁、企业投资人等各类服务于一身的大金融生态圈。

除了自己，银行可以依靠的资源包括其他银行、其他金融机构（信托公司、租赁公司、保险公司、理财公司），甚至是风险投资，关键不是拥有多少资源，而是可以控制、影响多少资源。只要客户属于优质企业，只要客户有需求，只要客户能够支付足够的价格，一切都可以商量。

二、具备设计综合金融服务方案的能力

企业需要资金，需要债权融资和股权融资。银行要具备资金总承包商的意识，能够组合导流各类资金，担任客户的投资顾问，帮助客户优化资产结构，压缩非营利和低效资产；拓宽投资渠道，增

加投资产品种类；合理搭配投资期限结构，增强投资灵活性和适应性；控制投资风险，增加投资收益。简言之，银行要具备为客户设计综合金融服务方案的能力。

银行的核心目标就是成人达己，帮助我们的客户成功。

三、投研和资产配置能力是核心竞争力

当前，很多银行以渠道为优势，但渠道仅仅是银行的物理网点和牌照叠加，再加上先发优势的结果，不会构成银行的核心竞争力，也不会构成竞争的护城河。银行的核心竞争力应当是对理财、财富、行业更替、资本市场的深刻认知，以及强大的资产清洗、分类和配置能力。

现代的银行人必须建立超前的金融思维和理念，不断提高自己的能力，挖掘客户的潜在需求，适应客户的需要。

陈立金

目　录

第一篇

基础篇

一、资金居间业务的基本概念

资金居间业务是指银行利用客户资源丰富、资金成本低和外部合作机构众多等优势，为客户提供的财务顾问、委托代理、资金监管、资金代收付等服务。

资金居间业务流程如图 1-1 所示。

```
┌──────────┐        ┌──────────┐        ┌──────────┐
│  资金供给方  │ ⇒  │    银行    │  ⇐ │  资金需求方  │
└──────────┘        └──────────┘        └──────────┘
```

图 1-1　资金居间业务流程

银行要转型，要有更多元化的市场业务，去跟其他金融机构竞争。银行要把自己变成一个数据分析商、资金集成商、居间服务商、资产配置商和财富管理商。

【点评】

银行选择资金居间业务客户的基本要点：不要在乎公司当下的收入和利润，而要看公司所做的事情能给社会带来多大的长期社会价值。能创造价值的公司，早晚会获得收入和利润上的回报。

二、资金居间业务的主体

（一）资金供给方

1. 私募基金（高风险承受者，要求收益极高）。

私募基金是指以非公开方式向特定投资者募集资金并以特定目标为投资对象的证券投资基金。

私募基金往往是股权融资的参与者，股权融资可以降低借款人的资产负债率。

2. 租赁公司。

租赁公司是以出租设备或工具收取租金为业的金融企业。作为非银行金融机构，它以融物的形式起着融资的作用。

租赁，是指在约定的期间内，出租人将资产使用权让与承租人，以获取租金的协议。

在租赁的经济行为中，出租人将自己所拥有的某种物品交与承租人使用，承租人由此获得在一段时期内使用该物品的权利，但物品的所有权仍保留在出租人手中。承租人为其所获得的使用权需向出租人支付一定的费用（租金）。

3. 保理公司。

保理业务是指以债权人转让其应收账款为前提，集银行融资、应收账款催收、管理及坏账担保于一体的综合性金融服务。保理公司主要从事以上保理融资业务。

4. 私人银行高端客户、资金高度富余的高端零售客户和大型企业等（一般风险承受者，要求收益适中）。

这类客户的资金量较大，如企业主、上市公司股东方、天使投资人、民营学校、民营医院等。

5. 信托公司（一般风险承受者，要求收益适中）。

信托公司，在中国是指依照《中华人民共和国公司法》和《信托投资公司管理办法》规定设立的主要经营信托业务的金融机构。信托是以信任委托为基础、以货币资金和实物财产的经营管理为形式，融资和融物相结合的多边信用行为。

6. 取得信贷资金较为容易的垄断型企业客户，如中央企业等（风险承受较低者，要求收益适度即可）。

这类主体具备较强的风险承受能力，希望获取更高的资金收益。这些垄断企业获得资金成本极低，往往将自有流动资金用于投资，通过信贷资金解决自有流动资金缺口，赚取资金点差。

7. 银行间市场资金、理财子公司资金（低风险承受者，要求收益较低）。

在银行间市场，各家银行都在市场内交易，有大量的资金，这些资金寻求合理的投资机会。通常，大银行做资金批发业务，小银行做资金零售业务。

（二）资金需求方

1. 债权融资方（可以承受平均资金成本）。

有大额债权融资需求的借款人，银行对自身提供贷款部分的资金需求必须核定授信额度，并落实相应抵押和担保措施；非银行自身贷款部分，银行仍应对借款人进行合法资格准入和借款资金用途分析。

这类借款人多为大型集团企业，属于资金饥渴型企业，同步需要银行的债权融资和股权融资，对借款的形式并不在意，对成本要求不高。银行应立足于提供财务顾问服务，解决企业的整体资金需要。

（1）开发商。

民营开发商：通常可以承受极高资金成本，能够提供一定的抵押及担保物。

国有开发商：通常由于利润较高，可以承受相对较高的资金成本。

（2）地方政府平台。

经济欠发达地区省级平台公司：通常可以承受极高的资金成本，能够提供一定的抵押及担保物，如果不提供抵押及担保物，承受资金成本会更高。

经济发达地区省级平台公司：通常可以承受一般的资金成本，不提供抵押及担保物。

【点评】

银行依托背后的私募基金、信托公司、租赁公司、风险投资公司等，为客户提供整体融资解决方案。

企业有时候并不在乎资金成本，而且银行导流的资金（如信托公司或租赁公司提供的融资）成本不见得高于银行直接贷款。

就如同我们去饭店直接点菜和经过团购网站两种就餐方式，有时经过团购网站成本更低。银行就像一个团购网站，将各类资金组合起来，以优惠的价格，放在平台上销售给客户。中间商属于渠道类客户。因为银行可以做到批发销售资金，同时省去寻找客户、撰写授信报告等麻烦工作，所以可以给出较低的价格。

2. 股权融资方（可以承受较高资金成本）。

这类资金需求方大多是大型的民营企业、开发商，以及混合所有制改革部分国有企业等。它们存在大额股权融资需求，用来降低资产负债率，获得长期的资金来源，从而帮助企业解决流动性风险问题。

3. 资金委托代收方（承担较低资金代收费用）。

此类资金需求方多为国内的水、电信、教育、医疗、物业等机构，这类机构面向社会大众，往往需要委托银行代收各类费用。银行利用其遍布全国的物理网点，发达的结算网络与互联网进行结合，为客户提供实时、24 小时在线清算服务。

（三）银行

银行作为居间中介机构，居间服务资金供给方和需求方，提供承销、账户及资金清算服务。

银行的主要作用在于收集资产并清理分类，上架后，分门别类地出售给不同偏好的资金方。

【点评】

银行最大的优势是能够提供账户，通过账户来为资金方提供资金的结算及收取服务。

（四）律师事务所、会计师事务所

律师事务所和会计师事务所可以提供居间的法律服务、数据核算服务、报表识别服务等。

图 1 - 2 显示了资产超市对接情况。

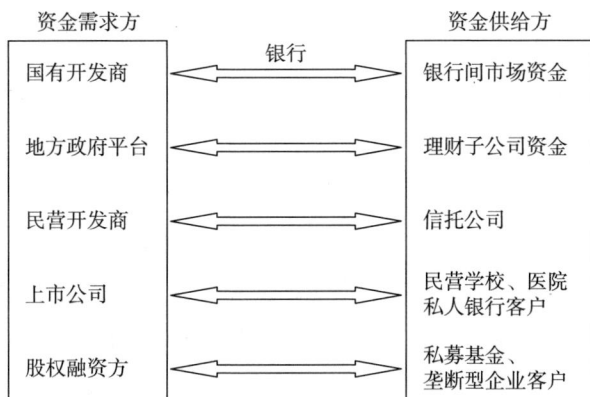

图 1 - 2　资产超市对接图

三、资金居间业务的实质

资金居间业务实际上是银行居间融信，开放式提供银行综合服务的行为。

银行实际上是资金流通的载体和渠道、社会信用的中介、交易资金往来的主渠道。

银行的经营分为三个阶段：融资、融信、融智，如表 1 - 1 和图 1 - 3 所示。

表 1 - 1　　　　　　　　　银行经营的三个阶段

阶段	特点
融资	是最简单的阶段，单纯的吸收存款，发放贷款；银行经营模式单一、风险巨大、成本极高
融信	属于较为高级的阶段，出售自身的信用； 银行可以快速吸收资金，获得较高的杠杆，同时加大了自身的风险
融智	银行融通整个天下的资金，用于天下的企业；只要涉及资金，无论是融资、理财、清算、代收，银行都提供服务，汇通天下； 融入社会，融入整个经济，与社会的经济活动密不可分，银行的经营成本大幅下降

融智

融信

融资

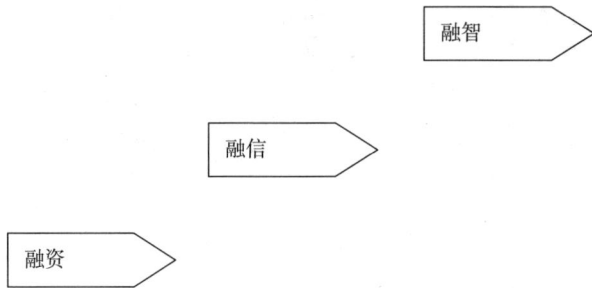

图1-3　银行的"三融"示意图

融资者，赚取辛苦钱，需要吸收存款，发放贷款；融信者，赚取牌照钱，发挥杠杆优势，成人达己；融智者，赚取智慧钱，连接资金双方，融通天下。

四、资金居间业务的方式

（一）发债居间业务（投行类居间）

银行通过为企业发行各类债券募集资金。

小贴士	银行间市场主要的融资工具
债务融资工具（TDFI）	资产支持票据（ABN）
债务融资工具（DFI）	项目收益票据（PRN）
短期融资券（CP）	绿色债务融资工具（GN）
中期票据（MTN）	扶贫票据（PAN）
超短期融资券（SCP）	自贸试验区债务融资工具（F-CP）
定向工具（PPN）	中小企业集合票据（SMECN）

注意：银行操作资金居间业务，虽然不承担风险，但必须对资金供给方做完整的信息披露，只有信息披露充分，才可以做到尽职免责。

（二）委托贷款居间业务

银行办理委托贷款居间业务，必须核实委托人资金来源，核实借款人资金用途。

小贴士	两种常见的委托贷款
关联公司委托贷款	非关联公司委托贷款

注意：在委托贷款居间业务中，银行不撮合，委托方和借款人自行达成委托贷款意向，自行配对，只是选择银行作为业务的资金划转及居间方。

（三）私募基金托管（托管类居间）

银行可以接受私募资金的委托，监管私募基金按照合约使用资金。

注意：银行必须按照监管部门对私募基金托管的具体要求及私募基金协议的约束，严格管理资金，否则会承担连带责任。

（四）保理公司、租赁公司居间业务

银行为保理公司、租赁公司提供开立账户、监控应收账款回款等业务。

（五）代收居间业务（结算类居间）

银行为供水公司、物业、电网公司、电信公司、学校、医院等各类收费性机构，提供高效率的资金代收服务。

五、银行办理资金居间业务的优势

第一，银行的商业信用被资金供求双方广泛认可。买卖双方均认可银行的信用，出于信任关系，银行就非常容易构建资金居间业务。

第二，银行具备良好的风险控制能力。银行经办大量的信贷业务，具备良好的风险控制能力，可以寻找到合格的客户资源，控制法律风险和操作风险。

第三，银行是社会资金流动的主渠道。

银行一向是整个社会资金流动的主渠道，承载资金量较大，可以承担资金居间业务。

第四，银行属于基础企业结算运行平台，所有企业通过银行提供的结算平台进行交易。

小贴士　　　　　　　中国金融结算体系

跨境层：CIPS、SWIFT

清算层：中央银行（中国人民银行）

资金层：银行、信托公司、租赁公司、信贷公司

结算层：银行、第三方支付公司

账户层：银行

【点评】

　　银行实则是"信通天下"，依托自身信用，链接社会各方。

　　当前，企业的主要资金需求由银行信贷资金解决，企业的零星资金需求由资金居间业务解决。

　　未来，我们可以预见，企业的主要资金需求将会由资金居间业务解决，而银行信贷资金将处于从属地位。

六、资金居间业务对银行的价值

　　第一，利用外部资金满足客户的融资需求。银行从事投行业务的真正"硬核"是资源整合的能力，是由"信用中介"向"服务中介"转变的能力，是居间撮合服务的能力。银行资本金增长有限，而客户资金需求增长无限。纯粹依托自身资源发展信贷业务，银行受自身资本金及存贷比限

制，发展空间受到限制。资金居间业务属于银行的中间业务，不占用银行的风险资产和信贷规模，发展前景非常广阔。

第二，监管控制带来优质客户的资金"脱媒"。很多优质客户希望避免单一银行信贷融资依赖，而资金居间业务给客户更多的选择。通过租赁、信托、保理等融资方式，甚至可以美化企业的报表，更加符合企业的要求。

第三，社会高度闲置资金群体和高度需要资金群体信息隔离。整个社会，资金高度闲置的富余型客户和资金高度需要的饥渴型客户同时存在，而这两类客户群体没有沟通的渠道，银行作为居间方，可以居间这两种资金需求。

第四，高端理财私人银行客户资金配置需要。私人银行客户群体受到了各家银行的高度重视。私人银行客户资金量较大，希望获得低风险的资金收益。银行的资金居间业务，为私人银行客户提供了风险兜底承诺，更加符合客户的要求。

第五，可以给银行带来可观的中间业务收入。资金居间业务不占用银行的信贷规模，银行通过资金供应和资金需求之间的价差，可以收取较高的中间业务手续费收入。

第六，增强客户经营能力。资金居间业务可以实现企业客户融资需求与行外资金（各类机构投资者）的高效、精准对接，让项目方、资金方、渠道方形成利益共同体，为企业提供涵盖股权、债权、信贷的全方位综合金融服务，为资金合作机构提供优质便捷的资产供给渠道，深入融合社会经济的方方面面，与社会整个经济紧密互动，增强社会大众对银行的依赖，降低银行单体的获客成本。

七、资金居间业务给银行带来的收益

第一，赚取中间业务收入。银行收取 0.1% ~1% 的手续费收入。银行充分考虑借款人的价格承受能力和资金供应商的要求收益之间的差额，这就是银行的中间业务收入来源。

第二，赚取存款。银行联系交易中买卖双方，找到卖方可以收款的最晚时间，营销买方开出银行承兑汇票支付，营销第三方操作委托贷款，以银行承兑汇票作为质押。银行操作委托贷款时间较长，委托贷款时间长于银行承兑汇票时间，就可以获得可观的存款。

八、银行办理资金居间业务使用的工具

（一）委托贷款

委托贷款作为经典的资金居间业务工具，非常适合企业的需要，属于最经常使用的资金居间业务工具。

【点评】

银行只是提供资金的结算及监管服务，并不负责撮合，并不承担信贷风险。

（二）资产管理计划

信托公司、基金公司、证券公司、保险资产管理公司作为重要的通道资源，非常适合银行居间办理资金居间业务。

保理是一种较为隐蔽的融资方式，银行可以借助保理公司，间接对企业提供融资。

（三）融资租赁业务

融资租赁也是一种较为隐蔽的融资方式，银行可以借助租赁公司实现对借款人的间接融资（见图1-4）。

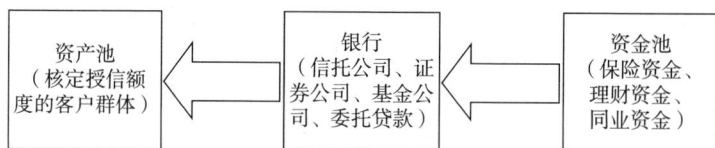

资产池（核定授信额度的客户群体） ← 银行（信托公司、证券公司、基金公司、委托贷款） ← 资金池（保险资金、理财资金、同业资金）

图1-4 融资租赁流程

（四）银行债券账户监管

银行为发行债券的企业提供账户服务，监管合规使用债券资金。

（五）银行资金清算服务

银行利用自己发达的清算网络，为收款企业提供资金清算及缴费服务，便利其收取资金。

（六）资产托管业务

商业银行为投资者提供的新兴资本市场服务，包括资产保管、核算估值、资金清算、跨境清算、公司行动、现金管理等核心服务及绩效评估、投资监督等增值服务。

九、资金居间业务的要求

第一，银行建立强大的资产池客户群体，作为银行的资产储备，随时满足资金需求方的需要。

银行单凭自身信贷规模，很难满足所有客户的信贷要求。资金居间业务可以作为商业银行的备选资金来源，源源不断地给客户融资支持。

第二，银行建立庞大的资金来源型客户群体。银行要有意识建立信托公司、租赁公司、保险公司、保理公司、理财公司等资金来源型客户群体，了解这些机构的风险偏好，为这些客户配置资产。

【点评】

银行必须建立强大的理财客户群体，随时通过理财客户群体筹集资金，满足客户的需要。

十、资金居间业务的客户群体

（一）资金需求型客户

资金需求型客户主要是房地产公司、城投公司、优质民营企业、上市公司、科创企业、互联网公司等客户群体。

这些客户群体迫切需要资金，而并不在乎资金的获得方式，非常方便银行办理资金居间业务。

这类客户需求的资金量多在 1 亿 ~ 3 亿元，而且资金分步到位即可，非常适合办理资金居间业务。

（二）资金供给型客户

资金供给型客户主要是资金密集型的民营企业、事业单位等，如烟草公司、电信公司、学校、医院、民营教育集团、刚完成增发的客户等。这类客户闲置资金较多，对资金收益率要求较高。

十一、资金居间业务的营销建议

1. 银行的资金居间业务必须自然而然地嵌入客户间的商务交易中，让资金供求双方通过资金居间业务各取所需，实现共赢的同时，也不断提高对银行产品的接受程度。

2. 资金居间业务是银行完成中间业务的王牌工具，非常适合银行营销一些价格承担能力较高的客户群体，如开发商、中小民营企业等。

3. 资金居间业务可以和银行承兑汇票、商业承兑汇票等工具进行组合，可以给银行带来非常可观的存款。

【点评】

银行从事居间业务，需要强大的会计、法律、财务、商务谈判等能力，银行经办人员能够跳出单纯的信贷思维，通过搭建结构，为客户设计个性化金融解决方案，融通天下。

十二、资金居间业务的政策依据

(一)《全国法院民商事审判工作会议纪要》(法〔2019〕254 号)

54.【独立担保】从属性是担保的基本属性,但由银行或者非银行金融机构开立的独立保函除外。独立保函纠纷案件依据《最高人民法院关于审理独立保函纠纷案件若干问题的规定》处理。需要进一步明确的是:凡是由银行或者非银行金融机构开立的符合该司法解释第 1 条、第 3 条规定情形的保函,无论是用于国际商事交易还是用于国内商事交易,均不影响保函的效力。银行或者非银行金融机构之外的当事人开立的独立保函,以及当事人有关排除担保从属性的约定,应当认定无效。但是,根据"无效法律行为的转换"原理,在否定其独立担保效力的同时,应当将其认定为从属性担保。此时,如果主合同有效,则担保合同有效,担保人与主债务人承担连带保证责任。主合同无效,则该所谓的独立担保也随之无效,担保人无过错的,不承担责任;担保人有过错的,其承担民事责任的部分,不应超过债务人不能清偿部分的三分之一。

55.【担保责任的范围】担保人承担的担保责任范围不应当大于主债务,是担保从属性的必然要求。当事人约定的担保责任的范围大于主债务的,如针对担保责任约定专门的违约责任、担保责任的数额高于主债务、担保责任约定的利息高于主债务利息、担保责任的履行期先于主债务履行期届满,等等,均应当认定大于主债务部分的约定无效,从而使担保责任缩减至主债务的范围。

56.【混合担保中担保人之间的追偿问题】被担保的债权既有保证又有第三人提供的物的担保的,担保法司法解释第 38 条明确规定,承担了担保责任的担保人可以要求其他担保人清偿其应当分担的份额。但《物权法》第 176 条并未作出类似规定,根据《物权法》第 178 条关于"担保法与本法的规定不一致的,适用本法"的规定,承担了担保责任的担保人向其他担保人追偿的,人民法院不予支持,但担保人在担保合同中约定可以相互追偿的除外。

(二)《商业银行流动性风险管理办法》(中国银监会令 2018 年第 3 号)

第一章总则第三款:

本办法所称流动性风险，是指商业银行无法以合理成本及时获得充足资金，用于偿付到期债务、履行其他支付义务和满足正常业务开展的其他资金需求的风险。

（三）《商业银行委托贷款管理办法》（银监发〔2018〕2 号）

第三条　办法所称委托贷款，是指委托人提供资金，由商业银行（受托人）根据委托人确定的借款人、用途、金额、币种、期限、利率等代为发放、协助监督使用、协助收回的贷款，不包括现金管理项下委托贷款和住房公积金项下委托贷款。

委托人是指提供委托贷款资金的法人、非法人组织、个体工商户和具有完全民事行为能力的自然人。

现金管理项下委托贷款是指商业银行在现金管理服务中，受企业集团客户委托，以委托贷款的形式，为客户提供的企业集团内部独立法人之间的资金归集和划拨业务。

住房公积金项下委托贷款是指商业银行受各地住房公积金管理中心委托，以住房公积金为资金来源，代为发放的个人住房消费贷款和保障性住房建设项目贷款。

第十条　商业银行不得接受委托人下述资金发放委托贷款：

（一）受托管理的他人资金。

（二）银行的授信资金。

（三）具有特定用途的各类专项基金（国务院有关部门另有规定除外）。

（四）其他债务性资金（国务院有关部门另有规定的除外）。

（五）无法证明来源的资金。

企业集团发行债券筹集并用于集团内部的资金，不受本条规定限制。

第二篇

产品篇

产品一　委托贷款业务

【产品定义】

委托贷款业务是指银行接受资金富余企业委托，采取委托贷款方式，将资金提供给借款人的一种资金居间业务。

【业务模式】

委托贷款业务模式如图 2 - 1 所示。

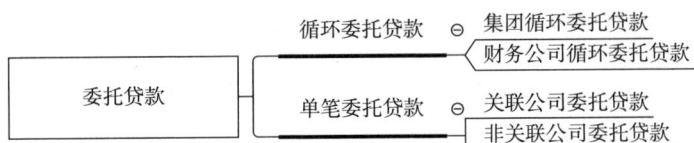

图 2 - 1　委托贷款业务模式

1. 循环委托贷款：委托方与银行设定委托贷款最高委托额度，借款人与银行设定最高借款额度，循环操作。

2. 单笔委托贷款：委托方单笔委托银行，银行单笔操作委托贷款。

【业务结构】

委托贷款业务结构如图 2 - 2 所示。

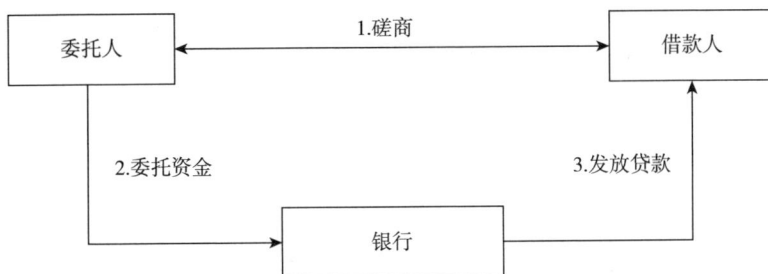

图 2 - 2　委托贷款业务结构

【风险控制】

1. 银行应当进行初步尽职调查，防止借款人为失信企业，防止委托贷款资金被用于高污染、高耗能等行业。

2. 银行必须对委托人进行善意提醒，由其自行承担信贷风险，避免将来银行陷入纠纷的风险。

3. 资金全封闭操作。银行必须控制委托人将资金从委托人账户，封闭划转至借款人账户，同时，适度监控信贷资金的用途，防止资金失控风险。

【适用对象】

1. 资金委托人：

（1）集团母公司：集团母公司往往资金量庞大，而且愿意支持子公司发展。

（2）有大量闲置资金的客户，如学校、医院、大型的家电流通商、石油公司等。

2. 资金借款人：

可以承担较高成本的借款人，如房地产公司、城建公司、中小民营企业等。

【产品优势】

1. 可以给委托人提供较高的收益率，收益率远远高于同期限的定期存款收益率。

2. 可以有效盘活委托人的资产，既可以保证较高的收益率，又为委托人提供了可以使用的授信额度，盘活了被占用的资金资源。

3. 在银行信贷额度紧张的情况下，成功解决授信客户的用款难题，实现了各类资源的整合。

【业务流程】

银行作为受托人，不代为推介委托人、借款人或担保人，不垫支贷款本金、利息、手续费、税金及任何处理受托事务可能产生的费用，不为贷款提供任何形式的担保，不以任何形式直接或间接承担贷款风险。具体业务流程如下：

（1）委托人向银行提出《对公委托贷款业务委托书》；

（2）银行调查委托资金来源、贷款对象、贷款用途、贷款金额、贷款期限、贷款利率等条件，审查受托事项；

（3）委托人与银行签署《对公委托贷款委托代理协议》；

（4）委托人、银行（受托人）、借款人三方签订《对公委托贷款借款合同》；

（5）银行在委托资金到账后，按照委托人出具的《对公委托贷款通知书》要求发放贷款；

（6）银行根据约定可以协助委托人办理有关受托监督事项；

（7）收回的对公委托贷款本息按约定划付委托人专门账户。

【两个类似产品对比】

委托贷款与存单质押贷款的异同点如表 2-1 所示。

表 2-1　　　　　　　　委托贷款与存单质押贷款的异同点

产品	委托贷款	存单质押贷款
异同点	1. 委托方得贷款利息收入	1. 银行获得贷款利息收入
	2. 银行获得委托贷款手续费收入	2. 存单提供方获得存款利息收入
	3. 风险由委托方承担	3. 风险由提供存单方承担

通常，委托贷款是存单质押贷款的"天敌"，属于直接挖其墙脚的产品。

【案例】

ZH 国有资产投资经营公司委托贷款业务

一、企业基本概况

（一）ZH 国有资产投资经营公司

ZH 国有资产投资经营公司是经政府授权对国有资产行使出资权力的国有独资企业，注册资本7.8亿元，近年来形成了以高科技、房地产为支柱产业，资本运营为纽带的战略发展格局，实现了战略性、跨越式的发展，投资涉及高科技、金融、证券、房地产、旅游服务业等领域，资产总额从成立之初的 2560 万元发展到 140 多亿元，已初步具备国有控股公司的经营规模和资本实力。

（二）北京 BH 油业有限公司

北京 BH 油业有限公司是一家现代化有限责任公司，公司占地面积 13000 余平方米，建有现代化硬件操作平台；具有世界先进水平的联体式四位一体生产车间，面积达 6000 平方米，把调和、分装、半成品、成品四个独立模块有机地合为一体；配备有独立动力车间，基础油灌区；建有 2000 平方米职工生活区，在国内同行业居于先进行列。

二、银行授信方案

1. 银行对 ZH 国有资产投资经营公司核定低风险授信额度，协助办理担保和抵押手续。

2. 北京 BH 油业有限公司提供资金，银行与委托方签订《委托贷款委托合同》。

3. 银行与 ZH 国有资产投资经营公司签订《委托贷款贷款合同》。

4. 银行为北京 BH 油业有限公司办理贷款。

产品二　二手房交易资金托管

【产品定义】

二手房交易资金托管是指二手房交易双方当事人为保证房屋交易资金的安全，由买方将房屋交易资金交付给指定的银行托管，待交易双方完成房屋所有权转移登记后，托管银行按照约定向卖方支付房屋交易资金的行为。

二手房交易资金托管需要买卖双方约定将交易资金存入银行指定的账户进行托管。该账户用于二手房买卖双方的交易资金的存储和划转，银行托管存量房交易资金不收手续费。

【业务流程】

二手房交易资金托管流程如图 2-3 所示。

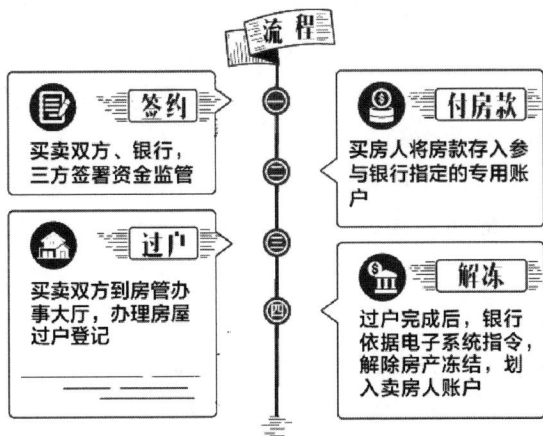

图 2 - 3　二手房交易资金托管流程

1. 签订《资金托管协议》。

买卖双方在签订《房屋买卖契约》后，可自愿到房地产管理部门办理资金托管手续，签订《资金托管协议》。

2. 存入托管资金。

买卖双方签订《资金托管协议》后，买方将托管资金存入指定银行托管账户。

3. 办理产权过户。

房地产管理部门开具《资金托管凭证》后，买卖双方凭《资金托管凭证》、身份证及《过户单》，填写《存量房资金托管支取凭证》，办理托管资金取款及领取《房屋所有权证》手续。

【适用对象】

1. 大型房地产中介公司。房地产中介是为消费市场提供房地产评估、经纪、咨询等服务的机构。

2. 买卖双方。房屋交易的卖方和买方。

【产品优势】

1. 银行优势。

（1）资金托管在银行，交易流程较长，银行会有较大金额的沉淀。

（2）所有银行产品创新都应立足于如何给银行更多地制造存款回报。

2. 企业优势。

（1）避免纠纷，防范风险。资金托管最大好处就是可以避免买卖双方因房屋权属转移或房款交付发生纠纷。房屋登记机构在受理申请资金托管买卖双方的转移申请后，只有买房人将全部房款存入专用账户后才会登记发证，确保卖房人能收到房款；如果房屋不能正常转移到买房人的名下，就会把房款退还给买房人，从而实现钱证两清，保证房屋权属，防范资金风险。

（2）简单方便，缩短时限。资金托管转移登记时，不仅所有的程序保持不变，没有增加任何交易环节，而且在房证办结后，开户银行会及时通知卖房人就近到任何一家储蓄网点取款，非常方便快捷。

【营销建议】

银行应当将本地房地产管理机构作为重点目标客户。

【案例】

A 银行推出二手房资金托管业务

国家试点二手房交易资金托管模式，购房首付款、银行贷款、尾款甚至中介服务费都将通过银行进行托管，以确保整个交易过程的安全性。

A 银行与 LJ 公司（一家大型房产中介公司）联手，推出二手房资金托管业务，通过这项业务，市民可将二手房交易资金托管到 A 银行，待过户手续完成后再到银行网点进行支取，其功能类似于支付宝，方便安全。

二手房资金托管业务完全通过网上办理，市民可在 LJ 公司的门店一站式完成，房屋买卖合同签订后，购房首付款、尾款、中介费等都由 A 银行托管，待房屋过户完成后，卖方就可到 A 银行开卡支取房款了。

产品三 应收账款间接保理业务

【产品定义】

应收账款间接保理业务指债权人将应收账款转让给保理公司，保理公司再将应收账款转让给银行的一种间接融资业务。

银行除采用自有资金承接保理公司转让的应收账款外，还可以采取银行组建理财产品、资管计划等方式，承接保理公司的应收账款。

【风险控制】

银行必须对债权人核定授信额度，在额度内操作该业务。保理公司仅是银行的通道资源。

【适用对象】

1. 各地的城投公司，包括省市级政府融资平台公司。这类平台公司必须预算资金充裕，得到当地政府的强力支持。

2. 各大施工企业。施工企业往往有大额应收账款，可以操作该业务。

3. 各大央企设立的保理公司。这类保理公司往往有着极强的股东背景，但是注册资本较小，需要外部资金来撬动。例如，华电商业保理（天津）有限公司，隶属于实力强大的中国华电集团；英大汇通商业保理有限公司，隶属于实力强大的国家电网公司。

【产品优势】

1. 保理公司可以作为银行重要的通道资源，银行可以通过借助保理公司有效规避直接对城投公司、地产公司提供融资的政策限制。

2. 保理公司本身属于一般企业，会给银行带来可观的一般性存款。

3. 借助保理公司间接地进入以实力强大的垄断企业集团为代表的优质信贷市场，如国家电网、中国华电集团等。

【参考文本】

应收账款转让通知函

（编号：）

_____公司（核心企业）：

我公司将_____公司（债务人）对贵公司（核心企业）的应收账款买入，买入应收账款的金额_____，期限_____。

根据《中华人民共和国合同法》关于债权转让之规定，特通知贵方。请贵方将支付的应收账款支付到如下账户：

账户名称：_____

保理公司：_____

开户银行：_____

银行账号：_____

保理公司应收账款转让通知函（回执）

_____保理公司：

我方已经收到应收账款转让通知函，我公司会按照转让通知函之要求，将应收账款支付到贵公司指定账户。

_____公司（核心企业）

【业务结构】

应收账款间接保理业务结构如图2-4所示。

【业务流程】

1. 理财资金承接保理资产。

第一步：银行为债权人核定授信额度。

第二步：保理公司买入债权人公司应收账款。

第三步：保理公司将应收账款销售给券商或基金公司。

第四步：银行通过理财产品，募集资金。

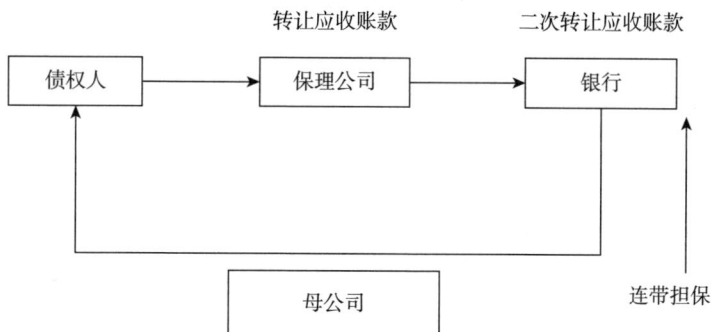

图2-4　应收账款间接保理业务结构

第五步：银行以理财资金买入券商或基金资管计划。

第六步：应收账款到期，归还本息。

2. 银行信贷资金承接保理资产。

第一步：银行为债权人核定授信额度。

第二步：保理公司买入债权人公司应收账款。

第三步：保理公司将应收账款转让给银行。

【各方利益】

1. 债权人：获得融资，资金用途不受任何限制。

2. 保理公司：通过利差获得一定收益。

3. 银行：拓宽中间业务的收入渠道，增加银行中间业务收入，银行沉淀包括理财业务安排费、理财产品管理费、销售手续费及托管费用等。

【案例】

TN 市政建设发展有限公司应收账款间接保理业务

一、企业基本概况

TN 市政建设发展有限公司注册资金 7000 万元，是 TN 市最早从事城市市政工程的建设单位，在 TN 市基建系统有较高的知名度和良好的声誉。公司主营业务范围包括对城市基础设施项目、环保项目、房地产开发项目投资及管理；城市建设咨询；市政道路、桥梁、排水、铁道、污水处理场及其他土木建筑工程项目开发建设管理；新型建筑材料研究及开发。

　　TN 萤石保理有限公司注册资本 1 亿元人民币，是国内注册资本最大商业保理公司之一。在业务拓展方面，公司在医疗领域已经摸索出了一套较为成熟的全供应链流动资金解决方案，保理产品在企业资金需求与账款管理方面所凸显出的灵活性及实用性得到了企业的认可。

　　二、银行授信方案

　　A 银行对 TN 市政建设发展有限公司核定授信额度，金额 2 亿元人民币，银行以 TN 萤石保理有限公司作为过桥。

　　A 银行对 TN 萤石保理有限公司发放贷款 2 亿元人民币，由 TN 萤石保理有限公司定向买入 TN 市政建设发展有限公司对 TN 市财政局的应收账款。然后，由 A 银行买入 TN 萤石保理有限公司的应收账款保理款项。

产品四　租赁公司保理融资

【产品定义】

　　租赁公司保理融资是指租赁公司办理售后回租业务，由银行将租赁公司持有的应收租赁款买入，为客户解决流动资金需要的一种资金居间业务。

【适用对象】

　　1. 特定垄断型央企、国企背景集团旗下租赁公司。例如，中国石油天然气集团投资设立的昆仑金融租赁有限责任公司、中国铁路投资有限公司独资设立的国铁融资租赁有限公司。

　　2. 报表内有大量固定资产的借款人（重资产型客户），这类客户需要中长期资金，银行借助租赁公司为客户提供融资。

【业务结构】

　　租赁公司保理融资业务结构如图 2－5 所示。

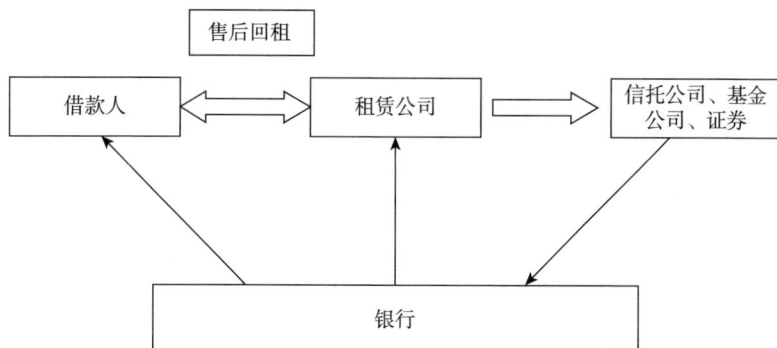

图 2-5 租赁公司保理融资业务结构

【业务流程】

1. 银行为借款人核定长期贷款融资授信额度。

2. 银行安排租赁公司买入借款人固定资产，并办理回租手续，资金进入借款人账户。

3. 银行从租赁公司买入应收租赁款。

4. 银行将应收租赁款证券化，出让给信托公司、证券公司等。

【产品优势】

1. 银行优势：

（1）可以给客户解决长期流动资金，满足重资产型客户的融资需要。银行借助租赁公司间接进入优质集团客户的信贷市场。

（2）可以通过灵活资管计划、信托计划等方式，将这类信贷资金需求表外化，最大限度地节省银行的风险资产。

（3）可以避免最终借款人异地开户等困难。

2. 企业优势：

（1）资金融通表外化，并不反映在资产负债表短期借款和长期借款科目，可以有效美化企业财务报表。

（2）采取租赁方式间接获得融资，用途灵活。

【风险控制】

1. 银行应当对最后承租人核定授信额度，落实抵押担保。

2. 抵押担保应当设置给租赁公司，因为承租人与租赁公司签订《售后回租合同》。

3. 对于特大型的国企，央企集团可以要求母公司提供增信担保措施，降低对这些租赁公司信贷风险。

【案例】

XJ 铁道集团借助租赁公司融资业务

一、企业基本概况

XJ 铁道集团，注册资金 10 亿元，经政府授权负责 XJ 轨道交通的建设、运营、管理和融资。公司计划近期建设完成 1 号线二期工程、2 号线一期工程和 4 号线一期工程，总投资约 273 亿元，形成总长约 70 千米轨道交通线网。该线网规划已获得国家发展改革委的审批立项，3 条线路正在建设过程中。远期将建设轨道交通 2 号线二期、3 号线、4 号线二期、5 号线、6 号线、7 号线工程。220 千米轨道交通线网建成后将全面连接 XJ 三镇，以轨道交通为主体，其他交通方式为补充的城市公共交通体系将确立。

GY 金融租赁有限公司（以下简称 GY 公司）是国务院确定试点并首家获中国银监会批准开业，注册资本 80 亿元人民币。GY 公司坚持"专业化、市场化、国际化"发展战略，定位为大型、专业化的飞机、船舶和设备租赁公司。GY 公司境内外总资产逾 1500 亿元人民币，累计实现净利润逾 45 亿元。

二、银行授信方案

XJ 铁道集团与 GY 公司签订融资协议，将轻轨部分设备和车辆资产出让，融资 20 亿元。这是我国轨道交通建设中，首次使用金融租赁的方式融资。在租赁期内，租赁公司享有租赁物的名义所有权；而 XJ 铁道集团则享有资产的占有权、使用权和控制权。

XJ 市将轨道交通 1 号线部分设备和车辆资产出让给 A 银行，3 年内根据工程建设需要提款 20 亿元，然后再向 GY 公司租赁以上资产，付清全部租金并支付资产残余价值后，重新取得所有权。

产品五　预售资金监管

【产品定义】

预售资金监管是指由房地产行政主管部门会同银行对商品房预售资金实施第三方监管，房地产开发商须将预售资金存入银行专用监管账户，只能用作本项目建设，不得随意支取、使用。

商品房预售资金是开发商将正在建设中的商品房出售给购房人，购房人按照商品房买卖合同约定支付给开发商的购房款（包括定金、首付款、后续付款、按揭付款）。

【产品优势】

1. 客户优势：防止资金被挪作他用从而造成烂尾楼；一些开发商可能会因为资金链紧张而快速推盘或促销，尽快回笼资金。

2. 银行优势：可以获得大额、稳定的预售资金存款。

【政策依据】

《中华人民共和国城市房地产管理法》《城市商品房预售管理办法》。

【业务结构】

预售资金监管业务结构如图2-6所示。

【适用对象】

一些优质的房地产开发商。银行可以为开发商提供预售资金监管业务，赚取可观的中间业务收入。

【业务流程】

1. 资金账户开立。

在办理商品房预售许可证前，开发商要选择一家商业银行作为预售资金监管银行，开立预售资金监管专用账户，原则上一个预售许可证对应一个资金账户，账户不得支取现金。

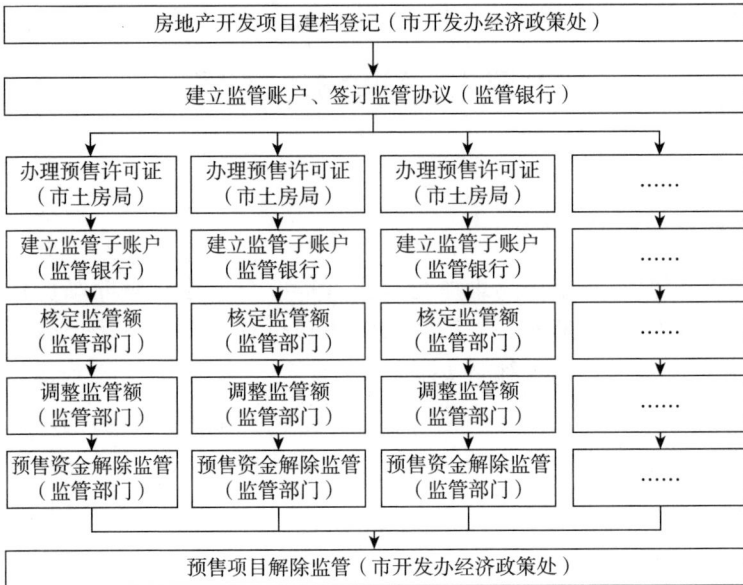

图 2-6　预售资金监管业务结构

为便于房地产开发商融资，对开发贷款和按揭贷款不在一个银行机构办理的，开发商可在不同银行申请开立监管账户，监管账户最多不超过两个。

2. 办理流程。

（1）开发商向房地产市场监管部门提出账户开立申请—提交资料—受理审核—房地产市场监管部门向监管银行出具开户通知书—开立监管账户—监管银行反馈监管账户确认书。

（2）提交的资料：

①预售资金监管账户开立申请表；

②监管账户说明（与上次开立监管账户一致时需提供）；

③房地产开发企业营业执照及资质证书；

④房地产开发企业委托书及房地产开发企业经办人身份证明；

⑤监管银行营业执照、介绍信及银行工作人员身份证明；

⑥《建设工程规划许可证》；

⑦项目总平面图；

⑧资金使用计划表；

⑨配套相关合同；

⑩监管银行反馈账户确认书；

⑪主体已封顶项目需提供工程形象进度证明（监理单位出具）及现场照片；

⑫装配式项目需提供装配式施工证明文件（建设主管部门出具）。

3. 签订监管协议。

开立预售资金监管账户后，开发企业、监管银行、监管单位（住建局）三方应及时签订《商品房预售资金监管协议》，该协议是申请办理商品房预售许可证的前置要件之一。

（1）办理流程：开发企业到市住建局领取《商品房预售资金监管协议》—提交资料—受理审核—签订监管协议。

（2）提交的资料：

①《商品房预售资金监管协议》。

②监管资金的申请和拨付。

③正常开发项目按预售申报价格总额15%比例确定预售资金重点监管额度；装配式施工方式建造项目按预售申报价格总额6%比例确定预售资金重点监管额度；申报预售时主体已封顶项目按预售申报价格总额6%比例确定预售资金重点监管额度。

（3）使用节点：监管账户内预售资金已归集到重点监管额度后，可以直接申请拨付使用非重点监管资金。监管账户内的预售资金已归集到重点监管额度并完成五方验收（建造、规划、勘测、监理、施工）后，可申请拨付监管账户内重点监管资金的50%，剩余50%需一直留存在监管账户，直至该项目解除预售资金监管。

具体办理流程：开发企业向房地产市场监管部门提出资金使用申请—提交资料—受理审核—查看施工现场—房地产市场监管部门向监管银行出具拨付通知书—银行拨付资金。

【案例】

某市商品房预售资金监管

一、背景

某市规定：批准预售的商品房建设项目，应当全部纳入预售资金监管对象范围。房地产开发企业应在项目所在地银行机构申请开立商品房预售资金专用存款账户，一个预售项目只能开立一个资金账户。

房地产开发企业申请办理商品房预售许可时，应提供商品房预售资金监管协议书、监管项目的工程形象进度表和各阶段资金使用计划。

房地产开发企业应当在开盘现场和售楼处，公开商品房预售资金监管银行和资金账户账号，供购房人或贷款银行将购房款（包括首付款、分期付款、一次性付款和银行按揭贷款、住房公积金贷款等）直接存入资金账户。

二、银行金融方案

银行提供金融方案：房地产开发商应在每月 15 日前，向住建局报送建设工程完成的形象进度以及监管银行出具的预售资金收缴、支出情况对账单，并附送明细表。

房地产开发商应当自商品房买卖合同签订之日起 30 日内，申请商品房买卖合同登记备案，备案时应当提供监管银行出具的购房款已存入资金账户的证明。

【点评】

房地产开发商的预售资金金额大、存期长，且使用较为频繁复杂，一直是银行吸收存款的主要对象之一。要非常关注这款产品，选择优质的开发商，如保利、华润、万科等积极开展合作。

【参考文本】

商品房预售资金监管协议

（示范文本）

甲方：　　　　　　　　　　　（金融机构）

乙方：　　　　　　　　　　　（开发商）

为加强商品房预售资金监督管理，根据《中华人民共和国合同法》《中华人民共和国城市房地产管理法》《城市商品房预售管理办法》及其他有关法律法规之规定，经甲、乙双方充分协商，在平等、自愿的基础上，就乙方开发建设的商品房项目的预售资金监管事宜取得一致意见，特订立本监管协议。

一、本协议确定的监管范围为：　　　　　（开发项目名称）　　　　号楼（楼栋施工编号），建筑面积：　　　　平方米，工程预算总额：　　　万元。

二、本协议确定的预售资金监管银行为　　　　　，监管账户名称为　　　　　　，账号为　　　　　　。

三、乙方承诺将监管范围内的商品房预售资金存入本协议确定的银行监管账户。

四、乙方承诺将监管范围内的商品房预售资金用于本开发项目工程建设有关的款项支用。具体包括：土地款、报建费用、工程款、设备款、材料款、项目贷款及利息、各项税费等与本项目工程建设有关的支出。

五、乙方承诺及时提供甲方所需的相关资料，并对所提供资料的真实性、合法性负责。

六、甲方负责对监管账户内商品房预售资金的使用情况进行监督管理。若乙方在使用预售资金的过程中，存在没有将预售资金用于本开发项目工程建设有关支出的情形，甲方应将有关情况及时书面告知本项目所对应的商品房预售管理部门。

七、甲方应本着积极为客户服务的原则，对乙方提出的用款申请及时受理。甲方对不同意支用的款项，应向乙方出具注明拒付理由的书面通知。

八、违约责任。

1. 乙方若未按本协议第三、四、五条的规定履行义务，应承担以下违约责任：

2. 甲方若未按本协议第七条的规定履行义务，应承担以下违约责任：

九、争议解决方式。

本协议在履行过程中发生争议的，由双方当事人协商解决。协商不成的，按照下列第　　　项处理：

（一）向有管辖权的人民法院起诉。

（二）向　　　仲裁委员会申请仲裁。

十、协议的终止。

本协议监管范围内的房屋应全部具备交付条件后（由乙方提供《常州市商品房交付使用备案通知书》），经协议双方一致同意，监管账户内的商品房预售资金方可解除监管，同时本协议终止。

经双方一致同意，本协议在履行期满前确需提前终止的，乙方应在签订新的商品房预售资金监管协议、完成监管资金交割后，本协议方可终止履行。

十一、其他约定的事项。

1.

2.

3.

十二、本协议共计　　页，一式两份，甲、乙双方各执一份。

十三、本协议自双方签字盖章之日起生效。

甲方（公章）：　　　　　　　乙方（公章）：

负责人（签名）：　　　　　　负责人（签名）：

联系人：　　　　　　　　　　联系人：

电　话：　　　　　　　　　　电　话：

　　　　　　　　　　　　　年　月　日

项目工程建设费用支出表

序号： （单位：万元）

开发企业名称			
预售项目名称		预售证号	
预售管理部门			
预售资金监管银行		预售资金账户	
工程概预算总金额	万元		
完成工作量		支付金额	
本月完成		至本月底累计完成	
本月支付		至本月底累计支付	
开发 企业 签章	法定代表人： 经办人： 年 月 日		
预售管 理人意 见及签章	法定代表人： 经办人： 年 月 日		
监管 银行 意见 及签章	法定代表人： 经办人： 年 月 日		

项目工程建设投资费用总计划表

开发企业名称			
预售项目名称		预售证号	
预售管理部门			
预售资金监管银行		预售资金账户	
工程概预算总金额	万元	概预算依据	
工程概预算明细表（单位：万元）			
1. 基础			
2. 主体			
3. 装饰			
4. 其他			
开发 企业 签章	法定代表人：　　　　经办人：　　　　年　月　日		
预售管 理人意 见及签章	法定代表人：　　　　经办人：　　　　年　月　日		
监管 银行 意见 及签章	法定代表人：　　　　经办人：　　　　年　月　日		

产品六 投行代理同业投资业务

【产品定义】

银行投行代理同业投资业务是指银行作为投行顾问，受理承接投行同业机构向银行推荐的融资客户、融资项目或融资工具，以及由投行同业自身持有或代理投资形成的存量资产，并通过对接银行理财资金或代销资金等方式，满足同业机构或其服务客户融资需求的业务。

【产品特点】

1. 项目优化与推荐、产品设计与优化、协助同业或其客户完成融资。

2. 资金来源为银行发行理财产品募集的理财资金或代理代销资管计划所募集的资金（理财资金）。

【适用对象】

希望与银行在投行业务领域开展合作的各类投行同业机构及其服务的融资客户，包括信托公司、租赁公司、保理公司、财务公司等信贷类客户。

【费税标准】

双方协商后，签订相关顾问服务协议，按0.1%~1%的收费标准收取相应的顾问费。

【案例】

ZMT 健康产业融资租赁公司首笔理财投资租赁受益权业务

一、企业基本概况

ZMT 健康产业融资租赁有限公司注册资本30亿元人民币。公司致力于聚集全球医疗资源，深耕健康产业融资市场、健康产业投资市场和健康设备租赁市场，全面服务中国健康行业、助推产业转型升级，打造产融结合的大健康产业生态圈。

二、银行授信方案

本次业务为 ZMT 健康产业融资租赁有限公司与 A 银行合作开展，融资规模达到 3.3 亿元，期限为 5 年。

此次理财投资租赁受益权业务有以下三点创新：

1. 首次以银行业信贷资产登记流转中心为交易平台挂牌转让；

2. 对其底层租赁资产的"穿透式"审批；

3. 银行理财资金受让租赁受益权。

此笔业务符合支持实体经济方向，盘活租赁公司存量租赁资产，创新业务融资模式，并打破了传统授信对担保的硬性要求。

对于银行来说，作为表外资产进行管理，不占用商业银行的信贷规模，在当前流动性紧张的情况下，可有效缓解银行表内信贷额度不足的难题，找到支持实体经济的新渠道。

对于租赁公司而言，其资金来源渠道无外乎银行授信、公开发行 ABS、保理及对接银行、保险等理财资金。金融租赁公司的融资 90% 以上主要依托于银行的授信，融资租赁公司由于不具备银行系股东背景，其融资更多的依赖 ABS 等直接融资方式。

产品七　投行集成业务

【产品定义】

投行集成业务中，银行致力于成为客户的投行业务集成服务商和业务主办行，以总协调人和总牵头人身份，整合行内外投行业务资源，牵头落实、逐项分包，为企业提供综合性、全方位、多层次、持续性投行业务服务，满足企业不同阶段或特定项目全面投行业务需求。

银行可以集成外部资源包括：

（1）证券公司：提供发债承销服务。

（2）保险公司：提供保险资金投资服务，资金量大，期限长，要求风险低。

（3）基金公司：提供股权投资服务，降低企业资产负债率。

（4）信托公司：提供信托融资服务。

（5）租赁公司：提供租赁融资服务，降低企业资产负债率。

（6）会计师事务所：提供账务核算服务。

（7）律师事务所：提供法律服务。

【业务结构】

投行集成业务结构如图 2-7 所示。

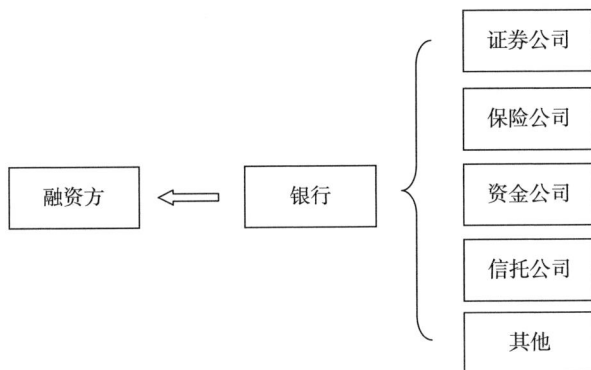

图 2-7　投行集成业务结构

【适用对象】

投行服务需求种类多、结构复杂及投融资金额较大的客户，或者希望寻求银行长期提供综合性投行顾问服务的客户。

【服务内容】

包括但不限于投资顾问、股权融资顾问、债务融资顾问、资产管理顾问、上市顾问、法律与财务顾问、重组并购顾问、财务重整顾问及其他创新服务等。

【费税标准】

双方协商后，签订投行集成服务协议，按 0.5%~1% 的收费标准收取相应的集成服务顾问费。

【产品优势】

1. 银行优势：

（1）银行依托自身的品牌影响力和市场号召力，先行承揽客户全面投行业务需求，再逐项分包，在降低客户综合服务搜寻成本的同时，可显著提高客户服务体验。

（2）银行根据需要集合行内外产品或金融同业等合作方及中介机构，协同为客户提供一揽子投行服务。

（3）银行通过组合整个金融机构的服务，可以获得较高的财务顾问费用。

2. 企业优势：满足企业金额大、期限长、结构复杂项目的金融需求，如电力项目、石油项目、高速公路项目等。

【案例】

DY 集团投行集成融资业务

一、企业基本概况

DY 集团是一家拟上市的成长型民营企业，位列全国房地产企业 100 强，是国家城市综合开发一级资质的房地产股份制企业。集团擅长在城市优质地段打造中高端商住项目，快速积累当地人气与品牌影响力，通过高品质房源溢价效应和土地增值，享受相对较高的资本收益，近年来发展较快。由于项目业态搭配合理，集团所开发物业中的办公、商业部分带来的现金流很好地支持了集团继续发展。

二、银行授信方案

1. 专业顾问服务。银行为 DY 集团提供的企业发展战略顾问服务、项目融资顾问服务、财务顾问服务等为企业切实带来显著经济效益，真正助力企业快速发展，获得企业高度赞誉。

2. 封闭客户式授信。银行对 DY 集团授信总额 24.75 亿元，委托贷款 10 亿元，银行的授信额度占据 DY 集团所有银行授信额度的 90% 左右，双方合作从南京核心地段新街口的"金城"项目 14 亿元贷款开始，到南京、上海、南昌等城市几乎全部优质项目的融资，实现从"做项目"到"做客户"的飞跃。

3. 组建合伙基金。银行组织 DY 集团有限公司等共五家公司共同成立 TH 投资合伙企业（有限合伙），DY 集团参与 20%。该基金主要以委托贷款形式对外投资，使五家企业获取投资收益。银行已为该基金促成 6 笔共 1.69 亿元对外投资。银行在营销过程中提供了包括结构设计、投资顾问、监管方案在内的一揽子解决方案。

4. 现金管理。DY 集团子公司已在银行开立预售资金监管账户，实现年均存款约 5300 万元，有效带动了银行负债业务增长，同时对控制项目风险有积极作用。

【点评】

投行集成服务类似携程等综合旅游平台（提供代为预订机票、酒店、门票、租车等一条龙旅行服务），通过提供综合金融服务，极大提升客户的满意度，提高银行的盈利水平，同时实现从经营产品到经营客户的高质量转变。

产品八　财务重组顾问

【产品定义】

财务重组顾问业务是指针对具有财务完善意愿或陷入财务困境的企业，银行受托对企业开展充分的尽职调查和偿债能力分析，为企业量身定制财务结构设计方案和偿债方案建议，并协助企业执行前述方案，完成包括重组谈判、战略投资者遴选和财务重组协议签订等工作，以优化企业财务结构、合理提升债务受偿率，进而恢复企业经营能力的财务顾问业务。

【业务图形】

低风险客户
（银行提供流动资金贷款）

高风险客户
（银行提供投行顾问业务）

【适用对象】

具有财务完善意愿或陷入财务困境的企业、企业债权人（含债权人委员会）、政府机构或破产重整管理人等。

【风险控制】

1. 银行必须认真选择陷入困境的企业，只有那些具备极高的基本资产、较强的股东背景或具备专有技术的陷入困境的企业，在未来有重组成功、再次上市的可能，才值得投入。

例如：知名品牌的白酒企业，在北京、上海核心区域有项目的房地产开发商等。

2. 一些陷入临时经营困难的大型国有企业，地方政府出面，由银行进行资产重组，帮助企业走出困境，风险相对较小。

【产品优势】

银行可以获得可观的重组财务顾问收入。

【费税标准】

双方协商后，签订财务顾问协议，按约定的收费标准收取相应的财务顾问费，并执行国家金融行业增值税政策。

【案例】

中国 EZ 机械集团财务重组顾问业务

一、企业基本概况

中国 EZ 机械集团公司（以下简称中国 EZ）投入巨资加大配套项目和

相关设备生产能力建设，企业负债率迅速上升。然而项目还未完成，就遇到了下游市场断崖式下跌。中国 EZ 每年债务达到 100 亿元左右，但是每年营业收入不足 50 亿元，企业不堪重负，已经资不抵债。金融负债约 140 亿元，其中，16 家主要银行的债务达到 121 亿元，占比 87%，拖欠利息约 7 亿元。如果各家银行不组织成立债权人委员会，进行金融债务重组，企业资产就会被查封，企业账户就会被冻结，企业经营难以为继，银行贷款也会发生实质性损失。

二、银行金融方案

16 家债权银行成立中国 EZ 债权人委员会，A 银行作为牵头银行。

债委会牵头行 A 银行说服各家债权银行达成一致，形成合力，统一不抽贷、压贷、不采取法律措施。通过债务重组，中国 EZ 每年可减少利息支出 6 亿元，资产负债率大幅下降，企业卸下了沉重的债务负担。

中国 EZ 营业收入达到 56 亿元，利润 2.4 亿元，财务费用和管理费用也出现大幅下降。

【点评】

通过财务重组顾问业务，银行清楚地认识到，即便陷入困境的客户，也不是没有任何产品可以为他服务。对于传统优质的客户，银行可以通过流动资金贷款的方式帮助客户解决生产资金的需要；而对于陷入困境的客户，银行可以提供破产重组顾问等投行类的产品继续服务，这个客户仍然有合作的价值，仍然可以给银行创造收益。在发达资本市场中，早有一类独特的投资机构——"秃鹫基金或秃鹫投资者"专注以低价投资存在经营困难、违约债券等不良债权的企业，并通过独特的运作最终套现离场。

产品九　风险资产投融资顾问

【产品定义】

风险资产投融资顾问业务，是指银行作为财务顾问运用投行技术手段，发起或参与各类金融投资工具，为银行风险客户及其整合意向方提供投融资顾问服务的投行顾问业务。

【适用对象】

金融机构潜在风险客户、逾期欠息客户、不良资产客户、受托资产客户及存在风险的代理投资客户。

这类客户必须有特定的有价值资产，如上市公司壳资源、高价值的土地资源等。

【产品优势】

可以给银行贡献非常可观的财务顾问收入。

【费税标准】

双方协商后，签订财务顾问协议，按 0.5% ~ 2% 收费标准收取相应的财务顾问费，并执行国家金融行业增值税政策。

【案例】

北京 XY 置地房地产开发有限公司风险资产投融资顾问业务

一、企业基本概况

北京 XY 置地房地产开发有限公司，公司经营范围包括房地产开发；销售自行开发的商品房、物业管理等。在地产板块，公司坚持稳中求进的发展理念，坚持对产品品质一以贯之的追求，为首都打造出多个高端精品住宅、写字楼项目，为中国地产开发行业的进步注入了强大的推动力。公司在北京朝阳区某黄金区域有一个30万平方米的地块，性质为居住用地，价值极高。

二、银行授信方案

1. 银行核定：开发商将项目公司（朝阳区某黄金区域30万平方米地块）股权质押给银行，土地使用权抵押。

2. 股东放弃优先购买权承诺。

3. 某知名大型房地产公司（某房地产公司）出具购买承诺。

4. 银行对开发商发放贷款2亿元，期限24个月。

产品十 并购贷款

【产品定义】

并购贷款是指为满足并购方或其专门子公司在并购交易中用于支付并购交易价款的需要，以并购后企业产生现金流、并购方综合收益或其他合法收入为还款来源而发放的贷款。

【产品类型】

1. 有追索权并购贷款。

有追索权并购贷款如图2-8所示。

图2-8 有追索权并购贷款示意

【点评】

银行直接向并购公司发放并购贷款。由于并购公司本身有着较强的主业，这类并购贷款属于有追索权贷款，即使并购失败，由于并购公司的其他资产优良，银行仍可以对并购公司进行追偿，以其他优质资产作为还款来源。这类并购贷款的风险较小。

2. 无追索权并购贷款。

无追索权并购贷款如图2-9所示。

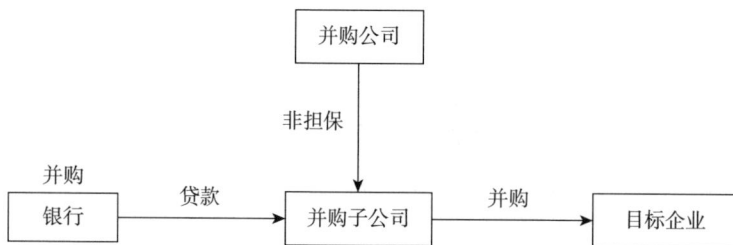

图2-9　无追索权并购贷款示意

【点评】

并购人设立专门的子公司，并以子公司作为借款人，同时，并购公司对子公司的并购贷款并不承担担保责任。这类贷款属于无追索权贷款，风险相对较大。

两类并购贷款的异同点如表2-2所示。

表 2－2 两类并购贷款的异同点

产品类型	有追索权并购贷款	无追索权并购贷款
异同点	总公司直接作为借款人	子公司作为借款人
	实力偏弱的上市公司、民营企业	总公司实力极强，子公司同样实力不凡，信誉极佳
	区域房地产龙头企业等	宝钢、万科等区域子公司，直接作为并购贷款借款人

【适用对象】

1. 申请并购贷款的并购方应在银行开立基本存款账户或一般存款账户，依法合规经营，信用状况良好，没有信贷违约、逃废银行债务等不良记录。

2. 信用等级符合银行并购贷款准入要求。

3. 符合国家产业政策和银行行业信贷政策，与目标企业之间具有较高的产业相关度或战略相关性。

4. 并购交易依法合规。

【收费标准】

1. 双方协商后，签订收购兼并财务顾问协议，按约定的收费标准收取相应的财务顾问费。

2. 银行提供并购贷款，可以收取可观的并购贷款利息，通常高于普通银行贷款利息。

【案例】

上海 YJ 扑克有限公司并购贷款

一、企业基本概况

上海 YJ 扑克有限公司，经过十五年的发展，拥有现代化的扑克牌生产基地，扑克牌年产量高达 8 亿副。公司以自有资金 66812.50 万元收购上海 CX 信息科技有限公司 53.45% 股权。

二、银行授信方案

A 银行提供人民币 13000 万元的并购贷款，贷款期限不超过 3 年，用于支付收购 CX 信息科技有限公司 53.45% 股权的转让款。

银行根据风控要求，要求 YJ 扑克有限公司对本笔贷款提供如下担保：

1. 将上海 CX 信息科技有限公司的 53.45% 股权作为质押；

2. 公司法人代表承担个人无限责任担保；

3. 公司法人代表家族成员自有 3 套房产作为抵押。

YJ 扑克有限公司持有的上海 CX 信息科技有限公司 53.45% 股权质押担保，担保金额不超过人民币 1.3 亿元，担保期限 3 年，另行签订担保合同，权利和义务以担保合同约定为准。

【点评】

银行要识别真并购和假并购。真并购，准备被并购的对象经营效益极佳，而且与并购对象有较好的协同，一般属于优质并购；假并购，并购对象的大股东多是出于掏空上市公司、将自己的资产以高价进行变现的目的，这类并购蕴含着巨大的风险。银行人必须有识别能力，并购贷款的安全性更多是由基础交易的动机决定的，而不是取决于并购贷款获得的抵押和担保是否足值。

产品十一　并购融资顾问

【产品定义】

并购融资顾问业务是指在企业并购融资过程中，银行灵活运用金融知识、金融工具、金融渠道等，为企业设计融资方案、分析融资风险、评价还款能力，并协助安排并购资金的顾问类业务。

【适用对象】

1. 具有并购融资需求的企业实体或专业投资机构。

2. 在房地产行业中，意欲采取并购地方中小开发商股权方式获得优质土地资源的品牌开发商，如保利、华润置地、中粮地产等。

【业务流程】

以大开发商并购中小开发商股权为例：

（1）大开发商向银行提出并购标的基础要求。

（2）银行整理已经对中小开发商贷款等项目资源。

（3）银行将中小开发商土地储备等资源交付给大开发商，供大开发商评估。

（4）银行对大开发商提供并购贷款，采取受托支付的方式直接支付给中小开发商。

（5）银行协助大开发商办理股权变更等相关事宜。

（6）银行获取融资顾问及财务顾问的相关费用。

【收费标准】

双方协商后，签订收购兼并财务顾问协议，按 1% ~ 3% 收费标准收取相应的财务顾问费。

【案例】

大连 DL 有限公司并购融资顾问

一、企业基本概况

大连 DL 有限公司为一家百年老字号金店，经营历史很长，年销售 13 亿元，净利润约 8000 万元，在东北地区市场处于领先地位，经营业绩稳定。

大连 DL 有限公司需要完成一个并购项目向银行申请并购贷款。被并购项目的估值、股权安全过户都需要银行加以考量。

二、银行授信方案

银行提供并购贷款 10000 万元，为并购总额的 50%，同时要求大连

DL 有限公司实际控制人提供个人担保。

大连 DL 有限公司实际控制人对并购贷款出具担保承诺函，承诺函以承贷主体违约作为触发条款，经银行法律合规部审核，承诺函构成事实担保责任。

银行明确，并购贷款资金受托支付给被并购对象股东，保证贷款资金不被挪用。

产品十二　联合并购

【产品定义】

联合并购业务是在重组并购业务中利用投资银行服务手段，向重组并购联合投资主体提供组建顾问服务、融资顾问服务、交易顾问服务和并购后管理（退出）顾问服务全流程、全方位的投资银行业务。

【适用对象】

具有并购需求，但无法独立完成并购、需要借助合作伙伴力量和资源的联合并购发起者；作为重组并购主体的联合投资主体；有退出需求的财务投资者。

【开办条件】

申请开办的客户，应依法合规经营，信用状况良好，没有信贷违约、逃废银行债务等不良记录。

【收费标准】

双方协商后，签订收购兼并财务顾问协议，按约定的 0.3% ~ 1% 收费标准收取相应的财务顾问费。

【案例】

SJ 集团有限公司联合并购案例

一、企业基本概况

SJ 集团有限公司是高科技公司，企业拥有电力、通信、信号、电气化接触网等关键技术，经营范围覆盖全国。

SJ 集团有限公司准备并购 XT 科技视频有限公司，XT 科技视频有限公司经营现金流不确定，大部分为商誉，需要评估价值。同时，SJ 集团有限公司自身资金不足，需要银行提供融资。

二、银行授信方案

1. 银行联合多家律师事务所为 SJ 集团有限公司提供联合并购顾问服务。

2. 银行对 SJ 集团有限公司发放 2 亿元并购融资，期限 12 个月。

产品十三　并购财务顾问

【产品定义】

并购是企业兼并与企业收购、企业合并及接管等概念的统称，是指并购方企业通过受让现有股权、认购新增股权，或收购资产、承接债务等方式以实现合并或实际控制、增强控制、重大影响已设立并持续经营目标企业或收购目标企业资产、债权的交易行为。

银行既可以担任并购交易中并购方的并购财务顾问，也可以担任被并购方的并购财务顾问，全面提供并购财务顾问业务的一揽子服务。

并购财务顾问业务包括目标企业寻找、并购重组方案设计、融资方案设计、尽职调查、估值分析、协同效应分析、负债结构优化与设计、现金流压力测试、并购资源的有效整合等；同时，也可以对企业资产、债务、机构、人员等方面的重组提供顾问服务。

【适用对象】

具有并购需求企业实体或专业投资机构。

【业务流程】

并购财务顾问业务的一般流程包括业务营销和项目运作两个阶段。

业务营销从发掘项目线索开始，包括需求确认、信息储备、项目建议书编制和提交等工作，以客户出具《财务顾问委任函》或与银行签署《重组并购顾问协议》为目的。

项目运作从立项开始，包括组建团队、尽职调查、交易撮合、方案设计、价值评估和运作管理等工作内容。

【收费标准】

双方协商后，签订收购兼并财务顾问协议，按约定的收费标准收取相应的财务顾问费。

【产品价值】

（一）对客户价值

1. 客户可以获得一站式全方位并购重组服务，降低并购重组风险及成本，提高实施效率。

2. 客户可以利用银行的良好资源，牵头国际及国内知名中介机构为企业提供专业机构平台，增强并购整合有效性。

（二）对银行价值

1. 银行通过全方位的服务，与客户建立良好的合作关系，有利于拓展与维护客户。

2. 银行根据企业的需求，提供一揽子并购财务顾问服务，增加银行中间业务收入，带动其他条线业务收入。

【案例】

深圳市 YD 投资管理有限公司并购财务顾问业务案例

一、企业基本概况

深圳市 YD 投资管理有限公司（以下简称 YD 投资）注册资本及实收资本均为人民币 5000 万元，主要从事股权投资业务，唯一的股权投资公司——WX 集团，持股比例 48.75%，处于相对控股地位。

WX 集团主要从事大卖场、综合超市及百货的连锁经营业务。WX 集团当年实现营业收入 61.0 亿元，同比增长 22.50%，实现净利润 1.53 亿元，同比增长 1.07%，归属上市公司股东的净利润 1.53 亿元。

YD 投资计划购买长沙 BC 公司 100% 的股权，从而取得长沙 BC 公司名下位于长沙市一处 420 亩地块。

二、银行授信方案

银行为客户设计出适合的融资方案：

1. YD 投资为授信主体，银行提供 3 年期贷款融资 1.5 亿元，用于支付并购款；

2. YD 投资用 WX 集团分红款归还贷款。

3. 银行贷款封闭支付给长沙 BC 公司股东。

按照 WX 集团发展增速，净利润如达到 2.5 亿元，在提取盈余公积后可分红金额为 2.25 亿元，而由申请人等三家可收到的税后分红款为 1.5187 亿元，完全覆盖银行本息。

产品十四　并购基金

【产品定义】

并购基金业务是客户在并购过程中，银行通过募集资金以基金形式开展的并购交易业务，可向并购基金发起方提供组建顾问服务、项目推荐、资金募集和并购后管理（退出）顾问服务等全流程、全方位投资银行业务。

【业务结构】

并购基金业务结构如图 2-10 所示。

【适用对象】

具有并购需求，但无法独立完成并购，需要借助合作伙伴力量和资源的并购发起者；收购资产或产业整合过程中有并购基金需求的上市公司及

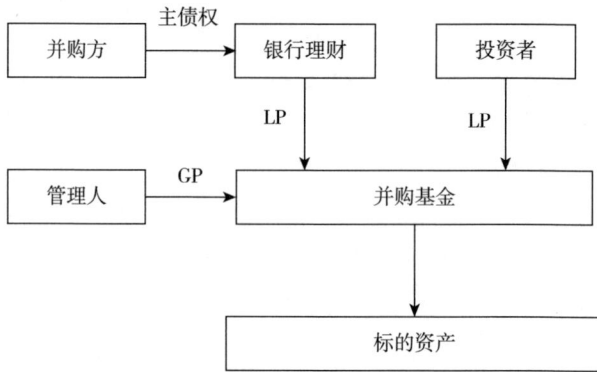

图 2 – 10　并购基金业务结构

其控股股东；其他有并购需求的企业实体或专业投资机构。

【开办条件】

申请开办的客户，应依法合规经营，信用状况良好，没有信贷违约、逃废银行债务等不良记录。

【收费标准】

双方协商后，签订收购兼并财务顾问协议，按约定 1% ~ 5% 收费标准收取相应的财务顾问费。

【案例】

HL 集团旅游产业基金项目案例

一、基金项目概况

基金项目规模 10 亿元，其中 HL 集团、TM 旅游及战略客户共同出资 3 亿元作为劣后级投资人，银行通过信托模式募集 7 亿元作为优先级投资人。基金资金购买福州、合肥、广州等地 15 家商务酒店。

由于物业收购价格较市场价格便宜 54%，且有 30% 的劣后级资金，银行可以较好地控制信托资金风险。

基金的实际管理人是 TM 旅游，银行主要起资金监控的作用，酒店的运营管理人是 HL 集团运营团队。

基金到期退出方式多样，包括上市公司 TM 旅游增发收购基金股份，如家、莫泰等经济型连锁酒店收购基金股份，HL 集团回购股份，酒店经营性物业贷款等。

二、银行授信方案

1. 在银行设立资金监管专户，资金支出必须预留银行的签章，实现资金账户的有效监控。

2. 为保证优先级投资人利益，HL 集团作为本次回购的担保方，其经营性现金流作为第二还款来源。

7 亿元优先级资金的期限为 2＋0.5 年，劣后级没有期限限制。基金综合融资成本为 18%，其中优先级投资人的年化收益率为 15%，银行收益率为 3%。

【文本示范】

×××公司股权私募融资顾问协议

甲方：×××公司
地址：
法人代表：

乙方：××银行
地址：
法人代表：

甲方出于公司扩张和发展的需要，拟通过私募的方式引进新的股权投资者，以优化公司的股东结构，完善公司治理。甲方拟聘请乙方担任私募融资顾问，协助甲方引进新的投资者，完成股权私募融资工作。乙方愿意接受甲方的聘请，担任甲方的融资顾问，为甲方提供相关顾问服务。

据此，甲、乙双方经过友好协商，达成以下协议：

一、工作时间

甲方聘请乙方担任私募融资顾问的期限自本协议生效之日起至　年　月　日止。

在规定的期限内，如乙方未协助甲方完成私募融资工作，则双方可视该项工作的具体进展情况，另行签订补充协议，以约定工作期限的延长时间。

二、融资顾问的排他性

乙方担任甲方私募融资顾问在本协议规定的期限内具有排他性，即甲方在规定的期限内不得再聘请其他机构担任私募融资顾问。

三、融资顾问工作范围

（一）根据甲方的要求以及公司实际经营情况，指导甲方人员完成尽职调查报告的起草工作；

（二）指导甲方人员编制公司商业计划书，并制订可操作性的私募融资方案；

（三）指导甲方人员制作私募融资必需的相关材料，如公司宣传推介材料、演示材料等；

（四）根据既定的私募融资方案，有针对性地接触境内外各类投资机构投资者，并进行路演推介；

（五）遴选有初步意向的投资者，进行深入接洽，并组织到甲方进行现场参观、沟通谈判；

（六）协调甲方或甲方现有的股东与有明确投资意向的目标投资者进行谈判；

（七）协调甲方现有股东与目标投资者正式签署出资协议及其他相关法律文件；

（八）督促目标投资者按照协议规定及时履行出资义务。

四、融资顾问费用及支付方式

融资顾问费用＝前期顾问费用＋融资成功中介费用

（一）前期顾问费用

前期顾问费用主要是甲方向乙方支付前期尽职调查、商业计划书撰写、方案设计、投资者沟通等项工作的支出及费用。

该项费用总计　　万元（大写　　　　万元），在甲方与乙方正式签订协议后的三个工作日内一次性支付。

如果甲方不支付乙方前期顾问费用，则乙方为实施本合同规定的各项工作内容，而发生的相关差旅、住宿、应酬等费用，由甲方承担。

（二）融资成功中介费用

融资成功中介费用＝融资金额×中介费率，中介费率按以下标准确定：

第一，根据甲方与乙方共同拟定一个私募发行市盈率目标（P/E），如果实际私募融资市盈率≤拟定目标市盈率，则中介费率为3%；

第二，如果拟定目标市盈率＜实际私募融资市盈率≤（拟定目标市盈率＋2），则中介费率为3.5%；

第三，如果实际私募市盈率＞（拟定目标市盈率＋2），则中介费率为4%。

如甲方融资以美元或港元或者其他币种计算，融资顾问费用也以该币种计算，但甲方可选择以该币种或人民币（按照该币种对人民币的官方汇率换算）的方式支付给乙方。

如果目标机构的资金一次性进入甲方指定账户，则在资金到账后的第5个工作日，甲方需要将融资顾问费用一次性支付给乙方；如果目标机构的资金是分次进入甲方指定账户，则在分笔资金到账后的第5个工作日，甲方需要将融资顾问费用分笔支付给乙方。

（三）其他

如果甲方在进行股权私募融资的同时，需要乙方提供过桥资金安排或其他形式的债务融资，则甲方需要向乙方支付债务融资金额的千分之八作为中介费用（该中介费用不包括甲方需要支付的利息）。

五、交易资金监管

乙方作为中介机构，为保障甲方以及目标投资机构在本协议规定的股权私募交易结构中权益不受损失，将对交易过程中资金交易行为进行账户监管。甲方应在乙方指定的分支机构开设账户，在目标投资者签署出资协议并将资金打入甲方指定账户后，在工商变更以及相关法律手续没有办理完毕之前，乙方将根据投资者和甲方现有股东之间的相关协议要求，对指定的资金账户进行监管。

六、保密工作条款

甲、乙双方对本次融资务顾问服务过程中所涉及的商业秘密负有保密义务，在未取得对方书面同意的前提下，双方均不得通过任何形式向与本融资顾问工作无关的人员或机构透露，该保密义务不因为本协议的终止（或本融资顾问工作的结束）而取消。

上款所称的商业秘密是指采取了保密措施、不为公众知悉、具有经济价值的经营信息、融资方案等资料，该等资料包括但不限于有关甲方的公司经营情况、财务数据等资料；包括乙方提供融资方案和建议等资料；但因司法或其他政府审批、登记程序的要求需披露保密资料的除外。

七、甲方的权利与义务

1. 甲方拥有对私募融资的决策自主权，对于乙方提供的建议和方案，甲方有权最终决定是否采用。

2. 甲方应将委托事项的真实意图明确无误地告知乙方，并及时将收购融资所涉及的相关资料和信息，全面、真实、详尽、无虚假、无遗漏地提供给乙方。

3. 甲方应派出2~3名财务、法律等专业人员参加项目小组，并在协议生效日指定一名负责人，负责签收乙方提供的各项工作文本，以及协调乙方调动项目组开展工作。

4. 按照本协议第4条规定，向乙方支付相关融资顾问费用。

5. 严格遵守本协议规定的保密义务。

八、乙方的权利与义务

1. 甲方参考乙方的咨询意见和方案所作的决策，风险自担，乙方概不负责。

2. 根据工作需要，乙方有权要求甲方及时提供本项工作所需要的相关资料，甲方必须及时、据实提供。

3. 根据协议的要求，依法、尽职地做好本协议所规定的各项融资顾问服务工作，不得进行超越甲方的授权范围或有损甲方利益的行为，并对向甲方提供的各项融资顾问服务工作及相关方案、建议、操作的准确性、合法性负责。

4. 选派优秀的、具有实践操作经验的业务骨干组成项目小组负责融资顾问的具体工作，保证项目小组人员的相对稳定，并根据项目进展或甲方的要求及时作出调整。

5. 乙方应遵循职业道德，对于甲方私募融资方案的设计、定价、谈判等事项，应以保证甲方最大利益为准。

6. 乙方有权按照本协议第4条规定，向甲方收取相关融资顾问费用。

九、违约责任

1. 对于乙方为甲方引荐的投资者，甲方不得在未获得乙方同意的情况下，私自与该投资者接触、谈判。

2. 如甲方在乙方不知情的情况下，与乙方引荐的投资者达成协议，则甲方需要按照本协议第4条规定向乙方支付融资顾问费用。

3. 如甲方未按前述约定及时支付各期融资顾问费用，甲方应每日按照融资顾问费用总额的1%向乙方支付滞纳金。

4. 任何一方违反本协议约定均构成违约，须依法承担违约责任。协议的终止不影响受损方向另一方的损害赔偿请求权。

5. 双方均不得恶意串通第三方或以欺诈、胁迫等其他非法手段损害对方利益。否则，应支付违约金，违约金不足以抵偿给对方造成的经济损失的，还应赔偿超出部分的经济损失。

6. 双方应尊重对方的合作地位，任何一方在与第三方商洽涉及本协议事项时，不得忽视和损害对方在本协议中的地位和权益。否则，应支付违约金，并依法承担违约责任。

7. 甲方如对乙方提出可能导致违反法律、法规的要求或提示，乙方应当予以审慎提示，若甲方对此置之不理，且因此造成乙方经济损失的，乙方有权要求赔偿并有权解除协议。

8. 任何一方不得无故终止本协议，否则，应支付违约金，并依法承担违约责任。

十、其他

1. 因本协议的或与本协议有关的任何争议，双方应友好协商解决。协商不成，应提交经济贸易仲裁委员会，按照申请仲裁时该会实施的仲裁规则进行仲裁，仲裁地点在中国北京。仲裁裁决是终局的，对双方均有约束力。

2. 本协议经协议各方签字、盖章之日起生效。

3. 本协议一式肆份，双方各执贰份，每份具有同等法律效力。

4. 本协议未尽事宜，由双方另行协商确定。

（本页无正文，为协议签字盖章页，由甲方和乙方在　　签署）

甲方：

法人代表（或授权代表）：

乙方：　　银行股份有限公司

法人代表（或授权代表）：

年　　月　　日

产品十五　并购债顾问

【产品定义】

并购债指并购方为满足并购资金需求，以公募或私募形式向投资者发行的，按约定条件在一定期限内还本付息的有价证券。

并购债顾问业务，指银行作为总协调人和财务顾问，为发行人或具有相关债券承销保荐资格的合作机构提供的并购债顾问服务。

【业务结构】

并购债顾问业务结构如图 2-11 所示。

【产品特点】

1. 期限：根据并购项目而定，原则上不超过 5 年；

2. 募集金额限制：一般不超过并购交易金额的 60%；

3. 募集资金用途：用于支付并购价款、偿还并购贷款等；

4. 发行与流通：在银行间债券市场公开发行与流通、或非公开发行；

5. 信用评级：需要进行信用评级；

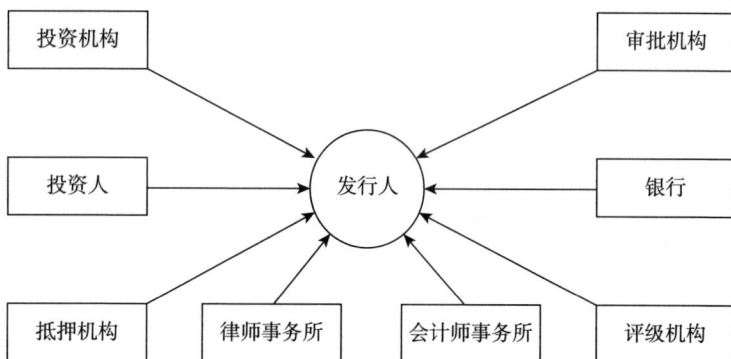

图 2－11 并购债顾问业务结构

6. 注册规模：公开发行方式受净资产40%的限制。

【适用对象】

并购债发行人、并购债债权承销机构。

为满足主业突出、同业竞争、关联交易、业务体系完整、资产完整等上市要求而进行股权、资产重组的拟上市公司及其控股股东。

【收费标准】

双方协商后，签订并购债顾问协议，按约定的收费标准收取相应的并购债顾问费。

【产品优势】

1. 满足被并购方的避险需求。

2. 弥补现金支付和股份支付的不足。

3. 交易条款设计更为灵活，有助于化解并购重组中的实际困难。

【案例】

ZS 工业股份有限公司并购债

一、企业基本概况

ZS工业股份有限公司位于深圳市南山区，从事城市综合开发运营业务，实现年营业总收入 1606.43 亿元。监管部门出台一系列政策措施，鼓励类似 ZS 工业股份有限公司这类优质企业并购经营出现困难的房地产企业的优质项目，并鼓励银行机构支持。

HD 公司是一家民营房地产企业，在各地有较多优质土地项目。

二、银行金融方案

银行协助 ZS 工业股份有限公司注册完成地产行业首笔 30 亿元并购债，用于未来符合并购要求的项目。

ZS 工业股份有限公司安排 5 亿元资金收购 HD 公司在北京、天津、南京的优质土地项目。

【点评】

债券的发行由监管部门进行审批，监管部门希望债券资金的用途与政府的政策导向吻合，所以银行投行部门必须对政府的政策走向非常敏感，投行项目必须符合政府的大政方针，这样的项目才会获得批准。

产品十六　投行过桥并购重组融资

【产品定义】

投行过桥并购重组融资业务，是指明确用于并购或财务重组的投行过桥融资业务。

【适用对象】

1. 并购方应在银行开立基本存款账户或一般存款账户，依法合规经营，信用状况良好，没有信贷违约、逃废银行债务等不良记录。

2. 信用等级符合银行代理并购与投资准入要求。

3. 符合国家产业政策和银行行业信贷政策，与目标企业之间具有较高的产业相关度或战略相关性。

4. 并购交易依法合规。

【开办条件】

申请开办的客户，应依法合规经营，信用状况良好，没有信贷违约、逃废银行债务等不良记录。

【收费标准】

双方协商后，签订重组并购财务顾问协议，按约定的收费标准收取相应的财务顾问费。

【案例】

SMLD 集团客户开发案例

一、企业基本概况

SMLD 集团是一家大型的能源开发投资集团，核心资产主要包括：两座煤矿，产能 270 万吨，合计井田面积 22.358 平方千米，资源储量 13415 万吨；两座洗煤厂，洗精煤生产能力 510 万吨/年。在新的市场形势下，SMLD 集团紧紧把握新的发展机遇，以转型促发展，提出了在"十二五"末，实现控制原煤产量 1000 万吨/年、入洗精煤 1000 万吨/年、销售收入突破 200 亿元/年的发展目标。

二、银行授信方案

1. 设计并购方案并拟提供并购融资 30 亿元。因该项目融资金额较大，银行特别设计"并购 + 信托"的综合解决方案，并从合规性角度预留开放式融资通道：并购和信托部分都可以采用"银团贷款""资金池"或"银行保函"等形式解决。

2. 设计并购款项支付时间节点和控制措施。银行设定企业以自有资金支付 50% 股权款时，必须办理股权过户，银行并购贷款支付则以办妥 100% 股权质押手续为前提，这样既保障并购方权益，也有利于银行授信风险控制。

说明：企业提供自有资金50%完成支付，银行提供另外50%资金进入监管账户。

产品十七 PE 投资退出服务

【产品定义】

PE 投资退出服务包括两种情境，一是银行可为在一级市场出售的标的股权提供并购顾问业务，为其寻求新的投资人；二是银行可为标的公司股权或者 PE 基金份额的整合提供并购投融资，助推投资顺利完成。

【业务结构】

PE 投资退出服务业务结构如图 2 – 12 所示。

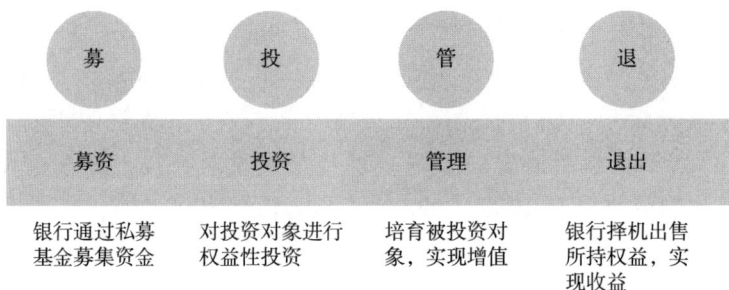

募	投	管	退
募资	投资	管理	退出
银行通过私募基金募集资金	对投资对象进行权益性投资	培育被投资对象，实现增值	银行择机出售所持权益，实现收益

图 2 – 12 PE 投资退出服务业务结构

【适用对象】

历史业绩较好，具有一定市场影响力的 PE 机构。

【产品优势】

1. 并购退出更高效、更灵活。相比较 IPO 漫长的排队上市苦等窗口期、严格的财务审查、业绩的持续增长压力，并购退出程序更为简单，不确定因素小。

2. 并购退出只要在并购交易完成后，即可一次性全部退出，交易价格及退出回报较为明确。

3. 并购退出可缓解 PE 的流动性压力。对于 PE 机构来讲，相对于单个项目的超高回报，整只基金尽快退出清算要更具吸引力，因为基金的众多投资组合中，某一个项目延期退出将影响整只基金收益率，如若没有达成当时与投资者间的协议承诺，后续基金募集等将受到重大影响。

4. 在对不构成"借壳上市"的并购取消审核的政策背景下，"上市公司＋PE"的并购基金收益稳定、时间可控、成功率高。

【收费标准】

双方协商后，签订收购兼并财务顾问协议，按 1%～5% 的收费标准收取相应的顾问费。

【案例】

JH 投资业务案例

一、企业基本概况

JH 投资是家资产管理机构，管理的资金规模超 1000 亿元人民币。JH 投资发端于私募股权投资业务，私募股权投资业务的蓬勃发展促进了 JH 投资另类资产管理平台的建立。JH 投资拥有私募股权投资、创业投资、地产投资、夹层投资、证券投资、固定收益、财富管理七大业务板块。

二、银行授信方案

JH 投资投资山东 LH 技术有限公司，由于 LP 需要退出，而公司暂未上市。银行安排 DL 投资公司承接 JH 投资的风险投资部分，银行收取了财务顾问费用。

产品十八　并购交易信息对接

【产品定义】

并购交易信息对接业务，是指银行构建信息平台，对接处理并购交易相关方需求的业务，平台系统地收集、整理、加工、利用并购交易信息，精准对接客户并购买卖需求，拓宽业务和客户的信息来源，全面参与顾问—融资—投资生态链，广泛构建服务于客户并购投资部门的生态圈。

【适用对象】

1. 具有并购或被并购需求的企业实体或专业投资机构。

2. 正处于混合所有制改革，需要吸引外部股东资金的央企、国企及优质的民营上市公司等。

【业务结构】

并购交易信息对接业务结构如图 2-13 所示。

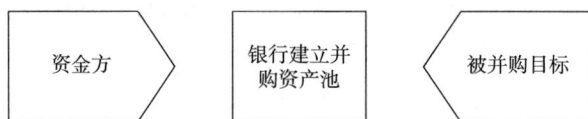

| 资金方 | 银行建立并购资产池 | 被并购目标 |

图 2-13　并购交易信息对接业务结构

【收费标准】

双方协商后，签订收购兼并财务顾问协议，按 0.1% ~0.5% 的收费标准收取相应的顾问费。

【案例】

BJ 国有资本经营管理中心融资业务

一、企业基本概况

1. BJ 国有资本经营管理中心注册资本为人民币 300 亿元，是以国有资本经营和国有股权管理为重点，以国有资本的证券化和价值最大化为目标的投融资平台。合并报表总资产为 6300 亿元，净资产为 2300 亿元。其主要职责：以市场方式进行资本运作的融资平台，推动国企改革重组、实现国有资本有序进退的产业整合平台，促进先导性产业发展和企业科技创新的创业投资平台，持有整体上市或主业上市企业的股权管理平台，为企业实施债务重组以及解决历史遗留问题的服务平台。

2. ZX 证券股份有限公司，注册资本 6630467600 元。ZX 证券向社会公开发行 4 亿股普通 A 股股票。

二、银行授信方案

BJ 国有资本经营管理中心计划通过银团贷款收购 ZXJT 证券有限责任公司 45% 股权。此笔并购银团贷款由 A 银行担任牵头行和代理行，金额达 35 亿元。在完成股权相关审批、变更等手续后，BJ 国有资本经营管理中心根据交易进度提取了首笔贷款，金额达 31.5 亿元。

银团贷款由三家银行承贷，A 银行作为牵头行和代理行，承贷 13 亿元；参加行 B 银行和 C 银行，各自承贷 11 亿元。

金融证券类公司股权交易对股东单位资质要求较高、交易涉及环节较多、后期审批过程中有一定的不可控因素，这类股权交易能否顺利达成具有较大的不确定性。为给此次收购交易提供资金保障，A 银行组织银团成员行根据交易程序为 BJ 国有资本经营管理中心量身订制了包括履约保函、财务顾问、并购贷款、银团贷款等多产品的综合金融服务方案。

【点评】

　　金融资产的并购往往金额较大，股权交易复杂。在本案例中，银行加入了融资顾问业务、履约保函业务，保证了出让方出让资产后收到资金全款的绝对安全。

产品十九　私募股权主理银行

【产品定义】

　　私募股权主理银行业务是指银行向与银行签约合作的私募股权集合投资工具管理机构提供的，包括推荐投资人与股权投资项目、协助开展项目投后及投资退出管理等在内的财务顾问服务。

【业务结构】

　　私募股权主理银行业务结构如图 2 – 14 所示。

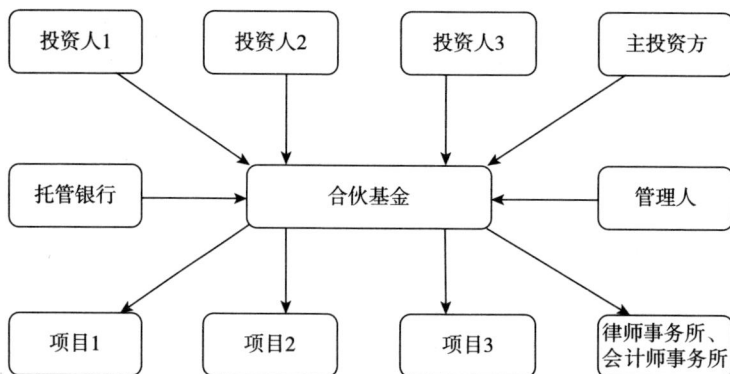

图 2 – 14　私募股权主理银行业务结构

【适用对象】

具备相应业务资格的私募股权集合投资工具管理机构，包括合伙制或公司制基金投资管理公司、信托公司、证券公司、证券投资基金管理公司及其子公司等法律主体。

【开办条件】

具备相应业务资格的私募股权集合投资工具管理机构均可办理。

【收费标准】

双方协商后，签订股权融资财务顾问协议，按1%～5%的收费标准收取相应的财务顾问费。

【营销建议】

银行有着极为庞大的客户群体，物理网点极多，直接触达客户。

私募股权集合投资工具管理机构有着极强的专业能力，但是客户基础数量不足。私募股权集合投资工具管理机构通过与银行合作，可以快速触达众多客户。

【案例】

×公司私募股权主理银行业务

一、案例背景

×公司注册资金1亿元，专门从事房地产开发与经营，具有市住房保障和房屋管理局颁发的暂定资质证书。Y公司是专为开发"国际艺术文化区"项目成立的项目公司，无其他经营活动，开发前期资金出现缺口，客户需要融资。

二、银行授信方案

为保证项目顺利进入开发，经多轮协商后，A银行决定通过PE主理银行业务为×公司提供5亿元股权融资。

在避险措施的选择上，主要有以下几点：

一是基金管理人代表基金向×公司委派董事兼财务副总监一名。基金委派董事兼财务副总监对公司重大投融资项目和担保事项具有一票否决权，并对200万元（含）以上资金支出签字划付。如出现任何违约，该人员有权冻结监管账户内资金使用。列入银行资金账户监管范围内特定项目要及时与开发商沟通，掌握项目建设进度、预售销售情况、银行资金回笼比例，能够发挥出监管账户的监管作用。

二是×公司需在A银行开立销售收入监管账户，并承诺优先通过A银行办理按揭贷款。

三是股东公司持有的×公司股权全额质押给PE基金，办理质押登记。

四是股东公司出具承诺，未经PE基金同意，×公司不得对外提供担保或以其名下任何资产对外设定抵押。

五是×公司在A银行开立项目资金监管专户，其待开发建设"国际艺术文化区"项目预售销售资金全部回笼至A银行指定专户。

六是×公司全体股东同意在增资2年半后，对PE基金所持股权进行回购，回购金额以增资额加总费用为上限。

×公司私募股权主理银行业务交易结构如图2-15所示。

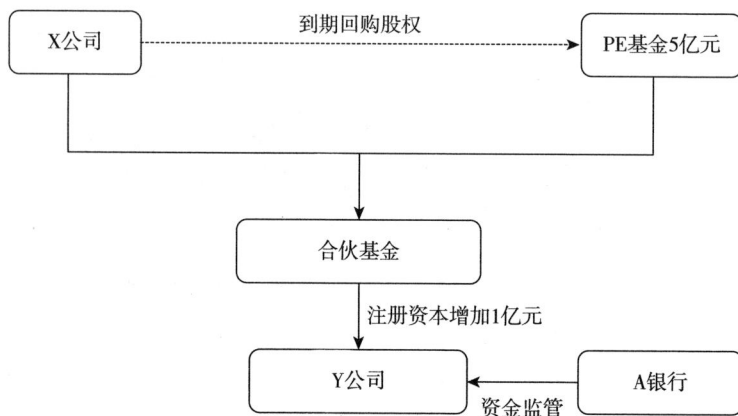

图2-15 交易结构示意

产品二十　代理投资组合式基金

【产品定义】

代理投资组合式基金业务是指银行为法人客户或合作机构发起设立的组合式基金提供募资顾问、项目推荐顾问、基金管理咨询和顾问服务的业务。

组合式基金以私募股权基金、资产管理计划、信托计划等投资工具为平台，通过分散投资方式，投资于一组融资客户、融资项目、子基金等。

【适用对象】

企业法人、私募基金管理公司（含风险投资管理公司）、券商、基金、保险公司等机构客户发起的组合式基金（含产业基金、市场化退出私募股权基金、夹层基金、母基金等）。

【产品优势】

1. 定制化方案设计：银行针对客户混合所有制改革、产业整合、表外控制资产、债务结构调整、市场化分散投资等需求制订个性化的基金方案。

2. 一体化基金服务：银行利用覆盖全球的网络优势和客户优势，提供从基金设立、资金募集、项目投资和退出管理全过程、多维度综合基金服务。

3. 最优化的资金匹配：在协助基金募资时，银行将运用资金优势，根据基金的投资策略、风险偏好、期限等匹配银行的理财资金、私人银行客户资金及FOF母基金，并寻求行外资金。

【收费标准】

双方协商后，签订基金投融资财务顾问协议，按1%～3%的收费标准收取相应的财务顾问费。

【案例】

YL 基金

一、企业基本概况

YL 基金项目牵头私募股权基金项目，银行作为资金募集方和托管方。基金由 GD 金融公司和两家信托公司做 GP，由 GD 金融公司出资约 50 亿元作为劣后级 LP，由信托公司发行信托计划约 51 亿元作为优先级 LP，委托银行作为主要的信托代销银行和资金托管银行。

二、银行授信方案

（一）基本方案

信托期限为 6+2 年（6 年为投资期，2 年为回收期）。预计信托端投资人平均年化回报收益率为 15%~30%。

作为代销和资金托管机构，银行可收取基金总额 101 亿元的托管费（0.2%/年），和 50 亿元优先级部分的募集费及顾问费（约 2.5%/年）。

（二）项目优势

1. 所有项目均由地方政府出具基金收益的保障及到期时的代偿承诺。

2. GD 金融公司出资约 50 亿元作为劣后级 LP，有效缓释了 50 亿元信托募集资金的风险。

（三）项目劣势

1. 房地产市场前景的不确定性较强。

2. 基金投向的土地一级开发项目，开发面积大，资金回收期长，效益性由于房地产市场的不确定性无法准确测算。

3. GD 金融公司对项目控制力强，银行在资金投向话语权上难以实现一票否决。

4. 项目收益分红显著倾向于 GP，银行对投资人的收益保障程度一般。

【点评】

政策紧缩、经济下行、政府平台公司融资收紧、大量企业出现资金链风险的时候也是并购优质资产的大好时机，应密切关注政府平台公司优质资产转让产生的并购业务机会。比起与强势企业的被动合作，以银行为主导的主动并购将会给银行带来更加丰厚的收益。

产品二十一　股权私募融资顾问

【产品定义】

股权私募融资顾问是指银行通过协议转让、股权私募、定向增发及法律法规允许的其他方式为具有融资需求的境内企业提供顾问及咨询，协助企业引进境内外战略投资者、财务投资者等的一种顾问业务。

【业务结构】

股权私募融资顾问业务结构如图 2 – 16 所示。

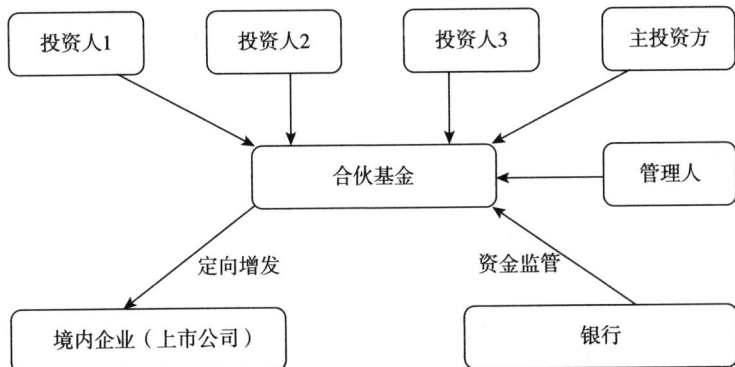

图 2 – 16　股权私募融资顾问业务结构示意

【适用对象】

1. 具有股权融资需求的企业客户。

2. 有清晰的上市规划的企业，如准备在创业板或科创板上市的企业。

【开办条件】

具有股权融资需求的企业客户均可办理。

【收费标准】

双方协商后，签订股权融资财务顾问协议，按1%~5%的收费标准收取相应的财务顾问费。

【案例】

CT 科技股份有限公司股权私募融资顾问业务

一、企业基本概况

CT 科技股份有限公司是世界医药装备行业的主要企业之一，主营业务为医药装备及其整体技术解决方案，并率先推动智慧医药工厂的研究与开发。公司全球员工总数 6500 余人，总资产 80 余亿元。

公司在坚持既定业务领域的同时，还将进入高端医疗设备及医疗机器人领域，推动医药装备和医疗器械两翼发展，布局大健康。

二、银行金融方案

HK 银行通过与风投机构开展联动进行定向增发，累计为该公司引入股权资金近 3 亿元。

【文本示范】

×××公司股权私募融资顾问协议

甲方：

地址：

法人代表：

乙方：××银行股份有限公司

地址：

法人代表：

甲方出于公司扩张和发展的需要，拟通过私募的方式引进新的股权投资者，以优化公司的股东结构，完善公司治理。甲方拟聘请乙方担任私募融资顾问，协助甲方引进新的投资者，完成股权私募融资工作。乙方愿意接受甲方的聘请，担任甲方的融资顾问，为甲方提供相关顾问服务。

据此，甲、乙双方经过友好协商，达成以下协议：

一、工作时间

甲方聘请乙方担任私募融资顾问的期限自本协议生效之日起至　年　月　日止。

在规定的期限内，如乙方未协助甲方完成私募融资工作，则双方可视该项工作的具体进展情况，另行签订补充协议，以约定工作期限的延长时间。

二、融资顾问排他性

乙方担任甲方私募融资顾问在本协议规定期限内具有排他性，即甲方在规定的期限内不得再聘请其他机构担任私募融资顾问。

三、融资顾问工作范围

（一）根据甲方的要求以及公司实际经营情况，指导甲方人员完成尽职调查报告的起草工作。

（二）指导甲方人员编制公司商业计划书，并制订可操作性的私募融资方案。

（三）指导甲方人员准备私募融资必需相关材料，如公司宣传推介材料、演示材料等。

（四）根据既定的私募融资方案，有针对性地接触境内外各类投资机构投资者，并进行路演推介。

（五）遴选有初步意向的投资者，进行深入接洽，并组织到甲方进行现场参观、沟通谈判。

（六）协调甲方或甲方现有的股东与有明确投资意向的目标投资者进

行谈判。

（七）协调甲方现有股东与目标投资者正式签署出资协议及其他相关法律文件。

（八）督促目标投资者按照协议规定及时履行出资义务。

四、融资顾问费用及支付方式

融资顾问费用 = 前期顾问费用 + 融资成功中介费用

（一）前期顾问费用。

前期顾问费用主要是甲方向乙方支付前期尽职调查、商业计划书撰写、方案设计、投资者沟通等项工作的支出及费用。

该项费用总计　　万元（大写　　　　万元），在甲方与乙方正式签订协议后的三个工作日内一次性支付。

如果甲方不支付乙方前期顾问费用，则乙方为实施本合同规定的各项工作内容，而发生的相关差旅、住宿、应酬等费用，由甲方承担。

（二）融资成功中介费用。

融资成功中介费用 = 融资金额 × 中介费率，中介费率按以下标准确定：

第一，根据甲方与乙方共同拟定一个私募发行市盈率目标（P/E），如果实际私募融资市盈率≤拟定目标市盈率，则中介费率为3%；

第二，如果拟定目标市盈率 < 实际私募融资市盈率 ≤（拟定目标市盈率 + 2），则中介费率为3.5%；

第三，如果实际私募市盈率 >（拟定目标市盈率 + 2），则中介费率为4%。

如甲方融资以美元或港元或者其他币种计算，融资顾问费用也以该币种计算，但甲方可选择以该币种或人民币（按照该币种对人民币的官方汇率换算）的方式支付给乙方。

如果目标机构的资金一次性进入甲方指定账户，则在资金到账后的第5个工作日，甲方需要将融资顾问费用一次性支付给乙方；如果目标机构的资金是分次进入甲方指定账户，则在分笔资金到账后的第5个工作日，甲方需要将融资顾问费用分笔支付给乙方。

（三）其他。

如果甲方在进行股权私募融资的同时，需要乙方提供过桥资金安排或其他形式的债务融资，则甲方需要向乙方支付债务融资金额的千分之八作为中介费用（该中介费用不包括甲方需要支付的利息）。

五、交易资金监管

乙方作为中介机构，为保障甲方以及目标投资机构在本协议规定的股权私募交易结构中权益不受损失，将对交易过程中资金交易行为进行账户监管。甲方应在乙方指定的分支机构开设账户，在目标投资者签署出资协议并将资金打入甲方指定账户后，在工商变更以及相关法律手续没有办理完毕之前，乙方将根据投资者和甲方现有股东之间的相关协议要求，对指定的资金账户进行监管。

六、保密工作条款

甲、乙双方对本次融资务顾问服务过程中所涉及商业秘密负有保密义务，在未取得对方书面同意的前提下，双方均不得通过任何形式向与本融资顾问工作无关人员或机构透露，该保密义务不因为本协议的终止（或本融资顾问工作的结束）而取消。

上款所称的商业秘密是指采取了保密措施、不为公众知悉、具有经济价值的经营信息、融资方案等资料，该等资料包括但不限于有关甲方的公司经营情况、财务数据等资料；包括乙方提供的融资方案和建议等资料；但因司法或其他政府审批、登记程序的要求需披露保密资料的除外。

七、甲方的权利与义务

（一）甲方拥有对私募融资的决策自主权，对于乙方提供的建议和方案，甲方有权最终决定是否采用。

（二）甲方应将委托事项的真实意图明确无误地告知乙方，并及时将收购融资所涉及的相关资料和信息，全面、真实、详尽、无虚假、无遗漏地提供给乙方。

（三）甲方应派出 2~3 名财务、法律等专业人员参加项目小组，并在协议生效日指定一名负责人，负责签收乙方提供的各项工作文本，以及协调乙方调动项目组开展工作。

（四）按照本协议第 4 条规定，向乙方支付相关融资顾问费用。

（五）严格遵守本协议规定的保密义务。

八、乙方的权利与义务

（一）甲方参考乙方的咨询意见和方案所作的决策，风险自担，乙方概不负责。

（二）根据工作需要，乙方有权要求甲方及时提供本项工作所需要的相关资料，甲方必须及时、据实提供。

（三）根据协议的要求，依法、尽职地做好本协议所规定的各项融资顾问服务工作，不得进行超越甲方的授权范围或有损甲方利益的行为，并对向甲方提供的各项融资顾问服务工作及相关方案、建议、操作的准确性、合法性负责。

（四）选派优秀的、具有实践操作经验的业务骨干组成项目小组（详见乙方提交的项目小组成员名单）负责融资顾问的具体工作，保证项目小组人员的相对稳定，并根据项目进展或甲方的要求及时作出调整。

（五）乙方应遵循职业道德，对于甲方私募融资方案的设计、定价、谈判等事项，应以保证甲方最大利益为准。

（六）乙方有权按照本协议第4条规定，向甲方收取相关融资顾问费用。

九、违约责任

（一）对于乙方为甲方引荐的投资者，甲方不得在未获得乙方同意的情况下，私自与该投资者接触、谈判。

（二）如甲方在乙方不知情的情况下，与乙方引荐的投资者达成协议，则甲方需要按照本协议第4条规定向乙方支付融资顾问费用。

（三）如甲方未按前述约定及时支付各期融资顾问费用，甲方应每日按照融资顾问费用总额的1%向乙方支付滞纳金。

（四）任何一方违反本协议约定均构成违约，须依法承担违约责任。协议的终止不影响受损方向另一方的损害赔偿请求权。

（五）双方均不得恶意串通第三方或以欺诈、胁迫等其他非法手段损害对方利益。否则，应支付违约金，违约金不足以抵偿给对方造成的经济损失的，还应赔偿超出部分的经济损失。

（六）双方应尊重对方的合作地位，任何一方在与第三方商洽涉及本协议事项时，不得忽视和损害对方在本协议中的地位和权益。否则，应支付违约金，并依法承担违约责任。

（七）甲方如对乙方提出可能导致违反法律、法规的要求或提示，乙方应当予以审慎提示，若甲方对此置之不理，且因此造成乙方经济损失的，乙方有权要求赔偿并有权解除协议。

（八）任何一方不得无故终止本协议，否则，应支付违约金，并依法承担违约责任。

十、其他

（一）因本协议的或与本协议有关的任何争议，双方应友好协商解决。协商不成，应提交经济贸易仲裁委员会，按照申请仲裁时该会实施的仲裁规则进行仲裁，仲裁地点在中国北京。仲裁裁决是终局的，对双方均有约束力。

（二）本协议经协议各方签字、盖章之日起生效。

（三）本协议一式肆份，双方各执贰份，每份具有同等法律效力。

（四）本协议未尽事宜，由双方另行协商确定。

（本页无正文，为协议签字盖章页，由甲方和乙方在　　签署）

甲方：
法人代表（或授权代表）：

乙方：××银行
法人代表（或授权代表）：

年　月　日

产品二十二　直接投资顾问

【产品定义】

直接投资顾问是指银行为境内投资者提供寻找潜在的目标投资企业，协助投资者实施投资战略，统筹协调有关事宜的一种投行顾问业务。

具体内容包括：寻找潜在的目标投资企业并协助商务谈判、评估投资方案的可行性、对目标企业进行估值、协调交易团队等。

银行是整个融资安排的核心财务顾问角色。投行部门的目标不是放贷款，而是围绕项目融资提供融资方案。传统的公司业务是通过发放贷款、开具银行承兑汇票方式拉存款，银行角色比较被动。

【适用对象】

具有投资需求的机构投资者。

【开办条件】

具有投资需求的机构投资客户均可办理。

【服务渠道】

各级投资银行业务主管部门。

【收费标准】

双方协商后，签订股权融资财务顾问协议，按 1%～3% 的收费标准收取相应的财务顾问费。

【案例】

SM 能源交通投资有限公司直接投资顾问业务

一、企业基本概况

SM 能源交通投资有限公司，注册资本 63.3 亿元，总资产 273.6 亿元，净资产 96.9 亿元。准备投资国家重点铁路建设项目——DX 铁路。该项目建成后将成为 SM 省中南部煤炭出海大动脉，将大大缓解 SM 省中南部煤焦运力紧张状况。

SM 能源交通投资有限公司提出需求：银行帮助解决项目资本金 10 亿元。

二、银行授信方案

银行引入信托公司，为 SM 能源交通投资有限公司募集项目资本金。银行承诺包销所有份额。

1. 受托机构：HR 信托公司。

2. 产品类型：集合资金信托计划。

3. 信托规模：总规模不超过 300000.00 万元人民币。

4. 预期投资收益率为 6.75% / 年。

5. 资金运用：所募集资金用于向 SM 能源交通投资有限公司受让 DX 铁路客运专线有限责任公司 31.37% 股权、JYL 铁路通道股份有限公司 20% 股份。

6. 还款来源：SM 能源交通投资有限公司经营收入。

【文本示范】

财务顾问协议

合同编号：

甲方：

住所：　　　　　　　　　　　　邮政编码：

法定代表人（负责人）：

传真：　　　　　　　　　　　　电话：

乙方：

住所：　　　　　　　　　　　　邮政编码：

法定代表人（负责人）：

传真：　　　　　　　　　　　　电话：

甲方：＿＿＿＿＿＿＿＿＿＿＿＿＿＿＿＿＿＿＿

乙方：＿＿＿＿＿＿＿＿＿＿＿＿＿＿＿＿＿＿＿

为建立良好的银企合作关系，促进银企双方的共同发展和长远合作，甲乙双方本着"平等互利、相互支持、诚实信用"的原则，经充分协商，达成如下协议，并承诺严格遵守本协议中的各项条款，履行各自的义务。

第一条　甲方聘请乙方担任常年财务顾问

第二条　乙方的工作范围

1. 资金管理：按照安全性、流动性与效益性兼顾的原则，协助甲方对资金运用提供咨询、进行管理。

2. 日常金融信息、政策咨询：为甲方提供有关的最新市场和政策信息，解答有关金融市场的专业知识。

3. 其他甲方需要的商业银行业务。

第三条　双方合作方式

1. 乙方应成立由财务、管理、法律等专业人员组成的工作小组。

2. 甲方应根据公司章程的有关规定授权成立专门的联络小组，确定负责人员及联系电话，以配合乙方的工作。

3. 甲方的上述工作小组或负责部门应向乙方提供合法、真实、符合法律法规的文件和资料（包括传真、信函等），乙方据此作出判断、提出建议。

第四条　保证与承诺

1. 乙方承诺：（1）在我国现行法律、政策允许的范围内，遵循诚实、勤勉的原则为甲方提供财务顾问服务；（2）对工作中所接触到的甲方的文件和资料，乙方负有保密义务，即未经甲方书面同意，乙方不得对外公开。

2. 甲方保证，其提供给乙方的文件和资料是真实、合法和有效的。

第五条　费用的支付和收取

甲方每年向乙方支付日常财务顾问费人民币_____万元，收取方式为以下第_____种：

一、乙方一次性收取，甲方自本协议生效之日起即予支付。

二、乙方按季收取，直至本协议终止。

（1）_____年_____月_____日　金额_____；

（2）_____年_____月_____日　金额_____；

（3）_____年_____月_____日　金额_____；

（4）_____年_____月_____日　金额_____；

（5）_____年_____月_____日　金额_____；

（6）_____年_____月_____日　金额_____；

（7）_____年_____月_____日　金额_____；

（8）_____年_____月_____日　金额_____；

该财务顾问费由甲方直接划转或委托乙方扣划，至乙方指定账户（户名为_____，账号为_____）。

第六条　协议变更

本协议任何一项变更，均需双方达成书面协议。在未达成书面协议之前，本协议依然有效，任何一方单方面所做的变更均属无效。

第七条　法律责任

1. 乙方提供给甲方的各项咨询、服务及建议仅作为甲方经营管理的参考意见，并不作为甲方的决策依据。

2. 若甲方未能按时向乙方支付财务顾问费用，乙方有权自逾期之日起按当时中国人民银行规定的逾期利率计收利息，并有权拒绝为甲方提供本协议第一条规定工作范围内的财务顾问服务，由此产生的后果由甲方自行承担。

第八条　协议期限

甲方聘请乙方作为财务顾问的期限为____月，自本协议生效之日起计算。

如一方提出延长此协议约定的期限，须在上述期限届满之前提前一个月书面通知另一方，并获得另一方的书面同意。

第九条　纠纷处理

双方在履行本协议的过程中若发生纠纷，应首先通过友好协商解决，协商不成，任何一方有权向乙方所在地的人民法院提起诉讼。

第十条　补充协议

本协议未尽事宜，由双方另行协商并达成书面补充协议。该补充协议是本协议的组成部分，与本协议具有同等法律效力。如该补充协议的规定与本协议不一致的，则以该补充协议为准。

第十一条　附则

1. 本协议自双方法定代表人或经其授权的代表人签字并加盖单位公章之日起生效。

2. 本协议一式两份，双方各执一份，具有同等法律效力。

第十二条　声明条款

甲方已阅读本合同所有条款。应甲方要求，乙方已经就本合同做了相应的条款说明。甲方对本合同条款的含义及相应的法律后果已全部通晓并充分理解；甲方有权签署本合同。

甲方（公章）：　　　　　　乙方（公章）：
法定代表人（或授权代表人）：　　法定代表人（或授权代表人）：

　　　年　　月　　日　　　　　年　　月　　日

产品二十三　企业上市/挂牌顾问

【产品定义】

企业上市/挂牌顾问是指银行为境内具有上市/挂牌潜力的企业实现上市/挂牌目标提供战略规划、整体重组计划、改制方案、股本私募安排，推荐上市/挂牌保荐人、挂牌主办券商、承销商及其他中介机构，统筹协调上市/挂牌等顾问服务。

具体包括：

1. 制订并协助拟上市/挂牌企业实施改制方案、资产重组方案、股本私募方案、上市/挂牌方案等。

2. 推荐并协助企业选聘上市/挂牌保荐人、挂牌主办券商、承销商、会计师事务所、律师事务所等中介机构。

3. 为企业上市/挂牌项目提供综合性咨询顾问服务，协调中介机构，协助企业制作上市/挂牌文本。

【发行上市流程】

发行上市流程如图 2－17 所示。

【适用对象】

具有上市/挂牌需求的企业客户。

重组改制	相关方案的确定与报批 ▼ 拟改制资产的审计评估 ▼ 设立股份有限公司
尽调与辅导	尽职调查、问题诊断和整改 ▼ 上市培训、辅导备案 ▼ 辅导验收
文件制作申报	中介机构制作申请文件 企业完成发行申报内部决策 券商向证监会报送申请材料
发行审核	初审、征求省级政府意见 ▼ 反馈意见答复、初审会 ▼ 通过发审会并领取发行批文
路演询价定价	初步累计询价 ▼ 协商确定价格 ▼ 开展路演推介
发现挂牌上市	网下、网上发行 股份托管、登记、挂牌上市 券商负责上市后的持续监督

图 2 – 17 发行上市流程示意

【开办条件】

具有上市/挂牌需求的企业客户均可办理。

【收费标准】

双方协商后，签订股权融资财务顾问协议，按1%~4%的收费标准收取相应的财务顾问费。

【案例】

ZX集团联合舰队企业上市/挂牌顾问业务

一、企业基本概况

ZX集团作为一家金融与实业并举的大型综合性跨国企业集团，业务涉及金融、资源能源、装备制造、工程承包、房地产等多个领域。

"ZX联合舰队"由ZX银行、ZX证券、ZX信托、ZX建投证券、ZX建投资本、ZX金租、ZX人寿等ZX集团旗下机构共同参与，可以为企业上市提供融资、并购、上市保荐、债券承销等一站式服务。

二、银行金融方案

ZX集团刚为湖州一家专业从事电动汽车动力系统解决方案的企业提供了"上市保荐＋股权直投＋债权投资"的综合融资服务方案。

具体操作方案是ZX银行给企业提供2亿元综合授信支持，ZX证券为其提供上市保荐服务，并由ZX证券旗下JS投资作为领投方发起了对企业高达27.6亿元私募股权投资。

这样的一站式服务不仅解决了企业融资与保荐的需求，还起到了抛砖引玉的效果。借由ZX系金融机构的影响力，这家企业在该轮融资中成功吸引到了包括JH、GT创业等著名基金管理公司在内的多家投资机构，募资工作顺利完成。

产品二十四　选择权贷款

【产品定义】

选择权贷款业务是指银行在为目标企业客户提供股权私募顾问服务的

同时，由目标企业及其控股股东或实际控制人赋予银行选择权，使银行有权在约定的时间内指定第三方投资机构按照约定的条件对目标企业客户进行股权投资的一种投行业务。

【适用对象】

具备高成长性和存在潜在股权投资价值的企业客户。

银行将以选择权贷款为契机，积极带动结构化融资、股权融资和财务顾问等投行业务发展，为融资企业设计一揽子融资方案，在获取贷款利息收益的同时，赚取高附加值的中间业务收入。

银行选择权贷款的目标客户主要定位于以下类型：

（1）基本符合上市标准和要求的国有大中型企业。

（2）符合银行信贷投向政策，核心竞争力突出，细分行业或区域性行业龙头，基本符合中小板或创业板上市要求的优质民营企业。

（3）符合银行中小企业信贷投向政策，已有两到三年存续期，具有核心技术优势或独特资源优势，盈利模式与核心团队相对稳定，未来具有创业板上市潜力的高成长性中小企业。

（4）银行认可的其他有发展潜力的优质企业。

【融资企业准入标准】

融资企业除须符合银行贷款基本条件外，应重点参考下述条件：

（1）主营业务突出，近三年平均主营业务增长率不低于15%。

（2）近两年连续盈利，平均净资产收益率不低于15%，最近一年净利润不低于3000万元。

（3）有明确的募集资金投向，股权融资规模不低于5000万元。

（4）公司无重大税务问题，无重大环保及其他行政处罚，土地及资产权属清晰。

（5）企业承诺在贷款期内：授予银行合作PE认股选择权；未来私募及IPO募集资金在银行开设专户存储，优先归还银行贷款；接受银行作为财务顾问，全程介入并协调其上市前私募、改制上市工作。

（6）银行规定的其他标准。

【收费标准】

签约初期并不向客户收取任何费用，在企业提出股权融资需求并通过银行安排行权完成融资后，将按股权融资额一定比例收取财务顾问费。

【尽职调查的内容】

1. 历史沿革。

2. 股权结构、控股股东和实际控制人情况。

3. 公司治理结构。

4. 经营范围和主营业务情况。

5. 财务状况。

6. 信用记录调查。

7. 或有事项及其他重大事项情况。

8. 未来盈利预测及还款计划安排。

9. 资本运作方案及未来改制上市的可行性。

10. 其他需要重点关注的方面。

选择权贷款专项授信额度应纳入客户授信总敞口，不得与企业其他授信额度互相串用、占用。融资企业在银行原有授信额度因故无法使用、需转为选择权贷款专项授信额度的，须重新按选择权贷款专项授信额度的申请流程申请该额度。

【贷后管理要求】

银行在贷款发放后，应密切跟踪项目进展，并根据融资企业不同阶段遇到的新情况、新问题，提供业务建议和后续融资方案，引导融资企业采取更为有效的经营模式，控制经营风险。

一是密切跟踪融资企业改制重组上市进程与安排。银行应充分利用财务顾问角色，根据前期尽职调查情况与银行融资批复方案要求，对融资企业从私募、改制重组到发行上市各个阶段实行全程监控，定期反馈相关重大事项，通过全方位的项目跟踪机制确保银行贷款顺利退出。

二是对合作 PE 投资退出实施全程监控。为确保银行如期获得合作 PE 投资股权超额收益分成，投行业务部应与合作 PE 建立定期联络机制，并由项目小组设专人全程监控合作 PE 所投资股权动态信息，对融资企业分红送股、改制挂牌、后续私募、上报 IPO 材料、IPO 挂牌及上市锁定期解除等关键环节实施重点监控。

三是对合作 PE 相关投资账户实施重点监控，全程监控合作 PE 投资股权的登记过户、托管、分红送股、上市锁定及最终的投资退出等各个关键环节。项目小组应严格执行双方合作协议约定和银行相关规定，确保银行如期获得合作 PE 投资股权的超额收益分成。

【选择权贷款退出】

1. 私募增资完成：确保融资企业私募增资资金存入银行监管账户，必要时可用于归还银行先前贷款。

2. 私募增资完成但上市时间推后：银行应在重新评估融资企业基本面和上市前景后，选择将贷款展期或到期偿还。

3. 企业成功发行上市：将积极协调合作 PE 及其他中介机构，全过程介入企业 IPO 进程，推动融资企业改制重组上市的顺利完成。融资企业 IPO 募集资金可偿还银行余下贷款，银行贷款顺利退出并获取超额收益。

4. 发生影响融资企业正常经营重大事项：在银行选择权贷款存续期间，当发生影响融资企业正常经营的重大事项时，采取紧急得力措施，确保银行贷款安全退出。

【合作 PE 选择】

银行选择权贷款合作 PE 应重点选择以下类型：

（1）与银行有长期合作关系的 PE 机构，集团内部关联机构优先考虑。

（2）具体项目优先选择给予银行最高分成比例的 PE 机构。

（3）注重考察 PE 团队构成、过往业绩及相关行业经验。

【案例】

BM 特种钢管有限公司选择权贷款业务

一、企业基本概况

BM 特种钢管有限公司主营业务分布核军工、核电用核级主管道、石油石化行业用、火电设备制造用大口径厚壁特种钢管的生产三个方面，主要产品是大口径厚壁特种合金钢管和不锈钢钢管，主要用于核电站的一、二、三回路管道。公司的产品具有广阔的市场和发展前景。公司总资产23亿元，具备由国家核安全局颁发的核承压设备制造资格，在国内处于相对垄断地位，尚无其他国内生产商可与其竞争。

二、银行授信方案

银行在对该公司进行尽职调查的基础上，综合分析其资金需求、项目进展及上市前景，贷款方案如下：

贷款品种	中期流动资金贷款
贷款金额	3亿元
贷款期限	三年期
贷款利率	基准利率
贷款用途	主要用于大型皮尔格轧管生产线新项目投产后采购备品备件和工模具等生产资料、支付建成完工后的后续费用、归还占用的应付款项等用途

A. 可认股选择权

根据银行与 BM 公司达成的《财务顾问协议》和《战略合作协议》，银行指定的合作机构（以下简称银行合作 PE）从该公司取得不低于 4000 万元的优先认股选择权，具体方案如下：

行权时间	双方协议签署后，公司最近一次增资扩股或公司出资新建热挤压技术改造项目公司的时点，即为银行合作 PE 行使选择权的时点
行权方式	银行合作 PE 对甲方出资行权，成为甲方或甲方子公司的登记股东
行权价格	（1）公司最近一次增资扩股：以公司上轮私募定价原则为基础，协商确定行权增资的价格； （2）出资新建热挤压技术改造项目公司：银行合作 PE 以 1 元/股单位价格为基础进行行权出资
行权数额	银行合作 PE 行权投资的金额不低于人民币 4000 万元
其他主要条款	（1）大股东回购承诺：公司控股股东承诺，如果投资者购买股权后两年内仍然不能实现上市，则有权要求公司按 15% 的年复利回报率予以回购； （2）优先认购权：在双方协议生效到公司成功发行上市前，银行合作 PE 在认购公司增发股份或其他股东出售的股份方面享有与现在其他股东同等的优先权

B. 项目收益测算

项目基本收益	流动资金贷款利息
预期收益	根据双方达成的《财务顾问协议》，银行将在贷款发放后，一次性向公司收取结构化融资顾问费 300 万元
投资收益分成	按银行与合作 PE 20% 的分成比例及 4000 万元的私募投资额测算，假如 BM 特管成功发行上市，银行预计获得投资收益分成约 1600 万元①
其他连带收益	公司首轮私募资金和第二轮私募资金都将存在银行。通过本次新增流动资金贷款，银行将进一步巩固该公司贷款主办行的地位

【点评】

　　银行发放选择权贷款的对象应当区别于纯风投机构，银行应选择前期有一定稳定现金流，同时项目具有独特性、符合上市的需要的项目。纯 PE 机构可以选择对象前期有亏损，甚至没有现金流，而未来有急速增长的潜力的项目，但这类项目有比较大的赌博性质，并不符合银行要求。

产品二十五　结构化融资顾问

【产品定义】

　　结构化融资顾问是指银行应客户调整资本结构、优化负债期限、降低融资成本等融资需求，利用在信息、知识、人才、产品和渠道等方面的优势，通过综合运用两种或两种以上的金融工具或产品（包括股权融资工具、债务融资工具和其他金融工具与产品，但不涉及银行的贷款和担保），为其提供一揽子、综合性结构化融资解决方案。

---

　　①　根据经验数据，银行合作 PE 平均持有三年的投资 IPO 净回报率约为 200%，假如银行合作 PE 成功通过上市退出，银行预计投资收益分成 = 4000 万元 × 200% × 20% = 1600 万元。

【适用对象】

融资人应当符合国家产业政策、人民银行、银保监会及证监会监管政策，且符合银行信贷政策的优质客户。

结构化融资高度关注基础资产的信用风险，因此要求融资人近五年无不良信用记录，生产经营合法合规，具有持续经营能力，拥有可靠的还款来源。

【用途】

为客户提供投融资及资产管理等专业化非信贷金融服务，解决客户多样性的表外资金需求，为客户提供定制化的融资方案。

【价格】

价格将结合市场行情、融资期限、风险控制措施、区域金融同业竞争情况等综合确定。

【期限】

银行结构化融资业务期限原则上不超过三年，若因项目建设需要，确需超过三年的项目，须对项目融资期内所存在的风险、项目利润水平进行严格评估，一事一议。

【产品优势】

1. 客户优势：为客户提供投融资及资产管理等专业化非信贷金融服务，满足客户多样性的融资需求。

2. 银行优势：增加银行中间业务收益的重要途径，并通过结构化融资业务带动银行债券承销、负债业务、投连贷等业务的开展。

【服务内容】

服务内容为设计融资方案，协助客户完成融资；资金来源为银行发行理财产品募集的理财资金或代理代销资管计划所募集的资金（理财资金）。

【收费标准】

双方协商后，签订债务融资财务顾问协议，按0.1%~2%的收费标准收取相应的财务顾问费。

【案例】

GJ 再生金属有限公司结构化融资顾问

一、企业基本概况

GJ 再生金属有限公司的经营目标是"打造产值超千亿元有色金属产业"，注册资本为人民币 1 亿元。

二、银行授信方案

银行考虑 GJ 再生金属有限公司属于特大型国有企业，有着极好的声誉，同时，项目融资需求金额巨大，而且需要债权融资和股权融资，因此，设计结构化融资方案，总授信 4 亿元，其中债权融资 2 亿元，属于贷款融资范畴；股权融资 2 亿元，属于股债结合范畴。

产品二十六　流动性债务融资

【产品定义】

流动性债务融资是指银行通过配置理财资金，满足客户在日常经营及投融资活动过程中产生的临时性、阶段性或循环性资金需求的一种融资业务。

【产品分类】

1. 投资类专项融资产品

（1）投资于信托公司设立的信托计划，委托信托公司对融资机构提供资金支持。

（2）投资于信托公司设立的信托计划，委托信托公司以其名义成为有限合伙企业的有限合伙人，并按约定履行出资义务，最终由有限合伙企业对向银行申请专项融资的融资机构提供资金支持。

（3）投资于金融资产管理公司或证券公司设立的资产管理计划，委托其对向银行申请专项融资的融资机构提供资金支持。

（4）投资于通过受让方式从信托受益人（企业法人或有限合伙企业）处获得用于向银行申请专项融资的融资机构提供资金支持之已成立信托计划的信托受益权。

（5）投资于通过金融资产交易所类交易平台挂牌的债权类标的资产。

2. 贷款类专项融资产品

贷款类专项融资产品包括流动资金贷款和项目融资贷款，根据融资机构的还款来源不同，主要分为以下两类：

（1）融资机构的融资申请已获得国家政策性银行、国有商业银行和股份制商业银行的批准而尚未发放，还款来源为上述银行发放贷款的放款资金。

（2）融资机构为银行认可的高信用资质机构，还款来源为该机构的合法经营收入或其他收入。

3. 非贷款类融资产品

非贷款类融资主要包括资本金融资和应收款项融资。

（1）资本金融资指融资机构自身筹集资本金或融资机构为其下属公司进行资本金出资，融资期限届满后由融资机构上级国有资产管理机构、融资机构本身或第三方按照事先的融资利率偿还融资的融资业务。

（2）应收款项融资指应收款项转让人与信托公司签署资产转让协议，将转让人合法持有的应收款项资产转让给信托公司，由信托公司支付约定转让价款，同时，由融资机构向信托公司提供书面承诺，承诺履行对信托账户约定到账现金不足时的现金差额补足义务。

【适用对象】

有融资需求的企业、事业法人。

【服务特点】

可以满足上市公司、大型企业集团等优质客户的中短期资金需求，融资期限为3~5年，资金用途较为灵活。

【收费标准】

双方协商后，签订债务融资财务顾问协议，按0.1%~2%的收费标准收取相应的财务顾问费。

【案例】

JN 航空股份有限公司融资方案

一、企业基本概况

JN 航空股份有限公司注册资本 3.5 亿元，以经营航空客运、货运、邮运输业务为主，兼营航材、航空食品、房地产、文化广告、通信等多种业务。JN 航空股份有限公司实现了主业和副业的有机剥离，实现了增资减债，有效地优化了资本结构，为公司快速、持续发展奠定了良好的基础，产权结构实现多元化，法人治理结构不断完善。

二、银行授信方案

结合公司实际需求，银行给予公司 2.5 亿元综合授信额度，具体品种及用途如下：

1. 15000 万元银行承兑汇票额度，用于向油料公司支付油料款。
2. 5000 万元流动资金贷款，用于向机场支付起降费。
3. 3000 万元流动资金贷款，用于向飞行学院支付培训费用。
4. 2000 万元流动资金贷款，用于支付电报电传使用费。

产品二十七　交易撮合顾问

【产品定义】

交易撮合顾问业务是指银行作为交易的第三方，通过撮合单一商务购买方与单一销售方进行交易，并提供交易所需融资，实现项目与资金对接的一种金融业务。

【适用对象】

有交易扩大及融资需求的企业、事业法人。

【服务内容】

1. 为买方寻找卖方，并为买方提供融资。
2. 为卖方寻找买方，并为卖方提供保理融资。

【收费标准】

双方协商后，签订交易撮合顾问协议，按1%～5%的收费标准收取相应的财务顾问费。

【案例】

FX 金属集团营销开发案例

一、企业基本概况

（一）主营业务、行业竞争力及市场地位

FX 金属集团主营废铜、废钢、废铝等再生金属及电解铜的进口与国内贸易。该集团主要竞争优势在于已经与国际上主要再生金属和电解铜供应商及国内的龙头冶炼集团建立长期良好合作关系，购销渠道稳定畅通，同时沿产业链延伸，逐步从单纯贸易型企业转型为集有色金属、再生金属的贸易、拆解、加工为一体综合性集团企业。

（二）主要业务模式及特点

该集团近三年处于快速发展阶段，其主要业务模式为：采购以进口为主，产品100%内销；其上游供应商比较分散，大部分通过香港的关联公司集中采购后，再统一进口至国内；下游客户主要是国内龙头的铜冶炼集团及大型电解铜贸易商，实力较强，部分采用赊销，有一定的应收账款。该集团与核心上下游客户均签订长单合同。

（三）难点分析

废铜行业客户对贸易金融产品接受程度不高。尤其是在国内贸易方面，再生金属产业中的企业以流贷、银承为主要融资工具，对银行大力推荐国内信用证、保理等贸易金融产品认可度不高，原因在于企业认为流贷、银承操作简便，在其他银行也有相应授信额度，而国内信用证、保理等产品还需要与其交易对手洽谈更改结算方式，手续相对烦琐。这一现象也使银行面临授信额度提用品种单一，且占用大量信贷资源和风险资本，综合收益水平较低问题。

二、银行授信方案

（一）开发现状

FX 金属集团是银行第一批客户，通过 3 年不断开发，授信额度从 4 亿元提高到 7.5 亿元，但随着他行逐步给予该集团新增授信额度及较优惠融资价格，A 银行授信额度相比以往已没有明显优势。

（二）方案简介

银行主要通过商业撮合和资金撮合这两类产品对客户进行新一轮的重点开发。FX 金属集团是 HS 俱乐部的首批创始会员企业之一，银行结合在再生金属产业链开发的客户群，以 FX 金属集团为核心，设计了通过"HS俱乐部"平台内部撮合、沿产业链上下游撮合业务合作并深度开发等方案，再配以适当的贸易金融产品，最终取得了不俗的成绩。

以 FX 金属集团与另外一家俱乐部成员企业 MK 金属国际集团的合作为例，银行在不断优化授信方案，创新融资产品等传统金融服务以外，撮合两家企业强强联合，达成 3000 吨/月的电解铜贸易业务，实现近 20 亿元的年销售额，为双方均带来过千万元的盈利。正是由于上述富有实效的创新增值服务，银行进一步巩固了与客户的战略合作伙伴关系，中间业务和负债业务自然也水到渠成。例如，FX 金属公司多次在银行价格与他行相比不具优势甚至小幅亏损的情况下仍然选择银行办理各类低风险业务，优先支持银行存款。上述两家客户均为银行的创利龙头企业，合计实现中间业务收入超过 7000 万元，拉动日均存款约 13 亿元。这一案例中，银行面对的是两家有降低成本和扩大规模需求的俱乐部成员单位，通过内部撮合，既能有效减少交易中的不必要环节，又能全面配套相应的授信额度及产品方案，充分满足了客户的需求，实现了"三赢"。

银行授信方案如图 2-18 所示。

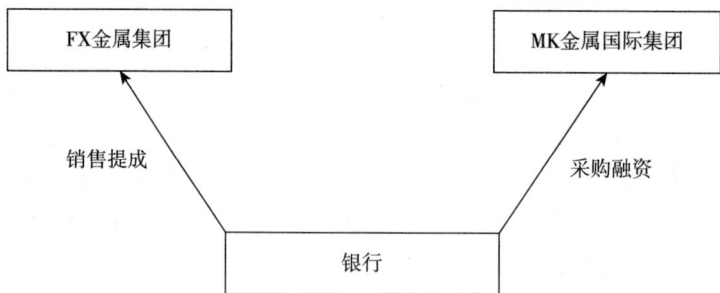

图 2 - 18　银行授信方案示意

【点评】

　　银行产品与服务同质化趋势明显，同业竞争日趋激烈。龙头企业是同业大力争取的重点目标客户，各家银行在授信额度、融资产品、资金价格等方面均不断创新、优化。

　　交易撮合作为一种创新的经营理念和合作模式，突破传统的以授信、产品、价格为核心的银企合作关系，以银行开发程度较深入并具备一定客户基础产业链作为纽带，通过银行牵线搭桥，积极推进产业链内企业横向、纵向交易合作，既解决商业谈判中双方互为信任难题，又为合作双方带来显著经济效益，同时也为银行赢得丰富的金融机会。

　　针对不同需求的客户，只有避免机械化地套用产品方案，灵活采用有针对性的销售手段，设计专属金融方案，避免与同业拼关系、拼授信、拼价格，通过创新寻找到与客户合作的"蓝海区域"。

产品二十八　资产证券化财务顾问

【产品定义】

资产证券化财务顾问业务指银行作为资产证券化发起人的财务顾问，为其设计资产证券化发行方案（包括但不限于基础资产选择、交易结构设计、风险控制安排等），并提供中介机构选聘及协调、审批沟通、资金对接等顾问服务，协助其实施资产证券化的财务顾问业务。

小贴士	信贷资产证券化
信贷资产证券化是指把欠流动性但有未来现金流的信贷资产（如银行的贷款、企业的应收账款等）经过重组形成资产池，并以此为基础发行证券。	

【适用对象】

有资产证券化需求的企业客户。

【产品优势】

1. 银行优势。

（1）盘活资产：资产证券化可以将不具有流动性的资产转变为流动性较高的资产，达到盘活资产的目的。

（2）改善资产负债表：满足"出表"要求的方案设计可以将长期资产转化为现金资产，降低长期资产的比例；不增加资产负债率。

2. 企业优势。

（1）降低融资成本：通过结构化处理，大幅提升公开发行品种的信用等级，降低融资成本。

（2）拓宽融资渠道：资产证券化可以成为企业现有融资方式（股权融资、债务融资）的有益补充。

【业务结构】

资产证券化财务顾问业务结构如图2-19所示。

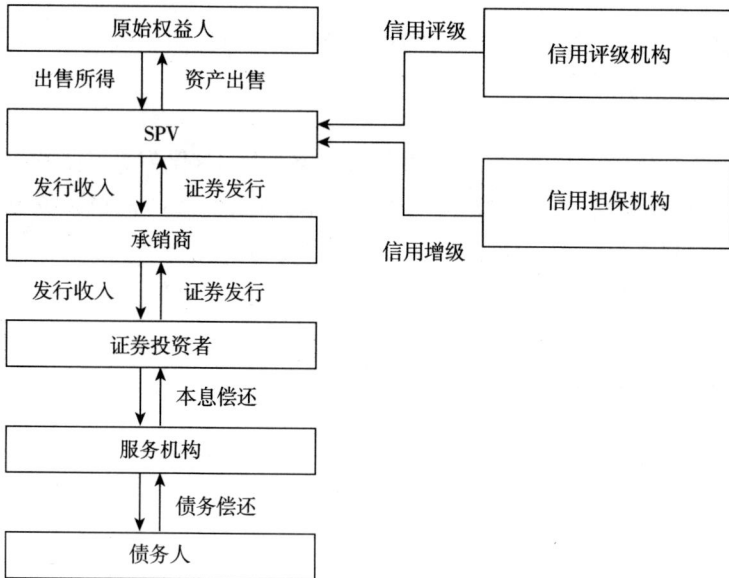

图2-19 资产证券化财务顾问业务结构

【收费标准】

双方协商后，签订债务融资财务顾问协议，按约定的收费标准收取相应的财务顾问费。

【案例】

ZTJ商业保理银信供应链资产支持票据（ABN）

一、企业基本概况

ZTJ商业保理有限公司的经营范围包括商业保理业务、受金融机构委托从事金融业务流程外包服务、受金融机构委托从事金融知识流程外包服务、互联网金融信息服务（根据国家规定获得审批后方可经营）、受金融机构委托从事金融信息技术外包服务等。

ZTJ 商业保理有限公司为 ZTJ 集团的成员企业。ZTJ 集团为国内大型钢铁集团，集团内有 94 家非金融成员企业。

二、银行授信方案

A 银行独家主承销的"ZTJ 商业保理银信供应链资产支持票据（ABN）"成功发行设立。

本期票据发行规模为 15 亿元，期限 2 年，债项评级 AAA，发行利率 5.4%，创近期可比资产支持票据最低发行水平。

基础资产为 1453 家 ZTJ 供应商以持有的 94 家 ZTJ 非金融成员企业开的"铁建银信"进行保理融资后，ZTJ 商业保理有限公司对 ZTJ 非金融成员企业的应收账款。

【点评】

能够产生稳健现金流的资产都可以证券化，可以将这些沉睡的资产进行变现，支持主业的发展。

产品二十九　过桥融资业务

【产品定义】

过桥融资业务是指银行基于融资客户某项确定性较强的特定兑付资金来源，通过财务顾问与代理债权投资、代理并购与投资业务相结合的方式，为融资客户提供阶段性资金支持的业务。

【适用对象】

有融资需求的企业、事业法人。

【产品优势】

在符合国家宏观经济金融政策及银行行业信贷政策的前提下，可满足企业多元化资金需求。

【风险控制】

锁定后续的资金来源，并且资金来源回到银行指定的封闭账户，形成现金流封闭循环，这样才可以控制风险。

【费税标准】

双方协商后，签订债务融资财务顾问协议，按 0.1%～2% 的收费标准收取相应的财务顾问费。

【案例】

BT 地铁集团过桥融资业务

一、企业基本概况

BT 地铁集团注册资本 61.3871 亿元，由 6 家股东出资设立。业务范围涵盖市轨道交通投资建设及运营管理，在国民经济建设领域中地位日益提高。

BT 地铁集团准备发行 3 亿元债券。

二、银行授信方案

1. 银行向 BT 地铁集团发放 3 亿元流动资金贷款，期限 12 个月。

2. 债券资金到位后，BT 地铁集团归还银行贷款。

产品三十　直接投资业务

【产品定义】

直接投资业务是指银行直接开展的基金投资与管理、市场化股权项目投资，或为境内机构投资者提供的直接投资财务顾问服务。

【适用对象】

有良好行业前景及较高成长性的企业或具有投资需求的机构投资者。

【开办条件】

具有投资需求的机构投资客户均可办理。

【费税标准】

双方协商后，签订直接投资协议或直接投资顾问协议，按 1% ~3% 的收费标准收取。

【案例】

成都 YH 电池科技有限公司直接融资业务

一、企业基本概况

成都 YH 电池科技有限公司，注册资本 5000 万元，占地约 1.27 平方千米。公司是国内特大型电池生产企业，向世界知名汽车厂商供货。

该公司准备继续投资 2 亿元，继续进行一期第 3 阶段新厂区建设。

二、银行授信方案

公司的基础建设所需资金缺口在 2 亿元左右，公司每年自筹 1.5 亿元左右，另外 0.5 亿元通过银行解决。

银行采取专业投资子公司投资 0.5 亿元。

产品三十一　信托收益权＋银行承兑汇票融资居间业务

【产品定义】

信托收益权＋银行承兑汇票融资居间业务是指企业投资信托计划收益权，然后银行受让信托计划收益权，银行向企业支付对价，企业办理银行承兑汇票的一种资金居间业务。

【业务结构】

信托收益权 + 银行承兑汇票融资业务结构如图 2 - 20 所示。

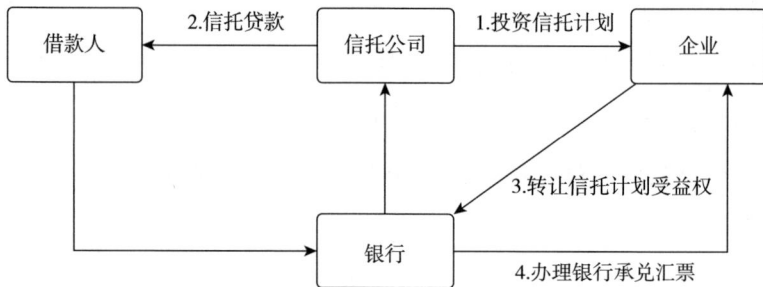

图 2 - 20　信托收益权 + 银行承兑汇票融资示意

【适用对象】

1. 理财客户：对理财收益率要求较高的企业客户，同时，客户要求保持一定的融资机会。

2. 借款客户：可以承担较高融资的借款人，通常都是房地产公司、矿业公司等。

【产品优势】

1. 银行优势：

（1）银行通过表外资金模式，为借款人解决融资需要。

（2）银行为企业客户提供融资，同时可以促进理财产品的销售。

2. 企业优势：

（1）企业可以以较低的成本获得融资。

（2）企业可以随时将委托贷款债权质押给银行。

【业务流程】

1. 银行为借款人核定授信额度。

2. 银行安排有闲置资金的公司投资信托计划受益权，资金进入信托公司账户，然后定向划转到借款人账户。

3. 有闲置资金的公司将信托计划受益权转让给银行。

4. 银行根据转让的信托计划受益权金额，为有闲置资金的公司办理银行承兑汇票。

【案例】

银行信托收益权＋银行承兑汇票融资业务

一、企业基本概况

ZX 交通工程局有限公司是国家特大型航务施工企业，具有港口与航道工程施工总承包特级资质。曾被冠以"中国的脊梁"国有企业称号，多次被评为"全国先进建筑企业""全国优秀施工企业""全国工程质量管理先进企业"等。

北京 JO 有限公司，注册资金 3.1 亿元，总资产 52 亿元，年销售收入近 61 亿元，纳税 1 亿多元，是一家集建筑钢材贸易、房地产开发和金融股权投资等多领域经营企业集团。

二、银行授信方案

1. 银行对 ZX 交通工程局有限公司核定 1 亿元综合授信额度，报价 7%。

2. 北京 JO 有限公司以自有 1 亿元资金购买信托计划，为期 6 个月。

3. 银行为北京 JO 有限公司办理 2 亿元银行承兑汇票（1 亿元理财＋1 亿元存单质押）。

4. 理财信托计划到期，银行扣划信托计划兑付资金解付北京 JO 有限公司办理的银行承兑汇票。

产品三十二　国内信用证福费廷资金居间业务

【产品定义】

国内信用证福费廷资金居间业务是指银行将单笔的国内信用证议付资产采取转卖方式，转卖给第三方银行的一种资金居间业务。

【适用对象】

国内的同业银行。

【产品优势】

1. 银行可以将信贷资产规模腾出来，为再次的信贷资产发展留下机会。

2. 银行通过国内信用证福费廷业务，单笔向同业融资，不仅可以利用同业资金维护本行的信贷客户，而且可以赚取可观的点差收益。

【业务结构】

国内信用证福费廷资金居间业务结构如图 2–21 所示。

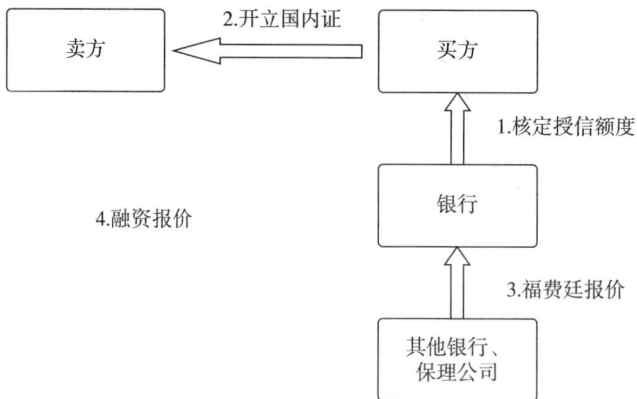

图 2–21　国内信用证福费廷资金居间业务结构示意

【业务流程】

1. 银行对企业办理国内信用证议付。

2. 银行联系同业银行转卖福费廷资产。

3. 企业到期收到国内信用证议付款，银行归还给同业。

【风险控制】

1. 利率风险，银行必须防止出现利率倒挂风险，在议付利率低于福费廷利率情况下，将出现利率倒挂风险。

2. 应当首先联系同业福费廷银行，在同业报价基础上，加点确定对企业客户的报价。

【案例】

WZ 有限公司福费廷业务

一、企业基本概况

WZ 有限公司是专注钢铁、矿产品的特大型供应链服务企业集团，依托覆盖全国的采购渠道和销售网络、深厚的行业经验、专业化的服务体系和强大的物流能力，在铁路物资供应链服务和钢铁供应链集成服务领域确立了行业领先地位。

A 银行为 WZ 有限公司核定 5 亿元国内信用证业务，为了降低银行的风险资产消耗，A 银行筹划办理福费廷业务。

二、银行授信方案

A 银行联系同业银行 B 银行，将国内信用证议付资产进行转卖。A 银行对 WZ 有限公司报价 7%，对 B 银行福费廷报价 6%，A 银行赚取 1% 的点差。

【点评】

人民银行目前已经建立了信用证项下的福费廷市场，属于二级市场。一旦二级市场发展起来，一级市场就会有签发量，会有较好的生存环境，所以我们非常看好国内信用证，认为其市场前景广阔。

产品三十三　理财资金＋私募股权基金＋银行回购

【产品定义】

理财资金＋私募股权基金＋银行回购是指银行通过发行理财产品，筹集资金，通过信托方式间接投资作为企业股权，由借款企业的控股股东提供回购的一种资金居间业务。

【适用对象】

迫切需要股本融资的中小企业。这类中小企业本身资产负债率极高，已经很难再直接获得债权贷款，银行居间提为其供股权融资。

【产品优势】

1. 企业筹集最为迫切的股权资金，银行可以获得可观的融资安排费，作为商业银行的中间业务收入来源。

2. 通过股权融资方式不占用银行的信贷资源，银行可以节省大量宝贵的信贷资源。

【业务流程】

1. 银行为借款人核定授信额度。

2. 银行发行理财产品，通过信托公司注资借款人，信托公司作为出资方。

3. 理财产品到期，第三方回购股权。

4. 银行兑付理财产品。

【案例】

DSL 投资有限责任公司理财资金担保回购业务

一、企业基本概况

RY 基础设施投资管理有限公司注册资金 26.73 亿元，经营范围为城市基础设施投资和房地产开发，主要任务是规划与实施街道拓展的一级开发工作；另外代政府承接城区范围内的基础设施及公共设施项目建设。

DSL 投资有限责任公司，注册资本 3 亿元，经营范围为通过重要街区及重要历史文化节点项目的实施运作，按照政府主导、市场化运作，多级主体共同参与的模式，充分尊重胡同肌理与建筑风貌，深入挖掘历史文化内涵，利用其原生态商业和文化肌理、城市中心型的游客消费圈、众多名人故居和历史建筑等构筑的人文氛围，植入全新产业内核。

北京 DJ 资产管理中心属于私募股权基金，从事高收益的股权投资，属于有限合伙企业主体。

二、银行授信方案

1. 银行选择与北京 DJ 资产管理中心合作，银行发行理财产品。

2. 募集资金投向 DSL 投资有限责任公司股权。

3. 由 RY 基础设施投资管理有限公司提供回购担保。

产品三十四　银行承兑汇票质押＋委托贷款居间业务

【产品定义】

银行承兑汇票质押＋委托贷款居间业务是指借款人以银行承兑汇票作为质押，银行采取委托贷款方式，向借款人提供资金的一种资金居间业务。

【风险控制】

1. 银行必须对提供质押的银行承兑汇票核定同业授信额度，必须符合贴现的标准。

2. 借款人必须承诺，以银行承兑托收回来的资金归还委托贷款本金，取得明确承诺函，并获得持票人的有权机构的法律文件。

【业务流程】

1. 银行对银行承兑汇票持票人提供的银行承兑汇票进行额度核实，确定可以贴现的银行承兑汇票。

2. 银行联系委托人提供资金，签订《委托贷款协议》。

3. 银行与借款人签订《委托贷款借款协议》，将信贷资金提供给借款人。

4. 银行承兑汇票到期，对银行承兑汇票办理托收，托收回来的资金用于归还委托贷款。

【适用对象】

有些客户持有银行承兑汇票，有些客户有资金，引导有资金的客户采取委托贷款方式向持有银行承兑汇票的客户发放委托贷款，持票客户将银行承兑汇票质押给银行，签订《三方合作协议》。

银行承兑汇票到期，银行办理银行承兑汇票托收，将托收回来的价款支付给委托方。

【案例】

上海DY房地产集团有限公司银行承兑汇票质押+委托贷款居间业务

一、企业基本概况

上海DY房地产集团有限公司，是隶属国家城市综合开发一级资质DY集团有限公司的房地产股份制企业，总部设在上海，其房地产开发业务涉足上海、浙江、江苏、安徽、江西等省市，累计开发面积300万平方米。

二、银行授信方案

DY地产项目开发的楼盘销售完毕，有9000万元的闲置资金，银行营销到一个钢铁贸易商需要贴现总额为1亿元的银行承兑汇票，银行居间由上海DY房地产集团有限公司提供委托贷款资金，提供给钢铁贸易商。此笔业务为银行带来了30万元的中间业务收入。

【点评】

　　金融创新并不复杂，将几个看似传统的产品重新排列组合，就是一个有效的金融创新，可以满足各类主体的需求。所以，银行最重要的是开动脑筋，在熟悉基础产品的情况下，做到熟练的组合运用。动脑子经营银行，而不是成天喝大酒，动腿去经营银行。

产品三十五　保险资金投资基础设施债权投资计划

【产品定义】

　　保险资金投资基础设施债权投资计划是指银行居间保险公司资金，以债权投资计划为工具，将保险资金居间给借款人的一种资金居间业务。

【适用对象】

　　1. 基础设施类项目，如交通（公路、新民、桥梁、港口等）、能源（电网、火电、水电、核电、煤炭、石油等）、市政环保（自来水、污水处理、脱硫等）、通信等领域；

　　2. 保障住房类项目，如公租房、廉租房、棚户区改造等；

　　3. 副省级以上城市的商业房地产类项目，如商业中心、写字楼等。

【产品优势】

　　1. 资金量较大，期限较长，可以与银行营销的城市基础设施项目、保障性住房建设项目、高速公路、高速铁路等项目进行对接。

　　2. 银行可以借助保险公司的大额资金，维护银行的信贷客户，可以获得可观的中间业务收入。

　　3. 银行可以沉淀较为可观的存款回报。

【业务流程】

1. 银行为借款人核定授信额度。

2. 银行联系保险公司，并提供一定的风险控制承诺。

3. 保险资金采取投资信托计划方式，将资金提供给信托公司。

4. 信托公司采取信托贷款方式，将资金贷款给借款人。

【风险控制】

1. 银行为借款人核定授信额度，并落实好担保和抵押措施。

2. 银行必须准确地评估项目的经营现金流，确保项目的现金流足以覆盖保险公司提供的资金。

【案例】

DX 公路投资集团保险资金投资基础设施债权投资计划

一、企业基本概况

DX 公路投资集团注册资本 20 亿元，是受市政府委托，代表市政府实施高速公路投资、前期开发准备的单位，为市政府直管单位，正县级，现有内部处室 9 个。

二、银行授信方案

1. 债权主体：DX 公路投资集团。

2. 投资主体：HT 资产管理有限公司。

3. 担保人、托管人、偿债资金账户监管人、交易保证金账户监管人：A 银行。

4. 总金额：50 亿元，资金一次到位，根据项目进度分批拨付。

5. 期限：7 年。

6. 利率：固定或浮动，未最终确定。

7. 还本付息：前 4 年为宽限期，只付息不还本，5～7 年为还本期，第 5 年还 10 亿元，第 6 年还 10 亿元，第 7 年还 30 亿元。

8. 资金用途：资金用于高速公路项目。

9. 担保条件：银行提供全额本息不可撤销连带责任融资性保函。

（1）DX 公路投资集团在银行开立偿债资金专户，高速公路地出让收入的一定比例划入该账户专项用于该债券计划的还本付息。

（2）对市公路收费金账户实施三方监管，当不能按期还本付息时，可对该账户资金进行冻结。

10. 中间业务收入。银行中间业务收入包括担保费、托管费和监管费三项收费，银行收取的手续费要确保全面覆盖风险资产资本占用费。

11. 沉淀存款。DX 公路投资集团项目专户及偿债资金专户开立在银行，可形成可观存款沉淀，预计日均存款不会低于债权计划的 15%。通过加强对 DX 公路投资集团项目资金流向的监管，可使更多下游收款人在银行开立账户，形成更多存款沉淀。

【点评】

保险资金的性质与银行吸收的存款资金截然不同，保险资金都是长期资金，而银行吸收的存款资金大部分只有 1~2 年，所以保险资金和银行资金有较大的互补性。对银行希望开展的一些长期项目贷款、长期固定资产贷款，保险资金无疑属于非常理想的资金来源。我们应当做两者之间的撮合匹配，既满足长期贷款项目人的融资需要，又符合保险资金的配置安排。

产品三十六　银票收益权 + 资管计划资金居间业务

【产品定义】

银票收益权 + 资管计划资金居间业务是指银行将票据资产打包出售给具备资管计划资格的第三方机构（信托公司、保险公司、券商、基金公司），并由银行代为保管资管计划资产的一种资金居间业务。

【产品优势】

1. 可以顺利地为客户提供一种全新的贴现模式，为进一步的贴现业务留出余地。

2. 银行可以获取可观的中间业务手续费收入。

【业务流程】

1. 银行寻找准备办理贴现的客户。

2. 银行联系同业——信托公司、保险公司、券商、基金公司，投资磋商票据资产。

3. 银行与信托公司、保险公司、券商、基金公司签订《票据贴现资产转让协议》《票据资产代保管协议》。

4. 票据资产到期，银行提出托收，集托收资金兑付资管计划。

【案例】

LG 有限公司银票贴现＋资管计划资金居间业务

一、企业基本概况

LG 有限公司是我国特大型钢铁联合企业之一，地理位置优越，交通快捷便利，素有"江南一枝花"的美誉，着重盛产 H 型钢。经过 50 年的艰苦创业、自我积累和滚动发展，LG 有限公司拥有铁、钢、材 1600 万吨配套生产规模，总资产近 900 亿元，形成了独具特色的"板、型、线、轮"产品结构，按国际标准组织生产的钢材产品达到钢材产品总量的 80%，有 38 个产品荣获国家、省优质产品称号。

LG 有限公司有超过 20 亿元的银行承兑汇票资产。

二、银行授信方案

银行为 LG 有限公司设计银票贴现＋资管计划资金居间业务，通过外围的资管计划资金买入 LG 有限公司的票据资产 20 亿元。

【点评】

该专项计划以企业作为原始权益人的交易结构，既满足现有监管框架下的合法合规性，又为中小企业直接融资创出崭新路径，助力金融有效服务实体经济的发展。

产品三十七　商业承兑汇票质押+委托贷款

【产品定义】

商业承兑汇票质押+委托贷款业务是指借款人以持有的商业承兑汇票作为质押，银行通过居间委托贷款，为借款人提供信贷资金的一种资金居间业务。

【适用客户】

持有商业承兑汇票的企业客户，这类企业持有的商业承兑汇票一般为承兑人保贴商业承兑汇票。

【产品优势】

1. 不占用银行的信贷规模。

2. 银行可以获得可观的中间业务收入。

【业务结构】

商业承兑汇票质押+委托贷款业务结构如图2－22所示。

【业务流程】

1. 借款企业持商业承兑汇票向银行申请融资。

2. 银行对借款企业核定授信额度。

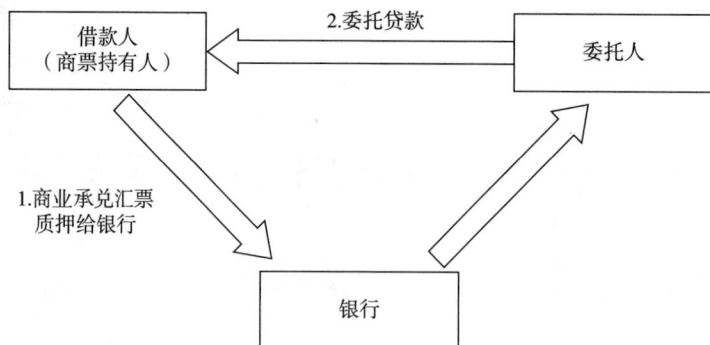

图 2 - 22　商业承兑汇票质押 + 委托贷款业务结构

3. 银行居间委托贷款资金提供给借款企业。

【风险控制】

1. 以商业承兑汇票作为质押，出质人约定，以商业承兑汇票托收回来资金归还委托贷款本金。

2. 商业承兑汇票应由实力雄厚的大型企业签发，确保商业承兑汇票没有兑付风险。

【案例】

GJ 有限公司商业承兑汇票质押 + 委托贷款业务

一、企业基本概况

BH 房地产（集团）股份有限公司是一家大型国有房地产企业，具备国家一级房地产开发资质。银行为 BH 房地产（集团）股份有限公司核定授信额度 10 亿元，由于没有信贷规模，银行无法对 BH 房地产（集团）股份有限公司办理贷款。

GJ 有限公司属于施工企业，公司资金紧张，迫切需要获得资金。

二、银行授信方案

1. 银行引导 BH 房地产（集团）股份有限公司在授信额度内，签发商业承兑汇票，商业承兑汇票收款人为 GJ 有限公司。

2. GJ 有限公司持商业承兑汇票 10 亿元向银行申请质押，银行引入第三方资金，对 GJ 有限公司办理委托贷款 9.5 亿元。

【点评】

商业承兑汇票变现融资的核心风控应当是牢牢把握住大企业、优质客户签发的商业承兑汇票。商业承兑的变现不要依靠贴现一种方式，也可以通过投行化的方式来实现，银行可以在这个过程中获得可观的收入。

产品三十八　应收账款质押＋委托贷款

【产品定义】

应收账款质押＋委托贷款业务是指借款人将应收账款质押给银行，银行引导第三方资金采取委托贷款方式，将贷款资金提供给借款人的一种资金居间业务。

【适用对象】

持有应收账款的企业客户，应收账款的付款人多是政府融资平台公司、大型房地产开发商等。

【产品优势】

通过该产品可以维护一批持有应收账款的企业客户，而且不占用银行信贷资产。

【业务流程】

1. 银行为借款人核定授信额度。
2. 借款人将应收账款质押给银行。

3. 银行居间第三方企业对借款人提供委托贷款。

4. 应收账款到期，银行以应收账款资金兑付委托贷款。

【风险控制】

1. 银行必须对借款人核定授信额度。

2. 银行必须核实应收账款质量，控制应收账款风险。

3. 应付账款债务人应为有实力的大企业、绩优上市公司、三甲医院等，确保没有基本的兑付风险。

【案例】

DH 公司委托贷款

一、企业基本概况

（一）DH 公司

DH 公司主营生化药品、西药、中成药、兼营医疗器械的批发，年销售规模近 2 亿元，在全国范围内拥有健全的营销招商网络，拥有自己的推广、开发和终端团队。在经营上，公司力求打破传统的批发、销售模式，充分发挥经营企业在生产者与消费者之间的桥梁纽带作用。

（二）MY 公司

MY 公司主要从事家具、木门、楼梯产品的研发、制造、售后等，并利用自身优势不断拓展产品品种和业务范围，有完善的采购、加工、质检、工程、营销等管理机构，主要产品有实木家具、实木复合套装门、实木套装门、实木楼梯、实木复合地板、窗套、哑口、各式柜体、隔断等 10 余类木制品产品。

二、银行授信方案

DH 公司有 TH 公司应收账款 5000 万元，银行已经核准授信额度 4000 万元。

委托人：MY 公司有资金 4000 万元，闲置在 6 个月以上。

银行引导：MY 公司办理委托贷款，借款人为 DH 公司。银行远期买入 MY 公司持有的委托贷款债权。

产品三十九　股权基金资金居间业务

【产品定义】

股权基金资金居间业务是指银行通过居间股权基金公司，为借款人筹集股权资金，并由母公司提供回购方式为银行提供担保的一种资金居间业务。

【适用客户】

迫切要求获得股权融资及债权融资的中小企业客户，尤其是民营企业客户。

【产品优势】

可以给中小企业提供股权融资和债权融资的组合融资，有利于进一步支持中小企业的发展。

【业务流程】

1. 银行为中小企业核定授信额度。
2. 银行为中小企业筹集股权资金。
3. 股权资金到位，银行对中小企业提供债权贷款融资。
4. 股权融资到期，由母公司回购中小企业股权融资款。
5. 中小企业债权融资到期，归还银行贷款融资。

【案例】

SH 公司投资 SN 地产股权基金

一、企业基本概况

SN 房地产有限公司，是 SN 水电建设集团公司的直属企业。公司拥有房地产开发企业一级资质，资信等级 AAA 级，是银行总行级的重点客户。

SN 地产有限公司本身规模扩张极快，需要不断补充资本金。

二、银行授信方案

SN 水电建设集团公司有两种选择。

第一种选择：SN 水电建设集团公司自己向银行申请并购贷款，向子公司增资。

劣势：对房地产公司股权投资，信贷政策受阻。自己直接贷款，会导致资产负债率上升，贷款卡金额上升。

第二种选择：SN 水电建设集团公司引入第三方股权基金，溢价回购方式，向子公司增资。

优势：贷款卡不受影响，资产负债率不变。

产品四十　间接银团信托计划

【产品定义】

间接银团信托计划是指银行将自己对借款人投放的贷款，采取转让给信托公司的方式，由信托公司发行信托计划的一种资金居间业务。

【适用客户】

银行核定授信额度的借款人。

【产品优势】

可以为银行大幅降低风险资产的占用。银行通过将贷款转让给信托公司，可以大幅削减贷款规模。

【业务流程】

1. 银行对借款人发放流动资金贷款。

2. 银行联系信托公司，将贷款转让给信托公司。

3. 银行代理信托公司将信托计划转售给投资者。

【案例】

EY 公司资金信托计划

一、企业基本概况

EY 公司位于内蒙古自治区鄂尔多斯市准格尔旗川掌镇，公司资金实力雄厚，生产经营能力强大，已发展成为业内一家较具实力的生产型企业。公司主营原煤、焦粉、焦油。

二、银行授信方案

（一）银行 TB 一号资金信托计划

产品名称：银行 TB 一号资金信托计划。

发行机构：RB 信托。

产品类型：集合信托。

产品状态：在售。

理财币种：人民币。

投资管理类型：自主管理。

发行规模：32000 万元。

发售对象：所有。

产品期限：5 年。

期限类型：单一期限。

预期年收益率：6%。

投资门槛：100 万元。

投资方式：信托贷款。

收益类型：固定型。

是否保本：否。

（二）资金运用情况

参与银行发起的银团贷款向 EY 公司发放贷款。

（三）信用增级情况

EY 公司部分煤矿采矿权抵押及 EY 公司 100% 股权质押。

（四）银团贷款的基本规则

牵头行发起贷款，可以将份额转让给参加行，抵押权设置给牵头行，贷款委托牵头行统一管理。

两种银团贷款方式：间接银团贷款方式和直接银团贷款方式。

产品四十一　财政资金代理业务

【产品定义】

财政资金代理业务包括财政直接支付和财政授权支付。

1. 财政直接支付是国库集中支付的一种方式，是指预算单位按照部门预算和用款计划确定的资金用途，提出支付申请，经财政国库执行机构审核后开出支付令，送代理银行，通过国库单一账户体系中的财政零余额账户或预算外资金支付专户，直接将财政性资金支付到收款人或收款单位账户。财政直接支付类型包括工资支出、政府采购和其他支出。

2. 财政授权支付是指预算单位按照财政部门的授权，自行向代理银行签发支付指令，代理银行根据支付指令，在财政部门批准的预算单位的用款额度内，通过国库单一账户体系将资金支付到收款人账户。实行财政授权支付的支出包括暂未实行财政直接支付的专项支出和公用支出中的零星支出及小额现金的提取。

【流程】

1. 财政直接支付的流程（见图2－23）。

（1）一级预算单位汇总、填制《财政直接支付申请书》，上报财政局国库支付中心。

（2）财政局国库支付中心审核确认后，开具《财政直接支付汇总清算额度通知单》和《财政直接支付凭证》分别送人民银行、预算外专户的开户行和代理银行。

（3）代理银行根据《财政直接支付凭证》及时将资金直接支付到收款人或用款单位，然后开具《财政直接支付入账通知书》，送一级预算单位和基层预算单位。

（4）一级预算单位及基层预算单位根据《财政直接支付入账通知书》

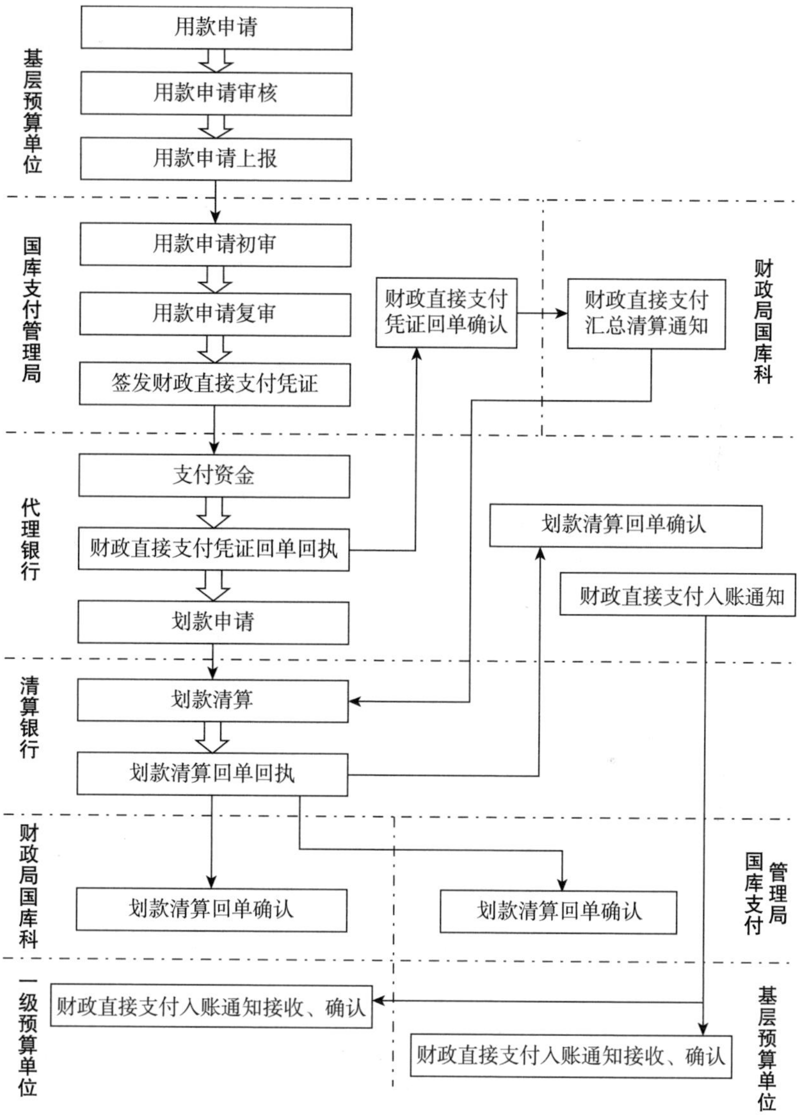

| 基层预算单位 | 用款申请 |
| 用款申请审核 |
| 用款申请上报 |

国库支付管理局 — 用款申请初审 / 用款申请复审 / 签发财政直接支付凭证

财政直接支付凭证回单确认 → 财政直接支付汇总清算通知 — 财政局国库科

代理银行 — 支付资金 / 财政直接支付凭证回单回执 / 划款申请

划款清算回单确认 / 财政直接支付入账通知

清算银行 — 划款清算 / 划款清算回单回执

财政局国库科 — 划款清算回单确认 / 划款清算回单确认 — 国库支付管理局

一级预算单位 — 财政直接支付入账通知接收、确认 / 财政直接支付入账通知接收、确认 — 基层预算单位

图 2 − 23　财政直接支付流程

作为收到和付出款项的凭证。

（5）代理银行依据财政局国库支付中心的支付指令，将当日实际支付的资金，按一级预算单位、预算科目汇总，分资金性质填制划款申请凭证

并附实际支付清单，分别与国库单一账户、预算外专户进行清算。

（6）人民银行和预算外专户开户行在《财政直接支付汇总清算额度通知单》确定的数额内，根据代理银行每日按实际发生的财政性资金支付金额填制的划款申请与代理银行进行资金清算。

2. 财政授权支付流程（见图2-24）。

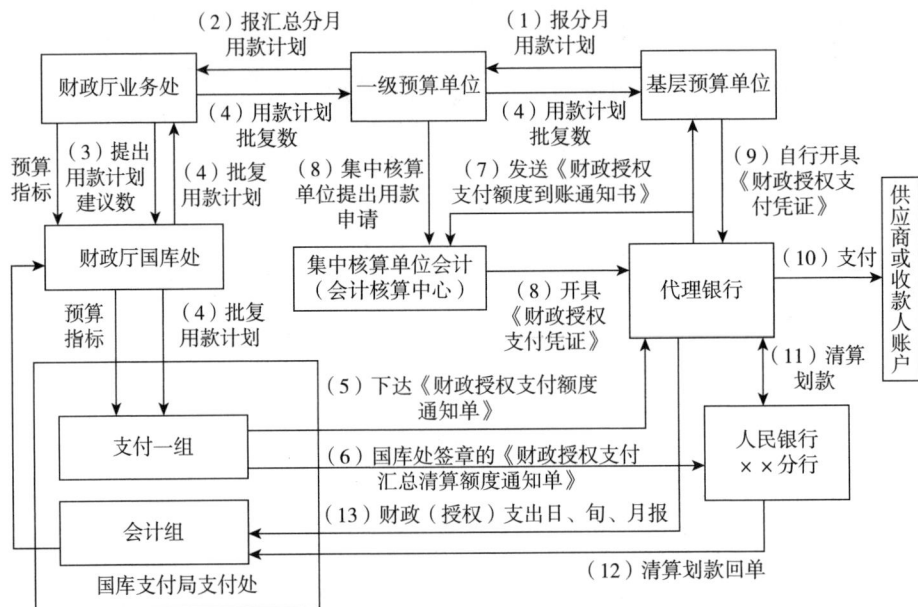

图2-24　财政授权支付流程

（1）申请和下达用款额度。预算单位按照规定时间和程序编报分月用款计划，申请财政授权支付用款额度。

（2）预算单位办理支付业务。预算单位凭据《财政授权支付额度到账通知单》确定的额度，自行签发财政授权支付指令，通知代理银行办理资金支付业务。

（3）代理银行办理支付。代理银行收到预算单位提交的支付指令后，审核支付指令的金额是否在财政部下达的相应预算科目财政授权支付用款额度范围内，以及支付指令信息是否齐全完整。审核无误后，按照有关规定办理现金支付或转账、信汇、电汇等资金支付和汇划业务。

（4）预算单位账务处理。预算单位账务处理包括两方面内容，一是收到代理银行转来的《财政授权支付额度到账通知单》后，借记"零余额账户用款额度"，贷记"财政补助收入（或拨入经费）——财政授权支付"；二是通知代理银行付款后，根据代理银行加盖转讫章的"进账单"（第三联）及其他凭证，借记相关支出科目，贷记"零余额账户用款额度"。

（5）代理银行清算资金。代理银行根据已办理支付的资金，在营业日终了前的规定时间内，填写《财政授权支付申请划款凭证》，向人民银行提出清算申请。

（6）人民银行办理清算业务。人民银行国库局收到代理银行提交的《财政授权支付申请划款凭证》，审核无误后，通知营业管理部办理资金清算业务。

产品四十二　资金池

【产品定义】

"资金池"是银行为企业集团客户提供的集团内部多层级、财务公司或结算中心集中管理本外币资金池的现金管理服务。

【业务分类】

1. 多级资金池。企业集团客户将成员账户加入资金池，实现内部多层级成员账户间资金上划下拨（见图2－25）。

2. 委贷资金池。受企业集团客户委托，银行以委托贷款的形式，为客户实现企业集团内部独立法人之间的资金上划下拨（见图2－26）。

【适用对象】

有资金集中管理需求的集团企业及多账户管理需求的企业。

【产品特点】

1. 实现成员企业与集团间资金的自由划转，并支持多种自动划拨类型。客户可以按照管理需要灵活选择资金集中频率，可以按照月、旬、周

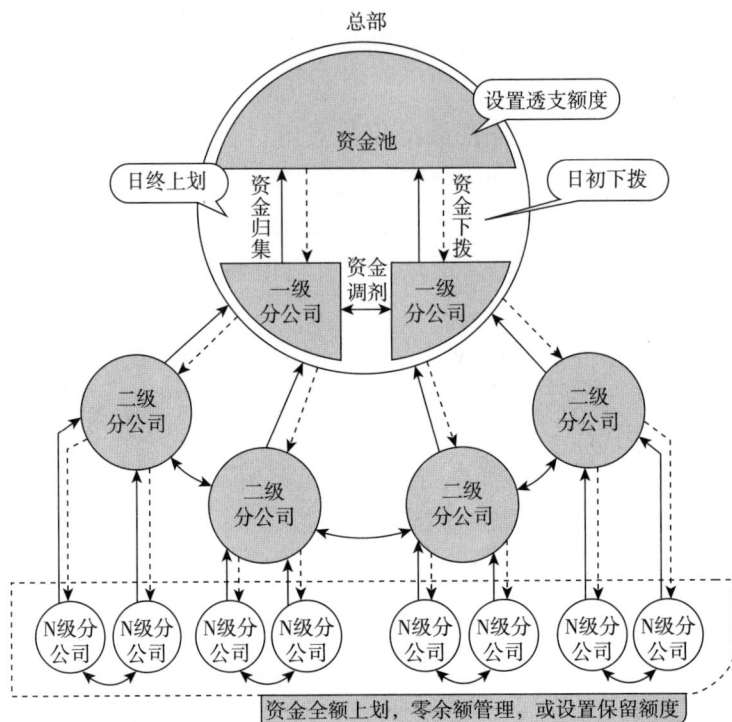

图 2-25　多级资金池示意

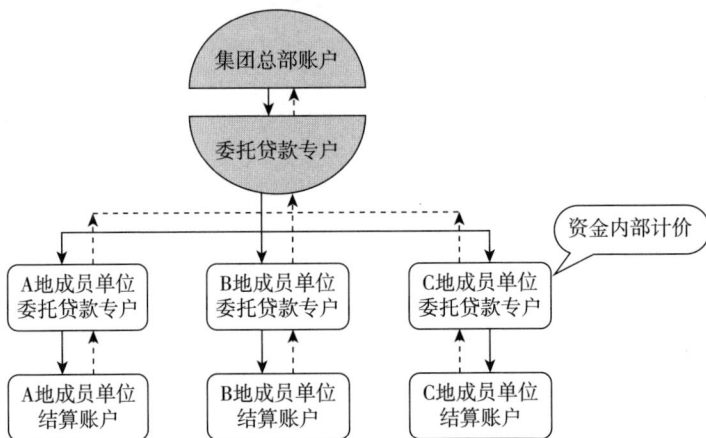

图 2-26　委贷资金池示意

或每日为周期进行资金上收，也可在同一周期内实现多次上收。

2. 实现集团对子公司账户资金和收付款的统筹管理。银行为客户提供灵活多样的资金池功能定制服务，客户可以自主调拨集团内部资金，也可以借助银行系统实现资金自动上收下拨。

3. 成员企业办理对外付款，资金头寸按预设条件自动由集团调拨。

4. 能够提供成员企业资金上划与集团资金下划的准确积数，帮助实现资金内部转移计价。

【产品优势】

1. 银行为客户建立覆盖全国的资金池，将全部成员单位纳入资金池，实现资金统一安排和调度，最大限度地发挥内部资金潜力，降低对外部资金的依赖，达到客户现金管理的主要目标。

2. 银行为资金池提供高效率运行平台，可实时集中集团内部资金，实现成员单位之间实时调剂资金，最大限度地发挥资金池的效用。

【案例】

B 集团委贷资金池

一、客户简介

B 集团为当地较大的进出口企业，发展非常迅猛，业务量逐年增大。目前集团多向发展，控股了多家关联公司，并计划于近期登陆新三板，这对集团资金调拨提出了更规范的要求。

二、营销切入

A 银行在前期与客户的沟通中，了解到 B 集团内部存在资金融通的需求。经过几年的快速发展，集团下辖有多个子公司分别负责不同的业务且资金需求量较大，集团内有部分子公司有稳定的现金流，部分则资金缺口较大。整个集团内部资金流动不畅，造成集团整体融资成本高、资金收益低。因此产生以下需求：

（1）B 集团内部的合规性管理要求高，希望通过委托贷款的形式来进行内部资金融通。传统委托贷款业务流程相对复杂，操作周期较长，集团希望合作银行能提供全线上委托贷款的模式开展此项业务。

（2）集团担心由于委托贷款涉及相关税费的计算，如果划款较为频繁，则难以快速准确地统计营业税和印花税，希望银行提供相关的报表测算功能。

（3）内部资金成本可以准确计量，内部利息是否划付可以由企业自行决定。

（4）个性化定制支付流程和人员权限。

三、解决方案

1. B集团开通A银行现金管理系统，将下属6家主要的子公司的账户加挂至现金管理系统委贷资金池，集团可根据各子公司用款情况进行集团内资金调拨，自由定价，期限灵活，调拨便捷。

2. 子公司可根据用款计划向母公司申请借款，可根据资金情况提前还款，减少融资成本。

3. 个性化设置集团关系，根据需求设置不同财务的操作权限。具体来说，客户使用现金管理系统对外支付功能，二级审批，不同的子公司需要不同的复核员复核，而董事长则具有查询整个集团账务的权限。

【点评】

1. B集团之前采用的是线下单笔委托贷款的模式来实现集团内部资金调拨，操作极为烦琐，效率低下，内部手工台账记录管理难度大。A银行通过在线委贷资金池的全面运用，有效地解决了客户的实际困难，奠定了企业的主结算行地位。

2. 委贷资金池适用于境内集团企业内部成员间的资金集中与共享，与普通单笔委托贷款业务相比，无须申报授信审批程序，依托电子化的方式提升了客户体验，满足集团客户内部借贷合规化管理及降低财务成本的要求，有助于银企合作关系的进一步稳固。

产品四十三　金融资产池

【产品定义】

金融资产池是银行为客户提供的集金融资产保管、信息管理、动态质押、额度共享于一体的综合管理服务，客户可将持有的票据、理财、存款、债券等金融资产保管于银行，实现资产信息的集合管理；或将金融资产质押于银行，形成担保额度，用于办理表内外信贷业务，实现金融资产的集约化使用。

【业务流程】

1. 资产池开办申请。
2. 业务调查、审查与审批。
3. 签订协议。
4. 资产池开通。
5. 资产质押入池。
6. 出池融资（贷款、银行承兑汇票、信用证、保函、黄金租赁等）。

【产品优势】

1. 盘活企业金融资产。银行可将企业以金融资产形式存在的资金盘活，解决应收票据或未到期资产的资金占用问题，提高资金使用效益，在保证金融资产收益的同时，通过质押融资满足资金流动性需求。

2. 金融资产管理方式灵活。银行为客户提供入池托管，同时还可为客户提供到期票据的托收或其他资产的支取服务，协助客户灵活管理持有资产。如果仅办理金融资产入池托管，业务流程更加简化。

3. 资产质押动态管理。客户将其持有的上述各类资产以质押的形式进入金融资产池，形成统一的担保额度，支持其融资需求。只要池内担保额度充足，客户可以随时将质押资产取出或使用其他资产进行置换，以满足票据动态管理的需要。

4. 担保额度共享。金融资产池将质押金融资产及保证金形成统一共享的担保额度，为集团企业客户提供共享额度的服务，能够有效满足集团客户利用异地分散金融资产进行集合融资、集约管理的需求，实现存量票据化零为整、金融资产异地共享，提升客户整体融资能力。

【业务结构】

金融资产池业务结构如图 2 - 27 所示。

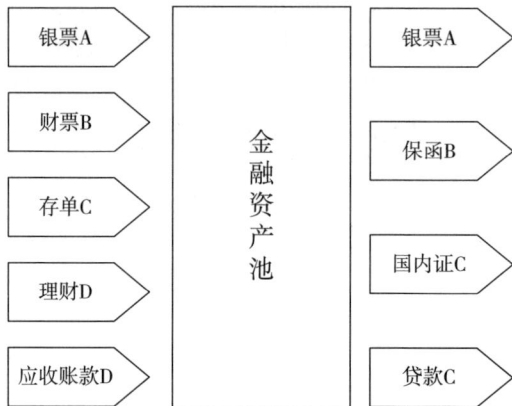

图 2 - 27　金融资产池业务结构

【案例】

NH 集团金融资产池

一、企业概况

NH 集团注册资本 100 亿元，有职工 8.9 万人，总资产 1545 亿元，企业信用等级 AAA，年生产钢 2402 万吨、铁 2502 万吨、钢材 2306 万吨；实现营业收入 1243 亿元，利润总额 32.9 亿元。

二、银行金融方案

A 银行服务的 NH 集团旗下有较多分公司和子公司，有些分公司和子公司资产或票据闲置，而有些分公司和子公司则因为缺少现金流不得不向银行贷款。该集团与 A 银行合作后，通过集团金融资产池，把集团内部的闲置资源调剂给需要的分公司和子公司使用，集团内部实现了余缺调剂，减少了外部融资。

【点评】

　　银行应当牢牢盯住企业零星的、琐碎的、有稳定现金流的资产，如应收账款、票据、存单等，这些都是最有价值的资产，可以给企业带来远期的现金流。银行控制着这些资产，一方面可以增加自己的结算量，另一方面可以牢牢地控制企业的信贷风险。

第三篇

相关收费标准及协议文本

相关收费标准

相关收费标准①如表 3 – 1 所示。

表 3 – 1　　　　　　　　　　　　相关收费标准

序号	服务项目	收费水平	效用功能	优惠措施	收费类型	适用客户
1	信托代收代付	协议定价	银行接受信托公司的委托，代理信托公司向银行符合购买条件的合格个人及机构客户推介信托公司发行的信托计划，并按照与信托公司签署协议的约定，代理信托公司资金收付的业务	暂无	市场调节价	企业及个人客户
2	私募股权投资资金代收代付	根据服务内容、服务质量、业务复杂性、投入的人力、物力和时间等因素，结合目标投资机构相关业务交易金额、债务管理规模等情况定价，但总额不超过相关交易金额的 5%／年	在资产管理项下为客户提供资金收集交割、汇转结清等资金代理收付业务	暂无	市场调节价	企业客户
3	居间业务资金代理收付	原则上对资金方与融资方收取的资金代理收付服务费用总额不超过 3%／年，并根据服务内容、服务质量、业务复杂性、投入的人力、物力和时间等因素与客户协议定价，并在相关合同中进行明示	主要是为了投融资项目和产品资金运转便利，充分利用银行平台和系统优势，提高客户资金归集、划转便利，提高服务质量和效率	暂无	市场调节价	个人及企业客户

---

① 这里的收费标准主要是根据国内几家主要商业银行网站公开披露的收费项目及价格整理的，供读者们学习参考使用。

序号	服务项目	收费水平	效用功能	优惠措施	收费类型	适用客户
4	特定客户资产管理业务	参与、退出费不超过5%；销售服务费（客户服务费、尾随佣金）不超过5%	特定客户资产管理业务是指基金管理公司向特定客户募集资金或者接受特定客户财产委托担任资产管理人，由银行担任资产托管人，为资产委托人的利益，运用委托财产进行证券投资的活动	暂无	市场调节价	基金公司
5	信托公司财务顾问服务	收费方式可采取固定财务顾问服务费和浮动财务顾问服务费定价方式。固定价格：原则上不超过投融资金额的5%/年。浮动价格：超额收益分成，分成比例不超过超额收益的30%	向信托公司推荐具有发行信托计划需求的优质项目方，并协助信托公司就其中相关事宜与项目方进行沟通、谈判并促成双方签订相关的合作协议；为设立及发行信托计划，协助信托公司安排、组织相关专业机构进行对项目的尽职调查；协助信托公司同项目方进行沟通与谈判，最终确定整体融资方案以及其中各环节的风险控制措施；受信托公司委托，作为居间人，帮助信托公司向机构客户和私人客户推荐信托计划（非代理销售）	暂无	市场调节价	企业客户
6	私募股权基金财务顾问服务	专项财务顾问费=合作机构作为基金普通合伙人（或普通合伙人的股东）实际所获得的绩效分成×（10%~30%）×部分投资人的实缴资本占基金所有合伙人的实缴资本的百分比（部分投资人即银行推荐的投资人）	（1）增加针对投资人的保障性措施。（2）对基金的潜在投资风险充分评估并对投资人进行全面的信息披露。（3）利用银行的优势提升投资人的议价能力和商业谈判地位，为投资人争取相应的投资权益。（4）协助私募股权投资基金管理公司进行路演推介会。（5）保证基金公司与投资人信息及时、充分的沟通。（6）解决专项需求提供定制化服务。（7）与合作伙伴共同举办投资人大会。（8）接受投资人委托和授权，募集资金用于投资	暂无	市场调节价	企业客户

序号	服务项目	收费水平	效用功能	优惠措施	收费类型	适用客户
7	居间业务理财顾问服务	原则上对资金方与融资方收取的理财顾问服务费用总额不超过3%/年，并根据服务内容、服务质量、业务复杂性、投入的人力、物力和时间等因素与客户协议定价，并在相关合同中进行明示	主要是利用银行在资源、项目、融资工具、网络、技术等方面的行业优势，在分析客户财务状况、投资偏好、风险属性的基础上，以顾问方式为客户提供各种投融资机会，满足私人银行客户在投融资方面的服务需求	暂无	市场调节价	个人及企业客户
8	特定账户资金监管类托管	协议定价，0.06%≤P≤2%	银行为证券基金、股权基金、保险计划、信托计划等资金募集或运用阶段，在财政专项资金、公益慈善基金、支付机构客户备付金、住房基金等专项资金的支付领域提供的托管服务	暂无	市场调节价	基金管理公司、股权投资管理公司、保险资产管理公司、信托公司、政府机构、慈善基金管理机构、第三方支付机构等
9	居间业务资金（账户）监管	资金（账户）监管费用标准根据服务内容在0.5%～3%区间收取	主要是为客户提供理财顾问项下的账户管理，包括资金划付、清算、后续跟踪等，属于针对客户资金安全性的增值服务	暂无	市场调节价	个人及企业客户

协议文本

【协议文本1】

委托贷款合同

编号：

借款人：　　　　　　　　　　　　　住所：
委托人：（企业或自然人）　　　　　住所：
受托行：　　　　　　　　　　　　　住所：

第一章　总则

为了有效地运用自有资金，委托人将自有资金委托给受托行按照本合同的条款和条件向借款人发放委托贷款。为明确三方当事人的权利、义务，根据我国有关法律法规的规定，经三方协商一致，自愿达成以下条款，以供遵守。

第二章　贷款用途

第一条　本合同项下的委托贷款，借款人只能用于＿＿＿＿＿，但受托行不对借款人运用贷款的方式和用途承担任何责任。

第二条　未经委托人事先书面同意，借款人不得改变本合同中确定的贷款用途。

第三章　贷款币种、金额和期限

第三条　本合同项下的贷款币种、金额（大写）为＿＿＿＿＿＿＿。

第四条　本合同项下的贷款期限自＿＿＿年＿＿＿月＿＿＿日起，至＿＿＿年＿＿＿月＿＿＿日止。

第四章　贷款利率

第五条　本合同项下的委托贷款年利率为＿＿＿。本合同履行期间内如委托人与借款人协商调整利率，需书面通知受托行，受托行自收到通知后的第二个工作日起按调整后的利率开始计算利息。上述约定利率不得违反法律、行政法规及规章的有关规定。

第六条 本合同项下的贷款按____（年/半年/季度/月）结息，结息日为____。如贷款本金的最后一次偿还日不是结息日，则借款人需在贷款本金的最后一次偿还日付清全部应付利息。

第七条 本合同项下的贷款计息以每年360天为基数，从提款日起按照实际提款金额和占用天数计收。

第八条 如果借款人未按照本合同的约定偿还贷款本金，借款人须自该贷款逾期之日起按逾期罚息利率支付利息，直至借款人清偿全部本息为止，逾期罚息利率为本合同第五条约定的贷款利率上浮。

借款人未按本合同的约定用途使用贷款的，借款人须自未按照合同约定用途使用贷款之日起按挪用罚息利率支付利息，直至借款人清偿全部本息为止，挪用罚息利率为本合同第五条约定的贷款利率上浮。

第九条 对借款人未能按时支付的利息，受托行有权按照罚息利率计收复利。

第五章 账户开立

第十条 在本合同签订之日起____日内，委托人需在受托行开立结算账户，开户行：_____、账号：_____（以下简称委托人账户），用于发放委托贷款和收取贷款本息等；借款人应当在受托行开立可作为委托贷款专用的账户，开户行：_____、账号：_____

（以下简称借款人账户），用于办理提款和还本付息等。

第六章 提款

第十一条 委托人应当在第十二条规定的提款日期之前至少提前三个受托行工作日将委托贷款资金足额存入委托人账户，以用于发放委托贷款。

第十二条 本合同生效后，借款人须按以下第____种方式提款：

1. 一次性提款，提款日期为____年____月____日。

2. 分次提款，具体提款金额和提款日期如下：

第一次提款：

（1）提款金额为：（大写）_____；

（2）提款日期为____年____月____日。

第二次提款：

（1）提款金额为：（大写）＿＿＿＿＿＿＿＿＿；

（2）提款日期为＿＿＿年＿＿＿月＿＿＿日。

第三次提款：

（1）提款金额为：（大写）＿＿＿＿＿＿＿＿＿；

（2）提款日期为＿＿＿年＿＿＿月＿＿＿日。其他约定：＿＿＿＿＿＿＿＿。

若遇提款日为非受托行营业日，则顺延至其后的第一个受托行营业日提款。

第十三条　借款人在提取贷款时应向受托行提交借据。由受托行在相应的提款日期当日将委托贷款金额从委托人账户中划入借款人账户中。如果委托人账户中的金额小于提款金额，则受托行划付的金额仅以委托人账户中的金额为限。

第十四条　借款人应当按本合同约定提取贷款，并按照本合同约定的贷款用途使用本合同项下之贷款。

第七章　还款

第十五条　借款人应按本合同约定币种按期偿还贷款本金并支付利息，并应按下列第＿＿＿项的约定于本合同所约定的结息日或还本日将应付款项汇入受托行指定的账户。

1. 一次还本，借款人应于＿＿＿年＿＿＿月＿＿＿日偿还全部贷款本金；

2. 分次还本，具体还本金额和日期如下：

第一次还本：

（1）偿还本金金额：＿＿＿＿＿＿＿＿＿＿（大写）；

（2）还本日期为＿＿＿年＿＿＿月＿＿＿日。

第二次还本：

（1）偿还本金金额：＿＿＿＿＿＿＿＿＿＿（大写）；

（2）还本日期为＿＿＿年＿＿＿月＿＿＿日。

第三次还本：

（1）偿还本金金额：＿＿＿＿＿＿＿＿＿＿（大写）；

（2）还本日期为＿＿＿年＿＿＿月＿＿＿日。其他约定：＿＿＿＿＿＿＿＿。

若遇还款日为非受托行工作日，则顺延至其后的第一个受托行营业日还款。

第十六条　借款人应在借款到期日向受托行按时足额归还本合同项下

的贷款。受托行于借款人还款后个受托行工作日将收取的贷款本息转入委托人账户。

第十七条　如果在某一还本付息日，借款人所偿还的一笔款项不足以偿还当期到期应付款项，则该笔款项应首先被用于支付应付的费用，然后用于支付到期利息，最后用于偿还贷款本金。

第十八条　借款人不能按期偿还委托贷款合同项下的贷款，需要展期还款的，应在该笔贷款到期日前个受托行营业日正式向委托人和受托行提交书面贷款展期申请。经委托人审查同意的，由三方另行签署《委托贷款展期合同》作为本合同的补充合同。委托贷款展期的期限应符合《贷款通则》关于贷款展期期限的相关规定。

第十九条　借款人如欲提前归还贷款，应提前个受托行工作日向委托人和受托行提出书面申请，并征得委托人和受托行的书面同意。

第二十条　如借款人未通过在受托行开立的账户归还委托人委托贷款本息的，应由委托人、借款人出具意见一致的申请书及相应的还款凭证等送达受托行做相应账务处理，经办行可据此给予削减委托贷款，否则受托行将视同委托贷款未按期归还。

第八章　委托贷款手续费

第二十一条　受托行根据本合同发放委托贷款的手续费率为＿＿＿％。

第二十二条　手续费在委托贷款发放时由受托行向（委托人/借款人）一次性收取。

第二十三条　手续费的收取不受委托贷款是否归还或提前归还的影响。如借款人未按期偿还利息，一个月以内的免收手续费，超过一个月则按＿＿＿％的费率向＿＿＿＿＿＿（委托人/借款人）计收。

委托人同意办理贷款展期时，受托行按照合同约定费率在签署合同当天收取手续费；贷款逾期后借款人一次性还款的，受托行可在其归还贷款本金时一并计收手续费；贷款逾期后借款人分次还款的，受托行可随其每次归还的贷款本金分次计收手续费。

第九章　借款人陈述与保证及承诺

第二十四条　借款人向委托人和受托行陈述与保证如下：

1. 借款人是一家依照中国法律成立并有效存续的法人实体/其他组织，具有独立的民事行为能力，并享有充分的权力、授权及权利以其全部资产承担民事责任并从事经营活动。

2. 借款人具有充分的权力、授权及权利签署本合同及进行本合同项下的交易，并已采取或取得所必要的所有法人行为及其他的行动和同意以授权签署和履行本合同。本合同由借款人的法定代表人或其委托代理人有效签署。

第二十五条　借款人在此向委托人和受托行承诺如下：

1. 如实提供贷款调查、审查过程中应交付的资料（法律规定不能提供者除外），积极配合受托行的调查和审查。

2. 借款人在借款期间如发生借款人名称和法定代表人变更、法定地址变更等事项应提前三十个受托行工作日书面通知委托人和受托行。

3. 借款人在清偿其在本合同项下的全部债务之前如进行承包租赁、股份制改造、联营、合并、兼并、合资、分立、资产转让、申请停业整顿、申请解散、申请破产，以及进行其他足以引起本合同之债权、债务关系变化或者可能影响委托人、受托行权益的行动时，应提前三十个受托行工作日以书面形式通知委托人和受托行，并经委托人书面同意，同时落实债务清偿责任或者提前清偿责任，否则不得进行上述行动。

第十章　委托人陈述与保证及承诺

第二十六条　委托人向借款人和受托行陈述与保证如下：

1. 委托人具有充分的权力、授权及权利签署本合同及进行本合同项下的交易，并已采取或取得所必要的所有法人行为及其他的行动和同意以授权签署和履行本合同。本合同由委托人的法定代表人或其委托代理人有效签署。

2. 委托人已取得为签署本合同所需的一切政府部门的批准和第三方同意，委托人签署及履行本合同不违反委托人的法人组成文件/批准文件（如有）及其作为一方当事人的任何其他合同或协议。

第二十七条　委托人在此向借款人和受托行承诺如下：

1. 委托人将按照本合同第十一条的规定将自有资金存入委托人账户，并保证该账户上的资金余额能够满足本合同所规定的借款人提款金额。

2. 本合同项下贷款损失的风险由委托人承担，受托行不承担贷款损失的任何风险。

第十一章　受托行陈述与保证及承诺

第二十八条　受托行向借款人和委托人陈述与保证如下：

1. 受托行是一家依照中国法律成立并有效存续的银行金融机构，具有充分的权力、授权及权利签署本合同及进行本合同项下的交易，并已采取或取得所必要的所有法人行为及其他的行动和同意以授权签署和履行本合同。本合同由受托行的法定代表人/负责人或其委托代理人有效签署。

2. 受托行签署和履行本合同是自愿的，其在本合同项下的全部意思表示真实。

第二十九条　受托行在此向借款人和委托人承诺如下：

1. 受托行将为委托人审查借款人的资信提供必要的帮助，办理有关贷款手续。但受托行不负责审查借款人的资信状况、财务状况以及贷款项目的可行性等，且不发表任何意见。

2. 受托行将按照本合同的约定发放贷款。

3. 受托行将按照本合同的约定收取贷款本息。

第十二章　违约事件

第三十条　下述任一事件，均构成借款人在本合同项下的违约：

1. 借款人未按本合同规定按期支付利息或归还本金；

2. 借款人未按本合同规定的用途使用贷款；

3. 借款人提供虚假的或者隐瞒重要事实的资产负债表、损益表等其他财务报表的，或者拒绝接受对其使用贷款情况和有关生产经营、财务活动的监督的；

4. 借款人在本合同项下作出的陈述与保证、承诺被证明是不真实的，或是具有误导性的；

5. 借款人未能履行其在本合同项下所作的承诺或其他义务；

6. 借款人经营、财务状况严重恶化；

7. 借款人或担保人被合并、分立或进行股份制改造时，未能作出令委托人、受托行满意的偿还安排或债务重组方案；

8. 借款人破产、被解散、关闭、撤销、吊销和注销。

第三十一条　贷款催收工作由委托人负责，受托行仅限于协助其出具并代为邮寄利息清单和贷款催收通知单。如贷款催收工作需要进行诉讼，受托行在取得委托人书面同意的前提下可以作为原告提起诉讼，但是由此产生的一切费用由委托人负担，且受托行不垫付任何费用，委托人自行承担因其未及时支付任何费用所造成的一切后果。

第十三章　受托行除外责任

第三十二条　委托人自行按照《贷款通则》的规定审查借款人的资格，审查借款人的资信状况、财务状况以及贷款项目的可行性，受托行无义务对上述情况负责或发表任何意见。

第三十三条　委托人自行审查担保人资信状况、抵（质）押财产状况并负责抵（质）押财产的监管等工作，受托行无义务对上述情况负责或发表任何意见。

第三十四条　贷款催收工作及保全工作由委托人负责，受托行仅限于协助其出具、代为邮寄利息清单和贷款催收通知单，并且

1. 当借款人/担保人地址变更后没有通知受托行，受托行按照其原地址邮寄利息清单和贷款催收通知单的，受托行不承担未寄达责任。

2. 受托行邮寄利息清单和贷款催收通知单（无论同城还是异地），以邮寄凭条作为寄出凭证。无论借款人/担保人是否收到邮件，受托行已寄出的贷款催收通知单、利息清单的复印件及寄出凭证均应留存、备查。

3. 在受托行邮寄利息清单和贷款催收通知单后，委托人要求查询借款人/担保人是否收到有关单据，受托行可在力所能及范围内予以协助，并做好记录。相关费用由委托人支付或计入手续费之中。

第三十五条　若委托人未收到贷款本息，受托行不承担除受托行结算系统原因之外的任何责任。

1. 委托人无权要求受托行代为垫款或返还部分或全部委托贷款本息；

2. 委托人承诺：若由于委托人及其代表的原因，造成借款人的损失而借款人向受托行提出所有的索赔、要求、诉讼以及与此有关的各种补偿、损害、成本、费用、损失和责任等均由委托人承担，并且委托人相应赔偿受托行遭受的损失；

3. 委托人承诺：委托人同意放弃因受托行执行《委托贷款借款合同》项下的委托人及其代表的任何通知、指令的内容造成委托人的损失而向受托行提出的任何索赔、要求、诉讼及其他权利主张。

第十四章　合同的生效、变更和解除

第三十六条　本合同自三方法定代表人或其委托代理人签字或盖章并

加盖公章之日起生效。

第三十七条 本合同生效后,任何一方不得擅自变更或提前解除本合同,如需要变更或解除本合同时,应经三方协商一致,并达成书面协议。书面协议达成之前,本合同条款依然有效。

第十五章 附件

第三十八条 本合同未尽事宜,三方可另行达成书面协议,作为本合同附件。

第十六章 附则

第三十九条 本合同正本一式＿＿＿份,借款人＿＿＿份、委托人＿＿＿份、受托行＿＿＿份,均具有同等效力。

第四十条 本合同于＿＿＿年＿＿＿月＿＿＿日于＿＿＿签订。

(本页为合同双方签署页,无正文)

借款人(盖章):
法定代表人(或委托代理人):

委托人(盖章):
法定代表人(或委托代理人):

受托行(盖章):
法定代表人/负责人(或委托代理人):

协议/合同编号:

注:本页仅用于受托行归档留存,不给签约他方。上述签章已双人面签。

主办: 协办:

本业务合同签章与该客户合同签章预留印鉴卡/开户时预留印鉴核对无误

经办人: 复核人:

【协议文本 2】

委托贷款合同补充协议

编号：

委托人：_____（简称甲方）　　　法定代表人：
住所：　　　　　　　　　　　　　　　　电话：

借款人/抵押人：_____（简称乙方）　法定代表人：
住所：　　　　　　　　　　　　　　　　电话：

受托行：_____银行（简称丙方）　　　法定代表人/负责人：
住所：　　　　　　　　　　　　　　　　电话：

出质人/保证人：_____（简称丁方）
住所：　　　　　　　　　　　　　　　　电话：

出质人：_____（简称戊方）　　　法定代表人：
住所：　　　　　　　　　　　　　　　　电话：

甲方根据乙方的申请及所附文件资料，同意委托丙方为乙方提供委托贷款；甲方、乙方、丙方于____年____月____日签署了编号为_____的《委托贷款合同》（以下简称主合同）。

甲、乙、丙、丁、戊五方依照国家法律法规的规定，经协商一致就主合同项下有关事宜订立本补充协议。

第一条　陈述与保证

1.1　各方依据中国法律均具备签订本补充协议的主体资格。

1.2　各方知悉并同意本补充协议的全部条款，其在本补充协议项下的意思表示真实有效。

第二条　委托贷款数额及期限

2.1　甲方通过丙方向乙方提供委托贷款数额为人民币（大写）_____元整，（小写）_____元。（以实际放款金额为准）。

2.2　贷款期限自＿＿＿年＿＿＿月＿＿＿日至＿＿＿年＿＿＿月＿＿＿日，本合同项下的贷款期限起始日与实际放款日不一致时，以实际放款日期为准，贷款到期日也做相应调整。

第三条　抵质押担保及保证事项

3.1　为了确保主合同及本补充协议的履行，乙方同意以其有权处分的房产向甲方提供抵押担保，丁方、戊方同意以其有权处分的公司股权向甲方提供质押担保，丁方同意向甲方提供连带责任保证，以担保主合同及本补充协议项下全部债务的按时足额清偿。乙方与丙方应签订编号为＿＿＿的《抵押合同》，丁方、戊方与丙方应签订编号为＿＿＿的《质押合同》，丁方与丙方应签订编号为＿＿＿的《保证合同》，《抵押合同》《质押合同》和《保证合同》为主合同及本补充协议的从合同。《抵押合同》《质押合同》和《保证合同》及相关法律文书中抵押权人、质押权人和债权人的权利义务的实际承受人应为甲方，甲方已经对乙方的担保资格和担保物的有效性做了审查，对《抵押合同》《质押合同》和《保证合同》的内容进行了确认，并自愿承受因该《抵押合同》《质押合同》和《保证合同》所产生的全部法律后果。丙方仅作为甲方的授权代理人，代表甲方与乙方签订《抵押合同》，与丁方、戊方签订《质押合同》，与丁方签订《保证合同》。

因《抵押合同》《质押合同》及《保证合同》产生的任何纠纷，由乙方和甲方自行解决，与丙方没有任何关联。

3.2　抵质押担保及保证的范围包括：乙方在主合同及本补充协议项下应向甲方偿还或支付的债务本金、利息（包括法定利息、约定利息及罚息）、复利、手续费、违约金、损害赔偿金、实现债权的费用（包括但不限于诉讼费、仲裁费、律师费、公证费、财产保全费、差旅费、评估费、拍卖费、执行费、送达费、公告费等）和所有其他应付的费用（包括但不限于有关手续费、电信费、杂费等）。

3.3　有关抵质押物的数量、价值等详细情况由《抵押合同》《质押合同》项下《抵（质）押物清单》载明。抵押物经甲方、乙方双方一致确认（无法一致确认时，由甲方所认可的有关中介机构评估），质押物经甲方分别与丁方、戊方一致确认。有关保证的相关事项由《保证合同》载明。

3.4　执行《抵押合同》《质押合同》和《保证合同》产生的保险、

评估、登记、提存、公证、通知、拍卖、代位追索等费用及保全抵押物价值或实现抵押权的相关费用（包括律师费、诉讼费、执行费等）由乙方承担。如上述费用由甲方垫付，乙方在此授权丙方在费用发生后从其开立在丙方处或丙方系统内的其他分支机构的账户中主动划收后转付给甲方，丙方不予垫款。

《抵押合同》《质押合同》和《保证合同》于被担保的债权全部清偿且抵押登记注销后终止。

3.6 乙方应在本补充协议签署之日起二十日内落实以上全部担保措施。否则，甲方有权要求丙方拒绝向乙方发放委托贷款并根据担保措施落实情况调整放款进度且不视为甲方及/或丙方违约，乙方不得因此向甲方及/或丙方追究任何违约责任。

第四条 放款条件

除甲方全部或部分放弃外，只有乙方持续满足下列前提条件，甲方才有义务通知丙方发放委托贷款：

（1）主合同、本补充协议及《抵押合同》《质押合同》和《保证合同》已生效；

（2）符合甲方要求的抵（质）押担保已生效且持续有效且甲方已通过丙方获得相关权利证明；

（3）乙方没有发生主合同、本补充协议及《抵押合同》《质押合同》和《保证合同》所约定的任一违约事项或约定的任何可能危及甲方债权安全的情形；

（4）法律法规、规章或监管部门不禁止且不限制甲方发放本合同项下的委托贷款。

在主合同和本补充协议及《抵押合同》《质押合同》和《保证合同》规定的放款条件均获得满足后，甲方应通过丙方向乙方一次性发放委托贷款。

第五条 甲方的权利和义务

5.1 在乙方全面履行主合同及本补充协议项下义务的前提下，甲方按照主合同及本补充协议约定划拨资金，保证乙方按时得到资金。

5.2 甲方有权了解乙方的生产经营、财务状况，有权要求乙方提供有关的计划统计、财务会计报表等文件资料。

5.3　有下列情形之一的，甲方有权提前解除主合同及本补充协议，书面委托丙方提前收回主合同及本补充协议项下的委托贷款：

5.3.1　在主合同约定的债务履行期限届满前，乙方明确表示或者以自己的行为表明不依照主合同及本补充协议履行债务。

5.3.2　乙方的经营状况严重恶化。

5.3.3　乙方转移财产、抽逃资金，以逃避债务。

5.3.4　乙方丧失商业信誉。

5.3.5　乙方违反主合同或本补充协议、《抵押合同》的任一约定、声明与承诺或违反任何义务。

5.3.6　乙方有丧失或者可能丧失履行债务能力的其他情形。

5.3.7　抵押出现以下情形之一，甲方认为可能危及主合同或本补充协议项下债权安全的：（1）因第三人行为、国家征收、没收、征用、无偿收回、拆迁、市场行情变化或任何其他原因导致抵押财产毁损、灭失、价值明显减少（包括但不限于担保合同中有关抵押物财产价值减损情形的约定）；（2）抵押财产被查封、扣押、冻结、扣划、留置、拍卖、行政机关监管，或者权属发生争议；（3）抵押人违反抵押合同的任一约定或陈述与保证的事项存在任何虚假、错误、遗漏；（4）抵押人违反抵押合同的任一约定或陈述与保证的事项存在任何虚假、错误、遗漏。

5.3.8　甲方认为可能危及主合同及本补充协议项下债权安全的其他情形。

第六条　乙方的权利和义务

6.1　乙方有权要求甲方按合同约定发放贷款。

6.2　乙方有权按本合同约定的用途使用贷款。

6.3　乙方有权要求甲方对提供的有关财务资料及生产经营方面的商业秘密予以保密，但法律法规和规章另有规定、有权机关另有要求或双方另有约定的除外。

6.4　乙方应保证向甲方提供的全部情况真实有效。

6.5　乙方除应按照主合同的约定向甲方、丙方提供有关财务情况和财务资料外，还应按照甲方的要求提供有关财务会计资料及生产经营状况资料，包括但不限于每个月的资产负债表、现金流量表、利润表，并对所提供资料的真实性、完整性和有效性负责。

6.6 乙方应按主合同及本补充协议约定的用途使用主合同项下的委托贷款资金，不得挤占、挪用。

6.7 乙方应积极配合并自觉接受甲方对生产经营、财务状况及主合同项下委托贷款资金使用情况的检查、监督。

6.8 乙方及其投资者不得抽逃资金或转移资产。

6.9 在未偿清主债务之前，未征得甲方正式明确的书面同意，乙方不得对主合同项下的委托贷款资金形成的资产或其他任何资产或权益进行转让、转移占有、承包、托管、设定担保、设立信托或以任何其他方式进行处置。

6.10 在清偿全部债务之前，乙方变更名称、法定代表人（负责人）、住所、经营范围、注册资本金等事项，应当提前7日书面通知甲方。

6.11 在清偿全部债务之前，乙方如发生改制、重组、分立、合并、申请停业整顿、申请破产、清算等足以影响甲方债权实现的情形，应当提前30日通知甲方，征得甲方同意，并按甲方要求落实债务的清偿及担保。

6.12 在清偿全部债务之前，乙方如发生停产、歇业、被注销登记、被吊销营业执照、法定代表人或主要负责人从事违法行为、涉及重大诉讼活动、生产经营出现严重困难、财务状况恶化等情形，均应立即书面通知甲方，并按甲方要求落实债务的清偿及担保。

6.13 乙方应当承担甲方所产生的与主合同、本补充协议及担保有关的律师费、保险费、评估费、登记费、保管费、鉴定费、公证费等费用。

6.14 如乙方未能按期偿还贷款本息，则乙方应按照主合同约定承担罚息及复利。

第七条 丙方的权利和义务

7.1 丙方有权检查监督乙方贷款的使用情况。

7.2 丙方有权了解乙方的经营、财务活动情况。

7.3 丙方有权按主合同及本补充协议的约定收回贷款本金及利息。

7.4 丙方有权按人民银行的有关规定处理委托贷款的有关结算业务。

7.5 丙方应按主合同及本补充协议的约定及时足额代理甲方向乙方发放委托贷款。

7.6 丙方应按主合同及本补充协议的约定及时足额协助甲方收回贷款本金，利息及罚息。

第八条　丁方的权利和义务

8.1　丁方应按《质押合同》《保证合同》的约定及法律的相关规定办理了相应的登记手续。

8.2　在债务全部清偿前，丁方出现任何有可能严重影响保证能力、质押担保能力的情形，应提前三十日通知丙方，并按丙方的要求落实担保责任。

第九条　戊方的权利和义务

9.1　戊方应按《质押合同》的约定及法律的相关规定办理了相应的登记手续。

9.2　在债务全部清偿前，戊方出现任何有可能严重影响质押担保能力的情形，应提前三十日通知丙方，并按丙方的要求落实担保责任。

第十条　违约责任

10.1　本补充协议生效后，各方应全面履行本补充协议约定的义务。任何一方不履行或不完全履行约定义务，应当承担相应的违约责任，并赔偿由此给对方造成的损失。

第十一条　合同的生效、变更、解除和终止

11.1　本补充协议由各方法定代表人（负责人）或其授权代表签字并加盖公章后生效。

11.2　本补充协议独立存在，不因其他合同的无效而无效。

11.3　本补充协议生效后，任何一方都不得擅自变更或解除。如确需变更或解除，应经双方协商一致并达成书面协议。书面协议达成之前，本补充协议继续有效。

11.4　本补充协议项下各方的权利、义务不因任何一方上级单位的任何指令或其自身地位、财务状况改变或任何一方与第三方签订任何协议、合同而免除。

第十二条　争议的解决

12.1　因本补充协议发生的或与本补充协议有关的争议或纠纷，各方当事人应协商解决，协商不成的，任何一方均可向丙方所在地有管辖权的人民法院起诉。

第十三条　其他约定事项

13.1　主合同的债务履行期届满，乙方不完全履行或不履行还款义务

的，甲方有权委托丙方从乙方的银行账户中扣划资金清偿债务，乙方对此无异议。

13.2 关于甲、乙双方就委托贷款事宜项下的权利和义务：主合同未约定事宜，按照本补充协议执行；本补充协议未约定事宜，按照主合同执行；本补充协议与主合同约定不一致的，按照本补充协议约定执行。

第十四条　附则

14.1 本补充协议正本一式五份，各方各执壹份，其余用于办理相关手续。

（以下无正文，为《委托贷款合同之补充协议》的签署页）

甲方（公章）：
法定代表人（或授权代理人）：　　　　　年　　月　　日

乙方（公章）：
法定代表人（或授权代理人）：　　　　　年　　月　　日

丙方（公章）：××银行
法定代表人（负责人或授权代理人）：　　　年　　月　　日

丁方（签名）：　　　　　　　　　　　　年　　月　　日

戊方（盖章）：
法定代表人（或授权代理人）：　　　　　年　　月　　日

【协议文本3】

基金资产管理计划资产管理合同①

编号：

资产委托人：

资产管理人：××基金管理有限公司

资产托管人：

目 录

一、前言

（一）订立本合同的目的、依据和原则

1. 订立本资产管理合同的依据是《中华人民共和国合同法》（以下简称《合同法》）、《中华人民共和国证券法》（以下简称《证券法》）、《中华人民共和国证券投资基金法》（以下简称《基金法》）、《基金管理公司特定客户资产管理业务试点办法》（中国证监会令第83号，以下简称《试点办法》）、《基金管理公司单一客户资产管理合同内容与格式准则》（2012年修订，以下简称《格式准则》）和其他有关法律法规。

2. 订立本资产管理合同（以下简称本合同）的目的是明确资产委托人、资产管理人和资产托管人在特定资产管理业务过程中的权利、义务及职责，确保资产管理计划财产的安全，保护各方当事人的合法权益。

3. 订立本资产管理合同的原则是平等自愿、诚实信用、充分保护本合同各方当事人的合法权益。

（二）资产委托人自签订本合同即成为本合同的当事人；在本合同存续期间，资产委托人自全部退出资产管理计划之日起，该资产委托人不再是资产管理计划的投资人和本合同的当事人；本合同（草案）已经中国证监会备案，但中国证监会接受本合同（草案）的备案并不表明其对资产管理计划的价值和收益作出实质性判断或保证，也不表明投资于资产管理计划没有风险。

二、释义

在本合同中，除上下文另有规定外，下列用语应当具有如下含义：

---

① 该协议文本适用于基金一对一业务。

资产委托人：_____

资产管理人：指××基金管理有限公司。

资产托管人：_____

本合同：指资产委托人、资产管理人和资产托管人签署的本资产管理合同及其附件，以及对该合同及附件作出的任何有效变更。

资产管理计划、计划、本计划：指依据本合同所募集的××基金资产管理计划。

委托财产：指资产委托人拥有合法处分权、委托资产管理人管理并由资产托管人托管的作为本合同标的的财产。

证券账户：指根据中国证券监督管理委员会有关规定和中国证券登记结算有限责任公司（以下简称中登公司）有关业务规则，由资产托管人为资产管理计划在中登公司上海分公司、深圳分公司开设的专用证券账户、在中央国债登记结算有限责任公司和上海清算所开立的有关账户。

资金账户：指资产托管人根据有关规定为资产管理计划财产开立的专用存款账户。

终止清算：特指本合同终止事件发生时，对资产管理计划全部变现，并按规定计算资产管理人管理费和业绩报酬、资产托管人托管费等费用，并就相关费用、资产委托人的投资损益等进行支付的行为。

元：指人民币元。

工作日：指中国境内上海、深圳证券交易所正常营业的交易日。

三、声明与承诺

资产委托人声明保证委托财产的来源及用途合法，并已充分理解本合同全文，了解相关权利、义务，了解有关法律法规及所投资品种的风险收益特征，愿意承担相应的投资风险，本委托事项符合其业务决策程序的要求；承诺其向资产管理人提供的有关投资目的、投资偏好、投资限制和风险承受能力等基本情况真实、完整、准确、合法，不存在任何重大遗漏或误导，前述信息资料如发生任何实质性变更，应当及时书面告知资产管理人。

资产管理人保证已在签订本合同前充分地向资产委托人说明了有关法律法规和相关投资工具的运作市场及方式，同时揭示了相关风险；已经了解资产委托人的风险偏好、风险认知能力和承受能力，对资产委托人的财务状况进行了充分评估。资产管理人承诺按照恪尽职守、诚实信用、谨慎勤勉的原则管理和运用委托财产，除保本产品外，不保证委托财产一定盈利，也不保证最低收益。

资产托管人承诺依照恪尽职守、诚实信用、谨慎勤勉的原则安全保管资产管理计划，并履行本合同约定的其他义务。

四、当事人及权利与义务

（一）资产委托人

资产委托人的详细情况在合同签署页列示。

（二）资产管理人

名称：××基金管理有限公司

住所：

法定代表人：

组织形式：_____　存续期间：_____　联系人：_____

通信地址：_____　联系电话：_____　网站：_____

（三）资产托管人

名称：_____　住所：_____　法定代表人：_____

组织形式：_____　存续期间：_____　联系人：_____

通信地址：_____　联系电话：_____　网站：_____

（四）资产委托人的权利与义务

1. 资产委托人的权利。

（1）按照本合同的约定取得其委托财产投资运作产生的收益。

（2）监督资产管理人及资产托管人履行投资管理和托管义务的情况。

（3）按照本合同的约定追加或提取委托财产。

（4）按照本合同约定的时间和方式向资产管理人及资产托管人查询委托财产的投资运作、托管等情况。

（5）根据《试点办法》和本合同的规定，定期从资产管理人和资产托管人处获得资产管理业务及资产托管业务相关报告。

（6）享有委托财产投资所产生的权利，并可授权资产管理人或资产托管人代为行使部分因委托财产投资所产生的权利。

（7）国家有关法律法规、监管机构及本合同规定的其他权利。

2. 资产委托人的义务。

（1）按照本合同的约定，将委托财产交付资产管理人和资产托管人分别进行投资管理和资产托管。

（2）及时、全面、准确地向资产管理人告知其投资目的、投资偏好、投资限制和风险承受能力等基本情况；向资产管理人和资产托管人提供身份证明文件及其他必要的资料，配合资产管理人为反洗钱目的进行的尽职调查工作及对资产委托人投资风险承受能力进行测评。

（3）不得违反本合同的约定干涉资产管理人的投资行为。

（4）按照本合同的约定缴纳资产管理业务的管理费、托管费及业绩报酬，并承担因委托财产运作产生的其他费用。

（5）保守商业秘密，不得泄露委托财产投资计划、投资意向等。

（6）在签署本合同前，向资产管理人、资产托管人书面告知资产委托人的关联方发行的证券名单或其他禁止交易的证券名单（暂无），在上述证券名单发生变更时，及时书面通知资产管理人和资产托管人。

（7）国家有关法律法规、监管机构及本合同规定的其他义务。

（五）资产管理人的权利与义务

1. 资产管理人的权利。

（1）自本合同生效之日起，按照本合同的约定，对委托财产进行投资运作及管理。

（2）按照本合同的约定，及时、足额获得资产管理人报酬。

（3）根据本合同及其他有关规定，监督资产托管人；对于资产托管人违反了本合同或有关法律法规规定的行为，对委托财产及其他当事人的利益造成重大损失的，应及时采取措施制止，同时通知资产委托人并报告中国证监会。

（4）经资产委托人授权，代理资产委托人行使部分因委托财产投资所产生的权利。

（5）国家有关法律法规、监管机构及本合同规定的其他权利。

2. 资产管理人的义务。

（1）办理本合同备案手续。

（2）自本合同生效之日起，按照诚实信用、勤勉尽责的原则管理和运用委托财产。

（3）配备足够的具有专业能力的人员进行投资分析、决策，以专业化的经营方式管理和运作委托财产。

（4）建立健全内部风险控制、监察与稽核、财务管理及人事管理等制度，保证所管理的委托财产与旗下基金财产、其他委托财产和资产管理人的财产相互独立，对所管理的不同财产分别管理，分别记账，进行投资。

（5）除法律法规、本合同及其他有关规定外，不得为资产管理人及任何第三人谋取利益，未经资产委托人同意不得委托第三人运作委托财产。

（6）按照本合同接受资产委托人和资产托管人的监督。

（7）按照《试点办法》和本合同的规定，编制并向资产委托人报送委托财产的投资报告，对报告期内委托财产的投资运作等情况作出说明。

（8）按照《试点办法》和本合同的规定，编制季度及年度报告，并向中国证监会备案。

（9）保守商业秘密，不得泄露委托财产投资计划、投资意向等。

（10）保存委托财产管理业务活动的全部会计资料，并妥善保存有关的合同、协议、交易记录及其他相关资料。

（11）公平对待所管理的不同财产，不得从事任何有损委托财产及其他当事人利益的活动。

（12）国家有关法律法规、监管机构及本合同规定的其他义务。

（六）资产托管人的权利与义务

1. 资产托管人的权利。

（1）按照本合同的约定，及时、足额获得资产托管费。

（2）根据本合同及其他有关规定监督资产管理人对委托财产的投资运作，对于资产管理人违反本合同或有关法律法规规定的行为，对委托财产及其他当事人的利益造成重大损失的情形，应及时报告中国证监会并采取必要措施。

（3）按照本合同的约定，依法保管委托财产。

（4）经资产委托人授权，代理资产委托人行使部分因委托财产投资所产生的权利。

（5）国家有关法律法规、监管机构及本合同规定的其他权利。

2. 资产托管人的义务。

（1）安全保管委托财产。

（2）设立专门的资产托管部门，具有符合要求的营业场所，配备足够的、合格的熟悉资产托管业务的专职人员，负责委托财产托管事宜。

（3）对所托管的不同财产分别设置账户，确保委托财产的完整与独立。

（4）除法律法规、本合同及其他有关规定外，不得为资产托管人及任何第三人谋取利益，未经资产委托人同意不得委托第三人托管委托财产。

（5）按规定开设和注销委托财产的资金账户、证券账户和期货账户等投资所需账户。

（6）复核资产管理人编制的委托财产的投资报告，并出具书面意见。

（7）保守商业秘密，除法律法规、本合同及其他有关规定另有规定外，不得向他人泄露。

（8）编制委托财产年度托管报告，并向中国证监会备案。

（9）按照本合同的约定，根据资产管理人的投资指令，及时办理清算、交割事宜。

（10）按照法律法规及本合同的规定监督资产管理人的投资运作。资产托管人发现资产管理人的投资指令违反法律、行政法规和其他有关规定，或者违反本合同约定的，应当拒绝执行，立即通知资产管理人和资产委托人并及时报告中国证监会；资产托管人发现资产管理人依据交易程序已经生效的投资指令违反法律、行政法规和其他规定，或者违反本合同约定的，应当立即通知资产管理人和资产委托人并及时报告中国证监会。

（11）公平对待所托管的不同财产，不得从事任何有损委托财产及其他当事人利益的活动。

（12）国家有关法律法规、监管机构及本合同规定的其他义务。

五、委托财产

（一）委托财产的保管与处分

1. 委托财产独立于资产管理人、资产托管人的固有财产，并由资产托管人保管。资产管理人、资产托管人不得将委托财产归入其固有财产。

2. 资产管理人、资产托管人因委托财产的管理、运用或者其他情形而取得的财产和收益归入委托财产。

3. 资产管理人、资产托管人可以按本合同的约定收取管理费、托管费以及本合同约定的其他费用。资产管理人、资产托管人以其自有财产承担法律责任，其债权人不得对委托财产行使请求冻结、扣押和其他权利。资产管理人、资产托管人因依法解散、被依法撤销或者被依法宣告破产等原因进行清算的，委托财产不属于其清算财产。

4. 委托财产产生的债权不得与不属于委托财产本身的债务相互抵销。非因委托财产本身承担的债务，资产管理人、资产托管人不得同意债权人对委托财产提出的强制执行等权利主张。上述债权人对委托财产主张权利时，资产管理人、资产托管人应明确告知委托财产的独立性，采取合理措施并及时通知资产委托人。

5. 资产委托人移交、追加委托财产的划出账户与提取委托财产的划入账户均为资产委托人指定账户。特殊情况导致移交、追加和提取的账户与资产委托人指定的账户不一致时，资产委托人应出具加盖公章的书面说明。资产托管人于收到委托财产之日起三个工作日内向资产管理人发送汇款回单，由资产管理人对汇款回单上的账户信息与资产委托人指定账户信息的一致性进行核对。

（二）委托财产相关账户的开立和管理

资产托管人按照规定开立委托财产的资金账户、证券账户和期货账户等投资所需账户。资产委托人和资产管理人应当在开户过程中给予必要的配合，并提供所需资料。资金账户和证券账户的持有人名称中应至少包含资产委托人（或产品）名称。

1. 资金账户。资产托管人按相关规定为本资产管理计划在资产托管人处开立专用存款账户作为委托财产的资金账户。

资金账户的所有预留印章印鉴由资产托管人保管和使用。

该账户不得透支、提现，保管期间资产委托人、资产管理人、资产托管人三方均不得采取任何使该账户无效的行为。

在保管期间，资产委托人授权资产托管人对资金账户全权控制和管理。未经资产托管人书面同意，资产管理人不得自行采取使得资金账户、该专户的预留印鉴、网银密钥等无效的行为，否则资产托管人有权拒绝执行相关指令。

2. 证券账户。资产委托人授权资产托管人为委托财产在中登公司开立上海、深圳证券账户，用于办理委托财产在交易所市场进行证券投资时的证券登记和交割，资产委托人和资产管理人应及时向资产托管人提供开立上述证券账户所需资料。资产委托人授权资产管理人使用上述证券账户、资产托管人保管该证券账户卡原件。

证券账户仅限于满足委托财产投资业务的需要，未经三方书面同意不得挪作他用。

3. 与本计划投资有关的其他账户，由资产管理人与资产托管人协商一致后按照相关规定办理。

4. 资产管理人承诺其提交给资产托管人的用于办理开户手续的证明文件的真实性，并保证证明文件复印件与原件一致。

（三）委托财产的移交

1. 在委托财产相关账户开立完毕后，资产委托人应及时将初始委托财产足额划拨至资产托管人为本委托财产开立的托管账户，并指示资产托管人于委托财产托管账户收到初始委托财产的当日向资产委托人及资产管理人发送《委托财产起始运作通知书》，经资产委托人及资产管理人双方确认签收后的下一个工作日作为委托财产运作起始日。

2. 初始委托财产不得低于 3000 万元人民币。

（四）委托财产的追加

在本合同有效期内，资产委托人有权以书面通知或指令的形式追加委托财产。追加委托财产比照初始委托财产办理移交手续，资产管理人、资产托管人应按照本合同的约定分别管理和托管追加部分的委托财产。

（五）委托财产的提取

1. 在本合同存续期内，当委托财产高于 3000 万元人民币时，资产委托人可以提取部分委托财产，但提取后的委托财产不得低于 3000 万元人民币；当委托财产少于 3000 万元人民币时，资产委托人不得提前提取，但经合同各方当事人协商一致可以提前终止本合同。

2. 在本合同存续期内，如遇资产委托人需要提取委托财产，资产委托人需提前通知资产管理人并抄送资产托管人。资产委托人要求资产管理人发送财产划拨指令，通知资产托管人将相应财产从相关账户划拨至资产委托人账户，资产托管人应于划拨财产当日以书面形式分别通知其他两方。资产管理人和托管人不承担由于资产委托人通知不及时造成的资产变现损失。

3. 在本合同存续期内，资产委托人一次性提取委托财产低于 1000 万元的，需提前 5 个交易日书面通知资产管理人和资产托管人，一次性提取委托财产超过1000万元的，需提前10个交易日书面通知资产管理人和资产托管人。

六、投资政策及变更

（一）资产委托人的投资偏好、风险承受能力

资产委托人对委托财产的投资范围及投资标的的风险收益特征有充分了解，是具备一定证券投资认知、具有较强风险承受能力的特定客户。

资产委托人拟在本合同约定的期限内投资于中国证券市场，期望获得合理回报。资产委托人理解并能承受委托财产出现的波动。

（二）投资目标

在有效控制投资风险的前提下，实现委托资产的保值增值，为委托人谋求稳定的投资回报。

（三）投资范围

本项委托资产的投资范围包括但不限于银行存款、在银行间市场发行的债券的买卖及逆回购、债券基金、货币市场基金、商业汇票及其他固定收益类产品，比例为0～100%。

当管理人增加投资范围时，应征得委托人和托管人的同意。

（四）投资策略

本资产管理计划采用自上而下与自下而上相结合的投资策略，在科学分析与有效管理信用风险的基础上，实现风险与收益的最佳配比。

1. 资产配置策略。

通过对宏观经济形势、经济周期所处阶段、利率变化趋势和信用利差变化趋势的重点分析，比较未来一定时间内不同债券品种和债券市场的相对预期收益率，在基金规定的投资比例范围内对不同久期、不同信用特征的券种及债券与现金之间进行动态调整。

2. 债券投资策略。

在普通债券的投资中主要基于对国家财政政策、货币政策的深入分析及对宏观经济的动态跟踪，采用久期控制下的主动性投资策略，主要包括久期控制、期限结构配置和相对价值判断等管理手段，对债券市场、债券收益率曲线及各种债券价格的变化进行预测，相机而动、积极调整。

（1）久期控制是根据对宏观经济发展状况、金融市场运行特点等因素

的分析确定组合的整体久期，有效地控制整体资产风险。

（2）期限结构配置是在确定组合久期后，针对收益率曲线形态特征确定合理的组合期限结构，包括采用集中策略、两端策略和梯形策略等，在长期、中期和短期债券间进行动态调整，从长期、中期、短期债券的相对价格变化中获利。

（3）相对价值判断是根据对同类债券的相对价值判断，选择合适的交易时机，增持相对低估、价格将上升的债券，减持相对高估、价格将下降的债券。

（五）投资限制

委托财产不得违反相关法律法规和本资产管理合同中有关投资范围、投资策略、投资比例的规定；由于证券市场波动、上市公司合并等资产管理人之外的原因导致投资比例、投资范围不符合投资政策的，资产管理人应在20个交易日内调整，以达到规定的投资限制要求。法律法规另有规定的从其规定。

本合同委托财产的投资禁止行为包括：

（1）承销证券；

（2）向他人贷款或提供担保；

（3）从事承担无限责任的投资；

（4）从事内幕交易、操纵证券价格及其他不正当的证券交易活动；

（5）法律法规、中国证监会及本合同规定禁止从事的其他行为。

如法律法规或监管部门取消上述禁止性规定，资产管理人在履行适当程序后可不受上述规定的限制。

（六）投资政策的变更

经本合同当事人之间协商一致可对投资政策进行变更，变更投资政策应以书面形式作出。投资政策变更应为调整投资组合留出必要的时间。

七、投资经理的指定与变更

资产管理计划投资经理由资产管理人负责指定，且本投资经理与资产管理人所管理的证券投资基金的基金经理不得相互兼任。资产管理人可以根据需要变更投资经理，投资经理变更后，资产管理人应在3个工作日内通知资产委托人和资产托管人。

八、投资指令的发送、确认和执行

（一）交易清算授权

投资指令是资产管理人在管理资产管理计划时，向资产托管人发出的资金划拨及其他款项支付的指令。本资产管理计划进行的证券交易所内的证券投资不需要资产管理人发送投资指令，中登公司向资产托管人发送的交收指令视为资产管理人向资产托管人发出的指令。资产管理人向资产托管人发出的投资指令，通过资产管理人和资产托管人双方约定的方式传输。

对于传真投资指令的方式，资产管理人应事先指定有权向资产托管人发出投资指令的被授权人，并向资产托管人提供书面授权通知（以下简称授权通知），包括被授权人的名单、权限、电话、传真、预留印鉴和签字样本。资产管理人向资产托管人发出的授权通知应加盖公章并由资产管理人法定代表人或其授权代理人签署，若由授权代理人签署，还应附上法定代表人的授权书。资产管理人和资产托管人对授权文件负有保密义务，其内容不得向被授权人及相关操作人员以外的任何人泄露。

（二）传真投资指令的内容

资产管理人发给资产托管人的传真指令必须包括但不限于以下基本要素：到账日期；付款人账户户名、付款账号、开户行；收款人账户户名、收款账号、开户行；金额（大小写）、付款（收款）事由等，加盖预留印鉴并由被授权人签字。

（三）投资指令的发送、确认及执行程序

1. 资产管理人若采用传真方式向资产托管人发送指令，指令传送后资产管理人应进行电话确认。传真以获得收件人（资产托管人）确认该指令已成功接收之时视为送达收件人（资产托管人）。

2. 资产管理人有义务在发送指令后及时与托管人进行确认，因资产管理人未能及时与资产托管人进行指令确认，致使资金未能及时到账所造成的损失资产托管人不承担任何形式的责任。资产托管人依照授权通知规定的方法确认指令有效后，方可执行指令。对于被授权人依照授权通知发出的指令，资产管理人不得否认其效力。资产管理人应按照有关法律法规和本合同的规定，在其合法的经营权限和交易权限内发送划款指令，发送人应按照其授权权限发送划款指令。资产管理人在发送指令时，应为资产托管人留出执行指令所必需的时间，一般情况下至少提前一个工作日。由资产管理人原因造成的指令传输不及时、未能留出足够划款所需时间，致使资金未能及时到账所造成的损失由资产管理人承担。资产托管人收到资产管理人发送的指令后，应对传真划款指令进行形式审查，验证指令的书面要素是否齐全、审核印鉴和签名是否与预留印鉴及签名样本相符，复核无误后应在规定期限内及时执行，不得延误。若存在异议或不符，资产托管人立即与资产管理人指定人员进行电话联系和沟通，并要求资产管理人重新发送经修改的指令。

3. 资产管理人应确保在资产托管人执行指令时，划款指令所指定的划款金额及其汇划费用合计不超过资金账户的资金余额，对资产管理人在资金账户没有充足资金的情况下向资产托管人发出的指令，资产托管人可不予执行，并立即通知资产管理人，资产托管人不承担因为不执行该指令而造成损失的责任。资产托管人可以要求资产管理人传真提供相关交易凭证、合同或其他有效会计资料，以确保资产托管人有足够的资料来判断指令的有效性。本计划参与银行间市场交易时，资产管理人应将银行间同业拆借中心成交通知单加盖印章后传真给资产托管人。在本资产管理计划申购/认购开放式基金时，资产管理人应在向资产托管人提交划款指令的同时将经有效签章的基金申购/认购申请书以传真形式送达资产托管人。

4. 资产管理人发送错误指令的情形和处理程序。资产管理人发送错误指令的情形包括指令发送人员无权或超越权限发送指令及交割信息错误，指令中重要信息模糊不清或不全等。资产托管人在履行监督职能时，发现资产管理人的指令错误时，有权拒绝执行，并及时通知资产管理人改正。

5. 传真指令更换被授权人的程序。资产管理人撤换被授权人员或改变被授权人员的权限，必须提前至少3个工作日，向资产托管人送交由资产管理人法定代表人或其授权的代理人签字和盖章的被授权人变更通知，如变更通知由授权代理人签字的，还应提供法定代表人的授权书及法定代表人身份证明书。被授权人变更的通知须列明新授权的起始日期，并给资产托管人留有合理时间。资产管理人同时电话通知资产托管人。资产托管人收到变更通知当日被授权人变更通知生效。资产管理人更换被授权人通知生效后，对于已被撤换的人员无权发送的指令，或被改变授权范围人员超权限发送的指令，资产托管人有权拒绝执行并不承担任何责任。如果资产管理人授权人员名单、权限有变化时，未能按本协议约定及时通知资产托管人并预留新的印鉴和签字样本而导致本资产管理计划受损的，资产托管人不承担任何形式的责任。

6. 投资指令的保管。投资指令若以传真形式发出，则正本由资产管理人保管，资产托管人保管指令传真件。当两者不一致时，以资产托管人收到的指令传真件为准。

7. 相关责任。资产托管人正确执行资产管理人符合本合同规定、合法合规的有效划款指令，资产管理计划发生损失的，资产托管人不承担任何形式的责任。在正常业务受理渠道和时间内，因资产托管人自身原因未能及时或正确执行符合本合同规定、合法合规的划款指令而导致资产管理计划受损的，资产托管人应承担相应的责任，但资金账户余额不足或资产托管人如遇到不可抗力的情况除外。

如果资产管理人的划款指令存在事实上未经授权、欺诈、伪造或未能按时提供划款指令人员的预留印鉴和签字样本等非资产托管人原因造成的情形，只要资产托管人根据本合同相关规定验证有关印鉴与签名无误，资产托管人不承担因正确执行有关指令而给资产管理人或资产管理计划或任何第三人带来的损失。

九、交易及交收清算安排

（一）选择代理证券买卖的证券经营机构的程序

资产管理人负责选择代理本委托财产证券买卖的证券经营机构，并与其签订交易单元使用协议。

资产管理人负责选择代理本计划财产期货买卖的期货经营机构，并与其签订期货经纪合同。

资产管理人应及时将委托财产专用交易单元号、佣金费率等基本信息及变更情况及时以书面形式通知资产托管人。

（二）投资证券后的清算交收安排

1. 资产托管人在清算和交收中的责任。本委托财产投资于证券发生的所有场内、场外交易的资金清算交割，全部由资产托管人负责办理。

本委托财产证券投资的清算交割，由资产托管人通过中国证券登记结算有限责任公司上海分公司/深圳分公司及清算代理银行办理。

2. 无法按时支付证券清算款的责任认定及处理程序。

资产管理人应确保资产托管人在执行资产管理人发送的指令时，有足够的头寸进行交收。委托财产的资金头寸不足时，资产托管人有权拒绝资产管理人发送的划款指令。资产管理人在发送划款指令时应充分考虑资产托管人的划款处理所需的合理时间。如由于资产管理人的原因导致无法按时支付证券清算款，由此造成的直接损失由资产管理人承担。

在资金头寸充足的情况下，资产托管人对资产管理人符合法律法规、本合同的指令不得无故拖延或拒绝执行。如由于资产托管人的过错导致委托财产无法按时支付证券清算款，由此造成的直接损失由资产托管人承担。

（三）资金、证券账目的核对

资产管理人和资产托管人定期对资产的资金账目和证券账目进行核对。

（四）可用资金余额的确认

资产托管人应于每个工作日上午9：25将可用资金余额以双方认可的方式提供给资产管理人。

十、越权交易的界定与处理

（一）越权交易的界定

1. 越权交易是指资产管理人违反有关法律法规的规定及违反或超出本合同项下资产委托人的授权而进行的投资交易行为，包括：（1）违反有关法律法规和本合同规定进行的投资交易行为；（2）法律法规禁止的超买、超卖行为。

2. 资产管理人应在有关法律法规和本合同规定的权限内运用资产管理计划进行投资管理，不得违反有关法律法规和本合同的约定，超越权限管理、从事证券投资。

（二）对越权交易的处理程序

1. 违反有关法律法规和本合同规定进行的投资交易行为。

资产托管人在行使监督职能时，发现资产管理人的投资指令违反法律法规的规定，或者违反本合同约定的，应当拒绝执行，并立即通知资产管理人在指定的期限内予以纠正，同时根据规定及时报告中国证监会。资产管理人收到通知后应及时核对，并以书面形式向资产委托人及资产托管人进行解释或举证。

资产托管人在行使监督职能时，发现资产管理人依据交易程序已经生效的投资指令违反法律、行政法规和其他规定，或者违反本合同约定的，应当立即通知资产管理人限期纠正并根据规定及时报告中国证监会。

资产管理人应向资产委托人和资产托管人主动报告越权交易。

在资产托管人指定的限期内，资产托管人有权随时对通知事项进行复查，督促资产管理人改正。资产管理人对资产托管人通知的违规事项未能在限期内纠正的，资产托管人应报告中国证监会。

2. 法律法规禁止的超买、超卖行为。

资产托管人在行使监督职能时，如果发现资产管理计划投资证券过程中出现超买或超卖现象，应立即提示资产管理人，由资产管理人负责解决，由此给资产管理计划造成的损失由资产管理人承担，资产托管人不承担任何责任。如果因资产管理人原因发生超买行为，必须于下一交易日上午10：00前完成融资，用于完成清算交收。

3. 越权交易所发生的损失及相关交易费用由资产管理人负担，资产管理人应按资产托管人、资产委托人发生的实际损失进行赔偿，因越权交易所发生的收益归资产管理计划所有。

十一、委托财产的估值和会计核算

（一）估值目的

资产管理计划财产估值目的是客观、准确地反映资产管理计划财产的价值。

（二）估值时间

资产管理人每月至少一次对委托财产进行估值，并由资产托管人复核（该日期以下简称估值核对日）。

（三）估值依据

估值应符合本合同、《证券投资基金会计核算业务指引》及其他法律、法规的规定，如法律法规未做明确规定的，参照证券投资基金的行业通行做法处理。

（四）估值对象

资产管理计划所持有的现金、债券、商业汇票、证券投资基金或者中国证监会允许的其他金融资产和金融负债。

（五）估值程序

资产管理人应于每月估值核对日交易结束后计算当日的委托财产净值并以传真方式发送给资产托管人。资产托管人对净值计算结果复核后，签名、盖章并以传真方式传送给资产管理人，由资产管理人提交资产委托人。

（六）估值方法

本产品按以下方式进行估值：

1. 证券交易所上市的有价证券的估值。

（1）交易所上市的有价证券（包括股票、权证等），以其估值日在证券交易所挂牌的市价（收盘价）估值；估值日无交易的，且最近一个交易日后经济环境未发生重大变化，以最近一个交易日的市价（收盘价）估值；如最近一个交易日后经济环境发生了重大变化的，可参考类似投资品种的现行市价及重大变化因素，调整最近交易市价，确定公允价格。

（2）交易所上市实行净价交易的债券按估值日收盘价估值，估值日没有交易的，且最近一个交易日后经济环境未发生重大变化，按最近一个交易日的收盘价估值。如最近一个交易日后经济环境发生了重大变化的，可参考类似投资品种的现行市价及重大变化因素，调整最近交易市价，确定公允价格。

（3）交易所上市未实行净价交易的债券按估值日收盘价减去债券收盘价中所含的债券应收利息得到的净价进行估值；估值日没有交易的，且最近一个交易日后经济环境未发生重大变化，按最近一个交易日债券收盘价减去债券收盘价中所含的债券应收利息得到的净价进行估值。如最近一个交易日后经济环境发生了重大变化的，可参考类似投资品种的现行市价及重大变化因素，调整最近交易市价，确定公允价格。

（4）上市流通的基金按估值日其所在证券交易所的收盘价估值；估值日无交易的，以最近交易日的收盘价估值。

（5）交易所上市不存在活跃市场的有价证券，采用估值技术确定公允价值。交易所上市的资产支持证券，采用估值技术确定公允价值，在估值技术难以可靠计量公允价值的情况下，按成本估值。

2. 处于未上市期间的有价证券应区分如下情况处理：

（1）送股、转增股、配股和公开增发的新股，按估值日在证券交易所挂牌的同一股票的市价（收盘价）估值；该日无交易的，以最近一个交易日的市价（收盘价）估值。

（2）首次公开发行未上市的股票、债券和权证，采用估值技术确定公允价值，在估值技术难以可靠计量公允价值的情况下，按成本估值。

（3）首次公开发行有明确锁定期的股票，同一股票在交易所上市后，按交易所上市的同一股票的市价（收盘价）估值；非公开发行有明确锁定期的股票，按监管机构或行业协会有关规定确定公允价值。

3. 因持有股票而享有的配股权，从配股除权日起到配股确认日止，如果收盘价高于配股价，按收盘价高于配股价的差额估值。收盘价等于或低于配股价，则估值为零。

4. 全国银行间债券市场交易的债券、资产支持证券等固定收益品种，采用估值技术确定公允价值。

5. 同一债券同时在两个或两个以上市场交易的，按债券所处的市场分别估值。

6. 持有的非上市开放式基金（非货币市场基金），按基金管理公司最近公布的基金份额净值估值，如果最近公告日至估值日该基金分红除权，则按基金管理公司最近公布的基金份额净值减份额分红金额后的差额估值；持有的货币市场基金按基金管理公司最近公布的基金万份收益确认收益。

如有确凿证据表明按上述方法进行估值不能客观反映其公允价值的，资产管理人可根据具体情况与资产托管人商定后，按最能反映公允价值的价格估值。相关法律法规以及监管部门有强制规定的，从其规定。如有新增事项，按国家最新规定估值。

7. 商业汇票的估值参考债券等类似固定收益产品估值方法。

（七）估值错误的处理

如资产管理人或资产托管人发现资产估值违反本合同订明的估值方法、程序及相关法律法规的规定或者未能充分维护资产委托人利益时，应立即通知对方，共同查明原因，协商解决。

根据有关法律法规，资产管理计划净值计算和会计核算的义务由资产管理人承担。本资产管理计划的会计责任方由资产管理人担任。因此，就与本资产有关的会计问题，如经相关各方在平等基础上充分讨论后，仍就法达成一致意见，以资产管理人的意见为准。

当委托财产估值出现错误时，资产管理人和资产托管人应该及时更正。当错误达到资产净值的 0.5% 时，应报告资产委托人，并说明采取的措施，在资产委托人同意后，立即更正。

（八）暂停估值的情形

1. 与本资产管理计划投资有关的证券交易场所遇法定节假日或因其他原因暂停营业时。

2. 因不可抗力或其他情形致使资产管理人无法准确评估资产管理计划资产价值时。

3. 中国证监会认定的其他情形。

（九）资产管理计划份额净值的确认

用于向资产委托人报告的资产管理计划份额净值由资产管理人负责计算，资产托管人进行复核。资产托管人对净值计算结果复核确认后发送给资产管理人。如经相关各方在平等基础上充分讨论后，仍无法达成一致的意见，按照资产管理人对资产管理计划资产净值的计算结果为准。资产管理计划份额净值的计算保留到小数点后 3 位，小数点后第 4 位四舍五入。

（十）特殊情形的处理

由于证券交易所及其登记结算公司发送的数据错误，或由于其他不可抗力原因，资产管理人和资产托管人虽然已经采取必要、适当、合理的措施进行检查，但是未能发现该错误的，由此造成的资产管理计划财产估值错误，资产管理人和资产托管人可以免除赔偿责任。但资产管理人、资产托管人应当积极采取必要的措施消除由此造成的影响。

（十一）资产管理计划的会计政策比照证券投资基金现行政策执行

1. 会计年度：本项资产管理计划的会计年度为每年 1 月 1 日至 12 月 31 日。

2. 记账本位币：人民币，记账单位为元。

3. 会计核算制度：资产管理计划的会计核算应符合本合同、《证券投资基金会计核算业务指引》及其他法律、法规的规定，如法律法规未做明确规定的，参照证券投资基金的行业通行做法处理。

4. 资产管理人、资产托管人应根据有关法律法规的规定，对资产管理计划独立建账、独立核算。

5. 资产管理人和资产托管人应各自保留完整的会计账目、凭证并进行日常的会计核算，编制会计报表。

6. 资产托管人应定期与资产管理人就资产管理计划的会计核算、报表编制等进行核对。

十二、资产管理业务的费用与税收

（一）资产管理计划费用的种类

1. 资产管理人的管理费。

2. 资产托管人的托管费。

3. 资产管理合同生效后与之相关的会计师费和律师费。

4. 资产管理计划的注册登记费。

5. 资产管理计划的证券交易费用（包括但不限于本计划投资的所有金融工具的交易费、经手费、印花税、证管费、过户费、手续费、经纪商佣金、权证交易的结算费及其他类似性质的费用等）。

6. 资产管理计划财产的银行汇划费用、账户费用等。

7. 事务管理费：按照法律法规及本合同的约定可以在委托资产中列支的其他费用，包括但不限于文件或账册制作、印刷费用；银行结算和账户管理费、票据资产服务费等；邮寄费；资产管理计划终止清算时所发生费用；以及管理人为履行受托职责而发生的其他费用。

8. 按照法律法规及本合同的约定可以在委托财产中列支的其他费用。

（二）资产管理计划费用的费率

上述资产管理业务费用由资产管理人在法律规定的范围内按照公允的市场价格确定。

（三）费用计提方法、计提标准、计提方式与支付方式

1. 管理费的计算方法及支付方式。在通常情况下，资产管理计划管理费按前一日资产管理计划资产净值的年费率计提。计算方法如下：

$$H＝E×年管理费率÷当年天数$$

H 为每日应计提的资产管理计划管理费；E 为前一日资产管理计划资产净值。资产管理计划管理费自资产管理合同生效日起，每日计提，按季度支付。

由资产管理人于次季度首日起 5 个工作日内向资产托管人发送资产管理计划管理费划付指令，经资产托管人复核后于次季度首日起 10 个工作

日内从资产管理计划中一次性支付给资产管理人。

2. 托管费的计算方法及支付方式。在通常情况下，资产管理计划托管费按前一日资产管理计划资产净值的年费率计提。计算方法如下：

H＝E×年托管费率÷当年天数

H为每日应计提的资产管理计划托管费；E为前一日资产管理计划资产净值。资产管理计划托管费自资产管理合同生效日起，每日计提，按季度支付。

由资产管理人于次季度首日起5个工作日内向资产托管人发送资产管理计划托管费划付指令，经资产托管人复核后于次季度首日起10个工作日内从资产管理计划财产中支付给资产托管人。

3. 事务管理费。

事务管理费根据实际发生额按以下方式支付：费用由管理人向托管人出具划款指令书，从托管账户中扣划。

4. 上述费用若遇法定节假日、休息日或不可抗力致使无法按时支付的，顺延至最近可支付日支付。

（四）上述第（一）款中的第③项到第⑧项费用由资产托管人根据其他有关法规及相应协议的规定，按费用支出金额支付，列入或摊入当期资产管理计划财产运作费用

（五）不列入资产管理计划财产费用的项目

资产管理人和资产托管人因未履行或未完全履行义务导致的费用支出或资产管理计划财产的损失，以及处理与资产管理计划财产运作无关的事项发生的费用等不得列入资产管理计划的费用。

（六）资产管理人、资产托管人与资产委托人协商一致后，可根据市场发展情况调整资产管理费率、资产托管费率，并报中国证监会备案

（七）税收

资产管理计划和资产管理合同各方当事人根据国家法律法规的规定，各自履行纳税义务。

十三、委托财产投资所产生的权利的行使

资产委托人选择自行行使委托财产投资于证券所产生的权利，并自行承担相应的法律责任。应资产委托人要求，资产管理人及资产托管人可提供必要的协助。

委托财产投资于证券所产生的义务，特别是信息披露义务由资产委托人承担，资产管理人和资产托管人应为资产委托人履行义务提供便利。资产管理人、资产托管人仅在其知情的范围内，依照法规规定和本合同的约定履行信息的报告或披露义务，任何因为资产委托人及其一致行动人隐瞒、遗漏及未及时告知所导致的信息披露义务的违反，相关的责任应由资产委托人及其一致行动人承担。

十四、报告义务

（一）推介期报告

计划生效公告。资产管理人应当在收到资产管理合同生效备案文件的次日在资产管理人和代理销售机构网站上公告。

（二）运作期报告

1. 年度报告。

资产管理人应当在每年结束后三个月内，编制完成产品年度报告并经资产托管人复核，向资产委托人披露投资状况、投资表现、风险状况等信息。资产管理人在年度报告完成当日，将有关报告提供资产托管人复核，资产托管人在收到后 30 日内复核，并将复核结果书面通知资产管理人。

2. 季度报告。

资产管理人应当在每季度结束之日起 15 个工作日内，编制完成季度报告，经托管人复核后，向资产委托人披露证券投资明细、投资状况、投资表现、风险状况等信息。资产管理人在季度报告完成当日，将有关报告提供资产托管人复核，资产托管人在收到后 7 个工作日内进行复核，并将复核结果书面通知资产管理人。

本资产管理合同生效不足 2 个月，资产管理人可以不编制当期季度报告及年度报告。

3. 净值报告。

资产管理人每月向资产委托人报告一次经资产托管人复核的资产管理计划份额净值。

4. 临时报告。

发生投资经理变更等可能影响资产委托人利益的重大事项时，资产管理人应及时书面告知资产委托人。

5. 向资产委托人提供报告及资产委托人信息查询的方式。

资产管理人向资产委托人提供的报告，将严格按照《试点办法》及其他有关规定通过以下至少一种方式进行。资产委托人信息查询将通过以下至少一种中国证监会允许的、本合同约定的方式进行。

（1）资产管理人网站。《资产管理合同》《投资说明书》、定期报告、临时报告等有关本资产管理计划的信息将在资产管理人网站上（www. dbfund. com. cn）披露，委托人可随时查阅。

（2）传真或电子邮件。如资产委托人留有传真号、电子邮箱等联系方式的，资产管理人也可通过传真、电子邮件、电报等方式将报告信息通知委托人。

（三）向中国证监会提供的报告

资产管理人、资产托管人应当根据法律法规和监管机构的要求履行报告义务。

1. 特定资产管理业务季度报告和年度报告。

资产管理人应当在每季度结束之日起的 15 个工作日内，完成特定资产管理业务季度报告，并报中国证监会备案。特定资产管理业务季度报告应当就公平交易制度执行情况和特定资产管理业务与证券投资基金之间的业绩比较、异常交易行为作专项说明，并由投资经理、督察长、总经理分别签署。

资产管理人、资产托管人应当在每年结束之日起 3 个月内，完成特定资产管理业务管理年度报告和托管年度报告，并报中国证监会备案。

2. 业绩明显差距分析报告。

资产管理人应当分析所管理的证券投资基金和委托财产投资组合的业绩表现。在一个委托投资期间内，若投资目标和投资策略类似的证券投资基金和委托财产投资组合之间的业绩表现有明显差距，则应出具书面分析报告，由投资经理、督察长、总经理分别签署后报中国证监会备案。

十五、风险揭示

资产管理计划投资将可能面临下列各项风险，包括但不限于：

（一）市场风险

证券市场价格受到经济因素、政治因素、投资心理和交易制度等各种因素的影响，导致资产管理计划财产收益水平变化，产生风险，主要包括：

1. 政策风险。因国家宏观政策（如货币政策、财政政策、行业政策、地区发展政策等）发生变化，导致市场价格波动而产生风险。

2. 经济周期风险。随经济运行的周期性变化，证券市场的收益水平也呈周期性变化。资产管理计划财产投资于债券与上市公司的股票，收益水平也会随之变化，从而产生风险。

3. 利率风险。金融市场利率的波动会导致证券市场价格和收益率的变动。利率直接影响着债券的价格和收益率，影响着企业的融资成本和利润。资产管理计划财产投资于债券和股票，其收益水平会受到利率变化的影响。

4. 上市公司经营风险。上市公司的经营好坏受多种因素影响，如管理能力、财务状况、市场前景、行业竞争、人员素质等，这些都会导致企业的盈利发生变化。如果资产管理计划财产所投资的上市公司经营不善，其股票价格可能下跌，或者能够用于分配的利润减少，使资产管理计划财产投资收益下降。虽然资产管理计划财产可以通过投资多样化来分散这种非系统风险，但不能完全规避。

5. 信用风险。主要是指债务人的违约风险，若债务人经营不善，资不抵债，债权人可能会损失掉大部分的投资，这主要体现在企业债中。

6. 购买力风险。资产管理计划财产的利润将主要通过现金形式来分配，而现金可能因为通货膨胀的影响而导致购买力下降，从而使资产管理计划财产的实际收益下降。

7. 债券收益率曲线风险。债券收益率曲线风险是指与收益率曲线非平行移动有关的风险，单一的久期指标并不能充分反映这一风险的存在。

8. 再投资风险。再投资风险反映了利率下降对固定收益证券利息收入再投资收益的影响，这与利率上升所带来的价格风险（前面所提到的利率风险）互为消长。具体为当利率下降时，资产管理计划财产从投资的固定收益证券所得的利息收入进行再投资时，将获得比之前较少的收益率。

9. 波动性风险。波动性风险主要存在于可转债的投资中，具体表现为可转债的价格受到其相对应股票价格波动的影响，同时可转债还有信用风险与转股风险。转股风险指相对应股票价格跌破转股价，不能获得转股收益，从而无法弥补当初付出的转股期权价值。

（二）管理风险

在资产管理计划财产管理运作过程中，资产管理人的知识、技能、经验、判断等主观因素会影响其对相关信息和经济形势、证券价格走势的判断，从而影响资产管理计划财产收益水平。

（三）流动性风险

流动性风险可视为一种综合性风险，它是其他风险在资产管理计划财产管理和公司整体经营方面的综合体现。中国的证券市场还处在初期发展阶段，在某些情况下某些投资品种的流动性不佳，由此可能影响到资产管理计划财产投资收益的实现。

（四）信用风险

信用风险是指资产管理计划财产在交易过程发生交收违约，或者资产管理计划财产所投资证券之发行人出现违约、拒绝支付到期本息，都可能导致资产管理计划财产损失和收益变化。

（五）特定的投资办法及委托资产所投资的特定投资对象可能引起的特定风险

由于票据存在瑕疵，导致票据到期承兑银行拒付的风险。

票据的承兑银行由于信用状况发生变化，未能及时、足额支付相关票据款项的风险。

本计划所投资票据收益权对应的标的票据委托票据代保管银行进行监管，保管期间如保管不到位或其他因素，可能导致标的票据毁损灭失而影响票据收益权实现的风险。

（六）操作或技术风险

相关当事人在业务各环节操作过程中，因内部控制存在缺陷或者人为因素造成操作失误或违反操作规程等引致的风险，例如，越权违规交易、会计部门欺诈、交易错误、IT系统故障等风险。

在计划的各种交易行为或者后台运作中，可能因为技术系统的故障或者差错而影响交易的正常进行或者导致资产委托人的利益受到影响。这种技术风险可能来自基金管理公司、注册登记机构、销售机构、证券交易所、证券注册登记机构等。

（七）其他风险

战争、自然灾害、政府行为等不可抗力可能导致资产管理计划财产有遭受损失的风险，以及证券市场、资产管理人、资产托管人可能因不可抗力无法正常工作，从而有影响资产管理计划财产的提取的风险。

十六、资产管理合同的生效、变更与终止

（一）合同的生效

1. 资产管理合同是约定资产管理合同当事人之间权利与义务关系的法律文件。资产委托人为法人的，本合同自资产委托人、资产管理人和资产托管人加盖公章以及各方法定代表人或法定代表人授权的代理人签字之日起成立；资产委托人为自然人的，本合同自资产委托人本人签字或授权的代理人签字、资产管理人和资产托管人加盖公章以及双方法定代表人或法定代表人授权的代理人签字之日起成立。本合同自成立之日起生效。

2. 资产管理合同自生效之日起对资产委托人、资产管理人、资产托管人具有同等的法律约束力。

3. 本合同的有效期限为本合同生效之日起 1 年。合同到期日前 30 个自然日，如各方未提出书面异议，本合同自动续期 1 年，以后本合同的续期以此办理。

（二）全体资产委托人、资产管理人和资产托管人协商一致后，可对本合同内容进行变更，但下列事项资产管理人有权变更

1. 本投资经理的变更。

2. 资产管理计划认购、非交易过户的原则、时间、业务规则等变更。

3. 对资产委托人利益无实质不利影响的修改。

4. 因相应的法律法规规定或中国证监会相关规定发生变动而应当对资产管理合同进行变更。

（三）资产管理人应当在 5 个工作日内将签订的资产管理合同报中国证监会备案，对资产管理合同任何形式的变更、补充，资产管理人应当在变更或补充发生之日起 5 个工作日内报中国证监会备案。

（四）资产管理合同终止的情形

1. 资产管理计划存续期限届满而未延期的。

2. 经合同各方当事人协商一致决定终止的。

3. 资产管理人被依法取消特定客户资产管理业务资格的。

4. 资产管理人依法解散、被依法撤销或被依法宣告破产的。

5. 资产托管人依法解散、被依法撤销或被依法宣告破产的。

6. 资产委托人依法解散、被依法撤销或被依法宣告破产的。

7. 法律法规和本合同规定的其他情形。

发生上述 3~7 项情形时，一方应及时将该情形通知他方，各方当事人协商确定该情形下本合同的终止事宜。

（五）委托财产的清算

合同终止，资产委托人、资产管理人和资产托管人应协商及时进行委托财产的移交，资产委托人和资产管理人配合资产托管人按照相关法律法规办理委托财产证券账户、资金账户变更或销户。

组合到期清算时，由资产托管人匡算的备付金及保证金金额，仅供资产管理人预留余额时参考，若匡算金额与中登公司实际计算的备付金及保证金金额有差异时，以中登公司计算结果为准，因匡算差异导致的余额不足部分由管理人通知委托人补足。

十七、违约责任

资产管理人、资产托管人在履行各自职责的过程中，违反法律法规规定或者本合同约定，给资产管理计划财产或者资产委托人造成损害的，应当分别对各自的行为依法承担赔偿责任；因共同行为给资产管理计划财产或者资产委托人造成损害的，应当承担连带赔偿责任。在资产管理人或资产托管人对全部损害承担了责任之后，其有权向未承担责任的另一违约方追偿，请求偿付其承担应当的赔偿份额，但是发生下列情况的，当事人可以免责：

1. 不可抗力。如果本合同任何相关方因"不可抗力"事件无法履行其义务，则在"不可抗力"事件影响履行义务期间，依情况可以解除合同或者免除部分或全部责任。声称遭受"不可抗力"事件影响的一方应在该不可抗力事件发生之日起 7 日内告知其他方。声称遭受"不可抗力"事件影响的一方应运用一切合理努力消除、减轻该等"不可抗力"事件的影响。若任何一种"不可抗力"事件发生，各方应立即开始协商以解决"不可抗力"事件对本合同的影响，但遭遇"不可抗力"一方无须承担违约责任。若该等"不可抗力"事件的影响持续且对本合同之履行产生重大不利影响，合同各方通过协商不能达成一致意见的，合同各方均有权通知对方终止本合同。

2. 资产管理人和/或资产托管人按照有效的法律法规或中国证监会的规定作为或不作为而造成的损失等。

3. 资产管理人由于按照本合同规定的投资原则行使或不行使其投资权而造成的损失等。

4. 资产委托人未能事前就其关联证券或其他禁止交易证券明确告知资产管理人致使本资产管理计划发生违规投资行为的，资产管理人与资产托管人均不承担任何形式的责任。

合同当事人违反本合同，给其他当事人造成经济损失的，应当承担赔偿责任；在发生一方或多方违约的情况下，本合同能继续履行的，应当继续履行。

本合同当事一方造成违约后，其他当事方应当采取适当措施防止损失的扩大；没有采取适当措施致使损失扩大的，不得就扩大的损失要求赔偿，守约方因防止损失扩大而支出的合理费用由违约方承担。

十八、争议的处理

有关本合同的签署和履行而产生的任何争议及对本协议项下条款的解释，均适用中华人民共和国法律法规及司法解释（为本合同之目的，在此不包括香港、澳门特别行政区及台湾地区的法律法规及司法解释）。

凡因本合同引起的或与本合同有关的任何争议，合同当事人应尽量通过协商、调解途径解决。当事人不愿或者不能通过协商、调解解决的，任何一方均有权将争议提交中国国际经济贸易仲裁委员会上海分会，按照申请仲裁时该会现行有效的仲裁规则进行仲裁。仲裁裁决是终局的，对各方均有约束力。仲裁费用由败诉方承担。

争议处理期间，合同当事人应恪守各自的职责，继续忠实、勤勉、尽责地履行资产管理合同规定的义务，维护资产委托人的合法权益。

十九、其他事项

如将来中国证监会对资产管理合同的内容与格式有其他要求的，资产管理人和资产托管人应立即展开协商，根据中国证监会的相关要求修改本合同的内容和格式。

本合同如有未尽事宜，由合同当事人各方按有关法律法规和规定协商解决，关于本合同未尽的托管事宜具体条款，如不涉及资产委托人实质利益的，可由资产管理人和资产托管人另行签订操作备忘录约定。

本合同一式三份，当事人各执壹份，每份具有同等的法律效力。

（本页无正文，为编号资产管理合同签署页，请资产委托人务必确保填写的资料正确有效，如因填写错误导致的任何损失，资产管理人和资产托管人不承担任何责任）

资产委托人

1. 自然人。

姓名：　　　　　　　　　　证件类型：

证件号码：　　　　　　　　住所：

联系电话：　　　　　　　　通信地址：

资产委托人授权的代理人：　代理人身份证件类型：

证件号码：　　　　　　　　住所：

联系电话：　　　　　　　　通信地址：

2. 法人或其他组织。

名称：

营业执照号码：　　　　　　组织机构代码证号码：

法定代表人或授权代表：　　住所：

联系电话：　　　　　　　　联系人：

（本页无正文，为编号资产管理合同签署页）

资产委托人：（章/签字）

有效证件类型：　　　　　　有效证件号码：

法定代表人或授权代理人：

有效证件类型：　　　　　　有效证件号码：

资产管理人：××基金管理有限公司（章）

法定代表人或授权代理人：

资产托管人：××银行（章）

法定代表人或授权代理人：

签署日期：　　　　年　　　月　　　日

【协议文本4】

票据资产转让合同

合同编号：[　　　　　]

甲方：

法定代表人或负责人：

办公地址：

经办人：

联系电话：

乙方：

法定代表人或负责人：

办公地址：

经办人：

联系电话：

甲方设立"资产管理计划"，以委托资金购买乙方的票据资产。甲乙双方本着友好合作意愿，签订本合同。

第一条　转让标的

1.1　本合同项下乙方向甲方管理的资产管理计划转让标的为乙方依据本合同附件票据资产转让清单所列票据项下的一切权益（以下简称票据资产），相关票据均为乙方已贴现（转贴现）未到期的商业汇票。

1.2　票据资产转让清单内容包括转让标的对应的各票据的票面金额、到期日、付款人名称、转让价款等事项。

1.3　票据资产转让清单由甲乙双方以加盖公章或合同专用章形式共同确认。

1.4　甲乙双方同意，乙方向甲方管理的资产管理计划转让标的所对应票据的票面总金额由每期票据资产转让清单确认，具体详见附件1票据资产转让清单。

1.5　甲方管理的资产管理计划受让的是票据资产，甲乙双方约定，甲方管理的资产管理计划支付转让价款后，转让标的所对应的票据资产权利即不可撤销地转让给甲方管理的资产管理计划。

第二条　转让价款

本合同项下转让标的所对应的转让价款由每期票据资产转让清单确认，具体详见附件1票据资产转让清单。

第三条　转让标的的移转和转让价款的支付

3.1　乙方应在收到甲方管理的资产管理计划支付的转让价款当日将票据资产转让清单项下标的票据所对应的所有原始权利凭证（包括但不限于标的票据本身）移交给资产管理计划的托管人或甲方与资产管理计划的托管人共同指定的票据资产服务方。

3.2　甲方应当在本合同生效后，于甲乙双方约定日前向资产管理计划的托管人发出划款指令，由资产管理计划的托管人将转让价款划付至乙方指定的银行账户。

开户行：

户　名：

账　号：

大额支付系统行号：

第四条　甲方的权利和义务

4.1　按照本合同约定发出划款指令，确保资产管理计划的托管人支付转让价款。

4.2　有权要求乙方提供与转让标的有关的资料。

4.3　有权行使与标的票据资产或标的票据有关的所有权利。

4.4　因乙方未履行本协议规定的义务和承诺保证给甲方或资产管理计划造成损失的，甲方有权向乙方追索由此而发生的一切实际损失。

第五条　乙方的权利和义务

5.1　按照本合同约定取得转让价款。

5.2　向资产管理计划的托管人或甲方与资产管理计划的托管人共同指定的票据资产服务方提供与转让标的有关的资料。

5.3　在甲方发出有关指令和要求时，协助甲方及甲方管理的资产管理计划办理相关手续。

第六条　承诺与保证

6.1　甲方的承诺与保证：

6.1.1 甲方是依法成立的金融机构，持有有效的营业执照和基金管理资格证书；

6.1.2 甲方保证以合法管理的资金认购转让标的。

6.2 乙方的承诺与保证：

6.2.1 票据真实、有效，记载事项完整；

6.2.2 乙方真实享有完整的票据权利；

6.2.3 票据为乙方以合法方式取得的，乙方应当对其受让的合法性负责；

6.2.4 票据上不存在法律、法规规定的不得转让的情形；

6.2.5 票据上不存在优先于甲方或甲方管理的资产管理计划的票据权利；

6.2.6 票据没有超过票据权利的行使期限；

6.2.7 票据资料真实、合法、有效和完整；

6.2.8 乙方将票据资产依据本协议转让与甲方管理的资产管理计划后，未经甲方书面同意，不得以背书或任何其他方式将本协议项下之票据资产或其对应的票据再行转让或变相转让与任何第三方（含法律处分和实物处分），也不得设置任何权利限制；

6.2.9 乙方须确保票据资产转让清单上的要素与票据实物相符；

6.2.10 乙方应对票据资产对应的票据的要式性和文义性是否符合有关法律、法规和规章制度的规定承担审核责任，如发生甲方管理的资产管理计划买入的本合同项下票据因挂失止付、公示催告、被有权机关采取保全、执行措施等原因而不能得到票据款项，乙方保证在收到甲方书面通知后的三个工作日内将所涉票据款项足额划入甲方管理的资产管理计划的托管账户；

6.2.11 如本合同项下票据资产对应的票据非因甲方原因导致承兑人拒绝付款时，甲方向乙方主张追索权利，乙方应当在取得有关拒绝证明和银行承兑汇票退票后起的3个工作日内自行向甲方管理的资产管理计划支付被拒付票据资产对应的票面金额。

第七条 违约责任

7.1 如本合同当事人违反本合同的约定，包括事实与本合同当事人作出的承诺和保证不符的，均构成违约。守约方有权请求违约方依照本合同的约定履行相应的义务；造成守约方损失的，守约方有权请求违约方承担相应的赔偿责任。

7.2 如乙方违约致使本合同项下的票据资产被拒付的，则乙方应向甲方管理的资产管理计划支付赔偿金额。赔偿金额＝被拒付票据资产对应的票面价款＋该被拒付票据资产票面金额×0.5%/360×赔偿金的计算天数。赔偿金的计算天数自甲方管理的资产管理计划支付转让价款之日起至甲方管理的资产管理计划收到乙方退还的转让价款之日止。

第八条 争议处理

本合同履行过程中发生争议双方应协商解决，协商不成，任何一方均有权向甲方住所地有管辖权的法院提起诉讼。

第九条 合同生效

本合同经甲乙双方法定代表人/负责人或授权代理人签字（或签章）并盖公章或合同专用章后生效。

第十条 附则

本合同一式肆份，甲乙双方各执贰份，每份具有同等法律效力。

（本页为合同编号：[   ]《票据资产转让合同》的签署页）

甲方：   （盖章）
法定代表人或授权代理人（签字或签章）

乙方：××银行（盖章）
法定代表人或授权代理人（签字或签章）

签署日期：   年   月   日

【协议文本 5】

票据资产服务合同

合同编号：〔   〕

甲方：
法定代表人：
办公地址：
联系人：
联系电话：
传真：

乙方：
法定代表人：
办公地址：
联系人：
联系电话：
传真：

甲乙双方本着友好合作的意愿签订本合同，由乙方为甲方管理的资产管理计划根据编号为〔   〕的《票据资产转让合同》，从票据资产转让方受让的票据资产对应的票据提供票据审验、保管、托收等相关服务。

第一条 票据资产服务的内容

1. 审验。

1.1 甲方委托乙方对《票据资产转让合同》项下票据资产对应的票据（以下简称标的票据）提供审查，乙方根据《票据法》《支付结算办法》及乙方相关的买入（贴现）标准，对甲方委托审验标的票据的真实性进行现场临柜审验，对标的票据瑕疵进行提示。标的票据应符合如下条件：

（1）标的票据对应的交易关系和债权债务关系真实、合法、有效；

（2）标的票据真实、合法、有效，记载事项完整，已由承兑人承兑；

（3）票据资产转让方真实享有完整的票据权利；

（4）标的票据上不存在法律、法规规定的不得转让的情形；

（5）标的票据上不存在优先于甲方的票据权利；

（6）票据权利没有超过行使期限，且未被拒绝付款；

（7）《票据法》《支付结算办法》及乙方相关的买入（贴现）标准要求的其他条件。

1.2 如因标的票据瑕疵需补充移交其他票据的，乙方按上述标准和流程对票据资产转让方提供的票据进行验证和确认。

1.3 乙方对标的票据审验合格后，应于接收标的票据当日向甲方出具保管证明文件。

2. 保管。

2.1 乙方在收到票据资产转让方根据《票据资产转让合同》直接向乙方交付的标的票据后，应核对标的票据与《票据资产转让合同》所附票据资产转让清单一致并按照本合同约定进行审验后才予以签收。乙方在签收标的票据后应制作票据资产清单（一式三份），加盖乙方公章后先以传真方式通知甲方，再将票据资产清单原件交甲方盖章确认。票据资产清单由甲方、乙方及甲方管理的资产管理计划的托管人各执一份。

2.2 票据的保管期限从乙方向甲方出具保管证明文件之日起至甲方管理的资产管理计划受让的票据资产所对应的全部票据款项回收至甲方管理的资产管理计划的托管专户之日止（账户信息详见本合同第三条，下同）。

2.3 乙方应妥善保管标的票据，将标的票据与其自有票据分离保管。乙方不得将本合同项下票据资产所对应的票据交第三人保管，不得使用或者许可第三人使用标的票据。

3. 托收。

3.1 本合同项下的标的票据到期时，甲方委托乙方将封存的票据拆开并按每张票据到期时间的先后顺序与承兑人逐一办理票据资产的兑现事宜。

3.2 甲方需要乙方托收的票据，均为甲方已按照本条第1款的约定交由乙方保管的，甲方在此授权乙方直接将该票据取出进行托收。

3.3 乙方不得将票据托收回款资金做其他用途。待同一批次标的票据资金全部托收完毕后，再统一划入甲方管理的资产管理计划的托管专户。划款时，乙方在报文中需备注"××基金—托管人—资产管理计划票据托收回款—票据批次号"字样。

3.4　根据甲方要求，配合甲方管理的资产管理计划向第三方转让票据资产。

3.5　本合同约定的其他职责。

第二条　服务期限

本合同项下票据资产的服务期限为自乙方向甲方出具保管证明文件之日起至相应票据资产所对应的全部票据款项回收至甲方管理的资产管理计划的托管专户之日止。

第三条　乙方的义务

1. 乙方应按照本合同约定对本合同项下的标的票据进行审验并对票据瑕疵进行书面提示。

2. 乙方应当妥善保管本合同项下的标的票据，在票据资产转让方向乙方交付票据资产时，乙方应将标的票据验收、保管。

3. 乙方按照甲方要求、配合甲方管理的资产管理计划向第三方转让票据资产时，乙方根据甲方通知拆封票据资产对应的票据，乙方保管票据资产的义务随票据资产转移给第三方而自动终止；如甲方未委托乙方向第三方卖出票据资产，则视为甲方委托乙方在本合同项下票据资产转让清单中列明的标的票据中最早到期日的二十日前，将该相应标的票据自行拆包与承兑人逐一办理票据资产的兑现事宜。

4. 乙方不得将本合同项下的标的票据交第三人管理，不得使用或者许可第三人使用本合同项下的标的票据。

5. 票据资产变现款项的收取。

若甲方要求在标的票据未到期前向第三方转让其中全部或部分票据资产的，则甲方委托乙方向该第三方收取票款，乙方应将对应款项于票据资产转让当日划拨至甲方管理的资产管理计划的托管专户。

若本合同项下的标的票据将到期，则甲方委托乙方将封存的相应票据资产拆开并按每张票据到期时间的先后顺序与承兑人逐一办理票据资产的兑现事宜，乙方应最迟于同一批次票据资产中最后一张票据兑现的三个工作日内，将该批次全部托收款项划拨至甲方管理的资产管理计划的托管专户。

6. 票据资产款项的划付。甲方委托乙方在收到本合同第三条第5款所述款项后及时划付至甲方管理的资产管理计划的托管专户：

户名：

账号：

开户银行：

大额支付号：

第四条　票据资产服务费

乙方为本合同项下的票据资产对应的票据提供审验、保管及托收服务，有权收取票据资产服务费。票据资产服务费的费率为×%/年，票据资产服务费＝本资产管理计划委托资产本金××%×存续天数/360。

其中，存续天数是指自本资产管理计划成立日（含该日）起至标的票据中最晚到期日（不含该日）止的实际天数，以票据资产清单中约定的转让天数为准，如果本资产管理计划项下的票据资产在前述最晚到期日前已全部变现的，则存续天数为自本资产管理计划成立日（含该日）起至票据资产全部变现日（不含该日）止的实际天数，下同。

甲方应于资产委托人提取资产、资产管理计划委托期限届满或本资产管理计划资产管理合同终止后的5个工作日内将票据资产服务费支付至乙方指定的如下账户：

户名：

开户行：

账号：

行号：

联系人：

传真：

乙方因向甲方及甲方管理的资产管理计划提供本协议规定的票据资产服务而发生的费用，由乙方承担。

第五条　甲方的权利

甲方有权监督、检查乙方本合同项下义务的履行情况。

第六条　违约责任

1. 因乙方违反票据审验约定或管理不善造成票据虚假、票据存在瑕疵或票据资产丢失、毁损等而造成甲方或资产管理计划损失的，乙方应承担由此给甲方及甲方管理的资产管理计划造成的全部损失。

2. 乙方违反本合同第三条的义务，未经甲方书面同意，乙方擅自拆包的，或者擅自处分票据资产或标的票据（含法律处分和事实处分）的，乙方应赔偿因其违约而给甲方及甲方管理的资产管理计划造成的全部损失，包括合同履行后可以获得的利益，但不得超过乙方订立合同时可以预见或应当预见的因违反合同可能造成的损失。

3. 乙方违反本合同第三条的义务，怠于将票据款项划付至甲方管理的资产管理计划的托管专户的，自逾期划付票据款项之日起，乙方按（迟延划付款项×0.2‰×延迟天数）向甲方管理的资产管理计划支付违约金。

4. 本合同当事人违反本合同的约定，对方有权请求该当事人依照本合同的约定和该当事人作出的承诺和保证履行相应的义务；造成对方损失的，对方有权请求该当事人承担赔偿责任。

第七条　争议解决

本合同履行过程中发生争议双方应协商解决，协商不成，任何一方可向被告住所地有管辖权的人民法院提起诉讼。

第八条　合同生效

本合同经甲方法定代表人或授权代理人签章并加盖公章或合同专用章、乙方负责人或授权代理人签章并加盖公章后生效，至双方在本合同项下全部义务履行完毕后终止。

第九条　附则

本合同一式肆份，甲乙双方各执贰份，每份具有同等法律效力。

（本页无正文，为编号［　　　　　］的《票据资产服务合同》签署页）

甲方（盖章）：
法定代表人或授权代理人（签章）

乙方（盖章）：
法定代表人或授权代理人（签章）

签署日期：　　年　月　日

附件1

票据资产转让清单

本期（第____期）乙方向甲方管理的资产管理计划转让标的所对应票据的票面总金额为____（大写）人民币（小写____￥）。

本期（第____期）合同项下转让标的所对应的转让价款为：____（大写）人民币（小写____￥）。利息为____（大写）人民币（小写____￥）。

甲方：××银行（盖章）　　　乙方：

法定代表人或授权代理人（签章）：　法定代表人或授权代理人（签章）：

双方签署日期：　　年　月　日

附件2

××基金—托管人—资产管理计划票据资产保管证明文件

××公司：

根据银行与贵司签署的编号为〔_____〕号的《票据资产服务合同》，银行现向贵司确认：贵司委托银行进行审验、保管及托收的项下票据资产相关凭证（具体以银行盖章确认的《票据资产清单》（第____期）为准），银行已全部收悉。

银行现正式通知贵司，《票据资产清单》（第____期）（项下的票据符合《票据资产服务合同》的约定，银行于本证明文件出具之日起，正式保管（第____期）项下票据资产的全部相关凭证。银行将严格按照《票据资产服务合同》的规定履行相关义务。

特此证明。

（签章）　　　年　月　日

附件3

票据资产清单

（清单编号：＿＿＿＿＿＿）

本期（第＿＿＿期）资产转让方向甲方管理的资产管理计划转让标的所对应票据的票面总金额为＿＿＿＿＿＿（大写）人民币（小写＿＿＿＿＿＿¥）。

本期（第＿＿＿期）合同项下转让标的所对应的转让价款为：＿＿＿＿＿＿（大写）人民币（小写＿＿＿＿＿＿¥）。利息为＿＿＿＿＿＿（大写）人民币（小写＿＿＿＿＿＿¥）。

甲方（盖章）：　　　　　　　　　乙方：
法定代表人或授权代理人（签章）：　　法定代表人或授权代理人（签章）：

双方签署日期：　　　年　月　日

附件4

票据资产转让通知函

××银行：

根据贵行与我公司签署的《票据资产服务合同》（编号：＿＿＿＿＿＿），我公司委托贵行对票据资产清单（第＿＿＿期）（编号：＿＿＿＿＿＿）中列明的票据资产对应的票据进行审验、托收及保管。现我公司正式通知贵行：将票据资产清单（第＿＿＿期）（编号：＿＿＿＿＿＿）中列明的全部/部分票据资产向＿＿＿＿＿＿进行转让，请贵行予以协助。

附：《票据资产转让合同》（第＿＿＿期）（编号：＿＿＿＿＿＿）

年　月　日

立金培训中心名言

1. 银行公司业务人员应该和信贷审批人员保持高度和谐，尤其是银行客户经理应当高度感谢信贷审批人员，信贷审批人员最大的价值在于帮助我们甄别风险，防止我们头脑发热。我们就像夫妻两个，既矛盾，又统一，有分歧很正常，但最终目标是共同努力致富。

2. 银行客户经理具备信贷授信方案策划能力至关重要，大部分银行客户经理现在做信贷项目最缺乏的就是策划，所以每个客户经理都必须懂授信方案策划。没有策划就去营销是最大的浪费。

3. 客户经理一定要做好信贷调查，精细做好授信方案设计。前期的信贷调查越仔细，授信方案设计越精密；后期的信贷审查越容易，信贷审批速度越快。

贷前存在风险，是因为我们对客户了解得不够，真正能够控制风险是对客户的了解，而不是担保和抵押；贷后存在风险，是因为我们没有控制客户的现金流，真正能够控制风险是我们彻底控制了客户的现金流。

4. 一个风险投资家说过"投资是一门有关人的艺术，风险投资家需要对人的判断。在所有考核要素中，能不能把事情做大最关键"。做银行信贷的第一关键要素也是看准人投放贷款，没有合格的借款人，一切都是空谈。我们不是看中抵押物和担保物就一定要贷款，而是看中借款人。

5. 商业银行判断能否提供融资看抵押物是否值钱，投资银行判断能否提供融资看公司是否值钱。传统银行要想发展，必须兼具商业银行融资和投资银行融资的双重思维。

6. 做银行信贷一定要具备灵活的思维，不必过度看重企业的销售收入，要多看企业股东的实力，多看企业的其他融资通道是否畅通。

7. 银行应当建立"传统授信＋供应链融资＋投行融资"的组合思维，传统授信是看企业的过去（资产负债表），供应链融资是看企业的现在（损益表），投行融资是看企业的未来（现金流量表）。

8. 民营企业有着极强的扩张冲动，银行必须能够识别企业是真增长还是假增长：真增长是企业规模与管理能力的匹配，假增长只是企业简单地并购扩张。其实，企业认为的市场并不真实存在，增长模式明显是个悖论。如果是真增长，银行授信可以按照企业增长幅度提供同等的涨幅；否则，银行干脆压缩授信或退出。

9. 银行融资的本质是远期现金流的即期折现。存货、应收账款会产生短期现金流，固定资产会产生长期现金流，这些才是企业有价值的资产。银行必须准确评估这些资产产生的现金流流量，对企业的未来现金流进行精准估算。

10. 白天跑客户，晚上写报告。白天用心跑客户，找到新的业务机会；晚上用心为客户设计授信方案，撰写授信报告。人生就是不断奋斗的过程。

教育社会学

（第三版）

谢维和　文雯　著

教育科学出版社

·北京·

第三版序言

细心的读者一定会问，为什么这本书的第三版书名要从前两版的"教育活动的社会学分析"，改为"教育社会学"呢？个中缘由是什么呢？我深深地以为，这样的提问对理解本书的定位与内容都是大有裨益的。诚然，本书书名的变化确实反映了我在研究与实践中的三个考虑和本书内容方面的某些新意。

首先，是希望能够遵循中国传统文化所谓"正名"的要求。一本书的书名必须与其内容达成一致，这种一致至少包括两层含义：第一，作为××学，应该是有一定系统性的学问，至少在理论与逻辑上应该自洽或自圆其说，而不能是随意或零碎的。第二，它还必须能够体现作者在某个学科领域中独立与系统的专业性思考与学术观点，反映作者对自身研究的一种基本定位与评价。如果一本书不能有一定的系统性，缺乏作者自己在某个学科领域中独特与系统的理论与思想，则很难被冠以"××学"的名称。坦率地说，我是一个从哲学领域，具体来说，是从德国哲学学科转到教育社会学领域的学者。尽管两者在许多方面具有高度的同一性，包括在概念、理论与思想方面具有共同的渊源，甚至共享了许多历史上的思想家与丰富的文献资源，但从专业的角度看，我非常需要在具体的教学与研究中完成学科间概念与范畴的转换。这种转换可不是一蹴而就的，它需要时间，需要反复与不断的调整，甚至是思想理论的"涅槃"。在这个过程中，我得到了许多老师与同仁的帮助与指导，包括直接与间接、有形与无形的影响；我也受益于许多同学的问题，包括教学中与他们之间的对话与讨论；当然，这里面也蕴含了出版社编辑们的诘问与"挑剔"，让我不得不一遍遍地打磨与斟酌……。尽管如此，我仍然不能说已经初步形成了自己的思想与理论。所以，在对本书 2000 年第一版书名的斟酌中，我是战战兢兢、如履薄冰，最后采用了一个略微慎重并且留有余地的名称——"教育活动的社会学分析"，并且补充了一个副标题"一种教育社会学的研究"，由此表明自己在学科研究方面的不成熟。虽然中国台湾以出版教育类图书与教材为主业的五南图书出版股份有限公司向教育科学出版社购买了本书第一版的版权，并且在 2002 年以"教育社会学"的名称出版，但实事求是地说，第一版仍然是懵懵懂懂咿呀学语的产物，还没有真正形成自己的学术体系与独立的学理基础，而且，在叙述方式与话语体系方面，仍然有非常明显的哲学味道与偏重于社会学的痕迹，在许多方面都呈现出思辨的色彩。简单地说，它只是一个初步的成果。也正是因为如此，我有点迫不及待地在 2007 年抛出了本书的第二版，也增加了不少的内容，希望能够有所完善。尽管第二版的内容已经有比较大的变化，也有一些进步，但我仍然沿用了"教育活动的社会学分析"的书名。时至今日，在经过 15 年这样更长时间和更加从容的积累以后，我选择了"教育社会学"这个书名。虽然它仍然存在一定的片面性，在某些方面的论述与阐释或许还可以进一步完善与充实，在若干领域中提出了某些可能会存在争议的看法与观点……，但我可以非常自信地说，这是我的《教育社会学》，是我自己对这个学科的比较系统的认识与看法，体现了哲学、社会学与教育学的有机结合，也结合中国实际提出了某些独特的理论与观点。质言之，我可以比较有信心地使用"教育社会学"这个严肃的名称了，也不会辱没"教育社会学"这个名称的学术尊严了。

其次，这样的做法比较符合学术研究，尤其是教材建设的"规矩"。一个作者编写同一个领域的教材，切不可总是"喜新厌旧"，而必须"修旧如新"。在持续不断的研究与思考的基础上，一而再、再而三地打磨与修订的确是学术界，尤其是教科书出版的一条不成文的"规矩"。它本身反映了不断完善、持续积累、逐渐成熟的一个过程。所以，本书的名称虽然发生了变化，但它仍然是第一版和第二版的延续与发展。尽管全书的内容，包括章节的题目发生了变化，但在学科思想上仍然是一脉相承的。我想这也是国际学术界的一种学术规范。当然，这种修订并不是简单的文字或叙述的变化，也不能是草草地增加或减少部分内容……，它必须是在对学科领域中的若干问题进行分别的专门性的研究以后，用这些专项的研究成果去补充、完善原有的内容。细心的读者可以发现，第二版的出版距离第一版的问世只有 7 年的时间，而此次修改的间隔时间则有 15 年之久。我可以如实地向各位报告，这 15 年也是我对本书各个章节与主题的具体内容进行深入研究与打磨的 15 年，特别是结合中国教育改革发展的实际与各种新的变化，对教育社会学的基本理论进行深入思考的 15 年。在这 15 年里，我通过参与国家教育政策的研究、咨询与制定，结合自己教育管理的实际与从事各类项目研究的经验，以及阅读大量的教育理论书籍与文献，包括重新阅读赫尔巴特、杜威和其他国内外著名学者的著述，发表了一些教育社会学领域的学术著作与学术论文，涉及这个学科领域中诸多基础性与现实性的问题，包括立德树人、教育公平、课程改革、教师队伍、教育评价、一流大学建设、网络社会中的教育变革等等。同时，为了更加具体地分析与研究教育社会学理论对不同层次与类型教育的适宜性，我还对小学教育、高等教育与职业教育，甚至是学前教育中的某些问题进行了比较具有专门性的探讨。实事求是地说，对这些不同主题、不同领域的教育问题的研究，使我更加深刻地体会到教育社会学的价值与意义，以及对它应该是什么，应该包括哪些内容，必须回答什么问题，如何去接受理论与现实的挑战，从而真正能够成为教育工作者的理论工具、促进学科的发展等，有了更多的认识。当然，这也为本书第三版的修订提供了大量直接的、亲历性的素材与资源，以及比较充分的理论准备。这也是我在第三版为本书"正名"的信心与底气。当然，我想这样做也比较符合教材修订的学术规矩。

最后，本书的更名，也还怀揣了一种所谓的学术"野心"，或者说"雄心"吧！即希望在过去两版与30余年持续深入的教学和专题性研究的基础上，对教育社会学的学科体系与理论做一点点力所能及的创新。当然，我深深地知道，国内外的许多学术前辈已经在这个领域做了大量的工作，积累了丰富的学术成果，要想在这个基础上做一点点微小的创新与发展，可能是"猴子望月——痴心妄想"。但时代的变化与教育的发展，也的确给学科的与时俱进提供了机会与空间；也使得我内心中总是有点不安分的"蠢蠢欲动"，希望有所作为，至少可以"抛砖引玉"。也正是由于这种念头，我大胆地对传统教育社会学的学科内涵，特别是已经是"老生常谈"的教育与社会的关系的含义，进行了进一步的诠释与拓展。即在以往教育社会学研究教育与社会之间关系的基础上，着重从教育的两条基本规律之间的关系，即从教育适应社会发展的要求的规律与教育适应人的身心发展的规律之间的关系出发，分析与阐释教育活动与社会的关系。由此，我从小学教育、中学教育与大学教育三个阶段分别探讨了两者的关系，进而深化了传统教育社会学关于教育与社会之间关系的理论。而且，我在研究与论述中发现，这种关于教育与社会之间关系的讨论，不仅能够使得理论更加清晰，而且能够更好地应用于实践，对不同阶段教育中的各种现象与问题，有更强的解释力。同时，教育实践领域的管理者和教师们也觉得这样的分析能够给予他们的工作更加直接与具体的帮助。这也鼓舞了我，增强了我的信心。当然，这种创新的尝试与努力，也表现在全书的目录体系中。读者可以看到，全书14章从不同的角度深化了对教育与社会关系的认识，并且将抽象的教育与社会的关系进行了有针对性的具体化表述。我希望新的目录能够有一种体系的严谨性与格式上的形式美，由此能够给读者带来某种比较愉悦的阅读感受与视觉新意。当然，最主要的还是希望能够为读者提供一种阅读的引导。更重要的是，这种创新的尝试与努力，还表现在以某种新的框架与模式分析传统的教育问题，如通过教育过程的社会样式，分析与阐释学校教育与社会化的问题，尤其是对两者之间的关系进行了比较深入细致的研究。当然，这种创新的尝试与努力也包括了对教育领域中某些新的问题的探讨与研究，如教育政策的社会取向、教育评价的社会约束，以及教育风险的社会控制等等。关于这种创新的尝试与努力，我还不能不说的是，本书关于教育社会学理论的分析与研究，并不仅仅是抽象的思辨与概念的推理，它还来自中国教育改革发展的生动实践。而且，它具有一种包含具体与差异的普遍性，是一种关注操作性的理论，是应然性与实然性的结合。例如，在"教育评价的社会约束"中，本书不仅为大家提供了教育评价的类型与教育质量的各种含义，而且对如何实施这种教育评价，提供了可以操作的思路与办法。在"教育风险的社会控制"中，不仅分析与介绍了教育风险的特点与内涵，而且提供了控制教育风险的办法，尤其是通过对劳动教育的分析，说明了控制教育风险的途径，等等。另外，这里还需要特别提及的是，本书第三版的修订与创新，还有一个非常特别的含义，即它是两代学者共同努力的结果。文雯作为清华大学的学士与硕士、牛津大学的博士、清华大学教育研究院的长聘副教授，是一位年轻有为的学者，对当前国内外教育社会学的学术趋势与发展都有着非常专业的了解。她的参与给本书带来了许多新的气息。我希望，她将来还会接着对本书进行继续修订与完善，以至于出版第四版、第五版……

　　当然，我也清楚地知道，本书肯定还会有不少的缺点或不足，以及某些片面性。尤其是对教育社会学所做的学科创新发展，也必定会存在某些学术方面的问题。这是正常的。我由衷地希望能够得到大家建设性的批评，并且进行学术的交流与讨论。这些批评、交流与讨论等都将成为本书未来进一步修订的重要学术资源。

谢维和

2022 壬寅年春于清华园荷清苑

修订版序言

　　这本书出版已经6年了，印刷了2次，也在台湾发行了繁体字版，并且以"教育社会学"的名称出版，所有这些都得益于教育界前辈和各位同仁，以及不少同学的垂爱，包括一些有益的批评和建议。而且，随着教育的改革与发展，以及教育社会学理论的进展，特别是通过自己对这门学科的认识的不断提高，我越来越感到原书的不足。当然，经过这几年的学习和各种研究工作，我觉得也具备了一定的修订基础和条件。所以，这次对本书的修订，也是作为近年来自己在教育社会学学科领域中的研究心得、体会与收获的一个汇报。希望能够继续得到大家的批评和帮助。

　　近年来，教育社会学的学科发展出现了比较大的变化和进步，包括在国内和国外，涌现了一些新书和新的研究论文；教育社会学学科在整个教育领域和社会学领域中的地位也有了进一步的提高，它的研究取向，包括传统的研究主题和新的研究主题，越来越受到教育领域和整个社会的关注；它的研究成果也得到了比较广泛的引用和重视。正如哈里楠先生所指出的那样："过去，教育社会学往往被认为是一个比较小的领域，它局限于对特殊的教育问题的分析，而且主要被认为服务于教育决策"①，但是，从 20 世纪中叶开始，"一大批理论丰满、方法独到的研究成果脱颖而出。研究者们从不同的角度审视教育，并运用各种别致的技术分析复杂的资料。其结果就是教育社会学的迅速发展，在社会学研究领域的地位不断攀升，因为它大大增进了我们对影响学生学习及其社会化过程的社会结构、过程的了解"②。从国内看，教育社会学的发展也是非常令人鼓舞的，绝大多数教师教育机构，包括师范大学和教育学院，以及综合大学的教育学院，都开设了教育社会学的课程；教育社会学学科的博士研究生和硕士研究生的数量不断扩大、层次不断提高；教育社会学的研究成果已经成系统地出现，特别是在吴康宁教授的领导下，南京师范大学教育学院的老师和学生们已经出版了一套比较完整的教育社会学的研究丛书；同时，教育社会学的研究也逐渐深化，包括一些对国际国内的重要问题的研究成果逐渐得到了国内外同行的注意；另外，国内外教育社会学界的联系与沟通也有了比较长足的进展，包括与国际一些著名的研究机构和大学的联系，以及与一些著名学者和专家的交往，使得中国教育社会学的研究逐渐得到国际同行的认识和认可。特别是对当代一些教育社会学重要理论和观点的研究，取得了比较突出的成果。在教育社会学的理论建设方面，在过去张人杰和厉以贤先生先后翻译出版国外教育社会学基本文献的基础上，傅松涛先生等人又不辞辛苦，组织和领导翻译出版了能够系统反映当前国际教育社会学研究成果的重要著作《教育社会学手册》；另外，特别值得指出的是，不但教育界的学者对教育社会学的发展做出了非常重要的贡献，社会学界的学者也对这个领域投入了越来越多的关注，例如，北京大学社会学系的钱民辉等学者便在教育社会学领域进行了大量的研究，并且召开了专门的论坛。当然，还包括许多其他方面的发展和成果，由于我个人的局限，这里不能够一一列举，请大

---

① 哈里楠.教育社会学手册 [M].上海：华东师范大学出版社，2004：序 2.
② 同①1.

家原谅。但是，仅仅就这些已经足以说明中国教育社会学的变化和发展。尽管我对本书的修订不可能充分反映近年来中国和国际教育社会学研究领域的发展和成果，而且我对这些进步和成果的理解也许是有局限的，但是，应该承认我是在这样一个非常丰富的基础上进行修订的，是受到这些研究成果的直接和间接的影响而进行修订的，或者说是依托这些研究成果而进行修订的。所以，我应该感谢大家对我的帮助。

近年来，中国教育改革与发展也出现了许多新的、非常大的变化和进展。中国在2000年基本普及了九年义务教育，进入了基础教育改革和发展的一个新的阶段。高等教育的改革与发展也是成果显著。高等教育已经从过去的精英型的高等教育阶段进入了大众化的高等教育阶段。更加重要的是，中国的教育体制改革取得了非常大的成果。根据我个人的看法，在资源配置的模式上，在高等学校办学模式和自主权方面，以及在教育与市场的关系、教育机构的举办体制、教育机构与受教育者之间的关系等各个方面，我们初步形成了基本适应社会主义市场经济体制的教育体制。当然，随着这些变化和新的任务与发展目标的确定，教育改革与发展也出现了许多新的问题与特点。特别是由于教育与社会的关系更加密切，影响教育发展的因素越来越多样化和复杂，变量也越来越多。在这种情况下，教育社会学所面临的挑战和压力也越来越大。它们既对传统的教育社会学的理论模式和框架提出了非常严峻的挑战，也为教育社会学的发展和创新提供了新的机会和可能性。所以，我对本书的修订正是在这样一个背景下进行的。是这样一个时代提供了修订的基本条件。虽然我不敢如此托大地将自己个人的学术行为与这样一个时代联系起来，但应该说，总是希望自己在这个方面能够做得好一些。

近年来，受到整个教育改革与发展的激励和鼓舞，我自己也进行了一些有关的研究，发表了一些成果，形成了一些粗浅的体会，包括对义务教育基本普及以后中国义务教育发展的研究、对教育的公共利益的研究、对教师和课程的研究、对高等教育改革与发展所出现的新的变化和问题的研究、对学生就业的研究、对终身教育的研究，以及对经济合作与发展组织的教育政策分析的翻译研究。特别是通过与几个朋友一起主编由台湾高等教育出版公司资助出版的《教育研究杂志（大陆版）》——许多老师和同仁给予了大力的支持、赐稿——学习了不少新的观念和理论。当然，近年来与我国香港、台湾地区，以及国外的学者的交流，也使得自己的学术有了一定的长进。这些，也都为本书的修订创造了一定的条件和可能。虽然近年来我一直从事着比较繁忙的学校管理工作，但我并没有完全放弃教育社会学著作的阅读、思考和写作。而且，由于自己能够有这样一个直接参与国家教育改革和发展的机会，以及直接参与学校管理工作的实践体会，因此，对有些教育问题常常能够将理论和实际结合起来思考，也拓展了自己的研究视野和角度。有些其他学科的教授担任的学校管理工作，与他们的学科研究有比较大的距离，因而其学术发展常常会受到比较大的影响。而我自己本身就是研究教育的，尽管行政管理工作有时也令人疲惫不堪，甚至是非常烦乱，但毕竟自己所从事的工作与研究的领域是直接相关的，而且是可以在一定程度上有所得益的，因此，在这个方面我是占了许多"便宜"的。当然，我个人并不能够"独享"这份"便宜"，而应该把它们写下来，整理出来，并且从理论上进行概括和提高。这样，我一方面对过去已有章节的部分内容进行了修改，另一方面也在自己研究的基础上，增加了一些新的章节，包括课程和教学的问题、教育政策的问题等。有些计划则由于研究不够或材料不充分，而暂时作罢。衷心地希望这次修订不仅能够让我自己感到满意，更加重要的是能够让读者和教育学与教育社会学的学生、研究人员们觉得满意。

应该说明的是，这次修订的过程中，我越来越感到一个学科的建设一定要结合中国的实际，如果脱离了所在社会和国家的实际而仅仅做一些理论的分析，是非常不够的。所以，我力求把自己这些年所研究和发表的部分关于中国教育改革与发展的论文成果和心得也结合在修订过程中。当然，由于自己研究能力的限制，这种结合仍然是非常初步的。但是，我会把这种结合作为我自己日后教育社会学研究和整个教育研究的一个基本方向。我非常愿意和渴望的是，能够通过我们自己的努力，不断建设和完善一个有中国特色的教育社会学学科，那将是我们中国的教育社会学的学者们的责任和使命。

谢维和

2006 年夏于清华园荷清苑

第一版序言

虽然这本关于教育社会学的书已经写了好几年，相关内容在研究生中也讲过好几年，也形成了一些自己的思想和看法，但是，总的感觉却是越写越难写，而且是越写越不满意。与出版社几次说好交稿的时间，却又几次"食言"。这样说，绝不是故意表示自己的严谨和慎重，而是由衷地反映和承认自己的不足。也许正是出于这样的原因，在出版前本来也想请教育界或社会学界的前辈给这本书写一篇序言，但是，从内心实在地感到它可能还不够格，不要由此让专家和前辈在评价上感到为难。所以，作为一本书的导言，说明自己在写作时的一些指导思想和基本原则，以免引起不必要的误读，而不是力求对它做一个评价，我认为还是有必要的。这里，特别需要说明的有以下几个方面。

一、本书之所以以"教育活动的社会学分析——一种教育社会学的研究"为书名，有两个原因。第一，本书把教育活动作为教育社会学的基本的研究对象，而且，我认为，按照教育社会学的研究视野和角度，所有的教育现象、教育过程、教育形式，以及各种各样的教育模式和组织形态等等，都可以被看成教育活动的不同形式，或者说，是教育活动在不同层次和条件下的表现。正如各种社会活动的内涵不同，可以形成各种不同的社会形式，从而构成各种社会学研究和分析的对象一样，作为一种社会活动的教育活动既是教育社会学的研究对象，也成为本书分析和研究的基本内容。第二，教育社会学的研究可以是多种多样的，它对于教育活动的研究也是非常丰富的和多角度的。本书对教育活动的分析是有限的。所以，本书的研究只是关于教育活动的各种教育社会学研究的一种。换句话说，它只是对于教育活动的一种教育社会学的分析。因此，在本书的写作和研究过程中，我一个非常明确的意识就是，人类社会和人类行为最重要的特点就在于它的多样性[①]。所以，教育活动以及对于教育活动的分析也是多样化的。但是，这里所说的分析，并不是一种已经假定了某种预见性目标，或者某种已经存在确切结论的分析，也不是为了证明某些既定观点的陈述。它重视的是一种相互关系，或者说，是一种按照类似于所谓后现代理论所说的那种"互为文本关系"的法则所进行的系统分析和结构分析[②]。根据我自己研究和写作计划的安排，本书所侧重的主要是理论分析。随后的工作将是对于教育活动的实证分析。总之，这个书名的基本含义就是，它的研究是有限的。

　　二、本书基本上是一本理论性的著作。尽管我自己在其中的许多观点和理论论述是以经验、实证材料和调查为基础和参考的，但是，我认为，这些经验、材料和依据总是不够全面的，其中有些数据也存在这样或那样的问题，因此，我实在不敢把我的观点和论述完全建立在这些材料和数据的基础上。所以，在写作时，我基本上没有直接地应用这些材料和数据，而更多地是在这些材料的基础上进行理论和逻辑的分析。当然，我这样做也有自己学科经历和背景上的原因。一方面，相比较而言，我个人在教育社会学的研究方面，理论分析可能比田野工作具有更大的优势，或者说，自己的学科背景更有利于进行理论的分析与研究；另一方面，在中国教育改革与发展的许多宏观问题还没有得到比较彻底的解决和清楚的理论说明之前，许多比较具体的微观领域的研究可能会受到

---

① 卡里瑟斯. 我们为什么有文化：阐释人类学和社会多样性 [M]. 沈阳：辽宁教育出版社，1998. 详见第一章。

② 罗斯诺. 后现代主义与社会科学 [M]. 上海：上海译文出版社，1998：167.

一定的限制，而不容易得到清楚的说明和解释。而这种比较宏观的分析与研究，常常与理论分析具有更密切的关系。而且，对教育社会学宏观问题的实证研究，往往对材料和数据的要求也更高。当然，这样说，并不意味着实证研究不重要。我的意思恰恰是，实证研究，特别是那种与理论分析具有内在联系的宏观的实证研究，应该是一种更高水平和要求的研究。它是我自己尚未达到的。

三、在本书写作过程中，我学习和借用了许多教育社会学著作的思想和观点，以及许多社会学著作的理论与观点，包括它们的分析方法和模式。这里，应该特别提到的是，本书在许多方面得益于《国际教育社会学百科全书》中的理论和观点，我自己的许多论述也是以这本书相关的观点和论述为参照系的。而且，本书的第二章则是由直接对它进行编译而成的，因为，我觉得这样会比我自己去重新概括和表达更为准确。另外，在教育社会学的教学过程中，我的一些研究生也提出了许多很好的意见，这些意见对丰富和完善书中的某些观点和看法都是非常有益的。对此，我应该向有关的学者和我的学生们表示感谢。此外，尽管在本书中没有对各种实证调查的材料和数据进行直接的表述和引用，但是，我还是要对北京十一学校，北京市基础教育研究所，北京市通州区和附近区县的部分中小学教师，天津河西区和南开区的中小学教师，山东莱阳地区，以及其他一些地方教育行政部门的领导、教师、学生们，对我在调查、访谈和田野工作中的支持及给我提供各种材料和数据表示感谢。

当然，在这里，我也可以非常负责任地说，本书的大部分理论和观点是我自己在这些年的研究和教学过程中总结出来的。

四、近年来，中国大陆关于教育社会学的著作和各种相关的图书出版了好些本，例如裴时英先生的《教育社会学概论》、厉以贤先生等的《教育社会学引论》、鲁洁先生的《教育社会学》、吴康宁先生的《教育社会学》、刘慧珍先生的《教育社会学》、董泽芳先生的《教育社会学》、桂万宏先生等的《教育社会学》、金一鸣先生的《教育社会学》、傅松涛先生的《教育社会学新论》等等。此外，还有中国台湾学者出版和翻译出版的教育社会学著作，例如陈奎熹先生、林清江先生、马信行先生等的著作。这些著作都从不同的角度对教育社会学的问题进行了非常有价值的探讨，提出了许多十分精彩的观点，而且也都具有各种不同的风格。它们都是本书研究和写作的基础和重要参照。当然，还有一些国外的教育社会学著作，也给本书提供了许多非常有意义的启发。这里，我应该由衷地对这些著作的作者表示感谢。鉴于"经济"的考虑，本书在写作过程中有一个基本的指导思想和原则，就是尽可能地不去重复别人或其他教育社会学著作中已经说过和讨论过，而且自己也基本同意的理论、观点和有关内容。我希望尽可能地去研究和表达一些具有新意的东西，尽量给大家更多的信息，而不至于浪费读者的时间。因为，这样一本教育社会学的著作，应该尽量不要与其他专著的内容重复，应该尽可能地为读者提供一些新的视角和内容。也正是由于如此，本书在某些问题的讨论上是有选择的，具体章节的结构也不一定是非常完整的。所以，希望读者和学生，特别是刚刚进入教育社会学领域的朋友在阅读时能够同时参考其他有关教育社会学的著作。

五、从总体上看，本书既是一本教育社会学的研究性著作，也是一本教育社会学的教材。从研究性著作的角度说，本书的写作过程就是一个我自己进行研究的过程，书中的许多观点已经在《社会学研究》《教育研究》和《青年研究》等学术刊物上发表，有些观点和论述是我承担国家和教育部，以及世界银行的各种研究项目的结果和得到的认识。也正是由于其作为一本研究性著作，其中的某些观点可能会引起学术界的争论和不同看法，而不能完全像一般教科书那样，力求"公认"和中允。就其作为一本教科书来看，本书的写作过程也是我自己在教学过程中不断学习和完善的过程，而且，它本身就是我在给学生讲授"教育社会学"这门课时所使用的基本教材。从这个角度说，本书在体例上也的确具有教科书的特点，即内容比较广泛，有些方面的论述也常常比较系统；当然，更重要的是，许多方面的分析和说明往往只是介绍性的，缺乏自己的研究和看法，有些方面的分析也缺少专业性研究著作所应该有的深度和透彻。这也算是本书的一个"特点"吧！当然，这是需要向读者交代的。

六、本书对有关问题的分析和讨论，读者可能会有言犹未尽的感觉，也有的读者会觉得问题没有说透，甚至有些问题只是讨论了一半，等等。我应该承认，读者的这些感觉和看法基本上是对的。因为，我在写作时，只是把我自己在研究中觉得基本清楚的问题和我在阅读其他著作时基本理解的内容呈现给大家。换句话说，我研究和理解到哪一步，我就写到哪一步。没有经过认真研究和真正理解的方面和问题，我也就不写。这方面最明显的恐怕是"教育活动的基本主体：教师与学生"一章。本来在分别讨论和说明了教师和学生的问题之后，应该进一步研究和说明他们之间的关系。但是，这个问题实在是一个非常复杂的问题，尽管我从不同的方面对教师和学生的关系进行过一些研究，也进行了一些这方面的田野工作，包括在山东某地区进行的教师和学生之间互动的期望结构的调查，但始终没有得到比较满意的结论。所以，尽管在初稿中这部分的许多内容已经反复修改了好几次，但我最终还是放弃了，只是保留了"群体中的学生与教师的关系"这样一个部分。我想，这应该是造成读者这种感觉的主要原因。另外，特别要说明的是，根据现代教育的发展和改革的要求，课程问题本来应该是教育社会学分析的一个十分重要的方面和领域，但是，由于本人在这方面的研究还非常肤浅，有些问题的考虑也仍然不够成熟，所以，在这次出版的书稿中并未涉及。这是一个遗憾，请读者给予谅解。如果本书将来再版，课程的教育社会学分析一定是修改和补充的主要方面。

七、也许是一种"切合"，这本书的写作不自觉地具备了《国际教育社会学百科全书》的作者指出的后现代社会中各个学科界限比较模糊的特点。换句话说，本书的写作和研究在学科定位上并不是十分严格的。在有些问题上，我是从经济学或者政治学的角度进行分析和说明的，在有些方面，我又借用了社会心理学的模式和理论，当然，在部分章节中，还存在管理学的痕迹，等等。对此，我个人的看法是，尽管各个学科，包括教育社会学为我们的研究提供了一个基本的视角和框架，而且，这些基本的学科视角和框架也是我们进行研究的重要基础，但是，现实的教育问题和教育活动实际上并不尊重各个学科之间的分类和界限，它本身就是综合的。同时，现代社会各个学科的发展，包括它们的进一步分化和新的综合，也使过去传统的学科分类出现了一定的危机，并正在形成新的学科分类。当然，这是另外一个题目。这里，我的说明只是为了使读者的阅读更方便，同时也为自己做一点"辩护"。

谢维和

1999 年腊月于北京师范大学励耘楼

目 录

第 一 章

教育学科的社会基础

　　教育活动有两个非常重要的学科基础：一个是心理科学，另一个就是社会科学。所谓教育学科的社会基础，指的是教育活动与社会之间的关系。教育社会学就是关于教育活动的社会基础的学问，这是教育社会学的学科意识。它涉及教育社会学的基本定义、学科定位、学科的基本问题以及对学科特点的基本认识。这是学习、认识教育社会学理论与方法并应用其进行研究与实践的基础。

第一节　教育社会学的定义与研究对象

教育社会学的概念及其研究对象是这门学科的核心概念和基础理论，它关系到教育社会学的根本含义与主要内容，涉及教育社会学的学科定位与特点，是学习和应用教育社会学知识与理论的基础。

一、教育社会学的定义与对象

学科定义是一门学科的基础，学科定义规定了一门学科的内涵与外延，反映了一个学科与其他学科的不同之处，同时也是由该学科的研究对象所决定的。

1. 学科定义

教育社会学是教育科学领域中的一门基础学科，是直接反映和体现教育发展规律的重要学科。杜威先生曾经非常明确地说道："教育过程有两个方面：一个是心理学的，一个是社会学的。它们是平列并重的，哪一个也不能偏废；否则，不良的后果将随之而来。"[①] 教育社会学正是关于教育活动的社会方面的知识和理论。这种教育活动的社会方面与心理方面的地位和功能是不同的，这恰恰说明了教育的社会学取向与心理学取向的不同。正如潘光旦先生所说的那样，假如心理学的研究对象是刺激与反应，教育的研究对象就是刺激与反应的有目的的控制。由此，教育活动的社会方面的主要含义是，教育社会学研究的教育活动是一种社会活动，而不是一种单纯的心理活动。教育学的这种社会取向是非常重

---

① 　吕达，刘立德，邹海燕. 杜威教育文集：第 1 卷 [M]. 北京：人民教育出版社，2008：5.

要的。"没有社会的现实和它们对教育过程的影响，那么教育行动将不可能。"①更重要的是，这种教育活动的社会性使得教育有可能真正认识与理解人类身心发展的实际与规律。对此，梁漱溟先生曾经指出："宇宙是一大生命，了解生命就了解宇宙。虽然到处是生命之所表著，可是有一个地方是宇宙大生命的核心，这个地方就是'人'。生命是活的，宇宙最活的就是人心，果能体认人心，就可体认出宇宙的生命来了。要体会人心，便要研究心理学。其实却不然。你要找它，它倒反不在；从旁边路口等待，倒能看出来。旁边路口是教育。教育就是看人心的重要路口，从教育上追求便摸着根。教育是人类个体生命与社会生命的贯串。"②所以，教育社会学作为教育过程中内在方面之一的社会取向，直接体现了教育活动的基本规律之一，即教育活动必须适应社会发展要求。由此可见，教育社会学是整个教育学科体系中非常重要的一个方面，是教育基础理论中的主要内容。正如德国教育学家本纳（Dietrich Benner）所说的那样，"教育实践只有在其他实践的关联中才成为可能"③。教育社会学的任务主要包括两个方面：其一是协调教育者与受教育者之间的社会关系，特别是寻求教育者对学习者过高要求与过低要求之间的平衡，使学习者本身的可塑性与教育者对受教育者的主动性要求能够有效地转化为学习者自身的主动性；其二是协调好教育本身的活动与社会的要求之间的关系，即"一方面使家庭和专业教育机构中的学习不牺牲于外在的目标、压力和要求，另一方面又不至使教育机构中教育出的供给社会的主体不符合教育机构外要求的素质和行为能力"④。这也是学习教育社会学理论与知识的基本要求。

2. 研究对象

教育社会学的学科定义是由它的研究对象所决定的。因为，一门学

① 本纳. 普通教育学：教育思想和行动基本结构的系统的和问题史的引论 [M]. 上海：华东师范大学出版社，2006：79-80.

② 梁漱溟. 梁漱溟全集：第7卷 [M].2 版. 济南：山东人民出版社，2005：686.

③ 同① 70.

④ 同① 71.

科的科学性并不完全在于它自身知识内容的逻辑，而更多地在于对研究对象的认识程度。学科之间的差别也不仅取决于不同学科知识体系的特征，而更主要取决于它们研究对象之间的差异。正如恩格斯对化学所给出的定义那样："化学可以称为研究物体由于量的构成的变化而发生的质变的科学。"而教育也正是研究人在社会生活中身心发展规律的科学。

目前，教育社会学的研究对象在国内外学术界仍然是一个有争议的问题，各种不同的流派对此常常莫衷一是[①]。根据笔者不完全的概括，主要有以下几种观点。

第一，将整个教育现象与教育过程作为教育社会学的研究对象，只是以社会学的原理和方法，以及有关的模式去研究，从本质上看，它属于一种社会学理论在教育学中的应用。持这种观点的有美国的史密斯（William R. Smith）和德国的韦伯（Max Weber）等人。

第二，对教育社会学的研究对象进行比较明确的规定。例如，美国人苏则罗（Henry Suzzalo）认为，教育社会学是对教育的基础和实际加以系统研究的理论；英国学者朗特里主编的《西方教育词典》把教育组织和关系作为教育社会学的研究对象；米切尔主编的《社会学词典》则认为，教育社会学的研究对象是教育制度和教育组织；苏联的费里波夫认为，教育社会学的研究对象，从广义上说，就是教育制度和社会之间的相互联系与相互作用。[②] 当然，费里波夫在他的书中也介绍了其他学者关于教育社会学以及教育社会学研究对象的各种观点。另一位苏联的学者古罗娃则认为，马克思主义教育社会学的研究对象是"在特定的具体的历史条件下，教育的社会决定性和教育发挥社会功能的规律"[③]。

第三，将教育与社会的关系作为教育社会学的研究对象。如，中国学者厉以贤表示教育社会学的研究对象是"从宏观和微观两个方面研究教育与社会之间的基本关系，它们之间的作用与影响和它们之间的一致

① 陈奎憙. 教育社会学 [M]. 台北：三民书局，1980. 详见第一章。
② 张人杰. 国外教育社会学基本文选 [M]. 上海：华东师范大学出版社，1989：592.
③ 张渭城. 国外教育学科发展概述 [M]. 北京：教育科学出版社，1982：29.

性与矛盾性"①。而《辞海》在对"教育社会学的研究对象"这一条目进行解释时，采用的也是这种思路。它主要包括四个方面：教育与整个社会的关系、班级与社会、学校教育与社会不平等以及教育与社会阶层的形成和变迁等。

第四，通过列举式的方法，从研究范围的角度规定教育社会学的研究对象。例如，中国学者鲁洁主编的《教育社会学》在书的目录中取消了研究对象这一问题，转而从几个不同的方面说明了教育社会学的研究对象，包括教育与社会结构和社会变迁的相关、教育与区域社会之间的相关、学校体系内部的各种社会关系，以及班级组织内部的各种社会关系等。②而美国学者布鲁克弗也是持这样的观点。他认为，教育社会学主要研究三个领域：一是教育与社会的其他方面以及与社会整体的关系，二是把教育作为一个社会系统来分析，三是研究学生接受教育以后的结果。

第五，从教育社会学家研究的问题出发，规定教育社会学的研究对象。例如，美国教育社会学家巴兰坦认为，教育社会学应该研究的问题有："教育设施和教育组织的规划是怎样影响诸如学习、教职员与学生的交流、所传授的学科这样一些变量的？在对不同类型、不同能力水平的学生进行教学时，不同的教学技巧、学习方式及课堂组织的有效性如何？社区对学校有什么影响？它们是如何影响学校的决策，特别是与青少年社会化有关的决策？教师的职业化，以及教育机会均等。"③

从各自的学术体系和出发点看，这些观点都有一定的合理性和价值，这些内容也的确都是教育社会学的研究对象。需要进一步说明的是：首先，对教育与社会各个方面的关系的研究，绝不是教育社会学学科的"专利"，教育经济学和教育政治学等学科也要研究教育与社会的关

---

① 厉以贤.试谈教育社会学的学科性质和研究对象 [J].北京师范大学学报，1985（2）：83-88.

② 鲁洁.教育社会学 [M].北京：人民教育出版社，1990.

③ 巴兰坦.美国教育社会学 [M].北京：春秋出版社，1989：6.

系，或者说，可以从教育经济学和教育政治学的角度研究教育与社会的关系。因此，单纯把教育与社会的关系作为教育社会学的研究对象是不够的。其次，把教育与社会的各种具体的关系作为教育社会学的研究对象的观点，仅仅是从"有什么"的思路规定一个学科的研究对象，这种方式对于学科研究对象的规定是不太适当的。研究对象的特点不仅仅表现在"有什么"，更重要的是"是什么"。它不仅是一种描述，更是一种规定。最后，如果仅仅将教育与社会的关系作为教育社会学的研究对象，很容易与教育学原理中关于教育与社会的关系的论述混同起来，或者说，是从量上对教育学原理中的教育与社会的关系进行扩张，即更详细地分析和说明教育与社会的一般关系，而不能在研究角度和视野上给人们新的启示。

　　教育与社会的关系不仅是教育社会学的研究对象，也是教育社会学研究教育活动的基本思路和重要方法。换句话说，教育社会学是从教育与社会的关系视角去研究教育活动的。而这恰恰是它与教育学原理的不同之处。这里，关键是把教育社会学的研究对象看作一种社会现象和活动。而这种作为社会现象和活动的教育活动本身就体现了教育与社会的关系。对此，德国教育学家本纳非常深刻地指出，人类社会自产生以来，就由六种基本现象所决定，它们是经济、伦理、政治、艺术、宗教与教育。而"人类共存的这六种基本现象在历史上和社会中的相互作用极其复杂。人类实践某一领域的任何变化都会对其他所有领域产生后果，它的作用也要通过人类共存的其他诸领域来促成。这些人类实践的基本现象和形式之间的区分和它们的相互关系无法由对存在的非历史的或超历史 - 本体论的界定来推导。这六种基本现象无法相互演绎或简化为更少的几个共存领域，而是相互影响，以至于任何领域都无法要求一种封闭的独立性，这正是人类共同生存的本体"[①]。所以，教育与其他人类实践

---

① 本纳.普通教育学：教育思想和行动基本结构的系统的和问题史的引论 [M].上海：华东师范大学出版社，2006：8.

的形式具有同等的地位，而并非是从其他人类实践的形式中推导出来的。"在人类共存的基本现象中，任何一种实践都不能要求具有优先于其他实践的地位。它们无法由一种导出另一种，而是有同样的缘起性。"① 所以，教育社会学在充分尊重教育实践与其他人类实践形式相互联系、相互平等的基础上，完全应该也有理由将教育实践作为一个相对独立的对象进行研究。更重要的是，"只有人类实践的某一领域不优先于其他领域时，每个人普遍可塑性的基础性原则才能被社会肯定"②，即教育才是可能的。

因此，将教育活动作为教育社会学直接的研究对象是比较合适的。这种"教育活动"即教育实践，是一种与经济、伦理、政治、艺术与宗教具有同等地位，又相互联系和相互影响的人类实践形式，它包括各种形态的教与学的活动，以及教育的管理活动等等；它作为一种社会活动，是一切教育现象与过程的基本要素，也是教育社会学研究的基本单位。在教育社会学的领域中，对各种教育关系、教育结构、教育制度以及教育发展等的研究，都是作为社会活动来进行的。尽管教育活动和所有社会活动一样，具有一定的客观基础、现实的内容和具体的形态，能够产生一定的客观效果，是不以人们的意志为转移的，在一定的条件下，具有经验的可重复性和一定的规律性；但是，这种教育活动所直接表现出来的是一种主体际的文化活动，因此，它重视和强调人与人之间的沟通和理解，并且以这样一种相互之间的沟通和理解作为自身的主要形式。这种教育活动是一种社会互动，而不是一种孤立的活动。从教育活动的视角去分析和研究各种教育现象和过程，实际上是从这种互动的角度去进行的。只有从这种互动的角度理解教育活动，才能真正理解教育活动作为社会活动成为教育社会学研究对象的意义，也才能较好地掌握"教育是一种社会活动"这一规定的内涵。

---

① 本纳.普通教育学：教育思想和行动基本结构的系统的和问题史的引论 [M].上海：华东师范大学出版社，2006：28.

② 同① 79.

二、教育是一种社会活动

教育社会学的根本特点就是，把教育活动作为一种社会活动和社会现象进行研究，而不能仅仅以社会学的方法和模式去研究各种教育现象。对此，米切尔（Geoffrey D. Mitchell）在他的《社会学词典》中明确说道："教育社会学是社会学的一支，其宗旨在于从事教育制度和组织的社会学分析。"[1] 所有的教育现象和教育过程都是人们社会活动的表现形态和结果，都可以被看成某种社会现象。这样一种作为社会活动的教育活动正是教育社会学的研究对象。这也是教育社会学最基本的学科意识。

1.教育作为一种社会活动的含义

首先，任何教育活动都是一种社会活动，构成教育领域中所有现象和过程的基本要素或"细胞"都是社会活动的基本因素。无论是学校的教师、学生、教育管理人员，还是其他的教育工作者，都是通过对某种社会性活动进行规范而形成的特定角色和身份。所谓"教师"，从教育社会学的角度进行规定，就是指关于教师的一系列行为规范的总和。对于"学生"的规定也是如此。而从行为规范的角度对教师和学生等教育活动的因素进行界定正是教育社会学的各种概念、范畴与其他教育学科的相关概念、范畴的差别。如果我们不能从社会的角度去规定教育活动，我们就无法理解教育社会学中的各种概念与范畴。

其次，教育领域中的各种教育关系实质上都是各种不同的社会关系，其各种不同的形态实质上也都是各种社会互动的表现形式，是对于这些互动的规范体系，包括教师与学生之间的互动，教师之间、学生之间以及学校中不同部门之间的各种互动等。而各种教育关系的发展与变化，实际上也是现实中社会活动的发展与变化。教育社会学研究视野中的各种教育关系，正是社会的各种各样的互动关系。教育社会学研究不仅关

---

① Mitchell G D.A dictionary of sociology[M].London:Routledge and Kegan Paul, 1968: 198-199.

注其中的实质性内容等，更关注教育领域中这些互动的形态及其关系，并由此为其中实质性内容的研究提供一些有益的角度。

最后，教育领域中的各种群体、组织以及各种教育制度和教育结构等，也都可以看作不同的社会形态和社会系统。它们在教育社会学的视野中，也都是社会活动的不同层次的制度化形式。可以认为，正是在各种社会活动的基础上，在由这些活动所形成的各种社会关系和教育关系的基础上，由于规模、层次等方面的差异，通过这些活动的制度化，形成了教育领域中的各种群体、组织，并继而产生了一定的教育结构和教育制度。而这种特点和角度也恰恰是教育社会学在研究这些教育现象时与其他学科的差别。

教育社会学以教育活动作为自己的研究对象，也是由它作为一门综合性学科的特点所决定的。换句话说，综合性的学科是由其研究对象的综合性所决定的。这种综合性又使其区别于基础学科的基础性和全面性。显然，教育领域中的各个方面和部分，都有特定的学科进行研究。例如，教学论研究教学现象和问题；德育理论研究与道德教育相关的问题；教育投资和教育的效益等问题，是教育经济学的"领地"；教育的政治功能、教育政策等，则属于教育政治学的范围。除此之外，还有教育法学、教育管理学、教育心理学等等。教育社会学作为一门综合性的学科，既不能随意"侵犯"其他学科的领域，又必须与这些学科保持十分密切的联系。这也正是综合性学科及其研究对象的特点。教育社会学及其研究对象所具有的综合性，至少包括以下两个方面的含义：其一，教育社会学所研究的是各种教育现象和教育过程中共有的成分或要素及其特点；其二，教育社会学所研究的还包括各种教育现象和教育过程中特有的成分或要素之间的相互联系。而教育活动正具有这样的特性。

首先，教育活动显然是一切教育现象和教育过程中共有的成分或要素。正如前面所分析的那样，教育中的各种概念范畴，各种教育关系，以及教育的群体、组织和教育结构、教育制度等，都可以还原为教育活动的不同表现形式，也都可以看成一种特殊的社会活动。因此，将它作为教育社会学研究的专门领域，就既不会与其他的具体学科发生研究对象上的矛盾，又能够为各门具体学科提供必要的帮助。

其次，各种教育现象和教育过程所特有的成分或要素之间的关系实质上也是一种互动，这也恰恰是教育活动的本质。各种不同的教育现象与过程之间的互动，正是教育活动的最基本的存在与表现形式。教育社会学所要研究的正是教育中的各种要素如何进行互动，以及这些互动是如何发展的，如何通过不同的制度化形成不同层次的教育结构，以及构成整体的教育。

也许有人会说，教育学本身就是研究教育活动的，那么，如果教育社会学也以教育活动作为自己的研究对象，不就与教育学一样了吗？应该指出的是，尽管它们研究的对象具有一定程度的同一性，但是，侧重点却是不同的。这种不同可以简单地从两个方面进行分析：第一，教育学对教育活动的研究包括其中的社会方面与心理方面，而教育社会学主要是从社会学，特别是教育与社会的关系的角度探讨和研究教育活动的特点和各种具体形态；第二，教育学更多地是从一般规律和普遍性的角度研究教育活动，而教育社会学则更多地是具体地从教育活动的各种微观形态研究教育活动，或者，将教育活动作为一种社会活动进行研究。教育社会学作为教育研究和实践的一种"资源"，其意义也就体现在它从微观和具体的角度对具有普遍性的教育活动进行研究和探索，并且结合不同阶段与类型的教育进行深入的分析研究，探索教育规律在不同教育领域的表现形态，由此为人们从整个社会的角度认识教育活动提供了新的思路。

教育社会学不仅是教育学的一门子学科，也是社会学的子学科。因此，教育社会学的研究对象也必须具有或符合社会学研究对象的一般特点。换句话说，教育社会学的研究对象，相对于一般社会学的研究对象来说，应该是一种属加种差的关系。这也正是以教育活动作为教育社会学的研究对象的社会学依据。根据诸多著名社会学家的观点，社会学正是以社会活动或社会行动作为其研究对象的。例如，德国社会学家韦伯便认为，人类的社会活动是社会学研究的主要对象。他说道："社会学是一门关注于社会活动的解释性理解，并据此对社会活动进程和结果做出因果性阐述的科学。"① 著名的美国社会学家帕森斯（Talcott Parsons）则将"社会活动"作为社会学研究的基本单位。在这个基础上，他确立了以"行动者""目标""情境"和"规范定向"四个要素的组合关系分析为基础的一般行动理论，提出了分析行动的类型和社会相互作用的"AGIL"模式，并通过对社会行动取向的五种变量的分析，划分现代社会与传统社会的差异等。马克思在批判那些脱离人的现实活动而抽象地分析研究一般社会的种种理论时，更是极其明确地指出："社会存在就是现实的人的社会生活。"当然，社会活动无论在内容还是形式上都是多种多样的，而教育社会学只是以教育活动作为自己的研究对象。彼得韦尔和弗里德金则认为，教育社会学最核心的问题是"教育活动的分析——它们的形式和内容，它们在更大的社会结构中的体现，以及它们对个人和集体的结果"②。

2. 教育活动的主要特点

在社会活动前冠以"教育"的定语，从而比较简单地从一般社会学的研究对象那里获得教育社会学的研究对象，并由此区别于一般社会学和其他应用社会学，这样的做法是不合适的。它并没有真正揭示出教育社会学的研究对象与一般社会学及应用社会学研究对象的本质区别。参照、比较和综合国内外各教育社会学流派及学者的观点，教育社会学的研究对象作为一种特殊的社会活动，其特点主要表现在两个方面。

首先，作为教育社会学研究对象的教育活动更多地是一种知识和文化的社会活动。根据英国教育社会学家扬（Michael F. D. Young）和伯恩斯坦（Basil B. Bernstein）等人的观点，这种知识的活动在教育社会学中主要表现在三个方面：第一，知识的组织的活动，通常被称为"课

---

① Weber M. Economy and society[M]. Berkeley: University of California Press, 1978: 4.

② Smelser N J. Handbook of sociology[M]. Newbury Park: Sage Publications, 1988.

程的活动"；第二，知识的传递的活动，人们也把它看作"教育的活动"（pedagogy）；第三，知识的评价的活动。由此，教育社会学区别于一般的社会学和应用社会学。但必须说明的是，教育社会学中的这种知识的活动，在内涵上又不同于知识社会学以及其他各种有关知识的学科中的活动。它关于知识的研究与探讨主要集中在知识的传递，以及在传递过程中出现的有关问题，包括知识的创造、传递的社会条件，以及传递的效果等方面。根据这种观点，教育过程中的各种活动、各种角色、各种形态等，都可以看成知识的活动。例如，教师和学生是传授和学习知识的活动的规范化，而班级和学校，乃至于教育制度与教育结构等，都可以看成某种知识的特殊的构成和组织形式。扬主编的以"教育社会学的新方向"为副标题的《知识与控制》一书，则把教学与学习都看成知识的组织。如果说教育社会学在规定教育的有关概念时，是从活动的规范化角度进行的，由此区别于教育学科中其他学科对相关概念的规定，那么，在进一步通过知识的活动把教育社会学与一般社会学及应用社会学区别开时，则可以进一步明确，教育社会学主要是通过对知识活动的规定，获得了它自己的特定的研究对象。当然，教育社会学所研究的教育活动与其他领域的关系是非常密切的，正如当代法国著名思想家布迪厄（Pierre Bourdieu）所指出的那样，教育社会学与文化社会学的分割是一件非常荒诞的事情[1]。

其次，教育社会学所研究的教育活动反映的不仅是人与自然的关系，更多地是人与人的关系。说得更绝对一些，它所反映和表现的不仅仅是主观与客观的关系，更是主观与主观之间的关系，是一种主体际的关系。这也恰恰是教育社会学与一般社会学不同的地方[2]。当然，它也是现代教育社会学与传统教育社会学有所区别之处。因为，教育活动作为一种知

---

[1]　布尔迪厄.文化资本与社会炼金术：布尔迪厄访谈录 [M].上海：上海人民出版社，1997：117.

[2]　应该说，社会学在现代社会的发展也越来越具有这样的特点。例如，布迪厄就把他的社会学称为所谓的"反观社会学"，从而在一定程度上超越了传统的主观与客观二元对立的思维模式。

识和文化的活动，尽管也具有非常广泛的客观背景，但是，它主要是一种人与人之间的活动和关系。它的主要矛盾也是人与人之间的矛盾，而并非人与自然的矛盾。所以，这样一种教育活动所直接表现出来的并不是简单的主观与客观的对立，而是主体际矛盾和主客矛盾的统一，而且，更直接的是主体际的矛盾和对立。正是由于这样，教育社会学分析所力求达到的目标就不仅仅是某种所谓的本质和客观规律，而是一种必要和恰当的生存方式；它的研究模式也就从传统的认识论转变为理解论。当然，由于作为研究对象的教育活动本身不再是纯粹的、一成不变的客观存在，而是充满人的动机和情感、具有强烈主观性的存在，因此，在这种教育活动的研究和分析中，也常常充满了不确定性和一定程度的相对性，它更加重视和强调一定的环境和条件，强调个别性和特殊性。

第二节 教育社会学的基本问题

教育社会学的基本问题是学科意识中非常重要的内容，也是学习与研究教育社会学的基础与前提。这种基本问题的确定主要取决于一个十分重要的标准，即它能否在教育社会学所有理论与知识中具有高度关联性的战略性意义，或者说，在整个学科体系中具有牵一发而动全身的作用。如果说教育心理学主要研究教育如何适应人的身心发展的规律，那么，教育社会学则主要研究教育如何适应社会发展的规律。然而，教育活动的两条规律并不是分离的，也不是孤立的。教育社会学的研究同样应该与人的身心发展规律相协调。由于人本身的内在天赋与成长规律对教育具有基础性与内在性的制约作用，教育在适应社会发展的规律的同时必须与人的身心发展规律相适应。因此，教育适应社会发展的规律与适应人的身心发展规律相协调的问题，也就成为教育社会学的基本问题。

自不待言，教育活动适应社会发展的要求，以及社会对教育的影响，都涉及如何与人的身心发展规律相协调的问题。这个基本问题在教育与个体成长的不同阶段常常具有独特的存在形态与特点，在教育的不同领域中也常常表现出各种具体的特征，并且发挥着非常重要的导向性功能，由此体现了教育规律的根本性作用。这正是教育社会学的基本问题所具有的意义与价值。一般而言，教育社会学的基本问题通常具有三种不同的形态与特点。

一、以人的身心发展规律为基础

以人的身心发展规律为基础和优先是教育社会学基本问题的第一个形态，这种形态规定了教育的两条规律之间的某种关系，并且具有自身的特点与功能，制约和影响了相关阶段的教育活动。

1. 含义与阶段性

所谓以人的身心发展规律为基础和优先，指的是教育活动应该优先考虑人的身心发展规律，而在适应社会发展的规律时必须充分尊重人的身心发展规律的优先性，并以此为前提与基础，适应社会发展的要求。在教育社会学基本问题的这种形态里，人的身心发展规律具有基础性与优先性的地位，并且决定了两者之间的关系。这种形态的理论与现实意义是，人的遗传与生理因素，或者说人成长的基本内在需求，对教育活动的内容与形式具有主导性的作用。

教育社会学基本问题的这种形态主要体现在学前教育与小学教育阶段。换句话说，它主要是由学前教育与小学教育的相对独立性决定的。所谓学前教育与小学教育的相对独立性，指的是学前教育与小学教育的发展，包括教育教学与管理等，在一定程度上与社会的发展程度和水平并不存在直接的相关性，而是相对独立和稳定的。通过比较研究可以发现，许多国家的政治制度与社会经济发展水平可能存在比较大的差异，发展模式也存在比较大的差异，但学前教育与小学教育的模式与发展程度往往比较接近和类似。当然，这样说并不否认社会发展对学前教育与小学教育的影响，它只是表明，它们适应社会发展要求的基本规律更多地体现在宏观的普遍性原则上，而就学前教育与小学教育的教育教学和管理评价而言，它们在一定程度上往往具有更大的相对独立性。

教育社会学基本问题的这种形态是由儿童成长过程中遗传与环境这对矛盾关系中两者的此消彼长所决定的。虽然在儿童发展的过程中一直存在社会文化的影响，但遗传与生理等因素对儿童期的影响常常更加突出。早期遗传决定论者片面认为儿童心理的发展是由先天的、不变的遗传因素所决定的，儿童心理发展过程就是这些先天遗传因素的自我发展和自我暴露的过程，与外界的影响和教育无关，外界的影响和教育即使对儿童心理发展起作用，至多也只能促进或延缓遗传素质的自我发展和自我暴露，而不能改变它的本质。这种观点无疑是片面的。但实事求是地说，与青年期与成年期相比较，遗传因素在儿童期的作用和影响更加突出和重要。应该承认，这种遗传素质是个体身心发展的生理前提，为人的发展提供了基本的可能性。遗传素质也制约着身心发展的过程与阶段，甚至对儿童期教育的适宜性形成了决定性的影响，并且是不可超越的。当然，随着个体发展中内在的遗传因素逐渐转变为现实因素，以及机体的成熟度和身心发展水平的提高，特别是个体自我意识和自我控制能力的增强，遗传素质的影响将不断减弱。所以，在学前教育与小学教育阶段，先天性的遗传素质在很大程度上制约和影响了儿童的发育程度和水平，而社会文化的影响也不能不通过遗传素质发挥作用。实际上，皮亚杰儿童发展理论的主要意义在于揭示了儿童心理或认知发展的内在规律，而学前教育与小学教育教学的效果和有效性从根本上受到儿童这种内在的认知发展阶段的影响。

2."成长"与"发展"

充分认识和把握教育社会学基本问题的这种形态对教育活动具有非常重要的意义与功能。具体而言，这里涉及究竟用"成长"还是"发展"

来定义儿童的教育目标[①]，以及在现实的教育实践中如何协调两个基本规律之间的关系。

所谓"成长"，指的是更加重视和强调儿童自身身心发展的规律对他们学习的意义，它反映了在学前教育和小学教育中教育活动的基本定位。而所谓"发展"，则表达了对于教育目的与价值的一般观点，缺乏必要的针对性。这种概念与观点上的差异对于学前教育与小学教育的实践是非常重要的。强调"成长"，则意味着在学前教育与小学教育中应该更多地尊重学生的成熟程度与内在需求，而不能简单地以某些外在的要求强制性地约束他们，包括课程建设与课堂教学等等。对此，著名教育学家赫尔巴特在谈到儿童成长与教育中的强制性时，非常明确地提出了"儿童管理"的概念，并且将它作为教育的第一个阶段。他在《普通教育学》第一编中，不无用心地用"儿童的管理"与"真正的教育"两节讨论"教育的一般目的"，进而表明儿童管理与真正的教育的联系与不同侧重。当然，赫尔巴特并不否认儿童管理与教育之间的密切联系，并且从"以教育代替的管理"和"在与管理的对照中看真正的教育"两个方面进行了非常深入的分析，但他仍然强调儿童管理的特殊性。他甚至表示，儿童管理"这一章究竟是否属于教育学范围，或者不如把它归入实践哲学关于一般地论证管理问题的部分，对此是可以争议的"[②]。他认为，"儿童管理"的基本原则是，"教育强制的实施不是为了追求积极的目的，而仅仅是为了阻止不明智行为"[③]。在他看来，"儿童管理"是消极的，"因此，只有在为了阻止儿童的不明智行为的时候，也并不是为了寻求在儿童的心灵上达到一定的目的的时候，才允许对儿童的意志进行压制。凡儿童能自己理清并判断意志的'初步迹象'出现的时候，就必须终止这样的教

---

① 关于"成长"与"发展"的提法问题，是在作者与北京市三帆中学李永康校长的谈话中形成的。

② 赫尔巴特.普通教育学[M].北京：人民教育出版社，2015：16.

③ 本纳.普通教育学：教育思想和行动基本结构的系统的和问题史的引论[M].上海：华东师范大学出版社，2006：190.

育强制"①。这种儿童管理思想恰恰是以人的身心发展规律的优先性为基础的。

　　教育社会学基本问题的这种形态对于学前教育和小学教育的实践具有十分直接的指导意义。它有助于进一步澄清学前教育与小学教育中的某些模糊认识和观念，能够从理论上进一步阐明一般的教育规律在早期教育中的表现形式和具体体现，进而丰富和拓展了传统的学前教育与小学教育的基本理论，体现了学前教育与小学教育的特殊矛盾与专业性，以及作为基础教育中的特殊阶段和领域，在教学方法和管理方法等方面的专业性要求。同时，它也能够有效地纠正对早期教育的错误认识与实践，避免简单地将一般的教育规律套用于学前教育与小学教育，以致影响人们对它们特有基本规律的专门化认识。

二、两条规律的均势形态

　　这是指教育适应人的身心发展规律与适应社会发展规律两者处于一种均势的形态。随着人的成熟与教育的发展，教育适应社会发展规律的要求与约束作用不断增强，并且与教育适应人的身心发展规律形成相互渗透、彼此制约、共同作用的均势，这是教育社会学基本问题的第二个形态，是一个非常重要但十分复杂的形态，也是教育理论与实践中非常具有挑战性的一种形态。

　　1. 含义与特点

　　所谓两条规律之间的均势，指的是随着人的不断成长与成熟，遗传因素等天赋性的生理条件对人的发展所具有的影响日益消退，社会发展对教育的影响日益加强。教育适应人的身心发展规律与适应社会发展规律两者在教育活动中居于一种比较平等的位置关系，并不存在孰先孰后的秩序，谁也不具有价值上的优先性，而是处于一种互相影响、互相制

---

① 本纳.普通教育学：教育思想和行动基本结构的系统的和问题史的引论［M］.上海：华东师范大学出版社，2006：193.

约与冲突，乃至势均力敌、旗鼓相当的彼此博弈的胶着状态。在这种形态中，两者往往在教育实践中出现各种各样的协调与结合方式，也常常导致相应的问题。这种形态的理论意义是，如何能够从教育社会学的角度，更好地将教育适应人的身心发展规律与适应社会发展规律协调起来，为协调教育活动中的各种矛盾提供理论的指导。

教育社会学基本问题的这种形态通常出现在中学阶段。这种对应性与学生的年龄和成长阶段是相关的，这也是教育社会学基本问题的第二种形态的实践意义。换言之，教育社会学基本问题的这种形态，也就是中学生成长发展中所包含的矛盾形态。中学教育的特殊性、中学生发展的复杂性，恰恰就在于这种双重约束的矛盾与冲突，即一方面应该充分合理地尊重学生身心发展的规律，另一方面又必须根据社会发展的要求与规律，调整课程标准与内容，改进教学方法，优化管理与评价办法，等等。从某种意义上说，所谓中学的"中"，就意味着中学教育阶段应该均衡地处理好两条规律之间的关系，应该秉持中国优秀传统文化中"中庸"的理念，不偏不倚地协调好两者之间的关系。当然，这里的"中"，并不是机械地分配，而是强调一种合理性，即应该根据不同地区、学校以及从初中到高中不同年级的实际，赋予这个"中"各种具体的内涵。这是非常重要且复杂的理论与实际工作，需要深入细致的研究与持续具体的实践。无疑，这对于认识中学教育的特点与定位，具有非常现实的意义。

2. 功能与重点

教育社会学基本问题的这种形态突出反映在中等教育阶段，而且是整个教育社会学基本问题最具有挑战性的形态，也是整个教育过程的难点与重点。国际上有关学者认为，中等教育的矛盾和冲突构成了"一个世界范围内没有解决的问题"。在中等教育阶段，社会对教育的要求进一步加强，而中学生的自我意识进一步提升。对此，林砺儒先生曾经非常明确地指出，中学生的基本特点就是"自我意识的抬头。……到了青年期，就有了自我意识，认识自己是一个人，自己有主张，有欲望，有要求，很盼望人家把自己当作有独立人格的人看待。……自我与环境对立。他们对环境要试探它，批判它，甚至于反对它。……一方面由于自我意识的发展，一方面由于对社会文化试探的趣味长成，渐渐要在社会文化的各方面，找着自己的立脚点为自己发展的根据地。简单地说，青年期正是整个性格发育成长得最旺盛的时候，而中学教育就是对正这时期的教育"①。所以，在中等教育阶段，教育社会学基本问题的第二种形态得到了典型反映。

教育社会学基本问题的这种形态所包含的矛盾，突出体现在高中教育阶段，或者说高中教育是教育活动两条基本规律之间矛盾集中爆发的阶段。其具体的表现形式为高中生的学业压力与自我认同之间的关系及其冲突。一方面，高中生升学竞争的外部压力是社会的一种要求，尤其是高中教育普及化程度不断提高以后，高中教育必须适应社会与教育发展的要求；另一方面，高中阶段又恰恰是高中生自我认同发展的重要时期。"我是谁"的问题，包括"我是怎么样的人""我的个性、特长与能力如何""我想做怎样的人""我的愿望和理想是什么""我应该做怎么样的人""我的道德和价值观是什么"等问题，成为高中生发展过程中十分纠结的问题。由此产生的"我为什么要学习""我的学习目的究竟是什么""我比较适合学什么""我应该选择哪些课程"等等，成为高中生学习时的内在焦虑。正如有的学者所说的那样，"青年期是一个主要进行顺应和转换的时期，在其中一个接一个复杂的变化和重构被构建进入到认知结构和情绪模式之中，这些认知结构和情绪模式是有关广义上的身份认同以及教育和社会关系等方面的"②。而且，"高中学校（学术性中学）可以被视作这种冲突的典型战场"③。更重要的是，这位学者认为，"对于大多数今天的青年人来说，身份认同过程的重要性远远超出了表面上直接

---

① 　北京师范大学校史研究室.林砺儒文集 [M].广州：广东教育出版社，1994：399-400.

② 　伊列雷斯.我们如何学习：全视角学习理论 [M].北京：教育科学出版社，2010：220-221.

③ 　同② 219.

能够感受到的，而且比职业生涯的方向要紧迫得多，某种程度上身份认同过程也是职业生涯选择的一个前提条件。……今天，青年人学习中最为重要的是要能够为他们自己找方向，能够作出负责任的选择，跟上所有的一切，而不是在错误的东西上浪费他们的生命"①。由此可见，协调好自我认同与学业压力是高中教育与高中生发展过程中最关键的内在挑战。需要说明的是，这种内在挑战和困惑并不是孤立的问题，而是一个整体性的问题。自我认同与学业压力的"这种矛盾关系导致了很多的问题，因为学校和教育系统主要是开发用来处理学科学习，而在最广泛含义上的身份认同才是青年人所关注的东西。因此，青年人多多少少不太情愿地对学业科目的要求作出反应，其中大多数的人是被迫去关注这些科目要求"②。合理地处理与协调好高中生发展中的这种学业压力与自我认同之间的冲突，是高中教育育人方式的基础。这也是教育社会学基本问题的这种形态所具有的意义与价值。

三、以适应社会发展要求为先导

以适应社会发展要求为先导，处理与协调教育活动中两条基本规律的关系，是教育社会学基本问题的第三种形态。在这种形态中，教育适应社会发展要求的规律对教育的约束与导向作用越来越明显和重要，并且成为高等教育与职业教育的主要特点。

1. 含义与特点

所谓以适应社会发展要求为先导，指的是在教育活动的两条基本规律中，教育适应社会发展要求的规律对整个教育活动和人的成长具有首要和引领性的作用。这并不否定教育适应人的身心发展规律的作用，而是强调社会发展对教育与人的发展的影响越来越重要。这种变化与教育的阶段性是相关的，也是与人的年龄增长与成熟程度相关的。当然，这

---

① 伊列雷斯.我们如何学习：全视角学习理论 [M].北京：教育科学出版社，2010：220.
② 同① 219.

也是人的社会化过程，即从依赖性人口转变为生产性人口必须经历的变化。

以适应社会发展的要求为先导，突出体现在高等教育与职业教育中。如果说学前教育与小学教育具有更多的相对独立性，更多地强调人的社会化或人的全面发展，中等教育更多地表现为两条规律之间的势均力敌与旗鼓相当，那么，高等教育与职业教育中社会发展的要求则具有更强的约束与决定意义。它们与现实的联系最为直接与密切，并且更多地强调人才的培养与人的角色社会化。教育社会学基本问题的这种形态的主要特点是强调学科性与专业化。换句话说，在这种形态中，社会发展规律对教育活动的影响是通过不同的学科与专业实现的，由此产生的影响常常具有学术性的形式。实际上，这些不同的学科与专业往往反映了社会的要求与导向，甚至是某些社会规范的约束。而两条规律之间的关系也是在学科性或专业化的平台上表现出来的。

2. 功能与重点

以适应社会发展要求为先导的形态对教育活动具有非常重要的功能。首先，它在一定程度上直接决定了高等教育与职业教育学校的办学定位与办学方向，特别是明确强调高等学校与职业教育学校为国家社会经济文化科技发展服务的职责；其次，它对高等学校与职业教育学校管理机制的建设和改革具有十分明确的指导作用。加强与社会、市场、企业等方面的合作不仅成为相关政策的内容，也成为这些学校改革发展中的重要内涵与举措，等等；最后，这种形态直接决定了人才培养的基本取向、学校的教师队伍建设、课程建设与教学安排，以及学生的就业导向等等。

简单地说，教育社会学基本问题的这种形态有两个突出的功能。其一是教育适应社会发展要求的规律对人才培养中价值观塑造的影响。这是人才培养中最重要的任务。这种价值观的塑造包括对市场需求的了解，对社会与经济发展趋势、周期和规律的认识，特别是对人性的把握，等等。它充分反映了教育活动中人才培养适应社会发展规律的根本要求。其二是职业教育改革发展中的产教融合。这也是由职业教育的基本定位与本质特征所决定的。产教融合是职业教育基本的办学模式，是其运行机制最主要的特点。职业教育作为社会经济与产业发展的现实依托，必须紧密联系社会经济与产业的要求，适应行业企业发展对人才的具体要求，包括培养各种专门性的岗位技能与操作规范等等。

认识与理解教育社会学的基本问题及其三种不同的形态，对切实认识与把握教育与社会的关系是非常重要的；同时，对整个教育活动的社会学分析、研究不同阶段教育活动的实践，都具有现实的指导意义。

第三节　教育社会学的学科范式

所谓学科范式，指的是教育社会学学习与研究的方法论特点。一般而言，教育社会学的学科范式可以概括为三种不同的类型，即规范性的学科范式、经验性的学科范式与反思性的学科范式。这只是一种理论上的分类，在现实中它们之间的划分并不是绝对的，而是互补或相互渗透结合的。

一、规范性的学科范式

所谓规范性的学科范式，指的是从规范的角度分析教育活动和现象的研究过程，包括它的选题、研究方法以及研究的视角和结构等等。这种学科范式是非常重要的，它是教育社会学研究的基本框架和学术平台，是积累教育社会学研究成果的重要载体。当然，也是学习和研究教育社会学的初步路径。

1.规范性学科范式的主要特点

规范性的学科范式是教育社会学科学性的基本体现，也是其学科建设的基本要求。一般而言，这种规范性的学科范式大致有以下几个主要的特点。

第一，这种学科范式在教育理论的追求上具有一种所谓本体论的特点，即在研究过程中追求对事物本质的认识和把握。这种学科范式如同以往的学术传统那样，不仅关注教育活动的各种具体现象，更看重隐藏在现象后面的本质，力求通过对具体现象的分析和剥离，去发现教育活动发生发展的内在规律。或者说，要在不断变化的教育活动和现象中去发现和认识那种不变的东西，从那些具有差异和多样化的教育形式与内容中，去找到那种相对统一的东西。在这种研究过程中，不同的人们所认识和发现的东西是不同的：有的人发现了某种客观的本质和规律，有的人找到了某种主观的精神，有的人发现了人自身的伟大和主体性，也有的人以某种冥冥之中的神灵作为这个追求的归宿，等等。无论是什么结果，这种学科范式和取向常常假定在人们所看到、听到、感受到和亲身参与的教育实践后面，总是有一个更加本质的东西在决定着这些现象；总是有一个更加关键的因素和力量，影响着和决定着这些教育现象。教育社会学就是要去寻找这个东西。

这样一种理论追求是必要与合理的。因为它是认识教育活动的一个非常重要的取向。如果缺乏这样相对稳定和一致的东西，则无法衡量和分析教育活动。它体现了教育活动的某种内在的规律，反映了人们对教育活动的自觉。

第二，这种学科范式在教育研究对象和问题的定位上，十分强调和追求学科的规范性、体系性和结构的完整性。这也是经典社会学理论的特点，特别是类似于涂尔干（Émile Durkheim）和帕森斯的结构功能主义。实际上，这仍然是本质论或本体论的思想取向的体现和反映。应该说，从追求严谨的角度看，这种对体系和完整性的追求是有必要的。它也是一种逻辑性的体现，是一种理性的要求和特点。缺乏这种逻辑和系统性，教育社会学对教育活动和各种具体现象的分析往往是无力的，是没有说服力的。从这个意义上说，这种规范性也是教育社会学研究和分析的基本因素。

在这种规范性的学科范式中，系统性和逻辑性是非常无情的界限，它虽然具有很强的同化取向，但同时也具有很强的排斥性。而且，由于它在理论和形式上的高度抽象，往往牺牲了许多丰富的差异和多样性，进而常常形成与现实的对立，以至于具有某种理想化的色彩。

第三，教育社会学的这种学科范式在研究方式上，还具有一种认识论的特点和取向。这种认识论把教育社会学的研究看成一种对客观教育规律的认识和了解，并把教育活动和各种教育现象简单地区分为主观和客观两种不同的方面，由此发现人们的主观认识是如何把握教育活动的客观规律的，将之作为教育社会学研究的使命，并把对这种认识规律的探索作为教育社会学的理论建设的任务。这也是一个思维方式的问题。因为这种学科范式体现了对教育活动和现象的一种基本假定，即所有的教育活动和现象都可以归结为某种客观的东西，而且，教育活动和现象中的所有问题和矛盾，也都可以还原为主观与客观之间的矛盾与对立，进而去分析和发现解决教育问题的办法和思路。

教育社会学的研究在一定程度上需要这样一种认识论，也需要在一定范围内和一定阶段上对于各种复杂的教育活动和现象进行还原。但是，教育活动作为一种人的活动，的确不能简单地归结为单纯的主观与客观之间的对立关系，也不能完全还原为主观与客观之间的矛盾。

2. 规范性学科范式的意义

也许有人认为，教育社会学的这种学科范式实际上就是一种与所谓的后现代相对立的现代性的学科范式；也许还有人认为，这不过是一种哲学的思维方式；或者还有其他的说法。这是一种片面的理解。规范性的学科范式是一种具有普遍性的方法论，并不仅仅限于教育社会学。这种规范性的学科范式作为一种学习和研究的基本取向和要求，对于保证教育社会学的学习和研究的规范性和严谨性是非常必要的，它对于学术研究与实践具有非常现实的意义。

第一，维护学术研究与实践工作的规范性，避免某些不规范的现象与问题。教育社会学的研究必须符合某些基本的、具有共识且可预期的规则与要求，包括对基本概念的定义、研究对象的分类标准的一致性、研究结果的可验证性与可重复性等等。这里，对学术史的尊重是这种规范性的重要体现。任何研究都离不开历史的轨迹，都是以往相关研究的延续与拓展。而且，这种对学术史的尊重也能够有效地保障学术发展的持续积淀。

第二，比较合理、科学地对待不同学科基本概念与范畴。不同学科的概念可以在内涵与外延上有新的拓展，包括进行符合规范的规定性定义。但绝不能简单地凭感觉随意地使用其他学科的概念与理论。特别重要的是，虽然社会学是教育社会学的学科基础与重要的理论渊源，但是，绝不能简单地直接搬用社会学的某些概念与方法去描述和解释教育活动的各种现象与分析问题，而必须结合教育领域的实际，进行合理的界定与使用。

第三，合理地选择与使用各种不同的材料与观点，特别是合理地对待与自身立场和主张不同的材料与观点，由此进一步完善自己的研究。实际上，各种不同的理论与学术观点往往能够使自身的研究更加明确，尤其是可以清楚地规定自己观点与学术研究的边界，由此保障了学术研究与实践的科学性。

教育社会学的规范性学科范式对于保证与提升学科的科学性是非常必要的，也有助于提高教育活动实践的效率，对人才培养与提高研究质量是十分重要的。

二、经验性的学科范式

所谓经验性的学科范式，指的是以实证性经验为基础的教育社会学研究。这也是一般社会学研究的基本传统与特征。这种学科范式能够比较充分地体现教育社会学的学科优势，对认识与分析教育活动具有十分独特的意义。

1.经验性学科范式的主要特点

经验性的学科范式与规范性的学科范式是有所不同的，它在学习与研究分析方法上常常具有某些自身的特点，而且比较适合某些独特的领域与问题。一般而言，它常常具有以下几个特点。

第一，实证性是经验性学科范式最主要的特点之一。所谓实证性，指的是通过某些经验性的材料描述与说明教育领域中存在的某些问题与发展变化，由此证明某些学术观点等等。实证性是教育社会学作为社会学分支学科的基本特征之一。获取大量与充分的经验材料是实证性学科范式的必要基础与条件。当然，这种经验材料的形式可以是多种多样的，但实证性材料的效度与信度则是必需的条件。所谓的效度，就是实证性材料在描述与说明某种研究对象与问题时是有效的，具有必要的相关性；所谓的信度，则是指实证性的材料本身是可靠的，真正反映了研究对象的真实特点与基本状态，而不是片面的或虚假的。必须防止简单地根据某些外在的联系建立不同材料之间或者材料与观点之间的相关性。

第二，定量化是经验性学科范式的另一个重要特点。这也是以数量的方式描述与说明教育活动与现象的重要途径。显然，数量是教育活动的基本存在形式，绝大多数教育活动与现象都可以通过数量的形式展示其存在与特征。这种定量化的特点还有助于将教育社会学研究与自然科学研究结合起来，包括应用数学与自然科学的方法分析教育活动中的各种现象。经验性学科范式的这种定量化特点的重要表现形式之一是数字化，即通过数字的形式表现教育活动的各种现象与变化发展趋势。这也是教育信息化的重要途径之一，是实现教育现代化的重要机制。

第三，归纳性的逻辑是经验性学科范式的重要特点。换句话说，经验性学科范式的思维逻辑是归纳性的。一方面，它需要建立在大量具有必要效度与充分信度的实证材料的基础之上；另一方面，它需要通过各种数学的方法对实证材料与数据进行科学的处理，包括统计与分析，建立起合理与适当的模型，进而为教育研究与实践提供坚实的基础与必要的指导。需要强调的是，由这种归纳性的逻辑所得到的看法与结论反映的只是一种统计性的规律，是经验材料或诸多案例的迭代，常常具有一定的边界。它可以为某些理论与观点提供经验性的证据与材料，但不能简单地由此得出某种结论，而更多地需要与演绎性的研究逻辑结合起来，并依托一定的理论基础。这是采用经验性的学科范式时需要充分注意的。

2. 经验性学科范式的意义

经验性的学科范式对于教育研究与实践具有非常重要的意义与价值，甚至可以认为，教育社会学本身就是一门经验性的学科。所以，坚持教育社会学的经验性是学科的基本要求。简单地说，经验性学科范式的主要意义有以下几个方面。

第一，经验性的学科范式能够非常有效地提高教育研究的直观性与现实性，消除传统的思辨性教育研究的弊端。教育社会学并不做抽象的形而上学式的研究，更不是某种纯粹的概念游戏，它是一门非常注重实践的学科，是一门能够看得见、摸得着的学科，具有很强的操作性。经验性的学科范式能够非常充分地体现出教育社会学的学科特点与定位，进而充分发挥教育社会学的社会功能。从某种意义上说，教育社会学的理论形态也应该具有经验性与现实性的特征，而不能是某种抽象的思辨。

第二，经验性的学科范式有助于促进教育学科与自然科学之间的交叉与结合，提升教育研究与实践的科学性。教育社会学作为一门科学，完全可以应用数学与自然科学的某些方法进行具体描述与深入解释，甚至可以在某些适当的场景中建立起比较直观与可视化的分析模型。特别是对某些调查数据与材料的处理，可以在建立某种合理的编码体系的基础上，应用某些统计的方法进行分析，寻求其中的因果关系或者相关关系。这也是进一步提升教育社会学科学化水平的重要途径。

第三，经验性的学科范式有助于进一步加强教育的学术研究与实践工作之间的相互合作与交流。长期以来，教育社会学的学术研究与教育活动实践之间常常缺乏有效的连接与结合，其中的重要原因之一就是学术研究的方法过于思辨与抽象，在形式上脱离了教育实践。而经验性的学科范式则能够有效地促进两者之间的相互结合与交流。它可以非常直接地通过实证的方式呈现教育实践中的具体问题，展现校园与课堂中教育活动的真实场景，由此充分发挥教育社会学理论对教育实践的引领作用，并且能够及时和直接地汲取教育实践中丰富的资源与养料，反哺教育社会学的理论发展。同时，这种经验性的学科范式也能够有效地推动教育科学的普及。

三、反思性的学科范式

所谓反思性的学科范式，指的是把教育活动和现象作为一个主观和客观相结合的过程，并且将这个过程作为一个实践的活动，不断进行深入研究和认识的学科范式和态度。这种反思性的学科范式具有非常明显的辩证特征，而且由于它在对作为客体的教育活动和现象进行分析的同时，也对教育活动中的主体进行反思，所以具有十分明显的主客观双重特点。从某种意义上说，教育社会学的这种学科范式在学科边界上常常是比较模糊的。但学科边界的模糊性恰恰又为教育社会学的发展和深入研究开拓了新的可能性。由于这种比较模糊的学科界限，反思性的学科范式并不十分尊重严格的学科分类和研究方法，而更多地是从现实问题出发，充分发挥教育社会学本身所具有的社会学研究的综合性特点和长处，不拘泥于某些特殊的框架和标准。更加重要的是，这种态度常常要求以一种反思的方式去批判教育社会学已经有的各种研究框架和概念范畴，并且对那些想当然的理论和结构进行重新思考和建构。

1. 反思性学科范式的主要特点

与规范性和经验性的学科范式相比较，教育社会学的反思性学科范式具有以下几个特点。

第一，反思性的学科范式比较重视对教育活动和现象中人们生存状况的研究和分析，而且，特别关注教育活动的意义分析。显然，与规范性的学科范式比较，这种反思性的学科范式并不十分追求和关注对传统意义上的本质论的研究。在它看来，教育活动和现象的后面并不存在什么最终的根据，它始终只是人们不断选择和创造的过程，是一种人与人之间的交往活动。如果说这些选择、创造和交往活动中也存在什么基础和根据的话，那么，这样的基础和根据也只是在这些选择、创造和交往活动中形成的，而且也是不断变化的，并没有什么一成不变的本质和规律。相反，在这些教育的交往和选择中，人们追求的常常是一种意义和价值，一种能够满足人们不同需要的意义和价值，或者说，是一种能够满足人们物质和精神生活需要的意义和价值。而反思性的学科范式所研究和探讨的也就是影响人们在教育活动中获得这种意义和价值的过程和各种因素，以及它们之间的相互影响。正是由于这样，教育社会学在为教育工作者和研究人员提供这种反思的理论和方法的同时，也时常需要对自己的理论本身进行反思。

第二，这种反思性的学科范式在研究对象和研究问题方面，往往并不将概念和范畴的清晰与规范作为研究的前提，而是力图在沟通与交往过程中建立某些概念与范畴。如果说规范性的学科范式强调的是教育社会学研究的系统性和结构的完整性，以及由此所表现出来的界限，那么，反思性学科范式则恰恰是一种对界限的否定和消解。它所强调的是一种沟通和对话，是一种交往关系的建构与维护，或者说是一种理论态度的宽容与协调。如果说规范性学科范式所强调的是真与假的区别，是正确与错误的分别，是肯定与否定的差别，那么，反思性的学科范式所追求的则是对这些所谓"区别、分别和差别"的超越。当然，教育社会学的反思性的学科范式在这些问题上的超越，绝不是一种无原则的和稀泥。它否定所谓统一的本质论和绝对的一元论，强调和肯定在文化多元化的基础上对每个个体和每一种文化的尊重，以及在尊重个体和不同文化的基础上的协调与沟通，包括对不同文化和意义的肯定。实际上，个体的差异性和文化的多样性，正是教育活动的根本特征，也是教育活动的社会性所在。

第三，反思性的学科范式在研究方法上所强调的，不仅是单纯的认识论，更加重要的是理解论。它所肯定的不仅是一种认识上简单的还原论，而且是一种理解上的整体论。在教育社会学中，所谓的理解论，所强调和突出的就是教育活动的实践特征。因为，教育活动本身是一个主体参与与客观条件相互作用的实践过程，是一个教育者和学习者之间相互影响的过程，甚至是一个教育活动的主体不断反思自己的过程。作为教育社会学的研究对象，教育活动绝不是一种单纯位置性的存在，即一种可以完全对象化的存在。由于教育活动中主体意识和观念的参与，它作为一种研究对象，总是在不断地展现自己的同时又超越自己。换句话说，教育活动作为一种研究对象，常常具有一种非位置性的特点。说得更加简单和形象一些，就是当"我"把自己的活动作为研究对象时，实际上发生着一种"我"的分裂过程，出现了一个作为客体的"我"与一个作为主体的"我"。而这个作为主体的"我"，尽管可以不断地转化为客体，但它始终不能完全出现在研究对象之中。因此，对于这样的教育活动，单纯的认识是不够的，而只能应用一种具有共情特征的研究方法，进行相互理解。而所谓的整体论，则是说，对于教育活动和现象的研究，由于涉及的因素非常多，而且十分复杂，不可能简单地还原为某一个原因或者最终的根据。同时，教育活动和现象中的各个因素也往往是相互影响和制约的。所以，对教育活动和各种具体问题的解释与说明，不能仅仅去寻求某种唯一的根据和原因，而应该从整体上进行理解和解释。例如，在关于所谓"差生"的分析中，影响"差生"的因素常常是非常复杂和多样化的，包括学生自己的认识、期望、基础，教师的因素，同学的因素，家庭和环境的因素以及课程和教学中的其他文化因素，等等，不能简单地从某一个方面去说明。

2. 反思性学科范式的意义

从教育活动本身的复杂性出发，在研究教育和社会的关系问题时，教育社会学反思性的学科范式可以比较好地帮助人们更加客观地把握研究对象的复杂性，以及教育与社会之间的辩证关系。一般而言，反思性的学科范式具有以下几个方面的意义。

第一，反思性学科范式具有非常强的批判意识和取向。现代教育既具有非常重要的整合功能，同时也需要必要的批判功能。在一个变化和发展都非常迅速的社会中，在一个社会转型的时代中，教育的批判功能显得格外重要。弗莱雷（Paulo Freire）关于解放教育学的理论和观点便是这种批判性的一个典型。教育社会学的反思性学科范式正是适应了这样一种社会和时代的要求。在现代教育学的理论思潮中，尽管批判教育学具有非常犀利的批判意识和强烈的否定性色彩，但它仍然可以有一种建设性的基本态度和取向。教育学和教育社会学的理论的确需要发展和创新，也需要一种自我批判的态度和取向，这种批判和反思始终应该着眼于建设。只有这样，教育社会学才能够在建设和发展的过程中，对自身有一个比较清醒的认识。

第二，教育社会学的反思性学科范式与文化的多样化是联系在一起的。现代教育理论的发展与时代变化之间最主要的矛盾之一，就是过去建立在一元文化基础和假设上的教育基本理论在时代发展中出现了分化，并且与文化多元化的现实产生了矛盾和冲突。而且，这种矛盾和冲突已经在一定程度上制约和影响了教育的改革与发展。教育社会学的学习和研究必须充分认识现代社会和文化的这种变化和特征。这样一种多元化的文化特征和时代特点要求教育社会学的理论和研究必须通过一种自觉的反思，为具有不同文化和发展倾向的力量之间的沟通与协调提供必要的根据和说法。其实，人类社会的特点并非仅仅是文化，更重要的是人类文化的多元化，而且这些有差异的文化是可以交流的。现代社会中人们对教育具有越来越高，同时也越来越不同的期望；教育者对于教育也存在不同的愿景。这些期望和愿景都有自己的合理性和根据，但同时与其他人的期望与愿景也具有一定的差异，甚至是冲突。面对这样一些矛盾和冲突，当然需要一种新的制度安排。由于人们的意识和愿望不同而出现的观念上的差异和矛盾，以及由此形成的冲突，都需要不同的主体能够更加自觉地反思自己。而教育社会学的反思性学科范式恰恰要为这种反思提供理论的基础。

第三，教育社会学的反思性学科范式突破了传统学科之间的界限，因而具有一种跨学科和拓展创新的意义和价值。学科的建设与发展是需要界限的，但界限本身又意味着一种排斥和拒绝。从某种意义上说，界限也是一种"篱笆"。不难发现，当前教育实践的变化和发展已经大大超越了传统教育社会学理论的框架。教育社会学的理论框架和模式在解释丰富的教育实践和变化时，已经越来越贫乏和不足，这突出表现在现有的理论分类和界限不能很好地概括和解释当前教育发展中出现的新的联系上。例如，关于学生和教师的概念，关于教育的类型，等等。所以，教育学以及教育社会学理论对自身的反思已经显得越来越重要。这种反思一方面可以在这些新的联系和关系中去寻找新的根据和基础，另一方面则是突破传统和已经有的各种学科界限，建立一种新的学科组织系统和范畴。由此，教育社会学和教育学都将通过这些新的基础和范畴，得到拓展和创新。当然，反思性的学科范式在分析具体问题时，也很可能形成一种相对主义的现象，使得人们往往无法确定答案是什么。同时，在使用这种反思性的学科范式研究人们的生存意义时，也常常会出现主观主义的倾向。这些是需要注意的。

这里区分三种教育社会学的学科范式，并不是要在它们之间进行简单的价值判断，也不是做单纯的肯定与否定。它们之间也并非单纯的零和关系。从现实的角度看，这种区分更多地只是具有一种逻辑上的意义；或者说，只是为了理论上的叙述。在现实的研究与实践中，它们常常是结合在一起的。本书在对教育活动进行分析时，也将根据不同的对象和问题，分别使用或结合使用这三种学科范式。因为研究对象并不因为我们的研究取向而有所分化和不同，它本身就是一个整体。

第四节　教育社会学的学科定位

教育社会学的学科定位包括两个方面的含义。首先指的是它作为一门科学所具有的学科特点，以及它与其他学科的不同；其次指的是它在整个学科体系中的层次及其特点，体现了它与其他学科的关系。

一、教育社会学的学科基础

教育社会学的学科基础或学科归属，常常是一个见仁见智的话题。它既是一个教育社会学的基础理论问题，也是教育基本理论中关于学科分类与定义的问题，因而是学习与把握教育社会学时必须面对的基本问题。对此，至少有两种不同的争论：其一是教育社会学究竟是教育学的一部分，还是社会学的某个分支？其二则是教育社会学更多地是属于知识类学科还是领域类学科？

1. 分科之学

所谓科学，简单地说，是一种对知识的分科之学。众所周知，在人类对世界的认识水平非常低的时代，自然哲学成为人们解释与说明自然与社会现象的包罗万象的学科。随着人们对世界认识的进步与知识的增加，自然哲学逐渐被各种分门别类的具体科学取代。在西方社会，较早提出学科分类的是英国思想家孔德（Auguste Comte）。他在1830年出版的《实证哲学教程》中就明确提出了科学分类的原则与方法，即"一般性不断减少，而相互依赖性和复杂性不断增加"。在这个原则的指导下，孔德根据知识的发展与进步，把包罗万象的自然哲学分成五个基本学科：天文学、物理学、化学、生物学、社会学。他认为数学是基础，运用于各个学科中；而伦理学或道德学，尚不够成熟；心理学未占得一席之地，因为在孔德看来，它或许应当被视作人类生物学（"生理学"）的一部分。日本学者在翻译science这个英文词时，正是根据这种知识分类的原则，将它译成"科学"。中国学者康有为、梁启超、严复等人也是在这种分科的意义上使用"科学"的概念。[①] 美国著名学者爱默生（Ralph W. Emerson）则是非常直接地指出："科学不是别的，它尤非是在相距遥远

---

① Wang H. The concept of "science" in the modern Chinese thought [J].Journal of modern Chinese history, 2011, 5(1): 45–67.

的事物之间发现类比与共性。具有雄心壮志的人坐下来研究每一种困难的事实，将奇异构造和新颖力量逐一分门别类，并运用洞察力，赋予各种组织中的每一根纤维以生命活力，持续地考察着自然的边缘。"[1]中国科学社的早期创始人之一，著名学者任鸿隽先生也十分明确地指出，"科学者，缕析以见理，会归以立例，有觚理可寻，可应用以正德利用厚生者也"。他还说，"科学者，智识而有统系者之大名。就广义言之，凡智识之分别部居，以类相从，井然独绎一事物者，皆得谓之科学。自狭义言之，则智识之关于某一现象，其推理重实验，其察物有条贯，而又能分别关联抽取其大例者谓之科学"[2]。由此可见，分类是科学的基本条件与存在基础。没有分类，就没有科学，科学就只能囿于笼统的自然哲学的窠臼中。而教育社会学本身也正是反映了关于教育与社会相关知识的一种分类。

当然，知识的分类可以有各种不同的方法与标准。一般而言，学科的分类大致有两种形式。一种是所谓的知识类学科，它以研究对象本身内在的逻辑体系为依据，如数、理、化等学科，本身具有非常严密的系统性，以及十分清晰的知识边界与判断标准，等等。另一种是所谓的领域类学科，它是以现实世界中的某一个特定领域为根据，将有关知识与理论有机结合起来形成的学科，如环境、海洋及生命等学科。它们本身并不只有某一个核心概念，甚至可以是多中心的[3]。其中各种知识理论自觉的边界也往往是模糊的，评价标准也可以是多元化的。显然，按照前一种分类标准，教育社会学，甚至整个教育学都很难得以正名，以至于人们常常认为教育学科缺乏科学性，觉得它是一个特殊的但有"阴影"的学科，只有部分的专业性；或者说，它是一个理论性不强和"弱语法"

---

①　爱默生.美国学者：爱默生讲演集［M］.北京：生活·读书·新知三联书店，1998：5-6.

②　黄翠红.任鸿隽传［M］.北京：社会科学文献出版社，2017：273.

③　交叉学科等是否具有一个内在的核心知识基础与方法论，或者只是借用其他学科的知识基础与方法论，是一个存在争议的问题。参见：McCulloch G, Crook D. The Routledge international encyclopedia of education[M].London: Routledge, 2008.

的学科。^①因此，单纯地将教育社会学作为教育学或社会学的某个分支都是不合适的。教育社会学更多地属于一种领域类的综合学科，是将与教育活动相关的不同学科的各种知识与理论结合起来而形成的一门综合性的学科。可以认为，这种领域类的学科类型在现代社会中具有更大的现实性，而且更能够体现时代的要求与知识发展的趋势。

2. 教育社会学的知识结构

教育社会学作为一门领域类的综合性学科，当然也强调不同学科知识理论之间的逻辑联系，但它与一般知识类的学科是不同的，是以教育活动的现实领域为基础的。其结构性特点如下。

第一，知识之间的水平性联系。

所谓学科内知识之间的水平性联系，指的是不同学科的知识在教育社会学中的相互关系更多地具有一种水平性的特点。教育社会学知识系统的这种水平性联系有利有弊。从利的角度说，这种水平性的知识联系有助于不同的知识和信息之间的交流碰撞，有利于形成学科文化的民主氛围和实现知识的创新发展，不容易形成学术寡头；而弊的方面则是这些复杂、多样化、相互冲突的信息和知识很容易带来混乱，并且由此增加了教育社会学知识系统中识别和筛选真伪、善恶、美丑的困难，甚至有可能出现"劣币驱逐良币"的现象。所以，教育社会学的发展有时也需要知识的垂直性的联系，进而对多样化的知识和信息进行甄别，区分真伪、去粗取精，从而进行综合和提升，推动知识水平的整体提高；同时，纵向的联系有助于新知识通过自上而下的渠道进行扩散、传播和推广，以带动人类知识的整体发展。

第二，知识基础的多元化。

作为一门领域类的学科，教育社会学本身的理论与知识体系表现出一种多元化的特征。同时，由于领域类学科知识基础的多元化，教育社

---

① Young M F D. Bringing knowledge back in: from social constructivism to social realism in the sociology of education[M]. London: Routledge, 2007: 7.

会学的知识发展与问题研究常常具有评价标准多元化的特点，即可以根据组成教育社会学的各种不同背景的知识或理论进行判断与评价，由此形成对某些教育问题与现象莫衷一是的现象。显然，就传统的学术评价而言，这是不利的，甚至是某种麻烦。但从现代教育发展的角度看，这种评价标准的多元化则有利于学术的繁荣与进步。这种学术评价标准的多元化，要求教育社会学的知识发展与研究能够更加相互尊重与学习，互相取长补短，兼容并包，由此真正地促进教育社会学的学科进步，乃至于整个教育学科的发展。更重要的是，人的成长与身心发展也是各具特色的，正如世界上没有完全相同的两片树叶一样，世界上也没有完全相同的两个人。所以，教育活动本身就应该是多种多样的，它需要一种多样化的理论与知识形态。

第三，具有一种开放性。

教育社会学作为一门领域类的学科，是根据教育领域中的现实问题及其变化而形成和发展的。教育发展的现实问题及其变化决定了这个学科的知识与理论本身必须是开放的。教育社会学虽然也能够形成和凝练某些稳定的学术框架与研究模式，但它总是在不断地面对和接纳新的问题，充实和完善着自身。所以，批判性思维是教育社会学知识与理论发展的一种非常基本的研究方法，它总是要超越现成的理论观点，不断地修正传统的理论，进而针对教育领域中的各种新的现象与问题提出和发展出新的解释与分析模式。教育社会学学科知识与理论的这种开放性，并不意味着它是没有规律的。相反，这种学科知识的发展规律恰恰反映了它对教育活动的一种建构方式，即从教育学与社会学相结合的角度描述和解释各种各样的教育活动。这也恰恰是教育社会学的优势所在。

二、教育社会学的学科特点

教育社会学是一门综合性的学科，而且是一门中观性的学科。这种学科的特点决定了教育社会学与现实的联系是非常密切的，而且是比较具体的。同时，教育社会学本身的归纳性的思维方法，也决定了教育社会学学科的现实性。

1. 中观性

教育社会学与教育学原理是不同的。教育学原理是对教育现象及其过程的普遍和一般规律、理论的研究，常常具有一定的抽象性与宏观特点。教育社会学则通过比较直接的形态描述与分析教育活动，因而是比较具体的和有限的，并且常常有一定的边界条件。按照美国社会学家默顿（Robert K. Merton）关于"中层理论"的观点，把社会学建成一个能够解释一切社会行动、说明一切社会现象的包罗万象的理论模式是不适当的也是不可能的，而作为一种有限的、中观的理论则是有效的。当然，这种中观性的学科定位并不意味着教育社会学就是缺乏理论的。根据默顿的说法，社会学的研究既不能是没有事实依据的，也不能是缺乏理论指导的。社会学的分析和研究既必须以坚实的事实和研究为依据，又必须在实际应用中有所限定。它既不是琐碎的对日常生活的观察与描述，又不是大一统的理论模式。而"中层理论"正是适合这种要求的社会学理论。在默顿看来，"这些理论建立在抽象程度较低的基础上，具有明确界定的操作化概念，这些概念构成陈述以说明有限范围的现象之间协变关系"①。默顿的"中层理论"与其他宏观理论相比较，具有以下几个特点：其一，研究的对象是有限的，而不是整个社会；其二，它的抽象程度是有限的，而不是根本性的；其三，它具有一定的操作性，而不是思辨的。正是在默顿的"中层理论"的倡导下，社会学研究纷纷把目光投向具体的社会问题，而一系列具体社会学的学科，包括家庭社会学、青年社会学、教育社会学等，也纷纷产生。教育社会学的中观性正是通过它对教育活动的这种研究取向所体现出来的。这种中观性常常体现在研究的对象、层次和方法等方面，并且形成了一种独特的分析视角。

其次，这种中观性也反映了教育社会学与教育学原理的研究对象的差异。教育学原理所研究的是一般的教育现象，是教育现象及其过程的

① 特纳. 社会学理论的结构 [M]. 杭州：浙江人民出版社，1987：106-107.

最一般规律；而教育社会学所研究的是作为一种社会现象的教育活动，是一种特殊的和具体的社会现象。这种一般与具体的差别也是这两个学科的区别。所以，教育学原理中关于教育与社会的一般关系的分析和论述，绝不能取代教育社会学的研究。同样，教育社会学的研究也必须有自身的界限。当然，教育社会学与教育学原理又有十分密切的联系。教育学原理是教育社会学研究的重要的理论基础和依托。而教育社会学的知识与理论也能够进一步丰富与拓展教育学原理的内涵。

2. 综合性

作为一门综合性的学科，教育社会学与教育学科体系中的其他学科是不同的。首先，它与教育史学是有所不同的。尽管两者在内容上都具有一定的综合性，但它们彼此的着重点是不同的。教育史学主要从历时态的角度对教育现象进行研究，分析和论述教育现象发生、发展以及变化的规律，总结历史上各种教育制度、教育理论以及教育实践上的经验教训，从而为今天的教育改革与发展提供必要的借鉴。因此，教育史学的综合性主要反映在对过去教育现象的各个方面及其发展的综合，是一种历史的综合。而教育社会学主要是从共时态和历时态相结合的角度，从现实教育活动入手进行的综合，它注重现实和未来。

其次，它与教育管理学也是不同的。诚然，教育社会学与教育管理学之间的确存在十分密切的关系。教育社会学所研究的教育活动，教育社会学中有关人的活动、各种互动形式，以及教育活动中的群体、组织、制度和控制等内容，也都是教育管理学的重要内容；而教育管理学中的组织、结构与交往等也同样是教育社会学的重要领域。但它们两者之间还是有差异的。这种差异主要体现在两个方面：第一，教育管理学主要研究教育领域中管理者的活动，主要是从管理者的角度提出问题和分析问题，而教育社会学则更加强调教育活动中各种因素的社会关系；第二，教育社会学所研究的是一般的教育活动，而教育管理学所研究的主要是教育中的管理活动，包括领导者和一般管理人员的管理活动。因此，把教育社会学与教育管理学等同起来是不合适的 [①]。

最后，教育社会学与教育政治学、教育经济学、教育法学，以及其他具体教育学科的关系是一种综合性学科与单科性学科的关系。这种综合性学科与单科性学科的关系主要体现在两个方面：第一，教育社会学的各种理论和模式作为一种有效的资源，为其他各门具体教育学科服务，而其他各门具体教育学科可以从教育社会学那里获得一些必要的帮助和支持；第二，教育社会学从其他各门具体教育学科中获得一定的研究成果，以及各种具体的问题，从而使自身得到丰富和发展。

教育社会学并非各门学科知识的简单集合，而是具有一种内在的原则或基点，即人的成长。作为社会关系的总和，人的成长本身就具有一种综合性的形态与特点。这也是学习与把握教育社会学的综合性的重要角度。

第五节 教育社会学的功能与边界

对教育社会学的功能与边界的认识，也是教育社会学的学科意识的重要内容。对一门学科的真正了解，不仅应该包括这门学科能够干什么，而且应该包括它所受到的限制，以及它本身得以成长与发展的条件。只有这样，才能更好地运用教育社会学的基本原理分析和解决现实中的各种教育问题。

一、教育社会学的基本功能

所谓功能，通常指的是由某一事物的内在本质所决定的该事物所具

---

① 郑杭生.社会学概论新编 [M].北京：中国人民大学出版社，1987：20-21.

有的特殊作用。按照科塞和罗森伯格的观点，功能是"社会活动中有助于适应和调节它的组成部分的特定结构的效果"①。一般而言，这种功能通常表现为两个方面：其一，这一事物在某一系统内部所具有的特定作用；其二，它在更大的系统中或整个社会中所具有的特定作用与意义。这也是我们分析和理解教育社会学的功能的基本方面。根据社会学的一般原理以及有关学者关于社会学功能的论述②，结合教育社会学的特点，本书从三个方面进行分析。

1. 描述功能

所谓描述，指的是用一定的技术手段，客观地和全面地搜集、整理、记录教育活动的具体事实、事件及其有关资料，特别是忠实地反映在教育活动中知识的组织、传递和评价的过程，从而真实地再现教育现象的各种图景。这是教育社会学最重要的功能之一。作为一门经验性的综合性学科，作为一种具有"中层理论"性质的学科，教育社会学必须高度重视教育活动中的经验和实证材料，强调对资料的占有和把握。这是教育社会学研究的基础和前提。这种对资料的占有和把握，既指对各种新的经验材料的获得和搜集，又指对以往教育社会学研究情况的积累。只有这样，才能使教育社会学的研究具有现实的意义并不断地发展。描述之所以成为教育社会学的重要功能，是因为它可以为教育社会学的研究提供有意义的信息。因此，教育社会学的这种描述的功能，具有以下几个特点。

第一，这种描述绝不仅是简单的资料的搜集和获取，也不是完全直观的、被动的和消极的，而是根据一定的假设进行的，是具有一定的指向和动机的，因而是主动和积极的活动。这种假设或预设，在一定程度上规定了描述的方向和标准，从而使描述本身具有一定的目的性和选择性。

---

① 波洛玛. 当代社会学理论 [M]. 北京：华夏出版社，1989：24.
② 陆学艺. 社会学 [M]. 北京：知识出版社，1991.

第二，这里所说的描述的功能，又绝不仅仅局限于简单地占有和把握资料。它更重要的含义是对于已经获得的经验资料的"整理"。换言之，描述的过程本身是一个整理的过程，描述是一种整理的活动。也就是说，这种描述并不是简单地"接受"所获得的各种资料，而是根据一定的理论模式和分析框架对所获得的资料进行整理。这种整理活动既包括一定的分类，同时还具有某种程度的结构化的意义。由此，人们可以看到不同资料之间的相互联系，了解信息本身的结构。

第三，这种描述常常是通过一定的技术手段而实现的。简单地说，这种技术手段的主要作用是使这些信息具有某种数量化的形式。例如，一定的入学率、生均经费、学校和班级的规模、教师的年龄与学历等等。换句话说，教育社会学所谓的有意义的信息，主要指的是这种信息应该具有某种数量的形式，它可以通过一定的、比较具体的量化的指标得以反映。

因此，这种描述必须把一些抽象的概念转变成一系列实证性的符号，使其具有较强的可操作性。一般而言，这种实证性的符号具有两种基本形式。其一，单纯数字化的形式。它包括由各种具体数字所反映的信息，也可以是一定规模的各种符号。简言之，这种信息是反映对象的外延的各种符号，如上述所举的各种例子。其二，反映对象等级和程度的各种符号。这种符号主要是对对象的内部特征的说明，因而也可以看成反映对象内涵的量化指标。例如，我们可以根据学校的办学水平把学校分成不同的等级。研究者经常运用这样的手段对学生的创造力和想象力等进行测量。

第四，这种描述所获得的信息应该具有一定的可信度和有效性，因而是可靠的和具有代表性的。无疑，教育现象作为一种社会现象，不可能像自然现象那样，运用自然科学的手段和方法进行比较客观的研究。同样，对它们的描述，也不可能在假定的和具有较高可控性的实验室中进行。所以，教育社会学的描述要取得较高程度的可靠性和有效性，常常需要一定的限制。同时，还必须非常慎重地选择指标系统和规范描述对象。例如，尽管我们不能够完全详尽无遗地描述教师的教学情况，但是我们却可以通过建立教学语言、教学设计、教学内容、教学态度、教学效果等指标，并选择一定的样本，获得能够反映和说明教师教学情况的各种基本信息。这里，选择指标是十分重要的。同样，如果人们在了解教师的教学情况时，所选择的指标是另外一组，如教师的课时、作业的布置、教师与学生的关系等，由此所反映的信息当然不能有效地说明教师的教学情况，这样的信息就不是有效的。另外，有意义的信息还应该是可信的。这种可信性主要指的是，通过描述所获得的信息具有较高的一致性和稳定性。无论是对一个对象的多次描述，还是对多个对象的同一描述，其结果都应该是基本相同的。

有必要进一步说明的是，教育社会学与其他社会学在描述的功能上是有所区别的。这种区别主要体现在两个方面。其一，除了一般社会学的描述取向和对象之外，教育社会学还特别重视对于知识和语言的描述。这种知识和语言的活动是教育社会学研究的主要对象。特别是语言的活动，它既是教育过程的基本载体，又是意义的具体表现形式。其二，教育社会学的描述不仅应注重教育过程中的客观因素，还应该特别重视其中的主观因素。因为，教育特别是学校的教育活动，主要是一种间接知识的传递，具有很强的理论形态和主观的色彩。在教育活动中，无论是教师、学生，还是教育管理人员，其主观的目标、动机、愿望以及自身所具有的价值观念等，在这种以间接知识为主的传递活动中，具有较大的影响和力量。所以，在描述中，除了注重知识、语言，以及与这些相关的各种客观因素之外，还应该特别关注教育活动中的各种主体的主观状态，包括他们的情感、意志和认识等方面的内容。当然，这也是由教育社会学所需的有意义的信息所决定的。

2. 解释功能

所谓解释功能，指的是通过教育社会学的分析和研究，把握影响教育活动、教育现象及其过程发生、发展和变化的各种主客观因素，从因果联系和意义分析的角度说明各种教育活动、现象、事件，以及教育活动中的各种要素之间的关系，从而为人们对各种教育现象的理解提供必要的帮助。显然，这种解释需要依托教育社会学的理论和模式，或者说，这是教育社会学理论的具体功能。教育社会学的这种解释的功能，可以从三个方面进行理解。

第一，综合性解释。它又叫作因果解释，即从教育活动的各种外部因素出发，对一定的教育现象的产生、发展和变化进行必要的说明，并揭示其中某些在一定条件下具有普遍性的规律。在这种解释中，教育社会学不仅要通过对这些外部因素的分析说明教育活动得以进行的各种条件，同时，它还要对这些条件本身进行分析，说明它们与一定教育活动的不同类型的联系，包括支持性的联系和限制性的联系等。由此，使人们对各种教育活动和教育现象的可能性与现实性有一个比较具体的认识。通过这种综合性的解释而建立的关于一定教育活动与外部条件的联系，我们称之为"因果联系"；由此形成的对于教育活动的理解，是一种因果式的理解。这种联系和理解的基本特点是，它们并不是完全必然的，或者说是一种有条件的必然联系与理解。因为，对于一定的教育活动来说，这种外部的联系经常是不确定的，而且也是经常变化的。

第二，分析性解释。这种解释力求探索教育活动者主观活动的意义关联，从而建构起教育活动中的意义脉络。也就是说，分析性的解释主要是从教育活动的各种内部因素出发，对一定教育现象的产生、发展和变化进行必要的说明，并揭示这种内部因素与一定教育活动的必然联系。通过这种解释，教育社会学说明一定教育现象的意义与教育活动主体的主观动机、意向等之间的关系。由于这种解释注重对教育活动的参与者的主观因素的分析，以及这些主观因素与活动意义的关系，所以，我们把这种解释又称为"意义分析"。而且，根据人文社会科学的特点，这样一种解释或"意义分析"也可以看成"理解"。根据韦伯的观点，这种理解主要有两种：一种是对既有的行动的主观意义做直接观察式的理解，这种理解主要是从观察者的角度来说明和猜测行动者的主观意义，而往往不涉及关于行动者动机的理解；另一种理解是解释性理解，它是通过共情的方式探讨行动者为行动所赋予的主观意义，从而达到对行动者实际活动过程的理解。也正是由于这种解释，人们才能说明某一个教育活动在主观上的合理性和稳妥性。

第三，功能性解释。与因果解释有所不同的是，它不是从教育活动的外部因素出发去分析和解释教育活动的出现与发展，而是与分析性解释一样从教育活动的内部入手进行分析；但是，它与分析性解释又有所不同，它不是从教育活动的各个因素的主观意义的角度去研究，而是就教育活动本身所具有的客观功能去解释为什么教育活动会产生与发展。因为，社会功能是指可见的客观后果，而不是主观意向。应该看到的是，功能性解释与因果解释的不同之处还在于，原因是教育活动和教育现象存在的理由，而功能是教育活动和教育现象的作用。而且，我们还必须注意，功能性解释与目的论也是不同的，功能可能是由于教育活动和教育现象的存在而产生的，而未必是由于预先设定的目的而存在的。如果说，综合性解释和功能性解释反映了教育社会学作为一种社会科学与自然科学的相同之处，那么，分析性解释恰恰体现了教育社会学作为社会科学与自然科学的不同之处。分析性解释的特点是，由于这种解释根据的是对教育活动的内在分析，因而它在本质上具有一定的必然性。因为，正是教育活动主体的这些主观意向直接决定了活动的目的。根据默顿的观点，这种功能性解释是根据某一社会文化事件对其所属的结构的影响来解释这一事件。

教育社会学的三种解释功能是相互联系在一起的。无论是因果解释、功能性解释，还是分析性解释，都是教育社会学说明和理解各种教育活动和教育现象的不可缺少的取向。单纯强调某一个方面和否定某一个方面都是不合适的。因为，任何一个教育活动都既是人们意志和期望的展开与实现，又是外部环境刺激和作用的结果；既有主观的意义，也有客观的功能。如果单纯从因果联系的角度解释教育活动，必然会陷入一种机械论的泥坑，这实际上否认了教育活动作为一种社会现象与自然现象的区别。而且单纯的因果解释实际上也否认了人的存在。因为，任何一种教育活动都是有目的、有动机、有意向的活动，这种活动本身也是客观的，是不可否定的。所以，单纯的因果解释由于具有实证主义倾向，表面上似乎坚持了解释的客观性，实际上否定了它真正的客观性。同样，如果单纯从意义分析的角度去解释种种教育活动，把教育活动中的个人主观因素加以绝对化，那么，教育社会学也将由此成为主观唯心主义。可以这样认为，解释的问题，是当代社会科学中一个非常重要和复杂的问题，而且是所谓后现代理论的一个非常重要的方法论。因为，根据罗斯诺（Pauline M. Rosenau）的观点，后现代主义的两个基本的方法论就是"内省的反客观主义的解释和解构"。而且，有人认为解构也就是解释。更有意思的是，现代社会科学的解释理论与后现代主义的解释理论是不同的，在一定意义上，它们甚至是相互对立的。一般而言，"现代社会科学把解释理解成带着事先确立的目标去细心地考察出来的活动。意义不是随意的，有的解释被假定为优越于另一些解释。现代社会科学允许无限多非冲突的解释；它还认为，当诸种解释相互冲突时，所有的解释都可能是错误的，但是在终极意义上，只有一种解释可以是精确的"。而后现代主义的解释理论则认为，解释"是一种个体化的理解形式。它是想像而不是材料的观察……任何一个文本的无限数量的解释（意义）都是可能的……在极端的意义上，所有的文本意义，所有的解释，都是无法确定的。由于任何一个特殊符号都不具有最后的意义，任何一个文本都不存在前后一致的解释，没有一种解释可以被视为优越于任何另一种解释"①。本书并不打算评价这样两种不同的解释理论，但是力求对它们进行一定程度的综合。换句话说，上述的因果解释和功能性解释基本上是属于现代社会科学的解释理论；而分析性解释则比较偏向于后现代主义的解释理论，因为它强调和注重的是从主体或行动者的主观出发，分析各种不同的教育活动。

---

① 罗斯诺.后现代主义与社会科学[M].上海：上海译文出版社，1998：175-176.

3. 咨询功能

所谓咨询功能，指的是通过教育社会学的研究，把握教育活动在一定条件下的规律性，借助各种不同的理论模式，为社会发展过程中的各种具体问题的解决，提供必要的建设性意见，并对教育活动的发展和各种可能性提供预见。这种咨询的功能，既可以表现在为政府教育行政管理的决策提供一些备选的意见与方案，也体现在能够积极参与教育和学校各个方面的发展，包括学校的管理、课程的设置，以及协调教育与社会的关系等。而教育社会学的这种功能主要是以这一学科的综合性特点为基础的。

教育社会学的研究，绝不仅是要去发现问题和说明问题，它还具有解决问题的积极作用。这也是教育社会学这一学科作为一种学术资源所具有的意义。这种积极的作用主要表现在两个方面。第一，在现实的教育活动中，任何问题的解决都不是孤立的，而是具有一定的综合性。而这正是教育社会学的咨询功能的现实基础。正如前面所说的那样，教育社会学与其他教育的具体学科的不同之处就在于，它是一门综合性的学科。作为一门综合性的学科，它可以从中观的角度研究和发现教育活动在一定条件下和一定范围内的某些具有普遍性的规律。这些规律对于某些单科性的学科的研究，对于具体的教育问题的解决，无疑是有益的。例如，教育社会学关于教育活动的基本构成及其合理性分析的基本思路，对教育经济学、教育政治学，以及教育伦理学等学科的理解，特别是对它们的研究方式的理解等，都是十分有利的；而教育社会学关于班级特点的分析，可以为教学论的研究，特别是对班级中师生关系和交往的分析，提供新的角度。第二，教育社会学的咨询功能是与其在学科特点上与教育管理学的密切相关性联系在一起的。换言之，教育社会学的研究可以有效地促进教育管理水平的提高，从而提高学校的办学效益。由于教育社会学揭示了教育的基本结构，分析了教育制度的基本内涵，特别是分析和研究了学校作为一种社会组织所具有的特殊性，因而对于教育管理具有非常积极的意义。例如，教育社会学关于学校组织的双元结构的分析，可以为学校的管理人员提供解决学校中的各种问题的基本思路。而教育社会学对于教师和学生角色的特点的分析与研究，也能够帮助人们较好地制订有关教师管理的策略，以及选择更合适的教学模式。例如，由于教育社会学的研究揭示了学校组织和教师的角色与行为特点，以及教师和学校之间互动的特点，因而有利于提出对于教师的特殊的激励模式。

应该看到，教育社会学的描述、解释和咨询等功能，体现了它作为一种资源的地位。当然，其他学科在研究过程中也要进行描述和解释，但是，进行描述和解释和以此为基本功能是不同的。而且，认为教育社会学的基本功能在于描述和解释，这丝毫不会贬低教育社会学。因为，教育社会学能够为其他学科提供对教育活动进行描述和解释的各种理论和模式，这实在是非常重要的。而这本身也就体现了不断的创造和更新。对此，我们可以引用美国学者华康德（Loic Wacquant）在解释布迪厄的理论时所说的观点："对于布迪厄来说，社会学可以告诉我们的，是在什么条件下道德的能动作用得以发挥，以及这种道德能动作用如何在制度层面上加以推行，而不是告诉我们道德行为所应遵循的具体步骤。"①虽然这是对社会学与道德理论的关系的分析与说明，但它对理解教育社会学的功能及其限制也是有帮助的。

二、教育社会学的学科边界

所谓学科边界，指的是一门学科在功能上的限制。换句话说，它意味着从反面规定一门学科领域。教育社会学的学科边界的基本含义也是如此。任何一门学科都不是无限的，都不是包罗万象的。对此，布迪厄的看法更是十分明确。他说道："我们必须了解理论知识的局限，并在进行任何科学说明时，也要说明这些科学说明的局限范围和产生这些局限

---

① 布迪厄，华康德.实践与反思：反思社会学导引［M］.北京：中央编译出版社，1998：53.

的因素：理论知识中大量最根本的性质归因于这样一个事实，即生产理论知识的条件并非产生实践的条件。"① 从批判理性主义的角度看，一门学科的边界，是这门学科的科学性的一个十分重要的条件。也就是说，没有这种边界，学科本身也不存在。因此，清楚地认识教育社会学的这种学科边界，对于学习、理解和运用教育社会学，都是十分重要的。它也是教育社会学的学科意识的重要内容。一般而言，教育社会学的学科边界主要体现在以下几个方面。

1. 教育社会学的功能边界

所谓教育社会学的功能边界，指的是教育社会学在功能上是有限的。我个人认为，这种功能上的有限性主要是指，教育社会学理论主要是作为教育研究和实践的一种资源，从而为人们去认识、分析和解决教育实践中的各种问题提供帮助，或者，它更多地只是为教育的其他各种具体学科的研究，以及它们对教育实践的指导提供服务和资源，而不能完全代替各种具体学科的研究及其对教育实践的指导。当然，教育社会学的某些基本理论和观点也可以直接帮助人们认识和解决教育理论和实践中的一些实际问题，但是，这些功能也常常需要通过其他各门具体的教育学科起作用。

2. 教育社会学的位置边界

所谓教育社会学的位置边界，指的是教育社会学作为一门综合性的学科，只是各种学科中的一个。这种位置观念告诉我们，教育社会学不仅不能替代其他的学科，不能超越其他的学科，而且还要依靠其他学科。这种依靠意味着教育社会学同样需要从其他学科那里获得一定的基本理论、概念和方法，以及某些必要的资料和数据。例如，教育社会学在研究教育与社会之间的关系时，无疑应该借助和遵循教育学原理中关于教育适应社会发展的一般原理；又如，教育社会学在分析和研究教育活动、

---

① 布迪厄，华康德.实践与反思：反思社会学导引 [M].北京：中央编译出版社，1998：102.

教育群体和组织，以及教育结构、教育发展等等时，也应该利用和借助社会学的某些一般理论和方法。力求超越这样的位置边界，从形式上看，似乎扩大了教育社会学的地盘，实际上，却是削弱了它的力量和功能。而承认这些位置边界，恰恰可以更好地发挥教育社会学的作用。

3. 教育社会学的条件边界

所谓教育社会学的条件边界，指的是教育社会学理论的研究和实践的应用，都是需要一定的条件的，或者说，是受到一定的条件制约的。这些条件包括：必要的理论假设和模式，比较充分的资料和数据等对象方面的条件，以及在成果应用方面的各种具体条件，等等。

一般而言，研究对象越具体，受到的限制越大，研究所需要的条件也越多。例如，当人们对学校组织进行研究时，不仅需要关于学校组织的各种理论假设和解释模式，而且需要关于学校的各种实证材料。没有这些理论和材料，对学校的研究是不可能开展的；所获得的材料和所依据的理论不同，研究的方法和结果也都是不同的。换句话说，教育社会学绝不是一种单纯思辨的学科，也绝不是只做单纯的逻辑演绎，它是一门具体的学科。更重要的是，教育社会学的研究成果与结论必须与实际情况相符合，而不能简单地以理论的逻辑取代实践的逻辑。

第 | 二 | 章

教育研究的社会视角

教育社会学对教育活动的分析，既具有社会学研究的一般特点，同时又体现了教育社会学自身的理论与方法。所谓教育研究的社会视角，指的是运用社会学的理论、概念、范畴，以及分析视角和方法，结合教育学本身的特点，对教育活动进行研究，由此形成对教育活动和教育现象的特有的认识，并真正产生（make）教育社会学特有的分析对象和课题，而不是仅仅简单地去获得（take）教育社会学的研究对象①。因此，学习和掌握教育社会学的社会视角，是对教育活动进行社会学分析的重要途径。

① 参见：Young M F D. Knowledge and control: new directions for the sociology of education[M].London: Collier-Macmillan, 1971.

第一节　教育社会学的分析视角

所谓分析视角，指的是由某一门学科本身所固有的某些特定的基本范畴和规范所构成，整理和建构研究对象的基本范式或图式。通过这些范式和图式，各种散乱的现象能够具有一定的意义，并呈现出一定学科的特点。同样的现象，在不同学科的分析视角中，将具有不同的意义。不同的学科也正是借助于这些特定的分析视角，形成了自己的研究对象和问题。因此，教育社会学的分析视角，就是指由教育社会学本身所具有的一些基本概念与范畴构成的，整理和规范各种散乱和复杂的教育活动与教育现象的特定的范式和图式。一般而言，教育社会学的这些分析视角，通常包括两个方面：其一是由一般社会学的某些基本范畴所构成的研究视角，其二是由教育社会学的某些基本范畴所构成的特定的研究视角。这些基本的概念或范畴，是人们长期以来进行教育社会学研究的积累，在一定程度上反映了人们对教育社会学的认识水平，体现了教育社会学的某些基本规律。这些视角不是永恒的，它们将随着人们对教育社会学这一学科的研究和认识水平的提高而变化和丰富。根据有关学者的概括和总结[①]，参照一般社会学的理论和教育社会学的特点，教育社会学的分析视角包括结构与过程、均衡与冲突、外塑与内化、分化与抽离。

一、结构与过程

结构与过程是一般社会学研究的基本视角，对于教育社会学的分析

---

① 陆学艺.社会学 [M].北京：知识出版社，1991.

同样具有意义。而且，这两个分析视角之间存在着十分密切的联系，并由此形成研究课题上的联系。

1. 结构

所谓结构，主要指的是社会活动的结构。从形式上看，它是指某一整体事物的诸多组成部分及它们之间的相互关系。按照"标准的社会学用法"，"结构就是指'一套相对稳定的和模式化的社会单位'，或者说，是一个'有着相对稳定模式的系统'。诸如家庭、宗教或政府等制度就是这种结构或社会系统的例子。每一种结构，都是由相互依赖的部分按照一定的模式构成的"①。从深层次的含义上看，它意味着某种资源的适当安排和一定的社会秩序，因而本身也成为一种社会资源。作为一种研究视角，它又具有一种建构的意义。根据这种研究视角，一切教育活动都是结构性的。它们既包含了各种构成性的要素或部分，体现了它们之间的相互联系；同时，它或它们又都是某一个更大结构的一部分，为实现更大结构的最基本的稳定和最起码的存在提供必要的功能。从内在的角度看，这种结构的视角同时也反映了一种价值选择，体现了某种社会的倾向。进一步说，对于结构的构成要素的认识不同、对于结构关系的认识上的差异等关于结构的不同看法，必将影响人们对教育活动的认识，以及对研究对象的建构。因此，任何一个教育活动，根据结构的视角，都不是单一的。它本身是具有结构性的存在，包含了各种不同的要素，具有各种不同的内在联系。而且，这些要素及其联系实际上也体现了一定的价值选择和社会秩序。从另一个方面来说，这样的教育活动又是一个更大的教育活动的构成要素，并在这样一个较大的结构中获得一定的位置，具有一定的意义和功能。例如，通过结构的视角，我们可以把班级看成一个由教师、学生、教材、教室、教学媒介、教学手段等共同构成的结构；而且，由于这种结构的含义不同，对班级的意义与地

---

① 波洛玛.当代社会学理论[M].北京：华夏出版社，1989：23-24.结构功能主义在研究和讨论结构的时候，常常使用"体系"这个概念。

位便可能有不同的认识和评价。同样，教师的教学活动、学生的学习活动，以及一所学校的管理和运行等，都是如此。根据以上的简要分析，我们可以十分清楚地看到，结构这一分析视角，通常具有两个方面的含义。

第一，构成性的含义，即从构成的角度去整理教育活动，包括任何一个教育活动本身的构成，以及它作为一个实体性的要素构成较大的教育活动。例如，学校的班级本身是由不同的要素所构成的，但同时，班级又是学校的必要的构成要素。通过这种角度，我们既可以从组成要素的方面研究任何一个教育活动，又能够对于某一个教育活动在更大的教育活动中的地位有一个比较清楚的了解。例如，教育机会均等，作为一种社会公平和人们的权利，应该放在一定的公平和权利结构中进行分析。从另一个意义上说，这也是一种功能的角度。也就是说，任何一个教育活动，要维持它本身最起码的存在与发展，都必须具备一些基本的条件。而构成这一教育活动的各个要素都应该满足这一要求，换言之，它们必须具有某些基本的功能。从功能的角度研究任何一个教育活动的上述两个方面，则能够使人们形成新的认识。

第二，规范性的含义，即从规范的角度去整理和分析教育活动。这一角度所注重的是任何一个活动本身所具有的整体的含义和价值。与上述构成的角度相比较，它不强调结构要素对结构整体的意义，而是注重结构整体对于构成要素所具有的价值。例如，任何教育活动都是一个整体，具有一定的规范性和整体的功能。这种整体的意义与功能必然对于其构成要素具有一定的制约和影响。换句话说，任何一个结构要素的意义和价值只有通过这种整体才能得到理解和存在。例如，按照这种角度，教师的教学活动、学生的学习活动，以及教材和教学手段等，都只有通过作为一个整体的教育教学过程才能得到较好的理解。而任何一个教育教学过程也只有在更为恢宏的背景和制度结构中，才能真正地具有它的意义。

2. 过程

所谓过程，主要指的是一个事物发生发展和变化的顺序与经过。与结构的视角相比较，它主要是一种历时性的研究角度和整理对象的方法。根据这种角度，任何教育活动都是处在一定的发展过程、一定的发展阶段之中的，因此，从过程和阶段出发，对各种不同的教育活动进行必要的定位，从而去分析和理解这一教育活动的意义和价值，便是这种角度的主要功能。对任何时期某种教育的发展变化，都可以从这样一种过程的角度出发，并且将其放在这个过程中的某个阶段进行分析和评价。自不待言，只有通过这种过程的理解，才可以对于这个时期某种教育的改革与发展有一个比较正确的认识。然而，有必要说明的是，由于对社会或教育发展的过程及阶段有不同的划分和理解，借助过程的角度研究教育活动，也可能形成不同的认识。例如，人们对教学过程的理解和划分就是各种各样的：有的是五个阶段，有的是四个阶段，等等。而对于小学教育过程的分析，则有的是低、中、高三个阶段，也有两个阶段的划分，等等。这样，就必然带来人们对教学过程中的各种教学活动和环节的理解上的差异，进而影响研究的结果。另外，人们对于个体发展的不同阶段的理论，包括科尔伯格、埃里克森等的理论，都是如此。当然，这些差异的存在是必然的，它们反映了不同的研究角度和理论的多元化，而且也不断丰富和发展着人们的认识。

这种过程的角度对于教育活动的研究具有非常重要的意义，这种意义主要表现在两个方面：首先，这种过程性体现了人的身心发展与教育发展的间断性。各种不同的过程理论实际上都对人的身心发展和教育活动中不同事物的发展阶段的问题、任务及特点进行了比较具体的规定。而这些具体的规定在作为理论范畴时，实际上成为人们整理和研究各种现象的十分重要的参照系和工具。因此，运用过程的视角进行研究，很重要的是抓住这些过程中关于不同阶段的规定。例如，当我们运用一般社会发展过程理论中关于分化、冲突、适应和整合这样四个阶段的规定分析某一个教育活动时，就必须比较清楚地了解我们所研究的对象处在这一过程中的哪个阶段，进而根据这个阶段的一般特点分析研究对象本身所存在的问题，以及它与其他阶段的联系。其次，这种过程性反映了人的身心发展或教育发展不同阶段之间的衔接性。这种衔接恰恰是教育活动中非常核心的要素，也是教育体系中关键性的环节。一般而言，教育的发展变化往往具有一种渐进性的特点。这种渐进性保证了教育改革发展的稳定性，是符合教育规律的。但是，这种渐进性的一个非常重要的特点是，发展过程中逐渐累积的矛盾与难题常常会造成某些具有突变性的节点，这些节点成为教育改革发展过程中的重要时刻。同时，教育活动本身各个不同阶段之间的衔接，往往也是整个教育体制改革与完善的关键。例如，幼升小、小升初、中考与高考等，都是各个国家教育体制中的重要环节与改革的难点。

实际上，结构和过程这样两个分析视角本身是联系在一起的。它们反映的是任何一个教育活动的静态和动态的方面。结构的视角，实际上也就是对过程中某一个阶段的静态研究，而且构成和规范本身也具有一定的过程的意义；同样，过程的视角也不能离开结构，可以认为，这种过程恰恰是结构的展开与变化。没有这种结构的存在，过程也就失去了意义。这正是我们运用这两个视角时所应该注意的。

二、均衡与冲突

均衡与冲突和结构与过程一样，属于一般社会学研究视角，两者具有十分密切的关系。均衡与冲突就是结构内部不同要素之间的关系形态。换句话说，在教育活动的各种结构中，各种要素之间复杂的关系形态可以概括成两种比较典型的理想形式，即均衡型与冲突型，而其他各种形态都可以看成它们的变式。从研究视角的意义上看，它们则成了分析和整理各种复杂的教育现象的十分有效的工具或"图式"。

1. 均衡

所谓均衡的分析视角，指的是按照一种均衡或协调的假设或模式去整理和看待各种教育活动和现象。根据这种视角，各种教育活动，包括其中的各种要素之间的关系，以及它与其他教育活动之间的关系，从本质上看，都应该是均衡的、协调的。例如，教师、学生以及与此相关的各种要素之间都是协调的；就一所学校来说，构成这所学校的各种要素或各个部分之间的关系也基本上是和谐的。按照这种均衡的视角，任何一个教育活动的诸多要素在功能上都是互补的，在整体利益上都是一致的，由此形成一个统一的有机整体。根据这种视角，整个社会的教育应该是均衡的和协调的，包括教育内部各种类型的教育、各个层次的教育和各个地区的教育等，以及教育与社会各个方面的关系，都应该是均衡的和协调的。由此可见，这种均衡的视角实质上体现了一种结构功能主义的理论。这里非常重要的是，均衡不仅是一种工具，而且是对整个教育活动的一种基本的假设，即这种均衡是整个教育活动的基本状态和本质特性。由此，教育活动中所存在的各种非均衡的现象和状态等，都是不正常的。

在这种均衡的分析视角中，合作是教育活动中一个非常普遍的形态。所谓合作，通常指的是教育活动的参与者为了执行某一任务或达到某一目标所做的持续的和共同的努力。在一种合作的社会环境中，各个参与者的目标非常紧密地联系在一起，并由此形成十分积极的联合，以至于每一个个体的目标实现必须以与他合作的其他个体也能够实现他们的目标为前提。这种合作是一种常见的教育形态，是教育活动能够存在和持续的基本前提之一，也是我们分析教育互动的一个基本方面。更重要的是，这种合作的教育活动能够有效地促进学生的身心发展。按照多依奇（Morton Deutsch）关于学生中合作与竞争两种评分模式的比较研究，合作模式中的学生往往能够比竞争模式中的学生得到更加全面的发展①。因为，由学习任务所产生的教室中的张力会影响学生的学习行为。而在合作性的群体中，由于存在一定的替代性，其他学生的行为可以减少教室中的这种张力，由此形成比较好的教室互动；而在竞争性的群体中，这种张力将可能由于其他学生的行为而增加，从而影响学生在教室中的互动。②在各种研究和实验的基础上，多依奇总结了合作性模式的三个优点。第一，可替代性，即在合作性联系中学生行为是可以相互交换的，如果一个学生提出某种观点，或者从事某个行为，那么其他学生就没有必要重复它们；第二，积极的相互促进，即如果合作性群体中的一个学生的行为能够推动其他学生去实现他们的目标，这个学生的行为也能够得到其他学生很好的评价；第三，感应性，即如果合作性群体中某个学生的行为能够推动其他学生去实现他们的目标，那么，其他学生将能够接受他的行为，并从事某种能够促进他的行为的事情。显然，这些恰恰是学校和班级互动中有利于学生学习和成长的非常重要的因素。当然，影响教育活动中合作的因素是多样化的，包括：建立非常清晰的目标结果；学生们应该把这些目标作为他们自己的目标，而不仅是教师的

---

① 在一个班级中，一半的学生按照合作性模式进行评分，也就是说，如果与其他群体比较，这个群体获得了进步与变化，这个群体的学生将得到同样的分数。而在另一半学生中实行竞争性的评分模式，也就是说，在这个群体中，哪一个学生在讨论和分析中表现最好，或者对讨论和分析贡献最大，将可以得到最高分数，并依此决定每一个学生的分数。其结果是，在竞争性的群体中，每一个学生都为了分数努力地与群体中其他学生进行竞争；而在合作性的群体中，每一个学生都努力地与其他学生进行合作，使他们的群体在与其他群体的竞争中尽可能表现得更好。实验的结果是：采用合作性模式的群体中，学生们进行了非常友好的讨论，他们很快熟悉了彼此的名字，并对他们的讨论感到非常满意，他们积极参与讨论，并且大家的观点相互影响，从而感到十分快乐和安全；而在采用竞争性模式的群体中，学生们的行为充满了侵略性、阻碍性、对抗性和自我防御性，其中，相互听取和理解很少，而经常是误解和不必要的重复。多依奇的研究发现后来在现实的教室和实验的场合中都得到了证实。有的学者在这个基础上还进行了进一步的研究。例如，海纳斯和麦克卡奇便进一步探讨了两种模式的条件问题。参见：Johnson D W. The social psychology of education [M]. New York: Holt, Rinehart & Winston, 1985: 162.

② Deutsch M. An experimental study of the effects of co-operation and competition upon group process[J]. Human relations, 1949,3(2):199-232.

目标；学生非常清楚实现目标的方式，包括做什么、采用什么步骤、使用什么材料以及采取什么合适的方式等等；组成一定的同质群体；获得成功的平等的机会；积极地相互依靠；面对面的互动；积极的社会互动行为和态度；获得必要的学习信息；具有完成所要求的任务的机会、有效的学习时间、个体的责任心；对群体学术成功的共同认识和奖励；对群体中各种行为的反思。[①] 当然，教育中的合作也需要一个非常良好的环境。

合作这样一种互动形态，或者具有合作倾向的其他互动形式，对于学校教育和青少年学生而言，绝不仅仅具有一种提高学习成绩的效果与功能。更加重要的是，它对于学校的教育功能的实现和青少年学生的思想素质的提高，都是非常重要的。大量的经验研究已经证明，学校教育中教师与学生之间、学生与学生之间的合作，对于青少年学生增强对社会和他人的亲和力，强化他们对社会的基本信任，以及树立对自己的信心等，都是非常有益的。从理论上看，这种合作或各种具有合作倾向的互动之所以重要，实际上是因为它们反映和体现了教育非常重要的整合功能。按照帕森斯的结构功能主义的观点，教育在社会中的最主要的功能就是对社会文化的整合。通过教育，具有各种不同文化背景和取向的人能够凝聚在一起，或者是形成一种比较广泛的认同，或者是通过相互的理解和宽容，以及相互之间的依赖，彼此结合在一起。显然，教育的这样一种功能在很大程度上是需要依靠各种合作形态的互动来实现的。需要特别指出的是，这种合作并不意味着清除矛盾和差异，或者是完全否定客观存在的矛盾与差异。它所强调和努力追求的正是一种包含矛盾和差异的合作，一种能够容纳更多的不同意见和不同发展取向的合作。而这恰恰是教育所具有的价值。所以，我们应该从这样一种教育的社会功能的角度认识和开展教育活动中的合作，着眼于这样一个目标设计和

---

① Johnson D W. The social psychology of education[M].New York: Holt, Rinehart & Winston, 1985: 160-161.

安排各种具有合作倾向的互动，并且从培养社会主义社会的合格公民的意义上评价和发展这种教育活动中的合作。

　　总之，合作是教育活动中一种十分普遍和广泛的互动形态，可以说在所有的教育活动中，都存在着合作，包括教师与学生的合作、教师之间的合作、学生之间的合作，以及教育工作者和社会不同方面的合作、教育管理者与教师或学生的合作等等。这种合作对于教育活动具有十分重要的意义，它对整个教育具有一种非常重要的整合作用。它可以促进教育活动中的各种文化标准达到协调一致，使社会的要求与个体的行为得到协调，同时，合作使教育结构中的各个部分之间相互依赖和协调。从教育的社会化功能来看，这种合作的活动往往也具有格外重要的作用。而且，它有助于提高学校和班级的教育效率，增强学校和班级中的凝聚力，等等。斯塔尔（Robert J. Stahl）指出："在过去的 10 年里，合作学习已经成为教室教学中主导性的新方法。倡导这种方法的一个重要理由是，在基础教育学校的教室，以及在许多不同的学校环境和大范围的领域中进行的研究已经揭示出，完成合作性学习群体任务的学生往往具有比较高的学术成绩、高度的自我尊重，并具有更多和更积极的社会技能，对其他种族和少数民族群体具有更少的偏见，并能够更好地理解所学习的内容和技能。"[①]特别是从青少年个体成长和发展的特点和规律来看，由于在这个阶段社会安全感和对社会的基本信任的形成对青少年具有十分重要的意义，所以，合作活动往往比具有冲突取向的各种互动形式对青少年的成长和发展更为有利。在教育科学中，合作教育学的共同特征就是强调把教师和学生的关系建立在合作的基础之上。合作教育学认为，教师与学生之间的冲突是"教育的悲剧"，而要消除这些冲突，必须加强教师和学生之间的合作。有的学者甚至认为，整个教学体系的目的，就在于消除自古以来就存在的教师和学生之间的冲突。只有建立在师生合作

---

① Stahl R J. The essential elements of cooperative learning in the classroom[EB/OL].[2020-10-20].https://files.eric.ed.gov/fulltext/ED370881.pdf.

基础之上的教育过程，才是对学生的个性发展，同时也是对其认识积极性的发展最有效的教学过程。[①]

这种均衡的视角对于教育活动的分析具有十分重要的方法论意义。根据这种分析视角，如果教育活动由于外部因素的干扰或内部变化的影响而出现某些非均衡现象，那么这些现象将被认为是异常的，必须加以克服，并且通过各种手段的调整，达到新的均衡。所以，这种均衡的研究视角的方法论意义就在于：它总是力求去发现和认识与教育活动的均衡有关的各种因素——或者是维护教育活动均衡的因素，或者是那些影响和破坏教育活动均衡的因素；它总是力求认识维护教育活动均衡的各种机制与途径，从而保证整个教育活动的协调和稳定发展。也正是由于这种功能取向，在这种研究视角中，教育文化的规范性和整个教育的共性将具有价值上的优先性。

2. 冲突

所谓冲突的视角，指的是按照一种冲突或矛盾的假设或模式去整理和看待各种教育活动和现象。所谓冲突，一般指的是活动的参与者之间比较自觉的相互反对或阻止对方意图的行动。它也是教育活动中一种非常基本的互动形态。根据这种视角，各种教育活动，包括其中的各种要素之间的关系，以及它们与其他教育活动之间的关系，从本质上看，都应该是冲突的或矛盾的。也就是说，教育活动的各种内部要素之间、各种教育活动之间，以及教育活动与其他社会活动之间，具有一种基本的冲突关系。例如，在教学活动中，教师和学生之间的关系从根本上看，是彼此冲突的。而从宏观上看，教育活动与社会其他领域之间的关系，本质上也是互相矛盾的。根据这种冲突的研究视角，教育活动的现状，它的展开、秩序和运行等，都是这种冲突的结果。更具体地说，教育的结构、教育制度，以及在教育活动中出现的各种均衡现象等，也都

---

① 此为苏联教育科学院院士阿莫纳什维利的观点。参见：毕淑芝，王义高 . 当代外国教育思想研究［M］. 北京：人民教育出版社，1993：216-220.

是通过这种冲突而形成的。从另一个角度看，它们也是社会或教育中一部分人运用一定的权力压制另一部分人，或者是不同群体之间的权力斗争的产物。当然，在教育活动中，冲突往往具有更为复杂的含义和形式。它可以是针对目的而发生的冲突，也可以是目的相同而在方式和工具的选择上所发生的冲突。这种冲突对于教育活动来说并不是偶然的。特别是在现代社会的教育活动中，由于生活方式和价值观念的多样化，以及社会阶层和文化的进一步分化，各种冲突往往表现得十分明显。但我们必须清醒地看到，教育活动中的各种冲突，并不简单地意味着一种消极和否定性的因素，它也具有一定的教育功能，可以促进教育目的的实现，成为教育的手段和途径，并推动教育的改革与发展。

根据有关学者的研究，学校教育活动中的冲突主要有以下几种形式。第一，在教育组织中，主张及要求进行教育改革和创新的成员和那些主张维持现状的成员之间的各种冲突。第二，在教育结构上，存在着为同样的教育资源进行竞争的亚系统之间的冲突，以及在权力、地位和报酬上不同层次之间的冲突。例如，在大学中，不同系科为了生源、经费和人员编制等而发生的冲突和竞争。再如学校组织中的管理人员和教师作为具有权力和地位的阶层与没有权力的学生之间的冲突，这种冲突常常是要求更平等地分配权力和地位与力求维护已经获得的权力和地位之间的冲突。第三，在学校组织中，许多冲突还来自学生类型的变化。特别是在大多数学生的性质发生变化以后，传统的教育模式和结构往往会不合适或没有效益，由此形成学校组织中的各种冲突。[①] 第四，学生或同伴群体之间的冲突，等等。当然，除此之外，在学校教育活动中，还存在着其他各种不同形式的冲突，包括教师和管理人员之间的冲突、教师之间的冲突等等。

学生同伴群体之间的冲突是学校中经常出现的一种冲突。根据有关

---

① Johnson D W.The social psychology of education[M].New York: Holt, Rinehart & Winston, 1985: 156.

学者的研究，学生同伴群体之间的冲突具有一定的结构性特点。这种结构性特点主要包括三个方面：问题、策略和结果。所谓问题，指的是冲突所涉及的道德或社会秩序等；所谓策略，指的是冲突所涉及的物质的或言语的途径，包括侵略性的和非侵略性的途径；所谓结果，指的是冲突所达到的状态，它可能是一种没有解决的状况，可能是通过成人解决的状态，也可能是某个儿童对另一个儿童的服从，以及通过讨价还价相互妥协，或者找到其他的方法而达到一致。一般而言，冲突的问题决定冲突解决的策略，而解决冲突的策略又往往与冲突的结果相联系。[①] 当然，学校中学生同伴群体之间的冲突的起因是多种多样的，冲突的形式也是多种多样的。根据不同学者的研究，冲突的各个方面常常与学生的年龄、性别和环境等因素有关。例如，有的学者认为，年龄小的学生常常发生物质性的冲突，并且经常使用物质性的手段，而在非侵略性的冲突中，更多地使用调和性的策略；而年纪比较大的学生在解决有关社会问题的冲突时，则常常采用说理的方式，在非侵略性的冲突中，则往往不容易调和。相比之下，性别因素在学生冲突中的作用并不像年龄那样明显。有的学者认为，男学生的冲突比女学生的冲突更多；也有学者发现，男生和女生在冲突的问题、数量以及解决策略方面相差不多。但是，学生同伴群体的冲突常常与冲突的环境、成人是否在场，以及他们亲密的程度等因素有关。在只有两个人的游戏中发生的冲突与在一个群体中两个人的冲突是不一样的。另外，如果冲突双方在冲突之前就在一起游玩，他们比较容易解决彼此的冲突，而过去没有交往的学生之间发生的冲突则不容易解决。当成人不在场时，儿童能够更好地承担相互交往的责任，并提出他们自己的解决办法；而成人在场时，儿童的冲突往往具有更多的侵略性。而且，在成人为孩子的冲突提出解决办法时，孩子们有时却会产生误解，或者是抵制，或者是倾向于采用他们自己提出的办法。在

---

① Wheeler E J.Peer, conflicts in classroom［EB/OL］.［2020-10-20］. https://files.eric.ed.gov/fulltext/ED372874.pdf.

父母处理与自己孩子有关的冲突时，这种抵制和倾向特别明显。[1]

当然，从积极的角度看，在学校教育和课堂教学中，应该尽力避免各种形式的学生和教师的冲突。但是，正如各种各样的冲突理论所共同肯定的那样，教育活动中的冲突同样具有一定的积极意义。从传统上看，许多成人总是把孩子之间的冲突看成不好的现象，从而力求避免它们或进行干预。然而，最近的理论和研究认为，同伴群体的冲突也有助于孩子的发展，并且提供了一种重要的互动形式。而早期儿童的教育者已经开始注意帮助孩子在不依靠成人的情况下，发展自己解决冲突的策略。因为，冲突作为教育活动中的一种结合形式，其本身就具有保证教育活动的连续性、减少完全对立的两极产生的可能性等功能。而且，根据科塞（Lewis A. Coser）的观点，教育活动中的冲突能够有力地给教育改革与发展注入活力，防止教育系统的僵化，增强教育组织的适应性，促进教育活动本身的整合和社会化的实现。[2] 这里特别要指出的是，对于处在成长和发展过程中的青少年来说，他们在教育活动中的各种冲突恰恰是他们发展的必要环节和内涵，而不能简单地被认为是"问题"。与其将他们所经历和面临的冲突看成一种破坏性的因素和力量，倒不如把它们作为一种建设性的力量。因为，青少年可以通过各种冲突，反思自身，认识自我，并不断成熟起来。

显然，按照这种视角，各种教育活动和现象便具有了不同的意义。由此，我们对各种教育活动或现象的分析也有了不同的参照系和标准。因为，根据这种冲突的视角，教育活动的各个要素之间，以及各种教育活动之间的冲突是正常的。而教育活动中的均衡与协调只是暂时的。由此，各种教育活动的目的并不是去取消冲突和矛盾，而恰恰是通过一定的方式，把这些冲突和矛盾限制在一定的范围之内，以免使整个教育活

---

① Wheeler E J.Peer, conflicts in classroom[EB/OL]. [2020-10-20]. https://files.eric.ed.gov/fulltext/ED372874.pdf.

② 参见科塞《社会冲突的功能》中的有关章节。科塞.社会冲突的功能 [M].北京：华夏出版社，1989.

动不能正常进行；与此同时，教育活动的目的还在于，借助这些冲突，促进教育的发展及个体的身心发展等。正如前面的分析一样，均衡与冲突的研究视角彼此之间也是相互联系的。它们是人们研究和解释教育活动的两种本位，体现了人们认识和理解教育活动的两种基本的预设。实际上，就任何一个教育活动来说，均衡与冲突都是其内在的特性，它们彼此之间是不可分割的。但是，有必要注意的是，在不同的社会、在不同的历史发展时期、在教育改革与发展的不同阶段，这两种研究视角具有不同的意义。因此，对它们的选择本身也是一个历史的范畴。

三、外塑与内化

与上述两对分析视角有所不同的是，外塑与内化这一对分析视角，相对而言，属于教育社会学特有的一对分析视角。这一对分析视角的基础是在教育活动中社会文化与个体的主观活动之间的相互关系，以及在这种关系中的不同出发点和本位。根据现代教育的基本观点，教育活动的实质是教育者和受教育者之间相互作用的一种过程；从教育社会学的观点出发，教育活动也可以看成社会的文化结构与个体之间相互作用的过程。这种作用是双向的，既是社会的文化结构作用于个体的过程，又是个体通过他们的活动对社会的文化结构进行继承和创新的过程。正如吉登斯（Anthony Giddens）的结构化理论所认为的那样，社会结构既是人们的行动得以建构起来的条件和中介，又是由人类的行动所建构起来的。换句话说，人们的行为是被结构化的，同时，人们行为的这种结构化的特性又是由人们的行为本身的作用再生产出来的。[①] 外塑和内化正是这一相互作用的过程的两个基本的出发点和本位，并由此构成分析与研究教育活动的两个基本的视角。

1. 外塑

所谓外塑的分析视角，指的是按照一种社会文化结构对个体发展作

---

① 黄平.安东尼·吉登斯：结构化与现代性 [J].国外社会学，1995（1）：1-12.

用的取向去整理和看待各种教育活动和现象。根据这种视角，各种教育活动，以及由这些教育活动所构成的各种教育关系，都应该具有这种作用的意义。而且，这种社会文化结构对个体发展的作用，常常也成为分析和评价各种教育活动的意义的基本标准。例如，当人们按照这种研究视角分析学校的管理和各种问题时，是否有利于社会文化结构对个体发展的作用，就成为人们分析和判断学校各种管理规定和行为的基本标准；对于教学模式的分析，以及对于教师行为的评价，也都是如此。有必要说明的是，这种外塑的研究视角，在整理和分析各种教育活动和现象时，并不否定个体在教育活动中的意义和功能，而只是赋予社会文化结构在教育活动中的意义和价值的优先性。因此，这种外塑的研究视角实际上也体现了教育活动中的相互作用。

2. 内化

所谓内化的分析视角，指的是在教育活动所体现的社会文化结构与个体发展的关系中，从个体发展的角度及其对社会文化结构作用的取向去整理和看待各种教育活动和现象。换言之，这种视角也就是将个体的发展作为分析和研究各种教育活动和教育关系的出发点与本位。例如，无论是对知识的组织，还是对教育教学活动的安排，以及对教育教学效果的评价，或者是对于各种教育现象的解释等，都应该从这种个体的发展角度去分析。有必要说明的是，这种内化，绝不是单纯的心理学的概念，而是一个教育社会学的基本范畴。因此，这种内化概念的内涵是十分丰富的。如果我们引用伯格（Peter L. Berger）的观点，这种在社会文化结构的关系中的个体的作用或活动可以有三层含义，即外部化、客观化、内部化。所谓外部化，指的是个体的活动所产生的外部效果，它作为一种产品而存在着；所谓客观化，则是指这种外部化的产品"从生产它的人那里得到了一定程度的独特性"①；而所谓内部化，意思是上述的客观化世界"重新被吸引进意识"的过程，以致世界的结构决定了意识自

①　沃斯诺尔，亨特，伯格森，等 . 文化分析 [M]. 上海：上海人民出版社，1990：44.

身的主观结构。[①]用伯格自己的话说："社会正是通过外部化而成为人类的产品。社会正是通过客观化而成为独特的实在。人正是通过内部化而成为社会的产品。"[②]也就是说，在教育活动中，个体的发展绝不是完全被动的，他可以而且实际上是主动与社会文化结构进行互动，并且在这种互动中，发展他自己和创造社会文化。也正是从这个意义上说，教育活动本身也具有创新的功能。当然，这种个体发展的研究视角，既是从个人的角度来说的，也是从个体参与的群体角度说的。而且，这种研究视角，并不否定社会文化结构对个体发展的作用，只是给予个体发展在这种关系中的优先性而已。

外塑与内化这样两个分析视角，也是相互对应的。我们甚至可以认为，它们是任何一个教育活动的两个不同的方面，而且是不可分离的。这里，它们是作为我们研究教育活动中社会文化结构与个体发展关系的两个不同的角度。尽管从理论的角度看，人们对它们各自的优先性有不同的看法，但在作为分析视角时，它们具有相同的地位，只不过可以根据不同的研究课题进行选择而已。

四、分化与抽离

分化与抽离的分析视角，实际上是从过程和发展的角度对各种作为社会现象的教育现象进行研究的基本角度。它们反映了教育活动发展的两种不同的规律和思路，但是，它们之间并不是矛盾和冲突的，而是相辅相成的。

1. 分化

所谓分化的分析视角，指的是按照分化的角度和观点构成、整理和理解各种教育现象和问题。换句话说，它意味着从分化的角度对各种教育现象和问题进行定位，并赋予其不同的意义。这种分化视角的现实与

---

① 沃斯诺尔，亨特，伯格森，等 . 文化分析 [M].上海：上海人民出版社，1990：44.
② 同①.

理论依据在于，一切社会现象和自然现象的发展，通常都是通过分化而不断实现的。不同形式的分化对于社会和自然现象与问题具有不同的意义；而且，不同阶段的分化也会使各种社会和自然现象呈现出不同的特点。总之，可以认为，不同的分化是与不同的意义和问题联系在一起的。在社会学的历史上，伟大的思想家马克思和著名的法国社会学家涂尔干都是运用这种分化的方法对各自的研究对象进行分析，并提出了十分精辟的见解。例如，马克思关于社会发展中分工现象的研究，恰恰是我们理解马克思主义历史唯物论的重要途径；而涂尔干的《社会分工论》则是通过对分工的研究，对社会学的一个中心问题，即个人与社会的关系进行了说明，并由此提出了著名的机械团结和有机团结的观点。根据社会学中关于分化的一般理论，分化的程度常常被作为区分传统与现代社会的一个基本标准。按照一般的理解，这种分化还常常具有功能发展与社会进步的价值内涵，因为按照吉登斯的观点，分化意味着"在前现代社会中以一种松散的形式组织起来的活动模式，随着现代性的出现，变得更为专门化，更为精确"①。

2. 抽离

所谓抽离的视角，指的是按照一种"提升"方法和思路对各种社会和教育现象进行构成、整理和定位，并赋予它们不同的意义。如果说分化的视角强调的是从一种横向的角度分析和研究各种社会与教育现象，那么，抽离的视角则是强调从一种纵向的角度进行研究。根据抽离这个概念的首创者吉登斯的说法，这种抽离的基本含义是将"社会关系从地方性的场景中'挖出来'"，或者说，"这种'挖出来'就是我所说的抽离化的内涵"。②根据吉登斯的理解，这种抽离的意义就在于，它可以使人们的社会互动脱离其场所的特殊性，而在一个更大的背景中得到理解，并形成新的意义。而这种抽离恰恰可以被认为是现代社会的重要特征。

---

① 吉登斯. 现代性与自我认同：现代晚期的自我与社会 [M]. 北京：生活·读书·新知三联书店，1998：19.

② 同①.

现代社会与传统社会的重要区别之一就在于，人们生存的范围和参照系更大了，或者说，人们理解自己和社会的意义的背景更大了。这种变化正是现代社会发展的重要趋势。它的现实基础可以说正是今天整个世界发展过程中的全球化现象。这一点，对于教育也是十分有意义的。因为，教育活动的根本意义之一就在于提升人们的生存视野，让人们不仅学会从个人的角度考虑问题，而且能够从社会的角度考虑问题；不仅从自己所生活的狭隘时空去分析和赋予事物一定的意义，而且能够从更大的，甚至是整个世界的角度去思考自己的生存价值。正如雅斯贝尔斯（Karl T. Jaspers）所说的那样："教育正是借助于个人的存在将个体带入全体之中。个人进入世界而不是固守着自己的一隅之地，因此他狭小的存在被万物注入了新的生气。如果人与一个更明朗、更充实的世界合为一体的话，人就能够真正成为他自己。"①

　　抽离作为教育社会学研究的基本视角是非常重要的。当然，抽离的视角在运用过程中也会有不同的机制。根据吉登斯的观点，抽离化的机制主要有两种基本类型：一种是"符号标志"的抽离化机制，另一种是"专家系统"的抽离化机制。"符号标志"的抽离化机制表现为具有标准价值的交换媒介，它可以使不同情境中的活动相互交换，而具有某种一般的意义。吉登斯认为，这种交换媒介最重要和最本原的形式就是货币。我个人认为，在信息社会或数字化社会中，数字也应该是最基本的形式之一。而"专家系统"的抽离化机制则是利用各种不同的专业知识对时空中的各种活动和现象进行分类和转换，并加以提升。

　　可以认为，分化与抽离都是反映社会和教育发展状况的不同视角，而且，分化与抽离的不同程度也可以成为人们研究传统社会与现代社会的重要参考。它们之间并不是互相矛盾和冲突的，而是相辅相成的。因为，只有在不断分化的基础上，抽离才是有意义的。没有分化，实际上也谈不上抽离。同样，抽离在一定意义上也能够促进分化。因为，只有

---

① 雅斯贝尔斯.什么是教育［M］.北京：生活·读书·新知三联书店，1991：54.

通过一定的抽离，我们才能够认识和理解分化的意义和价值。

第二节 教育社会学的分析与研究方法

教育社会学作为一门社会科学，当然应该服从和遵循社会科学分析和研究社会现象的一般方法，包括理论研究的方法、比较研究的方法、历史研究的方法、实证研究的方法等；它作为社会学的一门分支学科，无疑也应该借用社会学研究和分析的一般方法，例如社会调查的方法、观察的方法、访谈的方法，以及所谓人类学的方法等。同时，教育社会学作为教育学与社会学的交叉学科，也要运用教育学分析和研究的一般方法。所以，注重教育与社会的关系是教育社会学最基本的研究方法，由此教育社会学从教育活动本身的问题出发进行研究。与此同时，应该特别重视社会学、教育学与教育社会学的各种理论。理论作为从教育社会学的角度对教育活动进行研究而获得的成果，作为教育活动的规律，本身就应该是人们进一步研究教育活动的工具和模式。因为，这些理论不仅包括了教育活动本身的各种规律，而且包括了如何将这些理论运用于实践的方法。同时，如果说不同学科之间的界限和差异与这些学科的研究对象有关，那么，学科之间的界限也更多地与学科内部的结合媒介有关。根据卢曼（Niklas Luhmann）的观点，在社会的不同功能领域中，"不同的媒介被用来组织各领域内系统的资源。例如，经济使用货币作为它的沟通媒介，……权力是政治领域的特有沟通媒介，情爱是家庭的沟通媒介，真理是科学的沟通媒介，以及其他与不同功能领域相对应的媒介"[①]。因此，知识作为教育领域的沟通媒介，也应该成为研究教育活动的

---

① 特纳.社会学理论的结构［M］.杭州：浙江人民出版社，1987：134.

基本工具，而通过知识进行研究，也是教育社会学研究的基本方法。另外，社会心理学的某些理论方法也是教育社会学研究的重要方法。当然，个人的偏好与风格也可以成为教育社会学的研究方法。

一、教育与社会的关系

教育社会学非常重要的学科特点之一就是从教育和社会关系的角度去研究教育活动和现象，因此，从教育和社会关系的角度去研究教育活动和现象是教育社会学的十分根本的研究方法。概括地说，这种研究方法的主要思路包括把教育活动和现象转换成社会活动和现象，应用一般社会学的基本理论、概念、方法和范畴等分析教育活动与现象，以及从社会学的基本问题出发去解释教育问题等。

1.范畴的转换

所谓范畴的转换，指的是把教育活动和现象转换成社会活动和现象进行分析和研究。这种转换往往是不同学科之间，特别是某一学科与其子学科之间在研究方法上的一种必要连接。按照一般的规则，这种转换包括两个方面：一是把教育活动与现象转换成社会活动和现象，例如把学校看成一种社会组织，把班级看作一个社会系统或社会的初级群体。这种转换的意义在于，它有助于在一个更加广阔或新的视野中认识教育活动和现象，进而能够更加清晰地把握教育问题的实质和意义。显然，教育学科中的某些问题，如果从整个社会的角度去认识，往往会有一定的不一致甚至是相反的结论。例如，关于教育经费的问题，如果单纯从教育本身去分析和评价的话，目前的投入程度显然是不合理的；但如果从整个社会的角度进行分析和评价，则会对这种教育经费投入不足的现象形成一种新的认识。这并不是认为和说明目前这种教育经费投入不足的状况是合理的，而是为了拓展对这个问题的认识，以及寻求更为适当的解决方法。二是把教育学的概念和范畴转换成社会学的概念和范畴。例如，学生的概念和范畴可以转换成青少年的概念和范畴，教育机会均等的概念和范畴则可以转换成社会公平的概念与范畴，等等。这种概念和范畴转换的意义和价值是，它使得我们能够换一个角度看教育，应用社会学的概念和范畴去理解单纯的教育概念，进而将教育学的概念和范畴与社会学的其他相关概念联系起来进行研究和分析。显然，在社会公平和正义的概念系统中分析教育公平与教育机会均等的问题，往往能够更加综合地考虑教育公平与其他各种类型的公平之间的关系，进而在整个社会的公平系统和结构中考虑教育公平的地位及各种相关因素，从而对这个问题形成更加合理的解释和全面的看法。显然，这种研究方法不仅具有十分重要的理论价值，而且具有非常重要的现实意义。因为，在考虑和制订学校的发展战略时，如果仅仅从学校本身出发，设计和确定学校发展的重点学科和研究领域，往往只能更多地从学校内部的比较中确定和选择。如果能够从整个社会经济文化发展的需要出发，把学校的改革发展和学科建设纳入整个社会发展的规划中定位的话，那么，可能就会对学校发展的重点形成新的看法。

2. 理论的借鉴

这是指借鉴和应用社会学的某些理论和方法，研究教育活动和现象。作为社会学的一门子学科，教育社会学应用社会学的理论和方法研究教育活动和现象不仅是合理的而且是必要的。社会学的许多研究方法也是适用于教育社会学的。这种应用和适用的一个非常重要的特点就是按照社会学的某些基本视角和研究框架去描述和解释教育活动与现象。例如，教育社会学四个基本研究视角中的结构与过程、均衡与冲突，就是一般社会学的研究视角。当然，选择什么理论模式和分析框架去描述教育活动和现象，常常直接关系到整个研究的性质和特点。例如，教育经济学正是应用经济学的概念、方法和框架去描述教育活动与现象，而教育政治学则是按照政治学的方法和框架描述教育活动与现象。在这个方面，按照社会学分析社会发展的一般过程的方法和框架描述和分析教育活动及其发展过程就是一个比较典型的例子。根据社会学关于社会发展的一般规律，社会发展通常要经过四个不同的阶段，即分化、冲突、适应与整合。按照社会发展的这一规律描述和分析教育改革和发展的过程，则可以从以下几个方面深化对这个问题的认识。一是以一种新的方式对中国改革开放以来的变化进行比较清晰的梳理和描述，而不仅仅是按照某些政治事件这样的宏大叙事的模式或者某些一般教育理念的变化描述近年来教育改革和开放的过程，由此使得中国的教育改革和发展能够与整个世界教育发展的一般过程进行比较研究。二是对不同社会历史发展阶段的教育发展进行适当的定位。显然，在教育发展的研究中，对一定社会历史发展阶段中的教育问题与状况进行分析，非常重要的一个方面就是确定和判断整个教育发展的时代方位。显然，不同社会历史发展阶段中的教育常常呈现出各自的特点。实际上，中国教育改革和发展也经历了这样四个阶段，与整个社会的改革和发展基本上是同步的。无疑，对这种教育发展阶段性特点和任务的认识是非常重要的。

3. 问题的还原

所谓问题的还原，指的是在分析教育活动的各种现象与问题时，并不简单地就事论事，或者停留于表面的分析，而是能够从整个社会和教育的基本问题出发去分析和解释教育活动和现象。这种研究方法的实质就是将教育社会学的基本问题还原成社会学或教育学的基本问题，或者说，把教育活动中所包含的矛盾和冲突转换并还原为社会学或教育学的基本问题。简单地说，教育学的基本问题实际上就是个人从一个生物学意义上的存在转变为一个有理性的社会存在，以及在这个转变过程中的各种价值问题。换句话说，则是通过教育使个体发生一种转变，这种转变包括在个体生物学的基础上赋予更多能够符合社会要求的秉性与能力，去除一些不适应社会要求的秉性和倾向，使之成为一个合格的社会成员。当然，这样一个过程自然就包括了个体自身的自然欲望及发展冲动与教育的引导和要求之间的矛盾。而所谓的还原，则是将这个矛盾转变成社会学中个体与社会之间的关系进行分析和解释，并且通过社会学或教育学理论中对这个基本问题的各种回答和探讨，寻求对教育活动中这个基本问题的认识。实际上，不管是涂尔干、韦伯，还是现代的吉登斯、福柯（Michel Foucault）和布迪厄等，正是由于他们的理论在探讨和解决社会学的基本问题方面具有了一定的新的突破，或者是提供了新的思路，因而广泛地被教育研究所借鉴。而且，这种在基本问题上的还原才是理解教育与社会关系的最根本的意义。

二、教育社会学的理论与模式

教育社会学，包括教育社会学的各种理论、概念与模式本身就是教育社会学研究的最基本的方法。这些基本理论作为方法，主要体现在两个方面：其一，这些理论本身具有方法的价值与功能；其二，这些基本理论同时也就是教育社会学研究的非常重要的方法论。在学习和了解教育社会学的研究方法的时候，如果忘记了教育社会学理论本身，而力求在这些基本理论之外去寻找和发现某些研究方法，其结果一定会是舍本求末。

教育社会学的理论是非常丰富的，也是不断发展的。根据《国际教育社会学百科全书》的介绍，有四个理论倾向和模式与教育活动具有比较密切的关系。它们是功能主义、功利主义、冲突主义和互动主义的理论和模式。在功能主义理论中，人们通常是从教育机构以及各种各样的组织性构成部分满足更大社会的需要，或者作为更大社会的必需品的角度来进行分析；在功利主义理论中，教育系统则是根据成本与效益的计算，以及行动者之间的资源交换进行分析；而冲突主义的理论则是通过批判功能主义和功利主义，进而分析教育机构维持社会不平等和分层的作用；而互动主义的视野强调的是个人在学校情境中面对面的互动和意义的建构及其本质。当然，在这四种理论中，同时也存在各种不同的看法与意见。它们之间是相互交错和渗透的。许多社会学家对教育社会学理论做出了独特的贡献。这里主要介绍几位重要人物的理论及方法。

1. 涂尔干的理论和方法

现代教育社会学正式起源于涂尔干，他是第一个系统考察教育和社会的关系的社会学家。当然，早期的社会哲学家也曾考察过教育的社会背景，但是，他们关心的只是儿童的社会和道德发展，而正是社会学家开始探询教育和社会的联系，特别是教育在社会整合、社会凝聚、社会冲突、社会不平等方面的作用。涂尔干作为教师的教师，十分关注教育与社会的这些联系。涂尔干的主要著作有《社会分工论》（1893 年）、《社会学方法的准则》（1895 年）《自杀论》（1897 年）《宗教生活的基本形式》（1912 年）等。他不仅把社会学建构为一门严格的学科，也构建了持续影响当代社会学理论和研究的社会学视角。尽管他主要关注社会的团结和秩序，但是他也意识到工业社会的冲突和不平等，相信可以通过新的社会凝聚和职业联合实现改革。从总体上说，涂尔干的理论属于功能主义理论，但他的社会学体系是比较复杂的。长期以来，人们把他看成是保守主义的，实际上，他也持左翼政治观点，不单纯关注社会中的保守力量。他在教育社会学方面的贡献主要表现在以下几个方面。

第一，教育与社会的关系。

涂尔干的教育社会学著作主要有《教育与社会》（1922 年）、《道德教育论》（1925 年）。这些著作反映了他关于教育与社会的理论。特别是他在 1904—1905 年间，以及在 1914 年所做的系列报告《教育思想的演进：法国中等教育的形成与发展讲稿》（以下简称《教育思想的演进》），表达了许多对教育社会学思想的新看法与认识。在他看来，教育就是成年人对准备进入社会生活的一代的影响，即对年青一代的系统的社会化。他认为，每一个社会的教育都与社会的价值和目标一致。教育不可能有其他不同的功能，如果认为教育会对它所属的社会产生一种负面的影响，那是不可思议的。他在谈到教育对社会存在与发展的贡献时说道："教育仅仅是社会在孩子中为它自己的存在作准备的必要条件。"在这些方面，涂尔干非常钦佩夸美纽斯和卢梭等大思想家，因为他们认为教育源于外部世界和社会的需要，而对于一些比较人性化、反科学的观点则很少提及。他认为，每一个社会都有它自己关于人的理想标准，即人应该是什么样的，包括在智力和体力方面的标准。而教育的功能正是为社会培养这些理想的成人。

第二，道德教育的观点。

在涂尔干看来，所有的教育都是道德教育。道德的概念是涂尔干社会理论的核心，而且是涂尔干要完全为之献身的事业。他认为，道德是一整套影响个人行为的权利和义务。尽管早期的道德更多地与宗教信仰联系在一起，但是，涂尔干认为，现代工业社会要求科学化的、以理性为基础的道德。而且，结合他关于社会发展的理论和观点，即社会应该维护一定的团结才能形成和发展，而这种社会团结也将从传统社会的机械团结发展为有机团结，将来统一和团结的社会就是建立在维持社会义务和责任的道德编码上，这些道德编码既有益于个人，也有益于社会。涂尔干认为，教育的使命和功能，就是要在日益分化和异质化的社会中创造和维持团结与一致。而且，教育应该帮助人们决定以什么方式调整自己的行为。在这个基础上，涂尔干建构了一个教育实践的理论。这个理论包括他认为的三个基本的道德因素：纪律、群体认同（attachment to social group）和自律。他认为，纪律对于保证行为的统一性和规律性是非常重要的，而且，与纪律联系在一起的权威意识也是保证人们行为的责任感和自我约束的重要方面。由于道德纪律总是指向特定的群体和社会，所以道德行为要求一种基本的群体认同。最后，涂尔干认为，个人的道德行为是不能受到强制的，而必须是一种自由的行为，是一种自我的选择。所以，他非常强调自律。因此，我们也可以看到，涂尔干在关注社会整体的同时，也十分注意个人行为的自主性，并赋予这种自主性非常重要的地位。

第三，教育与社会冲突。

在《职业伦理和公民道德》和《教育思想的演进》中，涂尔干认为，教育是与需要秩序的国家联系在一起的一种专业性活动。他看到了教育在培养社会所需要的理想成人和建立社会的道德一致性方面的功能，也意识到教育作为一种职业，其中也必然包含了自我利益（self-interest）和冲突，而且他还意识到教育和国家之间的冲突。涂尔干关于教育的这种二重性的观点，在他的《教育思想的演进》一书中表现得最为明显。在这部非常重要的文献中，涂尔干十分关心历史的斗争和意识形态的冲突。

他认为在教育思想上斗争和冲突一直是存在的，并由此解释了法国 20 世纪初期的教育形态。在涂尔干看来，它实际上就是中等教育的历史，而且，中等教育起源于法兰克王国的加洛林王朝时期的大教堂和修道院学校。在书中，涂尔干令人信服地提出了法国中等教育起源于冲突而不是协调。因此，在他看来，在法国中等教育的发展历史中，存在着两个方面的斗争：一方面是世俗和宗教之间的斗争，另一方面是不同社会群体在争取入学和参与学校教育中的冲突。当然，涂尔干最终也没有放弃他的信念，即一个强有力的社会需要强有力的教育系统，以及"理想成人"是与作为整体的社会相一致的人。即使在生命的最后，涂尔干仍然为法国社会在"一战"时期脆弱的道德整合感到惋惜。他认为，解决问题的途径只能是学校教育。他指出，未来法国学校应该灌输"对合法权威的尊敬"和在与法律保持一致的情况下"和他人合作的乐趣"，以及一种让儿童感到"美好和神圣"的学校纪律。涂尔干认为，通过这种教育，当孩子成人时，他们就会自觉和有意识地接受社会的纪律。涂尔干关于社会的道德结构建立在它的教育系统上的观点贯穿于许多现代教育思想中。

2. 韦伯与教育社会学理论

韦伯作为现代社会学的奠基人之一，并没有写过教育方面的著作和论文。但是，他在社会变革研究方面所创立的社会学研究和分析方法，对现代社会的教育社会学产生了非常重要的影响。当然，韦伯对现代教育社会学的重要影响是间接的和多方面的，其中最重要的影响是他关于社会冲突的理解，对社会分层的多因素解释，以及关于价值自由的说明。

第一，学历主义与社会排斥（credentialism and social exclusion）。

韦伯与马克思有所不同的地方在于，他认为决定社会地位的主要因素应该包括三个方面，即经济因素、社会文化地位和权力因素，而不仅仅是单纯的经济因素。而社会中的各种冲突也不仅仅是经济方面的冲突，也应该包括在社会文化和权力方面的冲突。在这个基础上，韦伯进一步认为，在这样三个方面占据优势地位或统治地位的阶级和群体，总是力求保持他们在这些方面的地位，竭力排除和阻碍其他阶级和群体获得他们已经具有的优势，并占有具有统治地位的领域。而这种维护与保持或排除与阻碍的主要手段和方式之一就是对教育的控制，更具体地说，就是对知识、学历和文凭的控制。也正是由于现代社会中知识、学历和文凭具有这样的地位和作用，在现代社会各个阶级或群体之间的斗争和冲突中，对知识或文凭等的争夺是一个主要的方面，这也就是韦伯的社会学理论能够在教育社会学中获得一定地位的重要原因。

第二，人类行为的主观意义。

韦伯对社会学的主要贡献之一，是他提出的"理解"（verstehen）的概念。在韦伯看来，这种理解指的是对行动者主观的"思想状态"的观察和理论解释。而所谓的社会学，实质上也就是一种"力求对社会行动做出解释性理解，并由此得到关于原因与结果之间的因果解释的科学"。更重要的是，韦伯认为，社会行动实际上包括了所有行为者赋予一定主观意义的人类行为。虽然韦伯的主观意义的概念并不明确，但是，所谓"理解"或解释社会学的含义是：主观意义必须与所谓"客观的'正确性'"或形而上学意义上的真理区别开来。韦伯的这种理论和方法，直接影响了20世纪60年代以后的解释教育社会学。这种理论主张通过对教师和学生的直接观察，研究教室活动和经验的主观意义，从韦伯社会行动理论出发对这些意义进行界定，以及研究所谓的教师期待、所谓的标签理论，等等。这些在一定程度上成为现代教育社会学研究的重点。尽管韦伯本人并没有将这种方法应用于教育现象的分析，但这种研究仍然成为教育社会学研究的重要传统。

第三，韦伯的科层制理论。

韦伯关于科层制的研究对教育组织理论的研究具有一定的影响。当然，韦伯的科层制理论具有非常丰富的内容，其中与教育具有比较密切关系的方面，主要是他关于权威及其类型的论述。显然，韦伯的权威概念与传统的权威观念是不同的，他强调的是一种理性的权威，一种对于规则和权力的信念。而这些看法与观点显然影响了对学校组织机构的研究，以及对学校纪律、校长和教师在学校中的互动、他们的角色与功能的研究。也正是在韦伯科层制理论的影响下，教育社会学常常把教师看成具有权力的专家和权威；另外，也常常在科层制的职业结构背景下对教育系统中的流动进行分析。而且，整个教育体制的研究，包括从中央教育行政管理部门，通过学校校长，到教室中的教师，以及他们之间松散或紧密的关系研究，都非常直接地与韦伯科层制理论相联系。

第四，韦伯社会学理论在学校研究中的应用。

尽管韦伯没有明确的教育社会学理论，但他的理论和方法的应用是非常广泛的。例如，美国学者科林斯认为，韦伯社会学理论中的冲突模型，运用阶级、身份和权力的概念，可以对教育与职业之间的关系提供很好的解释。他证实，雇主正是把教育的文凭作为雇佣的最重要的指标。而且，他还认为，教育中的冲突主要不是阶级之间的斗争，而是不同身份群体之间的冲突。而学校的主要活动正是传递和教授某种特殊的身份文化。正是这些不同身份群体之间的冲突，激发了群体成员建立一种障碍，阻止其他人侵犯自己的利益，并在自己内部形成严密的控制。在科林斯看来，这种通过教育文凭对组织的控制，比那种通过技术的控制要强得多。莫菲在加拿大的研究中提出了类似的观点。他支持韦伯关于教育是一个闭合的机制的观念，认为正是通过这种闭合的机制，特定身份群体的利益得到了保护。而且，他认为，学校组织具有比较大的自主性。

3. 斯宾塞、曼海姆和兹纳尼茨基的理论和方法

这三位思想家的理论与观点对教育社会学理论的发展做出了非常重要的贡献。他们的思想理论与方法主要如下。

第一，斯宾塞：社会达尔文主义和教育。

斯宾塞（Herbert Spencer）是一个社会进化论者，他认为社会是一个有机体，具有自己的发展规律。他在《教育论：智育、德育和体育》一书中认为，教育是社会有机体的组成部分，与其他社会机构一样，是促进社会进化的机制。他反对统一的初等和中等教育，也反对国家干预教

育，提倡一种自由放任的教育。斯宾塞教育社会学理论中最引人注意的是他关于知识价值的看法与观点。他批判英国 19 世纪的学校和大学教育，认为当时大多数的教育只是为了博得他人的喝彩，而对个人和社会都没有任何好处和实际意义，因而是无用的。尽管斯宾塞没有直接地干预课程的理论与发展，但是，他更倾向于科学教育，认为科学教育对个人和社会都更有好处。他非常明确地说道："对周围世界的学习优于对语法和词汇的学习。"另外，斯宾塞关于自由放任的教育观，与当代关于教育的私有化、教育中的分流以及职业课程与学术课程的重要性的争论，也存在一定的联系。

第二，曼海姆：作为社会重构的教育。

曼海姆（Karl Mannheim）在教育社会学上的影响与他关于知识社会学的研究是联系在一起的。他在《意识形态与乌托邦》一书中提出，教育是在小范围内相互冲突着的目标和趋势上的一种生动的斗争和复制品。在曼海姆看来，在教育中有两种不同的人：一种是直接参与知识的再生产的人，另一种是只单纯接受特定社会群体的主流世界观，并毫无疑问地根据它活动的人。在许多方面，曼海姆的观点被认为是产生于 20 世纪 60 年代后期的"新"教育社会学的先驱，而其中所包含的课程社会学、关于合法性的学校知识的规定以及谁规定和对谁进行规定等，成为教育社会学的中心问题。根据不同学者的研究，曼海姆在教育社会学方面的主要观点体现在以下方面。首先，教育是一种工具。在曼海姆看来，教育是一种社会技术，一种影响人们行为的一般方法，由此，使人们的行为能够适应社会意向和组织的流行模式。他把这种教育技术看成一种社会重建的工具。在这方面，曼海姆更多地受到美国教育思想的影响，特别是杜威思想的影响，从而不太重视教育的保守的社会功能，而比较重视教育在社会变革方面的作用。与其他社会思想家相比，曼海姆更多地把教育看成一个对大众社会进行重构的重要工具。他认为，这种大众社会是由包含缺乏社会联系的个体的各个没有联系的群体所组成的。其次，作为过程的教育。把教育作为一种广义的社会过程，是曼海姆一贯的思想。他认为，教育反映了一个社会的社会和哲学价值。曼海姆区分了两种不同的学校，一种是"社会中的学校"（school in society），另一种是"与社会并存的学校"（school and society），从而强调他所谓的"教育社会"的存在。曼海姆对知识和认识方式的关切，意味着他关心的不仅是正规教育和学校教育，而且包括其他的教育过程。因此，在库利（Charles H. Cooley）和米德（George H. Mead）的影响下，曼海姆非常注意基本群体对教育过程的作用。由于受到华勒（Willard W. Waller）的影响，他力求分析教室中的互动。而所有这些，都与他对意识形态和知识及知识传递的社会背景的分析是一致的。尽管曼海姆更多地被认为是古典社会学的"新生代"，但是他通过关于意识形态和知识的著作，以及知识社会学，间接地影响了人们对教育的思考。在这方面，20世纪后期具有知识社会学视野或把课程作为一种谈判性知识的教育社会学家都是其后来人。

第三，兹纳尼茨基论教育机构的角色。

兹纳尼茨基（Florian W. Znaniecki）是由哲学家转变为社会学家的。他的著作《哲学中的价值问题》（1910年）和《人文主义和知识》（1912年）表明了他在社会学研究中的两个基本点，即价值而非目的行为的意义，以及"人文系数"（humanism coefficient）的观念。他认为，如果考虑人类行动的经验，那么任何学习文化生活的学生只能理解他或她观察到的材料。他的这种方法论体现在他的著作《身处欧美的波兰农民》（1918—1920年）和《知识分子的社会角色》（1940年）中。特别是后一本书中关于"作为绝对真理承受者的学校和学者"的章节，以及他分别在1928年和1930年出版的《教育社会学》的上、下卷，全面解释了教育作为社会过程的理论。兹纳尼茨基企图将教育社会学作为社会学的分支，以此来分析和说明整个教育中的社会问题。与涂尔干的方式相似，兹纳尼茨基追溯了家庭、教师和学校作为"社会的教育机构"的社会功能的发展。但是与涂尔干不同的是，兹纳尼茨基强调了现代社会中这些机构与广泛的社会背景逐渐分离的现象及其对教育功能的威胁。总之，他对学校与环境的关系、家庭在整个社会化中的作用、教育环境中社区的重要性，以及同伴群体在社会化过程中的角色等的论述，不仅具有理论层面上的可信性，而且对以后的教育社会学也有很大的影响。

这里介绍的仅仅是几位社会学家的教育理论。近年来在教育社会学界影响较大的如英国的伯恩斯坦、扬等人，其思想理论也都具有十分丰富的方法论意义。正是这些理论给我们的研究提供了基本的分析角度和模式，也正是这些理论为我们的研究提供了比较一般的规范或范式。当然，理论并不能代替方法，但理论绝不是束之高阁的，理论也绝不是与实践毫无关系的，它本身就包括了与实践的关系。而教育社会学理论与一般理论不同的地方就在于，它本身具有更强的实践性。同时，教育社会学理论除了本身具有丰富的研究方法的价值和功能外，它和其他理论一样，还具有十分重要的方法论的意义。换句话说，理论不仅能够作为研究方法直接指导我们的研究实践，而且还能够作为方法论，指导我们选择和应用各种不同的研究方法进行研究。如果比较冷静地反思我们的研究过程，我们常常可以看到，尽管各种理论本身具有一定的普遍性和必然性，但是，具体的实践却往往充满了偶然性。因此，把理论应用于实际问题的过程常常是一个非常复杂的过程，其中也充满了偶然的和直观的因素。按照学术的话语，这是一个判断的活动。而且，现实的问题并不尊重所谓学科的分类与界限，它是各种问题的结合与统一体。在这种情况下，研究活动并不是一个应用特定的方法和技能去解决特定问题的过程和活动，它往往是一个需要研究者选择和创造某种方法去分析和解决某种新的问题的过程和活动。这种活动没有理论的指导是不可思议的。而且，这并不是一种纯粹理论的分析，它是实践的要求，同时也是成功研究实践的启示。因此，我们完全可以认为，没有理论的方法是一种盲目的方法；或者，没有理论，也就没有方法。胡塞尔（Edmound G. A. Hussetrl）有一句名言"回到事情本身"，指的是社会科学的研究应该尽可能接近社会现象本身。根据他的这种看法，社会科学的研究方法也应该与研究对象结合起来。对此，加芬克尔（Harold Garfinkel）的常人方法学提出的所谓"方法的适当性原则"正体现了胡塞尔的这个思想。加芬克尔认为，"我们的兴趣不在于——而且事实上我们也不指引——严格的方法性探索，只有当我们使用一种方法能够使我的考察获得实践推理过程的特征时，我们才使用这一方法"①。按照他们的观点，社会科学的研究应该根据社会现象及其局部场景的特点因地制宜地选择和使用一定的研究方法，使研究方法与研究对象统一起来。而具体的理论本身恰恰是这种统一的非常重要的中介。更重要的是，它为人们的观察和研究提供了一个新的参考框架。例如，米德的理论便为后来的研究者提供了一种"使观察者可以在其中察看行为的参考框架，而不是一组有待检验的具体假设"②。显然，这一观点更加清楚地说明了教育科学理论本身作为研究方法的独特的价值。

三、知识的分析和研究方法

知识的分析和研究方法是教育社会学非常重要的分析和研究方法。根据马克思主义理论的基本原则，研究方法并不是从天上掉下来的，它来自研究的实践，而且应该以研究的内容为依据。正是研究的对象和内容本身决定了我们的研究方法。循此，方法上的特殊性应该来自内容和对象上的特殊性。按照这种思路，我们可以看到，教育活动与其他社会活动的不同之处恰恰在于，它是以知识作为一般媒介而进行的。这种特性恰恰是我们在教育社会学方法论研究中应该遵循的。把知识作为教育领域的专门沟通媒介，正是指教育通过知识这一媒介发挥它的功能，包括知识的组织、知识的传递和知识的评价等。因此，学习和研究教育社会学的基本方法，必须了解知识这种专门性的沟通媒介，包括它在教育活动中所具有的特殊性；进而掌握运用这种沟通媒介的一般方法，并由此分析和探讨教育活动的一般规律，逐步打开教育活动中许多尚未打开

---

① 杨善华.当代西方社会学理论 [M].北京：北京大学出版社，1999：67.
② 特纳.社会学理论的结构：下册 [M].北京：华夏出版社，2001：28.

的"黑箱"。

一般而言，所谓知识，指的是人们对自然、人类社会以及思维规律的认识成果。它反映了认识主体所达到的某种认识水平和认识能力，体现了认识对象在一定程度上所展示的特性和各种联系，同时，它还反映了认识主体与认识对象之间的各种联系及其方式。更重要的是，任何知识都具有一定的社会性。因此，分析和研究知识，是人们认识和研究社会的一个十分重要的角度。同时，从社会的角度发现和研究知识，也是人们认识和分析知识的重要方面。德国社会学家曼海姆和伯格等人在知识社会学领域中的探讨和建树，正反映了人们在这方面认识的成果。根据这一理论实践，我们从知识的角度分析和研究作为一种社会活动的教育活动，无疑具有理论和逻辑上的可靠性。而且，教育活动主要是一种传递知识的活动，其本身受知识的特点与形态等因素的影响很大。如果我们把知识作为教育活动的基本内容，那么教育活动本身甚至可以被认为是一种形式。由此，根据内容决定形式的一般原理，我们更有理由从知识的角度去研究教育活动，并在这个基础上，探讨教育社会学的分析和研究方法。

一般而言，这样一种作为教育活动沟通媒介的知识，大致有以下主要特点。

1. 中介性

所有教育活动都是通过知识的中介而形成、进行和展开的。这也是教育活动与其他社会活动的不同之处。换句话说，教育活动基本上是围绕知识而展开的。而且知识及其不同的形态具有连接教育活动中各个因素的基本功能，或者说，教育活动的各个因素及它们之间的联系，基本上都是通过知识而实现的。显然，教师是通过对知识的组织和讲授而与学生进行互动的，而学生也是通过对知识的学习而实现与教师以及其他教育者的交往的，教育管理者的活动实质上也是通过对知识的组织、控制和评价等形式来实现的。从某种意义上说，教育管理者的权力更多地体现在对知识的权力上，他们对其他教育活动的因素所具有的权力，实际上也都是通过对知识的权力而实现的。我们甚至可以认为，教育活动、教育制度与其他社会活动、社会制度之间的关系，从根本上看，也都是通过知识而形成的。也正是在这个意义上，我们把知识作为教育活动的基本沟通媒介，并以此探讨教育社会学的分析和研究方法。作为教育活动沟通媒介的知识具有这样的特性，是因为知识本身既是学生需要学习的，也是教师所要讲授的。同时，它也是教育行政管理者认为有必要进行管理、控制和组织的东西。这种特性也正是作为教育活动的沟通媒介的知识与一般知识的重要的不同之处。可以这样认为，教育活动中的各种要素正是通过知识而相互结合和互动的，当然，这些知识本身的内涵与特点也会影响和制约教育活动。不难发现，教育活动的某些特点常常是由其中不同知识的属性决定的，包括师生关系与教育的管理模式等等。而课程的形态也与其中的知识具有非常密切的关系。

2. 价值倾向

作为教育活动的沟通媒介的知识与一般知识的另一个重要区别在于，它本身具有明显的价值倾向。无疑，这些知识是应该为教育活动服务的，是为培养社会所需要的一定人才服务的。因此，它们必须具有一定的价值倾向。在社会的知识体系中，有些知识包含了一定的价值倾向，有些知识具有价值中立的特点。但是，由于与教育活动的目标有关，以及与社会培养的人才规格有联系，知识不仅涉及事实判断，而且关系价值判断；不仅包括关于对象的知识，而且包括如何应用对象的知识。因此，这些知识都具有一定的价值倾向。也正是由于如此，它们才能够成为教育活动的沟通媒介。

3. 广义性

强调这种广义性，是为了防止对知识的唯智论的理解。作为教育活动的沟通媒介的知识，可以有各种不同的形态。它可以是有形的，也可以是无形的；它可以是科学的，也可以是日常的；它可以是逻辑的，也可以是非逻辑的；等等。它不是那种与情感和意志相分离的知识，而是包括情感和意志在内的广义的知识。尽管它以正规教育活动中的知识为主，但是也包括非正规和非正式教育活动中的知识。这样，才能与教育活动所要求的人的全面发展相适应。

4. 构成性

由于教育社会学与知识社会学两者的内在关系，因此，知识社会学的理论和方法对于教育社会学具有十分重要的意义。按照知识社会学的基本观点，社会的知识不仅具有表意的功能，而且也具有构成的功能。正如伯格所说的那样，"知识是社会辩证过程的核心，它将规划各种管道，使外化能产生客观的世界；也透过语言而将世界客观化，成为人类认知的能力，让凡事成为可以了解的现实。同时，它也透过社会化，使客观事物内化于个人的意识"。也正是在这个意义上，"社会就是以这样的知识得以客观化的"。① 以教育制度为例，只有在为整个社会和教育中的各类成员所共享和认同的意义共同体中，我们才能认识和理解教育制度存在的意义。

当然，现代社会的教育活动不仅具有传递或传播知识的功能，而且具有创造和发展知识的功能。将知识作为教育活动的沟通媒介与现代教育活动的功能也是不矛盾的。另外，有必要说明的是，语言也是教育活动非常重要的沟通媒介。但它同时也是一切交往活动的沟通媒介，在教育活动中并不具有特殊性。而且，在教育活动中起沟通作用的语言，更多地只是知识的具体形态而已。至于语言本身在教育活动中所表现出来的一些具体形式，通常也是与特定的知识结合在一起发挥功能的。

根据上述对作为教育活动的沟通媒介的知识及其特点的理解，可以进一步看到，知识作为教育社会学的研究工具，与过去某些研究方法是有所不同的。它既不是一种简单的因果分析的方法，也不是所谓的现象－本质的研究方法，如果从典型和理想化的角度说，这种方法不是从社会互动或交往的双方中的某一方出发去研究整个关系，而是从互动或交往

---

① Berger P, Luckmann T. 知识社会学：社会实体的建构 [M]. 台北：巨流图书公司，1991：82-83.

的中介出发进行研究。它主要体现在：第一，通过知识确立教育活动中各种行为模式的依据；第二，根据知识内容的特点探讨教育活动中互动的各种形态；第三，通过知识的构成发现教育活动的社会基础。当然，我们还可以通过这些知识去分析教育活动的其他方面，包括教育制度、教育评价等等。而且，在运用教育社会学的各种研究技术，包括各种调查方法进行田野工作时，借助这些知识及其各种形式，也常常是一种比较有效的方法。但是，正如前面所说的那样，这里所讨论的只是教育社会学的各种分析和研究方法中的一种，而且，这里所进行的与其说是介绍，还不如说是探讨。它本身肯定还有许多不完善的地方。而且，也存在许多需要限定的地方。

以上主要从教育社会学理论和知识的中介的角度，分析和说明教育社会学的分析和研究方法。此外，在现代教育社会学的研究中，行动研究方法、传记式的研究方法、内容分析的方法、现象学的方法、人种志的研究方法以及功能分析的方法等等，也都是我们在研究各种教育社会学问题和现象时可以充分应用的研究方法。法国教育社会学家格拉（Alanin Gras）在《教育社会学主要文献》一书的导论中提出了四种研究方法：一是人本主义的研究方法，即从一种伦理的，往往是历史性的探索角度进行研究；二是经济学的研究方法，即同教育经济学一样十分注意测定教育体系整体或广义的收益，以教育的收益作为研究的依据；三是人与人的关系的研究方法，主要着眼于在适应社会环境的意义上研究学生社会化过程的差别；四是客观社会学和整体研究法，即从学校对于统治阶级来说是使现在社会合法化和维护社会秩序的手段的角度进行研究。除此之外，每一个研究者还可以有他自己的研究方法，一种与自己的学术背景比较适应的研究方法，包括可以根据自己的偏好与体验进行研究，将自身的学术体会与个人的生活经历融入研究之中，进而使得教育社会学的研究更有人情味。

四、社会心理学的方法

社会心理学的研究方法之所以能够成为教育社会学的一种非常重要的方法，是因为在教育社会学的研究中，人们常常具有这样一个基本的假定：人们的成就取向和发展的抱负这样一些主观和心理的状态对个人的发展是非常重要的。这种心理和精神的状态往往受到学校教育和社会组织的影响和决定。而社会心理学正是"在它们实质上影响社会力或实质上受社会力影响的范围内，对个人之间和个人与群体、集体或机构之间的基本关系的研究"①。因为，根据社会心理学的基本原理，个体心理状态和行为上的特点，主要被看作社会影响的结果；而且，基本的社会关系是这种影响的即时来源；同时，个人某些方面的认识和情感状态（比如思想和感情）与社会关系和个人行为相联系。因此，在教育社会学的分析中，特别是对个体在教育中的各种思想和意识状况进行研究时，社会心理学的方法是非常有帮助的。这里主要介绍其演变与发展中的若干理论，以及重点说明情境定义的方法。

1. 社会心理学研究方法的演变与发展

在教育社会学的研究中，社会心理学的研究方法也经历了一个演变和发展的过程。根据有关专家的研究和概括，这个发展过程主要体现在三种不同的理论关系上②。首先是沃勒（Willard Waller）的教学社会学理论。沃勒接受了托马斯（William I. Thomas）的情境社会心理学的影响。在托马斯看来，个体的行为产生于个体对自己所处情境的定义，而这种定义既产生于个体有机体的状态，也产生于教育结构对情境的定义，同时也与个体对行动可能性的理解和估计有关。但是，个体在定义与其他人共同经历的情境时，又常常在一致性和稳定性上表现出一定的差异。沃勒的研究则突出了这种在情境定义中的不一致性和矛盾。一方面是教

---

① 哈里楠.教育社会学手册［M］.上海：华东师范大学出版社，2004：24.

② 参见哈里楠的《教育社会学手册》中的相关内容。

师对学校和教学情境的定义。在这种情境定义中，教师按照自己的理解和期望，对学校应该是什么样子进行着情境定义，对学生的学习进行着定义，对教学过程和教学环境也在进行定义。同时，学生也在对学校和环境进行着自己的情境定义。他们对学校有着自己的认识和理解，形成自己的期望和要求，并设想着他们认为是合理的学习环境。然而，在大多数情况下，教师对学校和教学的情境定义与学生的情境定义往往是不同的，甚至是矛盾的。他们两者所勾勒的世界是有差异的。正如沃勒所说的那样，"在这里，他们的情境定义和相关行为之间不可避免的联系在师生间制造了无情的冲突，给我们提供了一个永无结束之日的'需求战争'的例证"①。但是，也就是在这种矛盾和冲突中，我们了解和发现了学校活动的内在结构和解释性的根据。因为，正是在各自的情境定义，以及这些不同的情境定义之间的矛盾关系中，"个体学生和教师形成了关于他们自己、关于彼此和关于在这一框架内行动的可能性的概念。普通情境形成关于自我、他人和未来的一般轮廓，形成相似的行为模式，反过来，个人行为的反馈又稳定或改变着学校的社会秩序"②。这种分析模式和由此形成的思路，正是沃勒教学社会学理论和分析的价值所在与突出之处。

其次是塞威尔（William H. Sewell）的威斯康星教育成就模式。这个模式与沃勒的教学社会学理论不同的是，它并没有过多地研究教育成就产生的学校社会组织系统，而是更加重视和强调对个人的分析和研究。在威斯康星教育成就模式中，个人的职业成就往往与他最近的教育成就有关，而且是这种教育成就影响的结果；但是，个人的教育成就又是个人先前的成就抱负发挥作用的结果。所以，按照这种逻辑，实际上是个人的认知和情绪状态成了这种抱负和教育成就产生的原因。根据威斯康星教育成就模式，个人的抱负又是所谓有意义的他人影响的结果。在这

---

① 哈里楠.教育社会学手册［M］.上海：华东师范大学出版社，2004：25.
② 同①26.

个方面，与沃勒的教学社会学理论有所不同的是，这种有意义的他人影响并不是一种学校社会组织的系统和矩阵，也不是某种确定的社会情境，而只是某些个人的影响因素。主要是三种人的影响作用：父母、教师和同伴朋友。显然，这样一种研究方法要求我们比较多地关注学生与这些重要他人之间的互动。

与塞威尔的研究几乎同时，塞伦森等人也围绕教育成就的问题，进行了相关的研究。当然，他们的研究与前者有所不同的是，并不是特别关注重要他人对学生教育成就和抱负的影响，而是强调和突出了各种人口统计学因素和学生的结构性因素对学生的学业动机与表现的影响及其方向和力量，包括学生能力构成的同质性程度、不同学生群体之间界限的渗透性，以及控制学生处所的位置等。因此，我们可以认为，这种新的理论实际上是重新回到了对学校社会情境的研究，不过这里所理解的学校社会情境比以前的要复杂得多，而且内容也是不同的。根据有关学者的研究，塞伦森所强调的学校社会情境所重视的是学校的某种分轨或者能力分层的构成因素和结构，包括这种机制对情境特征的影响。这里，有两个非常突出的观点是值得注意的：一是关于分轨和能力分层的界限对学生之间相互影响所具有的不同意义。也就是说，如果这种分轨和能力分层的界限清晰，学生之间和学生与教师之间的相互影响就会更加经常地发生，因为这种界限会限定学生在他们所属的轨道内互动，而且这种轨道构成了学生之间相互影响的基础和平台，而它同时也就强化了学生的动机和成就取向。相反，如果分轨和能力分层的界限是比较模糊的，那么，结果则是相反的。二是这种分轨和能力分层对学生形成社会纽带的功能分析，即这种根据学生的能力、表现、兴趣和志向对学生的分轨和分层，实际上具有一种对学生的社会地位和成就取向分层的功能。因为，这种分轨和分层本身就是一种社会的定位。

2. 情境定义的方法及主要因素

情境是一个比较宽泛的概念，在实际应用中可以有各种不同的具体含义。根据有关学者的研究，在一所学校中，基于"代表稳定的、集体的教职员工对学校情境的定义，学校成为一种有力的社会化机构，它影响学生参与社会的道德判断能力"①。也就是说，学校作为社会化的机构，常常是通过学校中的教职工对学校的情境定义而实现的。在这种情境定义中，以下几个方面的问题是值得注意的。

第一，学校情境定义的稳定性、一致性和主导性。一般而言，在所有的学校中，学校的教职工常常对学校有一种比较共同的情境定义。这种关于学校的情境定义往往在学校的教职工中间被广泛分享和共享。同时，这种关于学校的情境定义也表现出非常明显的稳定性和顺应力。它常常是一种无形的力量，甚至是一种压力，对学校中所有的人员形成一种制约的力量。有时也会迫使人们接受这种情境定义。当然，在不同的学校中，情境定义的内容和方式可能是不同的，有的可能体现在学校与学生之间的关系上，有的可能反映在学校的人才培养目标上，有的还可以通过对这所学校历史的解释和某些名人的诠释而得到实现。但不管哪种内容和形式，它们都构成了学校人员和学生的社会化的环境，而且对学校的发展和运行具有非常重要的意义和影响。

当然，对于学校的情境定义应该是稳定的，只有一种相对比较稳定的学校情境定义才能够真正形成学校的规范化环境。在研究学校的情境定义的稳定性时，通常可以考虑以下几个方面的因素。一是在学校发展过程中的某些重大事件。这些重大事件可以构成学校教职工非常重要的经历，并且由此强化教职工对学校和自己角色的情境定义。二是学校特殊的组织结构特征。一般而言，学校这种社会组织与其他社会组织的不同之处，就在于其核心的教学部分的组织结构呈现出一种所谓"低依存性和高稳定性"的特点。也就是说，在教学组织形式上，教师的工作常常是比较分散的；但是，由于教学方法的稳定性，以及专业化标准和工作本身的稳定性，所以学校组织结构又是非常稳定的。换句话说，学校组织中的各个部分之间的联系尽管比较分散，但它们在结构上又是比较

---

① 哈里楠.教育社会学手册［M］.上海：华东师范大学出版社，2004：32.

稳定的。这样也能够为教职工对学校的情境定义提供一个比较稳定的基础。三是教师教学的自主性问题。这也是分析情境定义的稳定性的一个重要方面。因为，在教学范围内，"教师之间以及教师与学生之间进行互动，形成一种内部联结松散的窝巢式结构。校长、教务主任、督导人员及其他类似人员均处于这个教育网状结构之外。管理大部分教学事务的学校或学区政策都由个体教师或教师群体按照他们自己对良好教学概念的理解进行解释的。换句话说，这些概念都来自他们对如何进行学科教学和他们如何按情境界定自己角色的理解"[①]。当然，除了这些因素，学校中教师队伍的连续性、同质性，以及学校中教师、学生和地方之间的结构关系也是影响学校中情境定义的重要因素。

第二，情境定义的目的描述。目标或者目的常常是情境定义的一个非常主要的内容。当然，根据教育社会学的基本理论，学校目标或目的也就是学校的组织目的，由此可以得出一套有关学校人员确定目的的理由。根据有关学者的研究，而且我们从实际中也可以发现，学校的目的常常是不同的。一般而言，它大致表现为这样三种形式。一是出于学术性的要求，为学生升入高一级学校或提高教育层次做准备的目的。这种目的具有比较大的普遍性。当然，这种准备可以是针对不同类型和层次的高一级学校而言的，有的可能是学术性较强的学校，有的可能是比较职业化的学校，等等。二是出于学校所在地的需要，以及学校与地方社会经济文化之间的联系而形成的特定目的。在对这种目的的描述中，学校人员对学校的情境定义常常具有比较鲜明的地方特征和地方取向，即我们这个学校就是应该为地方社会经济文化发展需要服务，就是应该满足地方的要求，由此也构成这些学校的基本规范和目标。三是满足人们各种不同的学习需要的目的。随着社会的发展和个人的各种需要的分化，人们对教育和学校也常常具有各种不同的要求。满足这些不同的需要，也常常成为某些学校的办学目的。当然，除了这些目的之外，还有一些

---

① 哈里楠.教育社会学手册［M］.上海：华东师范大学出版社，2004：39.

比较特殊的目的。例如，在某些具有民族特色和宗教信仰的地区，学校教育的目的则往往与这些比较特殊的文化背景有关，而学校人员对学校的情境定义也受到这些文化环境的制约和影响。但是，应该说明的是，不管是什么样的目的描述，就一般的学校目的的情境定义而言，都是制度性地奠定在一个学校应该是什么样子的概括化定义的基础之上。而且，更加有意义的是，这种情境定义为学校人员的思想和行为方式提供了一个比较有效的合法化基础，它实际上构成了一种有特色的环境和氛围，而且也为学校人员提供了一个进行自我判断和评价的潜在的规范系统。

第三，情境定义中的角色定义。情境定义中的角色定义并不是一种规定性的角色定义，而是一种自我的角色定义。这里主要讨论和说明教职工的角色定义。就教职工的角色定义而言，包括对自己和对学生的角色定义。教职工对自己的角色定义，通常是从地方的社会文化背景出发，结合自己在一个特定情境中的职业身份而进行的。也就是说，教职工往往是根据自己与地方特殊文化的联系和自己在学校中的特定身份和职业对自己进行角色定义的。同时，教职工在对学生进行角色定义时，则是根据一般学校对学生的学习动机、兴趣和才能的要求和期望。值得注意的是，学校中教师与学生之间实际的权利与义务关系是在这里形成的。换句话说，正是通过这样的角色定义，教师实际上规定了他们与学校目的一致的权利与义务，同时也规定了学生的权利与义务。而且，我们从方法论上还可以看到，在研究教师和学生的学校行为时，这种情境定义中的角色定义是非常关键的因素。同时，这种情境定义中的角色定义也为我们研究和分析学校中的师生关系提供了一个非常实际的角度。因为，通过教职工对他们自己和学生的角色定义，我们可以看到，由此所形成的学校中教师的权利和义务，实际上来自学校的集体使命，而学生的权利和义务则是对教师的权利和义务的补充。而这就是一般意义上学校教育中教师和学生之间关系的重要基础。

第四，学生的情境定义，包括学生对学校的情境定义和对他们自己的角色定义。当然，学生的情境定义与一般教职工的情境定义的方式和影响因素都是不同的，但又是有联系的。不管学生在来到学校之前对学校有什么样的看法，在他们来到学校以后，都将参与同样的学习集体，具有同样的活动范围、同样的活动机会和同样的奖惩制度等，这些相同的客观环境将引导他们形成共同的意识和命运，进而形成对学校环境的集体定义。在研究学生的情境定义时，通常应该注意这样几个方面。首先是学校组织方面对学生角色定义的影响，包括学校的学生年龄安排、能力分层、各种运动和课外活动以及学生在学校中参与的各种群体活动。其次是教师对学生角色定义的影响。应该说，教师的这种影响对学生关于学校的情境定义的形成是非常重要的，它构成了一个基本的框架。一般而言，这种影响在不同阶段常常具有不同的含义。在早期阶段，学生对学校的情境定义，基本上建立在教师的情境定义的基础上，是由对教师的基本信任而形成的。因为在这个阶段，学生对教师的依赖感是非常强烈的，他们还缺乏比较自主的判断与分析。然而，随着学生的不断成长和发展，学生的思想和行动都有了比较大的进步，进而也实施了一定的自治。他们对学校中所发生的各种现象开始能够进行自我判断，特别是在同伴群体的影响下，逐渐形成了自己对学校和教师，以及课程等方面的看法。在这种情况下，过去以对教师和学校的基本信任为基础的情境定义，开始转变为以自己的经验为基础来形成关于学校的情境定义。在这个时候，学生对教师的依赖性尽管仍然存在，但已经是一种不确定的因素了。

这里，值得注意的是教师和学生的情境定义之间的关系。它们可能是比较一致的，也可能是不一致的。焦点在教师对学生的评价上。根据有关学者的研究经验，如果教师在教学中取得成功，他们常常会给予学生一种比较积极的评价，由此也比较容易形成教师与学生在情境定义上的一致性。但是，如果教师在教学中不成功，他们往往会把这种失败归咎于学生的不当行为。在这种情况下，学生的反抗常常会促成一种反面的情境定义。正如有的学者所说的那样，"学生的能力、兴趣、动机和行为风格越是不同于教职员工在他们定义的学生角色及其服务的学生特性中所描述的状况，学生对情境的界定越可能集中在不服从上。学生会把教师角色界定为本质上是对抗性的"[①]。换句话说，学校中教师和学生之间在情境定义上一致与否的关键，以及研究这个问题的出发点，仍然应该是教师。

应该说明的是，情境定义是关于学校社会化研究的重要方法和思路。过去，在关于社会化的研究中，我们比较关注学校的体制性因素和各种外部条件对学生成长的影响，但是，当把学校本身作为一个特殊的意义系统的时候，我们就会发现，这个意义系统实际上是由学校中的管理人员、教师以及学生等共同构成的。而且，从现代社会的社会化所具有的特殊意义来说，这种情境定义所体现的研究方法恰恰能够比较好地说明和反映教师和学生的意识以及观念的变化对青少年学生的社会化所具有的功能。因为，"教师有关学校情境的定义，尤其是对学生角色的定义，建构了一个客观的学校情境（特别是教室情境），因为这一客观情境影响到学生自身对学校情境的定义，这就为学生提供了一种特殊的、大量进行价值判断的机会"[②]。

总之，教育社会学的研究方法是多种多样的，而且教育社会学常常需要借鉴许多其他学科的研究方法和模式。这是必要的。关键在于教育社会学的研究方法应该服从于研究的主题与问题，特别是现实的教育活动本身的特点。正如前面说过的那样，现实的问题从来不尊重方法论的分类。从反思的学科取向看，方法论本身也是需要不断反思的。而这种方法论的进步也是学科发展的一个重要方面。

---

① 哈里楠.教育社会学手册［M］.上海：华东师范大学出版社，2004：43.

② 同①45.

第 | 三 | 章

教育活动的社会要素

　　教育活动作为教育社会学分析与研究的对象，是教育社会学研究和分析的出发点。所谓教育活动的社会要素，指的是参考社会活动的结构及其构成，对教育活动的结构与基本要素进行分析，由此揭示教育活动的内在结构及要素间的相互关系。教育活动的这种分析有助于探索教育社会学理论体系的"胚胎"和"萌芽"，进而更深入地阐明教育学科的社会基础，进而对各种教育现象展开系统的研究与剖析。

第一节　教育活动的含义与要素

教育活动的含义，无疑是一个十分复杂的问题。作为教育社会学研究对象的教育活动，指的是人们在一定的条件下，运用一定的手段，按照一定的原则，通过对以知识为主的各种教育影响因素进行组织、传递和评价，而实施的促进人们身心发展的活动。教育活动是教育社会学研究的最基本的单位，是构成一切教育现象的最基本的要素。分析和理解教育活动的要素与结构及其基本含义，具有基础性的意义。

一、教育活动的含义

根据教育社会学的结构性研究视角，所有的教育活动都具有结构性的特点。这种结构性特点意味着教育活动是由各种不同的要素按照一定的规则组成的，由此具有了不同的功能与特征。

1. 帕森斯的"意志行动"

教育活动具有非常强烈的目的性，它作为具有明确主观意向的活动，常常呈现出一种很强的主观意向性。所以，教育活动正是帕森斯所谓的"意志行动"的一个典型。根据帕森斯的理论，意志行动涉及以下几个基本因素：第一，行动者，即行动着的个人；第二，行动者寻求实现的目标；第三，行动者拥有的实现目标时可供选择的手段；第四，行动者面临的各种不同的环境条件，如行动者的生物要素、遗传特性及各种外部的生态约束，这些客观条件影响着目标和手段的选择；第五，行动者受各种价值观、规范和其他观念的支配，即这些价值观、规范和观念影响着目标的确立和实现目标的手段的选择；第六，行动是行动者就实现目标的手段做出的一切主观决定，受着观念和情景条件的制约。①在帕森斯看来，行动者根据动机（动员资源的需要和愿望）和价值（关于什么是恰如其分的观念）形成对情境的各种不同的倾向。他认为，行动者存在着三类动机：（1）认知的动机（信息的需要）；（2）感性的动机（感情归属的需要）；（3）评价的动机（评价的需要）。与此同时，还存在着三种相应的价值：（1）认知的价值（根据客观标准进行的评价）；（2）鉴别的价值（根据审美标准进行的评价）；（3）伦理的价值（根据绝对的正确与错误进行的评价）。而由这些动机和价值构成的行动，可以分成以下三类：（1）工具型的行动（意在有效地实现既定目标的行动）；（2）表意型的行动（意在实现感情上满足的行动）；（3）伦理型的行动（与是非标准相关的行动）。②这里，帕森斯的行动观为教育活动的分析提供了一定的参考。

2. 韦伯的"社会行动"

与帕森斯有所不同的是，韦伯从另一个角度对社会行动提出了分析的思路。在他看来，社会行动是社会学研究的最基本单位。"所谓社会行动，是指行动者赋予主观意义并指向他人的行为。进行社会行动就意味着，首先，进入习俗、制度、规范、法律等关系，参与为达成一定目的而进行的事物；其次，行动者要提出自己的目标，以示行动之必要性和正当性；复次，行动者要以一定的信念、价值或理想为自己行动的动机。"③这里，韦伯实际上提出了分析社会活动的主观和客观两个方面的因素。

根据教育活动的一般特征，参照和归纳帕森斯与韦伯的观点，任何教育活动至少应该包括四个最基本的要素，即教育活动的目标、原则、条件与手段。

① 特纳. 社会学理论的结构 [M]. 杭州：浙江人民出版社，1987：71.
② 同①74.
③ 苏国勋. 理性化及其限制：韦伯思想引论 [M]. 上海：上海人民出版社，1988：82.

二、教育活动的目标

这里指的是教育活动所力求达到的某种未来的状态，是各种活动所力求实现的具体目标。"因为教育是针对某一目的的行动，所以，教育目的的概念属于教育学的基本概念。"①② 这里，主要讨论与分析基础教育尤其是义务教育的目标问题。

1. 教育活动目标的含义与特点

一般而言，教育活动的目标必须回答培养什么人、为谁培养人的根本问题。各种具体的教育活动，也有其各自具体的和阶段性的目标。与其他活动相比较，教育活动的目标具有比较抽象的预期性特点。教育活动，特别是基础教育阶段的教育活动，并不像其他现实社会活动那样，承担着某种十分现实的"承诺"或委托，而常常是一种预期的"承诺"和"委托"。它所指向的目标状态，往往是比较抽象的，而不是十分具体的。换句话说，教育活动与未来的某种具体目标并不存在直接的联系，它更多地只是为将来的发展打基础。当然，不同教育活动的目标也具有不同的特点，其抽象性程度也会有所不同。例如，职业教育的目标往往就比较具体和直接。正是由于目标的这种特点，在激励学生努力学习，特别是鼓励青少年学生刻苦学习的时候，目标应该与其他激励因素相结合。如果人们单纯以目标要求学生，青少年学生往往并不能充分认识到这些目标的价值和意义。而且，在具体的教育活动中，教育活动的目标还必须进一步细化，如同布卢姆（Benjamin Bloom）的教育目标分类学那样。

需要指出的是，无论是基础教育，还是高等教育，以及其他各种类

---

① 布列钦卡.教育科学的基本概念：分析、批判和建议 [M].上海：华东师范大学出版社，2001：89.

② 在有些研究中，研究者区分了教育目标与教育目的的不同之处。在本书中，对于教育目标与教育目的是在同一意义上分析的。而关于教育目的的必要性问题，教育理论界存在不同的看法。参见布列钦卡《教育科学的基本概念：分析、批判和建议》中的有关章节，以及英国学者怀特的《再论教育目的》。

型的教育，都有一个共同的目标或目的，即促进社会的公共利益。这是教育作为一种公共活动所应该具有的根本性质和功能，也就是教育的公共性或公益性。从基础教育的角度看，促进社会的公共利益是它最基本的目标。它反映了基础教育的根本性质和定位，也是基础教育最重要的特点。基础教育，特别是义务教育，是一种培养国家和社会公民的教育，它要求以国家和社会的基本价值观念和行为规范作为核心的"共同教养"和"共同道德"，按照一个国家和社会的普遍要求和公共准则建设学校和课程，并形成包括义务教育在内的基础教育的"公共框架"，进而培养青少年学生对国家民族的忠诚，对文化传统的认同及对社会的责任感。义务教育之所以为"义务"，不仅在于国家有提供这种教育的责任和人民有享受这种教育的权利，而且也在于国家有这样的权力要求所有人接受这种公共性的教育和道德规范，以及人们有义务接受这种公共性的教育，并遵守这些共同的道德规范。换言之，义务教育不仅具有形式上的义务性，而且具有内容上的义务性。当然，这种公共性或公益性也是所有教育系统的共同特点。

2. 公共性

首先，基础教育，特别是义务教育，必须是实现国家目标和代表整个社会的公共利益的一种活动。国家之所以实施和举办基础教育特别是义务教育，首先是为了培养国家和社会的建设者与接班人，是为了培养符合整个社会要求和利益的合格的社会公民。因此，基础教育和义务教育首先应该培养学生认同国家的根本目标和整个社会的公共利益，认识和遵守社会的基本规范和道德要求，正确处理和协调好公共利益和个人利益之间的关系，以及个人利益与他人利益之间的关系，自觉维护和促进国家和社会的安定、协调与发展。当然，基础教育特别是义务教育也应该促进青少年学生的个人发展，特别是促进青少年的个性发展和培养。但是，基础教育特别是义务教育对青少年学生个性发展的培养与促进，绝对不能转变成对单纯个人回报的追求，不能以个人的目标部分或全部地代替接受基础教育的公共性目标。否则，基础教育，特别是义务教育将失去它的公共性。这样，实际上是把接受基础教育特别是义务教育看成实现个人发展目标的一种活动。

如果为了一种个体或者私人的功利性追求接受基础教育，那么，基础教育将从一种体现国家和社会公共要求的义务活动，转变成一种具有个人取向的消费活动。进而，由于教育的差异性而带来的学校之间的竞争，包括学校内部教师之间的竞争，特别是由于基础教育中选择性的扩大和受到重视，以及对学生在基础教育中的主体性理解上的偏差，基础教育中所包含的基本价值观念和行为规范的要求，以及学生学习学校课程等的义务性将被消解，基础教育很可能转变成具有一种"消费"属性的活动，进而成为私人或个人的事情。这种将个人在基础教育中的权力绝对化的现象，势必造成基础教育公共性的式微。因此，单纯从消费的角度理解基础教育尤其是义务教育，将基础教育的公共性尤其是义务教育的义务性，转变为一种单纯的消费性，实际上是否定了它们存在的价值和意义，与基础教育尤其是义务教育的宗旨是不符合的。教育目标的这种公共性或公益性同样也是其他各类教育的共同特点。

3. 义务性

基础教育的公共性目标也反映和体现了国家、社会和个人之间的义务关系。在基础教育特别是义务教育中，学校、教师与学生的关系与高等教育等各种非义务教育中的这些关系是非常不同的。它们代表和反映的是一种公共的关系，是一种国家、社会与个人的义务关系，而不是一种单纯的个人与个人之间，或者不同利益群体之间的利益关系。在基础教育特别是义务教育中，学校和教师的活动和身份体现了国家的意志和权威，教学内容和各种要求也代表和反映了国家和公共利益的要求。也正是由于这样，在有些国家和地区，基础教育特别是义务教育的教师，往往具有公务员的身份，享受政府的津贴，等等。与此同时，他们也受到比较大的约束，包括不能参加反对政府的各种活动。而在其他类型的教育中，这些关系则更多地是一种契约的关系，或者一种聘任的关系。所以，基础教育特别是义务教育中的这种义务关系，一方面表现为学校的教师与国家的义务关系，另一方面也表现为学生与国家的义务关系，同时还表现为教师和学生之间的一种公共关系。目前，由于人们接受基础教育的成本不断提高，特别是由于基础教育中的差异性及其满足人们对不同类型教育需要的社会功能，往往可能会转变为一种包含了相当大的利益取向的选拔与分层功能，因而体现了相当的功利性，因此，基础教育活动中所包含的义务关系，往往比较容易被误解，甚至转变成一种个人之间的利益关系。当然，我们并不否认基础教育尤其是义务教育对个人发展所具有的重要意义，而且，它们也应该为个人的发展服务。但是，这种对个人发展的意义在基础教育特别是义务教育的框架内，并不能够否定和排除基础教育尤其是义务教育的公共性，应该在充分保障社会公共利益的基础上实现两者的结合与统一。将两者对立起来，或者出现位置上的混乱，都是不对的。否则，基础教育特别是义务教育的公共性目标将根本得不到保障，而且，也容易导致学生和家长把他们与学校和教师的关系误解为利益交换的关系。这样，教师和学校的地位将受到极大的损害，其威信和尊严都将失去。

4. 立德树人

坚持立德树人，强调对青少年学生的社会主义核心价值观与思想品德教育，重视德育的地位，是基础教育公共性目标的一个非常重要的内容，而且是基础教育公共性和公共利益的一个非常直接的体现。与其他层次和类型的教育比较，在基础教育中，德育往往具有更加突出和重要的地位，而且要求也更高和更直接，包括课程的安排、学生的管理、学校的各种活动以及对学生的评价等等。这些，实际上正反映了基础教育特别是义务教育的公共性和公共利益的特点。而且，由于基础教育特别是义务教育所具有的这种公共性，基础教育特别是义务教育中德育的主要内容应该是理想、道德与社会责任感的教育，是如何处理和协调个人与社会、个人与国家，以及个人利益与公共利益之间关系的教育，换句话说，是一种培养社会合格公民，以及社会主义建设者与接班人的教育。在现代社会中，由于差异性和多元化带来的对立和冲突，以及由这些对立和冲突所造成的个人生存成本的提高，这种体现公共性的德育，往往有可能转变成一种单纯帮助青少年学生增强生活技能和处理人际关系的教育，进而在一定程度上使得这些工具性教育替代了理想和责任感的教育。由此，崇高的德育很可能变成一种单纯的对生存战略的谋划。当然，强调思想品德和社会责任感并不否定这些有关生存技能的工具性教育的价值和必要性。但是，如果将这些有关生存技能的工具性教育绝对化，并代替和成为整个德育，则违背了基础教育特别是义务教育的公共性，使基础教育特别是义务教育丧失了维护整个社会公共利益的基本要求。

总之，基础教育的公共性目标是基础教育改革与发展的根本目标，也是评价基础教育改革与发展状况的基本坐标。坚持基础教育特别是义务教育的公共性，应该成为政府、教育管理部门、学校领导和教师的自觉责任。当前，基础教育领域中出现的各种差异和多样化，常常出于各种比较复杂的原因，特别是通过个别化的形式，而使基础教育私人化或者私事化，进而使基础教育的公共性受到挑战，并逐渐丧失和被丢弃，即日本学者佐藤学所说的基础教育的"私事化"。他在对日本基础教育的批评中说道，"学校的公共性处于动摇之中。在基于教育的私事化与商品化的学校市场化的背景下；或者满足企业与个人需求之装置先于公共领域之维持的政治权力之下；甚至在私人生活本身加以绝对化的大众社会的意识形态之下，构成学校的'公共领域'……迎来了危机的时代"①。所以，认真地分析基础教育改革与发展的这种新的形势和特点，研究基础教育的公共性所面临的这种新的挑战，对于坚持公共性是非常重要的。

基础教育的公共性的确有一种统一的要求和形态，但这种公共性并不排斥学生的差异性与个性化发展。它是一种能够包含差异性与个性化发展的公共性。而且，只有为学生的个性化发展提供更大的空间，教育的公共性与公益性才能够得到更好的发展。

---

① 佐藤学.课程与教师[M].北京：教育科学出版社，2003：86.

三、教育活动的原则或规范

这里指的是与活动目标相一致的比较具体的价值标准和行为规范。这种"相一致"意味着，这些原则和规范是根据教育活动的目标，对各种实现某一目标的行为和措施提出的一定的要求。它们构成了我们认识和判断各种教育行为和措施是否合理的具体准则和标准。例如，我们要培养社会主义的建设者和接班人，这个目标就决定了我们在人才培养中的"四有"原则，进而又具体化为学校中的各种行为规范。这些原则和具体规范显然是我们判断各种教育活动和行为是否合理的重要标准和尺度。显然，由于教育活动目标的复杂性，这种原则和规范也常常具有多样性。更重要的是，从全面发展的角度来说，按照帕森斯对于社会活动类型的分析，教育活动本身就应该既是工具型的，又是表意型和伦理型的。这样，由于教育活动的目标与这些不同活动类型的相互结合，教育活动的原则或规范显得更加复杂，并使现实教育活动中的合理性分析与价值选择具有十分密切的关系。

1. 教育活动规范的根源与特点

一般而言，教育活动的规范有两个非常基本的根源。一个是国家和社会对教育的基本要求，基础教育阶段的教育活动规范尤其如此。这种基本要求往往成为教育规范的重要基础之一。不同时期和不同国家或地区对教育的要求常常是不同的，因而对教育活动的规范的要求也是有所变化的。另一个非常重要的根源则是人的身心发展的基本规律。因为，"学校的规范发端于一个共同的目的：为孩子提供高质量的教育"①。遵循人的身心发展的规律，能够有效地维护和保证教育活动的稳定性，是提高教育质量的内在基础，因而也是教育活动规范得以形成、发挥作用的重要基础。

教育活动的原则或规范与教育目标或目的有时也可能是不完全一致

---

① 哈里楠.教育社会学手册［M］.上海：华东师范大学出版社，2004：493.

的。换句话说，同样的教育目标可以表现为各种不同的原则与规范，而且原则与规范本身往往是"复数"。因此，教育活动的原则和规范与教育目标之间的这种不一致，常常可以表现为以下两种形式：一是它们之间发生着一定的冲突和矛盾。有时为了实现同样的目标，不同的原则和规范都是合理的，但它们之间却可能是有矛盾的。例如，严格要求是为了青少年学生的健康成长，但创造轻松活泼的环境同样有利于学生的成长，而它们都是教育活动的重要原则和规范。二是在教育的基本目标没有发生变化的情况下，这些教育活动的原则与规范的内涵及其重点常常发生变化。显然，现实的社会现象和教育活动往往是多变的，也是非常复杂的。在引导各种教育活动去实现教育目标的过程中，教育活动的原则与规范不仅要服从于教育的基本目标，有时也需要根据现实的变化进行适当的调整和完善。例如，为了培养高水平的学生，不断提高教学质量，需要对学生的学习活动提出必要的原则和规范。但在不同的层次和年级，这些原则和规范也是不同的。而且，在不同的社会阶段和条件下，这些原则与规范的含义也应该有所不同，例如，同样是"谦虚"，它的现代意义与传统意义显然是有所不同的。认识到这样一些矛盾和差异，对于分析教育活动的目标与原则、规范之间的关系是非常重要的。

教育活动的原则与规范的表现形式往往是不同的。它可以表现为国家和政府的政策要求，也可以表现为学校所制定的各种规章制度，以及关于教育活动的某些评价标准，等等。一般而言，教育活动的原则与规范主要有两种表现形式：一是显性的原则与规范，二是隐性的原则和规范。前者常常是人们比较熟悉的，而后者则往往通过学校的某些传统和文化表现出来。而且，这些传统和文化在制约和引导教育活动时，常常具有比较大的作用和功能。

在研究和分析教育活动的原则与规范时，价值分析是一个十分重要的角度。教育活动的原则与规范的价值研究，实际上反映了教育活动中矛盾和差异的存在。换句话说，由于不同的个人和群体在价值观念上的差异，其所认同和接受的教育活动的原则与规范也常常是不同的。这也是现代教育与传统教育非常不同的一个方面。著名社会学家斯宾塞曾经提出了一个非常有名的命题：什么样的知识最有价值？但根据批判教育学的观点，人们可能不会再这样提出问题了。由于不同的社会阶层和群体对教育和知识的价值观念不同，他们对斯宾塞的问题显然有各种不同的看法。于是，斯宾塞提出的问题就常常转变为：谁的知识最有价值？而在 21 世纪知识多元化与相对主义思潮及其批判中，人们的焦点又转化为所谓的"强有力的知识"，力求将知识带回来。[①] 所以，在研究和分析教育活动的原则与规范时，非常关键的是把握这种原则与规范的社会基础和利益取向。在教育活动中真正起作用的各种原则与规范，常常是各种相互矛盾和有差异的原则与规范的结合，甚至是一种调和的产物。

在关于教育活动规范的研究中，科尔曼（James S. Coleman）的研究是一个非常好的例证。在科尔曼看来，教育活动的规范是非常重要的。他认为，教育活动的规范，一方面可能妨碍学生努力进取，并且压抑学生学习的积极性；另一方面，"有时规范也能起到与此截然相反的作用，激励学生以极大的热情投入学习、决心取得更加优异的成绩"[②]。而且，"在失去规范的情况下，行为标准、教学设计、课程修订都很难改善教育"[③]。科尔曼研究的重点，就是互动体系中规范的形成。在他几本非常著名的学术著作，如《青少年社会》《教育机会的平等》以及《社会理论的基础》中，科尔曼通过对促进教育机会均等的规范的研究和分析，比较系统地说明了他关于教育规范的理论和观点。

2. 教育活动规范的条件

在科尔曼看来，教育活动规范的产生需要三个基本条件。其一是相关群体中的全体成员都必须认可它，每个人都必须能够轻松地与同一群体中的其他个体在想象中进行角色易位。也就是说，由于规范是调整人

---

① 扬.把知识带回来：教育社会学从社会建构主义到社会实在论的转向 [M].北京：教育科学出版社，2019.

② 哈里楠.教育社会学手册 [M].上海：华东师范大学出版社，2004：478.

③ 同② 479.

们之间相互交往的基本准则，因此，每个个体不仅需要了解它对于自己的要求，而且需要了解其他人对它的认识。换句话说，当个体实施某个行为时，他同时也知道，按照这种规范，其他人会做出什么样的反应，即他能够对自己行为的结果形成一种比较适当的预期。否则，双方的交往和互动就没有办法进行下去了，而规范也就不能成为调整人们之间交往的规则了。其二，这种规范的形成还与宏观社会的结构有关。按照科尔曼的理解，教育活动的规范只能在民主社会的体制下产生，而不能产生于一个等级森严的社会制度中。"因为在这样的社会中任何人都不可能想象与他人进行角色易位。当社团或组织中的成员不能遵从同一权威时同样很难形成机会均等的规范。"①其三，教育活动的规范的形成还依赖于一个社会的主体性发展。他认为，如果一个社会从外部强行实施一种教育的规范，那么社会群体中的成员将会失去他们在这个社会中应该有的优势地位，这样也抑制了他们拥护规范变革的动力。但是，如果规范的变革给某些成员带来了一定的损失和影响，就应该尽可能地让规范得到他或她的认可并且给予他们一定的补偿。当然，这种补偿不一定就是经济上的。但是，如果在一个社会中大多数成员都可能由于新的规范而受到损失，这些新的规范肯定得不到认可。因此，在科尔曼关于规范的后期研究中，他特别强调在创造新规范或者修改现有的规范的时候，应该特别重视激励、补偿和权威。

3. 教育活动规范的形成

科尔曼从功能的角度对社会规范进行了说明和规定。他认为，社会规范是"某一群体判别行为恰当或正确，不恰当或不正确的标准。规范是有目的的，创立规范或维持规范，认为规范得到遵守则自身受益，规范被破坏则自身受害"②。在科尔曼看来，社会规范一旦得到认可，就能够产生效用。而且，社会规范在得到认可以后具有一定的强制力。不管

---

① 哈里楠.教育社会学手册［M］.上海：华东师范大学出版社，2004：491.

② 同①494.

认可与否，人们在选择自己的行为方式时都不得不重视这些规范。但是，过去的社会学理论常常把社会规范看成一种事先给定的社会事实，而没有认真研究和分析社会规范是如何产生和发展的。而科尔曼则探讨了社会规范的形成。对此他有一段比较精彩的论述："规范属于宏观水平的建构，基于微观水平有目的的行为，但只有在某种条件下在从微观到宏观的过渡中才能最终形成。规范一经形成，便在某种条件下导致个体的行为。"①

科尔曼认为，社会规范的形成与社会资本具有非常密切的关系。在他看来，所谓的社会资本，指的是促使行为发生的关系集合网络。这种社会资本则能够通过人与人的交流激发期待、创建并实施规范。"社会资本就是有助于创建规范的关系集合。"②根据科尔曼的理论，社会资本的功能是多方面的：它能够有助于信息的传递和交流，使人们了解更多的信息；更加重要的是，它的价值还在于能够提供一种机制，使人们通过在社会交往中履行彼此应该承担的义务，达到相互的信任。通过这样的交往，人们了解彼此之间的义务与期待，由此在人们中间创建一套得到自觉遵守的规范，进而实现社会控制。从科尔曼的理论中可以比较清楚地看到，在社会资本和规范的形成过程中，义务与期待是非常重要的。也正是这种义务与期待，构成了人们共享信息与价值的基础，而它也就形成了一种人们相互之间彼此信任和约束的机制。

显然，这样一种建立在义务和期待基础上的教育规范对于教育活动是非常重要的。可以想象，在教师和学生的交往和互动中，这样一种在彼此认可和接受的义务和期待基础上的规范对于提高教学质量是非常必要的。在这种情况下，教师能够比较充分地了解学生的需要和学习期待，能够了解学生对自己的要求，从而适当地调整自己的教学行为；而学生在学习过程中也能够比较好地了解教师对他们的义务，懂得教师和学校

---

① 哈里楠.教育社会学手册［M］.上海：华东师范大学出版社，2004：494.
② 同①495.

对他们的要求以及他们应该遵守的纪律和规则，并形成正确的期待。这样，学生才能够与教师在教学过程中形成良好的互动。而师生关系之所以出现问题，双方不能形成适当的期待与彼此都认可的义务，或者说，师生之间的交往和互动缺乏有效的规范，则是一个比较重要的原因。当然，作为教育互动的规范的基础的师生相互认可的义务和期待，也是研究和分析教育规范的一个重要的角度。

4. 教育活动规范的功能

由于科尔曼将教育活动的规范定义为师生双方之间彼此承担的义务和期待，所以，他认为教师和学生在教育活动中的地位是一样的。换句话说，教育活动或者课堂的教学活动不能完全由教师来控制和主导，教师也不应该完全掌握教学活动中的各种标准，不能在课堂上为所欲为。他认为，学校中学生的学业标准应该由学校外部来规定。这样，教师和学生就都能够被置于同一权威的约束之下，进而使对于课堂教学活动的监督能够更好地实施。当然，科尔曼并没有完全否定教师在教育活动和课堂教学中的自主权，但是哪些课程内容必须传递，学生应该而且能够掌握哪些知识，都是由外部标准决定的。这样，由于教师在课堂教学中的权限发生了变化，所以，他们对自己的希望，以及对学生学习的责任，都在一定程度上得到了强化。科尔曼对教育活动的规范的理解是比较合理的。因为，在学校和班级的教学活动中，如果规范所约束的只是学生，而不包括教师，这样的规范实际上是没有作用的。当然，科尔曼的这种教育规范的理论也是对传统规范理论的一种发展和变革。无论在逻辑上，还是从现实看，这种教育规范对于保障学校和课堂教学的质量都是比较有效的。进而，科尔曼提出了所谓的"教育产出驱动模式"。按照这种模式，"教师的成功不与学生绝对学习成绩挂钩，而主要考虑个体学生及班级全体学生在整个学年取得了哪些进步。评价教师不仅要看班上有多少学生成绩优异，还要参考个体学生一年来进步的幅度。那些使有缺陷的学生和最不好管理的学生取得明显进步的教师应该得到额外的酬劳。此外，应该给那些进步幅度最大的学生在教育市场上更大的选择自由，就是说允许他们选择最好的学校、最好的项目、最好的教师"①。因此，科尔曼的这个模式具有增值评价的特点。

四、教育活动的基本条件

教育活动的基本条件，指的是在教育活动所处的外部环境中不能被活动者所控制的、对教育活动有直接影响的某些客观因素，它们从外部限制了教育活动的展开与实现，成为教育活动的客观依托。当然，这种条件并不包括帕森斯所说的遗传因素和生物要素，它主要是指外部环境中的客观因素。但是，这种条件除了外部的各种自然因素之外，同时也指各种社会性的客观因素，包括各种制度性的因素和结构性的因素。这些因素在一定程度上能够影响目标的确立，引起原则和规范的变化，制约活动者对于手段的选择，以及整个目标的实现。根据对于外部环境的一般性规定，可以从时间与空间这样两个方面，研究和分析教育活动的条件因素。

1.教育活动的时间条件

任何教育活动都要在一定的时间条件下进行和实施，而且这种时间是完全不受教育活动的参与者的主观因素所制约的，也是教育活动存在的最基本的形式之一。当然，教育活动的时间条件并不是抽象的。根据一般的理解，教育活动的时间条件主要体现以下几个方面。

第一，学生的成熟状态和程度。

所谓学生的成熟状态和程度，指的是学生，包括青少年学生与成年学生的年龄和身心发展水平。这是教育活动最基本的时间条件。任何教育活动都必须适应学生的年龄特点和身心发展所达到的水平。而且，这也是制约教育活动最重要的条件。例如，中国的民间俗话"八岁、九岁狗都嫌"，反映的正是小学3—4年级儿童的身心发展的特点。这个年龄阶段是儿童心理、社会与认知发展中一个非常重要的时间节点，是儿童去

---

① 哈里楠.教育社会学手册 [M].上海：华东师范大学出版社，2004：500.

自我中心化的关键时期。在这个阶段，小学生的认知能力和认知结构还没有完全分化，还不能按照界限非常清楚的方式接受认识对象和各种知识。所以，在这个年龄阶段，教师还不能完全按照学科的结构和要求进行教学。其实，这也就是通常教育学原理中所讲的"成熟原则"，即根据学生的成熟状态和程度，以及学生在这个阶段的特定需要进行教育教学。只有在学生个体的认知结构和能力达到一定分化水平以后，才能够根据教育学中所谓的"适应原则"，按照学科的规律和结构进行教育教学。

教育活动的时间条件不仅表现在青少年学生身上，而且也反映在成年学生身上。换句话说，成人教育也需要尊重成人的年龄特点和身心发展水平。成人已经具有的认识水平、认识结构，甚至是他们的认识习惯，都会制约、影响成人教育和他们的学习活动。由于在现代社会中终身教育的发展，学生的类型已经多样化，他们的年龄特点和身心发展水平都对教育提出了不同的要求，进而形成不同类型的教育活动，而这正是分析与研究教育活动时应该注意的。

注重教育活动的时间条件是中国教育优秀传统的重要特点之一。中国重要文化经典《论语》中的第一句话"学而时习之"中的"时"，主要含义就是强调学习必须有一定的时间性。能否把握教育活动的时间性，对教育质量具有非常重要的影响。

第二，教育活动的顺序。

教育活动的顺序，指的是教育活动的不同阶段与层次，包括幼儿园、小学、中学、大学等循序渐进的过程。这与前面所讲的年龄与身心发展水平是有所不同的。因为不同年龄的学生常常在同一个层次上学习。而这种时间条件则体现了教育活动的顺序特征。不同层次的教育活动常常具有不同的要求与标准，而且，教育活动的这种顺序是根据所有青少年学生身心发展的一般规律总结而成的，反映了一种对于教育活动的时间条件的抽象。因此，这样一种顺序就要求在不同的层次按照不同的要求与方法进行教育教学。在现实的教育活动中，许多问题往往就出在顺序的混乱上面。本来对某个层次适用的方法，却被用在了另外的教育层次上；本来应该在某个特定的教育层次上解决的问题，却不得不在另一个层次上去解决；本来应在某个阶段学习的内容，却提前或延误到其他阶段。其中，学前教育小学化就是一个非常典型的例子。

教育活动的顺序对整个学制的改革，以及教学计划的设计与安排，甚至课堂教学活动的进行等，都具有实质性的意义。在这种顺序条件中体现的连续性与间断性之间的关系，则直接影响了教育活动的稳定性与效率，是分析教育活动十分重要的变量。

第三，社会发展的历史阶段。

社会发展的历史阶段也是教育活动中一个非常重要的时间条件。不同的社会历史阶段和时期都会对教育活动提出不同的要求，构成不同的教育发展的环境，从而产生不同的发展目标。这些都是教育活动不可回避和选择的客观条件。在研究教育活动时，社会历史时期和阶段的特点常常是分析和解释各种不同教育现象的一个非常重要的角度。研究教育活动的过程视角便是这种时间条件的一个反映。社会历史时期中的各种政治、经济和文化因素，都能够为教育活动提供特定的解释框架和分析资源。

2. 教育活动的空间条件

所谓教育活动的空间条件，主要指的是教育活动的环境变量。这是分析和解释教育活动的一个十分重要的条件因素。如同时间条件一样，任何教育活动都必须在一定的环境中进行和存在，它也是任何教育活动所不能回避和选择的。同样重要的是，教育活动所具有的环境条件与其他社会活动是不一样的。

营造和建设一个良好的学习和教育环境，是教育活动的重要任务之一，也是教育活动最根本的外部条件之一。分析教育活动的重要取向之一，便是观察环境的影响。营造一个良好的教育环境，鼓励和促进教育活动的利益相关者积极参与其中，彼此发生一种融洽的交流与互动，是教育活动取得成功非常重要的条件。杜威在讨论教育的方法时，就非常明确地指出，"一般地说，问题的回答就是：依靠环境的作用，引起某些反应"①。教育环境是非常重要的，因为"成人有意识地控制未成年人所受教育的唯一方法，是控制他们的环境。他们在这个环境中行动，因而也在这个环境中思考和感觉。我们从来不是直接地进行教育，而是间接地通过环境进行教育"②。所以，教育活动的重要任务之一，就是营造一个有利于学生健康成长的环境。

教育活动的空间条件或环境并不是一般的外部自然界或者社会，它具有特定的含义。一般而言，教育活动所强调的环境至少有以下几个含义。首先，它必须与个体具有某种相关性。按照杜威的解释，"一个人的活动跟着事物而变异，这些东西便是他的真环境"③。按照教育的基本理论与实践要求，教育活动的环境至少包括两个方面：一是教育活动展开过程中周围的社会与自然环境，它们与具体的教育活动密切相关；二是与受教育者的心理密切相关的事物，是他们喜欢或者熟悉的东西，这些东西可能并不在他们周围，但同样构成学生成长的环境，如互联网。如果与受教育者的生活和心理缺乏必要的相关性，即使就在他们眼前，也不构成其教育的环境。

其次，这种教育活动的环境必须体现一定的要求和目的性，是一种人为的建构。杜威区分了设计的环境与偶然的环境。他说道："我们是容许偶然的环境做这个工作，还是为了教育的目的设计环境，有很大的区别。任何环境，除非它已被按照它的教育效果深思熟虑地进行了调节，否则就它的教育影响而论，乃是一个偶然的环境。"④所以，教育活动的环境应该充分体现教育的目的与要求。

最后，教育活动的环境应该尽可能地体现不同阶段与类型教育活动的特点，包括基础教育和高等教育，以及职业教育和成人教育。例如，

① 吕达，刘立德，邹海燕．杜威教育文集：第 2 卷 [M]．北京：人民教育出版社，2008：15.

② 同① 23.

③ 杜威．民主主义与教育 [M]．北京：人民教育出版社，1990：13.

④ 同① 23.

小学教育环境的重要特点之一，就在于它的开放性，包括学习空间的开放性、学习与娱乐空间的一体化，以及整体环境的互联互通，等等。这种开放性的教育环境能够体现小学课程的综合性特点，它本身正是小学教育中的一种潜在课程，由此促进小学生的全面发展和对外部世界的直接的整体把握。例如，如果小学操场的设计和建设出现某些死角或盲区，往往使小学生霸凌现象或破坏行为不易被发现。而它的开放性则有助于小学生发现或找到自己的朋友，并得到他们的帮助，促进同伴之间的交流，扩大活动的选择性，等等。[①] 而且，环境的开放性也可以体现在学校教室的设计上。有的国家的小学教室已经采取了整体性和开放性的格局。教室只是半封闭的，而且，不同的课程，包括音乐和游戏教育等，都安排在一个大空间中。[②]

需要指出的是，教育活动中的环境设计，必须遵循教育的规律，它至少应该考虑三个原则。一是简化的原则。由于受教育者，尤其是中小学生并没有许多社会生活的经验，也不能理解其中的复杂性，所以，学校环境不能完全模仿和参照社会的环境，而应该"把它分成许多部分，逐步地、分层次地、一部分一部分地吸收"。如果什么东西都放在学校里，其结果只能是一团混乱，以至于让学生无所适从。为此，"我们称做学校的社会机构的首要职责就在于提供一个简化的环境。选择相当基本并能为青少年反应的种种特征。然后建立一个循序渐进的秩序，利用先学会的因素作为领会比较复杂的因素的手段"[③]。

二是排除原则，即尽力排除现实环境中的各种丑陋现象，建立一个净化的环境。因为学校的责任并不是把社会上的全部东西都传递下去，而是需要通过必要的优化，构建一个适合受教育者成长的环境，包括对

---

① Hayes D. Encyclopedia of primary education[M]. London: David Fulton Publishers, 2009: 158.

② 笔者1997年访问日本福岛三春町时，所见某所小学的教室即如此。

③ 吕达，刘立德，邹海燕. 杜威教育文集：第2卷［M］.北京：人民教育出版社，2008：24.

民族传统文化进行创造性转化和创新性发展，选择其中优秀的文化遗产。所以，"学校有责任从环境中排除它所提供的这些坏东西，从而尽其所能抵制它们在通常社会环境中的影响"①。而学校的环境应该是社会中最好的东西的汇集和某种符合教育规律的安排。

三是平衡原则，即平衡社会环境中的不同成分，尽可能地使具有各种不同背景的受教育者都能够有机会获得不同文化的营养，并避免受到他或她所在社会群体或文化的限制，进而能够与更加丰富和恢宏的社会环境发生一种充满生气的联系。由此，让受教育者从小就能够认识和理解其他的文化，尊重差异和不同的风俗习惯，进而形成一种比较包容开放的共同体意识。

学校教育环境的设计是一个科学问题，它能够让受教育者之间，以及学生与老师之间发生更多友好的交往和互动。"凡是儿童忙着做事情，并且讨论做事过程中所发生的问题的地方，即使教学的方式比较一般，儿童的问题也是自动提出来的，问题的数量是很多的，他们提出的解决问题的方法是先进的，多种多样的，而且有独创性的"②，这就是教学环境的标准。

五、教育活动的主要手段（工具）

所谓教育活动的手段或工具，指的是在教育活动所处的时空环境中，可以为活动者所控制和利用的、对教育活动具有直接影响的各种外部因素。如果说条件的影响和作用对于任何一个教育活动来说都是不可选择的，而且它们对教育活动的影响和作用是全面的，那么教育活动中手段的利用却是可以选择的，是可以为活动者所调控的。教育活动的手段常常具有比较宽泛的含义，所包含的内容也是比较多方面的。它包括了课程、教材、教室、教学用品等。随着社会生产力水平的不断提高和科学

---

① 吕达，刘立德，邹海燕.杜威教育文集：第 2 卷 [M].北京：人民教育出版社，2008：24.
② 杜威.民主主义与教育 [M].2 版.北京：人民教育出版社，2001：170.

技术的发展，教育活动的技术和手段也越来越发达，它们对教育活动的影响也越来越大，甚至在一定程度上改变着教育活动的形态和模式。充分认识现代社会中教育活动的工具与手段的意义，是非常重要的。这里，仅仅以教育信息技术说明这个问题。

教育信息技术是现代社会教育活动的主要手段和工具之一，它的内涵与形态是多种多样的，对整个教育活动产生着日益重要与持续的影响，甚至不断颠覆着社会的教育认知。这种影响是非常广泛的，包括教育环境的改变、学习方式的调整、教师角色的新定位、课堂的更新、评价体系的改善等等。这里，将进一步从教育活动的空间变化、教育功能与教育教学模式的改革两方面进行说明。

1. 从生存空间的扩大到思维空间的拓展

信息社会与教育信息技术对教育活动的影响，首先表现为极大地拓展了教育活动的内涵与空间。对此，奈斯比特（John Naisbitt）认为，工业社会到信息社会的变化主要体现在以下几个方面：第一，技术知识成为新的财富，工业经济时代诞生的"劳动价值论"被新的"知识价值论"所替代；第二，时间观念发生了重要的变化，人们既不像农业社会的人那样习惯于面向过去的经验，也不像工业社会的人那样注重眼前和现在，而是更强调面向未来和预测未来；第三，生活目标的变化，即出现更加激烈的人与人之间的竞争，而不仅仅是人与自然的竞争。[①]而贝尔（Daniel Bell）则比较了工业社会与后工业社会的不同，并认为工业社会是一个商品和产业的社会，而后工业社会是一个信息社会，因为信息处于后工业社会的中心地位。在贝尔看来，后工业社会的经济形态已经由过去的产品生产经济转变为服务型经济；在职业结构中专业与技术人员处于主导的地位；在社会结构方面，理论知识处于中心地位，成为社会改革和发展的源泉。[②]而美国学者嘉格伦（Glenn R. Jones）在《网络教育——21

---

① 崔保国.信息社会的理论与模式 [M].北京：高等教育出版社，1999：60-62.

② 贝尔.后工业社会的来临：对社会预测的一项探索 [M].北京：商务印书馆，1984.

世纪的教育革命》中则非常直接地说明了信息社会对教育的影响。他认为，在信息社会信息是一种极为特殊的资源，它通常没有重量，看不见摸不着，而且可以同时存在于不同的地点。信息社会中工具的主要功能，就是制造、存储、发送和更改信息。如果说工业社会使得人类活动扩展到了地球的各个角落，那么信息社会则能够大幅度扩展人类的思维空间。这种思维空间的延伸，再辅之以生产力的进步，就产生了一个全新的人类社会。在这个新社会中，人的思维，而不是宗教或自然力量，成为最为强大的力量。[①] 如果说工业社会相对于农业社会，极大地扩展了人类的生存空间，那么信息社会相对于工业社会，则通过信息与新的传播工具和方式，特别是通过新的传播理念，极大地扩展了人类的思维空间。正是这种新的无限的思维空间，构成了人类发展与教育活动的新空间，成为新的教育形态的重要标志。在这种新的教育空间中，思维能力获得了特别重要的战略地位。谁在思维方面占有优势，谁就能够在这种新的空间中占有更大的部分和份额，谁就能够在新的信息社会中具有更强的竞争力与较高的社会地位。而这种思维恰恰构成了教育活动的重要工具与手段。

2. 对教育功能与教学模式的影响

在信息社会中教育信息技术不仅拓展了教育活动的空间，而且对教育活动的功能与新的教学模式具有非常重要的影响。

首先，教育信息技术成为建构教育活动新秩序的重要力量之一。如果说在人们生存空间不断扩大的工业社会中，教育活动重视和强调的是人们对社会活动的规范和对这种实体性生存空间秩序的维护，那么在思维空间不断拓展的信息社会，教育活动更加重视和强调对人们思维活动的规范和对思维空间秩序的维护。换言之，建立在巨大思维空间基础上的教育活动需要一种真正思想上的认同和文化上的"新秩序"。信息社会为人们所拓展的思维空间中的协调和一致，并不能仅仅依靠行为上的

---

① 嘉格伦.网络教育：21世纪的教育革命［M］.北京：高等教育出版社，2000：7.

"契约"来保证，而必须同时依靠思想和文化上的认同来支持。这也恰恰是信息社会教育不同于过去教育的一个特点。简单地说，单纯外在的行为训练和规范，已经不能满足信息社会稳定和发展的要求；虚拟空间和思维空间的新秩序的建设，要求教育活动必须确立和具有新的功能。这也恰恰是教育信息技术所具有的新的功能，由此所建立和形成的新的教育秩序将带来教育活动的一系列变化。

其次，教育信息技术将引起学校教学模式的重大变化。由于学习方式与获得知识的途径越来越多，学生的学习活动具有了更大的自主性。如何引导学生的自主学习，特别是帮助与指导学生在学习活动中进行反思和体验，成为教师的重要责任。显然，思维活动的规范和思维空间的秩序的维护，绝不能单纯地依靠外在的强制和训练，而必须依靠社会成员自己的自觉和认同。没有这样一种个体的自觉和自我意识的培养，信息社会中思维空间的秩序的建立和维护是不可能的。这种个人内在的反思和体验作为教育的重要形式，正是信息社会与传统工业社会的教育不同的地方。对此，英国社会学家吉登斯有一段非常深刻的表述。他说："个体生活中的变换总是需要心理重组，它在传统文化中常常以过渡的仪式……被仪式化。在这样的文化中，集体层面上的事情代代之间少有改变，而改变了的认同清楚地处于监视之下，如当个体从青春期迈向成年的时候。相反，在现代性的情境下，变化的自我作为联结个人改变和社会变迁的反思过程的一部分，被探索和建构。"[①]尽管这段话有些晦涩，但它却非常明确地表达了一个意思，即在现代社会中，反思的活动和过程在人们的思想变化以及自我建构中具有非常重要的作用，而不是像在传统社会中那样，仅仅是一个外在的仪式化的过程。只有通过内在反思和体验而形成的自我，才能比较清楚地认识信息社会中思维空间的秩序和要求，真正建立起自己在这种思维空间中的自我同一性。而这种从外在

---

① 吉登斯.现代性与自我认同：现代晚期的自我与社会 [M].北京：生活·读书·新知三联书店，1998：35.

规范到内在反思与体验的转变，必然要求教育教学模式的变化。这里反映了主体的一个变化，即学习者真正成为这种反思和体验的不可替代的主体，而且学习者自我的学习活动和发展成为这种反思和体验的基础与本位。

在教育信息技术对教育活动的影响中，互联网扮演着一个非常关键的角色。互联网的出现，为学习者的主体地位、学习者的学习活动成为本位，以及整个教育活动的一体化，等等，提供了必要的保证。正是由于以互联网为基础的教育的出现，学习者的学习具有了更大的选择性，任何个人在任何地方、任何时间的任何学习需要，都能够得到一定的满足，并且支持了学习者不断提高学习过程中的主动性，加强学习过程中的内化，即反思和体验等活动。更有意思的是，互联网的出现，使得教育活动的一体化真正成为可能。通过互联网，人们的生活和学习在一定程度上成为丰富多彩的"拼贴画"。在这幅"拼贴画"中，人们可以凭借手中的鼠标，在电脑上呈现世界各个地方的信息，并将它们结合在一起。这样，过去由于空间阻隔而"不在场"的存在，在今天已经具有现实意义，虚拟空间成为人们现实生活和学习的一部分。由此可见，教育信息技术作为一种非常重要的教育活动的手段，对教育活动的影响是多方面的，而且的确在一定程度上改变和调整着教育活动的形态和模式。但是，需要进一步说明的是，无论教育信息技术的作用如何重要，它都不能够完全取代教师的教学活动以及学生主动积极的学习活动，也不能替代教师与学生之间活生生的交往。它更多地只是为这些教育活动提供了一个更加广阔的平台和更加方便的条件。

也许有人会觉得奇怪，为什么在上述教育活动的因素分析中，没有涉及活动者这一活动主体呢？这难道不是一种没有人的活动分析吗？其实，上述分析中关于活动的目标、活动的规范等的论述，都是对活动主体的说明。应该看到的是，社会学对活动的分析更重视的是活动的社会联系。对此，布迪厄在介绍他的场域理论时，就非常明确地说道："即使人们在构建一个场域时不能不借助个体……，社会科学的真正对象也并非个体。场域才是基本性的，必须作为研究操作的焦点。"①而他所谓的场域，实际上也就是一种社会联系。在他看来，作为行动者，个人是与一定的社会关系联系在一起的。

上述四个方面的因素，构成了教育活动的基本内涵，也是分析教育活动的基本对象和着眼点。但这并不意味着教育活动完全就是由这四个因素构成的，或者说，根据这四个因素就能够非常完全和彻底地对教育活动进行分析和解释。实际上，在教育活动中，还包含了很多仍然不为人知的因素。对此，法国社会人类学家布洛克（Maurich Block）提出了人类行动的无意识的观点。他认为，首先，人类的社会行动并不能完全被行动者通常认为的那些规则和理由所支配、说明和解释，因为，"成为我们社会行动之基础的他人和世界的相互性解释、预测、调整、纠正和认知，其速度必须要无限超过一切'有意识的'调控所能达到的速度"②。其次，他还认为，作为人类非常重要的行动能力之一的语言能力，在很大程度上也是受人类的无意识的能力所控制的。他说道："只要是人，都能有效地运用他们所操的那种普遍的自然语言的基本语法，不过，它们是通过我们大多数人称之为'无意识'这种方式来实现的。我们完全知道，如果我们要遵循一门语法的不可变更的复杂规则，那我们是无法及时地说出我们要说的话的。"③

实际上，在各种各样复杂的教育活动中，许多现象是无法完全用现在这些因素去解释和说明的。这也是目前分析教育活动的限制。从某种意义上说，教育社会学的作用，不仅是运用已有理论模式去解释各种各样的教育现象，它还包括在理论无法解释和说明各种现象时，去探索那些尚未被人们知道的原因和因素。同时，了解和掌握一般教育活动的基本构成，只是为研究和分析教育活动提供了一个基本的分析框架、思路和方法。

① 布迪厄，华康德.实践与反思：反思社会学导引 [M].北京：中央编译出版社，1998：146.

② 北京大学社会学人类学研究所.21 世纪：文化自觉与跨文化对话（讲义）[Z].北京：北京大学，1998：25.

③ 同②.

第二节 教育活动的三种分析取向

对教育活动的四个因素做进一步的分析，可以清楚地看到，这样四个活动因素，实际上可以分成两类。一类是构成教育活动的主观因素，包括活动的目标和活动的规范。它们赋予教育活动某种具体的意义和价值。换言之，教育活动的意义和价值，正是通过教育活动的目标和规范来实现的。不同的目标和规范，必然形成和具有不同的意义和价值。另一类是构成教育活动的客观因素，包括教育活动的客观条件和各种手段。它们是构成教育活动的实现方式和途径的重要因素。而且，教育活动的成本分析和效益分析常常主要是通过对这些条件和手段的研究而实现的。由此，可以看到分析教育活动的三种不同的思路和取向。这些不同的分析思路与分析取向，形成了教育活动研究中不同的观点和理论主张。

一、客观主义与主观主义的取向

1. 客观主义研究取向

所谓客观主义研究取向，指的是在教育活动的研究中，强调其中的客观因素。这种取向认为，在构成教育活动的四个基本因素中，条件和手段等客观因素在解释和说明各种教育活动中具有决定性的作用，而目标和原则则是次要的。例如，在分析和解释学生的学习行为时，仅仅从学校或教师以及其他外部因素入手，认为学生本身的因素是次要的，包括在分析学校中的"差生"时，总是对学校的环境、教师的素养，以及家庭等因素投以更多的关注。有的观点认为，对于中小学生来说，外部的环境和社会因素，包括家长因素和同伴之间的相互影响等，与他们还很不成熟的自我意识相比较，是他们成长和发展过程中更重要的因素。

同时，在研究学科和课程时，更加突出地强调学科与课程的社会本位，并且重视从它们的社会基础及其适应社会经济文化方面进行评价。同样，在设计教育改革的方案时，包括对教育政策等对象进行研究和分析时，较多地考虑社会环境的因素和各种影响，而忽视教育活动本身的内在规律和价值。当然，教育活动的外部客观因素是非常重要的。这种外部客观因素也构成了分析教育活动十分重要的取向。从某种意义上说，教育活动的目的，或者说，教育活动的重要内容之一就是建立一种有利于个体身心发展的环境，包括必要的外部环境。

然而，这种客观主义的研究取向实际上是把教育当作一种单纯适应环境的活动，把教育降低为一种"反应性"的活动。这样，实际上也否定了教育的价值，这无异于取消了教育。教育活动的客观主义研究取向是非常危险和有害的。这种取向的典型表现之一，即以一种单纯经济学的取向解释和研究教育改革和发展中的现象与问题，而且过分地强调经济因素对教育改革和发展的意义，或者说，简单地将教育改革和发展中的问题归结为经济或经费的问题。当然，教育改革和发展的状况的确与教育的投入存在非常密切的关系。教育经费的短缺，或长期达不到应该有的投入水平，必将造成教育活动的扭曲和变形，特别是造成教育发展不均衡、不公平的现象。但现实情况远远不是这样简单。以某些贫困地区教育发展的落后状况为例。尽管确实存在投入不够的问题，但还可以从其他角度进行解释，包括对教育的预期、制度假设与文化假设等等。更加重要的是，这种单纯强调经费的客观主义研究取向，客观上造成了教育科学没有地位的恶果，使人们甚至政府不能真正地尊重教育规律和科学。因为，如果按照这种客观主义的研究取向，那么人们非常容易误认为教育问题其实是非常简单的，只要多增加教育经费就可以了，而教育本身并不存在什么科学与规律。

2. 主观主义研究取向

与上述客观主义的研究取向相反，所谓主观主义的研究取向，指的是在教育活动的研究中，强调其中的主观因素，认为对于任何教育活动来说，主观的目的和原则是具有决定性的因素。这也就是说，在构成教育活动的四个基本要素中，注重和强调其中的目的和原则，认为这些主观因素在解释和说明各种教育活动中具有决定性的作用，而人们在活动中的条件和手段则是次要的。例如，在对待教育的公平与效益这一对矛盾时，过分强调教育本身的特殊价值和规范，把教育的机会均等绝对化，而忽视了教育活动所处的客观社会环境与条件，在一定程度上否定了教育活动本身同时具有的效益标准与要求。又如，在分析教育活动中的师生互动时，过分地强调教师和学生对对方及其符号的理解在互动中的作用，或者把这种理解绝对化，而忽视了在这种互动中各种外部客观因素的作用。根据这种观点，任何教育活动，只要符合一定的目标和规范，就是合理的。如果由于其缺乏必要的条件，或者采取了不适当的手段，以致产生了不良的后果，或未能达到预期的结果，也没有关系。这种研究取向，表面上重视教育，实际上是把教育等同于一种纯粹主观的活动，从而否定了教育活动的现实性。

片面强调教育活动中的主观因素也是十分有害的。因为，任何教育活动都不能脱离现实的客观环境。曾经红极一时的建构主义理论与意义分析正是这种主观主义研究取向的代表。当然，由于学习者在学习活动中的主动性和创造性，他们并不是简单地接受外部知识和信息的影响，而是能够不同程度地主动选择这些知识与信息，并且将它们与自己已经有的知识与认识框架结合起来。所以，建构主义理论是有一定道理的，特别是对于超越过去简单的行为主义心理学是非常有意义的。但是，这种建构并不能完全否定个体学习和发展的客观基础，它否定的只是个体在学习和接受时的被动性和消极性。同样，就意义分析而言，它强调的是个体对学习活动的价值认知以及这种认知对学习的引导和评价，它涉及一种新的教育活动的评价标准和取向。由于这种意义世界对人的发展的重要性，其在教育研究中也是非常必要的。但这种意义分析并不否定意义的客观基础，它所强调的只是价值取向的作用。然而，无论是建构主义理论还是意义分析，它们在现实的教育研究中常常陷入一种相对主义的困境，以至于发展到否定教育活动的规律性和科学性。对此，英国著名的教育社会学家扬在他的《知识与控制》这一名著的中文版序言中，对该书 1971 年版本中存在的这种倾向进行了主动的反思和检讨。他说道："认为课程是一种社会的建构，这种观点也是有危险的，在 1971 年我自己并没有认识到这一点，而且，它不仅招致了许多批评，而且破坏了这种观点对课程政策所具有的潜在价值。《知识与控制》这本书认为，所有的知识都是社会建构的，换句话说，所有的课程都反映了某些社会群体的利益。然而，如果按照这种简单的方式理解这种观点，那么，我们就不可能以相对于其他课程形式来为某种课程形式的合理性进行辩护，因为它们都必然反映某些社会群体的利益。这种相对主义长期以来一直是知识社会学的一个问题。"[①]

应该承认，教育活动中的主体意识和主观因素是非常重要的，因为它们在教育活动的建构过程中的确发挥了十分重要的作用。我们过去认为是"合理"或者"合乎逻辑"的那些东西和理论，或者说我们过去曾经非常肯定的某些判断和所谓真实的命题，实际上都涉及自我的反思，或者是按照某种标准模式对自己思想的批判。这些模式必然成为人们关于"好的观点是什么、合乎逻辑或有效的观点是什么"的共享的意义系统。而且，在哲学、科学和日常交往中，或者是在教师和学生的课堂互动中，这些共享的意义系统想当然地成为没有问题的一整套假定。而建构主义理论则要求在教育社会学的研究中，把所有这些想当然的共享的意义系统，都看成是有问题的，使之成为研究和分析的对象。正是通过对这些共享的意义系统，包括学科、科目、考试答案、标准等的批判和考察，我们便可以发现新的研究课题。[②] 相比于其他社会活动，教育活动中这种主观意识的作用往往具有更加重要的意义。

---

① 扬. 知识与控制：教育社会学新探 [M]. 上海：华东师范大学出版社，2002：《知识与控制》中文版序言 2-3.

② Mills C W. Language, logic and culture[J]. American sociological review, 1939, 4(5)：670-680.

二、辩证的研究取向

所谓辩证的研究取向，指的是根据辩证的观点看待主观和客观因素在教育活动中的意义和作用，认为应该通过主客观的相互作用去分析和解释教育活动的产生、变化和发展。在教育这样一种应用性社会科学中，主观和客观因素是相互渗透、彼此结合的，并由此形成各种教育活动的意义和现实。这种辩证的研究取向具有三个基本特点。

1. 强烈的目的性

强烈的目的性，是指教育活动是一种在目的引导下的活动，因而具有十分鲜明的主观性。任何教育活动都是以促进人的身心发展为目的的。但是，在不同的社会历史条件下，在不同的社会制度环境中，由于不同的文化传统和条件等等，教育活动的这种主观性的体现往往是不一样的，教育的目的和原则也是不同的。尽管有人强调教育要遵循人的成长的自然规律，但这种遵循个体成长的基本规律的要求，并不意味着"听其自然"。所以，这种主观性是教育活动区别于各种自然活动的重要标志。当然，教育活动与其他社会活动所具有的主观性又是有所不同的。一方面，教育活动是一种以促进人的身心发展为专门目的的活动；另一方面，与其他以现实性为基础的社会活动相比较，教育活动作为一种主要以对未来人才的培养为目的的活动，其主观目的性具有一种指向未来的特点，因而对教育活动具有更重要的意义。

2. 客观环境的约束

客观环境的约束是指任何教育活动都是在一定的客观环境中进行的，也都是通过一定的条件和手段实现的。因此，客观因素对于任何一个教育活动来说，都是不可缺少的。一般而言，教育活动中的客观因素，包括两个方面：其一，自然性因素，指的是各种具有实在性物质形态的因素，包括各种资源、条件和工具等；其二，社会性因素，主要指的是社会中的各种制度性的因素和意识形态的因素，包括社会的政治、经济和法律制度，以及各种社会的行为规范等等。同时，整个社会的教育制度也构成了影响微观的教育活动的客观因素。另外，社会的文化传统和意识形态等，从某种意义上说，也构成了影响教育活动的客观因素。这些客观因素对于教育活动的影响是双重的。一方面，它们为教育活动提供了必要的条件、手段和工具，以及各种必要的资源；另一方面，它们也在一定程度上限制了教育活动的范围和程度，使其具有了一定的边界。

3. 建构性的活动

建构性的活动，是指教育活动是教育活动的主体在客观条件和结构的制约下进行的一种建构性的活动，是一种以文化特别是知识为中介在现实中展开的建构性的活动。所谓以文化特别是知识为中介在现实中展开的建构性活动，指的是教育活动实际上是一种在主观和客观之间以文化特别是知识为媒介而形成的相互作用的结构。换一个角度说，它也可以是主体与客体之间，或个体与社会之间以文化特别是知识为中介而形成的相互作用的结构。这种建构性活动一方面以现实的社会文化和知识结构为基础，另一方面教育活动本身也在不断地创造出新的社会文化和知识结构。从一定意义上说，任何社会活动都是主观和客观之间或主体与客体之间相互作用的结构。而且，"主体与客体、行动与结构的关系，是社会科学理论乃至于社会哲学的核心问题"。但是，不同活动之间的差异常常在于这种相互作用的媒介是不同的。一般的社会学理论通常都不否定社会活动中的这种相互作用，但分析和论述这种相互作用的出发点和角度常常是有所区别的，由此形成了不同的理论取向。

有必要进一步指出的是，教育活动的这种建构性的二重性，由于相互作用的媒介的特点，又与其他社会活动的建构性的二重性有所区别。这种二重性，主要是通过文化，特别是知识的媒介而实现的。具体来说，教育活动的建构性包括以下三个基本的层次。其一，一定社会的文化和知识体系构成了教育的建构性活动的最直接的客观环境。这种文化和知识，包括一定的语言和叙述方式等等，通过它们本身所包含的社会建构性，形成了所有教育活动的客观的社会背景。从这个意义上说，直接对教育活动起作用的客观环境实际上是一种文化和知识环境。其二，教育的这种建构性活动，从根本上说，是通过对知识的分配与对人的培养和选择而实现的。因为，教育活动绝不仅仅是一种单纯的传授知识的活动，它对知识的传授是具有一定的社会取向的，或者说，是一种有选择的传授。特别是随着现代教育体系和结构越来越复杂和丰富，这种知识传授的取向性和选择性也越来越明显和突出。当然，这种取向性和选择性也会随着教育活动的变化与发展而有所不同和变化。其三，这种教育的建构性活动主要是通过对人本身的建构而实现的。对此，布迪厄的理论给予了比较好的说明。他建立了一种包含了客观主义和主观主义两种途径的"生成结构主义"（genetic structuralism），认为社会划分和心智图式通过生成联系在一起，所以它们具有结构上的对应关系。这里，布迪厄的观点实际上包含了两个方面的含义。首先，按照华康德对布迪厄观点的解释，"心智图式不是别的，正是社会划分的体现。随着个人不断接触某些社会状况（这种接触的结果也因此日积月累），个人也就逐渐被灌输进一整套性情倾向。这种性情倾向较为持久，也可转换，将现存社会环境的必然性予以内化，并在有机体内部打上经过调整定型的惯性及外在现实的约束的烙印。……正是经由这种内化过程，行动者在其实践中注入的各种超个人的、无意识的关注原则或划分原则得以构建"[①]。其次，由于人们的实践活动，特别是由于"惯习所产生的行动方式并不像根据某种规范原则或司法准则推演出来的行为那样，具有严格的规律性，事实上也不可能如此"（根据布迪厄的说法，"惯习是含混与模糊的同义词，作为一种生成性的自发性，它在与变动不居的各种情境的即时遭遇中得以确定自身，并遵循一种实践逻辑，尽管这种逻辑多少有些含混不清，但它却勾勒出了与世界的日常关联"[②]），所以，人们的实践活动具有某种先于认知的"实践感"。按照华康德的解释，"这种实践感在前对象性的、非设定性的层面上运作。在我们设想那些客体对象之前，实践感所体现的那种社

---

① 布迪厄，华康德.实践与反思：反思社会学导引 [M].北京：中央编译出版社，1998：13.

② 同① 24.

会感受性已经在引导我们的行动。通过自发地预见所在世界的内在倾向，实践感将世界视为有意义的世界加以构建"①。也正是通过这样一个生成的过程，人们的心智结构与社会结构具有了同一性。布迪厄也非常明确地指出，发达社会中的这种对应关系大部分是通过学校体系的职能生产出来的。② 由于现代社会中知识本身的地位、性质和特点的变化，特别是由于知识在信息社会和知识经济中已经具有一定的"资本"的意义，所以，教育活动在再生产出一定的社会文化和知识体系的同时，也再生产出一定的社会政治和经济结构。这也正是对教育活动的一种辩证的分析和解释。根据这样一种观点，我们可以形成一种对教育活动的新的解释性角度，即从一种生成性结构化的角度分析和说明教育活动的形成、发展和变化，以及它的意义。

第三节　教育活动的合理性

教育活动必须具有合理性，这是教育作为一门社会科学的必要条件，也是教育社会学的功能与价值的基础。认识与理解教育活动的合理性，是教育社会学的重要内容。

一、合理性的内涵与类型

1.合理性的含义

所谓教育活动的合理性，指的是对于教育活动的一种价值判断，或

---

① 布迪厄，华康德．实践与反思：反思社会学导引 [M]．北京：中央编译出版社，1998：24.

② Bourdieu P. Systems of education and systems of thought [J].International social science journal, 1967, 19(3)：338—358.

者说，是根据某种标准或尺度对教育活动所做的价值判断。教育活动作为一种培养人的活动，特别是作为促进人的身心发展的活动，本身就具有十分强烈的价值取向。所以，研究教育活动，其合理性分析是不可避免的。从教育发展的历史来看，教育活动的合理性的发展主要经历了以下几个阶段。第一，神意或宗教型阶段。也就是说，以神意或宗教教条作为判断教育活动合理性的标准，即凡是符合神意或宗教教条的教育，无论其内容、形式和手段如何，都是合理的。第二，传统型阶段。即以过去的事物，或者风俗习惯，以及前辈所遗留下的信念等作为判断教育行为合理性的标准。凡是与过去相一致的，都具有一定的合理性。韦伯则把传统行动看作无意识地遵循习俗的一种机械行动，通常只是一种含糊的、对习惯性刺激重复其固有态度的反应。第三，情感型阶段。这种合理性注重的是与官能的快感相一致，或者按照自己的简单的、当下的感觉去判断教育活动的合理性。而韦伯则把这种情感式行动看成一种对于非日常性刺激无从控制的反应。第四，理性型阶段。即把理性的规则与要求作为判断教育活动是否合理的标准。也就是说，合理的教育活动是经过人们理智地思考和判断后的行为。显然，现代社会的教育活动是一种以理性作为合理性标准的活动。但是，即使是这种合理性的活动，本身也包括着差异和矛盾。而这种差异和矛盾正是今天分析教育活动合理性的对象所在。

对于教育活动的合理性，教育界和社会的不同方面都存在各自的看法，在标准和参照系上也常常莫衷一是。结合本书在前面关于教育活动的基本构成要素的分析，这些不同的看法可以归纳为两种基本的取向，即从主观的方面和从客观的方面进行分析与说明。据韦伯关于社会行动类型的理论及其对合理性的观点，人们的合乎理性的社会行动可以分成两类。其一是所谓的"工具合理性行动"。这种合理性行动是由对处于周围和其他环境中的客体行为的期待所决定的行动。这种期待被当作达到行动者本人所追求的和经过计算的目的的条件和手段。其二是所谓的"价值合理性行动"。这种行动的合理性主要是出于对某些伦理的、审美的、宗教的、政治的或其他行为方式的考虑，它与成功的希望无关，是纯粹由对特定价值的意识信仰决定的行动。[①] 由此可见，所谓工具合理性行动，实际上指的是由教育活动的客观条件和工具所决定的行为；而所谓价值合理性行动，则是指由教育活动的各种主观因素，如目标和规范所决定的行为。

2. 教育活动的工具合理性

所谓教育活动的工具合理性，主要指的是以能够计算和预测后果为条件来实现目的的行动。由于计算和预测行动的后果主要依赖于整个活动对条件的把握和对手段的运用，因此，这种工具合理性的教育活动，又主要指的是根据教育活动的条件和手段来决定的行为。

具体地说，一种教育活动是否合理，主要取决于这种活动的安排与设计是否具有一定的客观条件和手段，以及活动本身是否适合这种条件或者它所采用的手段是否恰当。例如，对于某一次课外活动的安排，主要考虑是否具备开展课外活动的一定的条件，或者主要从开展课外活动的各种手段和工具方面考虑如何进行。这种工具的合理性实际上主要考虑的是某一个教育活动与周围环境和条件的适应，以及某些可运用的手段对达到行为特定的目标所具有的能力和可能性。至于这种教育活动的具体目标的价值是否符合人们的主观愿望和社会的一般规范或道德，则是次要的问题。一般而言，教育活动的工具合理性，通常具有如下两个基本特点。

第一，教育活动的工具合理性基本上是排除人们的主观价值判断或者是主张价值中立的。更准确地说，对教育活动的工具合理性所采用的判断标准，并不是人们内在的各种主观愿望、意愿、信念或道德标准，而是客观的条件与手段。只要在适应客观条件上合理，只要在运用手段上合理，这种教育活动就是合理的。

---

① Weber M. Economy and society [M]. Berkeley: University of California Press, 1978: 24-25.

第二，教育活动的工具合理性与教育活动所追求的功利是联系在一起的。换句话说，这种合理性所在意的是，由于它能够较好地适应各种客观环境，并运用最简便和经济的手段来实现自己的目标，因此，可以通过较小的投入，获得较大的产出。同时，这种对环境的适应及对手段的选择和使用，并不是偶然的，而是可以通过理性计算的。所以，只要某一项教育活动能够通过合理地适应环境条件，并有效地使用各种手段，从而获得较大的功利和效益，它就是合理的。

3. 教育活动的价值合理性

所谓教育活动的价值合理性，主要指的是，根据主观上的一定标准，相信某些行动具有无条件的、排他的价值，而不顾条件和后果如何，都一定要进行和完成的行为。这种教育活动的合理性，特别强调教育活动符合某种主观的价值，符合某些社会和教育方面的理念和准则，等等。至于行动的条件如何，是否具有一定的手段，以及它可能产生的后果等，则是次要的。例如，在教育改革和发展过程中，或者在设计某一教育活动时，只要这种改革和发展符合教育和人的价值，或者说，只要它的目标是对的，它就是合理的。有时这种改革的方案和设计的活动可能会失败，或达不到预期的目的，也在所不惜。所以，根据前面对教育活动的基本要素的分析，可以看到，教育活动的价值合理性，主要是强调活动中的目的和规范，而忽视了其中的条件和手段，或者认为它们是次要的。一般而言，这种教育活动的合理性也具有两个基本特点。

第一，这种价值合理的教育活动是一种注重主观价值的活动，或者说，它所谓的合理性，主要是其主观价值上的合理性，是将活动所追求的目标当作某种特定的价值。相对来说，教育活动所依据的条件和手段则是次要的。

第二，这种价值合理的教育活动所强调的主观价值常常是各种各样的。它可以是某种伦理和道德上的价值，也可以是某种比较普遍的、共同性的社会或教育行为规范与原则，还可以是某种政治上的价值与要求等。但是，这种主观的价值并不等于某种主观的激情或冲动，它在本质上是一种理性的体现，而不是非理性的。

二、工具合理性与价值合理性的关系

上文指出的两种教育活动的合理性，是一种理想的模式。在现实的教育活动中，并不存在完全纯粹的合理性形态，而是两种因素混合在一起。但不容否定的是，在现实的教育活动中，也的确存在上述两种不同的倾向，即或者是强调这一方面，或者是强调那一方面。简单地在它们之间进行优劣的区别与比较是不妥的，这里只是就它们各自的特点和功能，以及两种教育行动的合理性的意义进行简要的分析。

1. 两种合理性的内在张力

教育活动的工具合理性与价值合理性之间的关系反映了教育活动本身的一种内在张力。首先，从工具合理性的方面看，由于这种分析教育活动合理性的思路和标准注重的是外部的条件和手段，以及教育活动的效益，因此，这种工具合理性在教育活动的合理性分析中具有两个主要的特点。其一，由于外部条件和手段具有一定的客观性，而且这些条件和手段的运用、计算等都具有一定的规律性和稳定性，所以具有一种普遍的常规化特点。也就是说，教育活动的规律性通常是通过这种工具的合理性分析而获得的。在教育活动的目标和规范基本一致的情况下，人们完全可以凭借对外部条件和已有手段的了解，并根据一般的规则，对教育活动的发生和发展及其结果做出一定的预测。从某种意义上说，符合这种工具合理性的教育行动常常是非常现实的，比较注重工具理性。其二，这种工具合理性的分析思路及其特点与教育经济学以及各种教育经济现象的分析与研究，具有十分密切的关系。强调工具合理性，正是教育经济学研究的基本方法与原则。因为，教育经济学所要研究的正是如何提高教育活动的效益，它所追求的也正是尽可能用较少的投入，获得较大的效益。而且，对于教育活动中各种技术性问题的研究，以及对各种外部客观条件的研究，都可以采用这种工具合理性的分析思路。

其次，从价值合理性的方面看，由于其注重的是教育活动中的主观价值，包括教育活动的目标和各种规范等，因此，这种价值合理性在教育活动的分析中具有自己的特点和作用。其一，由于价值合理性的判断标准，如人们的理念、理想、信仰和价值本身等，都不能像外部条件和手段那样通过理智和公式进行计算和思考，因而在某种程度上，它常常是不可预测的，是非常规化的。尽管这些因素使教育活动本身具有一定程度的不稳定性，但是，这种非常规的特点也常常使教育活动冲破传统的约束和习惯的束缚，从而对教育活动产生革命性的影响，并具有一定的创造性的功能。当然，对于一般的社会活动来说，其任何的变革、发展与创新，都需要一定的客观基础。而且，外部客观条件和环境的变化，必定会带动和促进各种社会活动的变化。所有这些，对教育活动来说，也毫不例外。但是，教育活动作为一种主要以知识和文化为交往媒介的活动，这种主观因素本身所具有的特点及其状况，对于教育的改革与发展具有特别重要的意义。因此，具有价值合理性的教育活动在教育改革和发展中常常具有创新的意义。所谓"教育思想和观念更新是改革的先导"，以及解放思想的重要性等等，反映的正是这种价值合理性的意义。其二，这种价值合理性的分析思路及其特点与教育政治学、教育伦理学等学科的研究具有十分密切的关系，正是教育政治学或教育伦理学等学科分析和研究的基本方法与原则。因为，教育政治学所要研究的，正是各种政治原则和理念如何影响教育，或者教育活动是如何贯彻一定社会的政治主张和体现其经济和权力阶层的要求的；而各种道德理想和原则如何为下一代青少年所接受，如何成为教育活动的基本指导等，也恰恰是教育伦理学的基本任务。可以认为，对于教育活动中的各种主观因素的研究，特别是关于价值问题的研究等，都与这种价值合理性的分析思路有一定的联系。

当然，一个比较科学的社会学分析应该充分考虑和结合上述两种合理性的取向，并且，正确处理这两种合理性的关系，简单地对它们进行价值判断是不合适的。从理论分析的角度看，工具合理性和价值合理性都是整个教育活动合理性分析的不可缺少的方面，完全忽视和否定任何一个方面都是不恰当的；更重要的是，这两种合理性取向之间的矛盾与冲突，恰恰是教育改革发展的一种非常必要的内在张力，由此能够进一步优化教育活动的总体合理性，并不断提高教育活动的质量与水平。

教育活动中两种合理性的矛盾绝不是一种理论上的虚构，而是非常现实的。在现代教育的改革与发展中，正确看待当前社会和教育中人们普遍追求的实用性倾向，则是其现实意义之一。这种倾向比较突出地体现在两个方面：一是在社会上存在的重视实用学科的现象，二是在教育活动中轻视基础理论的现象。就前者而言，目前社会上的确普遍存在着重视应用学科，而忽视人文学科的倾向。如果用一种比较通俗的话说，则是应用学科比较实，而人文学科比较"虚"。换句话说，人们不大容易看到人文学科的具体价值，而应用学科的价值往往是比较直接和具体的。所以在学校中，那些比较实际和实用的课程往往比较受欢迎，而那些比较理论化和"虚"的课程则常常处于被应付的状态。就后者而言，在学校的课程体系中，学生往往不愿意选择那些基础理论的课程，而那些操作性比较强的课程则受到比较广泛的欢迎和积极的评价。尽管人们在口头上也承认思想观念的更新是非常重要的，但在实际上则倾向于选择那些实用的内容。显然，这样两种现象反映了教育活动中两种合理性之间的矛盾。

2. 合理性的知识基础

两种教育活动合理性的差异，表面上看似乎是一种价值观上的差异，但进一步分析则可以看到，它实际上体现和包含了一种对知识的评价标准的差异，或者说，体现了教育社会学历史上的一个基本问题，即什么样的知识是最有价值的知识。通过进一步的分析还可以发现，其中实际上还包含一种知识建构的问题。对此，扬在《知识与控制》中说道："在描述马克思对知识的批判时，布鲁姆的观点是，对马克思来说，'一种知识的建构不可遏制地与生产这些知识的人的利益联系在一起'，而且这些人提出了'他们自认为有道理的评价标准'。尽管在马克思那里这种利益指的是财产，但如果把这种利益延伸到职业群体和管理阶层，它显然也是非常有意义的。"①　而且，布迪厄也指出，"'知识场域'是由各个群体中权力（涉及到合法性）的不同分布而决定的。在他看来，在任何社会中，人们都可以发现一种'文化合法性'的等级体系，而且这个体系在学术系统中得到制度化，由此，人们能够提出各种认识论的看法，并规定各自的文化价值。正是通过这种文化合法性的协商过程，学校成为至关重要的部门，因为，那些得到系统讲授，并构成学校正规课程一部分的艺术表现的各种形式与根据一定时代审美标准而合法化的社会规定和认识之间，存在着十分密切的联系"②。实际上，知识的标准问题是教育研究中的一个传统问题，对这一问题的研究，经历了不同的发展阶段，包括斯宾塞所提出的"什么样的知识最有价值"的著名命题，以及后来诸多学者的研究和讨论。当前，关于这种知识标准的理论主要体现在两个方面。

首先是扬的观点。按照他的研究，目前在西方社会的学校教育中存在的知识评价的标准实际上有四个：表达方式、组织形式、抽象化程度以及与日常生活的联系。所谓表达方式，指的是这种知识能否获得和进行文字的表达，或者是比较抽象的表达。如果能够具有文字性的表达，或者是强调对应于口头表达的写作，那么，这种知识就是比较高级的；而那些只能适合于口头表达的知识，则是比较低级的知识。所谓组织形式，按照不同的观点，则是指某种知识活动的形成和评价方式。那种比较个人主义的知识活动，即避免群体工作或合作的知识活动，以及在知识的认知过程和结果的形成过程中比较个体化的知识活动，都是比较高级的，反之则属于比较低级的知识和知识活动。所谓抽象化程度，指的是具有一种独立于学习者的结构和分类，换句话说，与个人的主观活动没有什么关系，而且能够具有比较客观的存在。对此，扬引用了韦

---

①　扬.知识与控制：教育社会学新探 [M].上海：华东师范大学出版社，2002：11.

②　同① 13.

伯等人的观点来说明这个现象：韦伯的意思是，"在社会中对作为知识的东西的主要约束便在于它是否能够得到'客观的评价'。类似于卡尔文（Kelvin）的观点'当你不能够用数字表达某个对象时，你的知识就是一种贫乏的和不能令人满足的'；在当代教育的内在观念中，也有一种非常有趣但也不完全偶然的看法，即'如果你不能考核它，它就不值得知道'"①。而所谓与日常生活的联系，则是指知识与日常生活知识和普通经验之间的关系。如果关系非常密切，则是一种比较低级的知识；而如果它们之间没有什么关系，甚至是非常不一致的，则是一种比较高级的知识。而且，这个标准还可以表述为，学校中的各种知识与非学校知识的联系。那些与非学校知识越没有关系的知识，则是越高级的知识。尽管扬反映的是西方知识界和教育界存在的标准，但它在中国知识界和教育界同样是存在的，某些方面甚至是更加突出。

其次，是韦伯社会分层的理论对教育知识合理性的评价标准。由于现代社会中知识的占有程度与类型对人的社会地位的影响越来越大，借用这种理论来分析教育活动和知识活动的价值与合理性是适当的。通过必要的调整和转换，这里可以获得评价教育知识价值的三个基本标准：财产、权力与社会声望。所谓财产，指的是人们对于某些知识的占有上的排他性，以及通过这些知识获得收益上的排他性。显然，不同的知识在这个方面的差异是客观存在的，特别是通过一定的制度安排，如专利制度的发展，知识的这个属性已经表现得日益突出。在这种制度安排下，有些知识能够通过专利等形式得到保护，而有些知识则不能获得这样的制度资源，因而产生差异和具有不同的地位。所谓的知识的权力属性，则是指一定知识对社会和他人的影响程度。而这种影响程度又是与不同知识的传播途径有关的。一般而言，这种知识的影响程度可以反映在三个方面：一是为政策所接受的程度，二是被各种媒体所表现的程度，三是为学校教育课程所体现的程度。根据这样三个方面的比较，可以分析

---

① 扬. 知识与控制：教育社会学新探 [M].上海：华东师范大学出版社，2002：47.

不同知识的影响力或权力的大小。在现实中还可以发现，这三者往往是比较同一的，即那些能够被政策所接受的知识，往往能够比较多地得到媒体的表现，也常常能够进入学校教育的课程与教材。所谓知识的社会声望，则是指社会对知识所给予的道德评价，而且，这种知识的社会声望所反映的也是人们从一种道德的标准和伦理的角度对知识的评价。在这种评价中，人们所依据的绝不是一种功利的标准，也不是一种单纯政治的尺度，而是德国哲学家康德所谓的道德上的"绝对命令"，是一种没有任何条件的"善"。例如，在教育理论和实践活动中，追求和强调教育公平的理论和实践往往能够得到人们的支持和比较高的评价，并且被赋予非常高的价值。有时虽然实现公平的条件并不完全具备，但这种追求本身永远是正确的，而且，这种追求也不能因为条件的限制而被放弃。同时，尽管完全的教育公平可能永远不能够实现，但是，对教育公平的永恒的追求和努力则永远是高尚的。但是，值得注意的是，这三者可能并不是非常一致的，而常常有可能是相互矛盾的。那些在财产方面评价比较高的知识，并不一定能够在社会声望方面获得同样的高分；而在社会声望方面评价比较高的知识，则也可能得不到财产方面的高分。同样，它们与权力之间也存在这样的不一致现象。但是，这种彼此之间的差异恰恰反映了社会文化的多元化。总之，教育活动的价值观反映了一种知识观，而这种知识观所包含与体现的又是知识与社会以及教育与社会的关系。

3. 合理性与合法性

教育活动的合理性以及其中所包含的冲突与矛盾，还从另一个角度折射出了教育活动的合理性与教育活动的合法性之间的矛盾与冲突。显然，教育活动的合理性与合法性的定位与参照系是不同的，而且，两者常常是不一致的。在现实社会中，这种合理性与合法性之间的矛盾是普遍存在的。几乎在所有的教育活动的设计和评价中，都不同程度地存在这样一种合理性与合法性之间的矛盾。这也往往是当前教育评价中的一个非常重要的问题。在教育活动中，常常有许多现象从道理上，特别是从价值观念上看，是合理的。但是，从制度上说，它们往往又是不合适的。当然，简单地在这种合理性与合法性的矛盾之间进行是非判断是不妥当的。比较积极的方法是通过这样的矛盾去进一步改善现实的教育制度。换句话说，教育活动中这种合理性与合法性之间的矛盾与冲突，实际上反映了教育活动中存在的各种问题和不协调的方面，暴露了教育活动本身需要改革和完善的地方，因此也可以认为提供了教育改革与发展的方向与任务。而且，在这种教育活动的合理性与合法性的差异所揭示的矛盾和冲突中，需要重点调整的方面，或者说需要改革的主要方面，应该是教育活动的合法性方面和制度性方面。

第 | 四 | 章

教育过程的社会样式

　　人的成长是一个过程，是一个终身的过程。教育活动也是一个终身的过程。所谓教育过程的社会样式，指的是教育活动在不同阶段所呈现出的不同社会形态，并形成一种先后相续与重叠的关系。这里主要讨论社会化中的社会教育与社会学习，及其与学校教育的相互关系。它们存在着极其密切的关系，又具有非常不同的含义与特点，并在理论与现实的领域构成了一个十分重要同时也非常复杂的教育学问题，成为教育社会学理论研究与学习的重要问题与领域。

第一节 社会化释义

社会化是一个社会学的基本范畴，是教育社会学的重要概念之一，也是教育过程中非常重要和具有普遍性的社会样式之一。认识社会化的基本概念、分析角度、主要理论等等，对教育研究与实践具有非常重要的理论与现实意义。

一、社会化的一般含义

社会化是一个社会学的概念，也是教育学的基本概念之一。从不同的角度认识与理解社会化的含义是非常必要的。

1.社会化的定义

根据一般的理解，社会化是一个社会学的概念，它指的是"自然人成长为社会人的过程。从一定意义上讲，刚出生的婴儿是同其他动物无多大差别的生物人或自然人。社会通过各种教育方式，使自然人逐渐学习社会知识、技能与规范，从而形成自觉遵守与维护社会秩序和价值观念与行为方式，取得社会人的资格"①。社会化对于人来说，是一个长期的过程。根据这个过程的不同阶段的特点和任务，社会学理论将社会化分成早期社会化、继续社会化和再社会化等。还有学者认为社会化是一个自然人成长为社会人的过程，但这个过程是个人与社会之间相互作用的过程，特别是人对社会的适应、改造和再适应、再改造的复杂过程。② 如果说，上述两个定义分别从过程和相互作用的角度对社会化进行规定，

---

① 中国大百科全书总编辑委员会《社会学》编辑委员会，中国大百科全书出版社编辑部.中国大百科全书：社会学 [M].北京：中国大百科全书出版社，1991：303.
② 郑杭生.社会学概论新编 [M].北京：中国人民大学出版社，1987：99.

那么，教育学或教育社会学关于社会化的规定则具有另外的特点。胡森（Torsten Husen）等主编的《国际教育百科全书》中社会化的定义是："社会化是人类'接受'周围环境的文化或亚文化的价值观、习惯、观点等的过程。"[①] 显然，这种社会化的观点，尽管也承认社会化是一个相互作用的过程，但是它强调的是社会化是人们的学习或"接受"的过程和活动。同时，社会化还可以分成不同的类型，包括个体社会化、预期社会化、基本社会化、次级社会化、性别社会化、儿童社会化、青少年社会化、成人社会化，以及政治、道德、人格、认知和职业社会化等等。[②] 对于社会化的意义，德国教育学家本纳有一个很有学术性的说明。他说道："我们必须感谢关于社会化的研究，这种研究对人的态度和行为方式的再生产和变化的社会与互动条件进行了探讨，也揭示了意向作用与功能作用之间的相互关系。"[③] 他强调社会化过程中人与社会之间的相互作用。简单地说，社会化即是人的成长发展与不断变化的社会及其条件之间的相互作用，是个人成长与发展的重要机制。从广义的角度看，社会化也包括了学校等教育机构的教育。而狭义的社会化则是指除了学校教育之外个体成长过程中社会的影响及其相互作用。

2. 社会化的分析角度

青少年的社会化是社会化理论的重要领域之一，对此，各种不同的学派有不同的观点，包括从社会的角度规定社会化，从个体成长的角度研究社会化的问题，从个体与社会关系的角度进行分析，以及从个体自我反思的角度从事研究，等等。这里，根据不同学者的研究，主要介绍以下几种观点。[④][⑤]

---

① Husen T，Postlethwaite T N.国际教育百科全书：第 8 卷 [M].贵阳：贵州教育出版社，1990：311.

② 教育大辞典编纂委员会.教育大辞典：第 6 卷 [M].上海：上海教育出版社，1992：458-461.

③ 本纳.普通教育学：教育思想和行动基本结构的系统的和问题史的引论 [M].上海：华东师范大学出版社，2006：105.

④ 刘豪兴，朱少华.人的社会化 [M].上海：上海人民出版社，1993.

⑤ 郑杭生.社会学概论新编 [M].北京：中国人民大学出版社，1987.

第一，文化的角度。

这是从文化延续和文化传递的角度研究社会化。这类研究认为，社会化实质上是一个文化传承与发展的过程，也是社会文化的内化过程。在研究规范上，这种观点属于社会学的文化学派，并受到文化人类学的影响。根据这种观点，从社会的角度看，人的社会化过程就是接受人类长期积累的文化遗产、保持社会文化的传递和社会生活的延续的过程；从个人的角度出发，则是个人对社会文化不断认同的过程。例如，美国社会学家奥格本（William F. Ogburn）在 20 世纪 20 年代就十分明确地把人的社会化定义为接受人类文化的遗产，保持社会文化传递和社会生活延续的过程。按照这种角度研究社会化问题，文化本身的变化与特点往往是一个非常重要的视角。而且，这种社会化的形式与阶段也与文化特点有关。人们常常可以根据不同文化的形式、内容和特点去解释不同的社会化现象。

第二，个性发展的角度。

这一角度认为社会化就是人的个性形成和发展的过程，即个人从一个生物人，经过社会化而成为有个性的社会人的过程。在学术传统方面，这比较明显地属于社会心理学的范围。在这方面，比较有代表性的有美国社会学家库利的理论，以及著名的社会心理学家米德的观点，等等。这种社会化的角度对于分析和研究个体的社会化与自我认同是非常重要的，也是十分必要的。换句话说，在研究社会化的微观领域时，这种理论往往能够提供更加具体的方法与角度，如库利提出的所谓"镜中我"的理论模式，对分析个体自我概念与自我认同的形成与发展，便具有十分具体的意义。但是它不能替代其他比较宏观的社会化的研究角度。

第三，社会结构的角度。

这是把社会化与社会角色联系起来进行研究的角度。这种观点认为，社会化的目的就是使个人更好地与社会相协调，使人具有社会性。根据这种观点，社会化的实质就是人们不断地学会扮演各种社会角色。它认为，社会化并不是要把人的所有方面都纳入社会的范围之中，而只是让人们认识与了解社会对各种不同的社会角色的要求，以及如何去扮演各种社会角色。因此，社会化实际上也就是一个角色学习的过程。在这个过程中，个人逐步了解到自己在社会群体和社会结构中的不同位置，领悟并遵从社会对各种社会角色的期待，学会履行各种角色义务。所有这些的根本目的是维护和发展社会结构。这种角度对于分析和研究社会结构与社会化的关系是非常重要的，它所强调的是社会结构与个体在社会化过程中的相互关系和相互作用。尽管不同的研究者在具体分析中可能采取不同的视角和出发点，但都重视两者之间的关系。在历史上，人们也常常是力求将这两者结合起来。在这个方面，吉登斯的理论是一个比较好的典型。他的结构化理论，特别是他关于自我认同的理论为认识和分析社会化开拓了一些新的思路。

关于社会化的各种理论和观点，还可以从其他的角度进行分类和说明。例如，有些学者从人类学、精神分析理论、认知发展理论、社会学习理论、符号互动理论等方面进行说明及描述。①

3. 社会化的主要内容

社会化的内容问题是一个重要的研究领域。它一方面与社会化研究的角度存在着非常密切的关系，另一方面也反映了不同时代的要求与特点，体现了社会的变化。一般而言，社会化的内容包括以下几个方面。

第一，日常生活的基本方法、知识与技能。

它包括家庭生活的基本知识和技能，身体与健康等方面的知识与技能，以及参加生产劳动的基本知识和技能，等等。所有这些，都不是与生俱来的，而是通过学习而获得的。特别是在现代社会，生产劳动中的科学技术含量越来越高，对人们的要求也越来越高。即使在家庭生活中，同样需要必要的知识和技能。社会化的另一个重要内容是学会学习的基

---

① 孟育群. 走向成熟：少年社会化研究［M］.北京：教育科学出版社，1993：5-15.

本方法与技能。单纯具有知识和技能已经不能完全适应现代社会迅速发展和变化的需要，人们需要不断地学习，需要不断掌握新的知识。这些，都需要人们在社会化的过程中，更注重学习能力的培养，学会学习。

第二，社会规范的学习与掌握。

所谓社会规范，简单地说，就是调整人们各种行为的、具有普遍性的规矩和方式。它包括各种风俗习惯、道德规范、生活准则、政治法律、宗教戒条，以及各种不同的规章制度等等。它们是维护社会秩序的重要工具之一，对人们的行为和各种社会关系起着调整和导向的作用，使人们逐渐形成一种信念、习惯和传统，从而能够比较自觉地约束个人的行为，调整个人与其他人、群体以及社会之间的关系。当然，由于现代社会的发展与变化，社会规范的学习与掌握这个社会化的重要内容也发生了一定的变化。变化之一就是社会规范本身也在变化之中，包括部分传统规范的失范或变化。在这种情况下，学习社会规范与发展新的交往规则成为社会成员非常重要的基本素质。特别是在社会转型的过程中，这种在学习的过程中进行建设的要求，已经显得越来越迫切。

社会行为规范在中国传统文化中被称为"礼"，是维护社会秩序与引领个体行为的重要规范。在中国传统文化中，"礼"是一种社会公认的行为规范，它通常具有三个方面的意义，即生活的象征、行为的警告与危机的克服。[①]

第三，生活目标和人生理想的确立。

生活目标和人生理想是社会化的重要内容。它的意义在于能够使人们了解自己生活和存在的意义和价值，能够根据自己的目标和理想去处理各种生活中的矛盾和问题，选择自己的发展道路，形成自己的发展方向，等等，并由此形成社会认同。在生活目标和人生理想方面，特别重要的是一定价值观的培养与形成，以及人生的世界观与信仰的树立。因为，恰恰是价值观念帮助人们对生活道路进行选择，对各种诱惑进行判

---

① 燕婵.研究印度哲学的许地山［N］.中华读书报，2020-11-25（12）.

断，对各种目标进行筛选，并由此形成一定的生活目标和人生理想。

第四，社会角色的学习和培养。

社会化的重要内容之一是培养社会所需要的各种社会角色。个人对社会的适应、学习各种社会规范、掌握各种社会和生活的知识与技能等等，具体说来，都是通过各种角色的学习而实现的。社会也正是由各种不同的角色所组成的。在这种社会角色的学习过程中，十分重要的是对构成角色的各种权利和义务之规定的学习和掌握，包括学会处理好各种不同角色的矛盾和冲突。因为，每个角色都有一套相对应的权利与义务规定。人们学习和扮演各种社会角色，实际上也就是按各种相应的权利和义务去规范自己的行为。

第五，个性的发展。

社会化不仅是一种社会的教化，而且是个人内化的过程。因此，它不仅要使人们学习社会文化，取得社会成员的资格，它同时也是个人个性发展的过程。所谓个性，指的是一个人在其内在的生理素质的基础上，在一定的历史条件下，通过社会实践活动所形成的观念、态度与习惯等。它是个人比较稳定的心理特征的总和。所谓个性的发展，则是指在儿童身心逐步发展的基础上，在环境和教育的影响下，在社会化的过程中，个体通过自己的总结和反思而逐渐形成和发展上述各种观念、态度和习惯。[①]

除了上述各种关于社会化内容的观点之外，也有的学者从其他的角度对社会化的内容进行分析，包括性别角色的问题、道德意识与行为的问题、政治和法律社会化的问题等等。然而，可以肯定的是，无论从社会文化、个性发展，还是社会结构的角度看，社会化的内容都是一个历史的范畴，并且是一个不断变化的领域。

---

① 北京大学社会学系社会学理论教研室《社会学教程》编写组.社会学教程 [M].北京：北京大学出版社，1987：72-73.

二、社会化的主要理论

所谓社会化的理论，指的是以个体社会化的过程、内容、方式和机制等为研究对象的各种理论与学说，它是社会学、人类学和心理学等学科共同的研究领域。由于人的发展理论的多样化，以及对社会化的认识差异，社会化理论本身也是多种多样的。这里仅就几种比较典型和有特色的社会化理论进行非常简要的分析和说明。

1. 涂尔干的社会化理论和道德内化观点

法国社会学家涂尔干认为，社会学的研究对象是一种与其他学科有所不同的"社会事实"。这种社会事实具有不同于自然现象、生命现象的特征和特殊的决定因素，它先于个体的生命而存在，比个体的生命更持久。而且，它的存在不取决于个人，而是由先前的社会事实所造成的。根据涂尔干的观点，这种社会事实对于个人具有一种外在的约束作用，并且能够塑造人们的思想意识。各种宗教、道德、法律、社会意识和语言等等，都属于这种社会事实。而涂尔干的社会化理论正是在这个基础上形成的。在他看来，道德也是一种离开人而独立存在的社会事实。作为社会道德的基本内容的道德规范和理想等，实际上是通过社会上的团结关系而形成的一种社会的道德权威和社会期望。因此，学习和掌握这些道德规范和理想，是一个人进入社会、适应社会生活的必要条件，因而是社会化的重要内容和含义。

涂尔干的社会化理论与他对人性的基本看法是联系在一起的。他认为，个人是一种具有两重性的存在：一是生物性，包括人的生物本能、冲动和情欲等；二是社会性，包括人的价值、规范和理想等。前者追求的是个人主义和利己主义，而后者追求的是非个人目的。而要约束人的生物性的欲望与冲动，以及人性中的利己主义的倾向，唯一的办法是道德教育，即个人内化社会的道德规范、道德理想，使道德成为自己人格的重要组成部分，从而自觉地遵守社会的道德规范，追求社会的道德理想，维护社会的正常秩序，等等。① 根据涂尔干的观点，这种道德的内化过程和活动包括四个方面：一是儿童的早期教育，通过早期的道德启蒙，为道德意识的发展奠定基础；二是道德教育的实施要与儿童的身心发展状况相适应；三是这种道德的内化应该与情感结合起来；四是要重视所谓"同业组合"或职业团体在社会化中的作用。② 应该特别提到的是，涂尔干十分重视社会团体和社会团体意识在社会化中的作用。他认为，感受来自个人的经验，而理性和道德意识是一种超验的意识，它属于"团体表象"，来自"团体意识"，产生于团体生活中。而且，这些道德意识和理想也正是社会团体生活的需要。③

在涂尔干的社会化和道德内化理论中，两种社会团结，即社会的机械团结与有机团结是非常重要的。所谓机械团结，指的是由于彼此相似或相同而形成的团结，它的特点是强调同一性与集体性。这种机械团结体现的是一种集中统一的要求。而所谓的有机团结，则指由于社会的分化，每个人都按照社会的分工执行着某种特定的或专门化的职能，这种分工或分化使每个个体形成了某种特殊性，以及一定程度上彼此之间的相互依赖，由此形成社会统一体。在这种团结中，每个人的个性不仅可以存在，而且也成为与其他人相互依赖的基础与条件。同时，这种有机团结是建立在人们的信仰、情感和意愿的高度同质性基础上的。显然，这也就形成两种不同的社会化模式和基本取向。

2. 帕森斯的社会化理论

美国社会学家帕森斯是十分著名的结构功能主义者，他的社会化理论非常有特色，主要表现在人格系统和角色形成等方面。

帕森斯在《社会系统》一书中强调了他在《社会行动的结构》一书中提出的问题：一个社会系统如何维持生存？换句话说，一个社会系统

---

① 刘豪兴，朱少华. 人的社会化 [M]. 上海：上海人民出版社，1993：100.

② 同①.

③ 中国大百科全书总编辑委员会《社会学》编辑委员会，中国大百科全书出版社编辑部. 中国大百科全书：社会学 [M]. 北京：中国大百科全书出版社，1991：131.

如何解决它自身的整合问题？对此，他的思路是通过社会系统（社会行动的制度化模式）、文化系统（社会的复杂的价值观、信仰规范及其他观念）和人格系统（动机与角色扮演）的结构来实现。在他看来，社会系统的存在必须依靠文化系统和人格系统的最低限度的支持。但是，人格系统本身的生存需要与安全需要等也要求社会系统给予满足，同样，文化系统的再生产也需要社会系统给予一定的保证。在社会系统对人格系统和文化系统提供支持和保证时，其主要的方式和手段就是对由资源稀缺、行动者之间的冲突造成的分裂行为进行控制。在帕森斯看来，社会化和制度化正是实现控制的两种基本形式。制度化是不断调节人们的角色行为，从而反映社会的一般价值观念和文化信仰；而社会化则是把社会的文化价值观念和其他文化模式内化于人格系统中，从而影响人们的需要结构，而这种需要结构反过来又决定了行动者在社会行动中扮演角色的意愿。因此，帕森斯认为，社会化实际上是一种手段，即将一定的价值观念、信仰、语言和其他符号内化为人格系统，并制约它的需要结构。通过这种社会化的过程，行动者才愿意遵守规范，按照一定的要求进行互动。所以，帕森斯的社会化理论实际上是一种社会本位的社会化理论。

帕森斯社会化理论的另一个重要方面是他关于角色内化和形成的观点。在他看来，个人的角色主要通过社会结构而形成。其中首先是内化的过程。他认为，个人的社会化常常是在个体自我与他人的关系中实现的。在这种关系中，一定的价值观念被内化到个体的个性中。这种内化的过程主要是通过认同实现的。认同与模仿是不同的，它所反映的是一种依恋的关系，包括通过身体某些部位的接触而形成的依恋。这种依恋正是价值内化的基础，也是家庭社会化的主要功能。通过这种价值内化，基本的、比较稳定的个性结构就形成了。但在个人的个性结构中，除了这种一般的个性特征，还需要比较具体的个性结构，从而适应不同社会情境的要求，包括一定的灵活性和一定限度的宽容性，等等。这些具体的个性结构则叫作情境性角色的形成。

3. 冲突的社会化理论

冲突的社会化理论中，科塞的冲突功能主义理论是一个非常典型的代表。在社会化的文献中很少提到冲突主义的理论，似乎冲突主义的理论就一定是不利于社会化，或者至少是与社会化无关的，这是一种误解。冲突对青少年的社会化同样有一定的功能。当然这种功能的特点和方式与其他因素是有区别的。如果说在计划经济体制中，功能主义的社会化理论更有利于理解青少年学生的社会化，那么，在市场经济体制的条件下，则应该对冲突主义的理论在理解青少年学生的社会化方面所起的作用给予充分的注意。实际上，青少年学生的社会化过程常常是在矛盾和冲突中完成的。

根据科塞和其他冲突主义学者的观点，冲突的社会化功能主要建立在这样一种假设的基础上，即冲突作为一个社会化过程，在一定的条件下，可以维护社会或社会的某些重要部分，甚至是能够促进社会的协调和整合。正如科塞自己所说的那样，"可以把异议解释成一种对社会机体中的疾病所产生的抗体"[①]。具体来说，体现在以下几个方面。

第一，冲突有利于个人对社会群体的认同。

个人对一定社会群体的认同是社会化中十分重要的环节和部分，而从某种意义上说，对社会群体的认同与对自身群体成员资格的意识，以及对群体边界的认识是同一的。正是在这个意义上，社会群体之间的冲突恰恰有利于人们认识自己所属的群体与其他群体之间的界限，进而由此形成自己的群体意识。对此，科塞说道："冲突有助于建立和维持社会或群体的身份和边界线"，"与外群体的冲突，可以对群体身份的建立和重新肯定作出贡献"。[②]所以，这种与其他群体的冲突，可以有助于各个群体内部成员之间的统一和团结。

第二，冲突也有利于社会化环境的建设。

---

① 特纳.社会学理论的结构［M］.杭州：浙江人民出版社，1987：197.
② 科塞.社会冲突的功能［M］.北京：华夏出版社，1989：23.

根据科塞的理论，群体内部的冲突具有一种所谓"安全阀"的作用。特别是那种社会群体控制下的冲突，可以为群体成员提供发表不同意见和发泄不满的途径，这些意见的发表和不满的发泄具有在一定意义上维护群体的存在与"清洁空气"的作用。而且，一定群体内部的这些冲突还可以有助于不断消除群体成员之间非基本利益方面的分歧，使成员之间的关系变得更为协调，使群体更为巩固。实际上，一定程度上的、多层次的或错综复杂的冲突还能够维护群体的稳定。

第三，冲突能够促进社会化范围的扩大。

按照科塞的观点，冲突也能够有助于人们在更大范围与社会领域中进行社会化。在他看来，冲突可以成为一种激发器，使冲突各方结合在一起，甚至使过去没有关系的双方联系起来；正是这些各种各样的冲突才使得社会的公共组织得以建立起来。另外，在实际生活中，不同群体之间的联合常常也是通过他们在冲突中形成的利益共同体而产生的。

当然，冲突的社会化功能与其他社会活动形式的社会化功能是有所不同的。其中比较重要的一个方面是，冲突的社会化功能的实现常常是有条件的，它必须以个人社会化已经达到一定阶段为基础和前提。因为，只有在人们或青少年已经对一定的社会群体有了初步的认同之后，冲突所具有的这些功能才能起作用。所以，冲突的社会化功能常常表现在已经实现一定社会化的人们身上，而不宜应用冲突的方式对幼小的儿童进行社会化。

4.辩证的社会化理论

所谓辩证的社会化理论，指的是伯格的社会化理论。他认为，人类社会存在着两种辩证的关系：一个是自我和其他个体的辩证关系，另一个是自我与社会文化世界之间的辩证关系。而社会化正是这个辩证过程中的一个环节。在伯格看来，文化是"人类产品的总和"，具有一种实在性。涂尔干曾经把人类在社会交往过程中所创造的世界作为一种"自成一类的实在"，认为它具有一种类似事物的性质，即社会事实。但伯格认为，文化作为人类的产品，其本质是一种所谓社会的构造性，即人们把自己的意义注入了他们的产品中。按照伯格的观点，个人赋予自己的所有行动以主观意义。换句话说，人们的行动可以被理解为是有意向的，即对某种东西的意识或针对某种东西。这些意义和别的东西一起被客观化为意识形态、信念系统、道德规范和制度等等文化人工制品。然后，这些意义本身又作为主观可信的实在的范畴，或者说作为人们生活中的某种标准和规范，重新被吸收进意识中。所以，人类所居住的世界对人来说，具有一种可理解感和依附感。它是一种意义的世界。而这种文化观正是伯格社会化理论的基础。

伯格的社会化理论比较集中地反映在个人与社会文化世界的辩证关系中。他认为，这种辩证关系可以概括为"所谓的外部化、客观化和内部化这三个同时在一个连续过程中起作用的'要素'的互动"①。简单地说，所谓的外部化，指的是人们生产和创造外部世界的活动和过程。这个活动和过程既是自觉的，也是不自觉的。但是，它是由人类的本质所决定的，也是人类的生物性存在所决定的。所谓的客观化，则是这种由人类所创造的外部世界对人所形成的一种客观性，也就是说，这些外部世界就像外部的事实那样存在于人们的面前，并获得了客观实在性。当然，按照伯格的观点，这种由客观化形成的外部事物的客观实在性并不仅仅是对个人而言的，对其他人的经验也是同样适用的。第三个要素就是所谓的内部化，即社会化的过程。与其他两个活动不同，内部化是把已经客观化了的世界重新吸收进意识的过程，从而使人类意识的结构与客观世界的结构达到一致。由于外部化和客观化的过程，这种内部化或社会化的过程实际已经具有了保证个人的意识结构与客观世界的结构的一致性的基础，保证了个人可以而且应该了解客观的社会文化世界，并且认同它，以及使自身具有一种被它塑造的可能性。由此，外部客观世界也就变成了人们内在的世界。

在理解伯格的社会化理论时，应该注意以下几个方面的问题。首

---

① 沃斯诺尔，亨特，伯格森，等 . 文化分析［M］. 上海：上海人民出版社，1990：43.

先，这种社会化的过程是作为个人参与的集体过程而出现的，而绝不是单纯个人的经验和行为。但对于个人来说，在他与外部世界的关系中，起点是内部化。其次，伯格认为，社会化的过程在很大程度上是与语言的内部化同时进行的。"语言是个人藉之成为社会世界一员的主要工具，也使世界变得开始可信，而且一直可信。"[①] 最后，在伯格看来，应该把这种内部化或社会化看成整个人类与社会文化世界的关系的一部分，否则，就会陷入机械决定论。所以，社会化的过程并不是一个单纯被决定的过程，它也是一个创造的过程，是一个自由行动的过程。

5. 进化与功能的理论

所谓进化与功能的理论，强调的是青少年在社会化过程中的定位问题。青少年的社会化，他们的存在、成长与发展，都离不开进化与功能的问题。但是，从进化的角度和从功能的角度分析和研究青少年的社会化，却有非常不同的结论，并对教育理论与模式形成不同的影响。[②]

所谓进化的思路，是把青少年的社会化作为一个由不成熟的儿童向成人发展和过渡的进化过程，将成长着的一代作为一种过渡性的存在，注重的是青少年如何不断地摆脱少年儿童的幼稚，不断地学习和走向成熟。它特别关注这个过程的各个阶段及其联系，以及青少年在社会化过程中的各种条件和环境因素。它不仅关心青少年群体的发展与进化，而且十分关心青少年个体的成长与发展。这种进化的研究思路，强调的是青少年社会化的过程，而不是青少年社会化本身的功能与作用；它注重的是青少年的未来，而不是他们的现在。在当前关于青少年社会化的各种研究中，这种进化的研究思路在一定程度上居于主导地位。例如，罗马尼亚学者马赫列尔（Fred Mahler）在他的著作《青年问题和青年学》中就十分明确地把"目的性取向"作为青年本质的基本规定之一。他说道："青年的人的本质的一个主要特征是目的性取向，即展望性和计划性，自

---

① 沃斯诺尔，亨特，伯格森，等 . 文化分析 [M]. 上海：上海人民出版社，1990：49.

② 谢维和 . 进化与功能：当代青年本体研究的不同思路 [J]. 中国青年研究，1990（4）：17-21.

觉地学习和运用根据未来前景制定目的和计划，进行选择、决策和行动的能力。"① 这显然是以一种进化和过程的思路看待青少年的社会化。许多研究青少年的学者，以及有关著作与文献，也是持这种观点或假设的。这种进化的研究思路，的确从一种发展和过程的角度提出了许多关于青少年社会化的真知灼见，也有很多十分精彩的思想和观点。而且，这种研究思路通过对青少年社会化过程的研究，揭示了许多青少年成长和发展的规律与特征，对于丰富和完善教育理论和实践，具有十分重要的意义。但这种进化的研究思路，同时也容易带来两个问题。其一，这种进化的研究思路侧重于青少年本身的成长、发展和不断完善，因而容易导致对青少年现实存在的意义的忽视。因为，根据进化的研究思路，青少年当下的现实存在是没有什么社会意义的。如果说有什么意义，那也只是为将来做准备。因为，青少年的社会历史地位并不是在现在，而是在未来。现在青少年的任务就是不断地学习，以便在将来成为一个更合格的社会公民。其二，由于把青少年看成进化过程中的不成熟的社会存在，因此，他们与社会的关系只是一种接受教育的关系，这容易使人们忽略他们对社会文化发展的贡献。这些正是值得我们进一步研究和分析的。

所谓功能的思路，强调青少年社会化本身对社会和文化发展的功能与作用，将社会化中的青少年作为一种功能性的存在，并根据这种思路去研究青少年的社会化及其特点与规律。这种思路充分肯定了青少年的现实存在，而不是仅将青少年作为一种过渡性的存在。它注重的是青少年在社会化过程中与其他社会群体之间的相互作用，包括它们之间的合作与冲突等各种不同的互动关系，以及在这些互动和相互关系中所体现出来的各种社会功能。这种研究思路的一个基本特点是，它认为青少年的社会化过程不是单纯接受社会和文化给予的过程，同时也是青少年对社会和文化发展做出贡献和产生影响的过程。而且，青少年也正是在这种发挥作用和产生影响的过程中进行社会化的。显然，这种思

---

① 马赫列尔.青年问题和青年学 [M].北京：社会科学文献出版社，1986：132.

路具有十分现实的意义。

进化与功能这两种研究思路并不是完全对立和矛盾的零和关系。它们只是研究青少年社会化的不同角度。它们的区别在于，进化的思路认为青少年社会化的主要任务是自身的成长与发展，尽管他们在社会化的过程中也会存在一定的社会功能，但并不是主要的。功能的思路强调的则是青少年本身在社会化过程中对社会的功能，他们成长的意义并不只是在将来，青少年的社会化对社会是具有现实功能的。由于社会文化环境的变化，特别是青少年社会化的条件发生了一定的变化，这种功能的思路比单纯从进化的角度研究青少年的社会化具有更大的现实性。主要体现在以下几个方面。

首先，青少年的社会功能是非常现实的力量。一方面，他们的社会实践活动，特别是他们在新的社会文化建设中所起的作用，以及他们在没有太多传统约束的情况下所进行的大胆创新，已经在一定程度上成为现代社会新文化建设的重要力量。不难看到，现代社会中不少新的生活方式和语言方式都来自青少年，而青少年在新思想和新观念的传播和发展过程中，常常起了非常重要的作用。另一方面，青少年的社会功能还表现在对他们自己的教育和帮助上。正如米德在其著名的著作《代沟》中所分析的那样，现代社会的文化传播模式已经由过去那种所谓的"前喻文化"转变为今天的"互喻文化"，也就是同代人自己互相学习的模式。所以，从青少年文化群体的角度看，他们的这种社会文化功能是客观存在的。当然，对青少年的社会功能的充分肯定，并不意味着他们已经是成熟的。应该承认，青少年仍然不成熟，他们仍然需要成长和进化。但是，他们的不断学习，以及不断成长和进化，与他们对社会文化的建设过程是同一的，而且，也正是在这个过程中不断实现的，即在发挥一定的社会文化功能的过程中使自己得到成长和进化。

其次，强调从功能的思路研究青少年的社会化，原因还在于青少年社会化的动力和方向在一定程度上也与他们在现实社会中的功能有一定的关系。换句话说，这种功能不仅成为青少年社会化的动力，而且也在一定程度上影响他们社会化的方向。因为，在不断发生变化的社会中，青少年在社会化中所面临的并不是现成的文化遗产，以及可以不假思索而进行学习和接受的现实世界。他们所面临的更多的是各种文化的矛盾，各种各样比较模糊的选择和种种的不确定，有时甚至是冲突，等等。他们必须在社会的帮助下，通过自己的力量，与其他社会成员和群体一起，去建设和发展新的社会文化，而不能是仅仅等待与接受。所以，单纯从进化的角度研究青少年的社会化，容易忽视青少年本身在社会化中的这些作用，也不容易看到现代社会青少年社会化的这种特点。

其实，关于青少年社会化的功能性的研究思路，已经不是一种单纯的理论探讨，它已经是当前青少年教育和社会化的实践形态。因为，把青少年学生作为一种主体，而不单纯是一个被动的客体，实际上也就充分肯定了青少年学生的现实的社会和教育功能。换句话说，现代教育中的学生主体理论与实践，正是以这种关于青少年社会化的功能性思路为基础和预设的。因为，不管从词义，还是从实践看，主体都意味着责任、义务和权利，也就意味着一定的功能。如果我们用现代教育活动的实践说明这种社会化的思路，那么，过去在教育活动中所普遍采用的灌输方法则是十分典型和比较极端的进化的社会化教育模式；而在现代教育活动中所普遍倡导的讨论、交流与互动，已经不单纯是教学方法，而是研究和探讨新知识的过程和活动。在这个活动的过程中，青少年学生不仅在学习，而且也同时在与教师一起进行创造。这种讨论和创造的过程对他们来说，同时也就是社会化的过程。

社会化的理论是不断发展的，尤其是随着互联网的发展，以及现代社会学校教育的改革发展，社会化的模式，特别是与学校教育之间的关系，都在发生着变化，并且成为教育学与教育社会学研究的一个重要领域。

第二节　社会化的类型与机制

社会化作为教育的一种社会样式，具有不同的类型与机制，它们共同构成了社会化的实现方式与基本途径，它们对社会化的结果具有非常直接的影响，也是社会化理论的重要内容。

一、社会化的不同类型

个人的社会化是一个长期的过程，也是一个不断变化和发展的过程，是一个终身的任务。它包括儿童的社会化、青少年的社会化、成人的社会化以及老年人的社会化等等。从儿童和青少年社会化的角度讨论，它们一般要经过两个非常主要的阶段，即所谓的初级社会化和次级社会化。

1.初级社会化

所谓初级社会化，根据伯格的观点，指的是个人在儿童时期走向社会的第一步，是个人一生中十分重要的一环，也是次级社会化的基础。一般而言，初级社会化通常指的是儿童的社会化，特别是幼儿园儿童和小学生的社会化。

首先，在初级社会化中，社会化是通过与儿童最接近的个人而实现的，特别是儿童的父母和家庭成员。按照社会化的理论，这些个体可以被认为是儿童社会化的"重要他人"。由此，儿童初级社会化的一个重要特点就是，这些影响儿童社会化的重要他人或机制是强加给儿童的，换句话说，是儿童不能选择的。在这个过程中，社会文化的意义和内容必须通过这些重要他人传递给儿童，而这些重要他人也自然会根据他或她在社会结构中的地位，以及他们个人的经历、价值观念和其他方面的特征，对这些社会文化进行选择和修正。所以，在社会化的过程中，家庭背景和父母身份对儿童成长和发展具有非常重要的影响。

其次，在儿童的初级社会化中，情感是一个十分重要的因素。用伯格的话说，"初级社会化决不只是认知上的学习过程，也是发生在高度情绪的处境中"①。换言之，情感是初级社会化的重要机制。在初级社会化的过程中，儿童和重要他人的情感关系具有非常重要的意义。而且，这种儿童与重要他人的情感关系，基本上是一种依附性的关系。而儿童也正是在这种依附性的情感关系中，不断产生对重要他人的认同，并不断实现内化，以至于开始认识和形成自我。正是由于这种情感的作用，初级社会化往往具有一种缺乏分化，或连带性的形式特征，即它是总体性的，而不是有限性或单一性的。

再次，儿童在初级社会化中认同并内化的各种意识和世界，是非常坚实和确定的。由于在儿童的初级社会化中，重要他人是不可选择的，故儿童在这个过程中的认同也是唯一的。同时，由于儿童在初级社会化过程中，本身并不存在一定的基础或参照系，所以在接受他人的影响时，几乎是没有比较和选择的。因此，一般而言，在初级社会化中儿童的认同是没有问题的。与次级社会化比较，初级社会化对儿童所产生的作用往往更大，对儿童以后的影响也更大。也正是由于这样，人们越来越重视儿童早期的社会化和教育。

最后，概念化他人（generalized other）②是儿童初级社会化的重要成果和标志。所谓概念化他人，指的是儿童在初级社会化的过程中，逐渐把特定他人的角色和态度，推广和延伸到一般人的角色和态度上，从而把自己当作一个一般性的人。在初级社会化中，这是非常重要的一步。正是通过这种概念化他人，儿童不仅能够与特定的个人进行交往并产生认同，而且能够与一般的他人进行交往，并能够对整个社会产生认同。而

---

① Berger P，Luckmann T. 知识社会学：社会实体的建构 [M]. 台北：巨流图书公司，1991：150.

② 这是米德提出的一个概念。参见：Berger P，Luckmann T. 知识社会学：社会实体的建构 [M]. 台北：巨流图书公司，1991：154.

且，正是通过这种概念化他人，儿童通过认同而形成的自我意识和得到内化的世界才能够稳定和持续发展。

总之，初级社会化在个人整个社会化的过程中是十分重要的。用伯格的话说，"每个人主观上的第一个世界，就是在初级社会化中建构的"①。可以认为，当概念化他人形成，初级社会化也就结束了，而且，个人也就由此而成为社会的成员，并且开始了自我的形成。

2. 次级社会化

按照伯格的观点，次级社会化"是将已经社会化的个人，引导到社会上各个新的部门的过程"②。或者说，"次级社会化是制度（或称为以制度为基础的次级世界）的内化过程"③。与初级社会化相比较，次级社会化主要有以下几个特点。

首先，相对于初级社会化而言，次级社会化并不是对一般社会的认同，也不是一般化自我的形成，而是对某种特殊角色或专门化活动的认同，是作为某种特定角色的自我的形成。可以说，次级社会化恰恰体现了社会本身的分工和不断分化，以及由此而产生的社会知识的分化和角色的分化。所以，次级社会化的状况与特点往往与社会发展的程度和阶段具有非常紧密的关系。社会的发展程度越高，这种次级社会化也就越复杂和专业化。而一定的社会规范和制度常常是次级社会化的重要机制。

其次，如果说初级社会化更多地受到个体生物性的限制，因而应该更多地根据儿童或少年的本性进行，那么，在次级社会化的过程中，由于儿童逐渐成熟，其本身的生物性因素有所减退，所以，社会化的机制能够更多地反映社会角色规范的特点、知识本身的性质和社会的要求。在这个过程中，自我认同与社会认同的统一常常成为次级社会化中的一个重点，而价值取向的限制与引导则是次级社会化的重要任务。

---

① Berger P，Luckmann T. 知识社会学：社会实体的建构 [M]. 台北：巨流图书公司，1991：154.
② 同① 148.
③ 同① 156.

　　最后，次级社会化与初级社会化相比较，对情感的要求相对较小，而且，它常常具有一定的匿名性质。也就是说，在次级社会化中，父母等重要他人并不重要，认同和内化的东西并不与某个特殊的具体个人联系在一起，也并不与某个特定的时空联系在一起。这样，个人可以选择认同和学习的内容，也可以选择各种不同的途径进行学习和认同。因此，如果说初级社会化是一个自然的过程，不需要太多的设计和人为的因素，那么，次级社会化则是一个充满智慧的活动和过程，也可以被认为是一个人为的过程。如同伯格所说的那样，"次级社会化就必须经过特殊的教育技巧予以加强，而使人有如'回家'的感受"①。所以，各种社会教育机构常常是次级社会化的重要机制。这种次级社会化的模式、方法和技能等，往往是需要设计的。按照伯格的观点，这种设计的原则之一就是应该使次级社会化的过程对孩子来说，就如同回家一样，即"老师在教学上要栩栩如生，使孩子有如同回家的感觉，也需与父母的结构关联，并饶有趣味地使新添加的内化讯息与原有的融合而被吸收"②。

　　次级社会化与初级社会化是彼此衔接的。如果说初级社会化主要是在家庭中完成和实现的，那么，各种社会教育机构则是次级社会化的主要机构和场所。次级社会化的许多任务也必须在这些社会教育机构中才能完成和实现。所以，了解次级社会化的特点和性质，对于我们更好地设计社会教育机构的各种活动，是非常重要的。当然，次级社会化也并不能完全解决个人一生的社会化问题，换句话说，在人们完成初步的次级社会化以后，还有一个如何使人们在社会化过程中已经形成和认同的各种文化与价值观念得到进一步维持和发展，以及适应社会发展的需要而不断更新的问题。这也正是所谓继续社会化和终身学习的课题。

---

① Berger P, Luckmann T. 知识社会学：社会实体的建构 [M]. 台北：巨流图书公司，1991：160−161.
② 同① 161.

二、社会化的机制

所谓社会化的机制，指的就是实施社会化的各种具体形式。这里用"机制"这个术语，并不意味着社会化的过程完全就是制度化的。它只是力求表明社会化的过程本身具有一定的规律性，而这些所谓的机制恰恰是社会化规律的具体表现形式。关于社会化的机制，也存在各种不同的表述方式，如"社会化的环境"①"社会化的方法"②或"社会化的媒介"③等等。这些不同的表述方式也反映了不同的学术取向。一般而言，社会化的机制主要是家庭、社区、同伴群体、大众传播媒介与互联网等。

1. 家庭

家庭是一个十分重要而且非常独特的社会化机制，是初级社会化的主要形态，对个人的社会化具有十分重要的意义。人们对于家庭教育的研究已经越来越深入，各种各样的表述也不一而足，如"社会化的摇篮""人生的第一课堂""人生的第一粒纽扣"等等。其主要特点如下。

第一，家庭的社会化是个人不可选择的、首要的社会化过程。如果说其他的社会化机制对于每个人来说还具有一定的选择性，那么，家庭的社会化或影响对于每个人来说是必然的。这种必然性使得家庭的社会化成为每个人后期社会化的重要基础，甚至可以认为个人后期社会化以及在发展过程中产生的各种现象，在一定程度上都可以通过他或她的家庭背景得到说明。

第二，家庭的社会化主要以情感为基础。婚姻和血缘的纽带关系是家庭与其他社会化机制的不同之处，由此也决定了家庭这个社会化机制常常以情感作为基础。正是由于这种情感的关系，家庭的社会化常常具有一定的优势。其中，父母的作用常常是首要的和关键性的。英

---

① 刘豪兴，朱少华．人的社会化 [M]．上海：上海人民出版社，1993：100.
② 中国大百科全书总编辑委员会《社会学》编辑委员会，中国大百科全书出版社编辑部．中国大百科全书：社会学 [M]．北京：中国大百科全书出版社，1991.
③ 参见胡森等人主编的《国际教育百科全书》中的相关条目。

国学者鲍尔比（John Bowlby）在他的调查报告《母性照看与心理健康》中便十分明确地指出，儿童心理健康的关键在于和谐而稳定的亲子关系。[①]

第三，家庭的社会化具有一种连带关系。所谓连带关系，指的是家庭对儿童某一方面的教育和影响常常会对儿童其他方面的成长和发展产生一定的影响。出现这种现象的原因主要有两个方面：一方面，儿童本身在这个发展过程中各方面的分化程度比较低，容易产生这种连带关系；另一方面，由于家庭作为一种社会的初级群体，其生活本身也常常是综合性的。这也是家庭社会化机制的特点。

家庭对青少年的早期发展和社会化具有比较突出的意义。其功能主要体现在以下几个方面。

首先是文化资本的传递。家庭所赋予儿童的文化资本对个人的影响是基础性的，包括各种价值观念、行为方式等等。这种影响将持续到儿童与青少年在学校中的学习和他们以后的发展之中。从某种意义上说，个体的发展在很大程度上只是维持或延续儿童和青少年家庭文化资本的差异，它甚至不能从本质上消除这种差距。而儿童和青少年学生在学校中的各种表现，往往与他们的家庭环境有非常密切的关系。更重要的是，家庭与学校教育之间的关系也容易成为教育制度建设中的一个重要议题。

其次，家庭能够为青少年成长和发展提供一种基础性的价值观念，并形成某种特定的成就期望。这种不同的价值观念也影响了不同家庭对于教育的价值取向，包括对他们子女在学校中的表现和选择具有不同的促进作用。就成就期望而言，不同的家庭对儿童和青少年学生的影响也是不同的。当然，关于学业成就与家庭之间关系的研究，常常存在不同的结论。根据齐默和威特若夫的观点，目前比较成熟的看法是，家庭的确影响儿童学业和工作的社会化程度，而且，家庭与儿童的社会化之间

---

① 王振宇，葛沚云，曹中平，等.儿童社会化与教育［M］.北京：人民教育出版社，1992：69-70.

的联系往往和人口统计学变量（如地理和社会阶级等因素）以及主观变量（如家庭的培养方法和父母对子女的期望等）具有一定的关系。

再次，家庭社会化机制对儿童性别角色具有一定的影响。有学者认为，"家庭被确认为在使儿童和少年朝着社会认为'合适的'性别角色发展的社会化方面起着主要作用"[①]，包括家庭中存在的男女之间的分工和差异对性别角色的影响。而且，某些类型的认知能力在幼年阶段也常常存在性别之间的差异。这也是目前教育中非常值得关注和研究的现象。

最后，在道德观念和道德行为方面，家庭对儿童私德的形成，具有非常重要的功能。显然，家庭是一个私域，是私德形成与发展最适当的空间。而且家庭还具有私德养成方面独特的时间与逻辑优势。在中国传统文化中，孝悌为仁之本，而且是道德意识与行为发展的基础。所谓"亲亲而仁民，仁民而爱物"（《孟子·尽心上》）。瑞典学者凯（Ellen Key）在《母性论》中说道，"小儿爱母为情绪发达之本，由是扩充以及远；此一顺序，犹树根不可朝天"[②]。家庭环境中并没有社会上严格系统的法律法规和行为规范的约束，更多地是依靠家庭成员的管教和个人的自觉，是培养和发展私德比较好的空间环境。所以，伦理关系始于家庭，而不止于家庭。这些私德包括知耻、自尊、自爱、诚信等等。家庭对儿童道德意识的影响直接关系到他们后期的社会认同。例如，根据吉登斯的观点，家庭社会化对于儿童的本体安全感的形成具有十分重要的意义。这种本体安全感的重要含义之一便是埃里克森（Erik H. Erikson）所谓的"基本信任"。这种"基本信任"对于个体来说，是一种"原始的关联"，其中包含了个人与他人、与社会及与客观世界之间相互联系的基本方向。这种"基本信任"也就是布洛赫（Ernst Bloch）所说的"希望"的核心，或者是蒂里希所说的"存在的勇气"。吉登斯认为，这种"基本信任"恰恰是在儿童时期形成的。他说道："从人类心理发展的角度来看，这种信念

---

① Husen T，Postlethwaite T N. 国际教育百科全书：第 8 卷 [M]. 贵阳：贵州教育出版社，1990：313.

② 梁漱溟. 教育与人生：梁漱溟教育文集 [M]. 北京：当代中国出版社，2012：197.

是如何获得的呢？使个体穿越过渡时期、危机和高风险的环境的本体安全感，是由谁创造的呢？在情感以及一定程度上的认知意义上，扎根于现实存在中的信任，即对个人的可信度有信心的感受，是在婴儿的早期经验中获得的。"①也就是说，儿童早期在家庭生活中的感受和经验，对于他们的这种"基本信任"的形成具有十分重要的意义。具体来说，这种"基本信任"在很大程度上是通过儿童与作为"看护者"的父母或其他家庭成员的关系而形成的。正如吉登斯所说的那样，"在正常环境中，儿童投射到看护者身上的信任，可被看成是一种抵御存在焦虑的情感疫苗，这是一种保护，以抗拒未来的威胁和危险的，这种保护使得个体在面对让人消沉的境遇时还能保有希望和勇气"②。因此，儿童与看护者的关系往往并不是单纯的亲子关系。在儿童的意识中，与父母等看护者的关系是一种社会关系，具有普遍性的意义。对此，吉登斯说道："基本信任所认为的与早期看护者之间的相互亲密的关系，本质上具有无意识的社会性，其存在先于'主我'（I）和'宾我'（me），并且也是这两者之间任何分化的本原。"③

　　家庭的社会化在中国传统文化中具有非常重要的地位，其中，母教具有非常独特的含义与地位。中国古人云：闺阃乃圣贤所出之地，母教为天下太平之源；教子为治平之本，而教女更为切要。盖以世少贤人，由于世少贤母。有贤女，则有贤妻贤母矣。有贤妻贤母，而其夫与子之不为贤人者，盖亦鲜矣。其有欲挽世道而正人心者，当致力于此焉。所谓"贤母使子贤也"④。著名优生学家潘光旦先生则提出了"新母教"的论述，他认为，"教育是一桩最大最难的事业，母教又是这桩事业里最最基本的部分"。这种新母教包括"择教之教、择父之教、胎养之教、保育之

① 吉登斯 . 现代性与自我认同：现代晚期的自我与社会 [M]. 北京：生活·读书·新知三联书店，1998：42.

② 同①44.

③ 同①.

④ 杜泽逊，庄大钧 . 韩诗外传选译（修订版）[M]. 南京：凤凰出版社，2011.

教、品格之教"。他非常明确地指出，"品格教育的最大责任还是在家庭以内，还是母教的中心部分，实际上，家庭教育就等于品格教育，母教就是品格之教"①。

2. 社区

社区，包括街道与邻里等，是青少年成长和发展的一个十分重要的环境或社会化机制。社区对青少年学生的社会化的影响，主要有以下几个特点。

第一，现实性。社区作为一种社会化的机制，它的主要特点是现实性，即社区文化的影响是直接和现实的。这种现实性的直接含义就是它的多样性和复杂性。首先是它的多样性，包括积极的和消极的，正面的和反面的，以及各种程度不同的影响。特别是在一个文化多元化的社会和时代中，社区文化的社会化机制常常是鱼龙混杂的。其次是它的复杂性，即社区空间所具有的多元化影响本身常常是相互矛盾和有差异的，甚至是彼此冲突的。这种现实性使得社区与其他社会化机制，尤其是学校教育往往是相互矛盾的。

第二，区域性。所谓区域性，指的是社区文化本身具有比较明显的区域特点，这种区域文化对青少年的社会化，包括对他们的生活方式、行为方式、思维方式、价值观念以及他们的语言习惯等的影响，都具有很强的地方特色。这种区域性的重要内涵在于它的具体性，由此形成了社会化过程中特定的空间载体。这种社会化的地方特色使青少年学生在成长和发展过程中形成对家乡和家园的依恋，进而不断拓展为对国家、民族的认同与热爱，也有助于强化青少年学生的安全感与归属感。

第三，社会化的冲突性。由于社区的社会化机制具有多元化的特征，包括不同阶级和阶层，不同的家庭与职业，以及具有不同价值观念和生活方式的群体，等等，因此，各种各样的冲突和矛盾常常使社

---

① 潘乃穆，潘乃和 . 潘光旦文集：第 5 卷 [M]. 北京：北京大学出版社，1997：141-145.

区的社会化机制变得十分复杂，并使儿童和青少年常常面临着各种不同的选择和冲突。从另一个方面说，由于与其他社会化机制在目标和取向上有时并不完全一致，所以，有人把社区的社会化叫作"社会化的竞技场"。

3. 同伴群体

同伴群体也是现代社会中儿童与青少年十分重要的社会化机制。所谓同伴群体，指的是处于某一年龄阶段或年龄组的人所组成的集合体。[①]有的学者认为，同伴群体指的是"特定的儿童和他与之进行互动的特殊群体的同一性"[②]。这种同伴群体并不完全等于同龄人，它在形式和种类上也是多种多样的，包括非正式的、有组织的；其规模也是不同的。有学者认为，同伴群体的特点包括它的自发性，即它常常是在自愿结合的基础上形成的；还包括它的表意性，即它的形成并不是为了满足人们的某种工具性要求，使成员可以由此从事单个人所不能从事的工作，而是出于人们心理上的需要；它具有很大的流动性，即比较松散，没有什么纪律的约束；而且，它的领袖也常常是自发形成的。[③]也有的著作认为，同伴群体的特征主要是它在构成上的习惯性、传统、方式，以及时间、空间和语言，等等。还有研究成果发现，同伴群体具有促进沟通与文化融合的作用，影响人格的定向，等等；也有的学者认为，青少年同伴群体的功能主要表现在帮助青少年学习社会文化，帮助青少年掌握一定的生活和工作技能从而能够更好地进行社会流动，为青少年学生提供新的社会角色，等等。除此之外，同伴群体对青少年学生社会化的影响还表现在其他方面，包括它的代际性等等。然而，同伴群体的社会化机制的关键是具有某种亚文化的意义。

其实，青少年实际上是生活或成长在两个文化世界中：一个是成

---

① 刘豪兴，朱少华. 人的社会化 [M]. 上海：上海人民出版社，1993：227.

② Havighurst R J, Neugarten B L.Society and education[M].Boston:Allyn and Bacon,1957:106.

③ 同① 228-229.

人的世界，包括他们的父母、教师，以及其他的长辈和成人；另一个是他们自己的世界，包括他们的同伴、同龄人或他们的朋友等等。这两种文化都同时影响着他们的成长和生活，它们的差异主要表现在以下几个方面。

第一，在成人的文化世界中，儿童和青少年常常处于一种从属的地位；而在同伴群体或青少年自己的世界中，他们与其他人具有同等的地位。在同伴群体中，青少年彼此之间具有比较大的文化同质性。在这种文化环境中，青少年的心理是比较自由的，也不存在什么压力与约束。青少年在同伴群体这一世界中可以比较自由地进行态度、判断力和批判性思维的训练，并做出自己的选择，建立自己的各种关系或某种亚文化。

第二，在成人的文化世界中，人与人之间的关系常常是一种比较稳定和长期的关系；而且在这些关系中，儿童和青少年常常需要做出某种承诺。但是，在同伴群体中，彼此之间的交往常常具有短期的特点。所以，儿童和青少年的成长常常处在一种没有太多"情感债务"（emotionally charged）的环境中。他们彼此并不在意别人在社会环境中学习或没有学习什么，或者说，他们并不太关心结果。而且，他们也不需要像在成人世界中那样，必须对教师或父母做出某种长期的承诺。这样，青少年的社会状态往往是比较轻松的，他们的心理也是比较放松的。

第三，同伴群体作为一种社会化的机制，它的影响将随着青少年的成长而变得越来越重要；而他们与成人世界的关系则越来越淡薄。根据有关学者的研究，大致在 16 岁，青少年希望自己"像其他孩子那样干"的愿望是最强烈的。① 而且，在青少年阶段，与其他方面相比较，同伴群体通常具有更大的影响。

显然，这些差异无疑使同伴群体对青少年学生的学习和社会化的影

---

① Havighurst R J, Neugarten B L.Society and education[M]. Boston: Allyn and Bacon,1957: 110.

响具有自己的特点。而这些也正是我们研究同伴群体的影响的基础。应该看到，同伴群体对青少年学生的影响与学校教育之间具有十分密切的联系。这种联系具体表现在，"一般而言，学校对个体学生的影响总是以同伴群体的环境为中介的。……应该认识到，儿童或青少年在达到学校期望方面的成功程度，与这个孩子在同伴群体中的地位有重要和直接的关系"①。这种所谓的中介的重要内容就在于，青少年学生常常是通过同伴群体中的各种交往去理解学校教育的各种要求，或去扮演学校所要求的各种角色的。这也就十分明确地告诉我们，充分重视同伴群体对青少年学生的社会化作用，对于进一步搞好学校教育是非常重要的。

4. 大众传播媒介

大众传播媒介是青少年社会化的一种十分重要的机制。根据一般的理解，所谓的大众传播媒介，指的是"由一些机构和技术所构成，专业化群体凭借这些机构和技术，通过技术手段（如报纸、广播、电影等等）向为数众多、各不相同而又分布广泛的受众传播符号的内容"②。这里，只是分析一般的大众传播媒介对青少年社会化的影响。

与其他社会化机制相比，大众传播媒介的社会化功能主要有开放性和无强制性、介入性和非统一性、形象性和易感染性以及两重性等特点。从教育社会学的角度看，大众传播媒介主要的社会化功能不仅是提供各种信息，对社会文化起一种维护和整合作用，而且在现代社会中，特别是在国家和社会的现代化过程中，大众传播媒介在一定程度上已经成为社会的构成因素。换句话说，它已经是一种建构性因素和力量，而不仅仅是一种维护性的因素和力量。对此，英国文化社会学家莫多克（Graham Murdock）认为，"在任何地方，现代传播媒介——流行报纸，大众社会生产的形象，照片，电影，电话以及后来的收音机和电视——

---

① Havighurst R J, Neugarten B L.Society and education[M]. Boston: Allyn and Bacon,1957: 120.

② 麦奎尔，温德尔.大众传播模式论 [M].上海：上海译文出版社，1987: 7.

从其起源开始，就成为现代性的型构的关键因素"[1]。现代大众传播媒介在社会化中的意义，主要表现在以下两个方面。第一，它们在现代社会生活的再组织中扮演着基础性的角色，提供了新的社会接触点、新的社会习惯性行为和仪式、新的认同与记忆的基础以及公域和私域之间的新关系；第二，作为社会生活中意义的组织和公共化的核心地点，对于大多数人而言，大众传播媒介是话语、形象与解释框架的主要资源，通过把握这些资源，人们才能理解社会变迁和他们自己在变迁中的变化。总之，现代社会的大众传播媒介提供了结构与行动、社会与个人之间的枢纽。[2]显然，在现代社会中，大众传播媒介对青少年学生的社会化的方式、条件和内容等都产生了一系列非常重要的影响。

现代社会大众传播媒介的内容与形式的变化对青少年的社会化具有特别的意义。在形式方面，由于通信技术的发展，现实世界的虚拟化程度越来越高。这种虚拟化在一定程度上造成了社会生活中的时间与空间的分离。[3]青少年社会化所要求的某些条件也已经发生了变化。而且，它给青少年成长与发展所带来的影响目前仍然是一个未知的领域，是一个需要进一步研究的问题。在内容方面，各种大众传播媒介正在经历一场由"权力显示"向"生活方式的认同"的变化。所谓从"权力显示"向"生活方式的认同"的变化，简单地说，也就是过去的大众传播媒介主要宣传和反映权力机构的利益和意志，体现的是占支配地位的意识形态的声音。而在现代社会的大众传播媒介中，各种知识性的内容，包括身体的、保健的、家庭生活的、娱乐的、旅游的、音乐和艺术的等等，在一定程度上逐渐占有主要的地位。这种变化一方面是由于各种大众传播媒介的增多，包括各种流行杂志、小报，以及报纸的周末版和各种专栏等等，另一方面，即使是所谓的大报，甚至是大报的头版，其内容也发生

---

[1]　北京大学社会学人类学研究所.21世纪：文化自觉与跨文化对话（讲义）[Z].北京：北京大学，1998：25.

[2]　同[1] 20.

[3]　参见吉登斯《现代性与自我认同：现代晚期的自我与社会》第一章。

着变化。这种变化也就意味着在社会生活和现代化的过程中，政治精英和大众之间关系的变化。而这样的变化对于儿童和青少年的社会化，尤其是他们的自我认同与社会认同，都是非常重要的参照系，进而具有十分重要的导向性影响。[①]

5. 互联网

互联网是现代信息社会中一种越来越重要的社会化机制。互联网的社会化机制并不等同于某种大众传播媒介，它正在成为一种具有普遍性的社会形态，即网络社会。这是信息时代的一种社会形态，是以互联网为核心的信息技术为基础，人类社会发展的一个新阶段或者一种新形态。对此，美国学者卡斯特（Manuel Castells）非常明确地指出，"作为一种历史趋势，信息时代的支配性功能与过程日益以网络组织起来。网络建构了我们社会的新社会形态，而网络化逻辑的扩散实质地改变了生产、经验、权力与文化过程中的操作和结果。虽然社会组织的网络形式已经存在于其他时空中，新信息技术范式却为其渗透扩张遍及整个社会结构提供了物质基础。……在网络中现身或缺席，以及每个网络相对于其他网络的动态关系，都是我们社会中支配与变迁的关键根源：因此，我们可以称这个社会为网络社会"[②]。而且，他还将网络界定为"一组相互连接的节点（nodes）。节点是曲线与己身相交之处"[③]。他进一步说道："由于网络是多重的，在网络之间操作的符码和开关机制，就变成塑造、指引与误导社会的基本来源。社会演变与信息技术的汇聚，创造了整个社会结构活动展现的新物质基础。在网络中建造的这个物质基础标示了支配性的社会过程，因而塑造了社会结构自身。"[④]显然，这是一个与以往不同的社会形态。

---

① 北京大学社会学人类学研究所.21世纪：文化自觉与跨文化对话（讲义）[Z].北京：北京大学，1998：31-32.

② 卡斯特.网络社会的崛起[M].北京：社会科学文献出版社，2001：569.

③ 同②570.

④ 同②571.

　　网络社会的社会化功能是多方面的，它对青少年个体自我概念的形成，尤其对青少年自我认同的影响是颠覆性的。由于网络社会为人们的生存创建和提供了一个与现实空间非常不同的虚拟空间，由此使个体对自我的认识产生了一种前所未有的分裂。按照美国社会心理学家库利"镜中我"的观点，人对自我的认识是通过与社会的交往实现的。在库利看来，心智不但不像笛卡儿所认为的那样超然于外在的世界，反倒是个人与社会、世界和他人之间相互影响的产物。对此，他以"镜中我"［有时也叫作"反射自我"（looking-glass self）］来形容自我是与别人或社会面对面互动的产物。他说："在许多情况下，与他人的联系依赖较为确定的想象形式，即想象他的自我——他专有的所有意识——是如何出现在他人意识中的。这种自我感觉决定于对想象的他人的意识的态度。这种社会自我则可以被称作反射自我或镜中自我：人们彼此都是一面镜子，映照着对方。"① 在这里，别人或社会好像一面镜子。"我"的自我意识则是"我"从别人的眼里看到别人是怎么看"我"的。按照库利的说法，"这种自我认识似乎有三个主要成分：对别人眼里我们的形象的想象，对他对这一形象的判断的想象；某种自我感觉，如骄傲或耻辱等"② 。然而，网络社会为人们提供了另一面虚拟的镜子，他们往往在这面虚拟的镜子面前表现出与他们在现实社会中不同的行为举止，以至于人们在虚拟与现实的镜子中看到的是不同的自己，进而甚至分不清究竟哪一面镜子中的映像是真正的自己。其实，这种分裂岂止是自我的分裂，它还涉及知识与话语的分裂，甚至是整个社会化体系的分裂。而这恰恰是网络社会中自我认同的最大挑战，是互联网对社会化提出的新问题。

　　当然，青少年学生还有其他的社会化机制，例如他们在学校内外参加的各种社会组织和活动。另外，在现代社会中，社会流动对青少年社会化的影响也不可忽视。美国学者范斯科德等人从家庭、学校和同伴群

① 库利.人类本性与社会秩序［M］.北京：华夏出版社，2015：129.
② 同①.

体的角度分析和说明了不同社会化机制的特点。[①] 所有这些，我们都可以通过青少年在成长和发展过程中所形成和建立的各种社会关系去进行分析。换句话说，这里所谓的机制，实际上也就是与青少年成长和发展有关的各种社会关系。

第三节　社会化与学校教育

社会化与学校教育都是人的成长与发展的重要机制，都是人格形成的必要途径。它们之间既有重叠的方面，也存在不同的含义。它们之间的张力与相互结合的方式等也是教育理论与实践的重要问题。德国思想家康德曾经在《论教育》中认为，社会化与教育的关系不是和谐的，而是问题重重的。他强调"教育对人性成长的确定性"，认为除了教育实践之外，其他实践形式对人性形成同样必不可少。[②] 随着社会对学生的影响越来越大，这两者之间的关系已经成为现代教育中一个非常突出的问题。

一、社会化与学校教育的差异

社会化与学校教育是不同的，它们对年青一代的成长同样具有非常重要的功能，但各自的侧重点与地位又是有差别的。社会化的主要形态是社会教育与社会学习。认识它们与学校教育的关系，是现代教育的一个重要课题。

---

① 范斯科德，克拉夫特，哈斯.美国教育基础：社会展望 [M].北京：教育科学出版社，1984：139-146.

② 本纳.普通教育学：教育思想和行动基本结构的系统的和问题史的引论 [M].上海：华东师范大学出版社，2006：42.

1. 社会教育或社会学习的特点

社会化具有多样化的途径与形式，以及与学校教育不同的特点与形态。社会教育或社会学习，指的是儿童和青少年通过日常生活中的切身经验与社会交往而获得某些知识、能力与素质的过程。社会化指的是个人从家庭、同伴群体以及其他社会团体接受文化规范，内化于个人的心灵中，形成人格特征的过程。而教育则是指个人在学校中接受有计划的指导，学习生活和工作技能的过程。显然，个体在成长过程中，常常能够通过各种不同的机会与途径，在现实社会环境中，通过耳濡目染、模仿以及社会交往习得各种知识与能力，包括社会规范等。这些途径包括家庭、社区、同伴群体、大众传播媒介与互联网等，由此个体从不同角度获得各种非常丰富与不同的社会经验。这种社会教育或社会学习往往是无所不在的，甚至是贯穿个体一生的。同时，它们也具有不同的类型，以及与学校教育相比不同的特点与优势。一般而言，社会教育或社会学习主要有两种比较基本的形态。一是切身经验，即个体在成长过程中通过与社会和环境的接触以及各种社会实践而形成与获得的体验、认识、感受与能力等。二是社会交往，即个体在不同环境中通过与各种对象的交往形成和获得的认识与体会。无疑，在现代社会，随着信息传播方式的发展，尤其是网络社会的形成，社会教育与社会学习已经成为个体成长的重要途径。因为，社会化过程中的社会教育与社会学习关乎个性以及人与世界之间自由的相互作用，教育关乎引导未成年人走入既定的共同体生活形态的教育过程。[①] 所以，与学校教育比较，社会化中的社会教育与社会学习的重要特点之一，则是它的直接性。

所谓直接性，指的是由于社会教育与社会学习是在现实的社会环境中发生的，由此形成的知识与能力等是在现实的社会实际中获得的，因此也是可以直接应用于社会实践的。如果说，学校教育更多地是一种间

---

① 本纳.教育与教化的区别及其对当今教学研究的意义：论教化性的教育性教学 [J].基础教育，2018（6）：5-14.

接经验的学习，社会教育与社会学习则更多地是一种直接经验的学习。从某种意义上说，由于学校教育与现实的社会情境是分离的，其本身具有一定的相对独立性，因而由其获得的知识与经验等也存在一种需要向社会情境过渡和转化的趋向。而社会教育或社会学习则不用考虑所学知识向社会的过渡，它本身就是在经验与交往中自然发生的，并且结合了社会情境的要求与特点。这也恰恰是社会化，或社会教育与社会学习最重要的特点与优势。充分认识社会教育或社会学习的价值与意义是非常必要的。因为，必须区分由教育措施支持的教化过程和在教育之外的教化过程。所有分化了的实践领域的经验和能力因其代际传承的需求，都需要获得教育的支持，但教育的支持无法操控人类各种形式的思想和行动的发展过程。教育能开启教化过程，但是教化过程一旦在教育之外可以自行其道，就不再需要教育性的支持了。①

　　实际上，人格的形成本身具有某种自然的或者是自发的和直接的特点。即使缺乏学校教育，人也能够在与社会环境直接的相互作用和综合影响下不断成长与发展。从某种意义上说，这种社会化中的社会教育与社会学习本身对人格形成所具有的养成功能甚至具有时间或逻辑上的优先性。这种直接经验对学习者是非常重要的。因为，它提供了从儿童向成人转变过程中不可缺少的一种十分重要的认识，即"从生活中学习""从经验中学习"。对此，杜威非常明确地说道："为灌输知识而组织的实物教学，不管有多少，绝不能代替关于农场和田园的动植物的直接知识，这种直接知识是通过在动植物中的实际生活和照料动植物而获得的。"而且，"学校中为了训练而设的感官训练的学科，总不能跟从每天亲切有味的普通的职业活动中得来的那种生动的、丰富的感官生活相比拟"。② "文字记忆力在所指定的课业中能得到训练，推理力也能在数理课里得到一定的训练，但是，这同必须去做些事情，有实际的动机在推动

① 彭韬，本纳.现代教育自身逻辑的问题史反思[J].北京大学教育评论，2017（3）：109-122，190.
② 杜威.学校与社会·明日之学校[M].北京：人民教育出版社，1994：30.

并预见到实际的效果，从而获得注意力和判断力的那种训练相比较，毕竟总是有点间接的、空洞的。"① "在运动场上，在竞赛和游戏中，社会的组织是自发地和必然地产生的。在那里，有事情要做，有活动要进行，还有自然的分工，挑选领袖和成员，互相合作和竞赛。在课堂里，社会组织的动机和凝固剂也同样是缺乏的。"② 所以，社会化过程中的社会教育与社会学习是非常必要的。

社会化中社会教育与社会学习的直接性既是它的长处，也恰恰是它的短板与缺陷。由于其制约了个体学习的理论性与系统性，因而也是有局限性的。因为，对于某些比较抽象的科学定理与理论模式，以及某些比较宏观的、跨时代或大尺度的理论与规律，包括某些隐藏在诸多表象背后或中间，但已经通过实践检验与大量经验的归纳而得出的比较成熟的规律性知识，强调直接性的社会教育与社会学习往往是不够的，在某种意义上甚至是一种约束，影响了抽象思维的发展与科学理论的建设。显然，传统社会中的社会教育与社会学习即使没有学校教育也是可以独立存在的，但仅仅有这种独立存在的社会教育与社会学习又是不够的。因为，当经验和交往中的学习不被机构化的教与学的过程完全阻断，而且还允许其他形式作为补充的时候，世界经验和人际交往才能在这种机构化的教与学的过程中得到拓展。所以，学校教育仍然是非常必要的。

2. 学校教育的特点

学校教育的特点是多方面的。与社会化中的社会教育与社会学习比较，它最主要的特点之一是间接知识的学习。这种间接知识的学习对人类文明的传承发展是非常重要的。可以想象的是，如果所有的知识都要从人们自身的实践经验与社会交往中去获得，而缺乏通过总结与提炼而形成的理论的传承，人类的进步将是非常缓慢，甚至是不可能的。这也恰恰是学校教育的价值，是间接知识教学的意义。这种间接知识的教学

---

① 杜威.学校与社会·明日之学校 [M].北京：人民教育出版社，1994：30.
② 同① 32.

通常具有两个比较主要的优势。首先是系统性。学校教育能够非常系统地根据学生身心发展的规律与学习活动的特点，对各种知识进行选择、整理、编排与评价等等，由此达到一种比较有效率的教学。这种系统性常常表现为各级学校的教学计划与课程体系，以及不同阶段教学活动之间的衔接，等等。其次是它的理论性，即学校教育能够以概念性的方式，传授某些比较抽象的理论知识，揭示事物之间的本质联系与内在特征，特别是能够通过比较广泛的宏观视角，在较大尺度上把握具体事物的意义与价值，进而达到一种恢弘的格局。所以，与社会教育和社会学习相比较，学校教育体现了一种扩展的切身经验与社会交往，它能够超越个体实践与交往的有限性，进而获得一种认识与思想境界的提升。从教育机构理论的角度看，学校是扩展经验和交往的教学场所。通过这种教学，学生学习到那些在直接的社会化过程中学习不到的经验和交往。只有学会这些，他们才能理解世界，才能在世界上独立生活和参与公共生活。这些只能通过扩展性教学被学习的内容，自古以来就包含了书写与阅读、代数运算与几何符号这样的文化技能，还有人类借助它们在诗歌和认知自然上所做的深入探索。到了近代和现代，开展教育性教学的课程得到了明显的扩充。未成年一代可以通过经验和交往学会看电视和打电话，但是，现代世界的历史基础、科学基础和技术基础却不能通过经验为人习得和传承，而是必须借助教育间接地被人传授和掌握。这种教育通过教学来教化人，因此它超越了人的经验和交往。[①]

　　但学校教育也存在某种比较明显的短板与缺陷，即这种间接知识的教学往往容易导致与社会现实的脱节，以至于产生某种人才培养的风险。众所周知，学校本身是一个设计的环境，从某种意义上说，它也是相对独立的"社会"。学校教育因而形成了某种"学校化"的特征，即以学校环境代替社会的现实环境。学校本身尽管也是一个小社会，其中也包含了各种交往、互动、社会关系以及一定的结构与制度化等现象，但这些

---

① 参见本纳的观点。

现象与现实的社会环境毕竟是不同的。由于人们接受教育的时间和在学校生活的时间不断延长，而且学校与其他社会组织相比，具有更大的封闭性——特别是一些学校，完整的校园和后勤系统等在一定程度上使之成为某种"独立社会"，由此，学校社会与现实社会之间存在一定距离，甚至是某种"疏远"。而这些常常会使得学生的成长脱离现实社会的实际，以至于出现所谓"书呆子"或"不食人间烟火"与"象牙塔"的现象。对此，杜威曾经非常严肃地指出，"从儿童的观点来看，学校的最大浪费是由于儿童完全不能把在校外获得的经验完整地、自由地在校内利用；同时另一方面，他在日常生活中又不能应用在学校学习的东西。那就是学校的隔离现象，就是学校与生活的隔离"[1]。他还警告人们，"从间接的教育转到正规的教育，有着明显的危险。参与实际的事务，不管是直接地或者间接地在游戏中参与，至少是亲切的、有生气的。在某种程度上，这些优点可以补偿所得机会的狭隘性。与此相反，正规的教学容易变得冷漠和死板——用通常的贬义词来说，变得抽象和书生气"[2]。杜威甚至非常尖锐地说道，"另一种是他们不自觉地学得的知识，因为他们通过和别人的交往，吸取他们的知识，养成自己的品性。避免这两种知识之间的割裂，成为发展专门的学校教育的一个越来越难以处理的任务"[3]。而"在教育机构中需要促进的教与学的过程不仅仅是针对机构内部的成绩的，同时还旨在胜任教育机构之外的情境"[4]。因此，克服学校教育存在的这种潜在风险，加强学校教育与社会化过程中社会教育或社会学习之间的结合，是教育理论与实践的一个重大问题。

---

[1]　杜威.学校与社会·明日之学校 [M].北京：人民教育出版社，1994：61-62.

[2]　吕达，刘立德，邹海燕.杜威教育文集：第2卷 [M].北京：人民教育出版社，2008：12.

[3]　同[2] 13.

[4]　本纳.普通教育学：教育思想和行动基本结构的系统的和问题史的引论 [M].上海：华东师范大学出版社，2006：169.

二、学校教育与社会化的关系

学校教育与社会化具有非常复杂的关系。从理论上分析，这种关系在历史上可以划分为三个阶段与形态。这三个阶段与形态各有其自身的价值与特点，同时也是相互衔接、彼此照应的。

1. 三个阶段与形态及其特点

学校教育与社会化之间的关系在历史上呈现为三个不同的阶段与形态，并具有各自的特点。首先是自发的一体化阶段与形态。在人类社会的早期，尤其是生产力与知识发展水平比较低的年代，由于缺乏专门化的教育机构，教育与社会化是同一的。人们的学习常常是在耳濡目染的日常生活与劳动实践中发生的，并由此获得各种经验与知识。在这个过程中，并不存在学习与社会实践分离的现象与问题，人们学习活动本身就是社会实践的过程。教育或学习活动具有现实性与社会性的特点。当然，这个阶段的教育与学习主要是直接经验的学习，往往是个别的与零散的，并不能产生抽象化和普遍性的理论知识，因而是非常有限的，而且是低层次的。

其次是两者分化且相互作用、彼此影响的阶段与形态。随着社会的分化与知识的发展，以及工作与生活变得更加复杂，儿童与青少年进入社会所需要的准备时间也越来越长，各种劳动和技能的专业化程度越来越高，以至于不能简单地通过直接的社会教育与社会学习来获得，于是有了比较专门化的教育机构。然而，学校等专门化的教育机构并不能完全取代社会化的社会教育与社会学习，或者否认存在其他同样对人格的形成具有重要影响的，甚至是学校教育不可替代的社会化机制。于是，两者之间在功能与取向方面的不同以及相互协调便成为教育体制中的重要问题。

最后则是个体成熟以后所形成的自觉的社会学习阶段与形态，也是人们完成学校教育后继续社会化的阶段与形态。在这个阶段中，人们离开了正规的教育机构与教师的直接教导，在现实生活中形成了学习与社会实践的统一，这是人们在社会实践中自觉学习的过程，也是所谓终身学习的阶段。

2. 相互关系及其机制

在社会化与学校教育关系发展的三个阶段中，对学校教育与社会化过程中社会教育和社会学习之间的关系需要给予特别的研究与关注。这里至少存在两个主要问题。首先，学校教育与社会化中的社会教育或社会学习之间的关系是平等的，还是等级性的？这是教育体系中十分关键的一个制度安排与设计。它们在功能与特点方面的差异是否能够成为两者之间地位或等级高低的依据，是值得审思的。显然，直接知识的学习与间接知识的学习是同样重要的，并不存在孰高孰低的地位差别，因而也不能简单地认为学校教育具有对社会教育或社会学习的支配或指导地位。学校教育与家庭教育之间存在的诸多矛盾与冲突，其主要制度根源之一则是两者之间地位的制度性安排出现了不平等的现象。良好与合理的家校合作与共育，学校教育与家庭教育之间相互尊重、彼此支持的良好合作关系，必须以两者的平等地位为基础。这是一种共同育人的格局。"现在的一致观点是，只有建立学校、家庭和社区之间的友好合作关系，才能根本改善孩子们接受学校教育的质量。"①而所谓的"重叠理论"则是这种观点的具体形态。它认为，"家庭、学校和社区这三个背景实际上对孩子以及三者的状况、之间的关系发生了重叠的影响"②。这种"重叠影响模式"涉及许多学科和领域，是一个综合性的分析与解释模式。由此改变了以往所谓的"顺序理论"，即"认为家庭影响主要在婴幼儿及学龄低年级阶段，接着便是学校影响阶段，最后才是社区，且呈一成不变的顺序"③。

其次，两者之间的协调机制问题。显然，学校教育与社会教育或社会学习都具有各自的功能与特点，包括规训性与自主性、间断性与连续

---

① 哈里楠．教育社会学手册［M］．上海：华东师范大学出版社，2004：373.

② 同①．

③ 同① 375.

性等等，它们之间的协调机制也可以是多种多样的，可以根据不同的目的与条件选择与实施。而其中的主要形式包括彼此之间的过渡、社区的联结、合作伙伴关系中学生的角色安排等等。① 然而，学校教育与社会教育或社会学习之间协调的根本点是直接经验与间接经验或直接知识与间接知识之间的协调。而劳动教育则是这种相互协调中非常重要的机制。劳动教育的这种协调机制主要体现在两个方面。

第一，主观见之于客观，即学习者通过劳动教育将从学校教育中获得的间接知识或间接经验与现实实践中的直接知识或直接经验结合起来。

显然，劳动教育是一种有目的的活动。在劳动过程中，间接知识与间接经验在实践中得到验证与补充，并且得到了进一步的巩固与提高；同时，直接知识与直接经验在劳动过程中得到了抽象与概括，进而取得了普遍性的形式，并且上升为理论或规律。对此，杜威非常明确地指出："在学校里，学生往往过分被人看做求取知识的理论的旁观者，他们通过直接的智慧力量占有知识。学生一词，几乎是指直接吸收知识而不从事获得有效经验的人。所谓心智或意识，和活动的身体器官隔离开来。……活动和使我们认识经验意义的承受活动结果的紧密结合被破坏了；结果我们有了两个断片：一方面是单纯的身体活动，另一方面是靠'精神'活动直接领会的意义。"② 而劳动教育的价值恰恰是将这两个"断片"结合起来。

应该非常清楚地看到，这种结合在现代社会与现代教育中显得尤为重要。从某种意义上说，如今教育中直接知识与间接知识的分离已经由于信息社会的发展而达到了一种前所未有的状态，突出表现为三个分离。首先是具体与抽象的分离。尽管杜威曾经对学校教育存在的这种分离现象进行了十分严肃的警告，但随着信息技术的发展，知识形态的抽象化程度逐渐达到了一个整体化的水平。其次是现实与符号的分离。"词是观

---

① 哈里楠. 教育社会学手册 [M]. 上海：华东师范大学出版社，2004：376-392.

② 吕达，刘立德，邹海燕. 杜威教育文集：第 2 卷 [M]. 北京：人民教育出版社，2008：138.

念的摹本，但是，很容易把词当做观念。如果心理活动和主动关心外界分离开来，和做事情分离开来，不把施与受联结起来，在同样程度上，词和符号代替了观念。"① 如今，这种分离突出表现为知识的数字化发展，各种各样的知识文本都通过某种形式的数字化而呈现出某种符号化的特征。最后是自然与人为的分离。社会教育与社会学习中的各种学习对象与材料都是自然的或鲜活的。而学校教育中表现间接知识与经验的学习材料往往是人为的。这样的分离对现代教育而言显然是非常危险的。因为，当教育从日常社会交往和劳动过程中分化出来，发展成为正规教育以后，机遇和风险是并存的。机遇当然是解决了社会生活越来越复杂以后的文化传承的问题。风险主要是两个方面：一是学习与劳动实践的分离，使得文化中非常丰富的细节消解在抽象的符号与间接知识中；二是学习活动与社会交往的分离，使得人们以为文化和学习可以是孤立的活动，可以独自完成，由此而形成一种自私自利的心态，人的社会性发展受到很大的影响。在虚拟社会，这种风险甚至可能形成更多新的形态与特点。而劳动教育的价值正是能够非常有效地弥合这些分离，促进人的全面发展。

第二，从消极经验到积极经验。

劳动教育实际上也是杜威所说的"教育即经验的连续改造"的主要载体。学习者，尤其是儿童与青少年学生将他们在现实生活中的某种消极经验，转化为一种积极经验，常常是在现实环境中通过劳动教育实现的。所谓"从经验中学习"，实际上就是指我们不仅要劳动，而且要承受自己劳动的结果，包括好的或坏的结果。仅仅享受快乐的结果，而没有自己主动的劳动，或者说，缺乏这样两者之间的联系，就没有教育。所以，这种经验的连续改造，实质上就是一种从消极经验转化为积极经验的过程，而这个过程恰恰是通过劳动教育实现的。

---

① 吕达，刘立德，邹海燕.杜威教育文集：第 2 卷 [M].北京：人民教育出版社，2008：141.

就学习的规律而言，儿童与青少年学生的成长与发展常常是从消极经验开始的，这是一种被动的承受，包括各种各样的灾难与自然界的打击，以及人们在各种自然力量的显现面前望洋兴叹，或者是由于自身能力有限而对各种不合理不公正现象无能为力的被动经验。这种消极经验具有两个十分关键的教育意义。首先，这种消极经验是真正有效的教育的前提与基础，它构成了学生学习的可接受性基础。柏拉图认为，教化过程是由消极经验引起的，消极经验则源于目光的转向①。在这种目光转向中，不仅尚未熟悉的事物变得熟悉，而且本来不是问题的思维也变得有问题了。柏拉图借助苏格拉底之口推论道："教育这件事，它并不是像有些人在宣讲中所说的它是怎样的一回事，它就真的是那样一回事。他们的说法差不多就是这样：如果在灵魂里缺少知识，他们就把知识灌注进去，就像是在瞎了的眼睛里，把视觉灌注进去一样。"②真正有效的教育往往非常重视学生的消极经验，而且善于鼓励学生自己进行积极主动的学习，将他们从教师的传授或教材中获得的消极经验转化为自己的积极经验。

其次，这种消极经验是道德教育的重要基础。如果说"知耻"是人的一种与生俱来的本性，"知耻而后勇"是道德意识发展的重要途径，那么，劳动教育正是将儿童与青少年学生在成长过程中的消极经验转化为他们学习中的积极性与主动性，提升自觉性与自制力的重要抓手与路径。这也是社会化过程中社会教育和社会学习与学校教育之间相互协调的重要意义，是德育的重要基础与形态之一。显然，如果儿童和青少年学生内心没有某种道德需求，无论如何往他们头脑里灌输道德，都是没有用

---

① "消极经验"指的是被动地获得的经验，它是相对于主动获得的积极经验而言的。"目光的转向"，指的是学生从关注老师，转变为关注学习对象，从而积极主动地与学习对象进行互动，并获得积极经验。教育行动的艺术不在于让学生从老师或教材那里获得知识，而在于通过使目光发生转向而促成学生的一种积极主动的学习。因此，对于教化过程而言，目光转向是结构性和建构性的。

② 彭韬，本纳.现代教育自身逻辑的问题史反思[J].北京大学教育评论，2017（3）：109-122，190.

的。就像柏拉图所说的那样，如同往盲人的眼睛里灌注视觉。而这种消极经验正是德育非常重要的基础。当然，这种消极经验常常能够让儿童与青少年学生产生一种"无能"或"无奈"的"羞耻感"，或者让他们产生一种力求"搞清楚"的好奇心或探索欲望，并通过教师的帮助，在成功中形成某种非常积极的自我概念与自我评价，这恰恰是十分有效的德育。

需要明确的是，学校教育的重要目的之一，是应该促使学习者成为一个自觉的自我学习者，能够积极主动地参与社会教育与社会学习。所以，学校教育的机制不能仅仅是学生向教师学习。实际上，教师和学生在学校教育中的取向是不一样的。学生在课堂上不是通过教学性的示范和学习性的模仿来学习，而是通过教师教育性的教学行为与学生教化性的学习行为之间的相互作用来学习。通过教化性的学习行为，学习者的知与不知以及他所知和未知的世界同时发生着改变。这就是说，学生学习与未知世界打交道，而教师则是通过示范，引导学生与未知世界进行相互作用，帮助学生将消极被动的经验转化为积极主动的经验。这里涉及教育社会学中两个非常重要的概念，即教化与教育。正如有的学者所指出的那样，教化关乎个性以及人与世界之间自由的相互作用，教育关乎引导未成年人走入既定的共同体生活形态的教育过程。① 而两者体现了学校教育与社会教育或社会学习的关系。因为，教育指的是专业的或自然的教育者对未成年人学习过程施加的影响，而教化则是学习者不再依赖教育者而自主地学习。而教育的目的则是开启教化的过程。所以，虽然教育措施可以启发、推动教化过程，但并不能在真正意义上制造这些过程。因此，学生在课堂上并不是向教师学习，而是在教师的帮助下通过事实或任务来学习。因此，教育从首要意义上看是教育行动者的事情——他们寻求对未成年人的教化过程实施负责任的影响，而不是学习

---

① 本纳.教育与教化的区别及其对当今教学研究的意义：论教化性的教育性教学 [J].基础教育，2018（6）：5-14.

者自身的事情。① 也有的学者通过比较指出，在德语学界的相关研究中，人们对"教育"和"教化"做了区分，认为"教化"作为一个过程性概念，主要指"儿童"与"外部事物"之间的互动过程，而"教育"则主要侧重于"教育者"对儿童与外部事物之间的互动过程施加影响②。显然，这样的说明十分清楚地阐释了学校教育与社会教育或社会学习的关系，也阐明了社会化的地位与价值。可以发现，学校教育与社会教育或社会学习，或者说，教育与教化是结合在一起的。因为，教师进行教学的方式是，向学生提出问题，让学生对教学内容产生疑问，并通过指示性手势开启学生的教化过程。学生并不是向教师学习，而是通过被设置为教学主题的事实来学习。借助教师提出的问题，以及那些按照教学法设计好的或用于课堂提问、课堂展示的教学工具，学生深入学习对象进行学习。在此学习对象上，学生获得了单凭自己的力量无法对学习对象做出理解的经验。因为这种消极经验，又因为教师通过提问和指示的方式推动、诱导、引起学生做出目光转向，学习者和学习对象在教育性教学中发生改变。③ 由此可见，学校教育与社会化始终是相互影响与渗透的，而这也是认识与处理两者关系的理论基础。

---

① 张卉. 从赫尔巴特教育学的"可塑性"概念看其对康德先验主义教育哲学的批判 [J]. 中国教育科学（中英文），2021（4）：92-99.

② 同①.

③ 同①.

第 | 五 | 章

教师与学生的社会分析

　　教师和学生是教育活动的最基本的主体和参与者，是教育活动最直接的体现者，也是教育社会学研究和分析的重要对象。所谓教师与学生的社会分析，指的是从社会地位与角色等方面分析教师与学生在教育活动中的行为方式、特点与相互关系，由此进一步丰富对教师和学生的认识与理解，并且形成各种新的解释思路与理论知识。

第一节 教师的角色

教师是教育活动中的重要因素，也是影响教育质量的关键因素，并且是教育发展的"第一资源"①。英国教育与技能部在政府报告《投资改革》（Investment for Reform）中十分明确地说道，"我们将投资于所有教师的专业技能和增进初任教师的班级训练，以确保教师具有符合个别学生需求的技能"。美国教育改革法案《不让一个孩子掉队法案》（No Child Left Behind Act）的主要目标也是加强教师的培养。在它看来，提高学生的学习成绩，缩小学生学习成绩之间的差距，是教育改革的主要目标。而要达到这个目标，确保教师的素质是第一优先的任务。尽管影响学校教育质量的因素是多方面的，但是，教师的因素是最重要的。所以，教师一直是教育社会学研究的重要对象。长期以来，学术界对教师进行了许多卓有成效的研究，也取得了非常可喜的成果。例如，从社会责任、社会权利和社会地位等方面分析了作为社会成员的教师，从角色特征、工作群体和地位形成等方面研究了作为学校成员的教师，从社会化的角度研究了同时作为社会化的承担者和承受者的教师，等等。② 有的学者认为，教师的职业特点与他们所从事的教学活动具有十分密切的关系。由于教学活动既是一种行为，又是一种事业，因而教师职业具有一定的道德色彩，以至于教育教学艺术与教学实际之间存在一定的差距。③ 也有

---

① 中共中央国务院关于全面深化新时代教师队伍建设改革的意见 [EB/OL]. [2021-10-20]. http://www.gov.cn/xinwen/2018-01/31/content_5262659.htm?from=timeline.

② 参见鲁洁主编的《教育社会学》等书。

③ Husen T, Postlethwaite T N. 国际教育百科全书：第 9 卷 [M]. 贵阳：贵州教育出版社，1990：74.

很多学者对教师组织进行了比较深入的研究，包括教师组织的成员资格，它的内部管理、目标和活动，以及教师组织的效力和社会效用等。[①] 还有的学者对教师的社会地位进行了广泛的分析和研究，包括教师的社会背景、教师的职业威望、教师的出身、影响教师社会地位的各种因素，以及教师的专业性职业特色等。此外，还有对教师的性别、教师社会化等问题的研究。这些都是本书对教师进行分析和研究的重要基础和参照系。

一、教师的角色规定及特点

在教育社会学的研究视野中，所谓教师，主要指的是在学校中专门从事教育教学活动的一种特定的角色，以及与这种角色相关的各种行为规范和行为模式。因此，这些角色的基本特性，以及构成教师角色的各种行为规范及其特点，是教育社会学关于教师研究的基本着眼点。教育社会学对教师的规定，强调的是教师的行为方式，或者说，是从行为的角度对教师进行定义的。而且，对教师的规定非常明确地限定在教育活动的领域之中，并不包括教师在其他领域中的活动或行为方式。因此，这也是教育社会学对教师的研究，包括对各种影响教师行为方式的要素的研究的边界与内涵。一般而言，关于教师角色的规定，常常具有规范性程度比较低的特点，并反映在以下几个方面。

1. 规定的模糊性

鉴于教育活动与教师职业的特点，各种文献与政策关于教师职业资格的知识要求与能力标准的规定常常比较抽象，相关的要求也往往具有一种发散性的特点。这种发散性的知识结构使教师职业资格的规定具有较大的模糊性，以至于相关的权威机构常常很难非常具体地规定教师的任职资格，或者如同目前很多关于教师资格的规定那样，只是一些比较

---

① Husen T，Postlethwaite T N.国际教育百科全书：第 9 卷 [M].贵阳：贵州教育出版社，1990：89-92.

笼统的要求。由此，也给对教师资格的测定与考核带来了诸多不便。有些法律法规对教师任职资格的规定也只是提出相应学历的要求以及一些基本的原则。[①] 国外有关教师职业的研究甚至认为，出于这一原因，教师行业组织的门槛往往比较低，以至于让一些"不合适"的人进入了教师行业，并因此降低了教师的社会地位。教师的角色规定所具有的模糊性对教师的专业性发展的确具有某种消极的影响，甚至在一定程度上导致了教师职业与其本身学科专业之间的矛盾与冲突，进而不利于教师的评价。它使教师职业资格的规范性受到了更大的挑战，进而也使得教师的行为方式具有了一定程度的非规范性。但这种模糊性也表明了教师角色的弹性，给予了教师在发挥自身作用时的更大空间。更重要的是，这种模糊性对教师的角色行为提出了更多自律性的要求。

2. 规定的功能性

教师的行为规范大多是功能性的，是对于行为结果的规定，而并非对具体行为方式的要求。换句话说，教师角色的目标是比较统一的、规范的，但是，达到这个目标的具体途径可以是不统一的、非规范的。例如，凯尔塞尔（R. K. Kelsall）概括了关于教师角色的各种规定：把学生从其家庭环境中解放出来，在所有学生中鼓励成就意识，挑选社会化成就竞争中的成功者和失败者，把社会规范传递并印刻在学生心中，教授学生一些技术性的技巧，给学生灌输人际关系的敏感与进行训练，帮助学生学会决策和进行职业训练，维护教室中的秩序，承担并完善一门公共的课程，执行校长的要求，维持有效的与家长的联系，表达对学校的忠诚，等等。这些大多是关于教师应该做什么的规定。至于如何去实现这些要求，却很少有比较具体的规定。显然，教师们可以通过各种不同的方式去达到上述的要求。正如凯尔塞尔所说的那样，教师可以通过反复的教授鼓励学生的成就意识，也能够通过课堂讨论，来激发学生的学习动机。因此，教师角色的行为具有"目标性规定"而不是"过程性规

---

① 参见《中华人民共和国教师法》。

定"的特点。为此，教师职业要求教师个体的行为具有较强的自觉性和主动性。当然，它也为教师发挥个人的主动性和创造性提供了较大的空间。

3. 行为的个体性

教师角色的行为更多地具有一种个体性的特征。这种个体性主要表现在两个方面。一方面，学校的教育活动，或者说对人的培养，绝不能等同于工厂的生产活动。它不是所谓标准化的批量生产，不能简单地按照统一模式进行，而必须根据每一个学生的特殊情况，根据个性发展的要求与特点，实行因材施教和个别化的教学与辅导。所以，教师的教育教学不可能仅仅是一种简单的规范性调整，而必须针对学生的个性特征和要求，更多地实行一种个别性调整。这样，具体了解每一个学生的情况，便成为教师的十分重要的职责。同时，由于学生本身的差异性，教师需要具有与不同学生进行交往的能力。有的国家甚至对教师与学生的交往提出专业的要求。[①] 无疑，这种工作和职业的要求，使得教师的职业规定具有更大的多元性，以及在统一规定上的更大的模糊性。另一方面，教师的行为方式本身也具有较强的个体性特征。这种行为的个体性特征，主要表现为以下几点。其一，在时间上，教学工作所具有的特点使教师行为呈现出较大的个体性特征。也就是说，教师在大多数工作时间内是以个人活动为主的，而不是以群体的方式进行工作和活动的。而且，由于教师不像行政机关或企业的工作人员那样具有彼此之间的约束和责权，其在工作时也很少与其他同事或成年人打交道。其二，在空间上，教师的活动和行为常常局限于孤立的教室中，局限于教师个体和学生群体的自我包容的环境中。这种活动空间的孤立性强化了教师行为的个体性，任何形式或意义的"侵犯"教学领域的行为都会遭到强有力的抵抗和反对。而且，在学校中，几乎有一个不成文的规矩：教室是教师自己的领

---

① 笔者在日本福岛访问一所教师进修学校时听到，学校要求听课的中小学教师们在每一次上课时，与班级的每一个学生都能够有所交往，能够至少说上一句话。

地，是不能随意被他人侵犯的。其三，教师与其他同事之间的相互支持和交流是十分有限的。在大多数情况下，教师很少与其同事共享相互之间的认识、观念和新的知识，他们彼此之间也很少评论对方的工作。在一些学校中，教师不必坐班，也使得教师之间的交往机会更加有限。显然，由于教师的教学活动和行为的这种个体性特征，很难形成统一的管理机制，同时由于缺少同事之间的相互约束，其行为方式具有较大的个体性和多样性。

4. 规定的道德性

教师的行为方式常常与一定的道德要求和伦理原则联系在一起，而道德要求和伦理原则常常具有一种道德的应然性。教师不仅需要通过自己掌握的知识影响青少年学生，使他们了解自然和社会发展的基本规律，具备相应的与自然和社会进行协调和交往的能力，而且需要通过自己的人格、品质和道德力量以及自己的言行举止去影响和感染学生；而学生在教师那里学到的也不仅是科学知识与技能，而且受到世界观、人生观以及价值观念的感染和熏陶。所谓"学高为师，身正为范"，正是这个意思。因此，教师的职业常常是与教师的道德修养联系在一起的，并以此作为教师职业的基本要求和必有之义。在日常生活中，人们常常评价一些道德水准较低的教师："像这样的人还能当教师吗？！"这反映的也正是社会对教师的这种要求和期望。这种要求是合理的。问题是如何将这种对教师行为方式的道德要求具体化和制度化。不同的教师具有不同的个性特征和道德修养，同样的教师对于不同的学生和不同的情况也有不同的处理方法。所以，尽管社会和人们对教师行为方式具有一定的道德要求和期望，但这些要求与期望作为教师行为方式的规定通常也是比较抽象的。

5. 科学与艺术的结合

教师的行为方式当然应该具有科学性，包括在内容与形式等方面。教师必须遵循科学的规则进行教育教学，处理学校事务，等等。但教师的教学活动也是一种充满个性和创造性的活动，因而被称为一种艺术。

对此，海特（Gilbert Highet）在《教学的艺术》一书中认为，教学活动之所以是一门艺术，而不是科学，主要理由在于，教学活动涉及人，以及人的情感和价值。他认为，这些东西都"大大超出了科学控制的范围"。另外，盖奇（Nathaniel L. Gage）则认为，教学活动是一种有用的，或者说实用的"艺术"。他认为，在教学活动中，在做出涉及选材、进度，特别是与学生面对面相互作用的决定时，更可以看到直观感知、表情达意、即兴创作和不拘俗套的重大作用，这一切通常都是艺术技能的组成部分。显然，这些也都使我们通过教师的活动对教师角色进行规定缺乏统一的和普遍性的基础。

教师行为及规范的这些特点是研究和分析教师行为非常重要的思路，也是人们解释教师教育教学活动的重要依据。它们构成了建立教师教学模式的十分重要的参照系以及教师管理的根据。值得注意的是，教师行为方式的这些特点，既与教育活动本身的性质相联系，也和教师的职业特点及社会地位等因素有关。也正是由于如此，教师又恰恰成为一种十分特殊的职业。当然，由此在对于教师的研究上，也形成了各种不同的理论和观点。

二、教师角色的行为分析

从教育社会学的角度研究教师，首要的问题是：教师的角色是什么？有什么自身的特点？或者说，教师与一般知识分子的角色有什么异同？[①]

1. 教师与一般知识分子的异同

应该说，教师也是知识分子，也需要经历知识分子一般的学习与历练过程。例如，首先是虚心接受老师、父母等成人的教诲与观点，学习前辈与专家的思想，对前人现成的观点和理论进行怀疑与审思，并且与自己的思考进行比较；继而是逐渐开悟，形象地说，则是所谓的"山穷

---

① 唐君毅.青年与学问[M].台北：三民书局，2014.

水尽疑无路，柳暗花明又一村"；接着则是所谓的化博为约，即把从日常经验与学习中获得与积累的知识不断地系统化，进行重新梳理与安排，逐渐接近真理，达到"乐道"的境界。在所有这些阶段中，教师与其他知识分子的角色及其变化是同样的。然而，自此以后，两者则开始出现了一定的差异。对教师来说，由此便进入了一个所谓"知言"的阶段，即"知真者之所以真之各方面之理由，而又知错者之所以错，与如何使错者反于真，由此而后人能教人，能答人之疑问，能随机说法与自由讲学"①。这也就是所谓"条条大路通罗马"的教育学意义。换言之，对于任何真理而言，常常可以有多方面的理由与根据，由此人们也可以通过不同的途径达到对真理的认识与把握。而所谓教师的角色，则是在获得了某些真理以后，并不是像其他知识分子那样，继续留在"罗马"城里深入地探索，而是离开"罗马"，尝试着认识与发现其他通向"罗马"的道路与途径。同时，也能够"把其它路上的人，亦带到罗马。并且对于想到罗马而已走上崎岖小路的人，或背方向而行的人，指出到罗马的道路。此即是使迷失真理之路而犯错误者，知其所以错，及如何可反于真。由此而后，学者成为真正的教育家"②。这才是教师角色的真正特点。而且，在此时，教师又感到了自己的无知。当然，教师这个时候的无知，是因为要离开"罗马"，探索另外的前往"罗马"的道路。因为教师需要陪同或引导他人前往"罗马"，而不同的人则必然有不同的特点，往往需要走不同的道路。这对于教师来说，则是一条陌生的新路，教师甚至也会再次感到困惑与焦虑，需要不断学习与请教，并且在这个过程中进一步丰富自己对真理的认识，提升自己的生存境界。"这亦是孔子之所以说他自己之无知，苏格拉底之所以说他自己无知"③的缘故。这也恰恰是教师的伟大与价值所在。按照目前的状况，教师陪同与引导人们前往"罗马"的道路，至少有三种不同的取向。

---

① 唐君毅.青年与学问 [M].台北：三民书局，2014：30.
② 同①31.
③ 同①31.

2."传道、授业、解惑"的角色

这是一种比较传统的模式，即按照所谓中国传统的要求"传道、授业、解惑"对教师进行定位，将教师的角色规定为向学生传授知识和道理、教授各种技能和解除各种人生的困惑等。按照这种模式，教师可以表现为这样两种形象：一是知识和技能的代表，二是人生的示范和向导。就前者而言，教师必须掌握学生需要学习和获得的各种知识和技能，他们也代表了知识发展和技能变化的方向，他们也能够向学生传授学习的方法、解决问题的技巧，而且，教师也有责任使学生能够真正学会和获得将来他们能够在社会上为社会和他人服务所需要的本领和能力，使他们能够在社会上自立；而就后者而言，教师本身则需要成为一个道德的楷模，他们不仅需要必要的知识和技能，更加重要的是能够对人生有一种超越本身的体会和理解，作为社会道德要求与价值观的代表，以身作则，率先垂范，引导学生健康成长。在这个方面，教师的责任则是使学生能够形成和树立正确的价值观念，能够在社会上与他人和谐相处，能够成为一个合格的社会公民。所谓"学高为师、身正为范"或"学为人师、行为世范"等校训，反映的正是这种角色要求和对教师的基本定位。一般而言，这种模式对教师的要求主要有以下几个方面。

第一，学术素养。教师需要掌握某些具体学科的专门知识和理论。教师的这种学术素养与一般学科专业人员的素养的不同之处是它的综合性。这种综合性指的是，教师不仅要非常系统地学习和掌握某门学科的专门化知识和理论，而且能够把握与了解它与其他学科的关系；不仅能够非常专业地阐述某门学科的概念与理论，而且能够将它们与日常经验结合起来，并且善于以常识性的经验阐明一般性的原理与公式等。这也是师范院校教师教育中学术课程安排的特点。从这个意义说，教师教育需要一个更具综合性的学科平台与学术环境。

现代社会与教育的发展对教师提出了创新意识与能力的要求。无论是在基础教育还是在高等教育阶段，教师所传授的知识和理论已经不能仅仅局限在已经成熟的知识和理论上，还应该介绍那些仍然处在探讨和研究中的知识与理论。换句话说，学校教学的任务不仅是传授知识，也同时包括了培养学生的探究与创新的意识与能力。所以，对于教师来说，对新知识和理论的研究就显得越来越重要了，甚至逐渐成为一个必要的条件。这一点不仅在高等教育中是这样，而且在基础教育中也逐渐形成了一种趋势。所谓的研究性学习和教学，实际上反映的就是这样一种要求。

第二，教育素养。教师应该具有良好的教育科学的知识、理论和能力。他必须懂得教育的规律和必要的教学技术，知道如何去组织课程和教学，如何进行必要的教育评价，如何帮助学生解决学习和成长中的困难，等等。简言之，他应该知道如何将书本上的知识和他自己的知识，转变为学生头脑中的知识和能力，帮助学生形成正确的思想和价值观念，甚至是必要的语言能力与管理技巧，等等。这里特别重要的是两个方面。其一，教育教学活动本身是一个非常复杂的过程，而且也是一个以间接知识的传授为主的活动过程。在这个过程中，无论是这些具有普遍性的知识与具体的个人相结合，还是通过具体的例子来阐明抽象的科学理论，都有一个普遍性与特殊性相结合的过程，而这正是一个充分体现教育水平的方面。在面对年幼的中小学生时，通过日常生活中非常简单的实际例子去阐明和解释一个具有普遍性的科学公理，这本身就是一个非常重要的科学发现和研究。[①] 其二，一位真正优秀的教师并非仅仅会传授知识，同样重要的是，他善于在浩如烟海的知识与理论中去选择那些满足学生一定需要，以及在一定教学场合中有价值的知识与理论。有人把现代社会叫作信息社会或知识社会，这当然有各种不同的含义。但是，有一点是非常清楚的，即在现代社会中，知识和信息在数量和规模上已经发生了巨大的改变，而且仍然在以一种前所未有的速度增长。这种状况已经在一定程度上改变了教育与知识之间的关系。如果说，过去学校教育和

---

① 中国著名的科学家王大珩院士在一次参加中小学科学实验课程改革活动时跟作者表达了这个观点。

教师的教学所能够获得的知识资源是非常有限的，教师备课的主要任务是尽可能地搜集各种知识和理论；那么，今天学校教育和教师教学所面临的任务和困难已经转变为如何在浩如烟海的信息中去选择和发现那些最有价值的知识资源。而这个挑战显然比过去搜集知识和理论要更加困难。甚至可以这样认为，会不会选择知识和教学资源，已经成为今天衡量和评价一个优秀教师的重要标准之一。当前在基础教育中表现出来的学生学习负担过重的现象，一方面当然是由现在不正常和过分的教育竞争的压力所致，另一方面也与有些教师缺乏对知识和教学资源的选择能力有关。面对社会和学校的压力，教师都希望学生能够有非常理想的成绩，在无法确定什么样的知识最必要的情况下，教师们往往就不加选择地一股脑地灌输给学生，由此在一定程度上造成了学生负担过重的现象。可以设想，即使是在考试压力之下，为了应付竞争的需要，即使是为了获得一个更加优秀的成绩，如果我们的教师能够比较清楚地知道哪些知识对于应付这些考试更加有用，进而选择这些知识进行教学，岂不是也能够减轻学生的负担吗？况且，如果希望真正帮助学生获得比较优秀的成绩，教师也更加应该具备这种能够知道哪些知识更有价值，了解哪些知识更加能够帮助学生提高学习成绩，进而选择和鉴别知识与各种学习资源的能力。

第三，道德素养。教师应该具备高尚的道德修养和品质。立德树人是教师工作的根本任务，教师的教育教学与言行举止能够直接影响儿童和青少年的精神与道德发展。这也是教师的职业价值所在。因此，对教师的道德要求也是比较高的，甚至可以认为这是排在第一位的要求。这种道德要求一方面体现在他对于道德理论和行为的教育上，另一方面还体现在他自己本人的示范和言传身教上。这种影响既是有形的，也是无形的。所谓"春风化雨"，指的正是学生的精神和道德通过对教师行为和思想的耳濡目染而形成。有必要区分的是，教育与教学是有所不同的。单纯的教学所强调的更多地是知识与能力的传授，而教育则更多地强调人格的培养和精神的提高，是一种自我的形成。对于教师的道德要求，有几个方面是值得注意的。一是教师的道德意识和责任并非教师的私事，而是一种对国家和民族的义务和责任。换句话说，教师所承担的道德义务，是对国家和民族负责，这是国家和民族的要求，是一种对于整个社会的公共利益的义务。在教育活动中，教师不仅要对学生和家长负责任，更重要的是对整个社会负责任。由于教师工作具有如此大的社会公益性，所以单纯强调教师本人的个人修行和修养是不够的。二是教师的道德责任不仅在于教书，而且在于教学生。衡量一个教师的职业道德水平高低的标准，并不仅仅在于教书上的责任感，更加重要的是对学生成长和发展的责任感。这两者是不同的。三是教师的这种道德责任不仅在于培养人，更加重要的是培养一个社会和国家的合格公民，这也是教育在现代社会中的基本功能。

道德素养是中国教师的立身之本。在中国传统文化中，教师甚至能够与"天地君亲"并立而得到社会与人们的尊崇，这也是以教师作为主流文化的代表为基础的。从中国大量的教育历史文献中可以非常清楚地看到，"师道尊严"之所以得到尊崇，教师之所以获得社会和学生的尊重和爱戴，最重要的原因是教师代表了中国的文化传统和理想信念，是"道"的化身和具体体现，是社会和民族的理想人格的象征，代表了人们对未来的一种向往和追求。其实，在先秦子学的时代，教师并没有这样崇高的社会地位，他们更多地属于某个学派，或者是某些贵族富商的幕僚或家师，等等。只是在国家的意识形态得到统一以后，成立了官学以后，教师才逐渐获得了崇高的地位。正如唐代著名思想家韩愈所说的那样，教师最根本的任务是"传道"。而儒家最重要的贡献则是将教育的文化传承上升到了道统的地位。更加重要的是，在中国的文化传统中，"统治者应通过教导人民而治理国家的独特信念"在一定程度上已经成为社会的基本意识，而教师的"师道"地位与"传道"职能正由此而来。[①] 实际上，许多师范大学校训中所倡导的"身正为范"的"正"，讲的就是这

---

① 李弘祺. 学以为己：传统中国的教育 [M]. 香港：香港中文大学出版社，2012：250.

种理想信念和完美人格。所以，学生对教师的尊重和爱戴，并不仅仅是对教师个人的尊重和爱戴，而且是对教师所代表和体现的这种文化道统和理想信念的尊重和爱戴。这正是中国教育传统中良好与和谐的师生关系的道德基础。[①]

应该明确指出的是，这种模式在今天仍然是非常重要的，也仍然是有地位的。这种模式的优点是，它构成了教师角色的基本内容和目标。不管是什么样的教师，都具有传授知识和技能的责任，都应该承担起教育学生、帮助学生成长和发展的责任。而且，它也非常明确地指出了教师的道德使命。

3. 进步主义的教师角色

从所谓进步主义的角度对教师定位，即将教师作为一个与学生进行对话、交流和不断沟通的伙伴进行定位和规定。这里用进步主义的名称，只是说在这种模式中有许多的内容和特点与传统意义上的进步主义理论是有关的，特别是与杜威的思想是有关系的。它并非仅仅按照传统意义上的进步主义的理论和杜威的思想简单地描述教师的模式，更不希望人们简单地按照传统的进步主义的理论来对照和理解这个模式。

与传统的教师模式不同的是，进步主义的教师模式所强调的是教师在一种更加广阔的背景中所承担的角色。如果说前面的模式所注重的只是教师在小环境中的作用和定位，那么，在这种进步主义的模式中，教师的角色则是定位在一个生活的环境中，而且是把学校作为一个生活的环境来规定和认识教师的角色。按照杜威的理论，学校和教育本身就应该是一种生活的过程，而教师也应该是在这种生活环境中的一个角色。他与学生在一起相互交流、沟通，不断地进行对话。在这个过程中，可能并没有预先规定非常具体的目标，也没有十分确定的内容。整个教学活动并不仅仅是教师对学生的教导和灌输，而且是教师与学生在一起共

---

① 谢维和.教师尊严的教育基础：谈教师怎样才能得到学生的尊重和敬仰[J].人民教育，2016（2）：17-21.

同的交往和平等的互动。这种共同的交流和平等的对话，并不是单纯的互动，它也是一种教育和教学的形式。正是在这个过程中，教师发挥了引导学生成长和进步的作用，实现了教育的功能，而且为不同学生的发展提供了切实的帮助和支持。这种进步主义的教师角色对教师的要求主要体现在以下几个方面。

第一，学会科学地认识学生的差异，进而充分地尊重学生。应该看到，教师对学生的尊重并不是一个简单的态度问题，而是需要具有科学的认识基础。这里，首先应该做到的是充分地认识和尊重学生之间的差异。客观地说，学生的发展水平是有差异的，他们的基础、条件、个性以及兴趣等方面都不同程度地存在一定的差异。这些差异构成了他们学习和发展的基础。所以，尊重学生，首先应该科学地认识和了解学生中的这些差异，并以这些差异为基础，进行教育教学活动。实事求是地说，学生的这种差异的存在和发展，与教育公平的目标与要求并不是矛盾的。而根据每一个学生的特点开展教学，发展每一个学生的长处和特点，这也恰恰是符合教育公平的要求和原则的。

第二，善于学习和利用学生的生活经验和文化作为课程与教学的资源。与学生的沟通与交往，以及和学生进行公平的对话，绝不仅仅是一种形式，而且应该体现和反映在内容上。关键是如何学习和利用学生自己的生活经验与文化见解，并且将它们作为一种重要的课程资源。在现代社会中，青少年学生在某些方面已经开始具有自己的特点和比较独立的价值，而且逐渐形成了自己的亚文化。他们对社会的认识和理解也逐渐在某些方面出现了与成人不同的地方，甚至是对立的现象。完全从成人文化的角度否认和漠视这种青少年文化是不恰当的。但如何学习和利用他们的文化资源也是一个新的挑战。但这又是非常必要的。

第三，为青少年学生的发展和进步创造和提供充分的机会与平台。按照进步主义的要求，教师的任务并不仅仅是为学生提供各种知识和理论，更加重要的是为学生的自我学习和发展创造和提供一个更加广阔的舞台，以及为学生的学习和进步创造更多的机会和条件。而这也就是教师与学生进行沟通、对话和交往的根本目的。从教育的完整意义上说，整个的教育过程实际上包括了两个非常大的方面：一是教师为学生的学习提供各种知识和理论；二是学生自己通过各种机会和形式验证自己所学习和掌握的知识，进而内化这些知识。而我们过去的教育常常比较重视第一个方面，而忽视了，或者说至少没有注意第二个方面的要求。正如人们常说的那样，教是为了不教，或者说，教是为了少教，即为了让学生能够更加自觉主动地自我学习。所以，教师的责任除了提供知识以外，同样重要的是为学生验证自己学习和成长过程中的进步创造机会和条件。

第四，学会按照多元的方式评价学生的发展。实际上，根据对话的方式构建教师模式的一个非常重要的意义，或者说与过去传统模式的不同之处，就是它从根本上改变了评价学生的方式。传统模式实际上是根据教师的标准和要求，从一种统一的角度进行评价，或者说，就是从教师的角度进行评价。而进步主义的教师模式则要求从学生本身的角度出发去评价学生的发展与进步。因为，当教师把自己摆在与学生平等的地位上的时候，对学生的评价自然就不能单纯使用教师的标准，而必须考虑学生自己的因素。由于学生本身的多样化和差异，这种模式在学生评价上也必然是多样化和有差异的，是根据学生本身的特点和发展进行的评价。

应该进一步看到的是，这种进步主义的教师模式实际上反映了一种新的教育观，即教育本身应该是一种生活，而生活本身也就是一种教育。在这种教育观中，教师与学生是平等的，是相互尊重的。这种平等和相互尊重并不意味着没有引导和教育，而正是在这种平等和相互尊重的过程中，实现了教育的功能和责任。与第一种教师模式比较，它们的不同之处不仅在于教师与学生之间的关系发生了变化——从上下之间的关系，转变为一种相互平等的关系，而且，它们的教育观发生了变化——教育不再是一种说教和所谓的规训，而是一种生活。

4. 批判主义的模式

所谓批判主义的模式，即将教师作为一个引导追求公平，对各种社会矛盾进行批判，并且将人从各种不合理的束缚中解放出来的角色进行研究。显然，现代社会已经是一个多元化的社会，社会的分化越来越大。不同的利益集团和社会阶层之间的矛盾和冲突，不仅反映在政治经济和社会的各个方面，而且也渗透和反映在学校教育的各个方面。教育的公平与公正越来越受到社会非常广泛的关注，而且对教师也提出了更高的要求。所谓批判主义的教师模式，则是在应对这样一种变化和挑战中形成和出现的。这种批判主义的教师模式将实现教育的公平与公正作为自己的首要目标和责任。教师不仅是知识和技能的传授者、青少年学生的看护者，更加重要的是，他应该是社会和教育公平公正的捍卫者，是正义的实现者。他能够敏锐地发现和认识各种社会的矛盾，以及这些矛盾与冲突在学校教育中的反映与体现，应该对社会和教育公平与公正也有着正确的认识和坚定的立场。他应该在自己的教学过程中，给予来自各个不同家庭和阶层的儿童与青少年同样的关注与帮助，与各种不良的社会风气进行斗争，而且能够对学校教育中存在的各种不公平的现象进行抵制和批评。更加重要的是，这种批判主义的教师应该是人性的倡导者，是那些被各种错误思想和传统观念束缚，而不能达到自觉的人的解放者。他不仅要传授传统的和现成的知识和理论，更重要的是应该给儿童和青少年展示未来，帮助他们树立远大的信念和崇高的理想。显然，按照这样一种模式，教师的要求和定位包括以下几方面。

第一，这种批判主义的教师首先应该具有一种批判的意识。所谓批判的意识，并不是要求打倒一切，否定一切，而是能够对各种思想和理论采取一种分析和思考的态度，而不是简单地想当然地不加批判地接受或照单全收。他应该认真和谨慎地选择和检查各种教学内容与教育资源，对各种现成的教学形式和课程也能够有所鉴别和比较分析，从而选择最适合的部分。与此同时，他还能够对教育的各种评价标准进行批判性的分析，而不是毫无选择地照搬。更加重要的是，这种批判主义的教师不仅能对各种教育的具体内容与形式进行合理的批判和思考，而且还能够对教育学本身的理论进行反思，对教育学本身的各种概念、范畴，包括各种现成的理论进行反思。在现代社会中，这种批判性意识是非常重要的。由于社会的变化和知识的不断更新，教育学的理论本身也在经历一个发展甚至是转型的过程。在这个过程中，新旧理论往往也在交错之中。许多传统的知识和理论也处在转型的过程中。由于社会的各个阶层都希望把自己的意识形态和价值观念渗透和贯彻到学校的教育和课程中去，而且社会上不同利益集团对学校中教育话语权的争夺也是非常激烈而隐蔽的，所以，为了维护教育的公平和不同阶层儿童和青少年的利益，学会辨别这些隐藏在不同的知识和理论后面的利益与权力，以及它们的阶层属性，是非常重要的。而这也正是批判意识中非常重要的方面和含义。但是，值得注意的是，在这种批判主义的教师模式中，应该防止出现相对主义和主观主义的倾向。

第二，这种批判主义的教师应该具有一种公正的态度，并且对正义的知识和理论有比较深刻的理解和认识。这种批判主义的教师模式对各种教育思想和理论的批判，并不是一种无原则的批判，而是站在公平和公正立场上的批判，是一种追求教育公平的批判。具有这种批判主义思想的教师对教育公平和公正有一种比较深刻的认识和自觉的实践。同时，他们也应该对教育公平理论本身具有一种比较深刻的认识。有的学者甚至认为，教师的社会角色应该是公平公正的代表。著名学者斯宾塞曾经提出一个非常著名的命题：什么样的知识是最有价值的知识？他要求学校教育传授最有价值的知识，并且将它作为衡量和评价学校教育的一个重要标准。在以单一文化为基础的社会中，这样一种知识观是合理的。但是，在社会文化多元化的现代社会中，随着人们对知识的认识的不断深入，特别是关于知识的社会建构理论的发展，一种多元文化的知识观逐渐出现。在这种情况下，什么知识最有价值的理论逐渐转变为，在现代社会中究竟谁的知识是最有价值的知识。而且，随着文化霸权理论和话语权力理论的发展，不同知识之间的矛盾和冲突也正在成为教育社会学和教育政治学关切的问题。而教育公平的目标追求也从一元文化基础上的教育的均等，进一步拓展为不同知识力量与价值之间的平等与公平，或者说，反映和代表不同阶级阶层利益的知识体之间的均衡与协调。在这种情况下，教师的责任自然也发生了一定的变化。他应该认识和了解这些不同知识之间的差异和特点，通过对不同知识的力量和价值的肯定与协调，鼓励各种不同知识的协调发展，并且在知识传递过程中帮助和培养具有不同知识背景的学生，进而实现一种新的教育公平和公正。所以，批判主义的教师不仅需要公平地对待不同文化背景的学生，而且应该合理和公平地对待各种不同的知识与文化。就这一点来说，它与传统意义上的教育公平公正是有所不同的。

实际上，教育的公平和公正也是社会和家长对教师的一种比较特别的评价标准和期望。他们也许可以容忍社会上其他各种不公平和非均衡的现象，他们或许能够容忍社会上的其他职业的某些不公正行为和现象，但是，他们往往不能容忍教育上的不公平，不能够容忍教师的不公正行为与现象。所以，一旦学校教育和教师行为方式出现了某些不公平和不公正的现象，社会上的谴责和批评往往是非常严厉的。因为，他们就是以这样一种公平公正的标准去要求和评价学校教育和教师行为的。因此，批判主义的教师不仅需要在知识的认识和理解上具有比较广阔的视野，更加重要的是，他们应该具有一种比较独立的精神和知识态度。他们能够在知识和精神上保持一种不依附于某种理论和知识权威的态度，在学术人格上保持一个比较独立的取向，在某些流行话语的滥觞中保持一个比较清醒的头脑和独立判断的能力。这样，教师才能够真正使得自己的行为具有一种比较客观的立场，并且真正从不同学生的发展角度去考虑和选择适当的教育教学。

第三，批判主义的教师也应该具有一种对社会和人类未来的责任感和使命感。同样，这种批判主义的教师对各种教育思想和理论的批判，也是站在对人类未来发展的命运的关切上的批判，是根据人类未来发展的理想与愿景，对现实的一种批判。换句话说，批判主义的教师应该具有一种比较长远的眼光和更加开阔的视野。按照德国思想家雅斯贝尔斯（Karl T. Jaspers）的观点，这种对人类和社会未来发展的命运的责任感和使命感，正是教育和教师的根本所在。他曾经这样说道，"教育，不能没有虔敬之心，否则最多只是一种劝学的态度，对终极价值和绝对真理的虔敬是一切教育的本质，缺少对'绝对'的热情，人就不能生存，或者人就活得不象一个人，一切就变得没有意义"；"绝对的东西可以分为两种：一种是大众共有的，比如一个人所属的阶层，或者国家、或者对无限的追问中所体现出来的宗教意识，另一种是个人性质的，比如真实、独立自主、责任和自由，一个人也可以同时具有这两种性质的绝对事物"。^① 而教师的责任感和使命感正是这样一种虔诚的体现。可以认为，没有或者缺乏这样一种虔诚的教师，往往也是不合格的。而缺乏这样一种虔诚的教育，也是一种不健全的教育。如果教师缺乏这样一种虔诚，或者仅仅把教师职业看作一种谋生的手段，或者将教育教学理解为一种单纯的技术手段等，则没有能够真正理解和认识教师职业的意义和价值，没有达到合格教师最基本的条件。这样一种"虔诚"，甚至可以夸大一点说，是一种具有宗教意义和色彩的"虔诚"。所以，雅斯贝尔斯认为，"大、中、小学教师都有责任维持秩序和形式，以使世界的精神财富流传下去。这种秩序和形式要符合人的兴趣，满足人的精神需要，并且能塑造人"^②。从学校教育看，这种缺乏虔诚的现象从另外一个方面表现出来，即非常关注自然科学和技术知识的学习和教育，而忽视至少是轻视人文社会科学的教育和学习。雅斯贝尔斯在批评当时教育中存在的这种现象时也非常深刻地指出，"我们拥有最好的数学、语法、自然科学方面的教科书，但是历史方面的教材却成问题，尤其是缺乏现代哲学教材，即有关整体的精神与道德教育方面的书籍"^③。这些论述和观点是值得我们思考的。

---

① 雅斯贝尔斯.什么是教育 [M].北京：生活·读书·新知三联书店，1991：44-45.
② 同①54.
③ 同①54.

应该特别指出的是，这种批判主义的教师模式所要求的教师对人类社会未来发展的责任感和使命感，不仅是教师职业的本质所在，而且是教师威信所系。有人也许认为，教师的威信和权威是建立在他们所拥有的知识上；也有人主张，教师的威信和权威是依靠他们本身的成熟；还有人认为，教师的威信和权威是一种制度化的安排，即建立在制度赋予教师的某些权力上。这些说法也有一定的道理。但是，当知识形态本身发生了变化，当社会上所谓的"成熟"具有了某些新的含义以后，或者当某些制度化的安排受到各种挑战以后，如何认识和加强教师所应该具有的威信和权威呢？从另外一个角度说，目前教师威信和权威在现实中的失落和下降，究竟是什么原因呢？尽管对此可以有各种不同的解释，而且这些不同的解释也都具有一定意义，但最根本的原因之一应该是我们的教师缺乏和正在失去一种对学生和社会所具有的"神圣性"。实际上，过去我们的学校教育和教师所具有的威信和权威，尽管也与知识、成熟和制度安排有关，但更多地是因为他们代表了一种神圣的境界、一种未来的理想和一种对美好希望的憧憬，以及人们和社会对这些境界、理想和希望的敬畏。这种敬畏并不是对某些具体事物的害怕，也不是对唯恐失去某些具体东西的一种担忧，而是一种对人生意义不清晰和人生发展走向不明确的敬畏，是一种人的精神上不安全感的体现。在这个方面，这种敬畏一定程度上也类似于萨特（Jean-Paul Sartre）存在主义所谓的"畏惧"。而教师在教育教学活动中所体现出来的对人类社会未来发展的责任感和使命感，则给予了人们这样一种精神的寄托和安慰、一种精神的鼓励和希望，或者一种精神生活上的安全感。而这也正是教师的威信和权威的最重要的根柢。因此，在重建教师威信和权威的过程中，强调教师在教育教学活动中的这种责任感和使命感，是非常重要的。而这也是批判主义教师模式的重要价值之一。

这三种关于教师角色的说法和理论之间并不是相互矛盾和排斥的，它们只是从三个不同的角度对教师模式进行描述与分析。尽管这三种模式各有一定的侧重和强调，但它们都从不同的方面反映了现代社会教师角色的内涵，对于我们比较全面地认识教师的角色具有重要的意义。

三、教师角色的专业化分析

教师的专业化是现代教育中的一个热点问题，也是教育社会学的重要内容之一。在现代社会与教育的发展中，教师专业化的内涵也在发生着新的变化。随着教育地位与影响的不断扩大，教师职业也正在经历着从所谓的"半专业"向专业化方向的发展。

1. 教师工作的基本特点

教师专业化是由其工作的特点所决定的，它既有其本身固有的内在含义，也是与社会发展联系在一起的。纵观历史与现实，社会对教师工作的看法大约有以下几种。[①]

第一，教师的工作是一种正常的、有组织的劳动或活动。教师的工作应该合理地计划，并按步骤地组织进行。教师作为完成这种有组织的工作和劳动的人员，必须按照一定的要求，根据一定的标准，完成给定的任务。

第二，教师的工作是一种比较特殊的工艺活动。按照这种概念，教师的职业和角色被看成一整套特殊技艺的能力或某种技术的系统。因此，教师的工作必须适合一些特殊的规范以及实施这些规范的规则。

第三，教师的工作体现了一种专业化的要求。这意味着，教师的工作及其角色的扮演，不仅需要某种特殊技艺和能力，而且需要对何时应用这些技艺进行判断的能力以及一套理论知识。

第四，教师的工作，尤其是教育教学活动，是一种艺术。教师的工作，不仅要依据专业的知识和技艺，而且还必须运用一套独特的个人资源，体现出某种个人的风格。由此，教育教学的技艺及其应用可能是新型的、不寻常的和无法预计的。

上述四种说法都是有道理的。第一种观点强调了教师工作和角色的

---

① OECD.The teacher today: tasks, conditions, policies[R]. Paris: OECD,1990: 45.

组织性和计划性，第二种观点突出了教师工作的操作性或技术性的方面，第三种观点注重的是教师工作的专业要求和理论化色彩，第四种观点则是把教师工作和角色的个性化作为其区别于其他工作的特点。除此之外，人们可能还有其他方面的规定。这些也反映了教师工作和角色的规定上的复杂性和多元化。

由于在教师工作的规定上存在这些不同的看法，特别是根据对教师行为方式的规定上的模糊性和抽象性，过去乃至今天，许多学者仍然把教师职业作为一种所谓的"半专业"（semi-profession），即对于标准的教师角色或有效的教学工作，并未形成某些共同认可的标准和要求。而且，对于教师行为方式也没有什么比较具体的规定。这种标准、规定与要求恰恰是任何职业对自身工作进行管理与控制的义务。对此，可以通过与一般专业性职业的比较来分析这个问题。根据利伯曼（M. Lieberman）的理论观点，专业性职业的共同特点包括以下几个方面：（1）这种专业性职业是一种形式独特、内容确定的社会服务；（2）进行这项服务时，其重点是智力和技术的方面；（3）它需要长时间的专门化的训练；（4）个体开业者或整个职业群体都有很大的自主性；（5）开业者在职业自主的范围内，对自己做出的判断和行为负完全的责任；（6）开业者重视的是服务本身，而不是经济收入；（7）开业者可以成立综合性的自治组织。按照利伯曼的观点，霍伊尔认为，"当把教学同这些标准对照时，通常认为它在某种程度上符合大多数标准，但不及医学、法律和建筑符合的程度大。因此，教学降到了准专业性或半专业性职业的范畴"[①]。正是在这个意义上，罗蒂将教师的教学工作规定为"半专业"。具体地说，这种"半专业"的特点主要表现在以下几个方面：其一，在教师的行为规定方面，不存在某种大家都认可的、完成教学任务所必需的知识体系，因而在行为规定上也缺乏统一的要求；其二，在教师职业中，新成员的吸收以及

---

① Husen T，Postlethwaite T N. 国际教育百科全书：第 9 卷 [M]. 贵阳：贵州教育出版社，1990：105.

对其行为的评价，并不完全由教师群体本身所掌握，从这个意义上说，教师资格的规定和教师行为的评价都是外在的；其三，教师并不能通过相互之间的作用，以及教师群体的自主判断进行必要的决策。由此可见，教师职业及其行为从整体上看，具有较强的依附性而缺少一定的独立性。因此，教师职业群体本身，或者说教师的角色本身，对教师个体的行为方式并不具有较大的约束力和规范力。从另一方面说，教师个体也很难内化并形成自身特有的某些具体的角色意识。这样，也在一定程度上为教师行为方式的松散性提供了某些条件。

2. 教师专业化的若干理论

随着现代社会和现代教育的改革与发展，人们对教师职业的这种半专业化的状况越来越不满意。而且，随着教师职业本身的不断发展，以及社会中所谓专业化的含义与标准本身的变化，关于教师职业的专业化问题也逐渐出现了一些新的观点。

首先是美国卡耐基教学促进基金会主席舒尔曼（Lee S. Schulman）的观点。按照舒尔曼的观点 ①，现代社会和现代教育中教师的专业化主要体现在六个方面。

第一，具有和承担起为社会中其他人服务的责任和义务。这是教师专业化之首要的标准和含义。它也是教师专业化标准中关于职业道德的基本要求。从现代社会发展的要求和特点看，人们对教育的要求越来越高，要求教育提供越来越多的高质量服务。这种要求促进了教育和教师的专业化水平的不断提高。

第二，掌握和理解某种学术和理论。这也是专业化的一个重要标志。从某种意义上说，专业化水平的高低与学术和理论水平的高低是联系在一起的。所谓的学术和理论，恰恰就是人们对某个专门领域的特殊规律的认识。根据卡耐基教学促进基金会前主席波伊尔（Ernest L. Boyer）的

① Dykhuizen G. John Dewey: the Chicago years[M].Berkeley: University of California Press, 1964: 516.

观点，知识和文化的传播本身也是一种非常重要的学术活动。所有这些，都充分表明教师作为知识传播活动的专门人员，必须掌握和理解某种专门性的学术和理论，进而达到专业化的水平。

第三，在某个领域内具有熟练的操作和实践技能，这是专业化水平的一个非常重要的标志。在现代社会的教育活动中，特别是由于各种现代化教育技术的应用，以及人们对知识传播和个体身心发展规律的认识不断深入，教育教学活动的工艺性程度也越来越高。教育活动的工艺性程度的提高与因材施教的要求并不是矛盾的。因为，因材施教是教育的原则问题，而教育活动的工艺性是教育活动的手段和技术问题。从某种意义上说，只有具有更高的工艺性，教育的因材施教才是可能的。所以，不断提高教师的操作技能和实践能力是提高教师专业化水平的重要方面。

第四，在不确定的条件下进行判断的能力。这个要求对教师的专业化是非常重要的。因为，教育实践与其他方面的实践比较，具有更多的偶然性和不可控制的因素，如何能够在不确定性中把握教育教学的指向，引导学生的发展，成为教师专业化越来越重要的要求。而判断正是把某种普遍和抽象的理论应用于实践的能力。所以，教师的专业化发展与这种判断能力是十分紧密地联系在一起的。

第五，具有一种在理论和实践的互动经验中不断学习的需要。作为一种专业化的职业，它的各种知识和技能是会不断更新和淘汰的，因而是需要不断学习和充实的。值得注意的是，这种学习不仅是单纯地从经验中学习，而且需要从理论和实践的互动中学习。也就是说，它不仅是经验的不断丰富的过程，而且也是理论上不断提高的过程。仅有丰富的经验是不能提高专业化水平的。在现代教育中，教师的在职学习和培训已经成为教师教育的一个非常重要的方面，也是提高教育质量的一个非常重要的保证。例如，根据美国威斯康星州的教师管理制度，教师的资格证书并不是永远有效的。获得教师资格证书的教师在经过几年之后，必须重新通过教师资格证书的考试，方能获得续聘。在有些国家，教师每年的学习和培训时间也都有十分明确的规定。

　　第六，有专业化的团体对教师的教学质量和不断学习进行监控。也就是对教师的教育教学活动具有比较严格的评估或质量保障系统，以及对教师的学习与培训有比较明确的规定。某种职业的专业化常常是与一定的评估联系在一起，缺少这样的评估制度和系统，是不能达到专业化标准的。应该说，现代教育中各种教师评估制度的建立正是与这种专业化要求相一致的。

　　其次是哈格里夫斯（Andy Hargreaves）和古德森（Ivor Goodson）的观点。他们在对教师专业化的各种观点进行比较研究之后，结合当时社会和教育发展的特点，提出了所谓后现代教师专业化的七条原则。[①]

　　第一，在课堂教学，以及关心对学生的影响方面，教师在行使自主的判断时具有不断增加的机会和责任。

　　第二，教师对于教学内容的价值，以及它们的道德和社会目的，包括主要的课程和对体现这些目的和价值的各种事物的评估，具有参与的机会和要求。

　　第三，它是一种与同事一起在相互帮助和支持的合作性文化中，运用共享的专门性技能和知识解决当前专业实践中的各种问题的承诺，而不是在一种联合的工作中，作为一种动机性的工具去完成他人外在的命令。

　　第四，它是一种职业性的他律，而不是自我保护性的自律。其中，教师是具有权威性的，但又是开放的，他们在更广泛的社区中与其他伙伴开展合作性工作。

　　第五，它是一种对主动关心的承诺，而不仅仅是一种安慰性的为学生服务的承诺。在这个意义上，教师的专业性必须承认和包括教学中情感和认知的取向，以及认识到技能和气质对于承诺和有效的关心是非常重要的。

---

① Goodson I, Hargreaves A. Teachers' professional lives: aspirations and actualities[M].London: Routledge, 1996.

第六，它具有一种自我取向的研究和与个人特定的技能、知识和实践标准相关的继续学习的努力，而不是顺从某种使人衰老的义务，即对他人不断变化的要求的顺从，尽管这些要求也常常具有继续学习和完善的形式。

第七，它应该具有对更复杂和更高的任务的创建和认识，以及随着这种复杂性的提高，相应的地位和收入层次得到提高。

再次，是中国台湾学者对这个问题的看法[①]。其主要内容包括五个方面。

第一，运用专门知识，指的是专业人员从事有关工作时必须运用专门的知识与技术。

第二，提供专业服务，指的是专业人员能够为大家提供重要而且独特的服务。

第三，具有专业自主，指的是专业人员在执行业务时，可以不受外界压力的干扰，全权处理问题。

第四，接受专业教育，指的是专业人员必须接受长期的专门教育，并且连续不断地在职进修。

第五，信守专业道德，指的是专业人员能够信守专业理想，献身专业工作。

除了以上几种教师专业化理论之外，其他观点还包括弹性的专业化（flexible professional）、实践的专业化（practical professional）、扩展的专业化（extended professional）以及复合的专业化（complex professional）等等。由此可见，教师专业化的问题已经成为现代教育发展中的一个非常重要的问题，而且是一个有争议的问题。正如格林所说的："教师专业化意味着什么，以及它是否应该被鼓励，是一个十分重要的，但也是有争论的问题。"[②] 而这个问题之所以重要，是因为教师专业化的问题与目前

---

① 马信行.教育社会学 [M].台北：桂冠图书股份有限公司，1993：146.

② Halsall R.Teacher research and school improvement: opening doors from the inside[M]. Buchingham: Open University Press, 1998: 200.

提高学校质量和效益的问题具有十分密切的关系，而且，它在一定程度上也反映了政府管理与学校自主权的问题。对此，格林也说道："如果自律与控制有助于教师自主地进行研究，并自主地改善学校，那么，专业化的问题就成为主要的问题。"① 当然，对教师专业化的问题也存在不同的看法。例如，有的学者认为，如果教师对专业化的追求主要体现在地位和利益的方面，那么，它可能会损害对学生的服务。② 总之，教师专业化既是一个理论问题，也是一个实践问题，它是现代教育改革与发展的必然要求。从实践看，教师的各种教育教学活动已经在一定程度上达到了专业化标准的要求。尽管在教育教学的实践中可能还存在这样或那样的问题，但是，现代教育本身的发展对教师的要求已经与这种专业化的标准非常一致。因此，这也是现代社会教师队伍建设的一个基本方向。

3. 认识学生：教师角色的专业化基础

以上关于教师专业化的各种观点与理论都有一定道理，它们都从各自的角度分析和阐述了教师专业化的内涵和某些重要特征。从科学的角度分析，教师专业化的重要基础和主要内容应该是教师对学生的认识。换句话说，对学生的深入认识与了解，并且将这种认识与了解上升为一种专业化的理论，进而在教学实践中应用这些理论和知识，恰恰是教师专业化的独特体现。

把握教师专业化的这个基本点，需要科学认识教师专业化中对专业知识理论和能力的掌握和应用与对学生的认识和了解两者之间的关系。诚然，一名合格的教师当然应该掌握和熟悉他所教的学科知识与理论，并且在这个方面达到一定的水平和要求。缺乏这样的专业化知识，他就不是一名合格的教师。但是，这种特定学科的专业化知识与理论并不能够构成教师作为一名专业人员与其他相同学科专业人员的区别。换句话说，这种专业化知识与理论只是成为合格教师的知识基础。正如目前各

---

① Halsall R.Teacher research and school improvement: opening doors from the inside[M]. Buchingham: Open University Press, 1998: 201.

② 同① 200.

个国家关于教师的法律所规定的那样，仅仅具备这样专业化的学科知识与理论，是不能成为教师的，是不能够获得教师资格证书的。而一名合格教师的主要条件应该是能够了解、熟悉和应用教育学的有关知识、理论和能力，具有履行和实践教师职业道德的能力。而这些恰恰是与对学生的身心发展的规律的认识联系在一起的。

与此相关的另一个角度是，教师的专业化定位究竟是教书还是教学生？如果将教师的专业化定位在教书上，那么就可以大致地承认教师的专业化主要是学科知识与理论上的造诣。但这种对教师的专业化定位显然是不恰当的。因为，教师的职业定位不仅是教书，更应该是教学生。评价一名教师的水平和教学质量，也绝不是单纯地看他教书教得如何，更重要的是看他所教的学生的发展水平和进步程度如何。所以，教师的专业化应该建立在教学生上，包括对学生的成长规律、学习的规律和与学生的交往规律的掌握和运用，以及对学生成长的帮助与指导等方面。这种对教师专业化的定位也是教师工作的基本特点所决定的。在教育学里面，以及在关于教育的性质和特点的研究中，有一个非常重要的基本概念，即教育活动的"培养性"。所谓"培养性"，指的是教师的教育教学活动具有一种帮助和扶持的性质与特点。它不是一种决定性的工作，否则就陷入了一种单纯的行为主义。根据叶至善先生的回忆，"吕叔湘先生曾经在一次座谈会上说，教育近乎农业生产，决非工业生产。工业生产是把原料经过设计好的工艺流程，做成合乎标准的成品。农业生产可不然，种下去的种子是有生命的，它们得自己长，人们所能做的是给它们适当的条件，包括温度、湿度、阳光、水分、肥料等等，帮助它们好好成长，以期获得好的收成"。而叶圣陶先生"非常同意吕先生作的比喻，特地写了一篇短文，把这个比喻介绍给老师们，请老师们时刻想到，学生跟种子一个样，有自己的生命力，老师能做到的，只是供给他们适当的条件和照料，让他们自己成长。如果把他们当作工业原料，按照规定的工艺流程，硬要把他们制造成一色一样的成品，那是肯定要失败的"。^① 这种观点和说法非常清楚地说明了教师专业化的独特含义。

教师专业化的内容和要求，也是由一般科学的性质所决定的。因为，一门学科的科学性并不完全在于它自身知识内容的逻辑，而更多地在于对研究对象的认识程度。而学科之间的差别也不仅取决于不同学科本身知识体系的特征，更主要的是它们研究对象之间的差异。正如恩格斯曾经对化学所给出的定义那样："化学可以成为研究物体由于量的构成的变化而发生的质变的科学。"《国际教育百科全书》中关于教育的各个学科的定义，如教育人类学，就是按照这种方法进行的。在其他学科的定义和主要的规定方式中，也可以发现这种类似的方法。不难看到，生物学的发展在一定程度上正是与人们对生物的研究和认识联系在一起的。而且，关于生物物种的分类变化和认识的不断深入，也常常影响和界定了生物学专业的发展。

实际上，21世纪专业主义的发展也已经为教师专业化赋予了新的含义。按照传统古典专业主义的理论看，法律和医学是专业化的典范，其特性是"专门化的知识基础、分享的技术文化、强烈的服务伦理以配合当事人的需求为承诺、自我管理、其招募及培训系由同业之间的控制而非外在科层体制的控制、伦理准则及实务标准"^②。这种专业化理论强调的常常是独特的专业领域以及能够在许多其他社团中获得权威与尊重的知识，专业知识的自律与对专业领域的控制，以及在自治、待遇、服务条件和培训等方面进行谈判的权利，等等，具有非常强烈的排他性。显然，根据这种标准，教师的工作确实很难达到专业化的要求。在现代社会中，专业化的理论与实践已经获得了新的发展与变化。特别是近年来国家对一批福利事业的支持与问责，包括教育、健康与社会关怀等，以及市场化的需求与对消费者的尊重，逐渐形成了对传统的专业化的冲击。由此，学术界已经开始探讨和形成新的专业化含义，包括教师专业化的特定内

---

① 叶至善.父亲的希望 [M].北京：中国青年出版社，2000：69.

② 李奉儒.推动中小学教师专业发展评鉴之考察：新专业主义的省思 [J].当代教育与文化，2013（4）：57-66.

涵。而所谓的"新专业主义"正是 20 世纪 90 年代以来出现的一种新的专业化理论。这种新专业主义在教育领域包括三个核心要素：首先是专业标准的国家框架，即从国家角度对教师的专业价值观、能力和行为等进行界定；其次是绩效问责，即根据教师的行为和学生的学习效果来评价教师的专业化程度；最后是持续性专业发展，即教师应终身学习，通过不断参加学习和培训项目来丰富专业内涵。[①] 这种关于教师专业化的理论有两个非常重要的特点：首先是强调专业化的社会责任，即教师的专业活动应该符合国家的要求，而不仅仅是同行的自我管控和责任；其次则是对教育对象的责任，特别是对学生发展所发挥的作用，包括学生发展的成就和效果等等。从学校教育的角度看，则是教师对学生的责任，强调教师对学生需要有一种更强的服务伦理和责任感。质言之，这种新专业主义强调的是专业知识与服务对象的联系以及责任，而不仅仅是囿于专业领域的逻辑自洽。而教师专业化的重要领域就是教师与学生之间的关系，它要求教师更多地认识和研究学生，指导、帮助和促进学生身心健康发展。这与学校教育的科学性是完全一致的。

教师专业化的理论是多种多样的，也可以有不同的取向。但是无论从什么角度认识和建设教师的专业化，都不能离开对学生的认识和理解，这也是教育社会学的基本观点。

第二节　学生的教育地位

学生是教育活动的基本要素，是教育活动的最基本的对象。对学生

---

① 吕杰昕."新专业主义"背景下的英国教师专业发展 [J].全球教育展望，2016（8）：119-128.

的认识也是教师专业化的基础与依据。当然，教育社会学对于学生的研究与分析和教育学原理、教学论等学科是有所不同的。它主要考察与分析学生在学校教育活动中的地位，以及在社会文化中的基本地位。自不待言，一旦确定了学生的教育地位和社会文化地位及其特征，便可以进一步分析和研究学生与教育活动中其他方面的关系，进而分析学生的各种行为本身。

一、"边际人"的文化内涵

显然，单纯根据年龄、血缘、社会阶层等认识与分析学生是不够的，根据现代社会学对不同社会群体的分类方式，以及学生群体不同于其他社会群体的特殊性，学生的教育地位和角色是教育社会学研究的重要取向。而所谓的"边际人"则是对学生进行社会学分析的一种角度。

1.学生的定义

简单地说，所谓学生，也就是学习生活的人，学习在日益复杂的现代社会中生存的人。对此，中国台湾的学者爱新觉罗·毓鋆有一个比较生动的说明。他认为，"中国之学尊生，易经谈'生生之道'，论语讲人生哲学，学生学的是人生，学如何抚慰苍生，造就苍生，学为苍生谋"①。因此，就社会地位而言，学生的含义常常表明了一种人生与文化上的不足与差距。换句话说，也正是由于年轻人缺乏人生的经验，对人生的问题缺乏足够的了解，其在文化上存在不足或差距，他们才成为学生或某一方面的学生。就角色而言，它指的是作为学生的人被社会所期望具备的一整套行为方式。②这样对学生进行规定，不仅可以说明青少年学生的特征，而且可以对其他各种类型的学生，包括成年学生和老年学生等，做出比较合理的规定和说明。首先，青少年学生本身正处在学习社会文化和各种行为规范的阶段，他们的任务也就是通过学习，缩

---

① 许仁图.子曰论语：上卷[M].高雄：河洛图书出版社，2011：31.
② 范斯科德，克拉夫特，哈斯.美国教育基础：社会展望[M].北京：教育科学出版社，1984：133-134.

短他们自身与社会文化之间的差距，从而获得社会正式成员的资格。其次，从成年人和老年人的角度看，他们之所以成为不同类型的学生，也是因为他们与社会文化中的某一方面存在着差距，或者说，他们力求在某些文化方面进一步丰富和完善自己。由于社会的发展与变化，他们需要不断地更新自己的文化知识和能力等等，由此成为各种不同类型的学生。这里主要分析和研究青少年学生的教育地位及与其有关的各种特征。

2. "边际人"的假设

所谓"边际人"，按照青少年社会学或青少年研究的一般规定，指的是青少年学生是一种不成熟的社会存在。作为正在准备进入成人社会的"准成人"，他们只是处在社会文化的边缘，准备成为一名社会的合格成员。换句话说，青少年学生相对于成人社会的文化来说，还只是处在不懂事的状态。由于他们正在学习这些社会的正式和主流文化，并准备在将来进入成人社会，或者，他们只是处在由少年儿童向成年人过渡的阶段，所以，青少年学生处在作为社会文化中心的正式文化的边缘。正是在这个意义上，理论上，青少年学生只是一种"边际人"[①]。这样一种关于青少年学生社会地位的规定，实际上也是长期以来国内外青少年研究中的基本假定。例如，世界上著名的青少年问题研究专家马赫列尔在讨论青少年的本质时，便以"目的性取向和社会－时间的二重性"的思路对青少年进行规定。他认为，青年只是在儿童和成熟期两种年龄之间的变化。它意味着"脱离童年，进入成年——成熟化（人格化）、社会化和自立，必须经过一个阶段：在这个阶段中，青年还没有完全超越前一个阶段，也还没有进入后一个阶段"，"同低于成年人的不成熟状态相适应，青年被认为处于不同于成人社会的边缘状态"[②]。国内有些学者更是直接地认为，"青年期历来被认为是从儿童走向成年的发展阶段，是进入成人世

---

① 谢维和. 论"年轻的正式人"：一个对当代青年的解释性设定 [J]. 社会学研究，1993（1）：81-89.

② 马赫列尔. 青年问题和青年学 [M]. 北京：社会科学文献出版社，1986：144-145.

界的准备时期。由于青年既非儿童，也非成人，而是处于一种介乎两者的中间状态，因而有'边际人'（margenal man）之说"①。当然，青少年学生的这种"边际人"，与一般文化学研究中对于移民和社会文化中处于不利地位的群体的"边际人"规定是不一样的。这些人作为"边际人"，往往只是某种非主流文化群体，或者是社会主流文化中的亚文化群体。一般而言，关于青少年学生的"边际人"假设，具有以下几个特点。

第一，是相对于成人社会和文化而言的。

青少年学生的这种"边际人"地位，是一种相对的概念，是青少年学生在文化上相对于成年人而言的。无疑，在社会文化方面，成年人通常比青少年学生具有更大的优势，他们作为已经初步完成和经历了社会化的人，熟悉和掌握了社会文化、社会的行为规范，以及社会的价值观念和道德标准，等等。而且，由于成年人已经获得和占据了一定的社会地位，特别是社会上的各种重要地位，所以，他们在实际上已经成为社会文化的代表。更重要的是，社会文化和制度的决策者，通常都是由成年人所担任的。因此，他们在社会中常常扮演确立和制定标准的角色。在这种情况下，青少年学生当然更多地只是处在社会文化的边缘。同样，在学校和教育机构，青少年学生与教师和教育工作者之间的文化差异也基本如此。因为，在学校和教育机构中，教师或其他教育工作者通常都处在学校文化或教育文化的优势地位，而且，他们也常常是学校文化和教育文化的决策者或决策群体。相比而言，青少年学生却往往处在非优势的地位，处在被教育和被管理的地位。我们也正是在这个意义上，赋予青少年学生这种文化上的"边际人"地位。

第二，这种边际地位是一种过程性的概念。

应该看到，青少年学生的这种"边际人"的文化特征，在传统社会或比较稳定的常态发展的社会中，更多地只是某种过程性的概念。换句话说，青少年学生的这种"边际人"地位，通常只是根据他们在

① 金国华.现代青年学 [M].北京：中国青年出版社，1989：224.

社会发展与文化体系中的地位而决定的。这种发展过程中的地位包括在知识方面的差距、在熟悉社会规范与履行必要行为方面的差距、在道德意识和行为方面的差距、在生存能力方面的差距等等。也正是由于这些方面的差距，青少年学生在社会地位或教育地位等方面处于相对劣势，缺乏正式和被认可的文化权力。但需要指出的是，尽管青少年学生在成长过程中具有这种"边际人"的文化特征，甚至在某些发育阶段会出现逆反的现象，但青少年学生与社会主流文化之间的关系并不是完全对立的。

第三，边际性意味着一种不确定性和可能性。

由于青少年学生还没有正式进入社会，或者说，只是处在社会的边缘，他们更多地只是在准备进入成年人的行列，因此，他们的未来并不是完全确定的，未来对于他们来说，只是一种可能性。从另一个角度看，青少年学生正是处在一个正在成为什么，却又尚未完成的阶段和状态；他或她有可能成为什么，也有可能不成为什么。这一点恰恰是青少年学生的重要特点。如果说成年人已经是一种现实性的存在，那么，青少年学生则更多地是一种可能性的存在。这种可能性存在的特点决定了他们在教育活动中的地位。

显然，正是由于社会中存在着一个相对稳定的文化系统，存在着一个反映和代表这些文化系统的成年人阶层，特别是存在着一整套比较完善和有效的行为规范，以及已经初步得到广泛认同和接受的价值观念和理想目标，青少年学生作为正在成长中的人，作为正在学习这些社会文化、行为规范以及价值观念和理想，并由此准备进入成人社会的后来人，自然成为所谓社会文化的"边际人"。

根据这种从社会文化上对学生进行规定的基本思路，可以非常清楚地看到，以往对青少年学生的各种规定与认识，都是自觉或不自觉地以此为前提的。在一般教育学科有关青少年学生的各种理论和模式的规定中，这种"边际性"常常表现在两个方面：其一，教育学科关于教育教学的各种理论和模式实际上都是以青少年学生的不成熟性为前提和基本假设的，包括教育学科中的各种教学模式、教学方法等等，基本上都是建立在这种前提和假设之上的。即使是那些关于学生中心的理论，或者是关于学生主体性的讨论与研究等，也基本是以此为基础的。其二，教育学中关于青少年学生的规定基本上是把学生看成处于发展中的、以学习为主要任务的人，是一种不成熟的社会存在，处于从童年向成年发展和过渡的阶段，他们的任务就是不断地向社会和成年人学习，逐步使自己获得进入社会的各种资格，等等。如果将这些关于青少年学生的规定思路和假设比较概括和具体地表达出来，就是所谓的"边际人"的假设。

不难看到，这种对青少年学生的基本规定，也就造就了他们在各种教育关系中的基本地位，进而也就成为各种教育理论、教学模式和教学方法等等形成的基础和依据。实际上，目前中国和世界上大多数国家或地区的教育学理论和教学模式等都是以这种对青少年学生的规定为基本假设的。

二、"年轻的成人"——对青少年学生教育地位的新假设

所谓"年轻的成人"，是根据现代社会文化的发展变化，针对以往对于青少年学生的"边际人"假设而提出的关于青少年学生社会与教育地位的一个新的基本假设。[①] 它的基本含义是：学生是一种尚未成熟的社会正式成员。从青少年学生的"边际人"假设到"年轻的成人"的假设，可以从以下几个方面去理解。

1. 社会文化的基础

首先，这种转变主要根源于青少年学生发展的社会和文化基础的变化。青少年学生的"边际人"假设是以社会文化为参照系的，因此，社会文化的变化必然引起青少年学生的社会地位的变化。这些变化主要反映在以下两个方面。其一，由于社会的发展和进步，整个社会的文化系

---

① 应该指出的是，这里提出的"年轻的成人"主要是针对中学生特别是初中高年级学生和高中学生而言的。对于小学生来说，更多地应该根据"边际人"的规定进行分析和研究。

统，特别是社会的相互联系发生了变化。根据马克思主义关于社会分工的理论和社会学关于社会发展的一般原理，以及社会发展的现实，可以看到，社会的分工和由此带来的社会分化是社会发展的重要形式之一。这些分化包括社会的实体性因素的分化、社会功能的分化以及社会关系的分化等等。特别是由于科学技术的发展，社会发展和变化的速度大大加快。这些发展和变化对于发展中国家来说，常常会带来整个社会的转型与变革。即使是对于发达国家和地区，这些发展与变化也带来了一系列新的问题与挑战。有些学者认为，我们正经历一场改变我们生活、交流、思维和发展方式的革命。[①]这种发展与变化给整个社会文化带来的最直接的影响就是，各种新因素与已经存在的各种因素，或现存的格局发生各种矛盾和冲突，并通过这些矛盾和冲突，促进整个社会的文化、价值观念和各种思想意识等等发生更新与变化。所有这些，无疑会在一定程度上影响整个社会的稳定性，增加社会的不确定性。在这种情况下，对于准备进入社会的青少年学生的发展来说，便在一定程度上缺少了一个现成的或既定的非常明确和清晰的文化参照系。其二，这些发展与变化在微观上的突出表现便是反映社会要求的各种行为规范的发展、更新和变化。由于社会的分化，过去与原有的生产力发展水平相适应的各种社会行为规范必然会或多或少、或大或小地发生种种变化，包括在内容上的调整与补充、形式上的修正和转型，有的甚至会出现更新。同时，也出现了一批反映和符合现代社会要求的新的行为规范。更重要的是，由于行为规范的变化和发展，社会在一定程度上出现了涂尔干所说的"失范"现象。也就是说，社会的各种行为规范已经不能有效地发挥作用。而且，社会的某些是非标准和基本要求也出现了模糊的现象。正如人们常说的那样："说不清楚。"这些变化对青少年学生的成长所产生的影响包括：青少年学生的成长环境发生了变化，即过去比较稳定的社

---

① 德莱顿，沃斯.学习的革命：通向 21 世纪的个人护照 [M].上海：生活·读书·新知上海三联书店，1997：导论 1.

会规范体系成为不稳定和不确定的因素；同时，由于社会行为规范的变化和发展，青少年学生已经不能像过去那样非常直接地和毫无疑义地学习和接受现存的各种行为规范。他们所面临的和准备进入的社会是一个充满不确定性的社会，以至于出现了所谓的"迷惘"和"失落"。

2. 参照系的变化

这种转变也与成年人社会地位和心态的变化有关。一方面，社会的发展、制度的更新、科学技术的进步等等，对于已经完成社会化，并作为青少年学生成长中最直接的参照系的成年人来说，也是从未经历的事情，也是新事物，甚至是一种生存的挑战；另一方面，社会行为规范的变化与发展也使他们在认识和处理问题时失去了过去比较有效的凭借和依靠，以至于在新的矛盾面前束手无策、不知所然。总之，成年人在这种情况下，已经由过去所获得的确定性重新回到了不确定性之中，由生存的现实性又回到了发展的可能性之中。他们需要重新去学习和适应新的社会，需要继续社会化。而这些对于正在成长和发展的青少年学生来说，便意味着在社会化过程中失去了具体和直接的学习对象和被模仿者。换句话说，由于文化与社会参照系的变化，关于青少年学生的假设也应该进行必要的调整。

3. 自身的发展

这种转变与青少年学生自身的发展变化直接有关。由于现代社会中青少年学生的生活条件的改变，他们生长和发育的速度比过去更快，以至于青少年学生的成长出现了与过去不同的某些特点。从生理方面看，由于大量高蛋白质食品的食用，现代社会青少年学生的成熟时间往往比过去稍早一些。而且，大脑等方面的发育更为成熟。根据神经科学的最新发现，通过正电子发射断层摄影技术的应用，人们发现儿童大脑早期的发育与葡萄糖的摄入量具有一定的关系，特别是幼儿早期，葡萄糖的摄入量大量增加。就心理而言，由于日益发达、先进和普及的传播媒介的发展，青少年学生所接受的信息无论在数量，还是在质量上，都已经大大地超过了他们的前辈，由此极大地促进了青少年学生的心理与智力发展。由于青少年学生可以凭借自己的优势，并通过各种不同的途径去获得更多的知识和信息，他们在某些方面的知识和信息的占有上甚至超过了成年人。特别是在与现代社会密切相关的科学知识方面，尤其是在计算机和信息技术领域的知识与能力上，许多人已经在一定程度上超越了成年人，甚至是他们的师长。

上述变化集中反映了一个十分重要的事实，即长期以来关于青少年学生的"边际人"的规定应该有所变化。首先，过去用以规定青少年学生教育地位的社会文化基础和条件已经发生了变化。质言之，过去规定青少年学生的"边际人"地位的参照系已经发生了变化。由于社会文化、价值观念以及社会的行为规范体系等等都发生了变化，加上成年人的变化，整个社会的稳定性和确定性程度降低。这样，成人社会的中心地位也随之发生了一定程度的动摇。在这种情况下，仍然把青少年学生规定为社会文化的"边际人"，显然是不合适的。其次，由于整个社会文化系统处在改革与发展的过程和不确定的状态中，对于成长和发展中的青少年学生来说，他们所面临的与其说是学习现成的文化，不如说是要和成年人一道在学习的过程中去建设新的社会文化。因此，与过去的青少年学生相比较，他们在成长和发展过程中所处的社会文化环境是不同的，面临的问题和任务也是不同的。现代社会的青少年学生既要不断地学习，同时也要与长辈和其他成年人一样，担负着建设和发展新的社会文化的任务与使命。现代社会中青少年学生的某些语言、生活方式和行为模式等，正在逐渐得到成人社会的认可，甚至是模仿。也正是在这个意义上，青少年学生已经站在成年人的行列或处于成人社会之中了，成为社会中一种特殊的正式成员。

4. 年轻的成人

所谓"年轻的成人"，指的是传统社会中青少年学生的"边际人"的社会地位发生变化以后，他们所具有的一种新的社会与教育地位和角色。这种地位与角色的主要特征之一是，他们一方面与成年人具有同样的文化地位，另一方面其本身仍然是稚嫩的、懵懂的或不成熟的。现代社会中青少年学生的这种特点意味着他们只是社会中一种比较特殊的正式成员。因为，青少年学生作为"年轻的成人"，在很大程度上是外部参照系的变化造成的。在社会角色的扮演方面、在科学技术方面、在对各种问题的判断和选择等方面，青少年学生仍然是不成熟的；而且，尽管青少年学生可能在某些方面或某些条件下占有较多的信息和知识，但是，他们的知识和能力结构仍然是不完备的。更加重要的是，其自我认同仍然处在一种选择或徘徊的状态中。由于这一点，青少年学生尽管有时能够非常精辟地就某些问题发表自己的看法，但是他们的思想意识常常是不稳定和不系统的。这样，青少年学生很容易变换自己的观点，而且，一旦出现新的观点，他们也比较容易盲从。另外，青少年学生在思考和判断时，具有更多的感性色彩。同时，青少年学生在进行价值选择时，也比较容易出现一定的片面性或极端化的倾向等等。所有这些都表明，尽管青少年学生在一定意义上已经进入了社会正式成员的行列，但是，他们本身毕竟还是年轻的，也还是不成熟的。

在这种"年轻的成人"的假设中，所谓的"年轻"，具有两个非常重要的含义。其一，从青少年学生的发育来说，一种新的发育模式对"年轻的成人"做了生理学的注解。一般而言，青少年的发育通常表现为两套神经系统及其相互作用的机制的发育。第一套系统影响情感与动机。它与青春期的生理变化密切相关，涉及大脑中对外部刺激做出回应的区域。这套系统把温和的孩子变成精力旺盛、躁动不安、情感激烈的少年，他们渴望实现每一个目标，满足每一种欲望，体验每一种感觉。日后，这套系统又会把他们变回相对温和的成年人。第二套系统与控制有关，它疏导利用所有沸腾的能量。前额皮质的作用尤其突出，它负责指挥大脑的其他部分，包括控制动机和情感的区域。这套系统控制冲动，指挥决策，鼓励遵循长期的规则而延迟满足。

在发展比较稳定的社会中，情感与动机系统和控制系统在很大程度上是相互协调的。虽然情感与动机系统的发育在时间上会略早于控制系统，但两者的差距并不大。而且，随着年龄的变化，两者会逐渐达到一种相对平衡的状态，从而使人走向成熟。然而，200年来，特别是近20年来，这两套系统的发育时间发生变化，从而造成新的青春期苦恼。由于大量信息的刺激，情感与动机系统的发育时间提前，速度明显加快。青春期来得早了，情感与动机系统也启动得早了。但相比较而言，控制系统由于社会规范系统的变化与调整，则发育速度较慢，并且和情感与动机系统的发育程度呈现出比较大的差距。而这也恰恰就是"年轻的成人"所包含的矛盾。其中自我控制能力的不足正是"年轻"的含义之一。以至于有的心理学家认为，今天的青少年早在能够控制方向盘和刹车之前就拥有了加速器。

其二，这种"年轻"进一步放大了青少年成长中的可能性。相对于成年人的现实性存在来说，青少年学生更多地是一种具有可能性的存在。显然，与传统社会中的青少年相比较，现代社会中的青少年学生获得了更多和更广泛的发展可能性，具有更多的机会与更大的空间。这当然是现代社会青少年学生的一种优势。然而，这种"年轻"也恰恰透出了青少年学生成长的困惑与内在需求，反映了现代社会教育的责任与重点，尤其是德育的重要性。因为，这种可能性的扩展同时也意味着青少年学生面临着价值选择的困难。究竟哪一种可能性对于自己的成长来说，是一种真正现实的、符合社会发展趋势与自身特点的可能性，成为横亘在青少年学生面前的一道难题。这也就是现代社会中教育活动与青少年学生成长中最重要的价值观问题。当然，这也是现代社会中"年轻"的新内涵与特点，也正是现代教育中立德树人根本任务的重要意义，是学生成长中最根本的核心素养。

这种关于青少年学生的社会地位的假设，在现实社会中能够比以往的"边际人"的理论更好地解释青少年学生的各种行为和现象。这种理论改变和修正了过去"边际人"理论对青少年学生发展过程中基本矛盾的规定。不难看到，根据"边际人"概念的基本含义，青少年学生在发展过程中的基本矛盾主要是自身与外部社会之间的矛盾，或者说，是内与外之间的矛盾。而根据"年轻的成人"假设，青少年学生在发展过程中的主要矛盾已经在一定程度上变成了自身内部的矛盾，即自己的社会责任与自己尚不成熟之间的矛盾。这也是现代社会教育中师生关系的新的社会基础，是教育活动应该充分考虑与认真对待的一种新变化。

三、学生的主体性分析

青少年学生在教育关系中地位的变化，直接影响了学校教育教学的改革，包括教学方法的改革、教学内容的改革、教师与学生的关系的改革，以及各种其他方面的改革等等。其中需要特别关注的，则是学生的主体性地位。换句话说，在"边际人"和"年轻的成人"这样两种不同的理论假设上所形成的关于学生主体性的观点与看法，很可能是有差异的。而这种差异对整个教育教学改革和教育实践的影响是非常重要的。

1. 关于学生主体性的观点

学生的主体性问题，近年来一直是教育界十分关心并讨论的热点问题。而学生主体性的概念或基本含义是这场讨论中的核心。根据有关学者的研究，目前关于学生的主体性的概念及其含义的表述大概有以下几种。

第一，认为具有主体性的人就是掌握了科学技术，有智慧、才干、胆识、创造性和开拓精神的人。而教育过程中的主体性指的是，教师主体引导学生主体，依据认识规律，在互相配合操作获得发展的对象性活动中所表现出来的能动性、方向性、自主性和创造性（王道俊，郭文安）。

第二，认为主体性包括三个方面的含义：独立性，也就是独立自主的能力；主动性，即积极自觉地、有目的有意识地认识和改造世界的能力；创造性，即对现实的超越（裴娣娜）。

第三，认为学生的主体性主要指的是他们在学习过程中的主体性，包括在学习过程中的主动探索和创造，使学生"始终处于学习主人的地位"（魏书生），或者将学生置于学会知识、掌握能力这一过程的主要承担者的地位，等等。

这些关于学生的主体性的规定，都从不同的角度揭示了学生的主体性的含义，对认识青少年学生的主体性，协调学校教育教学活动中教师与学生的关系，更好地发挥学生在学校教育教学活动中的积极作用，具有十分重要的意义。

2. 学生主体性的现代含义

上述关于学生主体性的各种规定，在很大程度上是以青少年学生的"边际人"假设为前提的。它们的共同特点是，基本上是从学生对其外部的对象和目标的所具有主动性的角度进行规定的，换句话说，这些规定基本上是以学生成长和发展过程中的内部和外部之间的矛盾为基础的。这样的主体性在以往无疑是合理的，也是学生在教育活动中的一种积极状态，反映了一种新的师生关系。然而，如果从"年轻的成人"的假设去规定青少年学生的社会地位和教育地位，那么他们的主体性则具有一种新的含义。由于青少年学生在成长和发展过程中的主要矛盾已经成为自身内在的矛盾，所以他们的主体性则应该表现为学生自我调控、自己赋予自己活动的意义、自我超越以及成为自己的主人等等。在现代社会，一方面，与前人比较，青少年学生发展的空间越来越大，选择的可能性越来越多，时代为他们的成长提供了越来越丰富的机会与良好的条件；另一方面，由于自我调控能力的不足，自律的能量不够，缺乏必要的社会经验，等等，他们在诸多可能性与机会面前常常会无所适从，甚至是眼花缭乱，手足无措，不知道如何将个人的选择与社会发展的趋势结合起来，以至于出现"用青春赌明天"的情况。面对这种新的发展与成长矛盾和冲突，学生如何得到合理与及时的指导和帮助，已经成为教育中的一个重大问题。

显然，学生主体性的这种新的含义与新的规定，必将带来教育思想、教育观念、教学模式和教学方法等的一系列变革。而这也是研究现代社会学生新的社会地位和教育地位，以及重新认识青少年学生主体性的重要意义。

第三节　师生关系的主体际性和社会性

教师和学生是教育活动中最基本的因素，而且，教师和学生的关系也是各种教育关系中最基本的关系，是教育研究中非常重要的话题。对于这一课题，形成了许多非常有价值的见解，以及一些很有见地的研究思路以及分析模式。而教师与学生之间关系的主体际性和社会性特点则是应该进一步讨论与分析的问题。

一、师生关系的主体际性

教师与学生之间关系的主体际性，是一个比较时髦的话题。过去人们在讨论教师和学生的关系时，常常在教师的主体性和学生的主体性之间感到困惑，认为这样两个主体性的存在似乎是矛盾的。于是，有人提出了一个所谓以教师为主导、以学生为主体的双主体论，希望能够由此解决两个主体之间的关系问题。实事求是地说，这的确是一个非常重要的理论与现实问题。而"主体际"的概念与理论则是认识教育教学活动中师生关系的一种新的视角与思路。

1.主体际的含义

主体际是一个哲学的概念，是德国哲学家胡塞尔等人在现象学研究中讨论本体论时所使用的概念。通俗地说，它指的是，由于个人对自我意识而言，永远是一个所谓"非位置性"的存在，即个体永远不能将自己完全展示在自己面前，当他去认识自己时，自己已经不再是主体了，而是成为一个客体和对象；同时，在这种情况下，作为客体的自我也是不完整的，因为总是有一个进行认识的"主我"不在认识对象的范围中。既然自我是这样一个不完整的存在，它要作为认识事物的基础与根据就是有缺陷的。因此，如何充分与全面地认识自我，则成为哲学的一个根本问题和任务。要想解决上述问题，西方的一些哲学家认为只有通过主体与主体之间的关系才能够实现。但其中仍然存在很多矛盾与困难。因为，尽管他人可以获得对自我的全部认识，但此时他人眼中的"我"已经失去了主体性；而当"我"将他人的这种认识收入囊中时，他人也不再是主体，而成为一个客体。正是在这个矛盾下，现象学和存在主义的哲学家们开始对传统的本体论和本质论进行深刻和革命性的反思，并且重新提出了对认识和交往活动的新的看法，甚至放弃了对所谓绝对本质的追求，将交往上升到本体论的层次，由此形成了主体际的概念与理论。

这种哲学上的变革对社会学和教育社会学的影响是非常重要的。就社会学而言，由于社会的本质不再是传统意义上的某种最终的客观存在，而是存在于人与人的交往中间，所以社会学的任务就不再是去探讨所谓社会的本质和那种永恒不变的结构，而是力求去探讨和分析人与人之间的交往和互动；它也不再是去发现某种社会发展和人与人之间交往的绝对规律，而是希望在不同的人、不同的群体，以及不同的社会阶层等之间建立起一种沟通的机制和桥梁；更有甚者，它并不希望去达到某种对这个社会的客观认识和永恒真理，而只是希望能够通过彼此之间的沟通，达到一种相互之间的理解和协调。当然，这样的社会学与传统的社会学就是非常不同的，而且具有一种根本性的差异。就教育社会学而言，其意义也是不言而喻的。它至少告诉我们，教育活动的过程，特别是教师与学生之间的交往与互动过程，实际上是一个相互认识和相互理解的过程，是一个彼此之间沟通的过程。当然，按照主体际的理论，仅仅承认这种交往和沟通还是不够的，关键是这种相互之间的交往和沟通，并不仅仅是认识某种本质的工具和途径，所谓的本质就在这种交往和沟通中间，或者说，它本身就是本质。所以，就这个意义来说，教育社会学的任务并不是去认识教育和社会之间关系的所谓本质，也不是去建立起某种社会与教育之间客观永恒的结构，而是要探讨和分析社会和教育之间相互沟通和交往的机制，寻求彼此之间相互协调和共同发展的模式，促进彼此之间的沟通和理解。就教师与学生的关系而言，则是要研究和探讨不同主体和因素之间的协调和相互理解。而且，也正是这些交往和主体际性建构了教育活动的结构与机制，以及学生的知识、能力和他们的人格。

因此，主体际作为一种交往和互动的基本形式，成为教育社会学的一个重要概念。而教育社会学的一个非常重要的任务则是揭示教育活动中主体际的结构和机制等。对此，著名教育思想家布伯（Martin Buber）提出了非常具有启发性的观点。他"区分了三种对话——真正对话、技术性对话、独白。真正对话中参与者真正有心于此刻且特定的对方，带着要和对方建立活生生相互关系的心转向对方；相对地，技术性对话完全只追求客观的了解；而独白则伪装为对话"[①]。在布伯看来，主体际关系应该是真正的对话，这种"真正对话的参与者必须有心敞开生命走向对方，且要有能力想象地觉知对方伙伴的具体性、独特性和整体性，同时在彼此互动中感受到对方靠近我而要求我的回应"[②]。更重要的是，这种真正的对话"并不局限于言谈对话或人与人之间，静默的情况或人与一只动物、一棵植物、一个石头或神之间也可以有真正的对话"[③]。为了进一步说明其思想观点，布伯提出了人与人之间相互关系的两种形态，即"我与它"和"我与你"。所谓"我与它"的关系形态，指的是"我并非直接具体地体会到对方的整体，对方只是一个不具主体性的对象"。在这种关系中，"对方即成为我利用的对象，遂行我个人为所欲为的任性，依照我的需求，想要等，我只考虑对方能满足我的片面特性，甚至完完全全视对方只是满足我的工具"[④]。而所谓的"我与你"的关系则是一种比较典型的主体际关系。其中，"我与他者的交会不以任何理念体系作为中介，他者得以展现其特性，同时是以具体活生生的对话伙伴方式临现，因此

---

① 林逢祺，洪仁进.教师哲学 [M].台北：五南图书出版股份有限公司，2008：206.

② 同①.

③ 同①.

④ 同① 207.

不是抽象或化约后的理念对象，更不只是满足我个人欲求的工具而已"①。
这是一种彼此尊重与相互开放的关系，按照布伯的说法，则是一种非常
重要的"含纳"的关系。这种"含纳"并不介意参与者外在的时空状况，
即是否发生具体的交谈或对话，它"指的是个人具体性的扩展、生命实
际情况的实现，及所参与之实在的完全临现，它具有三个重要元素：是
两个人之间的关系；要有他们共同体会的事件，而且至少有一者积极参
与其中；这个人在不失去对自己获得的真实感受下，同时能够从他者的
观点来经历此共同事件"②。而且，布伯还用一种所谓"双极"的情境或
关系说明这种"含纳"的特点，即"参与者在觉知并肯认伙伴的整体性
时，他同时从自己和从对方两方面来经历情境"③。但需要指出的是，布伯
并不认为师生关系或教育关系具有一种完全的主体际性，而认为其只具
有一种片面的主体际性。师生"含纳"的对话只是"建立在具体但片面
含纳经验上"。因为，"在教育者和学生的互动过程中，他体会学生正在
受教育，学生却无法体会教育者在进行的教育，在这种情况下，教育者
能站在共同情境的两边，学生自我只位于一边，这就是这里所指的片面
性，一旦学生能跨越而从（另）一边来体会，教育关系将破裂而停止"。④
布伯的这种观点非常清楚地揭示了师生关系的特点，换句话说，教师一
旦不在，学生就获得了学习的主动性与自主性，教育活动则暂时中止了，
而教师也完成了自己的使命。康德曾经将这种现象称为"教师的教育性
自杀"或"教育的吊诡"。⑤ 而吊诡教育学家本纳则更是将这个特点作为
教育实践区别于其他社会实践与交往的基本特点之一。他说道："在所
有实践中只有教育实践以预设自己的终结为其基础。""教育实践的终结
性，……即通过要求需要教育者的主动性切合他们（受教育者——作者

---

① 林逢祺，洪仁进.教师哲学 [M].台北：五南图书出版股份有限公司，2008：207.
② 同① 208.
③ 同① 208.
④ 同① 208.
⑤ 同① 211.

注）的可塑性，以及使教育的权威转化为受教育者对自己的权威。在这个辩证关系的意义上只有在受教育者需要他人要求其主动性时才允许对他采取教育行动；并总是在主动性的外来的教育要求能转化为他自己的要求时，教育才达到了其终点。""凡在我们无需教诲而能够自己行动时，那么教育就已经达到终结。"[①]显然，这些看法对认识教育活动中的主体际性，以及教育实践中的师生关系是非常有启发性的。

2. 师生关系主体际的特点

教育活动中师生关系的主体际性是一个需要进一步深入研究的问题，从目前的现实看，教育活动中师生关系中的主体际性主要体现在以下几个方面。

第一，师生之间主体际的知识关系。

教师与学生之间首先是一种知识性的关系，这种知识性的关系作为一种主体际的关系，是一种相互理解的关系，是一种在相互理解基础上的知识关系。这种理解关系与单纯认识关系的最大差异就在于，它并非将对方作为客体，而是将对方作为主体进行交往。这样一种理解性的交往与一般的交往是不同的，它的主要特点是，个体在将对方作为主体进行交往时，所应用的方式是一种所谓"移情的方式"，简单地说，即设身处地地考虑对方的特点和需要，并且参考对方的需要调整自己的活动，而不是仅仅从自己的角度设计与对方的交往和教育教学活动。所以，这种理解性的交往与互动本身就是一个学习的过程，是一种建构的互动。因为，在这种理解性的互动中，教师和学生双方都是以一种积极的态度对学校和教学环境进行定义，也在对自己进行新的定义和认识，同时也在对所学习的知识进行现实的诠释。当然，与一般的主体际性活动不同的是，在这种主体际的关系中，教师具有更加主动的地位和指导的作用，甚至是帮助学生进行理解和从事这种主体际的交往活动，以及调整和改

---

① 本纳. 普通教育学：教育思想和行动基本结构的系统的和问题史的引论 [M]. 上海：华东师范大学出版社，2006：68-69.

善教师与学生之间的主体际关系。因此，教师与学生之间的主体际关系，常常又是一种具有指导性的主体际关系。从现实的角度也可以发现，在教育教学的实践中，凡是教学效果比较好，学生的学习成绩普遍比较高的学校和班级，教师与学生的关系通常比较和谐。而一般而言，那些学习成绩不好或者不够理想的学生，往往与教师的关系也不太好。另外，这种主体际的知识关系与一般教学论中教师与学生之间的知识关系是不同的。它们的主要差异是：后者是通过知识的中介去认识和发展，而前者是通过主体际的对话去认识和发展。后者的知识和发展形态是统一的和客观的，而且是按照这种统一和客观的知识去衡量与评价教师的教学和学生的发展；而前者的知识与发展形态则是个别的，体现了个体的差异与特点。所以，按照主体际的关系认识和要求教育教学，它所体现的应该是一种有个性的教育和教学活动。换句话说，依据一般教学论，在教师和学生的知识关系中，知识本身具有决定性的作用，它制约了交往双方，即教师和学生的行为。但是，在一种主体际的教师和学生的知识关系中，教师和学生对知识则是非常主动的，他们不仅在传授知识和学习知识，而且在建构知识和创造知识。换言之，并非教师带着知识走向学生，而是教师与学生一起走向知识。所以，这种主体际的师生关系也是衡量教师与学生关系的一个非常重要的标准。

第二，师生之间主体际的社会关系。

教师与学生之间除了知识关系之外，还有一种社会关系，并且反映和体现在教师和学生的各种交往中间。根据对主体际的认识和理解，这种教师与学生之间的社会关系也具有自己的特点和新的功能。与一般社会关系非常不同的是，这种主体际关系的出发点或逻辑起点往往不是某种现成的规则与角色，以及一整套预先规定的权利和义务，它的出发点或者逻辑起点常常是互动的双方及其活动，而且要求从这种活动出发去理解互动的规则与角色及其相应的权利和义务。众所周知，教育社会学在研究和分析教育活动中的各种教育关系时，常常把它们理解成一种社会关系，这是教育社会学的一个基本特点和研究取向。从主体际理论的角度看，教育活动中的这种社会关系往往又具有一种建构和创新的功能，而不仅仅具有一种规范的功能。因为，在主体际的教育关系中，互动与交往的双方始终在不断地认识对方、认识自己和认识环境，并且在这种不断的认识中形成新的互动规则和秩序，所以，在分析这种教育关系时，人们并不仅仅关注规则、秩序等对个体的社会化与个体在社会化过程中发展自己个性之间的关系，而是着重探讨个体本身如何在交往和互动中探索和形成新的规则与秩序，并且由此实现个体的社会化。实际上，从学校和课堂教学活动中教师与学生的互动和交往看，它恰恰体现了这样一种主体际的特点。因为，教师在面对学生时，常常需要通过对学生的不断认识而发现与创造新的教学方式和管理办法；而学生在面对教师时，实际上也在进行着一种寻求新的适应策略的活动。显然，在这种情况下，教师和学生都在力求了解和把握对方对自己的期望，以及调整自己对对方的期望，并且通过这种了解和调整，试图建立一种双方都能够接受的交往与互动的规则和秩序。当然，在这个过程中，教师在实现着自己的职业发展，而学生也在实现着自己的社会化与个性发展。总之，在主体际理论看来，在教师和学生的交往中，并不存在某种预先规定的规则与秩序，而整个教育教学的过程正是一个通过相互的认识和了解，探索和形成规则与秩序或者说修正规则与秩序的过程。而这个过程同时也具有一种教育和社会化的功能。

第三，师生之间主体际的伦理关系。

教师与学生之间的主体际关系还表现为一种非常重要的伦理关系，这种伦理关系从某种意义上说，甚至反映了教育活动的根本目的，即人的成长和自我的发展。从主体际理论的渊源来说，它所要解决的问题和所具有的新的意义与价值，恰恰就是建立新的对自我本身的认识方式和模式。这一点与教育的目标是非常一致的。按照教育社会学的一般理论，个体自我是在与他人的交往中形成的，尤其重要的是教师与学生之间的交往。主体际的理论则可以拓展了解和认识自我发展和形成的模式和思路，丰富对教师与学生之间交往与互动的认识。这种拓展和丰富主要体现在以下几个方面：首先，主体际的理论有助于进一步深化自我概念形成过程中的不同的交往与互动模式，即从单纯的"对象化"模式，拓展到"设身处地"的模式。尽管许多社会学理论都强调了交往与互动对自我形成的作用，但是，主体际理论突出了交往和互动中的理解，尤其是教师与学生之间相互理解的重要性。根据主体际理论，人与人之间的交往是不能简单地应用一般的认识方法的，一般的认识方法只能应用于主体与客体之间，它反映的是一种主体对客体的关系，或者说它是一种所谓"对象化"的反馈方式。而主体与主体之间的关系只能是一种理解。而这种理解的重要特点之一就是"设身处地"的认识方式。显然，这种设身处地的理解与对象化的反馈方式对于自我概念的形成和发展的作用是非常不同的。按照对象化的反馈方式认识自我，它所强调的是自我如何将自己的认识投射到对方身上，把自己对象化在他人身上，通过对方的不同反应来确认自己的认识和行为是否合适，从而进一步地了解、认识、强化或调整自己，达到对自我的认识。正如库利的"镜中我"理论一样，将对方作为一面客观的镜子，力求从他人身上看到自我。设身处地的理解则是一种不同的方式，它所强调的是自我立场的一种变化，不是在自己的立场上去把对方作为建立自我的工具，而是站在对方的立场上，力求理解对方或他人的态度和想法以及各种反应，包括对自己的看法和认识。尽管个体仍然需要将对方的态度和看法吸收到自己身上，进而调整、强化和形成自我的概念，但由于立场的不同，他人的态度和看法已经在一定程度上转化成为自己的态度和看法。显然，两种吸收以及相应的调整与强化的效果是不同的。实际上，教师与学生之间的交往和互动也存在着这样两种不同的模式。而对于有责任帮助学生成长的教师，以及正在学习和成长过程中的青少年学生来说，单纯对象化的交往和互动方式是不够的，而应该将之拓展为主体际的交往和互动方式。其次，这种主体际的理论和交往与互动模式，也在一定程度上拓展了传统的自我概念，进而更加丰富了教师与学生之间交往与互动的含义与内容。换句话说，传统的自我概念着重强调的是个体的自我认同，它注重的是自我本身的同一性和稳定性。而主体际的自我概念所强调的则是一种包含了他人的自我概念，它不仅注重个体本身的自我同一性，而且也强调了自我与他人的同一性。这一点对于教师和学生之间的交往与互动的意义是非常突出的。如果说，我们过去在研究和分析教师和学生的交往与互动时，自觉或者不自觉地把双方首先看成彼此对立和不同的，进而研究和分析他们之间的同一性与差异；那么，主体际的理论则要求我们将这种教师与学生之间外在的关系，包括他们之间的同一性和差异，都理解为一种内在的关系和矛盾。也就是说，教师的自我概念与自我认同中就包含了学生，而学生的自我概念和自我认同中也包含了教师。更加重要的是，这种自我概念中的差异和矛盾，并不完全是米德所认为的"主我"与"客我"之间的关系，而是一种"主我"和"主我"之间的关系。这也恰恰是主体际理论的实质，由此形成了一种新的自我概念发展和形成的模式。

二、师生交往的社会性特点

师生交往是学校中非常重要的社会活动形态，包含了非常丰富的学术内涵。充分认识学校教育中师生关系与交往的特点，改善双方的交往状态，优化学校教育中的人际关系，对于提高学校的办学质量与促进学生身心发展，都是非常重要的。

1. 师生交往的层级性

所谓师生交往的层级性，指的是教师与学生之间交往的不同深度与层次，以及相互之间在交往中的投入程度与方式。显然，教师与学生作为不同发展阶段的人，交往的方式与投入程度是不一样的。一般而言，教师与学生之间的交往通常表现为两个不同的层级。在中小学校，尤其是在小学与初中阶段，教师与学生之间的交往往往是一种非对称的交往。这种非对称性指的是，学生在与教师的交往中，常常带着一种初级性的态度，即全身心或者无保留地投入，具有一种十分强烈的情感化与连带性的特点。而在这种交往中，教师的态度常常是比较理性的，投入是有限的，体现了次级性的交往。这是必要的，也是合理的。作为教师，充分认识中小学生在交往中这种初级性的态度与方式，积极合理地强化学生对教师的信任与对学校的亲近感，对中小学生的身心发展是非常有益的。但在高年级，尤其是在高等教育的师生交往中，彼此之间更多地是一种次级性的交往。教师与学生在交往中都是理性地和有限地投入。

认识与理解师生交往中的这种层级性是非常重要的。在学前教育或小学教育中，合理地把握师生交往的非对称性，对于加深幼儿与小学生对学校与教师的感情，提升学习热情，形成积极的自我概念是非常重要的。而在中学教育或高等教育中，注重师生交往的次级性，把握好彼此之间的界限与交往过程中的分寸感，以及在不同场合中的话语形式，甚至是必要的距离，等等，则是非常重要的。

2. 师生交往的群体性

所谓师生交往的群体性，指的是在学校环境中，学生与教师的交往常常具有一种群体的形态与约束。这种师生交往的群体性主要表现在两个方面。首先，它指的是教师与学生的交往并不仅仅是个体之间的交往，而是教师与学生群体的交往。教师对个别学生的态度常常具有一种群体性的效果。不同教师与学生的交往方式，也常常能够引发学生的比较性评价。因此，在师生交往中，教师的公正是非常重要的。这种公正性要求教师能够以某种一视同仁的态度接纳不同的学生，以合理的方式对待所有学生。同时，这种公正性要求教师在师生交往中，能够有一个宽广的胸怀，让不同的学生都能够获得发展的空间。其次，师生交往中学生同辈群体的影响也是这种群体性的内涵之一。这种同辈群体不仅直接影响学生与教师的交往，甚至优先于学生与教师的交往。事实证明，青少年学生在遇到某些困难和问题时，所寻求的最直接的咨询对象正是自己的同伴，因而同辈群体的交往常常直接或间接影响他们在学校和班级中的表现。因此，在研究学生和教师的关系时，应该首先注意学生之间的关系和互动，并由此建立良好的师生交往。

师生交往中同辈群体的意义，在学校与班级中常常表现为学生的各种非正式群体的作用。这种非正式群体往往是自发形成的，具有自己的各种规范和价值，以及自发产生的领导等因素，所以，它们在影响学生本身的交往以及学生与教师的交往时，常常具有非常独特的作用。因此，充分认识和发挥学生的各种非正式群体的作用，是调整、引导和建立良好的师生关系的重要途径。

第 | 六 | 章

课程与教学的社会形态

　　课程与教学是教育活动中两种非常基本的形态，也是教育研究的重要对象和内容。所谓课程与教学的社会形态，指的是教育社会学对课程与教学的一种研究取向与思路，即将课程与教学都作为某种社会活动的形式进行分析，尤其是将课程作为一种文本，将教学作为一种交往活动，进行研究和分析。质言之，课程与教学并不仅仅是单纯的学术活动，而是一种非常基本且重要的社会活动，是社会活动的基本形态之一，并且以社会发展与变化为基础。

第一节　作为社会文本的课程

关于课程的定义是多种多样的。有的学者将课程定义为一种学习者应该遵循的"跑道"，它规定了学习的进程和方向等；也有的学者和理论则是将课程看成一种教师和学生之间互动的过程和结构，是教师与学生共同创建起来的；等等。

一、课程文本的含义和特点

在教育社会学研究中，课程作为一种社会文本，表现为一种动态的社会存在与社会事实。当然，这个存在与事实包含了教育教学中的各种基本因素，如教材、教学计划、教师与学生的互动，以及课程的结构与类型，等等。根据英国教育社会学家扬的分析思路，课程至少包括了课程的组织、传递以及评价三个方面。所有这些，都不同程度地反映了教育活动的社会形态，以及课程文本的各种形式和系统等。

1. 文本的含义

所谓文本，根据《简明牛津英语词典》的说法，指的是"任何书写或印刷品的文字形式"。在文本的概念和研究逐渐从文学领域拓展到社会和人文领域以后，文本的观念已经扩展到绘画、行为、衣着、风景——总之，一切附着意义于其上的事物都可以称为"文本"。就狭义而言，文本通常是有着文字的物理存在，然而文本的关键是，它们都具有意义。[①]法国解构主义思想家巴特（Roland Barthes）的文本理论和文本阅读理论

---

① Bevir M. What is a text ?: a pragmatic theory[J]. International philosophical quarterly, 2002, 42(4): 493-508.

则认为，从来不存在"原初"文本，每个文本都是由其他文本的碎片编织而成的；文本这种"复数"特点导致文本意义的不断游移、播撒、流转、扩散、转换和增殖，文本本身只是开放的无穷无尽的象征活动。而所谓的文本阅读理论，则包括以下内容：（1）阅读"文本"需转喻式思维；（2）判断"文本"间的区别，要依据它们不同的能指意指的活动路线与意义播撒过程；（3）阅读"文本"是一种创造的双重"游戏"。法国思想家利科（Paul Ricoeur）认为，"文本就是由书写而固定下来的语言"①。所以，利科所说的文本并不是写下的零散的词句，它可以被看作言语的作品，即它是一个构造起来的整体，这个整体并不能简单地还原为句子。利科认为，写和说都是言语的合理形式，但是通过写而实现的言语具有一系列特征，使得文本完全不同于说的言语。更加重要的是，利科的"文本"概念并不限于文学的、写下的文本，它有一种普遍性，任何具有文本的性质，可以以一种"文本"的形式用符号记下的活动，也都是文本。例如，历史就可以被看成一个文本。实际上，"文本"成了所有释义学探讨的对象，甚至人类存在的名称。当然，如果从文字本身的含义理解，所谓的文本则是"文学作品之'本'，它以语言文字等符号为媒介，运载作者所要表达的信息"②。而根据英文"text"的意思，它意味着一种"编织"，即一种构成。当然，它也同时意味着一种"可以拆解性"。总之，关于文本的解释是不同的。而本书所谓的"课程文本"，则主要是指由教材、教师和学生等因素共同构成的教学内容和教学活动的客观形态。按照教育社会学的观点和文本理论的解释，课程正是一种非常典型的文本，同时也是一种有自己特点的文本。实际上，在教育学的研究中，已经有专家应用文本理论进行课程和教学的研究。但需要说明的是，将课程作为一种文本进行分析，主要目的是强调课程本身的分析与解读，以

---

① 利科尔.解释学与人文科学 [M].石家庄：河北人民出版社，1987：148-149.需要指出的是，这个翻译本原来的译文是"本文"，但根据有关专家的观点，它应该翻译为"文本"。

② 傅修延.文本学：文本主义文论系统研究 [M].北京：北京大学出版社，2004：1.

及它的建构性。因为，文本的重要含义之一是可解释性，包括它的生成、构成和组织等。这也就是教育社会学对课程进行研究和分析的切入点。

2. 课程文本的特点

根据利科的理论和有关专家的研究成果，结合教育社会学的学科定位，课程文本主要有以下几个方面的特点。

第一，课程文本的独立性。课程文本的意义与构成课程的各种因素，包括具体课文内容的含义、背景、目的以及读者等，并不是完全一致的，甚至与编写课程的作者的本意也是有差别的，因而具有了一种独立的存在和意义。在谈到解释的自主性时，利科曾经这样认为，这种自主性是指文本对于作者的意图、作品的情境和读者的独立性。① 所以，课程文本的自主性指的是，虽然课程的具体内容，或者说，教材中的具体内容来自不同的时代、作者以及不同的具体环境，但是，一旦它们作为课程文本，这些作品的具体或独特因素都不存在了，至少是不重要了，而课程的重点落在了课文本身，其获得了独立的意义，成为一种具有社会实在性的客观事实。这样的定性是非常重要的。它一方面承认与肯定了课程文本的建构性，即它们都是人类在一定的历史条件与环境中创造出来的，具有一定的境遇性；另一方面，这些课程文本一旦成为教育的公共产品，就获得了一定的独立性与客观性，成为一种强有力的知识，体现了课程的科学性与严肃性。这种定性的教育意义是，它并不否认和排除课文中各个部分原来的含义，以及作者的本意，它所强调的是，课程文本的这种自主性，给予了教师讲授和学生学习课程时的新的解释权和赋予它们新的含义的权利，给予了这些课文新的解释空间，同时，这些解释与理解又不能是随意的，而受到一定的客观约束。这一点是课程文本非常重要的基本特点，也是课程文本的基础。

第二，课程文本具有一种开放的意义空间。这一点可以与一般的对话进行比较说明。在一般的对话中，对话的双方和对话内容的意思都是

---

① 利科尔. 解释学与人文科学 [M]. 石家庄：河北人民出版社，1987：169.

十分明确的。而课程文本的教学者与学习者都是未知的和潜在的。而且，教学和学习的具体历史条件也是不确定的。这里，仍然可以借鉴利科的观点进行说明。他认为，不能说"阅读就是通过作品和作者对话，因为读者对书的关系具有完全不同的性质。对话是问题和答案的交换，在作者和读者之间没有这种交换。作者不回答读者，而书把写的行为和读的行为分成了两边，它们之间没有交流。读者缺乏写的行为，作者没有读的行为。所以本文产生了读者和作者的两重缺陷。据此它取代了对话的关系"①。而且，根据利科的观点，文本是没有语境的，"因为消灭了与语境的关系，每一篇本文都可以自由地进入到和其他本文（它们终于取代了生动的谈话所指的环境实在）的关系中。这种本文对于本文的关系，由于我们所说的语境的消除，产生了本文或文学的准语境"②。而且，这种准语境又是一种所谓"想象的"语境。所以，课程文本的具体含义和价值往往是从课程文本与教师和学生的相互关系中产生的，而且具有各种不同的可能性。

第三，课程文本的意义是一种建构。对此，利科曾经这样说道："我们为什么必须'建构'（'construct'）本文的意义？首先，因为它是书写的，处于本文与读者之间不对称关系中，同伴之中的一个表明了两者。……第二个理由在于，本文不仅是某种书写的东西，而且是一部作品，是一个单一的整体。"③根据利科的解释，课程文本也是一种建构。这里所讲的建构并不是指作者的建构，而是指读者，包括教师和学生，对课程文本的建构，而教师和学生之所以具有这种建构的空间和权利，关键在于"文本是一种不再由文本的作者的意向赋予活力的意义的自主空间"。所以，它在失去了原来的那种基本的支持以后，需要重新获得意义和解释，即需要一种新的意义的建构。当然，这种建构的更加重要的意义是课程文本是一个单一的整体。它不能简单地分解成构成这一课程文

---

① 利科尔.解释学与人文科学 [M].石家庄：河北人民出版社，1987：149-150.
② 同① 152.
③ 同① 180.

本的不同部分，或者是各个不同的课文和章节，而是一个能够用几种不同的方式建构的，具有一定的主题的构造物。对整体性而言，重要的并不是它对于部分的优先性，而是它的个体性，即它是有自己的特点和个性的。正如利科所说的那样："单一的整体的概念使人联想到本文亦是一种个体，如同一种动物或一个艺术品一样。"① 因此，这种课程文本为教师的教学与学生的学习提供了十分广阔的创新空间。

在探讨课程文本的意义和特点时，"说明"和"理解"是两种不同的阐释态度和活动方式。在学术史上，"说明"和"理解"历来是相互矛盾和排斥的。根据有关学者的看法，"说明"和"理解"是相对于不同的学科而言的。按照狄尔泰（Wilhelm Dilthy）的说法，由于自然科学所研究的是一种客观存在的对象，而且其首先是一种观察的活动，所以，它所应用的方法是一种"说明"的方法。而社会和人文科学是一种关于人和心灵的学问，它具有非常强烈的主观性和心理上的个别性，因此，这种科学所应用的方法只能是"解释"，即一种理解性的活动。因为，按照狄尔泰的观点，"心灵是心理个别性的领域，每一种精神生产都能够把它自身输送到其中，理解就是这样一种向另一种精神生活的转移"② 。狄尔泰在《论解释学的发展》一文中也十分明确地说道："理解是一种过程，通过这个过程我们根据那些表现精神生活的可以知觉的记号对精神生活有所认识！"③ 这里应该指出的是，"说明"和"理解"的关键的不同在于研究对象：一个是直接表现自身的研究对象，一个是需要通过各种特殊的记号而间接表现自身的研究对象。而对于这些特殊的记号、表现物和证据的研究方法就是理解，而这些记号和表现的个性特征就是书写。但是，文本研究，特别是利科的文本理论正是将对立的说明和理解结合起来了。因为，从以上关于文本的分析中可以比较清楚地看到，这种文本具有直接表现自己和同时作为一种内在的精神生活的特

① 利科尔.解释学与人文科学 [M].石家庄：河北人民出版社，1987：180.

② 同① 153.

③ 同① 154.

殊记号的双重性质。因此，它既可以是一种说明性的活动，同时又是一种理解性的活动。而研究者对于文本的解释和阐述，正是以一种特定的方式表达了他对社会学基本问题——社会结构与个体之间的关系和矛盾——的解决方式。而这一点，对于教育社会学是非常重要的，它也为教育社会学中的课程理论并将课程作为一种特殊的文本进行分析，以及深入研究课程中的社会结构，提供了新的思路。

3. 课程文本与当代课程的理论取向

课程文本的理论和模式，有助于分析和解读课程研究中的批判主义取向和制度主义取向。所谓批判主义的课程取向，指的是那种关注课程在分配人们的社会角色方面所发挥的作用的理论。这种取向的课程研究强调和重视教育的层次化，并且认为教育和课程是影响社会分层的关键因素。在这种取向的课程研究中，大多数研究者又特别强调课程与成就差异和社会地位获取中的不平等现象之间的联系，即课程对于来自不同社会阶层、不同性别、不同家庭背景的人的不公平现象。换句话说，这个取向关注的是课程学习与社会地位之间的关系。当然，这种取向也包括不同的角度。例如，有的理论认为，课程可以用来复制社会的层次结构，那些居于统治地位的阶级、民族、阶层和利益集团等可以用教育和课程来强化他们的统治地位；也有的理论则把研究的重点放在课程与社会分化的关系上，认为不同的课程和专业将引起社会的分化，或者是复制原来的社会结构；还有的理论则认为整个课程结构都是扭曲的，因为它强化了阶级结构，有利于维护过去的传统和统治，而不是现代化；等等。课程研究中的批判主义取向在中国也是比较明显的，许多研究者都非常重视这个取向的研究。

所谓制度主义的课程研究取向，其主要特征是考虑和研究"在更为根本的社会变迁中公共教育如何发挥作用的问题，也就是如何把富于参与性的、平等的人类个体塑造成为基本的社会单位的问题"[①]。根据有关学

---

① 哈里楠. 教育社会学手册 [M]. 上海：华东师范大学出版社，2004：248.

者的观点，这种制度主义取向的课程理论更加重视对于课程内容的研究。它认为，现代教育制度"及其设想中的目标建立在一个大文化的基础之上，它既创造了同时又强调了共同的知识和共享的价值观念。教育为此提供了一个场所。教育除了它的社会分层功能之外，重心是在建立共通的文化认同"①。所以，与批判主义的课程理论不同的是，制度主义的课程理论十分重视教育的规范性功能，强调使所有的人都能够成为现代社会的参与者和公民。而且，这种课程作为现代公共教育体系的重要组成部分，"本质上是要塑造每一个个体，使其理解自己同时把他人当作既有自身利益又能理性地对待自己的人"②。如果说批判主义的课程理论认为课程主要是根据现实的统治阶级的利益和意志而形成的，那么制度主义的课程理论则认为，课程建设的主要根据并不是社会的经济，或者直接的利益诉求，而是整个社会和全球的发展模式。因为，从实际中可以发现，"经济发展或利益的复杂化，或权力利益的局部结构变化都很难预测到教育的扩张和课程的结构"，而且"教育形式和课程结构虽屡有变迁但都是以某种同位结构的方式实现。……课程的发展变化也是一样"，"世界各国在教学课目的设置和课时分配上渐趋一致"。③

这样两种不同的课程理论在基础和功能上是有所不同的，但它们也是有联系的。它们强调的方面不同：一个重视课程的分配功能，一个强调它的整合功能；一个重视它的现实基础，一个强调它的价值取向。因此，它们对于课程研究和实施来说，都是非常重要的。而课程文本理论在一定程度上也体现了两者的辩证统一。因为，按照课程文本的理论模式分析课程时，首先强调的正是它的客观性。虽然课程文本在建构过程中反映了不同的力量，体现了各种不同的利益和意志，但课程文本一旦形成，就失去了过去那种具体的所指，或者说其中的具体内容已经脱离了原来的语境，而成为一种客观的存在。这种客观存在的课程文本可以

---

① 哈里楠.教育社会学手册[M].上海：华东师范大学出版社，2004：253.

② 同① 254.

③ 同① 255.

包含各种不同的解释和意义，具有多种可能性。它具有分配的功能，也具有整合的功能；它既有现实的基础，也包含了未来的价值。从这个意义上说，课程文本体现了内容与形式的统一。当然，课程文本所包含的内容也在一定程度上制约了教师的教学和学生的学习活动。

二、课程文本的结构与建构

课程文本的结构性与建构性及其相互关系十分典型地体现了课程的社会约束。诚然，理解和分析课程文本是一个非常复杂的过程。首先是展示它的基本结构。课程文本的结构往往又是与课程的建构活动联系在一起的。尊重课程文本的社会建构反映了人们按照自己的价值观念和利益取向去选择不同的知识，或者按照某种意识形态对各种知识进行加工、改造、传递和评价，体现了一种知识的再生产与课程文本的一种社会约束。

1.课程文本的建构

课程文本的建构本身是一个非常复杂的活动和过程。它不仅是某一部分群体的建构，而且是社会中不同个体和利益群体的建构，是一个社会不同方面和阶层共同参与的活动和过程，是一个充满矛盾和冲突的活动和过程，是一个不断发展变化的动态的活动和过程，并由此形成了一种客观性的社会实在。这种共同的参与与相互的冲突和协调等，也构成了一种非常强的社会约束。课程文本的这种结构正是教育社会学课程理论分析的内容和对象，也反映了课程的社会学分析与一般课程论分析的不同。

当个人从自己的立场和角度进行这种建构的时候，当各个不同的利益群体和社会阶层都在进行这种社会建构的时候，课程文本就成为一个斗争的场域，也成为一个谈判的场域，一个"讨价还价"和"争权夺利"的场域。特别是在文化成为一种资本，知识成为现代社会非常重要的资源，而且，文化霸权成为一种争夺的对象，成为现代社会权力的象征以后，在教育进入了一个更加民主化的历史阶段以后，在课程文本的社会结构和建构中的矛盾和冲突就表现得更加激烈和尖锐。就现实的课程文本而言，它作为一个完成的形态，往往是不同的利益相关者彼此暂时的妥协、让步和"角斗"的结果。有学者指出，以往教员聚在一起，私下讨论课程改变的时代早已过去。现在，一项课程计划的变更都可能在《纽约时报》的版面，或是在《华尔街日报》的社论上引起讨论。[①] 而且，各种各样的争论表明，"课程问题已不能再藏于象牙塔之中了。无论是好是坏，课程的问题将不再是只由教授委员会来决定。来自各个领域的人物——从董事到捐款的校友、校长及大众媒体——都势必在这场盛会里发出声音"[②]。换句话说，课程已经逐渐由一种比较单纯的学术活动和现象，变成了一种比较复杂的社会活动与现象。而从理论的形态上看，这个过程实际上是一个充满矛盾的过程。因此，在这种课程文本的社会结构中，至少有这样几幅画面。

在课程文本的内容的选择和组织中，首先是不同文化在课程文本中的相互作用和影响的画面。无疑，任何课程的文本，包括它的内容和形式，都体现了一定的文化观念和取向。而不同的文化思潮也总是希望作为国家和社会共有价值和思想的课程文本，能够反映自身文化的要求和特点。当然，这些不同文化对课程文本的要求和影响，以及它们之间的相互作用，往往并不是直接表现出来，而常常是通过不同的课程理论得到体现。例如，有的是从认识论的角度入手，有的则是从存在哲学的视野出发。按照陈伯璋先生的观点，这里有所谓知识取向的课程理论，有实体取向的课程理论，还有价值取向的课程理论。而且，对于课程理论的功能也存在不同的看法：有的认为课程理论是推进课程实际应用和研究课程的指导体系；有的认为课程理论是课程与影响它的各种因素之间的关系的说明；还有的认为课程理论是一种具有创造性的充满智慧的工

---

① Altbach P G，等 .21 世纪美国高等教育：社会、政治、经济的挑战 [M]. 台北：高等教育文化事业有限公司，2003：479.

② 陈伯璋 . 课程研究与教育革新 [M]. 台北：师大书苑，1987.

作，它是讨论课程的方式，是改进和批判概念的体系。^①应该说，它们各自都有一定的道理，而实际的课程则往往是它们的综合体现。没有知识的系统性，脱离实际，以及缺乏一定的价值观念的课程文本是不可想象的。

在课程文本的内容选择和组织过程中，不仅可以发现各种不同文化的痕迹，而且还可以听到不同利益相关者的"声音"。因为，由于知识本身已经成为一种资本，决定和影响着人们的社会地位，所以课程文本中所体现的知识取向和组织方式，实际上都是不同利益的反映和要求。这里有百科全书派的观点——课程应该反映和包含社会中最普遍和最常见的知识，应该体现整个社会共同的文化要求和价值取向；还有要素主义观的声音——课程的内容应该选择这个社会和文化系统中最优秀的部分，而且，只有这些最优秀的知识和文化才应该得到传递和发扬光大；当然还有现实的情况——在某些教材内容的讨论中，来自高等学校的专家和中小学的教师与教研人员便在内容选择上提出了不同的意见。这些都反映了不同利益相关者的分歧和矛盾。任何教材都是各种意见的综合，实际上也是不同利益相关者的意见和观点相互争论和妥协的结果。正是在这种争论、妥协和综合的过程中，不同利益相关者或群体之间的权益在一定程度上得到了协调，各个方面的特点得到了不同的体现，同时也在一定范围内避免了各自的片面性。

在课程文本的内容选择和组织过程中，意识形态与非主流思想观念及各种思潮之间的相互作用和影响，也构成了课程文本中重要的结构性因素。无疑，社会中的主流意识形态将主导学校中课程文本的内容选择与组织，并从根本上规定课程文本中内容选择和组织的标准。但是，社会主流意识形态对课程内容的选择与组织也受到了整个社会各种思想观念和思潮的制约和影响，并且充分考虑了社会其他方面，以及各种思想观念和思潮的可接受性。因为，主流意识形态对课程文本的内容选择与

① 陈伯璋.课程研究与教育革新［M］.台北：师大书苑，1987.

组织的决定必须获得一种普遍性和合法性的地位，它的实现也需要整个社会的"同意"。从占支配地位的阶级与被支配阶级的关系模式的角度进行分析，占支配地位的阶级及其意识形态对课程内容的选择与组织，常常也受到了被支配阶级的制约和影响。它们的主导作用往往也需要获得被支配阶级在一定程度上的"认可"和"同意"才能够真正得到实现。所以，在现实的课程中，常常可以"听到"这些被支配阶级和处于社会边缘地位的各种思潮的"声音"。①

2. 课程文本的结构性

课程文本的内容选择和组织中所反映的结构关系具有一种矛盾或矛盾的不同方面之间相互对立、相互依存和转化的特点，而且，课程文本的分析和解释还可以在动态的传递中得到体现。按照泰勒（Ralph W. Tyler）的观点，任何课程都应该有非常具体和明确的目标，而所有的课程活动都是为实现这个目标而展开的。从这个意义上说，课程的传递过程是一个预定的过程。但实际的课程传递活动和过程是非常复杂的，其中包含了非常大的变数和不确定性，是一个动态的过程。尽管在课程的设计中的确需要一定的目标，但这个目标常常也是不断变化的，是需要根据传递过程的各种因素进行调整的。从动态的角度分析课程文本的结构和内容，至少有三个比较重要的因素。

第一，任何课程文本的结构和构成实际上也是教师与学校和教育管理人员之间相互博弈和磨合的结果，也是他们之间相互争取在课程文本中获得更多权力的互动过程。例如，学校教学管理的领导常常希望有一些比较规范的管理制度和评价标准，而且也总是力求将这些规范和标准贯彻到教学管理中去，进而达到一种对整个教学活动的有效调控。在这个方面，比较常见的就是所谓标准化试题库的建设。然而，恰恰就是这样标准化试题库的建设，往往受到教师的反对，尤其是大学教师和专业

---

① 姜添辉.资本社会中的社会流动与学校体系：批判教育社会学的分析［M］.台北：高等教育文化事业有限公司，2002.详见第五章。

课教师的反对。他们常常认为这样的标准化试题库会扼杀教师在教学活动中的积极性和创造性，以及学生学习过程中的创造性，由此形成了一对矛盾。教学管理人员总是希望所有的教学活动都是可以控制的。而从教师的角度看，教学和课堂则属于他们自己的"领地"，可以而且应该由教师自己进行控制，是不容其他人干预和"染指"的，包括学校的领导和管理人员。如果没有事先通知，贸然进入教师的课堂，则意味着对教师权力的一种"侵犯"。而每一个教师讲的课都是不一样的。正是这样的矛盾和斗争，使得现实的课程活动与过程呈现出非常不确定的现象，并使得其具有不断发展和变化的特点。

第二，任何课程文本的传递过程和活动实际上都是教师与学生之间相互协商和磨合的过程，也是他们之间相互争取在课程传递过程中的权力的矛盾过程。课程文本在一定程度上也反映了教师和学生之间的"契约"关系。研究者发现，在高等教育中，由于学生们日益认识到他们作为客户的权力，他们也对课程提出了要求。从学生的角度，课程变成了合同的文本。[①] 同样，在基础教育中，教师与学生之间的矛盾则表现为教师的价值观念与学生的生活经验之间的冲突，或者是教学过程中成熟原则与适应原则之间的冲突。显然，学生本身的经验无疑是他们成长与发展过程中的一种十分重要的资源，但是学生本身的经验与学校、教师的经验以及教材的资源并不是完全一致的。所以，在课程建设与传递过程中教师和学生的关系将成为影响课程传递活动的一个非常重要的因素。

第三，课程形态的变化也使得课程文本的结构中充满了相互矛盾的关系。在单科课程中，课程文本结构的确定性程度是比较高的，因为，在这种课程中，教师具有比较大的权力，课程认同的基础也是比较专门化的。但在综合课程中，这种权力关系就发生了非常大的变化。按照伯恩斯坦的观点，课程的综合化程度越高，即各种不同知识之间的界限越模糊，以及学校知识与社会日常知识之间的界限越模糊，学生在课堂教

---

① 经济合作与发展组织.重新定义第三级教育［M］.北京：高等教育出版社，2002：75.

学与课程传递中的权力就越大。更加重要的是，这种综合课程的建设同时也改变了传统的学习方式。它不仅注重知识的获得，而且非常强调学习的过程，包括在各种知识的学习中形成对更加一般知识的探索过程。于是，课程的传递就不仅是一个实现预定目标的活动过程，而且也是一个不断发现和形成新的目标的活动过程。当然，这个发现过程的状况、水平和成果是由教师与学生共同决定的。

美国教育学家多尔（William E. Doll）先生在《后现代课程观》中有这样一个观点。他认为，在教育和课程的目标上，"存在着杜威和泰勒价值观的基本差异。杜威认为教育目的来自经验活动的过程之中，学习是活动的产品；泰勒则视教育目的先于经验，学习是特定意图的、指导的和控制的结果——是可测量的"①。这里实际上反映了两种不同课程文本的传递理论：一种是实现式的课程传递理论。它认为，课程的目标是预先选定的，并且是存在于课程传递活动之上，或者是处在这个活动之外的，因而也是非批判性的，对于学习者来说，甚至是神秘的。而另一种则是所谓发现式的课程传递理论。它主张课程目标应该是在学习过程中，由教师和学生共同发现和制定的，这个目标本身就存在于课程传递的活动中间，而且是可以批判和不断变化的。当然，这个过程本身应该是一个充满矛盾的过程，是一个辩证的过程。正是在这个过程中，体现了一种探究的精神，反映了一种民主的精神。

从理论和实践上看，课程文本的结构与建构也反映在关于课程文本的评价中。而且，这种评价中所体现的课程的结构与建构，往往更多地具有一种历史和现实的关系，以及共性与个性的矛盾统一。首先，课程评价的概念本身就是一个不同定义的综合。根据斯塔弗尔比姆（Daniel L. Stufflebeam）的观点，关于课程评价的定义至少有三种，即将课程评价看作测验，看作目标与表现一致程度的确认，看作一种专业的判断。②后来，

---

① 多尔.后现代课程观 [M].北京：教育科学出版社，2000：73.
② 黄政杰.课程评鉴 [M].台北：师大书苑，1987：17.

人们又综合了前面各种概念的优点，形成了新的评价概念，主张课程的评价应该考虑对价值和优点的判断；应该包含对现象的质的描述和量的描述；不仅是为了评定绩效，而且是为了做出决定；同时，它可以是针对个人的，也可以是针对课程方案和行政措施的。且不论定义上的差异，各种课程评价范式本身也是五花八门的。例如，有技术性的范式，有实用性的范式，有批判性的范式，等等。各种范式还包括许多的子范式。[①]实际上，现实的课程评价往往也是各种理论和范式的综合。按照有关专家的意见，课程评价与其说是一种基于某种理论的研究实验工作，不如说是需要综合考虑各方面利益冲突的平衡协调、求得统一的共识与合作的工程，有时甚至需要一点政治上的利益识别与权衡能力。[②]其实，现代课程理论中的制度主义视角也非常重视和强调这种课程文化的普遍性。这种制度主义的观点认为，教育应该为共同的知识和共享的价值观念提供一个场所。而教育除了它的社会分层功能之外，重心是建立共同的文化认同。而且，这种观点认为，直接利益或功能需求对于教育和课程来说是很不准确的预测机制。根据经济发展或利益，或权力利益的局部建构变化，都很难预测到教育的扩张和课程的建构。这种观点还指出，虽然全球的文化形式多种多样，教育和课程也屡有变化，但它们仍然是以某种同位结构的方式实现的。世界各国在教学目的设置和课时分配上渐趋一致。[③]因而，它实际上是一种共性与个性的统一。

从评价的角度看，课程文本的结构与建构同时也是现实与历史的辩证统一。现实中，由于社会和教育中不同利益和派别有各自的观点，根据各种不同的出发点，人们会提出各种不同的课程评价的观点和范式，彼此各执己见，很难说哪一种观点比其他的观点更好。对此，扬在《知

---

① 钟启泉.课程设计基础[M].济南：山东教育出版社，1998.详见第十章.

② 同①403.

③ 哈里楠.教育社会学手册[M].上海：华东师范大学出版社，2004：255.

识与控制》一书的中文版序言中有一段非常重要的论述。他认为，"所有的课程都反映了某些社会群体的利益。然而，如果按照这种简单的方式理解这种观点，那么，我们就不可能以相对于其他课程形式来为某种课程形式的合理性进行辩护，因为它们都必然反映某些社会群体的利益。这种相对主义长期以来一直是知识社会学的一个问题"①。可是，课程评价又不能简单地归结为一种相对主义。从历史的角度看，它也是客观的。这种课程评价的客观性是社会与教育发展的要求，它表现为课程工作者认知上的兴趣与追求在历史上的延续、发展和积累，以及由此所形成的课程评价的内在规律与特点。这种客观的现实和外部表现则是各种不同的课程评价的定义与范式中的同一性，以及它们相互联系、相互综合的基础。扬将它们看作知识的社会起源的两种不同形式。他说道："我发现，在对知识的社会起源进行理论分析时，区分两种特殊的分析方式是非常有用的。第一种方式涉及到所谓认知的兴趣——如研究团体成员中共享的某种理解，这些成员通过知识本身的生产而联系在一起。在学校课程的情况下，这种特殊群体的例子便是科学或历史教师。尽管这并不意味着这种群体的观点可以超越社会变化的挑战，但正是这些特殊的团体使得知识具有了客观性。至于第二种兴趣或利益，涉及意识形态，以及某种知识概念和不同社会群体的权力（或者缺乏权力）的联系。"②所以，课程文本的结构与建构活动实际上也是这种现实基础与历史逻辑的辩证统一。

3. 课程文本的主体际性与反思性

课程文本所具有的结构性与建构性，与一般的结构性和建构性又是不同的。相比较而言，教育社会学关于课程文本的结构性分析往往具有主体际和反思性的特点。

课程文本的主体际特点，体现为课程中所反映的矛盾和相互关系，

①　扬. 知识与控制：教育社会学新探 [M]. 上海：华东师范大学出版社，2002：《知识与控制》中文版序言 2-3.

②　同①《知识与控制》中文版序言 3.

并不仅仅是主观与客观之间的矛盾与关系，而更多地是一种主体与主体之间的矛盾和关系。显然，课程文本的选择、传递和评价等活动反映的绝不仅仅是教师、学生与作为对象的课程的关系，它实际上就是教师、学生和教育管理者等各种利益相关者之间的互动。所以，课程文本中所反映的这种主体际的结构关系，特别是在课堂中所显现出来的主体际关系，往往更多地表现为一种主体际的对话，或者说，课程文本中的结构关系是教育的各种利益相关者之间的话语关系。值得重视的是，这种课程文本中的对话和话语关系具有两个非常重要的特点。第一，这种对话和话语关系具有一种建构的功能，包括对课程内容的建构、对课程传递活动的建构，以及对课程评价的建构。更加重要的是，这种对话和话语的关系，建构了课程活动中各种利益相关者之间相互理解和接受的基础。著名的社会学家哈贝马斯（Jürgen Habermas）在说明商谈伦理学的普遍化原则时，又把它叫作"搭桥原则"。他这样说道："我当然也赋予普遍化原则以一种限定，它排除以独白方式运用这一原则；这一原则只是调节不同参加者之间的讨论论证，它甚至包含对一切有关参加者某时可以参加的实在进行的讨论论证的考虑。"[①]哈贝马斯所强调的相互性，特别是他将这种相互性看作一种对话，以及同时将交往行动与语言结合起来，正反映了课程文本的建构活动的特点。按照薛华先生的观点，这种"相互性，是一切有关参与者的相互承认"[②]。而多尔在批判利奥塔（Jean-Francois Lyotard）的观点时，也是非常明确地认为，"哈贝马斯的对话这一概念能够转变参与者以及所讨论的事物的潜在能量。这种开放的、互动的、共同的会话是构建后现代课程的关键"[③]。所以，课程文本中的主体际结构关系实际上就是教师、学生和其他利益相关者之间的讨论和对话，课程文本也正是在这种讨论和对话中形成的，而课程理论也就是指导和规范这些讨论和对话的重要规则。

---

① 薛华.哈贝马斯的商谈伦理学［M］.沈阳：辽宁教育出版社，1988：15.
② 同①.
③ 多尔.后现代课程观［M］.北京：教育科学出版社，2000：11.

然而，课程活动中的主体际关系，以及体现这种主体际关系的对话和话语，与哈贝马斯的商谈伦理学又是不同的。它并不是一种道德关系中的交往和对话，而是一种文化权力关系中的交往和对话，因此，这种对话和话语关系不是以对话者的权力平等、机会均等为特点的，而是体现了一种不平等的关系，甚至是控制与支配的关系。这也是课程文本中对话与话语的第二个特点，即这种对话和话语所遵循的不是一种简单的"语法规则"，而是一种比较复杂的"文化规则"。这也就是说，规范和决定这种对话和话语的不是单纯语法规则中的概念、判断、推理等原理。在这种文化规则中，支配与反支配、控制与反控制、霸权与反霸权等往往是非常主要的内涵。仅仅按照一般的语法规则理解课程文本结构中的对话与话语，就很难看到其中矛盾关系的实质，也无法真正理解课程文本结构中的对话和话语。其实，扬力求探讨的正是课程文本结构中的这种"文化规则"，而伯恩斯坦在他多卷本的《编码、阶级与控制》中所努力论证的也就是这样一种支配课程活动的"文化规则"。非常遗憾的是，对这种支配和影响课程活动的"文化规则"的了解和研究仍然是一块短板。

课程文本结构的另一个特点是它的反思性。课程文本的建构是一种在对知识的反思过程中的辩证活动。当然，课程文本的建构中包含了反映自然和社会等方面内容的知识系统，体现了一定的主观与客观的关系，但是，课程文本的建构更多地是知识本身的活动，它体现的是一种"知识学"，或者是一种"知识的理解论"。在这种对于知识的反思中，思维的活动在理想和现实之间翱翔，徘徊于知识的本我与对象之间。但是，这种反思并不仅仅是一种精神的活动，它同时是一种实践活动。因为在这种对于知识的反思中，展现出来的是自我本身，是对自我的一种认识，是自我同一性的形成过程。因为，在这种对于自我的反思中，人们看到了自我的自由意志和精神，看到了这种自由意志与精神得以存在和发展的条件，以及它们所受到的限制，它们与这些限制的抗争。当然，在这种反思中，人们同时也看到了自由意志和精神在这种抗争中的胜利的喜悦、沮丧和萎靡不振，以及自我出于各种原因而扭曲、变形，甚至是蜕化，等等。正是在对这些现象的认识过程中，自我对自身有了一定的认识，个体得到了成长，并且建构了自我同一性。也就是在这个意义上，课程文本真正地成为青少年学生认识自己的过程和"通道"。就像多尔所说的那样，"课程不再被视为固定的、先验的'跑道'，而成为达成个人转变的通道"[①]。事实上，当教师和学生等利益相关者共同建构课程文本的时候，这种建构不仅是对课程知识的建构，更是对自我本身的建构。当学生真正地成为课程的主体时，它所包含的意义就在于此。诚然，这种观点与传统意义上所谓课程的本质论是有所不同的，它更多地反映了一种交往论；它与传统意义上的本体论也是不同的，而更多地体现了一种人本主义的生存论；同时，它也能够超越传统意义上的认识论，用一种理解论去建构社会和生存的意义与价值。[②] 这种生存论本身已经拓展和丰富了传统的本体论，这种对话和交往本身就是社会和人的本质，而理解则突破了束缚传统认识论的主观与客观的简单二元对立。所有这些，就是课程反思性的意义和价值。

三、课程文本的主要类型

根据教育社会学的有关理论和课程分析的模式，课程文本可以分成两种基本的类型：一种是单科性的课程文本，另一种是综合性的课程文本。这两种课程文本的分类主要是根据课程文本的建构过程和结构中不同理论和知识之间的关系。如果其中主要是某一种理论和知识发挥作用，或者说，主要是根据单一的理论对课程文本进行解释，并且主要由这一理论决定整个课程文本的性质，那么，它就是单科性的课程文本；如果它是由各种不同理论和知识构成的，解释课程文本的理论也是多方面的，那么它就是综合性的课程文本。

---

① 多尔.后现代课程观 [M].北京：教育科学出版社，2000：6.
② 刘少杰.社会学的语言学转向 [M].社会学研究，1999（4）：89-97.

1. 单科性课程文本

所谓单科性课程文本，在课程系统中比较典型的就是所谓的专业课程，包括物理课程、化学课程、计算机课程、文学课程、历史课程等。按照伯恩斯坦的理论，这种单科性课程的内容与其他课程内容之间的边界是十分清楚的，甚至是泾渭分明的。他认为，如果不同课程内容之间的边界非常清晰，相互之间是彼此独立的，则它们处在一种封闭的联系中，换句话说，"课程这种信息系统的基本结构是通过分类强度的变化而形成的"①。根据这样一种标准，伯恩斯坦又把这种单科性课程文本称为集合类型的课程。当然，这种集合课程可以是某一类知识的集合，也可以是某种身份的集合（即培养某一类人或者某种社会身份的课程）。显然，这里所谓的集合课程正是人们所说的分科课程。这类课程基本上是按照该学科的基本规律和特点进行建构的，学科的规律具有决定性的作用，日常生活的经验和知识是没有价值的，充其量也只是作为理论和学科知识的证明。这种单科性课程文本的特点如下。

第一，在这种课程文本中，教师与学生的关系与地位是不同的。在教学过程中，教师具有完全的主导地位，学生完全处于一种被动学习的地位。因为，在这种单科性的课程文本中，某一种内容与其他内容是完全分开的，或者说，不同学科内容之间的界限是非常清晰的，这样也就形成了一种特定的师生关系。在这种师生关系中，教师往往具有比较大的权力，并形成对整个教学活动的控制。而学生则几乎没有什么对课程的控制和权力。因为，在这种集合或分科课程中，学生学习什么、如何学习等基本上是由教师所掌握和控制的。同时，在这种单科性的课程文本中，由于学校知识与日常生活经验之间的关系和界限也是十分明确的，学校的知识具有一种神秘性，两者之间具有知识等级上的垂直关系。显然，在这种情况下，教师与学生比较，具有更大的控制和权力。所以，在单科性的课程文本中，教师与学生的关系是一种垂直的等级关系，由

---

① 扬.知识与控制：教育社会学新探 [M].上海：华东师范大学出版社，2002：65.

此形成的课程传递的模式也常常是自上而下的。教师拥有非常大的控制权，而学生则往往是比较被动的。正像伯恩斯坦所说的那样，"分类和构架越强，教育的联系就越趋于等级性和例行化，而学生则越受到忽视，几乎没有什么地位和权利"[①]。

　　第二，在这种单科性的课程文本中，学生的学习方式和学习取向也是有其特点的。由于单科性的课程文本体现了某种独立和封闭的知识和理论，以及单一的学科内容，因此，在学习过程中，学生往往只需要记住这些独立和统一的知识与理论，不需要将它们与其他的知识相联系，更不需要去寻求比较普遍的联系与规则。应该说，这种单科性的课程文本的学习对于专门性的人才培养是有意义的。但是它也是有局限性的，因为它对于拓展学生的视野是不利的，不利于引导学生去探讨各个学科的深层结构。同时，由于这样一种限制，教师和学生在教和学活动中将更多地注意和强调获得知识的状态，而不是更加关心建立知识的过程，进而不利于形成一种真正的探索性或者研究性的学习。对此，伯恩斯坦十分明确地说道，"集合编码中学习的基础理论可能是说教性的"[②]。

　　第三，单科性的课程文本与学校的组织结构和互动方式也具有十分密切的关系。根据伯恩斯坦的观点，由于集合课程所体现和包含的权力分配与控制的原则，学校组织也将形成自己的特点。例如，在采用集合编码进行调控的学校或者分科课程中，知识将通过一系列完全分割的科目而得到系统的组织和分配，从而形成一种非常明显的垂直性的等级结构，甚至于形成学校和各个学科中的"寡头式统治"。另外，在集合编码和分科课程中，教师之间的交往常常是垂直的。另一方面，由于在集合编码和分科课程中比较容易形成所谓的"寡头"和学术的霸权，所以，老资格的教师往往与其他学科的同伴具有非常强的水平联系，并且在自己学科中形成非常强的垂直联系，而年轻的教师往往则只有学科内部的

---

① 扬 . 知识与控制：教育社会学新探 [M]. 上海：华东师范大学出版社，2002：74.
② 同①77.

垂直联系，以及形成对这种垂直联系的认同，其与同伴之间的水平联系常常只是非学科方面的交往。除了上述这些特点之外，单科性的课程文本也在课程的评价方面形成了自己的特点。所有这些，都在一定程度上与这种课程文本本身的结构有关，以及与课程文本中不同利益相关者的地位有关。

2. 综合性课程文本

综合性课程文本的特点是，在课程文本的建构中各种不同的理论和知识之间的界限是比较模糊的，由此使得整个课程文本具有了一种比较开放的特点。按照伯恩斯坦关于综合课程的规定和说明，它已经包含了一种文本的含义。因为在他看来，无论是单科性的课程文本，还是综合性的课程文本，实际上并不是完全根据学科划分的，而是按照各种教学内容之间的关系划分的，是作为一种社会的事实而得到规定的。他说道："对于各种内容的相对地位而言并不存在什么内在的东西，而且对于内容之间的联系来说也是如此。不必考虑公众思想的各种形态中是否存在内在逻辑的问题，因为，它们的传递形式，也就是它们的分类和构架，都是社会的事实。"[①] 所以，伯恩斯坦在规定和讨论所谓的整合课程，即综合性课程的时候，并没有从不同学科之间的融合或边界的角度进行考虑和说明，而只是分析不同内容之间的关系和边界。而不同内容之间的关系，恰恰反映了课程文本建构中的不同关系和力量，并由此导致了课堂学习与课程传递过程中权力结构的变化与新的特点，继而引起了学习方式的变革与评价模式的变化。这也正是综合性的课程文本与单科性的课程文本之间的差异。与单科性的课程文本比较，综合性的课程文本的主要特点如下。

第一，综合性的课程文本体现了一种新型的教师与学生之间的关系。不同学科的内容之间界限的清晰与否，实际上直接涉及课程活动中教师和学生的角色规定和相互关系。在综合性的课程文本中，由于课程所包

---

① 扬. 知识与控制：教育社会学新探 [M]. 上海：华东师范大学出版社，2002：63.

含的内容是跨学科的，并且在一定程度上超越了教师作为学科边界的"看守人"的权力，教师对课程的控制和权力则相对小一些，而学生的对课程的控制和权力却要大一些，因为他们在这种课程中，常常具有更大的选择权。这样，不仅教师和学生的角色有了新的含义，他们之间的关系也获得了新的模式。从另外一个角度说，如果这种综合性的课程文本不仅包括学校内部各种知识的整合，而且也包括学校知识与社会中各种日常生活经验等非学校知识之间的整合，或者说，学校知识与各种日常生活经验之间的界限也是模糊的，那么，这种关系也会带来上面所述的变化。因为，如果学校知识与日常生活经验之间的关系和界限是十分明确的，那么，学校的知识具有一种神秘性，两者之间也具有知识等级上的垂直关系。显然，在这种情况下，与学生比较，教师无疑对课程具有更大的控制和权力。而如果两者之间的关系是比较模糊的，那么，由于学生自己的社会生活经验也成为课程的资源，因而，他们在课程和学习中往往具有更大的自主权和控制权，由此也将形成一种新的师生关系。因此，综合性课程的建设实际上是与一种新的师生关系的重建紧密联系在一起的。在综合性的课程文本中，学生则往往具有比较大的控制权，并由此真正能够成为一种学习和成长中的主体，而在课程传递中形成一种比较平等的师生关系。

　　第二，综合性课程文本的建设不仅与教学活动中的师生关系具有非常直接的关系，而且与学校中教师的教学模式和学生的学习取向等方面具有非常高的相关性。这种相关性主要反映在以下几个方面。首先，由于综合性课程文本的整合本身体现了各个方面的知识和力量，以及各种不同的课程资源，这样，为了实现这些不同方面的整合，在课程实施过程中，常常需要探讨和寻求一些表示联系的概念，或者是超越某些具体内容的更加普遍性的理念。这些概念和理念常常反映了更高层次的一般原则。比如，在社会和生物的各种知识之间如果要寻找更加一般性的原则，就必须去探讨和发现体现更高层次的秩序和变革的原则，以及社会的可持续发展的原则和环境保护的原则等。而这些原则也必将对原来存在于分科课程中的社会和生物知识产生新的影响，并且引导教师和学生去探讨各个学科的深层结构，而不仅仅是表层的结构。其次，由于上述的这种变化，教师和学生在教学活动中将不再像过去那样，单纯注意和强调获得知识的状态，而是更加关心建立知识的过程，进而形成一种真正的探索性或者研究性的学习。对此，伯恩斯坦十分明确地说道："整合编码的教育学将更多地强调教学联系中各种认知的方式。……这种对不同认知方式而不是单纯获得知识的状态的强调，不仅能够影响对教育学的重视，而且能够影响学习的基础理论。集合编码中学习的基础理论可能是说教性的，而整合编码中学习的基础理论则具有更多的群体性或者是自我导向的。这种现象的存在，是因为人们对什么叫做有知识具有一个完全不同的概念，而这种现象也反过来使人们对于知识是如何被获得的形成了另一个不同的概念。"[①]

第三，综合性课程文本的建设与学校的组织结构和互动方式也具有十分密切的关系。根据伯恩斯坦的观点，在整合编码和综合性的课程文本中，不同知识之间的边界是比较模糊的，而且强调的是知识的整合，所以权力的分配和调控原则也往往是水平性的。这样，学校内部的管理模式与结构形态无疑会发生比较大的变化。这样，教师之间的交往常常是水平性的，不容易形成所谓的学科"寡头"和学术的霸权。此外，这种综合性的课程文本还与学校中学习与知识的各种评价标准存在着十分密切的关系。显然，由于课程本身的内涵发生了变化，教学活动中的各种关系发生了变化，与这些活动有关的评价方法和标准也必然有所不同。正如伯恩斯坦所说的那样，教育编码"涉及到的变化关系到：知识是否渊博的判断标准，知识是否得到有效传递的标准，知识是否得到有效实现的标准"[②]。而这些标准的变化反过来又将对整个教育教学活动形成非常直接的导向。

---

① 扬.知识与控制：教育社会学新探［M］.上海：华东师范大学出版社，2002：77.
② 同①80.

四、课程文本的意义

将课程作为一种文本进行研究和分析，为认识和研究课程提供了一种新的视角和思路，也为课程的实践提供了新的指导。它的意义主要体现在以下几个方面。

1.课程文本与课程实践

对课程文本的认识与实践，有助于进一步深化课程建设与实践，进而为课程发展提供更大的空间，为课程分析开拓更多的视角与切口。

第一，从课程文本的特点可以看出，课程绝不仅仅是一种知识的单纯集合，它作为一种文本，已经是一种客观的社会存在，它本身已经具有了一种实在性。这种作为客观存在的课程文本一旦形成，便同时也具有了自己独特的含义与内涵，而不只是与某些特定的对象和环境相联系。当然，也正是由于这种课程文本的独立性，它的外延也是非常广泛的，由此形成了非常广泛的意义关联。因为，课程文本不再仅仅是一种与某些特定因素或对象有关的存在，而是一种独立的存在。这样，它就具有了一种与其他各种因素发生联系的可能性，因而具有了形成各种含义与意义的可能性。

第二，教师和学生在课程的讲授和学习过程中，能够更加自觉地发挥自己的主动性，教师与学生的这种主动性也具有了合法性的基础。一方面，它在一定程度上改变了教师的备课方式和教学方式，使教师能够更好地把原文的意思与自己的认识和经验结合起来，这样无疑为教师的主动性和创造性发挥创造了更加好的条件和空间；另一方面，它也在一定程度上丰富和拓展了学生的学习方式和学习空间，而且，它也使得学生能够比较好地根据自己的经验去体会课程的内容与意义。概括地说，这种课程文本的理论和实践，在某种程度上改变了教师、学生与课程之间的关系，使他们从过去那种课程的"奴隶"，而变成了课程的"主人"。

第三，课程文本的形成和出现，从某种意义上说，也改变了学习和教学的性质，即教学和学习的活动都不再仅仅是说明性的活动，而且同时也成为一种理解性的活动；教师、学生与课程文本不仅是一种被动接受的关系，也是一种主动建设的关系。这样，也就形成了一种关于教师、学生在课程教学和学习中各种不同角色的新的解释和认识。这种新的关系的特点是：一方面，课程文本的确对教师和学生形成了一种客观上的制约和限制，教师的教学与学生的学习，都必须根据和依靠课程文本进行，不能随意进行。这样，整个教学与学习活动也具有了一种客观性。从这个意义上说，课程文本的教学和学习是一种说明性的活动，课程文本的理论具有一种本体论的含义。另一方面，课程文本也是人们精神活动的产物，作为一种书写，它也具有符号的特点，这样，它也就为教师的教学与学生的学习提供了一个比较大的空间。当然，它也是需要解释的。从这个意义上说，课程文本又具有了方法论的含义。由此也就建构了课程活动中教师、学生与课程文本之间的新的结构性关系。这里需要进一步说明的是，由于课程文本具有这种特点——既能够表现和反映课程内容中的现实世界，同时也能够表示课程文本本身的世界，所以，在研究和分析课程文本时，既可以关注课程文本内容所表示的对象，研究它们的历史背景与情境关系，同时也可以将它们"搁置"，将课程文本作为一个独立的客观实在或独立的知识文本，并由此进入一个新的世界。也正是由于这样，课程文本才是需要解释和理解的。当然，这种解释和理解，也就突破了课程文本的字面含义，形成了各种不同的新的含义，以及主观与客观的统一。所以，课程文本的研究和分析模式实际上体现了课程研究和分析中说明与理解之间的协调。

应用课程文本的理论模式分析课程，关键还在于给予课程一种新的含义。因为，在这种课程文本理论中，"解释"或者"理解"不仅具有了一种方法论的含义，而且还具有了一种本体论的意义。这里，关键是重新理解文本理论中的"理解"。之所以认为课程文本理论中的理解具有一种本体论的意义，非常重要的一点是，这种课程文本实际上体现了一种新的存在，或者说包含了一种新的存在。而理解正是这种存在的表现方式。显然，对于青少年来说，整个的外部世界都是通过他们所学习的课程文本展现出来的。或者说，课程文本是青少年学生认识和考察这个现实世界的出发点，而且课程文本就是这个外部客观世界对于青少年学生而言的存在方式。海德格尔（Martin Heidegger）强调客观世界是通过各种具体的存在而表现出来的，并且从一种关系、意义和可能性的角度说明这个世界，正反映了个体在面对外部世界时的一种积极的态度。正如他在《存在与时间》中所说的那样，世界本质上是随着此在而展开的。这种所谓此在的基本特征就是筹划自己的可能性，而理解就是展开这种可能性。所以，课程文本的价值和意义就在于它体现了教师和学生在教学和学习过程中不断地建构这个世界，同时也建构他们自己。

2. 课程文本与课程改革

课程文本的理论，对于现实的课程建设和分析是非常重要的，有助于深化认识现代教育中课程的变化和新的挑战，比较好地体现了 21 世纪初基础教育课程改革的方向与特征，并且从课程结构的角度揭示了课程改革的路径、机制和特点，以及其中的困难与挑战。

第一，课程文本的理论比较好地体现了课程改革的基本目标和原则，即改变课程过于注重知识传授的倾向，强调形成积极主动的学习态度，使获得知识与技能的过程成为学会学习和形成正确价值观的过程；改变课程结构过于强调学科本位、科目过多和缺乏整合的现状，通过对基础教育课程门类和课时比例的整体设计，适应不同地区和学生发展的需求，体现课程结构的均衡性、综合性和选择性；改变课程内容繁、难、偏、旧和过于注重书本知识的现状，加强课程内容与学生生活以及现代社会、科技发展的联系，关注学生的学习兴趣和经验，精选终身学习必备的基础知识和技能；改变过于强调接受学习、死记硬背、机械训练的现状，倡导学生主动参与、乐于探究、勤于动手，培养学生搜集和处理信息的能力、获取新知识的能力、分析和解决问题的能力，以及交流与合作的能力；改变过分强调评价的甄别与选拔的功能，发挥评价促进学生发展、教师提高和改进教学实践的功能。课程文本的理论对促进学生的全面发展与创新意识和能力的培养，都是非常有意义的。

第二，课程文本的理论体现了一种新的师生关系，也包含了对教师教学和学生学习的一种新的要求，即教师在教学过程中具有了更多的主动性和创造性，而学生在学习过程中则具有了更多的学习权力。尤其是综合性的课程文本，极大地提升了课程的开放性，促进了课程活动中教师与学生之间精神的交流。它是一个开放的系统，是一个供教师和学生进行创造性活动的平台；更加重要的是，它本身并不是一个完全既定的存在，而是一个可以供教师和学生进行主动建设的空间和领域，或者更加直接地说，它本身就是教师和学生共同创建的存在。特别需要进一步说明的是，这种课程文本实际上体现了一种教师与学生之间互动和交往的新的形态，一种精神活动之间的沟通和交流。按照文本理论关于理解的说明，教师已经不再是单纯地说明课程，学生也不再是背诵和记忆课程，课程尤其是课程所表现出来的各种符号和形态，实际上都是教师和学生自己的精神生活的反映，因此，教学和学习也变成了一种精神生活的相互融合和汇聚。按照比较通俗的语言，则是说教师在教学过程中能够比较好地理解与拓展课程的内容，而学生也能够真正地进行一种理解性的学习。也正是在这样的相互关系中，教师和学生达到了一种相互的理解，而且彼此在这样的理解中使自己得到了一种精神上的提高。这恰恰是照本宣科和死记硬背所不可能达到的教学境界。如果没有教师与学生在课程中真正地参与，这样的理解也同样是不可能的。

第三，这种课程文本的理论也从一定的角度揭示了课程建设中的各种困难与问题。显然，由于课程文本本身是需要解释和理解的，而且这样的解释和理解又可以是不同的，课程本身的含义和实践具有了各种不同的可能，并因此给课程实施带来了各种新的问题。这也正是课程实践中遇到的现实挑战和问题。综合地看，这些新的挑战和问题包括：首先是学生的学科认同问题。课程文本中不同学科之间的界限是模糊的，学校知识与日常社会生活的经验之间的界限也是不清晰的，由此形成了各种不同的解释和理解，所以，学生在学习过程中的学科认同的建立往往比较困难，不容易形成学习中的确定性。其次，由于这种界限的模糊和解释上的多样性，以及在课程实践中的变化，在社会化的过程中，新课程对人的培养的可预见性，往往不容易控制。从教学的角度看，则是各个层次的教育教学目标常常也是比较模糊的。在传统的课程理论中，由于预先设定了课程的内容与目标，整个课程的教学和学习活动都非常明确地指向某种特定目标。但在课程文本中，课程的教学与学习本身也成为一种不断认识和发现的过程，这样，如何把握整个课程实施的方向，便成为对教师和学生的挑战。再次，评价成为一个新的挑战，包括"如何找寻评价的对象和评价的形式，以及在这样的评价中如何确定特殊的权限"①，包括如何确定评价的标准和方式、评价的主体等。因为，在这种新课程中，"我们已经在内容上从封闭走向了开放，在分类界限上从清晰走向了模糊。由此我们可以直接地看到，知识分类中的这种纷乱将导致现存权威结构的纷乱，以及现存特殊的教育同一性和资产概念的纷乱"②；"任何希望改变或削弱分类强度的愿望都将被认为是一种对某人身份的威胁，或者被感觉为有害于神圣性的污染。这里，我们已经看到了抵制教育编码变化的一个原因"③。简单地说，课程文本的理论涉及教育活动和领域中一种价值观念和利益的调整以及权威的变化。而这些问题应该说也是课程文本理论本身所具有的问题。当然，课程文本的理论本身为解决这些问题也提供了一些有价值的启示。结合伯恩斯坦的编码理论可以看到，课程文本的理论要求教师与学生在课程理念上达成更大的共识，具有更加宽阔的眼界和更加宽广的思想基础，进而在知识的传递和评价形式上减少教师之间、学生之间，以及教师与学生之间的差异和分歧。同时必须清楚而有条理地说明课程文本中各种不同的力量和因素，以及被协调的知识之间所具有的连接性质。因为正是这样的连接，教师和学生才能在一起工作。显然，这种要求对教师是一个新的挑战。因为，它要

---

① 　扬．知识与控制：教育社会学新探 [M]．上海：华东师范大学出版社，2002：83.

② 　同① 76.

③ 　同① 71.

求教师具有很强的组织能力、综合能力和推理能力，而且还要能够容忍知识与社会的联系的模糊性，并能够对这种模糊的联系具有一定的驾驭能力，等等。当然，在这种课程文本的建设与实施过程中，适当的组织是非常必要的，包括建立教师和学生的各种协调机制，由此形成一个有效的执行与反馈系统，为课程文本的实施提供一个必要的制度平台，并且开展与协调多元化的课程评价。

建立课程文本的理论和分析模式，体现了教育社会学的基本问题与学科定位。作为一种社会实在，课程文本反映了社会结构的客观制约与个体主动性之间的关系。换句话说，它既要求所有的课程活动尊重课程的客观性，同时要求师生必须发挥自身的主动性与创造性。这也就是课程的社会约束。所以，建立一种课程文本的理论和分析模式，在理论和实践上都是非常有意义的，有可能形成研究和分析课程问题的一个新的角度。

第二节　作为社会互动的教学交往

教学活动是一种社会交往，是一种特殊的社会交往活动，体现了社会交往的一般要求与规律，同时也受到社会交往活动的各种规范的约束。从教学交往的角度分析教学活动，有助于进一步认识教学活动的内在机制与深层次内涵，改善教学活动中的师生关系与提升知识传递的质量。

一、教学交往的主要特点

教学活动是一种典型的社会交往活动，它是在一定的空间和时间中教师与学生彼此之间所进行和发生的相互影响和作用。它具有一般社会交往的意义和属性，也有自己的特点。教学交往的意义与特点主要有以下几个方面。

1. 以知识为媒介

教学交往是以知识为媒介的，教师和学生是在知识的讲授和学习中进行交往的。因此，知识本身的特征往往在一定程度上决定和制约了教学交往的形态与特点。这也是教学交往与以权力为媒介的政治活动、以货币为媒介的商业经济活动中的社会交往的不同之处。所以，在分析和研究教学交往时，应该特别注意特定交往中知识媒介的特点，以及由此形成的师生交往的形态与特点。例如，在不同的课程中，由于课程内容的差异，教师和学生之间的交往形式往往是不同的，特别是不同课程中知识的内容与形态的差异，可以说明和解释在教师和学生交往中出现的各种现象和特点。同时，在教师和学生交往中，双方所具有的地位、主动与被动的关系以及彼此之间权力或者话语权力的大小，往往也与作为他们交往中介的知识的结构与属性有关。如果这些知识完全是课程教材中的内容，那么教师在交往中具有完全的控制和主动地位；而如果在这些知识中包含了学生日常生活的经验，那么，学生在这种交往中的地位和权力，也常常会随着这部分知识的比例和重要性程度而有所不同。所以，对于师生之间的教学交往，具有中介性特点的知识是一个十分重要的研究角度。

2. 初级交往与次级交往的结合

参考一般社会学关于社会交往的理论，教学交往是初级交往与次级交往交织在一起的一种交往活动。其中，学生之间的交往通常是一种初级的社会交往，即一种全面的和非常开放的，同时具有非常强烈的情感色彩的交往活动；而师生之间的交往则是次级交往，即一种彼此之间都有一定限制的，或者仅仅是在某一方面的比较理性的交往活动。在基础教育中，学生与教师之间的交往常常是一种混合性的社会交往。因为在这种交往中，学生对教师的交往是全面的和开放的，而且带有强烈的情感色彩，而教师对学生常常只是有限制地和部分地投入，由此形成了独特的特点和意义。当然，这也是教学交往与其他社会交往不同的地方。

所以，在这种混合性的交往中，教师对学生的了解是比较充分的，而学生对教师的认识常常是比较有限的。认识和理解教学活动中教师与学生之间交往的这种特点是非常重要的。因为，这种交往常常是构成教师的权威性以及教师对教学活动进行有效控制的一个内在基础。如果说，知识的中介可以从一个角度解释和说明教师与学生之间在教学活动中的交往的形式和特点，那么，这种混合性的交往也可以从另一个角度解释教学活动中教师和学生交往的形式与特点。它说明了教师在交往中具有权威和控制地位的另一个条件和原因。而且，一般而言，学生对教师的认识与理解是有限的，学生对教师的议论往往也被认为是对教师的不尊重和不礼貌，甚至教师的办公室对学生而言也是一个比较神秘的场所，如果学生要进入教师的办公室，则必须报告并得到允许。所以，分析教师和学生之间交往的各种不同形式和内涵，这种混合性的交往模式也是一个比较独特的视角。

3. 非规范性的交往

教学交往并不完全是一种规范性的社会交往，它同时具有一种构成性的意义与特点。根据社会交往理论，师生之间的交往并不完全是一种规定性的动作，或者说，并不仅仅是按照某种事先确定的规则进行的交往；它常常是一种具有更多自主性，并且通过这种自主性形成在一定环境中特定交往规则的交往活动。从另外一个角度说，它也是一种描述性的交往活动。例如，在不同的教室与课程中，不同的教师与学生之间的交往方式常常是非常不同的，而且这种交往方式往往与教师个人的风格和学生群体的特点有关。尽管在学校中教师和学生的交往有一些制度和规范，但是在现实环境中，他们的交往常常是非常不同和充满差异的。所以，解释和分析教学交往应该更多地从教师和学生出发，而不应该更多地从某些规范出发。也就是说，应该更多地从描述的角度去研究教师和学生之间的交往，发现各种交往不同的特点和形式，进而发现这些交往中具有统计意义的规律。

二、教学交往的内涵分析

教学交往的内涵是非常丰富的，而不仅是一种关于知识的交往活动，或者是单纯以知识为内涵的交往活动。尽管在学校和教室中教学交往是以知识为中介的，但它的内涵实际上涉及了许多方面。其主要特点包括以下几方面。

1.培养性

师生之间的教学交往具有一种培养性的特点。教学交往的主要功能是教师对青少年学生生活和行为习惯的一种教育和训练。换句话说，教学交往必须体现一种培养性。从教育社会学来看，教学交往的重要目的之一正是力求使青少年学生接受社会的某些规范，形成某些社会所期望的习惯和行为举止等。"培养"这个概念本身就具有养成和塑造的含义。在教育中，"培养"能够更加生动地反映这个概念本身所具有的塑造人的功能与含义。而且，这种培养虽然必须尊重学生身心发展的规律，但它总是通过某种特殊的力量来实现的。这种培养在教学交往中还可以通过各种不同的形态体现出来。例如，它表现为一种秩序，通过这种交往，学校和教室中的每个学生都获得了一个固定的位置，并且不断地被记录、检查和分类，以及划入各种不同的范畴。显然，这样一种秩序化的教学交往，它的功能就在于维护学校教育的秩序，使不同的学生各得其所，使他们的活动根据一定的规则得到安排。它要梳理各种复杂的关系，进而分别地加以整理和规定。当然，这样一种培养性的教学交往还可以表现在对日常生活和学习活动的安排，以及学生对自己的生活和学习作息表的选择和调整上。应该特别说明的是，教学活动的培养性，往往在基础教育中表现得更加突出和明显，而且越是在教育的早期，这一功能就越明显和重要。教学交往中这种培养性的主要功能就是帮助青少年学生形成一种必要的习惯，包括思维和行为的习惯。而这也是社会对教学活动的要求。

2. 价值导向

教学交往也具有一种十分鲜明的价值导向。这也是认识、分析和解释教学交往的内涵的重要思路之一。实际上，教学交往包括各种各样的课程与知识，充分反映了一定的意识形态的要求和民族社会的文化取向。这是客观存在的。这种价值导向一方面表现在教学交往的具体内容中，包括课堂教学中学习的内容与讨论的问题，以及教师对学生的引导；另一方面则突出体现在师生交往的评价中，包括教师对学生的评价，以及学生对教师的期望，等等。在教学交往的价值导向中，非常关键的是道德取向。换句话说，教学交往并不是简单的"给"与"取"，而是一种价值观的培养。在这种教学交往中，教师具有一种楷模与示范的表率性，而不是单纯地知识传授。所谓"学高为师，身正为范"正是这个意义。而学生在这种师生交往中所学到的也不仅仅是知识与能力，更重要的是一种为人的道德规范与社会的文化要求，是一种社会的价值取向和行为规范。这恰恰充分体现了教学活动的社会约束。

3. 规训性

教学交往还显现了一种规训的特点，即权力之间的关系。从表面上看，教学交往常常具有已经规定好的内容，教师和学生只不过是按照规定的内容和程序进行授课和学习而已。但是，教学交往实际上也是教师和学生之间话语权力的相互作用，以及彼此之间的相互控制。为什么在课堂教学中更多地是教师对学生的提问，而学生更多地只是回答？为什么在师生交往中总是教师具有更多的主动性？在课堂教学中学生的文化和经验为什么总是处在一种补充的地位，甚至是没有地位？……所有这些，都不同程度地反映了教学交往中教师对学生的控制，以及教师对整个教学活动的领导。不难发现，在学校与课堂的教学交往中，在教学交往的话语中，所蕴含的正是一种社会与文化权力的关系。

教学交往中的这种规训性反映了教育活动中必要且独特的强制性。这种"强制性"特征体现了教育的内在张力。一方面，学校教育应该给予儿童与青少年学生充分的自由；另一方面，它也必须对学生进行必要的约束。这种强制性在早期的教学交往中格外重要。因为，在学生成长过程中给予某些合理的强制是必要的，如果完全听任他们，其结果只能是种下恶的种子，导致令人惋惜的败坏，甚至把儿童未来的人格置于种种危险之中。[①] 同时，教育对儿童的强制必须旨在帮助儿童将这种外来的意志转变成为自己的意志。正如康德所说的："我们在这里必须注意以下几个方面：（1）从童年开始，应该让儿童在各个方面自由……（2）应该向儿童指出，只有在让别人也能达到目的的情况下，他才能达到自己的目的……（3）必须向儿童表明，对他施加强迫，是为了引导他能够运用他自己的自由，也就是说，之所以对他进行教化，就是使他将来能够自由，即不依赖于他人的呵护。最后一点，是最迟发生的。因为直到后来儿童才认识到，他今后必须自己照顾自己的生计。否则他们会认为，一直会像在父母的家庭里一样，总可以获得吃的和喝的，而自己不需要为此操心。"[②] 赫尔巴特把这种为了儿童的自由发展而实施的强制概括为四种形式。首先是教育的威胁，即不是扑灭儿童的意志并实施教育惩罚，而是向儿童指出他的某一行为方式可能给自己或他人带来的危险。这种威胁不仅要表达出来，同时其效果还必须在对儿童的监督下得到检查。按照赫尔巴特的说法，所谓教育性的惩罚就是通过自然结果，使学生聪明起来的惩罚。[③] 这里的"自然结果"，指的是"让学生自己体会，例如学生玩火被烧痛的经验与教训。所以，这是让学生明白道理的一种惩罚"。其次是管理性的教育监督，即对儿童的行为以及他们与上述危险物打交道的方式方法进行监督。这样的监督并不是以一个规范化的行为结果为取向的，而是要给成长着的一代一个学习处理生活中危险的活动空间。它具有一种不可避免的消极性。再次是技术的爱。这种"爱"不是一种对儿童的消极管理，也不是"成人借以通过爱的取消来寻求控制儿童的行

---

① 赫尔巴特. 普通教育学 [M]. 北京：人民教育出版社，2015：17.

② 本纳. 普通教育学：教育思想和行动基本结构的系统的和问题史的引论 [M]. 上海：华东师范大学出版社，2006：183.

③ 赫尔巴特. 教育学讲授纲要 [M]. 北京：人民教育出版社，2015：10.

为的措施；而是把爱理解为在儿童被成年关系人无动机地认可并感觉到成人的善意之后而对他们表示的一种好感"。最后是权威的管理，这种管理与爱具有可比性。教育权威不允许做出专制的命令，它源于一种认可的辩证法，即教育行动参与者之间权威关系确立的前提是，管理措施只是为了阻止不明智的行为，而不是为了扑灭儿童的意志。确切地说，这些人的权威要在受教育者的信任中得到认可，即受教育者相信管理措施只是为了避免伤害，而不是为了消灭意志。①

强制性是教学交往的必有之义，也是教育基本规律的内在要求。教育的基本难题之一，就是通过教育活动中必要且适当的强制性，来适应儿童与青少年学生的身心发展的规律，进而培养与发展儿童和青少年学生的自由意识与行为能力，促进人的全面而自由的发展。整个教育的目的就是要将社会的外部控制转化为学生的自我控制，这也就是所谓"自由是对必然的认识"的意思。纵观教育的历史，"强制性"与自由发展的关系可以说几乎是所有重要的教育思想家关心的问题。卢梭最早看到了这一基本矛盾。他认为外在的教育会妨碍作为自由人的儿童的自由。于是他主张通过一种无为的"自然教育"来试图克服这一矛盾。但是卢梭的解决方法等于放弃了教育影响，取消了教育。② 这显然是不合适的。而康德则认为人类的行为有两种原因性，即经验或自然的原因性和理性的原因性。其中，每一个起作用的原因都必然有某种性格。这样，人就具有了两种性格，即经验性格和理性性格。前者受自然决定，不是自由的；后者受自身决定，才是自由的。但两者又不可分离。所以，他提出无条件的"绝对命令"，为解决这一问题提供出路。黑格尔把"顺从"看作是"一切明智的开始"，即未成年人对成年人强制性的管理的顺从是必

---

① 赫尔巴特.普通教育学 [M].北京：人民教育出版社，2015：18-20.

② 彭正梅.如何通过强制来培养自由：赫尔巴特《论对世界的审美展示是教育的主要任务》之研究 [J].基础教育，2010（10）：3-8.

要的。^① 当然，这种教育的"顺从"的目的是将它转变为儿童的自觉与自由。杜威更是非常明确地指出，理想的教育目的就是培养自我控制的能力。^② 他认为，"由于民主和现代工业的出现，我们不可能明确地预言 20 年后的文化是什么样子，因此也不能准备儿童去适合某种定型的状况。准备使儿童适应未来生活，那意思便是要使他能管理自己，要训练他能充分和随时运用他的全部能量"^③。中国的孟子则指出："君子深造之以道，欲其自得之也。自得之则居之安，居之安则资之深，资之深则取之左右逢其原。故君子欲其自得之也。"（《孟子·离娄下》）。显然，教育并不能完全否定强制性，合理与成功的教育也并非取消强制性，而是善于将这种强制性转化为人的自律与自由，进而实现人的全面而自由的发展。

三、教学交往的语言分析

教学交往的形式是非常丰富与多样化的。在这些不同的交往形式中，语言的交往是教学交往中最主要和最重要的一种。而围绕教学活动中语言交往的不同内容，其形式也是多种多样的。这些不同的语言交往和互动形式可以分为两种：一种是语言交往的语法规则，另一种是语言交往的文化规则。

1.语言交往的语法规则

所谓语言交往的语法规则，指的是教学活动中语言交往的规则是一种语法的规则，特别是按照形式逻辑的语法规则。这是教学活动中语言交往的一种非常重要和基本的规则，是解释、说明与评价语言交往中各种现象的重要工具。在教学活动里，从比较常见的语言交往中，常常可以发现三种比较正式和规范的语法规则。

---

① 本纳.普通教育学：教育思想和行动基本结构的系统的和问题史的引论 [M].上海：华东师范大学出版社，2006：182.
② 杜威.我们怎样思维·经验与教育 [M].2 版.北京：人民教育出版社，2005：38.
③ 吕达，刘立德，邹海燕.杜威教育文集：第 1 卷 [M].北京：人民教育出版社，2008：7.

一是真实的语言交往规则。按照这种规则，教师的教学和教师与学生的对话必须是真实的，即应该实事求是，而不能虚假和无中生有。教师必须按照这种真实的语言交往规则进行教学，讲授课程并且进行解释和分析；而学生则是按照这种真实性的规则来学习和理解教师的教学。这种语言交往中的真实性是教师和学生之间语言交往的基础。而且，这也是教师和学生对对方和整个教学活动中社会交往的基本承诺。也许有人会说，按照语法的要求，人们只要在形式上符合要求就可以，并不一定要求内容上的真实性。但是，教学活动中的对话和语言交往则必须达到这种真实性的要求。因为，教育教学活动中的形式与内容是统一的，而且在教育教学中形式本身也是一种教学内容。

二是正规的语言交往规则。所谓正规的语言交往规则，指的是教学活动中语言交往应该遵守形式逻辑的基本规则，包括概念的表达应该非常准确，判断作为概念的展开应该是符合种属关系的，而推理也应该非常严格地按照大前提、小前提和结论的顺序进行说明，等等。其他各种更加复杂的语言交往和对话则是这些概念、判断和推理的结合与展开。这种正规的语言交往规则是保证教学互动中社会交往正常进行的重要条件，甚至是维护课堂教学秩序的必要条件。事实证明，如果一个教师在课堂教学互动中的语言表达没有遵循必要的符合形式逻辑的语法规则，那么，这样的课堂教学的秩序必定是混乱的，教学效果也是非常糟糕的。而学生在回答问题和发言中如果不能遵守这样的语法规则，也不能得到教师的认可。这种正规的语言交往规则包括所有形式逻辑的规则和要求，而且这也是分析与评价教学交往的基本思路。

三是真诚的语言交往规则。真诚，意味着教学活动中语言交往是有情感的，是一种富有情感的语言交往。显然，简单句就不宜表达比较丰富的情感。而那些在日常生活和教学活动中情感十分丰富的表达，往往都与比较复杂的句子联系在一起。真诚的语言交往规则更多地表现在语句的结构中，换言之，那些表达情感的语句常常包含了比较丰富的副词、定语和状语等。由此可见，真诚是可以通过语法的变化而表达出来的，并且必须通过语法的变化而表达出来。这也是衡量和分析教学活动中语言交往的真诚性的一个重要规则。

教学活动中语言交往的语法规则对于保证教学交往的秩序与有效性是非常重要和基本的，也是教学活动中语言交往应该自觉遵守的。但是，教学活动中的语言交往又并不仅仅遵守这样的语法规则，它同时还遵循着比较复杂的文化规则。

2. 语言交往的文化规则

从教学活动中语言交往的具体内容入手，同时结合教学活动中语言交往的主体，常常可以进一步发现，影响和制约教学活动中语言交往的规则往往具有一些更加复杂的性质和特点。为什么教师与某些学生的语言交往要多于其他学生？为什么教师与不同学生之间语言交往的方式和内容会存在一定的差异？为什么教学活动中语言交往的内容和形式往往与不同的环境等因素有关？等等。这些，单纯依靠语法规则是很难解释与说明的。它们涉及更加复杂的文化因素，包括不同的社会地位、权力、背景以及价值观念等。这些即是语言交往中文化规则的作用。在现实的教学实践中，这种语言交往的文化规则至少可以表现为以下几种形式。

一是不同话语权条件下的文化规则。教学活动中社会和语言交往中的各种差异和变化，常常受到教师和学生在教学活动中不同的地位和权力的影响和决定。教师和学生的这些权力，不仅由他们各自的社会地位所决定，而且也受到教学内容的影响。在教学交往中，教师通常具有比较大的权力，由此在教学活动的语言交往中获得了比较大的主动性；而学生往往处在这种权力关系的下风，处于被支配的地位。在教学活动的语言交往中，教师和学生的权力关系往往还受到教学内容的影响。根据伯恩斯坦的编码理论，如果教学内容或课程内容是按照一种集合性的方式组织和构成的，或者说，这些内容与其他学科的内容之间具有非常清楚的边界和界限，那么，教师在这种教学活动的语言交往中，往往具有比较大的权力；同时，如果在教学活动中，所涉及的内容仅仅是学校教材的内容，与日常生活的经验缺乏联系，那么，教师在教学活动中也拥有比较大的主动权。但是，如果课程和教学内容的结构具有一种综合性的特点，即其中包含了各种不同的学科知识和理论，而且彼此之间的界限也是非常模糊的，同样，如果其中既有教材的内容，又有日常生活的知识与经验，而且彼此之间也是交织在一起的，那么，由于教师失去了对课程和教学内容的绝对的控制和把握，学生则可能具有比较大的权力和主动性。所以，课程和教学内容的这种差异常常是分析和解释教学活动中语言交往的一个非常重要的角度。

二是不同教学模式和观念影响下的文化规则。思想观念是文化的十分重要的表现和体现。而教学思想对教学活动中语言交往的形式也具有非常大的影响。这种影响非常典型地表现为两种形式：一种是将教学活动看成一种单纯的知识传递的活动和过程，以及由此所形成的语言交往的方式；另一种则是倾向于将教学活动看成一种知识创新或者鼓励学生积极主动学习的活动和过程，以及由此所形成的语言交往的方式。在单纯的知识传递的教学模式中，教师与学生之间的语言交往常常具有以下两个特点：首先是这种语言交往的交往域是相对狭窄的。教师和学生之间的语言交往更多地局限于某一学科和专业，而没有能够超越它们。换句话说，这种教学模式中的语言交往仅仅是就这个学科和专业本身谈论和解释这个学科或专业。在这种语言交往中，教师和学生更多地只是应用这个学科或专业的话语来谈论学科和专业本身。其次，这种形态的语言交往更多地是一种分析性的语言交往。也就是说，整个的语言交往的方法论是一种分析的方法论。从一般的道理上看，这种分析性的语言交往本身是不能增加新的知识的，只是一种单纯的知识的传递。然而，在知识创新和鼓励学生积极主动学习的教学模式中，教师与学生之间的语言交往的特点则恰恰与前者相反。首先，它的交往域往往是比较宽泛的，在讨论某一学科或专业时，教师和学生都会涉及其他各个不同的学科领域。更加重要的是，这种宽泛绝不仅仅是数量或规模的增加，而是超越了单一学科领域的限制。在这种语言交往中，教师和学生往往不是仅仅应用本身的概念和范畴来谈论和解释这一学科和专业，而是广泛地应用了其他学科和专业的知识，包括它们的概念和范畴。其次，由于这种超越性，这种语言交往常常具有一种综合性的特点，是一种综合性的语言交往。更加重要的是，这种综合性的语言交往本身就具有一种创造和增加新知识的特点与功能，因为，它本身就要求在不同学科和领域间建立联系，进而实现知识的创新。

　　这样一种对不同教学思想和观念下的教师与学生之间语言交往形式及其特点的分析，一方面来自经验和观察，另一方面则受到了美国芝加哥大学生物学和教育学教授施瓦布（Joseph J. Schwab）关于教学活动中的两种语言模式的启发，以及同样在芝加哥大学的杰克逊（Philip W. Jackson）关于教学活动中的"模仿模式"与"变化模式"的启发。这里，施瓦布的观点是值得关注的。他认为，学问可以有两种结构：一种是"实词结构"，另一种是"句法结构"。在他看来，"实词结构"指的是学科内容中的概念含义，包括这个概念是用什么样的术语表达的，以及表述什么对象的结构，等等。按照施瓦布自己的说法，这种"实词结构"反映的是学科内容的知识，即构成该学科的知识，或者说它讨论的是学科内容；而所谓的"句法结构"，则是指学科内容中的概念的修辞结构，表示这个概念是用什么修辞和语言进行探究的，或者说，是如何表述这个学科结构的。而且，按照施瓦布的说法，这种句法结构指的是关于学科的知识，是反映这个学科的性质的知识。显然，施瓦布更加重视和强调"句法结构"，因为它体现了一种研究性的教学。[1] 这两种结构之所以体现了不同的语言交往，是因为它们实际上是教学过程中的两种不同的修辞方式。例如，在"实词结构"的修辞中，其知识内容是用从一种话语体系中选择的语言来表达的；而"句法结构"则是指认识与表达该学科知识的修辞学的结构。[2] 而杰克逊所谓的"模仿模式"指的是以知识和能力

---

[1]　佐藤学. 课程与教师 [M]. 北京：教育科学出版社，2003：184-185.
[2]　同[1] 316.

的传授和习得为基本的教学方式，而"变化模式"则是指有助于形成和培养学习者思维的态度与探究方法的教学模式。[①] 显然，在这样不同的教学模式下，教师与学生之间语言交往的形式是不同的。而这些都是与不同的教育教学文化联系在一起的。

四、教学交往的均衡性分析

教学活动中一个非常重要的问题是师生之间或教与学之间的均衡。这种均衡性对教学活动质量与师生在教学活动中的地位具有十分重要的影响，是教育社会学研究的重要课题之一。

1. 教学交往的均衡性

所谓教学交往的均衡性，指的是教学活动中教师作为的过多与过少之间的平衡问题，反映的是教学关系中教师与学生之间共同参与过程中的主动性程度的关系。教学活动并不是单纯的教，而是为了不教，或者是少教，是为了帮助学生获得一种自我学习与自主发展的能力。

著名教育家叶圣陶先生曾经指出，"在课堂里教语文，最终目的在达到'不需要教'，使学生养成这样一种能力，不待老师做，自己能阅读。……因此，一边教，一边要逐渐为'不需要教'打基础"[②]。这里反映了教学关系或教学交往中一个非常重要的均衡原则，即教师在教学交往中对学生的要求、引导和帮助与学生自我学习、理解与领会之间的相互关系。因为，教育的目的恰恰是学生的独立发展，而不是让学生成为教师的附庸，以至于形成了对教师的依赖。这只能是教育的失败。对此，德国教育学家本纳也提出了相似的观点。他认为，在教育活动中有一个基础性的原则，即"主动性要求的原则"。这是一种"关于教育影响的形式与方法的基本论点。对于回答如何影响未成年人才能使他们在教育实践中真正被肯定为主动参与创造自身确定性的主体的问题，这个原则非

---

① 佐藤学.课程与教师 [M].北京：教育科学出版社，2003：323-324.
② 叶圣陶.叶圣陶语文教育论集 [M].北京：教育科学出版社，2021：356.

常重要。在教育上主动性要求的原则不是自我要求，而是他人对主动性的要求"①。所以，教师的教育教学活动，其目的并"不是直接指向受教育者的思维活动或者世界活动，而是试图促成思维和行动着的主体自身的思维与行动及其相互作用"②，即促成学生自己的思维与行动及其相互关系。按照本纳的说法，这种教学交往的原则也可以表述为"既不以反教育观念过高要求尚需教育辅助的人，又不以伪教育观念过低要求已不需要教育帮助的人"③，而实现这个原则的方法与重点则有两个方面："其一是找到对学习者的过高要求和过低要求间的平衡点，其二是把握好逐渐让教育权威转为未成年人的自主性的适当时间。"④这也就是教学交往中的均衡问题，也是教学交往过程中十分重要的基本原则。当然，这个平衡点与时间将随着教育层次与阶段的变化，特别是受教育者年龄与成熟程度的变化而改变。从某种意义上讲，它也是教育体系中学制的一个重要基础，是教育过程中阶段性划分的内在根据。

2.教学交往中实现均衡的规则与形态

教学交往中的均衡受到很多因素的影响，而且体现出一定的内在规律，因而也是教育社会学讨论与研究中十分重要的微观层面。在诸多的研究中，英国教育学家伯恩斯坦关于教学交往的规则与形态的理论，以及德国教育学家本纳关于主动性要求的原则，是非常有启发性的。

第一，阶层性规则。

所谓阶层性规则，是指教学活动中教师与学生之间具有层级关系。这种阶层关系在教学交往中是一种支配性的关系。因为，在任何一种教育关系中，师生之间的关系常常有各种不同特征的存在形态和不同程度的磋商空间。这些磋商行为的基本规则被称为"阶层性规则"。而关于这

①　本纳.普通教育学：教育思想和行动基本结构的系统的和问题史的引论［M］.上海：华东师范大学出版社，2006：97.

②　同①64.

③　同①69.

④　同①69.

些磋商行为的理论，则叫作教学活动中的阶层关系理论。换句话说，它们反映的是学校教学活动中教师与学生之间权力关系的形态与特点。教学交往中的这种阶层性规则是基础性的，它们是建立起教育关系中的秩序、性格和态度的条件，制约了教学中教师与学生之间的其他关系。因为，教师与学生在教育关系中，在学会成为传递者和习得者的历程中，连带地也习得了社会秩序、性格和态度的规则。需要进一步说明的是，这种阶层性规则其实就是一种"规约性"规则，它在整个教学关系中具有主导性的地位。

一般而言，这种阶层性规则又可以分为两种类型。一种是明确的（explicit）规则。所谓明确，指的是在教学关系中教师与学生之间的权力关系是相当清楚的。而且师生之间的权力关联是一种上下区隔明确的关联，进而产生一种非常清晰的主动与被动的关系。另一种是所谓内隐的（implicit）规则，即在这种关联性的权力关系中，教师与学生之间的阶层性关系是模糊的。在一种内隐的阶层性关系中，传递者的身份往往不易辨认，即教师的主导作用是隐形的。因此，内隐的阶层性可以定义为：权力凭借沟通机制而加以隐藏或隐蔽的一种关联性。在这种关联性关系中，教师的行动直接作用于教学活动的脉络中，而间接地作用于学生。

第二，顺序规则（sequencing rules）。

所谓顺序规则，指的是调整和规范各种教学活动先后次序与进程的规则。每种教学实践都有一定的顺序安排。这种顺序规则非常主要的一个含义是教学活动的进度（pacing rules）。这种教学的进度也就是顺序规则，反映了对教师教学以及学生学习的速率，亦即某一段时间内的学习量的基本预期。从另一个角度看，进度就是达成顺序规则所允许的教学时间。

同样，教学活动的顺序规则也有两种类型。首先是明确的规则，即一定年龄的学生应该表现出所预期的特定能力与行为方式。这种明确的顺序规则通常是依据年龄来规约学生的发展，这也意味着学生通常知悉他或她被预期的发展目标。学生可能不喜欢这种状况，但这种状况总是非常清楚明确的。明确的顺序规则建构了学生的时间方案，它建构了时间的分位（dislocation）。这些顺序规则被刻划在教学进度表、课程、行为准则、奖惩规则中，而且常常非常清楚地被写在具体的转换仪式文本中。其次是内隐的规则。学生最初并不清楚他或她学习的时间方案，唯有教师或传递者清楚学生的时间方案。或者说，学生的学习进度是由教师掌握的，而学生自己并不清楚。[①]在内隐的顺序规则中，教师或者传递者必须熟悉各种教学理论，进而能够具有解读学生学习活动中的各种表象、形态即问题的能力，而非专业工作者往往不了解这些表象与形态的含义。在这种内隐的顺序规则中，学生或者学习者可能并不清楚整个顺序及其相关要求，而是处于一种表面上相对比较宽松的状态，但实际上是由教师控制的。

第三，规准规则（criteria rules）。

所谓规准规则，指的是教学交往中学生被预期学会并且应用的对他或她自己和其他人的实践的评价规准。这些评价规准能够让学生知道和了解什么是适当的或不适当的行为与沟通方式。简单地说，它也就是学校教学中的评价标准。

这种规准规则也有两种类型。首先是明确的，即学生应该知道规准是什么，如何适用这些规准；其次是内隐的，即学生所不完全清楚的，因而也常常是多元的或者分散的规准。由于规准是内隐的，因而是模糊的，由此也就创造了一种比较宽松的环境和空间，使得学生能够在一个外在限制条件最少的背景或者体系中，以及他们"自发性"的学习活动能够获得高度支持的社会关系里，创造自己的学习。当然，这也就是一种创新性学习的环境和空间。[②]

---

① 内隐的顺序规则往往与以下理论相关：皮亚杰的理论、弗洛伊德的理论、乔姆斯基的理论、性格结构批判理论以及格式塔心理学等。

② Bernstein B. 教育论述之结构化 [M]. 台北：巨流图书公司，2006：74-80.

五、教学交往的形态分析

教学交往中均衡的规则表现为两种不同的形态：一种是显性的形态，另一种是隐性的形态。[①] 由此产生了教学交往的两种形态：显性的教学交往形态和隐性的教学交往形态。在教育教学中，这两种不同的教学交往形态具有不同的功能和意义。而且，显性与隐性教学交往的差别，能够直接和明显地影响学习内容的选择和组织，影响整个教学的组织形式与师生关系，所以是教学研究中非常重要的研究对象。

1. 显性的教学交往形态

所谓显性的教学交往形态，指的是教学交往中的师生关系是外显的。如上所述，阶层性规则是整个教学交往中居于支配性地位的规约性规则，而顺序规则与规准规则等则是教学交往中的论述性规则（即教学秩序的规则）。如果这些规则都是清晰和明确的，这种教学活动则为显性教学交往形态。这种显性的教学交往形态通常非常强调学生的外在产出，例如，学生的学习表现、作业的完成、考试成绩以及反映其进步的表现与行为，包括这些表现和行为符合规准的程度。而且，在这种显性的教学交往形态中，学生在学习活动中的学习成绩与表现常常成为评价的主要根据。其次，显性的教学交往形态具有非常强的阶层化功能。因为，这种显性的教学交往形态及其相关类型非常容易导致教师与学生，以及学生与学生之间的差异和等级。在这种显性的教学交往形态中，教师的支配性地位是非常清晰的，而学习结果的外在表现也非常容易形成学生之间的差异和分化。当然，在显性的教学交往形态中，由于学生本身对教学实践的论述性规则是非常清楚的，而且这种清晰的论述性规则让他们感到自己的不成熟，因而形成一种生活在过去，并且展望未来的存在感，进而形成对教师的敬畏。

---

① 请参考：Bernstein B. 教育论述之结构化 [M]. 台北：巨流图书公司，2006：81-84；Bernstein B. 阶级、符码与控制 [M]. 台北：联经出版事业股份有限公司，2007：139.

2. 隐性的教学交往形态

所谓隐性的教学交往形态，指的是教学交往中的师生关系是隐蔽的，包括教学活动中的规约性规则和论述性规则都是不清晰的，或者是模糊的，常常隐蔽在日常教学活动的后面，甚至是渗透在宽松的环境中，而不易被分辨。在这种隐性的教学交往形态中，论述性规则只有老师知悉，而学生本身是不清楚的。在这种情况下，对于习得者而言，这种教学交往的形态是不清楚的。学生看到的是目前的状况，并不知道自身学习或成长背后的文化脉络与社会历史背景。从这个意义上说，学生是活在现在和当下的。同时，这种隐性的教学交往不太关注学习者之间明确的阶层性差异，也不太关心学习者在学习活动中的外在表现，以及这些外在表现是否或如何与教学活动的规准或某些共同标准相符合。这种隐性的教学交往实践的焦点，并不是学习者那些可以"等级化"的学习表现或者成绩，而是学习者的内在感受或体验，包括认知、语言、情感与动机等方面的感受与体验。这些感受和体验是所有学习者都能够通过自己的学习而收获的，虽然这些感受和体验也存在一定的差别，甚至也在一定程度上给学习者带来分化，但它们并不反映和代表学习者潜能上的差别，而更多地只是反映类型和取向方面的不同。另外，这种隐性的教学交往实践虽然并不强调和强化教师与学生自己的阶层化和等级化，但这并不意味着没有控制和导向。其中教师的主导作用仍然是存在的，不过学生是看不到或不容易感觉到的。这样能够为学生的个性发展提供比较大的空间与可能性。

3. 教学交往中的主动性

显性与隐性的教学交往反映了一种内在的主动性。这种主动性，指的是教学交往中教师与学生之间相互关系的一种形态。这种主动性要求教师在教学交往中对学生提出一种主动性的要求。正如德国哲学家费希特（Johann G. Fichte）所说的那样，教育的影响应该被理解为"要求主体自由发挥，并且最重要的是对此无法做其他理解"，"要求是影响的本质，被施加影响的理性生物的自由发挥是它的终极目的"。① 在教学交往中，学生的学习并不是直接模仿或按照教师的要求学习，而是能够发挥自身主动性进行学习。因为，受教育者作为学习的主体有两种不同的活动形式：一种是自己既是活动的主体，也是活动的对象；另一种则是仅作为活动的对象，是一个与行动者不同的客体。前者是受教育者的思维活动，后者是受教育者的实践活动。而主动性要求原则不是直接指向受教育者的思维活动或者实践活动，而是试图促成思维和行动着的主体自身的思维与行动及其相互作用。② 教育者在教育影响方面所关心的是，受教育者首先弄清楚自己的愿望（思维活动），然后表达出它（实践活动），并且在两种活动的相互作用中体验到他不必去希望得到别人所想让他得到的，而是可以自主地弄清和表达出他自己的愿望。③ 其中，受教育者的思维活动与实践活动之间相互作用的机制是筹划、反思与体验，即根据过去的思维与实践活动，从以往的经验出发去考虑未来的发展，并且反思自己的行为；同时不断反思与体验着自身的实践活动。这也正是教学交往中主动性要求的目的。如果说心理学的学习理论注重的是学习者与学习对象之间的刺激与反应及其相互作用，那么，教育学的学习理论强调的则是教师对学习者与学习对象之间关系的影响，是对学习者与学习对象之间刺激反应关系的控制，尤其是促进学习者在这个相互关系中的主动性作用。

课程与教学是紧密联系在一起的，是教育活动的社会形态中不可分割的两个方面。课程文本本身就包含了教学交往的内涵，而教学交往也是课程文本的建构与实现途径。

---

① 本纳.普通教育学：教育思想和行动基本结构的系统的和问题史的引论 [M].上海：华东师范大学出版社，2006：59.
② 同① 64.
③ 同① 65.

第 | 七 | 章

学校与班级的社会属性

学校与班级是教育活动的主要机构，也是教育社会学分析研究的主要对象和领域。所谓学校与班级的社会属性，指的是从社会活动的不同存在形态的角度对学校与班级的建设原则、运行机制、互动特点，以及在教育系统中的定位和对教育质量的影响等进行分析与说明。学校与班级的这些因素与功能，都与它们的社会属性直接或间接地有关。质言之，学校是一种具有自身特点的非常典型的社会组织，而班级则更多地属于一种特殊的初级群体。这也是解释学校和班级活动中各种现象的有效的基本理论与分析范式。

第一节　作为社会组织的学校

学校作为培养人的专门与正式机构，具有一种社会组织的形态、结构与特点。学校这种社会组织在人才培养中的角色和作用，以及学校组织本身的类型差异对于不同人才培养的影响，是教育社会学研究的重要领域，也是研究和分析学校这一社会组织的主要意义和目的。由于现代社会的发展和教育地位的提高，学校在人才培养中的作用显得越来越突出和重要。

一、学校组织的性质与类型

学校的特点、运行机制、内在结构与教育功能等，是与学校组织的社会属性联系在一起的。质言之，学校是一个具有自身特点的比较典型的社会组织。这种社会组织的属性制约着学校的内在结构与教育功能，直接影响学校的运行机制，对学校教育的办学模式与教育质量，具有直接的意义。而且，不同类型学校的特点及其对各类人才的培养模式等，也都与学校的社会属性有关。因此，分析和研究学校组织的社会属性，对于分析学校教育活动是非常重要的。

1. 学校组织的内在矛盾

学校组织具有一种非常根本性的内在矛盾。一方面，学校作为一个相对独立的教育机构，需要构建一定的独立空间与适合学生健康成长和全面发展的环境；另一方面，学校教育又必须与社会保持非常明确的联系，它应该尊重社会的要求，考虑社会对各类人才的要求。而且，学习者在学校环境中所获得的经验也需要在不断分化的各个社会领域中得到检验和发展。换言之，学校教育一方面需要与社会相对分离而维护其独立性与系统性，另一方面又必须时刻保持与社会的联系，获得社会的支持，将社会的合理要求转化为符合教育规律的要求。学校教育一方面要帮助学习者学习与获得系统的普遍性的基础知识与经验，为他们的成长发展打下比较坚实的基础；另一方面又不能将学习者的经验局限在课本与教材中，而必须让学习者了解和学习社会的各种经验。一方面，学校教育不得不给予学生的学习成绩一定的评价；另一方面，这些评价又只能是暂时性的。正如黑格尔所说的那样，"对于学校的判断……很少是像人完成了上学那样已经完成了的什么"，"正如学校的工作是一种预演和准备，因此对于学生判断也是一个预判断；像有这样重要的假设一样，任何判断都不是最终的判断"。[①] 所以，"学习者获得或没有获得的成绩不是绝对化的，而是暂时性的标志"[②]。

为此，学校既不能完全按照经济活动的规律而要求一种所谓的投入 - 产出的标准，不能在学校教育中完全引入市场中的竞争规律，也不能简单地按照政治领域中所谓执政与在野的区别对学校人员进行安排与区分。但学校教育又不能完全不考虑办学的经济效益与经费问题，完全无视学校人才培养的效率与办学的成本，以及学校学习中的成功与不成功，等等。如果不能使学生学习与了解社会现实的要求与规范，又怎么能够保证他们适应经济、政治与伦理等方面的要求呢？这是现代学校教育的一个非常内在的矛盾与张力。按照本纳的说法，即"对于机构化的教育行动形式，制度的开放性要求指出了教育实践的现代矛盾，一方面在与其他社会生活分离的场所激发学习成绩，另一方面又使人能经验各种既不能在其他的社会亚系统中传授的，也不能掌握的意义关系"[③]。就这种矛盾与张力来说，学校不仅是一个教育机构，而且必须是一种社会组织，即具有必要的社会属性，由此保证其相对独立性与社会性的协调。

---

① 本纳.普通教育学：教育思想和行动基本结构的系统的和问题史的引论 [M].上海：华东师范大学出版社，2006：169.

② 同①.

③ 同① 165.

2. 学校组织的社会属性

学校组织的社会属性主要表现为功能性、公益性与规范性，这是认识和分析学校组织的基本思路与取向，也是把握学校组织社会属性的基本定位。

第一，功能性。

根据帕森斯的观点，从社会分工的角度来看，学校属于一种模式维护的社会组织，它的功能主要包含两个方面：其一，确保社会系统中的行动者获得和表现出适当的特征，包括适当的动机、需要和角色扮演的技巧等等；其二，处理社会系统中行动者的内部紧张和行动者之间的关系的紧张。帕森斯在《经济与社会》一书中建立了一个社会行动的系统，即非常著名的 AGIL 模式。A、G、I、L 为帕森斯社会行动理论中"适应""目标获取""整合"和"模式维护"四个英文单词的首字母。他认为，它们反映和表现了社会行动的四个不同的子系统，具有不同的功能。所谓"适应"，指的是从环境中获得各种足够的资源，包括各种工具和设备等，然后在整个系统中进行分配的社会经济系统；所谓"目标获取"，指的是在系统目标中确立各种优先顺序，并调动系统的资源以实现这些目标的社会政治系统；所谓"整合"，指的是协调和维持社会系统单位之间的相互关系的法律和宗教系统；而所谓"模式维护"，则指的是传递社会基本价值观念的学校和家庭等系统。因此，学校组织可以通过教育，使人们形成一定的忠诚和义务，认可社会的意识形态的合法性，形成一种内在的认同，进而能够自觉地遵守社会的法律与行为规范，并且承担一定的价值责任，与其他社会系统发生资源的交换。

在帕森斯看来，学校组织的功能正是通过文化传播和知识传递等来维系整个社会的运行。这种模式维护的功能并不妨碍学校组织的创新。而且，学校组织的创新与其功能是一致的。

第二，公益性。

所谓公益性，指的是学校组织在组织目标与受益者上的基本定位，由此可以确定和分析学校组织与其他各种社会组织的差异及其特点。例如，美国社会学家布劳（Peter M. Blau）和斯科特就是根据这种思路把社会组织分成互利性组织、营利性组织、服务性组织和公益性组织。[①]显然，学校属于一种社会公益性组织。这种公益性组织与服务性组织的不同之处在于：服务性组织可以根据顾客的要求和金钱等，提供各种不同的服务，而且，由顾客支付而获得的服务基本上是由当事人自己享受的，具有一定的排他性；公益性组织的基本特点则是，它们所提供的产品和服务不具有排他性，换句话说，整个社会和所有人都可以获得和享受由公益性组织提供的产品和服务，即投资者并不能独占投资所带来的产品和服务。学校正是这样的社会组织。也许有人会认为，学生通过学校教育，不也是可以获得一定的回报吗？但是，根据教育经济学的基本观点，尽管个人在教育上的投资可以获得一定的回报，但它具有很强的外部性或所谓的溢出效应，即整个社会的收益更大。不管是基础教育，还是高等教育，都是这样。教育活动的公益性和学校组织的公益性特征实际上使得学校和教育的管理层次不能太低。但应该指出的是，学校组织的这种公益性并不完全否定学校组织，特别是一些非义务教育学校组织本身的服务性。这两者是不一样的。学校组织的公益性是学校的办学方向，而服务性则涉及的是学校管理中的运行机制与治理模式的问题。

第三，规范性。

把学校作为一种规范性的社会组织，强调的是学校组织的权威基础。按照美籍德裔社会学家艾兹奥尼（Amitai Etzioni）的观点，社会组织的分类应该按照不同组织的权威基础来决定。例如，以暴力为权威基础的社会组织是强制性组织，这些组织以暴力为手段，强迫组织成员服从组织的目标和要求；以经济为权威基础的社会组织则是经济组织，这种组织的基本特点就是以物质和金钱为手段，并通过这些物质和金钱与组织成员进行一定的交换，要求组织成员接受或服从组织的目标和要求；而学校组织的权威基础恰恰只是社会的文化规范，包括社会中的伦理道德和

---

① 陆学艺. 社会学［M］. 北京：知识出版社，1991：114.

价值观念等等，学校组织通过使组织成员接受或认同这些文化规范，而使得组织成员自觉自愿地服从组织的目标和要求。[①] 学校组织的这种特点是十分重要的，因为，组织的不同类型决定了组织对其成员的规约和激励方式。经济组织中的管理和激励模式往往是以金钱为基础的，而规范性的社会组织的管理与激励更多依靠的是建立组织成员对组织目标与文化的认同。而后者恰恰是学校组织中管理和激励的重要基础。现实充分证明，学校本身是一个文化机构。中国传统文化中所谓"君子喻于义"，说的正是这个道理。如果一所学校希望完全通过物质手段来管理和激励教师与学生，则往往是不能成功和持久的。

学校组织还可以有其他社会属性。例如，有人根据社会组织本身结构的紧密程度对社会组织进行分类，并进而把学校组织看成一种松散性的组织。当然，各种不同的学校组织也存在一定的差别，也不能简单地将其划归为某一类组织。需要指出的是，学校的社会属性首先是一种社会组织，这是学校在社会系统中非常基本的定位。学校组织的这三个特点体现了学校组织的教育性，这种教育性说明了学校为谁培养人、培养什么人以及怎样培养人的根本问题。"为谁培养人"决定了学校的组织定位，明确指出了学校与社会各个方面的联系与办学的社会功能；"培养什么人"决定了学校的组织目标，明确了学校组织的发展方向与办学的基本原则；而"怎样培养人"则是非常清晰地指明了学校组织的运行方式与治理机制，包括学校人才培养体系与教育教学计划、评价模式，以及对学校成员的各种角色的要求，等等。这也是学校组织的基本定位。

3. 学校组织的基本类型

学校组织的类型是多种多样的，包括按照层次进行的分类，如幼儿园、小学、中学、大学等等；也有根据学校组织的学科差异进行的分类，如师范大学、综合性大学、工科大学等等；还有参考学校人才培养的目标进行的分类，如普通教育学校与职业教育学校等等。这里主要根据学

---

① 陆学艺.社会学 [M].北京：知识出版社，1991：114.

校的运行方式与管理方式，或者学校内在的交往方式等对学校进行分类，并主要对义务教育学校和非义务教育学校、普通教育学校和专业（职业）教育学校及其特点进行分析。

第一，义务教育的学校组织。

所谓义务教育的学校组织，指的是根据国家义务教育的有关法律规定所建立的学校组织。这种学校组织的目标是由国家规定的，其内部的运行方式、管理方式等，基本上也是被国家所规定的。因此，义务教育的学校组织的基本特点就是规范性。义务教育学校组织中的管理人员和教师等在学校中的工作，实际上是执行国家的公务，是在行使国家和政府的权力。在有些国家中，义务教育学校的教师具有国家公务员的身份，享受国家公务员的各项待遇。同样，义务教育学校的学生也履行学习的义务，不能有任何逃避和放弃。这种规范性还体现在学习内容、培养目标与学校管理等方面。一般而言，义务教育的学校组织通常都是公益性和规范性的组织。

第二，非义务教育的学校组织。

非义务教育的学校组织没有严格的强制性，但学校管理也必须遵循公益性的要求，包括学校的组织成员，尤其是教师与学生等，都必须严格遵守国家的教育法规与各项制度政策，遵循教育的基本规范，体现国家与民族文化的要求，但它们本身的行为方式常常具有较大的自主性，包括学生入学的自主性、教师身份与职业的自主性等等。在这种学校组织中，学校成员与学校组织的关系也具有一种民事关系的性质，由此，人们的行为常常具有某种功利性的特点。教师的任职和学生的上学等，往往具有一种获得回报的动机和愿望。学校成员与学校组织之间的关系，也常常具有一种交换的性质。从某种意义上说，这种非义务教育的学校组织可以是一种服务性的社会组织。也正是由于如此，在这种非义务教育的学校组织中，学校的运行与经费制度往往采取一种成本分担的制度，学生上学要缴纳一定的学费，而对教师通常也采取聘任制度。

第三，普通教育的学校组织。

　　所谓的普通教育，指的是进行一般文化基础知识的教育。它是相对于专门性教育而言的。由于普通教育的内容相对来说比较宽泛，跨度比较大，所以，这种学校组织的结构常常具有一种低宝塔形的特点，即学校组织结构具有纵向跨度比较小、组织结构的层次比较少、横向跨度比较大的特点。因此，在普通教育的学校组织中，纵向的互动比较简单，而横向的互动比较丰富。例如，在中小学的学校组织结构中，校长与教师之间的交往并不存在太多的中间层次，往往就是校长直接到教师，或者仅仅是通过教研室这个简单的中介。相反，学校成员横向的交往和互动常常就比较复杂，也比较频繁。这一特点也在一定程度上决定了这类学校组织的运行和行为方式，并构成了学校组织的管理基础。

　　第四，专业（职业）教育的学校组织。

　　与普通教育的学校组织有所不同的是，专业或职业教育的学校组织是进行比较专门的知识和技能教育的社会组织。由于它们所传授知识的特点，这种学校的组织结构往往具有两个特点：其一，由于专业性的特点，这种学校组织内的信息流动往往具有比较明显的垂直性结构，特别是由于专业之间的差异，学校组织中比较容易形成某种寡头性的交往机制；其二，这种学校组织常常与社会或行业具有非常密切的联系，因而形成了某种外向型的结构性特征。而且，这种外向型的信息流动往往成为学校组织运行的重要机制。

　　上述仅仅是对于一般正规教育中的各种学校组织的类型的基本分析，主要是从这些学校组织的行为方式、交往和互动模式的角度所进行的说明。在现代社会中，除了正规教育中的各种学校组织之外，非正规的教育组织也越来越多，它们的组织结构和类型也越来越复杂。根据有关学者的研究，学校组织通常具有四张不同的"面孔"。它们分别是：第一，真实的面孔（truth model），它的操作性话语是效率和理性；第二，政治的面孔（political model），它的特点是对权力、斗争和冲突充满了兴趣；第三，系统的面孔（systems model），其中，职责是一个基本的特征；第四，无秩序的面孔（snsrchy model），这里，工具和目标之间联系的荒谬和缺乏是非常主要的特点。① 此外，也有的学者从紧密和松散的角度对学校组织进行研究。

4. 学校组织的一般特点

第一，学校组织的目标特征。

学校组织的目标包括它的运行目标、效益目标、功能目标等等。其中最重要的是学校组织的育人目标，即促进学生的全面发展和个性发展。学校组织的主要特点之一，是它的功能目标并不像其他社会组织那样，是脱离或外在于组织成员的，而恰恰是组织成员自身发展的目标。如果把学校组织与一般企业组织进行比较，就可以清楚地看到，一般企业组织的功能目标是生产某种产品和提供某种服务，这些产品和服务主要是为社会和其他社会组织提供的，而不是为这个企业自身提供的。政治组织形成和制定的某种政策，科研组织发明的某种技术和获得的科研成果等等，都是如此。这些组织的产品和服务都是外在于组织本身的。而学校组织则不同，它的功能目标恰恰是学校组织成员自身的发展。所以，学校的学生作为学校组织的基本成员，并不能简单地被看成一种教育的消费者。学校组织最基本的功能目标就是培养人才，就是实现受教育者自身的全面发展。所以，学校组织的功能目标与学校组织成员的目标基本是一致的。学校组织的这种功能目标与其为社会服务的功能并不是矛盾的，而是统一的。

学校组织功能目标的这一基本特点直接影响学校组织的运行和效益，影响学校组织与社会的关系特征，包括学校组织的基本社会功能的实现方式。而且，这种功能目标的特点也是学校组织所具有的自主性的重要依据。因为，根据学校组织这种功能目标的特点，它常常具有比较突出的自组织性。换句话说，学校组织常常具有它自己的行为方式和规范系统，以及它自己的评价标准，等等。人们常常把学校比作"象牙塔"，以"两耳不闻窗外事，一心只读圣贤书"形容学生，正是反映了学校组织的

---

① Tyler W. School organisation: a sociological perspective[M]. London: Croon Helm,1985: 18.

这种特点。而学校在培养人才时容易出现的脱离现实生活和实际的现象，也是与此有关的。正因如此，有的学者提出了教育的本体功能的理论，即学校首先是培养人，然后才是为社会其他方面服务。[①]当然，不同类型学校的目标也是有差异的，而且，学校组织实际追求的目标与正式规定的目标之间，以及它们与学校组织中个人的目标之间也是有差异的，同时，学校组织中教师与学生的目标常常也是不同的。造成这些不同的原因是多方面的。它们都是学校这一社会组织本身的重要内涵。[②]

第二，学校组织成员的特点。

教师和学生是学校组织中的基本成员，他们与一般社会组织成员是有所不同的，在不同类型的学校组织中也各有差异。以义务教育学校组织中的学生为例，他们通常具有以下几个方面的特点。（1）他们作为学校组织的成员，其接受教育通常具有一定的强制性或义务性。他们是根据国家的要求接受教育的，而且，参与学校组织的活动是他们的义务。他们不像其他社会组织成员那样，是根据自己的愿望，或者对组织目标的认同而成为组织成员的。所以，学校组织的目标也就是学生发展的目标。（2）义务教育学校组织的学生具有同质性与异质性相结合的特点。一方面，青少年学生本身由于在年龄、经验、成长和发展过程中所面临的共同问题，以及在学习的要求等方面存在着极大的一致性，所以，他们往往表现出一定的同质性；另一方面，由于义务教育的非选择性入学，青少年学生往往由于家庭背景、文化传统、宗教信仰等不同方面的因素的影响，而又具有一定的异质性，并表现出各种不同的要求和特点，具有各种不同的经验基础和兴趣特征。这也是他们与一般社会组织成员的不同之处。

在分析学校组织成员的构成和特点时，还可以从学校组织中管理人员、教师和学生之间的关系进行说明，也可以从学校组织成员的流动性

---

① 孙喜亭.关于教育功能的思考 [J].北京师范大学学报，1992（6）：1-9.
② 张人杰.西方"学校社会学"研究（下）[J].外国教育资料，1987（5）：8-15.

角度说明它与一般社会组织的差异。但是，学生的定位是其中一个非常重要的问题。显然，青少年学生不能像教师那样行使组织成员的权利与履行必要的义务，他们也不可能像其他组织成员那样能够在学校组织中积极有效地维护自己的权利，监督学校组织的运行。他们更多地是接受学校组织的安排和管理，按照学校组织的要求履行学习的义务。但是，他们的学习又确实是学校组织的基本活动，甚至可以认为学校组织的管理者和教师的活动，也都是为了促进学生的学习活动，是为学生的学习活动服务的。这是一个非常现实的矛盾。这种与教职工的差异并不否定学生作为学校组织基本成员的资格。学生有权利维护自己的权益和监督学校组织的运行。但是，由于青少年学生本身的局限性，他们作为学校组织基本成员的若干权利和义务常常是由他们的父母或其他监护人所承担的。这也就是学校组织必须与青少年学生的父母或监护人建立联系，或者说，成立相关的家长委员会监督学校组织行为的法律依据和社会基础。换言之，学校建立相应的家长委员会等机构参与学校组织的管理，是一种规定动作，也是学校组织建设的重要内容。

第三，学校组织规范的特点。

学校组织与一般社会组织一样，具有一套比较完整的规范和制度系统。通过这些规范和制度，学校组织的各项交往活动和整体运行基本能够保持一种秩序和稳定。但是，学校组织的规范和制度与一般社会组织的规范和制度也是有差别的。这些差别主要体现在两个方面。

首先，学校组织中教师的工作具有比较强的独立性和个别性，或者像有些学者所认为的艺术性，对学生的教育教学也要求"因材施教"以及促进学生的个性发展等等。因此，学校组织的规范常常具有比较大的包容性，在形式上具有比较抽象和模糊的特点。它们不可能像企业和行政管理部门的规范和制度那样严格，也不可能达到比较具体的程度，否则，很容易造成压抑学生的个性发展或教师的创造性等情况。所以，学校组织的规范和各种制度往往是一些比较原则化的规定和要求。其次，学校组织的规范通常具有一种引导性的形式，而不是禁止性的形式。换句话说，学校组织的规范在对青少年学生行为的调整中，更多地是要求他们如何去做，而不是要求不做什么。因为，对于生理和心理仍然不成熟的青少年学生来说，在身心发展的过程中，所需要的更多地是知道如何去做，而不能只知道不能做什么。正如在对待有过失的青少年学生时，教师应该更多地告诉他们怎样做才是正确的，而不能仅仅告知"不许如何"。

需要进一步说明的是，除了正式的组织规范以外，学校组织常常有许多非正式的或者是不成文的、隐性的规范，它们在调整学校组织成员的行为与交往方面往往具有十分重要的作用。这些非正式的规范，一方面与学校的传统和文化有关，另一方面则与教师的职业社会化具有非常密切的关系。按照韦伊克等学者的看法，职业社会化实际上也是教育工作者在职业领域中发展信任逻辑的基础。根据这种职业的信任逻辑，学校教师尽管彼此之间并没有非常密切的联系和交往，但他们都非常清楚学校和教室中的其他人，包括教师和学生在一定的时间中在干什么，以及自己应该如何按照知识的系统和教学的安排从事自己的工作。[①]因此，在分析和解释学校组织中的个人行为，特别是教师的行为时，这种通过职业社会化而形成的职业的信任逻辑是一个十分重要的因素。当然，从另外一个角度说，这种信任逻辑也是教师教育和培训的一个重要内容。

学校组织的规范，也是学校教育中潜在课程的主要内容之一。尽管人们都十分重视学习正规课程表和教学计划中所规定的内容，但是，学生在学校中所获得的知识和教育，特别是他们的某些道德品质与修养等缄默的素质，有相当一部分是通过这些学校中的规章制度，或者这些所谓的潜在课程所得到的。而且，学生思想品德的教育，或者说学生的个性与人生观等道德意识的形成，也与这种由学校的各种规章制度所形成的潜在课程具有十分密切的关系。正是在这里，青少年学生知道了什么

---

① 哈里楠.教育社会学手册［M］.上海：华东师范大学出版社，2004：58.

是正确与错误、恰当与不恰当，了解到了实际行为的道德标准和善恶是非等。

二、学校组织的结构分析

与其他社会组织的结构相比较，学校组织结构最明显和主要的特征是它的二元性。学校组织结构的二元性包括教师与学生之间的二元性，行政与学术之间的二元性，教学与科研之间的二元性，以及正式群体与非正式群体之间的二元性。当然，这些二元性彼此之间并不是完全对立的，它们是相互联系的，甚至是不可分割的。另外，它们之间的互动形态也是多种多样的。这些二元性特征是分析和解释学校组织结构及其特征的基本依据和出发点。

1. 教师与学生之间的二元性

教师和学生是学校组织中两个最基本的群体：一个是文化和知识的传递者，一个是文化和知识的学习者。"教师是社会代表者，学生是社会未成熟者。一句话，教师与学生在社会学特征上几乎完全相背，他们在学校组织中互为异质成员。"[①] 教师和学生之间的这些差异恰恰是相对的。但教师与学生又是学校组织中最基本的成员，而且师生关系也是学校组织中最基本的关系。所以，师生之间的这种二元性成为学校组织基本的结构性特征。

教师与学生之间的这种二元性作为学校组织结构的基本特征，在不同层次的学校中都是存在的，并且直接制约和影响了学校的组织结构。正是由于存在这种二元性，所以，在学校组织中也就存在着结构本位上的差异，即学校组织结构以什么为基础建设与运行的问题：或者是以教师为本位进行建设，或者是以学生为本位进行建设，由此形成的学校组织结构是有所不同的。在高等学校的产生和发展的历史上，有一种大学是根据教师的要求而形成的，另一种则是以学生为基础而形成的。所谓

---

① 鲁洁.教育社会学 [M].北京：人民教育出版社，1990：382.

师生关系的两种本位，在学校组织结构中的体现也正是教师和学生的二元性特征。由于这样的二元性，在学校组织中相应地存在两个不同的标准和尺度：或者按照教师的要求和教的要求衡量学校组织活动和结构的合理性，或者按照学生的学习和发展的要求去衡量和评价学校组织结构和各项活动。学校组织结构的许多特征和制度的形成，都可以从这种教师和学生的二元性及其不同程度去了解和解释。而"以学生为中心"则非常鲜明地反映了现代社会学校结构的时代特征。

2. 行政与学术之间的二元性

所谓的行政与学术之间的二元性，反映和体现的是学校组织结构中两种不同的资源配置原则，即按照行政管理的要求，或者按照学术活动的要求配置学校的各种资源。学校组织的行政结构指的是学校组织中行政权力的分布与安排及其相互之间的关系。这种行政结构的基本特征是根据行政管理部门的秩序与层级关系进行资源配置，它注重的是管理的效率，其工作逻辑和基本规则是下级服从上级。而学校行政结构的集中体现就是学校组织中的行政权力系统，从学校组织的最高领导人到学校班级的班主任都是其成员。诚然，学校组织作为一种公共性的社会组织，建立和拥有一定的行政机构是非常必要的，也是正常的。特别是随着教育的不断发展和学校组织规模的不断扩大，学校组织活动所涉及的因素与变量也越来越多。为了更好地进行协调，必须具有一个比较严密和规范的行政结构以及统一的行政权力。也正是由于学校组织的这个特点，学校组织在一定程度上往往具有某种所谓科层制的特征。

学校组织的学术结构指的是学校组织中学术资源的分布与安排及其相互之间的关系。它是根据学术活动的特点、要求及其规律而形成和建立的，其基本特征是根据各个专业和学科的要求，特别是根据专业和学科的特殊规律进行各种活动。学术结构所注重的是学科性，其工作的逻辑和基本规则是各个专业和学科本身的规律，评价标准是学术的创新与知识的传承。学校组织中学术结构的基本体现之一是学校组织中的职称结构，包括中小学中不同级别的教师，高等学校中不同职称的教师，以及各种学术机构之间的层级关系与彼此之间的合作或竞争关系。

无疑，学校组织中的行政权力和学术权力都具有自己的相对独立性，也都有自身的规律和标准。在学校组织中，行政权力与学术权力之间的二元性主要体现为学校资源配置的不同原则，即或者按照行政权力的要求和规律对学校的资源进行配置，或者是根据学校组织中的学术权力的要求与规律安排学校的各种资源。而且，这两种权力的目标、行使手段、评价标准等也常常是不一样的。同样，一个学校组织的结构特征，包括这个学校组织的某些制度和规范，以及它的某些特定的行为方式，等等，在一定程度上都与学校组织的这种行政权力与学术权力之间的二元性有关。所以，这种二元性是教育社会学分析学校组织的重要思路。

3. 教学与科研之间的二元性

所谓教学与科研的二元性，指的是在学校组织中教学与科学研究之间的某种矛盾和冲突。教学与科研是高等学校组织的两个基本功能。作为学校组织资源配置的两种基本取向，教学活动所要求的是某种均衡的原则，甚至是倾向于扶持与补齐短板；而科学研究活动则要求资源配置的原则和取向是有所为、有所不为，而不能平均分配。无疑，在学校组织中，这样两种取向常常是有所差异和冲突的。

这种教学与科研的二元性，似乎是对立或矛盾的。但在学校组织的运行与发展中，它们是人才培养的两个基本取向。人才培养也是学校科学研究的重要职能。实际上，洪堡（Alexander von Homboldt）先生将科学研究看作大学的基本职能，并不是脱离人才培养而言的，而是将之作为大学高深人才培养的必要途径，尤其是就发展学生探索新知识的能力而言的。所以，这种教学与科研的二元性应该成为提高人才培养质量，特别是发展学生创新能力的内在张力与学术机制。

4. 正式群体与非正式群体之间的二元性

所谓正式群体与非正式群体，指的是根据构成群体的原则和方式而划分的群体种类。正式群体指有一定的规章制度，有既定的目标，有固定的编制和群体规范，成员占据特定的地位并扮演一定的角色的群体。①
而非正式群体指以个人好恶兴趣等为基础自发形成，无固定目标，无成
员之间的地位和角色关系的群体。② 正式群体与非正式群体之间的二元性
也是学校组织结构的特征之一。

　　也许有人会说，在任何社会组织中都有正式群体与非正式群体之间
的矛盾和冲突，为什么单独把它作为学校组织的结构特征呢？这一点恰
恰与学校组织的基本功能联系在一起。因为，学校组织既要为学生提供
一整套正式的教学计划和课程，又要为学生提供一个进行相互交往的场
所；既要通过教师与学生之间的互动和交往，对学生进行教育，又要让
学生们通过他们之间的相互交往，形成相互学习的环境。就正式群体而
言，它所强调的是比较严格的规章制度和理性的互动与交往，注重行为
方式的规范性和统一性；而就非正式群体来说，它所强调的是情感的沟
通和非正式的互动与交往，它的行为方式是比较松散的、非规范性的。
这两种形式都是学生身心发展所需要的，也都是学校组织必要的结构形
式。因此，正式群体与非正式群体的二元性也是分析和解释学校组织中
各种现象和组织行为的重要思路。

　　5. 水平性与垂直性的二元结构

　　水平性与垂直性是学校组织中人们交往的两种非常基本的形态，这
两种交往形态具有不同的功能与特点。所谓水平性的交往形态，指的是
学校组织中人们横向之间的交往，主要是相同层级人员之间的交往，如
教师之间、学生之间或院系所之间的相互交往。所谓垂直性的交往形态，
指的是学校组织中人们纵向之间的交往，主要是不同层级之间的交往形
态，如教师与学生、学术权威与年轻学者以及学校与院系等要素之间的
相互交往。当然，这只是一种理论上的划分，实际中更多地是两种形态
的不同结合。然而，学校组织中的这两种交往形态往往具有非常不同的

---

① 中国大百科全书总编辑委员会《社会学》编辑委员会，中国大百科全书出版社编辑
　部.中国大百科全书：社会学 [M].北京：中国大百科全书出版社，1991：471.
② 同① 472.

功能与特征。它们反映了两种非常不同的知识与信息流动的形式，即横向水平流动与纵向垂直流动。横向流动意味着层级相同的人们的知识和信息之间不断交流碰撞。它有利于知识的创新，但常常出现复杂化、多样化、相互冲突的现象，各种不同的信息和知识也比较容易带来混乱，并由此增加了识别和筛选真伪、善恶与美丑的困难。同时，这种水平性的横向流动与交往并不必然带来真理取代谬误，或者形成真理越辩越明的结果。相反，它有可能由于所谓的自由竞争，而造成某种"劣币驱逐良币"的现象。而纵向流动则有利于形成有序的交往与互动，它一方面能够对多样化的知识和信息进行甄别，区分真伪，去粗取精，从而进行综合和提升，推动知识水平的整体提高；另一方面，通过自上而下的渠道将新知识进行扩散、传播和推广，以带动人类知识水平的整体发展。值得注意的是，这种纵向的知识与信息的流动往往比较容易在学术体系中形成学术寡头，以至于影响知识的创新发展。

在学校组织中，这种知识与信息的二元化的流动是必要的，而且是交替出现的，并由此推动学校的知识创新与学术发展。知识与信息的横向流动能够带来学校组织的活力以及知识与思想的百花齐放的局面；而它们的纵向流动则能够实现对多样化的知识进行整合、提升，从而形成一个具有普遍性的知识或理论范式。需要指出的是，知识或信息的流动形态常常涉及知识与权力的关系。知识自上而下的发展和提升需要知识精英的努力，尤其是伟大的思想家和科学家确定为真理的知识范式；而这些知识范式也需要借助权力体系实现自上而下的普遍推广。而知识的自下而上的发展则给予基层组织或成员更多的自主权与交往的空间，包括促进基层组织之间的相互交流与碰撞。如果说政治权力的组织和运行依赖于信息和知识，那么，信息和知识的两种流动方式也就形成了两种政治组织形式。在学校组织中，这样两种形态的知识交流都是需要的。

在学校组织中，这些二元性的结构特征可以表现为各种不同的具体形态，并影响和决定学校组织中的各种行为方式和现象，进而为分析与说明学校组织的结构性特点提供了一个非常独特的视角。

三、学校组织的文化分析

学校的组织文化反映的是学校组织整体的存在方式。根据文化人类学的观点，区分各种不同的社会组织和群体，特别是比较宏观的社会组织和群体，文化是非常重要的内在标准。换句话说，文化因素是分析和说明各种不同的社会组织，以及一定社会组织中各种现象和组织行为的基础。因此，分析和说明学校组织的特点，区分学校组织与一般社会组织，文化是一个非常重要的角度。当然，人们可以从不同的角度对学校的组织文化进行分析，并形成各种各样的观点与看法。而且，就不同的学校组织来说，其组织文化也是有所不同的。这里，只是从学校组织的物质文化、制度文化和观念文化三个方面进行简要的分析与说明。

1. 学校组织的物质文化

学校组织的物质文化指的是学校组织文化中的实体部分，包括学校的各种物质性的存在和构成，例如学校的自然环境、各种建筑物、操场、教学实验室以及学校中各种象征性的物理存在，甚至也包括学校教室的设计和安排，等等。从日常观察可以发现，有些学校形成了自己的学校建筑风格，在学校环境中安排了一些非常有特色的雕塑和景点；有的学校还利用学校特殊的环境条件，形成一些比较有特点的学校物质文化。另外，学校的校徽和纪念章也是如此。值得注意的是，近年来，在国外的一些中小学中，校园的设计，包括教室的风格等，都已经成为教育改革的一部分。

不同类型的学校、不同层次的学校，以及不同地区的学校和不同时代的学校往往都具有不同形态的物质文化。而且，学校组织中物质文化的差异也反映了这些学校组织的特点与境界，甚至是办学水平的高低。在学校组织物质文化的分析中，有两个方面是值得注意的。第一，学校必须具有一定数量的物质设施，包括一定的校园面积和场地、一定范围的建筑物、一定数量的教学设备等等。在学校的物质文化中，非常重要的是"课本、设施及其他供应；教学、计划、准备所需要的时间；人员的支出，尤其是教工人员的支出；支配与教学有关的其他款项的权力"①。这也是学校物质文化的特点。物质文化的规模与总量也是反映学校物质文化建设的重要方面，它们构成了学校文化建设的基础。第二，学校是如何安排这些资源的，包括它们的适当的位置、相互之间的关系以及彼此的呼应等等，由此呈现出鲜明的学校特色。这里涉及学校的布局与整体设计。其中尤为重要的是学校建筑物与自然环境之间的关系，特别是绿植的培育。一所学校必须有比较精致的绿植与绿化环境。它们不仅具有美化的效果，更重要的是它们具有一种寓意，能够产生教化的功能。所以，学校文化的建设，必须具有必要的物质条件，但具有一定的物质条件和经费投入，不一定就能形成现代化的学校，它还有一个如何安排和布局的问题。所有这些，都能够体现学校组织的物质文化的建设与发展。

大量的研究证明，具体和直接的物质资源与学生的学业成绩并不存在直接的关系，但是，如何使用这些物质资源，换句话说，这些物质资源的管理与应用，则对于学生的成长与学业成绩具有更加直接的影响。这恰恰就是学校的物质文化所具有的教育功能。

2. 学校组织的制度文化

学校组织的制度文化指的是学校文化中的制度部分，包括学校组织中的各种条例或有形的规章制度、行为规范、纪律等，以及学校组织中那些无形的习惯、约定俗成的规范，以及学校在长期办学过程中逐渐形成的传统和风气，等等。从比较宽泛的角度说，各种官方的和民间的制度，都可以包括在内。这些学校组织的制度文化，体现的是学校组织中比较稳定的互动模式和交往关系，反映了学校组织中不同的社会地位和角色特征及其相互关系。性质、传统和特色是研究学校制度文化的主要角度。所谓性质，指的是不同类型和不同层次的学校组织中互动模式和行为规范的不同；所谓传统，指的是学校组织的制度文化中所包含的，一定学校在长期的办学过程中所积累的经验，特别是学校在处理各类事

---

① 　哈里楠. 教育社会学手册［M］. 上海：华东师范大学出版社，2004：63.

情时的某些习惯和常规等，包括特有的一些标准和要求。所谓特色，指的是一定的学校组织与同类学校组织之间在制度文化上的差异，或者在制度文化上所具有的某些特殊性，特别是在互动模式和交往关系上的特点。在研究和分析学校的制度文化时，应该注意以下几个方面。

第一，由于学校组织在结构上存在各种二元性，而且这些二元性也构成了学校组织的内在张力，所以在分析和研究学校组织的制度文化时，应该注意不同学校组织的制度是如何协调这些二元关系，以及如何处理其中的矛盾与冲突的，由此分析和发现不同学校组织中制度文化的特点。

第二，学校组织中制度文化的分析和研究，应该充分关注那些不成文的，体现和反映学校传统、特色与习惯的非正式的制度文化。学校组织是一种具有高度专业性的社会组织，组织成员本身的行为和他们之间的互动，往往具有比较大的自主性。正式制度对教师的行为方式和各种行为规范的约束常常是比较模糊和抽象的，而且往往是对结果的规定，而没有对具体行为过程的要求。而那些习惯和传统却常常能够自主地约束和规范教师的行为，调整和协调各种关系。这也是高水平学校的特征之一。因此，一个学校组织在长期办学过程中逐渐形成的各种习惯和传统，对于这个学校组织的运行是非常重要的，也是这个学校组织的制度文化中的重要组成部分，是学校的宝贵财富。当然，这些习惯和传统有时也会影响学校的改革与发展。

学校组织的制度文化具有非常重要的教育功能，它直接关系到学校中人力资源的效益。首先，这种制度文化涉及人力资源的品质与使用，关系到提高教师工作热情与工作积极性的问题，包括适当与合理的奖励制度、职称制度、职业培训、教师的进修，以及必要的考核等。同时，学校组织中制度文化的另一个重要内容是评价标准。它直接影响了教师的投入状况与学校人才培养的质量，反映了学校的价值取向与追求目标。如何形成有效的制度文化，促进和鼓励教师与学生的学术创新，仍然是一个需要进一步探索的问题。

其次，学校组织的制度文化常常直接影响和规范学校的社会资源。

所谓学校组织的社会资源，指的是学校组织中的人际关系，特别是学校组织中教职工之间的交往与互动。这也是近年来学校教育社会学研究中的一个新的课题。"近期不断涌现的关于学校社会管理工作的研究都表明，在某种情况下教工之间的关系的确会极大地影响课堂教学与学生学业。""有机管理就是要鼓励建立彼此信任的良好社会关系、共同承担责任的机制、集体决策的行为以及共同的价值观念，从而促成变化。当这些活动共同指向学生学业的时候，肯定会引发教学的改进和学业成绩的提高。""因此说，学校社会环境的方方面面，包括共同的价值观、合作、共同决策，构成了教师提高教学质量的社会资源。"①学校组织中的这种社会资源，比较突出地体现在学校组织中教师的职业团体上，包括教师的工会，以及各种学术性的团体。按照有关学者的定义，这种职业团体指的是教师之间的协作与不断的相互学习，以及对于各种教学经验和技术的共享等。当然，这种职业团体也包括具有共同的目标、对学生学业的共同关注，以及反思性教学等。尽管对职业团体与教学和学生学业成绩之间的关系仍然存在不同的看法，但是已经有一些研究论证了它的价值。可以肯定的是，学校组织成员之间的相互信任、共同的期待和彼此的默契等社会资源，的确是学校组织的一种非常重要的社会资本。按照科尔曼的观点，这种学校组织的社会资本可以促成人力资本的生成。"具体到学校的情况，教师之间的社会资本可以增进其知识和技能（就是说其人力资本）、方式（包括提供规范的实验环境、探讨问题的场所以及对取得成绩者给予奖励）。"②

3. 学校组织的观念文化

学校组织的观念文化指的是学校文化中的观念部分，包括学校组织特定的思想意识、价值观念等等。与学校组织的物质文化和制度文化有所不同的是，这些观念文化常常是无形却又无处不在的，并且体现和贯

---

① 哈里楠.教育社会学手册［M］.上海：华东师范大学出版社，2004：66-67.
② 同①69.

穿在学校组织的物质文化与制度文化中。在学校组织中，观念文化比较集中地体现为学校的价值观念，包括什么样的学校是一所好的学校，怎样的教师是一个好教师，什么样的教育教学才是好的教育教学，等等。这是学校文化的指导思想，并且成为学校组织进行各种资源配置的基本原则，构成了评价各种制度文化和物质文化的标准，成为学校组织的物质文化和制度文化的合法性基础。

在学校组织的观念文化中，学校的校风和学风是十分重要的标志，比较集中地体现了一个学校组织的观念文化。"风"作为一个比较形象的比喻，作为一种有方向的东西，比较贴切地反映了学校组织中的价值观念和倾向。因此，学校组织的观念文化恰恰反映了一所学校在建设与发展中的价值取向。所以，学校组织中观念文化的建设说到底也就是学校的校风和学风的建设。学校的风格是学风与校风建设的重要目标，体现了观念文化的较高层次与境界。

值得注意的是，在学校组织的三种不同的文化形态中，观念文化具有特别重要的意义。在学校组织的三种不同的文化形态中，观念文化与学校的使命具有更为密切的关系，并直接影响了学校对人才的培养。而且，这也是学校组织的观念文化与一般社会组织的观念文化的重要差异，以及学校组织文化的重要方面。

4. 学校组织文化的基本功能

学校组织文化的功能是多方面的，其中，最重要的功能是提升人才培养的质量。这种功能主要表现在两个方面。

首先，学校组织文化的价值或功能主要体现在它对学生的影响方面。根据冲突主义的观点，学校教育向学生传递的绝不仅仅是一些单纯的知识和能力，最关键的是一种身份文化。科林斯（Randall Collins）便认为，学校在传递专门性的知识与技能方面的失败并不重要，关键是对于一定的身份文化的传递。这种身份文化对于学生进入一定的社会阶层和团体，是十分必要的。而且，那些专业性的知识，本身也应该被看成一定身份文化的一部分。他十分明确地说道："雇佣者通过教育来选择已经接受了主导身份文化的人；对于那些要进入管理阶层的新成员，教育就是使他们具有精英文化；对低层次的雇员来说，通过教育使他们具有尊敬主导文化的态度，并且尊敬执行这种文化的英才。这就必须证明：1. 学校是否提供了培养英才文化和尊敬英才文化的训练；2. 雇佣者是否把教育作为标志文化特征的手段。"[①] 根据教育与职业的一般关系理论，身份作为人的一种十分重要的社会归属，对人们参与社会是十分重要的。而身份的重要标志之一就在于个人接受教育的程度。[②] 所以，学校组织文化的建设本身就是学校整个教育教学计划与课程的有机组成部分。

其次，学校中的组织文化构成了学校教育活动中十分重要的潜在课程或隐形课程。这种潜在课程是与学校教育中的正式课程相对应的，它包括学校组织的特性、同辈文化、学校气氛与文化、教师的期望、学校中的能力分班等学校组织中所有影响学生学习的因素。对于这种潜在课程，不同的思想流派有不同的解释。有的学者认为，所谓潜在课程，指的是"学生在学校及班级的环境里（包括物质，社会及文化体系），有意或无意中经由团体活动或社会关系，习得'正式课程'所未包含，或是不同，甚至是相反的知识，规范，价值或态度"[③]。而解释学派则认为，它指的是"学生在学校或班级的'生活世界'中，不断与教师或同辈集团产生存在经验的'对话'，而使其对教育环境主动产生意义与价值的解析，并进而扩展其存在的经验。这种经验是在非限定和创造性的情况中展开，不是事先安排好的'有意的学习'"[④]。在社会批判理论看来，这种潜在课程实际上是"将影响或决定'正式课程'内涵和特性所蕴含的价值、规范、态度内化于教学过程中（不论是有意或无意的），而使学生习得这些经验，藉以完成社会化，或将这些经验转化为自我意识的反省、批评，进而产生对现状改进的实践活动，凡此经验的学习称之为'潜在

---

① 张人杰. 国外教育社会学基本文选 [M]. 上海：华东师范大学出版社，1989：56.
② 陆学艺. 社会学 [M]. 北京：知识出版社，1991：167-168.
③ 陈伯璋. 潜在课程研究 [M]. 台北：五南图书出版股份有限公司，1997：7.
④ 同③ 8.

课程'"①。在信息社会中，由于"知识的表达常常通过符号或专门性的术语，而不再是人类日常生活的语言，结果使得知识无法替人类建立起世界观或社会生活的思想前提"；而且，由于过度分工，人们也"无法运用日益扩大的某些知识领域来支持其他的领域"。②由此产生了所谓的"知识抽象化"和"知识专业化"的现象，并使知识与人们出现了一种"疏离"：人们获得的知识越多，越无法了解社会的整体现象，甚至反过来束缚了人们的思想和行为。所以，在现代教育中，这种潜在课程已经越来越受到人们的重视，它对于青少年学生的教育作用也越来越受到人们的关注。

四、学校组织的建构性

学校组织的建设与发展，是一个有目的的、主动建构的过程与产物，而且是一个制度化的建构活动。这种建构性主要体现在两个方面。

1. 学校组织是一种建构的教育环境

学校组织的重要特点之一是它是一种建构的教育环境。杜威曾经非常明确地指出，"学校当然总是明确根据影响其成员的智力的和道德的倾向而塑造的环境典型"③。这也正是学校组织不同于一般环境的特点，即它是一种建构性与组织化的教育环境，而且，是一种根据培养人的目的而建构起来的组织环境。这种学校环境的建构方式常常取决于学校人才培养的目标、学校的类型、学校的层次与特点等等。学校组织环境的差异，将直接影响学校的教育效果和人才培养质量。这种建构性的学校组织环境至少有以下几个含义。

首先，它必须与个体具有某种相关性或连续性。按照杜威的解释，

---

① 陈伯璋.潜在课程研究 [M].台北：五南图书出版股份有限公司，1997：8-9.

② Magee B.Men of ideas: some creators of contemporary philosophy[M].Oxford: Oxford University Press, 1982: 254.

③ 吕达，刘立德，邹海燕.杜威教育文集：第 2 卷 [M].北京：人民教育出版社，2008：23.

一个人的活动跟着事物而变异，这些东西便是他的真环境。①按照教育的基本理论与实践要求，学生成长的这种环境至少包括两个方面：其一是学生成长过程中的社会与自然环境，它们与学生的日常生活密切相关；其二是与学生的心理密切相关的事物，是他们喜欢或者熟悉的东西，这些东西可能并不在他们周围，但同样构成学生成长的环境，如现在的互联网。如果与学生的生活和心理缺乏必要的相关性，即使就在他们眼前，也并不构成教育的环境。

其次，这种教育的环境本身必须体现一定的要求和目的性，是一种人为的建构。杜威区分了设计的环境与偶然的环境。他说道："我们是容许偶然的环境做这个工作，还是为了教育的目的设计环境，有很大的区别。任何环境，除非它已被按照它的教育效果深思熟虑地进行了调节，否则就它的教育影响而论，乃是一个偶然的环境。"②当然，学校组织环境的这种目的性可以是显性的，也可以是隐性的。前者主要体现在各种制度安排上，而后者则更多地沉浸在学校组织的各种活动中，包括学校组织的人际交往与物质文化中。

最后，学校组织的教育环境应该尽可能地体现学校的特点。学校环境的重要特点之一，就在于它的开放性，包括学习空间的开放性、学习与娱乐空间的一体化，以及整体环境的互联互通，等等。这种开放性的教育环境能够体现学校课程的综合性，它本身正是学校教育的一种潜在课程，由此促进学生的综合发展和对外部世界的直接的整体把握。例如，如果学校操场的设计和建设出现某些死角或盲区，往往就使小学生霸凌现象或破坏行为不易被发现。而它的开放性则有助于小学生发现或找到自己的朋友，并得到他们的帮助，促进同伴之间的交流，扩大活动的选择，等等。③

---

① 吕达，刘立德，邹海燕.杜威教育文集：第 2 卷 [M].北京：人民教育出版社，2008：16.

② 同①23.

③ Hayes D. Encyclopedia of primary education[M]. London: David Fulton Publishers, 2009: 158.

在这种建构的学校环境中，人是非常重要的因素，包括学校的领导、教师与学生。他们构成并决定了学校组织环境的基本质量与特点。实际上，重点学校与基础薄弱学校在教育教学质量上的差异，其中非常重要的一个原因就是两类学校的整体环境不同，特别是学校中学生群体环境的差异。重点学校由于其学生群体的整体质量比较高，常常会形成一种十分重要的同辈群体之间相互影响的组织效应。这种通过学生群体所形成的组织环境对于学生成长的意义，在某种程度上甚至比教师更加重要。这也是教育规律的重要体现。

2. 学校组织的社会同构性

所谓学校组织的社会同构性，指的是学校组织的建构，需要参照社会组织的形态与特点。这是由学校的社会功能决定的。学校组织形态与一般社会组织形态的同构性，为学生的社会化提供了有利的基础和条件。不难看出，现代社会的基本特点之一就是组织化程度不断提高。这种组织化程度的提高，一方面反映在现代社会中人与人之间的关系越来越密切，或者说，人们之间的相互依赖性越来越强；另一方面它也表现在社会互动程度的不断提高和互动范围的不断扩大，以及社会互动对有序性的要求不断提高。在这种情况下，学校教育必须形成有利于青少年适应现代社会的教育环境和社会化形式。正如杜威所说的那样，学校组织应该与社会环境的各个因素保持平衡。[①] 这也是学校组织与社会一般组织形态相似或接近的重要原因。这种相似性，一方面表现为结构与形态上的接近或一致性，包括学校组织的作息时间的安排等；另一方面，学校培养的各类人才必须能够适应社会发展与运行的需要，了解一般社会组织的行为规范与职业要求。这也是职业教育与高等教育的学校组织，在社会的同构性方面表现尤为突出的重要原因。在现代社会教育组织的改革与转型中，各种新的教育组织形式也常常与各种新的社会组织形式具有一定的相似性。例如，虚拟学校和虚拟课堂的出现，正是适应了现代信

---

① 杜威.杜威教育论著选 [M].上海：华东师范大学出版社，1981.

息社会组织化形态的变化与发展。所以，这种社会同构性也是理解与建构学校组织的基本参照系。

尽管学校组织与社会组织具有这种结构上的同构性，但它与一般社会组织又是不同的。作为一种建构的教育环境，它如同杜威所说的那样，只是一个简化的环境和一个纯化的环境，是一种符合教育规律的社会环境。这种建构有三个原则。首先是简化原则。由于学生缺乏参与社会生活的丰富经验，也不能理解其中的复杂性，所以，学校组织环境不能完全模仿和参照社会的环境，而应该"把它分成许多部分，逐步地、分层次一部分一部分地吸收"①。如果什么东西都放在学校里，其结果只能是一团混乱，以至于让学生无所适从。为此，"我们称做学校的社会机构的首要职责就在于提供一个简化的环境。选择相当基本并能为青少年反应的种种特征。然后建立一个循序渐进的秩序，利用先学会的因素作为领会比较复杂的因素的手段"②。

其次是排除原则，即尽力排除现实环境中的各种丑陋现象，建立一个净化的环境。因为，学校的责任并不是把社会的全部东西都传递下去，而是需要通过必要的优化，构建一个适合学生成长的环境，包括对民族传统文化进行创造性转化和创新性发展，选择其中优秀的文化遗产。所以，"学校有责任从环境中排除它所提供的这些坏东西，从而尽其所能抵制它们在通常社会环境中的影响"③。学校的环境应该是社会中最好的东西的汇集，应该体现教育的目的。

最后是平衡原则，即平衡社会环境中的不同成分，尽可能地使每一个学生都能够有机会分享不同文化的营养，并避免受到他或她所在社会群体或文化的限制，进而能够与更加丰富和恢宏的社会环境发生一种充满生气的联系。由此，让学生从小就能够认识和理解其他的文化，尊重

---

① 吕达，刘立德，邹海燕.杜威教育文集：第 2 卷 [M].北京：人民教育出版社，2008：24.
② 同①.
③ 同①.

差异和不同的风俗习惯，进而形成一种比较包容开放的文化意识。

3. 学校组织环境的交往功能

为学生提供进行交往和相互学习的场所和环境，是学校组织建构的重要取向与任务，这种相互交往也是学生发展的重要途径。从某种意义上说，学生在学校中的各种交往和相互学习对青少年学生成长和身心发展所起的作用是学校的各种正规课程和教学计划不能替代的。有时，它们往往是更为重要的。特别是对于青少年学生的社会性能力的培养和各种社会角色的学习，学校中学生之间的交往和相互学习常常可以起到更大的作用。正是由于这样，不少学校已经开始用一种包括所谓潜在课程和各种交往活动等在内的"教育计划"取代过去仅仅包括正规课程体系的教学计划，从而更自觉地利用它们对青少年学生进行教育。实际上，一所学校的好坏，教育教学质量的高低，常常与这些学生之间的交往和相互学习有关。因为，优秀学生之间的交往和相互学习可以彼此促进，并通过良好的学校风气影响学生的成长和发展；而所谓差生之间的交往却常常可能产生负面的影响。所谓"近朱者赤，近墨者黑"，就是这个道理。社会化理论强调同伴群体的作用，也可以说明这个问题。不少家长之所以希望把自己的孩子送到好学校去，在一定程度上正是出于这个理由。

当前在中小学教育中出现的一些问题，特别是青少年思想道德发展和社会性能力发展方面存在的问题，尽管与多方面的因素有关，但也在一定程度上反映了人们在学校功能认识上的误区，即把学校仅仅看作传授科学知识的地方和组织。实际上，学校组织的功能不仅是传授科学文化知识，还应该为青少年学生的交往提供适当的环境和条件。只有这样，学校才能满足学生多方面发展的要求，为社会培养全面发展的人才。根据青少年发展心理学的理论，中小学生的需求是多方面的，绝不仅仅是对学习知识的需求，而更多地则是心理上的需求，如好奇心的满足、情感的满足。其中有些可以通过课堂教学达到满足，而有些则必须通过与同伴之间的交往来满足。特别是独生子女，在家庭以及居住环境中没有多少交往，其渴望交友的需要应该在学校里得到满足，即通过在一个非常宽松、没有约束的环境中与同伴之间的交往来实现。学校环境中学生同伴之间的交往活动，对于学生的社会化过程及健康人格的形成是非常重要的。他们正是在相互交往的过程中，相互影响，相互学习。因此，建设一个有利于学生交往和相互学习的良好环境，恰恰是学校组织一个很重要的功能。实际上，少年儿童的成长有一个比较特殊的方面，即他们生活在两个世界中：一个是成人的世界，包括他们的父母、老师以及其他的长辈和成人；另一个是他们自己的世界，包括他们的同伴、同龄人或朋友。这两个世界同时影响着他们的成长和生活。在成人世界中生活，孩子们受到很多约束，更多是来自外部的要求和压力。他们背负着某种情感的"债务"，需要对教师或父母做出某种长期的承诺，而过分的要求和过大的压力，则可能造成压抑甚至引起某种反抗。而在孩子们自己的世界中，交往伙伴的年龄、成熟程度及经验相差不大，他们具有共同的成长需求、愿望与语言，因此交往中没有任何负担，他们可以很自由地展示自己，很轻松地对待自己在交往中的错误，学习各种角色的扮演，更好地学习和适应与各种不同的人打交道，比较自由地进行态度、判断力和批判性思维的训练，并做出自己的选择。

学生在学校中的各种交往和相互学习，对其身心发展所起的作用是学校的各种正规课程和教学计划不能代替的。学生心理发展的这种需求，要求学校在抓好课堂教学和管理的同时，能够为学生建设一个比较优美的学校环境，形成良好的校风，为学生提供必要的时间和空间，让学生通过自由、轻松的交往来学习和实践，了解他人和自己，了解社会对人的要求；通过相互教育和自我教育，不断调整自己的行为，从而培养自己的社会意识、法律意识、道德责任感及社会适应能力。这种间接地引导和帮助学生成长的方式，要比仅仅由教师教学生如何去做更有效果，更加符合教育规律，符合少年儿童成长的规律。

一所学校的好坏，教育教学质量的高低，常常与学生之间的交往和互相学习有关。学生社会化中的某些内容，有些是教师力所不及的，必须让学生通过与同伴之间的交往去实践、去自己发展。这种自由并不是一种放任，它需要一种环境的约束与规范，这也是学校设计和营造这种宽松环境的目的。但有些学校往往忽视了这方面的功能和作用，认为其无足轻重，这是学校工作中的一个误区。不重视学校这方面的功能和作用，就是放弃了学校教育的一个重要部分，它不仅影响学生的社会性发展，而且会直接或间接地影响其认知方面的发展。中国著名教育家夏丏尊先生曾经说道："学校教育给我们的好处不但只是灌输知识，最大的好处恐怕还在于给予我们求友的机会上。这好处我到了离学校以后才知道，这几年更确切地体会到，深悔当时毫不自觉，马马虎虎地过去了。"[①]更重要的是，学校组织的这种功能实际上也是学校落实立德树人根本任务与开展素质教育的一个非常重要的途径和形式。

五、学校组织的理论探索

学校组织的理论研究是一个非常复杂的领域，其内部的运行机制甚至被看成一个"黑箱"。试图建立比较合理的学校组织理论，进而有效地解释与分析学校组织的活动及其对学校办学质量与学生发展的影响，一直是学校组织理论的不懈探索。在这些探索中，学校组织与学生学业发展之间的关系，则是十分核心的话题。

1. 投入－产出模式

所谓投入－产出模式，是将学校组织的运行机制看成一个单纯的投入－产出的过程。这种模式的特点是按照一种简单的线性思维的方式，把教育教学过程中的投入与学生的学业成绩十分简单地联系起来，而没有仔细考虑这个过程是如何发生的，没有认真地研究这种投入是如何通过学校教育教学的影响，而转化为学生的学业成绩的。当然，投入对学生的学业发展是重要的，但是它们并不是一种简单的线性关系。有人甚至提出，如果考虑学生的家庭背景等因素，学校的投入对学生学业成绩

---

① 蔡元培，邓九平．赤竹心曲[M]．北京：北京师范大学出版社，1997：377.

的影响甚至是微不足道的，也不存在直接的影响。

2. 层次区分理论

所谓层次区分理论，指的是学校组织中存在比较复杂的层次结构，教育投入是通过这些不同的层次而发生作用的，单纯的教育投入不足以说明学生的学业发展。由此，这种理论也就从单纯的投入－产出，转变为"投入—教师的教学行为等—学业发展"这样一种新的研究思路。显然，这个理论模式开始注意研究学校组织的内部因素对学生学习成绩的影响，特别是教师的作用。换言之，各种教育资源的投入，包括时间、材料、技能等，常常是通过不同的教师和课程，包括学校的组织结构和过程、学校内部的领导、教育者之间的合作与效能、学校的教育目标、对学生的学业期望，以及学校的其他组织条件，而影响学生的发展的。这种学校组织的层次区分理论也已经得到了一些研究的证明。例如，有的研究证明，教师对学校组织的认同感与责任感，常常能够有效地促进学生的发展；另外，也有的研究证明，如果教师参加一定的职业团体，那么这种组织特征也能够促使教师在教学活动中有比较多的创新，包括帮助学生提高解决问题的能力和实践能力。

从整体上看，层次区分理论作为一种研究的框架已经受到比较多的认可。例如，有学者认为，层次区分理论对于解释具体的教学资源，比如时间、材料以及明确具体的教学活动，如完成某一单元的授课，都能行得通；对有明确规范课程内容的问题，比如早期阅读教学，尤为适用。[①]但它也存在一些非常致命的缺陷。因为，这些不同层次的因素在学校组织结构中的联系是非常模糊的，有些联系之间的因果关系与方向性也是不清楚的，仍然需要进一步的探讨。

3. 松散结构理论

这一理论与层次区分理论的方向是相反的，即它并不希望去通过明确学校组织中间各个因素之间的关系来建立学校组织的理论，进而说明

① 哈里楠.教育社会学手册［M］.上海：华东师范大学出版社，2004：56.

这些结构因素与学生学业发展之间的关系，而是强调学校组织系统中各个因素在总体上并不存在非常密切的联系，认为学校组织本身就具有一种松散的组织结构的特点，包括教室之间在结构上的相互隔绝，以及教师的相对独立和正规权威的缺失，以至于"在这种松散结构体系中，某一部门作出的决定不会在其他部门发生有节奏的反响。因此，某一教室里发生了什么根本无碍于其他教室，校长作出了决定也很少直接影响学生的行为"①。所以，教师的教学行为主要取决于教师自己曾经接受过的训练和他自己对于教学的观念，以及他对于教师角色的理解，而往往不大受到各种教学资源的影响。正如有的研究所指出的那样，"学校总是避开技术细节（教与学）而大谈其级别类属或资质证明等富于象征意义的东西。在学校里，结构与活动分开，活动与成果无关。""这里的逻辑是，只要对校方充满信任，学校似乎就在正常运转，包括什么等级结构啦、有资质的教师啦、学生升级啦，等等。""这样学校就可以躲避对其技术细节的盘查而把人们的注意力集中到社会的认可上。"②学校松散结构理论的重要价值和意义，并不仅仅是说明了学校组织结构的这个特点，更加重要的是，它表明不能非常绝对地按照某一个模式和框架去安排学校的组织结构，也很难在学校里建立十分严密的规范和程序系统，这些不仅无益于学生的学习和发展，而且常常会限制学生的自由发展和学业进步。所以，在学校的组织建设中，对整个学校的教学活动和学生的学习活动进行合理的规范，形成能够适应学生发展的适当的而且有弹性的程序，简言之，建构一个比较合理的学校组织结构，是一个非常重要的课题和任务。

这种松散结构理论的局限性主要表现在两个方面：第一，学校组织并非完全没有一定的结构，包括必要的规范和程序。例如，在学校组织的行政管理领域，特别是在对物质资源的管理与配置方面，学校组织的

---

① 哈里楠．教育社会学手册［M］．上海：华东师范大学出版社，2004：57．
② 同①．

结构功能还是非常明显的；同时，尽管有些显性的结构、规范和程序给人们一种松散的感觉，但实际上学校组织的教师潜在地具有一种相互之间的结构性默契和不成文的规范与程序。按照国外学者韦伊克的观点，"通常教师职业本身的社会化性质就起到了教育工作的协调作用"[①]。因此，认为学校组织结构是完全松散的，是片面的观点。第二，学校组织的松散结构也是有阶段性的。在整个教育和学生发展的养成阶段，由于这个阶段的任务是培养儿童和青少年学生的良好习惯与作风等，所以，必要的严格管理和组织结构的约束，甚至是非常规范的程序，也是非常重要的。

应该指出的是，这种松散结构理论与层次区分理论并不是完全对立的。它们之间的功能和价值也不能按照一种互补的模式和关系去理解。它们反映了两种不同的态度和取向，由此揭示了学校组织理论研究中的一对基本矛盾。

4.超越层次区分理论

也许是因为受到松散结构理论的挑战与刺激，有些主张层次区分理论的学者针对过去的问题和缺陷，对早期的理论模式进行了一定的修改。尽管这些理论在努力克服过去层次区分理论不足的目标上具有一致性，即认为学校组织条件与教学活动之间并不存在一种简单的线性关系，但是，它们在如何超越上却并没有形成完全的一致。有的研究强调学校的教学活动作为一种比较复杂的、非例行公事的活动，需要在教师的教学行为与学校组织之间形成一种有机的联系，包括双方相互之间的反馈和积极的态度；也有的研究认为，学校组织支持的有效的教学活动，往往与教师对教育创新的执着有关；等等。总之，这种超越层次区分理论实际上既调整了简单的层次区分理论，同时也结合了松散结构理论的观点，还强调了两种理论取向的结合。在这种超越层次区分理论中，比较一致的一个结论是：学生的学业成绩主要取决于教师的教学，而教师的教学

[①]　哈里楠.教育社会学手册［M］.上海：华东师范大学出版社，2004：58.

既受到了学校组织结构中各种资源的支持，也受到了教师本身的职业社会化和曾经接受的师资培训的影响。

显然，这些关于学校组织的不同理论，都非常关注一个问题：学校组织结构与学生学业成绩的关系。而且，这些研究也从两个方面揭示了教育社会学中关于学校组织研究的基本问题和发展趋势。

第二节　作为特殊初级群体的班级

班级的社会属性直接关系到按照什么原则进行班级建设。具体地说，是按照一种社会组织的模式来进行班级建设，还是将其作为一种特殊的社会群体进行建设，这不仅涉及对班级性质的理解，而且也关系到班级中教育教学的实践，以及对于班级建设的评价标准，关系到以一种什么样的方式对待学生，以及如何对班级进行管理和班级教育教学功能的实现，等等。

一、关于班级属性的观点

学习者的班级是学校组织中非常基本的单位与构成要素，它与学校组织的关系也是学校组织中非常基本的关系之一。为此，班级一直是教育社会学研究的重要领域之一。目前，关于班级的研究主要有以下几种观点。

1. 将班级作为一种社会体系进行分析

这种观点的理论依据主要来自帕森斯的班级理论。他在《作为一种社会体系的班级：它在美国社会中的某些功能》一文中，明确地把中小学班级作为一种社会体系进行分析，并由此出发，对班级的社会化和筛选功能进行了说明。① 诚然，班级的确属于一种社会体系，但是，社会体系并不仅仅是班级。换言之，学校也可以是一个社会体系，企业也可以是一个社会体系，从某种意义上说，家庭也可以是一个社会体系。因此，以社会体系来界定班级的性质，是不够专业的。这样，也很难将班级的分析与学校的分析区别开来，无法认识与构成关于班级和学校的不同理论与原则。应该看到，班级与社会体系只具有一种较远的相关性，它首先是一种更为具体的社会实体形式；或者说，班级只是帕森斯所说的"一种社会体系"，而并不就等于社会体系。另外，帕森斯是从社会功能的角度对班级加以定义的。显然，为了更好地说明班级的社会化和功能，从班级宏观的社会体系角度入手，无疑是非常必要的。因此，可以认为，帕森斯关于班级的性质的规定，是从论证其观点的方便和必要出发的。如果从班级教育教学的角度出发，从班级的育人功能出发，则完全可以对班级的性质做另外的规定。

2. 将班级作为一种集体

班集体理论由苏联教育学家克鲁普斯卡娅等人于 20 世纪 20 年代提出并不断发展起来，其在某些专著中得到详细的阐述。根据有关专家的观点，这种班集体是学生群体的一种高级形式，它是一种有"共同价值、共同的活动目的与任务且具有凝聚力的高度组织起来的群体"②。马卡连柯则把班集体确定为，"那些组织起来的，拥有集体机构、以责任关系彼此联结在一起的个人有目的的综合体"③。他们的共同观点是，这种班集体具有高度的社会倾向性、组织性和社会主体性。应该说，将学校的班级作为一个集体是必要的。无独有偶，日本当代著名的教育社会学家片冈德雄也把在课堂里进行学习的群体组织称为班级，并规定为"学习集体"。这种学习集体以持续的学习为目标，至少包括了两个以上的人，而且在

① 张人杰. 国外教育社会学基本文选 [M]. 上海：华东师范大学出版社，1989：506-530.

② 鲁洁. 教育社会学 [M]. 北京：人民教育出版社，1990：405.

③ 同① 406.

成员之中存在指导与学习的分工。当然，它一般需要一定的物理环境条件。[①]

从教育教学过程与目标的角度看，集体主义是非常重要的。而且，这种班集体的理论十分重视和强调班集体的共性与整体性，认为班集体是实现集体主义十分重要的平台。同时，班集体的理论也肯定了个体发展的地位与价值，而且承认个体在班集体中的意义。需要指出的是，从教育社会学的角度分析，班级应该是集体与个体的统一体，以及共性与个性的结合。这种集体与个体、共性与个性之间的统一应该是班级十分重要的社会属性。

3. 将班级看作是一种社会组织

这种观点认为，"班级不仅是社会化学习为中心的社会关系体系，而且是一种为社会需要、培养未来人才的社会组织"[②]。尽管班级具有一些自己的特点，但它作为"一种社会组织具有各类组织所共同的特点"[③]，并具有社会组织通常拥有的组织目标和包括职权结构、角色结构和信息沟通结构等在内的组织结构等组织因素。诚然，班级在某种意义上的确具有社会组织的特征，特别是某些规模较大的班级，看上去很像一种社会组织。但将班级作为社会组织进行分析，不容易分辨与认识班级与学校之间的差异及其相互关系，甚至造成某种理论与实践方面的混乱，进而影响班级的建设与管理，况且班级还有许多与学校组织非常不同的特征。

在国外各种教育社会学的杂志和著作中，对于班级的研究常常与对教室活动的讨论联系在一起，而且，概念的使用也很不一致。[④]显然，这些关于班级的社会属性的看法，都从不同的角度揭示了班级的特点及其独有的某些性质，为人们认识班级的社会属性提供了有价值的信息。而

---

① 片冈德雄. 班级社会学 [M]. 北京：北京教育出版社，1993：6-7.
② 鲁洁. 教育社会学 [M]. 北京：人民教育出版社，1990：416.
③ 同②.
④ Husén T, Postlethwaite T N. The international encyclopedia of education[M]. 2nd ed. Oxford: Pergamon, 1994.

且，从学校的各种不同的班级来看，它们也分别具有一些不同的特点。根据不同的任务和目标，这些不同的研究成果和认识也可以帮助人们对班级进行不同的研究和分析。然而，通过比较和综合可以发现，上述的各种观点实际上可以看成是从两个角度对学校班级特有性质做出的说明。其一，从逻辑上的种概念出发，分析具有特定属差的下位概念。例如，从社会体系的大概念出发说明作为社会体系之一并包含在宏观社会体系之中的班级；或者，从一般社会组织的角度分析作为学校社会组织的构成部分的班级。应该承认，这种分析方法抓住了班级与其他社会实体，如社会体系和社会组织等之间的共性，揭示了它的一般特点。但是，这种分析通常也比较容易忽视班级的某些特殊性。其二，从学校班级本身出发进行分析。例如苏联学者的观点和当代日本学者的看法，它们将班级作为一种特殊的"集体"。无疑，这种方法突出了班级与其他社会实体的差异，抓住了班级的特殊性。但是，所谓"集体"的概念是比较模糊的，很难作为一种特定的社会实体进行分析和说明。而且，从前面的分析也可以看到，苏联学者的班集体理论更多地倾向于把班级作为一种社会组织；而片冈德雄的"学习集体"理论则较多地将班级作为一种社会的初级群体。因此，如果暂且将班级是一种社会体系的观点放下，可以发现，关于学校班级的讨论实际上主要集中在班级是一种社会组织还是一种社会初级群体上。

二、班级的社会属性和特点

班级作为学校组织的基本要素与构成单位，是落实教育目标与立德树人根本任务的微观基础。班级的运行机制、班级成员的行为方式和交往模式，与班级的社会属性有非常密切的关系。

1. 作为社会组织的班级及其特点

班级确实具有社会组织的某些特点。首先，从成员的规模看，目前有些国家中小学的班级通常有40—50人，这样的规模按照一般社会学的观点，应该归入社会组织的分析框架。也正是由于目前有些国家中小学班级有如此之大的规模，其结构常常呈现出一种比较复杂的状况。一个班级通常分成几个学习小组；有班委和小组长，不同的学科有专门的课代表；在班级中还有儿童与青少年的组织。因此，可以认为在班级中也存在着一定的分工、层级和权力分配。比较突出的是，一般的学校班级在两个方面与社会组织非常相似。其一，构成班级基本成员的教师和学生及其互动，存在着按照一般教师和学生的要求和角色预先规定的比较正式的规范。这些规范通常并不是由互动双方的具体特点决定的，而是由互动双方所扮演的角色所预先决定的。换言之，任何教师和学生在尚未构成某个特定的班级之前，都已经十分清楚自己的角色及其要求，知道自己应该如何与对方进行互动。这种规范的作用正是社会组织和社会组织成员的重要特点之一。其二，由于上述特点，班级中将存在比较正式的互动关系。这种比较正式的互动的一个重要特点就是假设教师和学生在进行实际的互动之前，已经对对方的回应和互动的结果形成了一种预期；而且，他们双方实际上也是根据这种预期进行互动的。进而，各种正式的规章制度将成为维持班级教师与学生之间互动和各种秩序的主要工具和手段。应该承认，在现实的班级活动中，比较严格的各种规章制度和纪律的确是维护班级正常教育教学活动的重要基础。这些都是一般社会组织的非常重要的基本特征。[①]也正是由于如此，人们往往想当然地将班级看成一种社会组织。

2. 作为初级群体的班级及其特点

人们同样有比较充分的依据将班级归属于一种社会初级群体。首先，发达国家中基础教育的学校班级通常只有 20 多人[②]，可以作为一种社会的初级群体。近年来，随着社会经济与教育的发展，发展中国家的中小学规模也在逐渐缩小。尽管在某些地方中小学班级的学生规模仍然

---

① 参见郑杭生主编的《社会学概论新编》和北京大学社会学系社会学理论教研室《社会学教程》编写组编写的《社会学教程》中的有关内容。

② 参见波伊尔在《基础学校：一个学习化的社区大家庭》（人民教育出版社 1998 年版）一书中提供的美国小学平均班级规模数据。

比较大，但从总体上将中小学班级看作一种社会初级群体仍然是有道理
的。更重要的是，班级规模并不能直接规定互动的形式。因为，从实际
的教育教学活动中可以发现，尽管学校班级的人数较多，但师生之间及
学生之间的交往通常都是一种直接的、面对面的互动，并不存在某种交
往的中介。换言之，即使班级的规模使班级在形式上具有了某种比较复
杂的结构，有一定的分工和权力分配关系，但是，这些分工和权力结构
并不在实质上影响班级中教师和学生以及学生与学生之间直接的、面对
面的互动。这样一种互动形式恰恰是社会初级群体的特点。之所以会这
样，一方面是因为班级作为一种基本的教学形式，教育教学活动的特点
本身要求班级中教师和学生以及学生之间的互动必须是直接的和面对面
的。正如汉森所说的那样，教师应该对班级内的每个成员显示出自己的
兴趣；记住学生的名字，并待之以礼。[①] 另一方面，中小学班级中学生之
间在文化上具有同质性，以及他们意识中人际关系的分化程度较低，不
能区分班级中分工或权力分配所形成的互动和同学或朋友之间的互动有
什么区别，由此在实际的交往中他们都是作为彼此的同伴和朋友。而且，
在班级中形成的分工和权力分配往往是偶然的、暂时的。其次，情感在
班级的教育教学活动中，以及在班级的互动过程中，具有十分重要的作
用。甚至可以认为，情感已经成为联系班级中教师与学生以及学生和学
生的重要的基础和纽带。一方面，中小学生由于其心理和意识发展的水
平尚不高，因而情感成为他们认识事物的一种非常重要的形式；另一方
面，教师在教育教学活动中，为了促进学生的全面发展，也必须充分利
用情感的力量。所谓"亲其师，信其道"，也正是这个道理。而人际交往
和互动中的情感因素正是社会初级群体的一个重要的特征，并成为班级
作为社会初级群体的一个重要理由。再次，由于班级的各种交往中的情
感因素，因此，在现实的班级活动之中，教师与学生以及学生之间的交
往并不是单一的、片面的，而常常是比较全面的和多方面的。换句话说，

① 拉斯尼特，史密斯.卓有成效的课堂管理［M］.成都：四川教育出版社，1990：37.

班级的功能常常是多方面的，既包括知识的传递与接受，也有情感方面的交流与分享，等等。对此，片冈德雄在说明班级作为个人的所属群体的功能时十分明确地指出，班级应该满足学生六个方面的要求，它们是："懂"的满足（知识的认识领会），"会"的满足（技能方面的进步），"变好"的满足（道德态度的转化），"快乐"的满足（解放感的获得），"得到承认"的满足（承认与被承认的问题），"有用"的满足（贡献和成果的问题）。[①] 在实现这些功能的过程中，既有教师与学生之间或学生与学生之间正式的角色关系，也有他们之间各种非正式的互动关系，包括朋友、兄弟姐妹之间的关系等。因此，在班级交往中，班级成员的个性通常展现得比较充分，感情也比较深厚。而这种反映出比较全面的人格特性并具有多重角色的互动恰恰是社会初级群体的特点。相反，社会组织的目标往往是比较集中的，其中的交往常常是单方面或片面的。最后，班级中的教育教学活动，包括教师与学生以及学生之间的互动，不仅通过正式的规章制度维持，而且也要通过各种非正式的方式和手段来维护。从某种意义上说，由于班级中互动的直接性、全面性以及具有较强的情感色彩，后者具有更重要的意义。教师，作为教室中主要的管理者，尽管也要依靠纪律维持班级中的教育教学活动，但是，他或她更多地需要以自己人格的力量，以一种道德的感召力以及情感的联系等，开展班级的各项活动。这也恰恰是教师班级活动的主要特点。对此，罗杰斯（Carl R. Rogers）在分析构成一个良好的教学人际关系的三个基本要素之一的"理解"时就十分明确地指出，这种"理解"并不是一种评价性或认知性的理解，而是具有非常浓厚的感情色彩的理解，是以他人为本位的理解。按照罗杰斯的话，也就是一种"移情性的理解"[②]。当然，这些也正是一

---

① 片冈德雄．班级社会学 [M]．北京：北京教育出版社，1993：8.
② 方展画．罗杰斯"学生为中心"教学理论述评 [M]．北京：教育科学出版社，1990：133.

般社会群体的基本特征。^① 因此，人们也完全有理由将班级看成一种社会初级群体。

三、班级社会属性的比较分析

通过上述比较可以发现，关于班级究竟属于社会组织还是社会初级群体的争论主要集中在三个问题上，即规模问题、规范问题和制度问题。

1. 班级的规模、规范与制度

首先，班级的规模无疑是影响班级社会属性的重要因素。但规模并不必然成为决定其作为社会组织或社会初级群体的标准。班级规模对班级性质的规定，常常是通过它对于班级中互动形式的影响而实现的。一般而言，规模大的班级往往需要建立比较正式的行为规范，包括比较复杂的层级结构，进而获得社会组织的特点。但在现实中可以清楚地看到，在班级中，特别是中小学的班级中，学生们的互动形式与班级规模的相关程度并不高，即尽管班级规模偏大，但他们的互动形式仍然主要是直接的和面对面的。换言之，社会初级群体的规模并非就一定是很小的。这是班级活动的实际状况，并且被行动研究所证实。^②

其次，班级中的确存在着非常统一的整体性的行为规范，并且对所有学生都是有效的。从班级中教师和学生的行为规范来说，尽管在每个班级中，在师生之间现实的互动构成之前，教师和学生的行为规范已经被事先规定，正如教师法和中小学生的行为规范那样，但可以十分清楚地看到，这种对于教师和学生的角色规定与他们在班级活动中对于这些角色的理解，以及在班级的实际互动中对这些角色的具体实践之间的差异，比在社会组织中这些规定角色与领悟角色和实践角色之间的差异要

---

① 参见郑杭生主编的《社会学概论新编》和北京大学社会学系社会学理论教研室《社会学教程》编写组编写的《社会学教程》中的有关内容。

② 这种情况在北京市海淀区承担的联合国教科文组织的 JIP 实验研究中"关于大班教学改革"的实验中得到证实。这一实验强调学生的主体作用及其相互影响、相互帮助与相互促进。实际上，该实验正是以"作为社会初级群体的班级"的假设为基础的。由此可见，在一定程度上，规模并不是决定性的因素。

大得多。正如德国思想家莱布尼茨（Gottfried W. Leibniz）所说的"世界上没有两片相同的树叶"一样，现实的教育教学活动中也没有两位完全相同的教师，没有完全一样的教育教学行为，而且每一个学生都是独特的。换言之，班级中教师和学生的具体互动方式常常是根据班级中教师和学生的实际情况决定的，是根据班级的不同，以及班级中所开展的活动（包括具体课程、年级和授课教师等）的不同而决定的。因此，这些规范实际上是在班级互动过程中决定的，并不是像社会组织那样更大程度地依附于特定的职位，并先于互动而决定的。而社会初级群体中的人际关系正是在互动过程中逐渐形成的。虽然班级中教师的地位并不完全取决于他或她的个性特征，但是，一个班级的行为规范常常与教师，尤其是与班主任在班级中的具体行为方式及其个性特征具有更密切的联系。正如拉斯尼特等人所说的那样，无论教师以哪一种形象在课堂上出现，都应该给学生留下这样一个印象：他在以自己独特的方式对待和要求班上的学生。[①] 另外，学生在班级中的地位，包括担任班级干部、在班级同学中的地位，以及具体的行为方式也主要是由其个性特征决定的，而并不完全依附于学生角色。对此，片冈德雄在谈到班级风气时，更是十分明确地指出，在班级这个学习集体中，每个集体成员的位置不固定，具有流动性的特色，且没有特别明确的上下级关系；根据情况、场合的不同，每个人都能够担任干部的角色。[②]

最后，班级中确实存在着各种比较严格与具体的规章制度，包括与考勤、作业、考试有关的一系列制度。而且，这些规章制度对于维护班级正常的教育教学活动具有十分重要的意义。应该说，这确实是将班级作为一种社会组织的重要理由。但是，如果把班级和学校联系起来，则可以看到，这些规章制度与其说是班级的，不如说是整个学校的。它们是对整个学校而言的，而不是某个班级特有的。正如工厂和企业的生产

① 拉斯尼特，史密斯．卓有成效的课堂管理 [M]．成都：四川教育出版社，1990：39.
② 片冈德雄．班级社会学 [M]．北京：北京教育出版社，1993：36.

小组虽然也要遵守工厂和企业的规章制度，但这并不妨碍其作为一种社会初级群体一样，学校中的班级执行学校的规章制度，并不意味着班级也是社会组织。衡量班级的社会属性，应该根据班级规范本身的特点。这里，至少包括两个方面。其一，班级规范本身。实践中可以发现，班级的各种规章制度，包括班级中教师和学生之间特有的某些规定，以及学生之间的某些约定等，常常具有较大的"弹性"。也就是说，班级的规章制度往往是一种班级个性的体现，它常常与特定班级的班主任、教师和学生相联系。尤其是在中小学的班级中，这种班级的规章制度更是随着班主任和任课教师的变化而变化。而且，正如片冈德雄的观点，班级的纪律必须是"体贴人的纪律"，而不是强调细则的，应该做到：少规定拘束人的条目，不用表示禁止的命令型语气而只侧重于指明一个大致的方向，保留一定的能够自觉选择行为的余地，对违纪者的处分不过分。其二，从班级规章制度的执行看，根据班级本身的功能和要求，班级与学校的规章制度之间的一个较大的区别应该是，学校的规章制度更多地是一种"规范性调整"，而班级的规章制度更多地是一种"个别性调整"。而且，班级的规章制度的实施更多地以个人为本位。因此，按照片冈德雄的观点，纪律的检查必须改变为"相互内省"。

2. 比较分析

相比较而言，将班级作为一种社会组织的理论模式，在解释和说明班级教育教学活动的某些现象时，具有更多的困难。首先，如果将班级作为一种社会组织，那么，班级与学校之间的关系将是一种社会组织与社会组织之间的关系。而社会组织之间的关系与现实的学校和班级之间的关系显然是不一致的。换言之，现实中的学校与班级的关系并不是社会组织之间的关系。具体地说，学校与班级之间并不具有社会组织之间那样十分清楚的"边界"。例如，学生在学校中的角色与其在班级中的角色一定程度上是重叠的，而并不是相互排斥和对立的；而且作为学校成员的教师在作为班级成员时并不是固定的，他们是经常流动的；同时，学校的规章制度，也就是班级的规章制度；等等。当然，也许有人会解释说，它们是一种小组织与大组织之间的关系。但是，在班级和学校之间，也并不存在通常组织之间的"资源交换"。而这个特性恰恰是社会组织之间的边界的重要体现。

其次，将班级作为一种社会组织，必然给班级互动中的各种非正式的、情感性的，以及面对面的个性化交往与互动带来不公正的待遇。显然，按照主要以理性的规章制度为行为规范，并具有集中统一的目标的社会组织的理论及其要求，班级中的各种个性化的交往由于其目标和行为规范的非制度化，往往被认为是不合适的。然而，在现实的班级活动或互动中，这些交往与互动恰恰是班级中教师开展教育教学活动的重要途径和形式，也是班级中学生进行交往和开展各种学习活动的重要方式。不难发现，班级中的学生常常是通过这些交往而认识、理解和接受教师的要求，以及班级和学校中的各种正式规范的。也正是由于这样，有经验的教师和教育管理者经常利用学生之间的个性化的交往与互动开展各种活动，缓解学生在班级和学校的各种规章制度规范下的心理压力，增强班级的凝聚力。学生之间这种个性化的交往与互动在班级中常常表现为某种非正式群体的形态。它们是班级中同辈群体之间相互影响的重要形式。这些班级中的非正式群体对于班级的建设，以及教育教学活动，可以具有积极的意义，也可能产生负面的影响，因而是需要引导的。况且，这种非正式群体并不是可以依主观愿望在班级中消灭的，它本身是班级中的一种客观存在。将班级看成一种社会初级群体，这些非正式群体的存在将是"合法"的。因此，把班级作为一种社会初级群体是比较合适的。也许出于这种原因，国外一些教育社会学的论著在讨论班级和教室中的活动时，通常用的是"group"，而不是"organization"。

将班级作为一种初级群体，与青少年学生自我概念的形成也是比较一致的，而且是有利于青少年自我概念的形成与发展的。根据库利所谓"镜中我"的理论，个体的自我概念是在与他人的交往中形成的，即"个体间彼此互动，相互体味他人的姿态，进而从他人的观点中看到自身。他们想（象）着他人如何评价他们——从中他们获取其自我形象或自我感觉以及自我态度"①。正是根据与个体自我形成的关系的密切程度，库利提出了"初级群体"的概念。他用这个概念来表明和强调，以某些群体为参照的镜子，比投入另外一些群体，对于自我概念的产生和保持更加重要。而且他认为，这样的一些初级群体就是那些存在私人关系和密切关系的小群体。显然，在学校中，班级正是这样的小群体。而且，通过比较也完全可以看到，在班级中个体的自我概念的形成和发展，比起学校而言，具有更加重要的作用和意义。

通过上述分析，可以认为，与社会组织相比较，从理论和实践上看，将学校中的班级作为一种社会初级群体比较符合中小学的实际。

四、班级是一种比较特殊的初级群体

学校的班级作为一种社会初级群体，与通常意义上的社会初级群体又是有一定区别的。相比较而言，它具有自己的某些特点。

1.互动方式的情感和理性的双重性

一般而言，初级群体总是自发组成的，而班级则常常是按照一定的要求，根据一定的原则，自觉地组成的。这是它的特殊性之一。学校班级对于自己成员的资格，常常有一定的要求和标准；在班级的编制上，也常常具有一定的原则，包括班级的规模、结构，以及班级中编组的方式和某些特定的要求等。因此，学校的班级比其他社会初级群体具有更强的组织化特性，表现在它具有比较正式的班级纪律，以及在行为方式上的统一性等。这一特点使班级的互动方式具有双重性，即情感与理性的双重性。特别值得一提的是，由于教师常常被看成班级的一员（片冈德雄的观点），班级中互动方式的双重性则显得越发复杂，它包括教师与学生、学生与学生之间互动的双重性。一般而言，教师通常是以理性为指导，与学生进行情感的交往；而学生通常是以情感为途径，理解和接受教师的教导和班级的规定，由此形成一种比

---

① 特纳.社会学理论的结构：下册 [M].北京：华夏出版社，2001：3.

较复杂的交往形态。

2. 目标和行为的整合性

一般初级群体常常是根据群体成员某些先赋的因素或条件而组成的,诸如家庭、邻居、老乡、朋友等一类社会初级群体的形成,通常都是由于他们本身已经具有的某些共同的因素,包括血缘、地缘、情缘等。但就班级而言,其成员所有的某种文化上的同质性,恰恰在于他们所追求的某些共同的目标。或者说,是这些目标把他们结合到一起的。而且,尽管班级本身具有多种具体的目标,应该满足学生发展的多方面的要求,但这些具体目标是统一的,而且是比较明确的。正如片冈德雄所说的那样:"班级是一种学习集体。以学习为目的的集体。"相反,一般社会初级群体由于其构成上的特点,其目标常常是比较分散的、不稳定的。这种目标上的统一性,也就使班级活动具有较大程度的整合性,而不像一般初级群体那样,其活动常常是比较零散的。班级的这种特点使得班级管理需要更加有针对性地将学生交往或活动的个性化与班级的统一性协调起来。

3. 比较正式的群体结构

一般初级群体通常在结构上是比较松散的,其领导的形成也往往是一个自发的过程。与此相反,班级常常具有某些比较正式的分工和权力分配。班级中领导的形成也是自觉的。但是,应该看到,班级中的这些分工和权力分配又经常是不确定的、临时的和偶然的,并经常变化的。而且,它们并不构成班级成员的主要角色或角色中的主要内容。

通过上述分析,可以认为,与社会组织相比较,从理论和实践上看,将班级作为一种社会初级群体更合适一些。而且,通过与一般的社会初级群体比较,还可以看到,学校的班级又确实是一种比较特殊的社会初级群体。[①] 更重要的是,随着社会经济与教育的发展,中小学的班级规模

---

① 吴康宁先生对这个观点有不同看法,他在《教育研究》1999 年第 7 期撰文进行商榷,并提出一些有启发的见解。笔者另撰文《论班级活动中的管理主义倾向:兼答吴康宁教授的商榷文章》,在《教育研究》2000 年第 6 期发表。

也正在变得越来越小，进而为班级作为一种特殊的初级群体的建设提供了更好的现实基础。

五、班级建设的意义

将学校班级作为一种特殊的社会初级群体，对于更好地进行班级建设，在班级中开展教育教学活动，促进学生的全面发展，具有十分重要的意义。这里，特别应该提到的是目前在学校和班级管理中逐渐出现并日益强化的一种所谓"管理主义"倾向。正如日本学者尾关周二在批评日本基础教育时所说的那样，首先必须改变的是教育行政机关领导者的管理主义意识。[①] 他认为，日本教育中的一个重要弊病，就是影响今天全部生活的管理主义倾向。[②] 这种学校教育中的管理主义过分强调学校的组织化程度，并且把学校的管理加以神圣化和绝对化，把学校教育的各种问题简单地归因为学校的管理问题，进而认为加强管理是解决各种学校问题的关键，以至于在一定程度上影响了学生自主性和主动性的发挥，影响了教育的效果和孩子的成长。强调学校班级所具有的社会初级群体的社会属性，有助于克服这种学校教育中的管理主义倾向。

1.有助于学生的全面发展

作为一种社会初级群体的班级允许和鼓励青少年学生在互动中更全面地投入，并且充分地表现和展示自己的各个方面，因而，在一定程度上可以使学生多方面的需求得到满足，并且在各方面都得到锻炼。更重要的是，由于情感的发挥和表达成为班级中正常和必要的交往方式与手段，因此，学生的心理意识可以在一定程度上得到较好的发展，不容易受到压抑。而且，由于班级的这种社会属性，能够形成一种彼此分享各自的体验的环境，促进学生对班级以及彼此之间的相互认同。对于青少年学生来说，班级作为一个同辈人以及具有较高文化同质性的集合体，

---

① 尾关周二.共生的理想：现代交往与共生、共同的思想 [M].北京：中央编译出版社，1996：45.

② 同① 18.

绝不仅仅是一个学习的地方，而且也是一个相互之间交往的场所。换句话说，班级不仅要满足学生学习的需求，而且同时应该满足学生作为青少年相互交往的需求。这恰恰是初级群体的优势。

2. 更好地拓展班级中的师生交往

作为初级群体的班级在互动方式上具有一种直接的、面对面的特点，这种直接的和面对面的互动可以使班级中的交往更广泛、更丰富，也更多元化。正是出于这种原因，师生之间的交往有了更多的空间与可能性，包括各种非常个性化的交往与互动。师生之间这种个性化的交往与互动对于实现因材施教，促进学生的个性化发展都是非常重要的。同时，这种初级群体的环境，也比较有利于发挥学生在班级活动中的主体性。或者说，班级由此为学生主体性的发挥创造了更好的条件。在目前基础教育的学校班级里，由于地区发展的不均衡，有些学校的班级规模仍然比较大。在这种情况下，充分调动学生的积极性，发挥他们的主体性，对于学生的个性发展以及提高教育教学质量，都是十分必要的。在这方面，将班级作为一种特殊的初级群体来建设，可以在一定程度上产生较大的效益。

3. 促进个性化教育教学目标的实现

初级群体的规范和特点，无疑可以在一定程度上丰富教师的教学方法和教学手段，并使其合法化。对于教师的专业化发展来说，要在班级教育教学互动中，尽可能争取与学生有更多的个别交往与互动，并且根据学生的差异，应用不同的方式开展教育教学，需要更加宽松的班级环境与条件。这与初级群体的要求和特点恰恰是一致的。更重要的是，由于班级中强调的是一种个别性调整，而不是社会组织的规范性调整，因此，将班级作为一种初级群体，也就为班级中的教师的个别化教学提供了必要的互动基础，同时，也为青少年学生的个性发展创造了较好的条件。

4. 发挥非正式群体的积极性

班级的这种社会属性有助于班级中各种非正式群体获得比较合理的

对待，从而更好地发挥不同学生的特色和优势，提高班级的凝聚力，加强学生对班级的认同和归属感。目前，不少学校的管理者和班级的教师总是习惯于把班级中的各种非正式群体的活动作为"非法活动"来对待，以至于加剧了班级中教师和一部分学生的对立以及学生之间的矛盾，在一定程度上也影响了整个班级的建设和教育教学目标的实现。而有些学校的管理者和班级的教师则能够较好地对这些非正式群体加以利用、加以引导，使之成为促进班级建设和完成教育教学目标的积极力量。这里恰恰反映了关于班级的两种不同的思路和观点。而后者正是与将班级作为一种特殊的初级群体的观点相吻合的。

　　总之，将班级作为一种特殊的社会初级群体，对于现实学校中班级活动的各种现象具有较大的解释力，与实现班级的功能和目标也具有较大的一致性。它也是班级建设的一个基本取向。

第 | 八 | 章

教育制度的社会定位

　　教育制度是教育活动的体制性形态，也是教育社会学分析和研究的重要对象。所谓教育制度的社会定位，指的是从社会秩序的角度，对教育活动的存在、发展与变化进行分析与研究。它表现为教育活动与其他社会活动之间的关系，也体现为教育体系本身的学校教育制度，即学制。教育制度反映了一个国家或社会教育的重要特点，对教育活动具有非常重要的影响，也是对教育活动进行分析的重要思路之一。

第一节 教育制度及其特点

教育制度是关于教育活动的规范与制度体系，体现了教育活动的社会定位与社会秩序。对教育制度的分析有助于认识教育活动在社会中的地位与特点，以及教育活动的基本秩序。

一、基本含义

所谓教育制度，指的是整个教育领域中具有普遍性的、正式的行为规范的体系。它强调两个方面：其一，一个国家或社会具有整体性和普遍性的而不是个别的和零散的行为规范，反映了一个国家教育活动的基本特点与秩序；其二，正式与系统的行为规范，具有比较正式的文本形态，而不是不成文或非正式的风俗或习惯。从教育社会学的学科角度看，这种教育制度的基本形态反映了教育活动的社会定位，体现了教育活动的社会秩序。它反映了教育活动与其他不同社会因素之间的社会关系，也体现了教育活动本身内部各个因素之间的社会关系。

教育活动涉及各种不同的社会活动与利益相关者，具有非常复杂的社会关系。各种教育目标的实现，也涉及教育活动本身各种因素的相互配合。所有这些，都需要一系列的规范进行协调和引导。而且，这些规范必须相互配套和协调一致，由此形成一种比较合理的制度体系与社会秩序。与其他社会活动相比较，教育活动往往是一种高度制度化的社会活动，具有非常鲜明的价值取向。特别是随着教育活动的公共性程度的不断提高和国家对教育的控制与干预，教育活动的社会定位与社会秩序常常表现出非常强的制度化特征。这是教育的定位与使命决定的。从社会定位与社会秩序的角度认识、分析与研究教育制度，是教育社会学的独特功能与价值。一般而言，教育制度的社会定位与社会秩序的含义主要有以下几个方面。

1. 保障教育活动的统一性和系统性

无论是教育活动本身的各种因素之间的协调，还是不同教育活动之间的配合，或者是不同地区之间教育活动的统一，就一个社会而言，教育制度是十分重要的，它可以保证教育目标的实现和国家教育方针的贯彻落实。例如，通过建立国家义务教育的一系列制度，可以保证整个国家义务教育的基本实现；又如，通过国家对不同地区、不同类型、不同层次教育活动的调整与指导，实现国家教育活动的均衡发展；再如，国家对正规学校制度（又称学制）的一系列规定，能够有助于实现教育活动本身的连续性，促进各级各类学校的衔接和不同类型人才培养的系统性。

2. 体现教育活动和其他社会因素的协调

任何教育活动都必须与相关的社会因素相互联系，依靠一定的社会环境与条件。无论教育活动与社会的关系是和谐的，还是相互冲突的，都需要一定的制度进行协调和整合。例如，通过对各级政府教育责任的规定，教育活动的责权利能够得到有效的保障；通过国家有关教育经费的基本规定，进而保障与提高对教育的投入；也正是凭借国家关于义务教育的基本规定，政府才能够对违反这种规定的各种行为进行必要的处罚和制裁；等等。这种制度性的保证对于教育活动的稳定性是非常必要的。

3. 实现教育的基本目标

教育制度的社会定位与社会秩序的主要功能是保障教育目标的实现，促使人们——无论是教育者，还是受教育者，对教育活动的基本目标和价值，以及教育活动的基本要求等，达到一种基本的认同。换句话说，它构成人们在教育活动中达到认同的基础。这种基本的认同既包括对人们行为的要求，也指对人们思想的引导，而且，它还成为教育活动中判别各种是非的基本标准。例如，关于教师的一系列制度性规定，就成为学校录用和聘用教师的基本标准，以及评价教师行为适当与否的尺度，等等。

4. 保障教育活动的稳定有序

教育制度的订立与完善对于保障教育活动的稳定性具有十分重要的意义。教育活动具有周期比较长、成效相对滞后的特点，这种特点要求教育活动能够通过制度的订立而获得一种长期的稳定性，体现在教育资源的配置、人才培养的模式、教育政策的连续性、教育活动的环境，以及社会对教育的支持等方面，这是维护教育活动基本秩序的必要条件，也是不断提高教育质量与办学水平的现实基础。尤其在社会变革与转型期间，社会的变化与体制的改革往往对教育活动的秩序产生非常大的影响，某些政策的调整则往往对教育形成比较直接的影响。因此，保持教育活动与秩序的稳定性，能够比较有效地保证教育功能的实现，而且对于整个社会的稳定都具有某种基础性的意义。

二、教育制度的主要特点

教育制度的社会定位和社会秩序与教育制度本身的性质和特点密切相关。了解教育制度的特点，对于分析和研究教育制度的社会定位与社会秩序是十分重要的。与其他社会制度相比较，教育制度具有以下几个特点。

1. 教育制度是一种公共制度

从整体上讲，教育活动是一种公共性的活动，或者说，是一种公共产品和公共服务，教育制度更多是调整公共性活动的规范体系。尽管教育活动可以给个人带来一定的效益，而且个人也是教育活动的主体，但国家和社会才是教育活动的主要收益者，也是教育活动的最重要的主体。尽管个人和社会团体等都可以投资教育，成为教育活动的投资主体，但对于其投资的教育活动所产生的各种效益，其却不能成为唯一的收益主体。换句话说，教育活动所产生的效益并不具有排他性，而是整个社会都可以获益的，这也是教育活动的外溢性。因此，教育活动主要是一种国家的行为，国家是教育活动的主要投资者与举办者。在现代社会中，尽管也存在一定的个体和社会团体举办教育，但国家一直是教育活动或教育机构的主要举办者；而且，无论谁举办学校，国家都是教育活动的管理者。正是在这个意义上，教育制度是一种公共制度。

2. 教育制度的相对独立性

实事求是地说，教育制度与其他社会制度的关系，是一个非常重要的理论与现实问题。一般而言，它可以有两种不同的社会定位：一种是等级性的定位，另一种是非等级性的定位。所谓等级性的定位，指的是教育制度作为等级性制度体系中某种层次的制度，它必须服从上位制度的指导与约束，履行相应的功能，同时对下位制度进行指导，并承担相应的责任。结构功能主义的教育制度理论是一个典型。所谓非等级性的定位，则是指教育制度与其他社会制度处于相对独立且彼此平等的地位，其中，教育制度与其他社会制度之间是一种相互作用、相互影响的关系。一方面，教育制度要接受其他社会制度的作用和影响；另一方面，教育制度本身也具有相对独立性，并且支撑和制约其他制度的运行与功能。在现代社会，教育制度应该适应其他社会制度的要求与特点，同时，教育制度又需要优先发展，在社会发展中发挥引领作用。

应该承认，教育制度的这两种定位都是合理且必要的。按照结构功能主义的观点，教育活动的潜在的模式维护的功能，恰恰体现了它在整个社会体系中的定位，即按照政治系统所确立的目标与文化系统所形成的价值，发挥其促进人们的认同的作用。尽管教育活动必须支持个体在开放的环境中自我选择与发展，但这种选择与发展并不是毫无根据、随心所欲的，它必然要受到社会政治经济文化的限制与约束。在中国传统文化中，自汉代以来，教育就一直发挥着非常重要的教化功能。与此同时，教育活动本身又必须具有一种相对独立性。换句话说，教育活动应该与其他社会活动处于某种非等级性的社会秩序之中，进而能够更好地发挥其引领性与基础性的作用与功能，并且适应现代社会未成年人的成长。因为，与传统社会相比较，现代社会中未成年人的成长并不具有某种预定的确定性，或者在很大程度上是由其父母所属的等级确定的，或是按照固定不变的社会要求的标准来确定的。在现代社会，社会的不确定性使得教育活动本身的相对独立性越来越大，由此每一个未成年人的可塑性和个体性原则也显得越来越重要。它要求把成长着的一代的发展理解为指向自我决定的不确定的决定性，理解为向社会互动和交往开放的决定性。这并不是说，国家、经济、道德和宗教不能对成长着的一代的教育提出任何要求，而是说，这些要求应当尊重未成年人本身的自我选择与开放性。现代教育并不认可某种抽象的等级性。相反，个体要接受基本的和多方面的教育，从而使他们有能力参与分化的社会实践的所有形式，发展自己的生活方式。当然，这样两种定位并不是非此即彼的关系，它们是相互渗透、紧密联系在一起的。

三、教育制度的结构要素与类型

教育制度是一种非常复杂的结构性存在。这种结构的构成要素、构成方式及其结构性特点等，都会不同程度地影响教育制度的功能和特点。同时，教育制度的结构要素又是与教育制度的类型紧密联系在一起的。因此，对教育制度的结构要素与类型的分析是研究教育制度的重要思路。

1. 关于制度结构要素的若干观点

社会制度的结构分析是社会学理论的重要部分，也是教育社会学理论研究的重要方法。例如，在马林诺夫斯基看来，制度是满足组织活动非常重要的必要条件和普遍的、相对稳定的方式。他认为，所有制度都具有某些普遍的特征或"要素"。[①] 它们包括以下几个方面。

第一，人事：谁和有多少人参与了制度？

第二，规章：制度的目的是什么，它所宣布的目标是什么？

第三，规范：什么是调节和组织行动的主要规范？

第四，物化机构：在追求目标的过程中，用来组织和调节行动的工

---

① 特纳.社会学理论的结构 [M].杭州：浙江人民出版社，1987：59-60.

具是什么？

第五，活动：任务和活动是如何进行分工的？什么人做什么工作？

第六，功能：某种制度活动模式满足了什么必要条件？

根据马林诺夫斯基的观点，通过这样六个要素对制度进行分析，就可以为社会组织模式的研究提供一种共同的分析标准，进而为制度的结构分析提供了一条思路。

帕森斯的结构功能主义理论在制度结构分析方面的观点与他关于社会系统的理论是联系在一起的。他把整个社会制度结构分析转变成社会的四个基本的生存问题或四个生存的基本条件问题，即社会的制度结构如何满足社会的基本要求。由于社会具有"适应""目标获取""整合""模式维护"四个基本的生存问题，因此社会的制度结构也包括相应的四个方面。其中，"适应"是从环境中获取足够的资源、设备和工具，然后在整个系统中进行分配；"目标获取"是在系统目标中确立优先顺序，并调动系统的资源以实现这些目标；"整合"是协调和维持系统单位之间的相互关系；而"模式维护"则包括两个相关的问题：模式维护和紧张的处理，模式维护涉及怎样确保社会系统的行动者表现适当的特征，包括动机、需要、角色扮演技巧等，而紧张的处理则涉及社会系统中的行动者的内部紧张和行动者之间的紧张。帕森斯不仅分析了社会结构的这四个方面，而且对它们的相互关系进行了分析。在他看来，与这四个结构方面相应，有四种不同的行动系统，即有机体系统、人格系统、社会系统和文化系统。它们之间形成了信息和能量的控制和交换的关系。而且，帕森斯认为，教育属于整个社会的文化系统。同时，就教育系统本身来说，它也可以分成同样的四个子系统，并执行相应的功能。由此，他为我们提供了社会制度结构分析的基本框架。

2. 教育制度的结构与功能

根据陆学艺主编的《社会学》中关于社会制度结构的基本观点，以及教育制度的基本特点，结合对一般教育活动的分析模式，这里主要从四个方面讨论和分析教育制度结构的基本要素及其主要功能。

第一，教育制度的目标系统。

所谓教育制度的目标系统，指的是教育制度中关于教育的目标及其存在的合法性与价值取向的基本规定。一般而言，目标系统的作用在于使人们了解教育制度存在的意义，其形式为一整套比较严密的和系统的概念。通过这些概念，人们在充分了解教育制度目标和价值的基础上，真正地依从和维护这些制度目标。一般而言，教育制度中目标的存在形式主要有两种。其一，通过国家和政府的各种政策和法规对教育制度的目标进行规定，如国家的教育法。这种形式所具有的特点在于，教育制度的目标十分清楚和明确，而且具有较强的约束性。其二，通过一系列关于教育制度的基本理论和学说进行说明，其中，又以社会主流意识形态的各种理论和学说为主。这种规定形式常常具有比较抽象的特点，并具有较强的理论性。教育制度的目标系统是整个教育制度的核心。而且，教育制度的目标系统本身也具有一定的结构性。教育制度的目标系统非常清晰地规定了教育活动的基本指向，体现了为谁办教育的基本要求，也从根本上规定了教育活动的使命。例如，培养德智体美劳全面发展的社会主义建设者和接班人，就非常明确地规定了中国教育活动的基本目标。

第二，教育制度的规范系统。

所谓规范系统，指的是根据目标系统所形成的一系列对于教育活动的具体规定。这是教育制度在现实运行过程中起实际作用的要素。一般而言，教育制度的规范系统是由教育制度的目标系统所决定的，但并不能简单地把规范系统与目标系统完全等同起来。一方面，规范系统与目标系统相比较，具有较大的灵活性和多样性，其本身与教育制度的目标系统可以有一定的差异性。正是由于这种特点，教育制度的规范系统常常是教育制度变革和发展中比较活跃的要素。另一方面，对于一个特定的教育制度来说，有些规范本身是与一定社会的历史、传统、风俗和道德等联系在一起的。而且，教育制度的某些规范还是与社会的其他制度联系在一起的。与此同时，教育制度的规范的表现形式比较广泛。它可以是整个教育制度中某些具有普遍性的规则和条例，也可以指在某些具体领域中的规章制度，如学校或其他教育机构中的各种教育规范；当然，教育制度的规范系统也包括某些具有强制性的政策法规。因此，对于同样的目标，可以有各种不同的规范系统。这也是教育制度的规范系统的特点之一。教育制度的规范系统对于维护教育活动的稳定性与秩序是非常重要的，它规定了教育活动的基本价值标准，以及教育活动的基本规范与准则，能够为教育活动提供非常具体的行为导向与严格的评价标准。

第三，教育制度的组织系统。

所谓教育制度的组织系统，指的是一定社会中教育制度的目标得以实现和规范得以运行的基本载体，包括必要的组织机构和各种实体性要素。学校无疑是最重要的教育组织，而且，学校也是一定教育制度中的最基本的实体部分，它包括学校中的各个职能部门和一定的组织成员，以及领导者和组织成员之间的关系。任何教育制度中的目标系统和规范系统都必须通过学校和其他教育组织的活动加以实现。社会的各种教育组织和教育机构，把具有各种共同学习需要的人们集中在一起，根据一定的目标和职能，通过对组织成员的规范，从而体现一定教育制度的要求和实现其目标。从另一个角度看，教育制度也必须通过各种教育组织的规章制度表现出来，并体现在学校或其他教育机构的各种成文或不成文的习惯和风气之中。这也就是人们通常所说的"组织化"。从教育活动的正常运行、教育秩序的维护、教育活动的目的和效率的实现看，教育组织都具有十分重要的意义。教育组织的存在和运行状况甚至是评价教育制度的合理性的重要标准，以及教育改革的主要对象。教育制度的组织系统对于教育活动的协调与秩序是非常重要的。它也是保障与维护教育活动有序进行，特别是学习活动的连续性的基础。更重要的是，保证教育规律的实现，以及具有长周期的教育活动的可持续性，是教育制度的组织系统的基本功能。

第四，教育制度的工具系统。

所谓教育制度的工具系统，指的是一定教育制度赖以运行的物质条件，包括教育制度得以运行和实现其目标所运用的各种物质设备和资源。根据社会学的一般理论，教育制度的工具系统也可以分成两类。一类是所谓象征性的工具系统，包括一定教育制度的特殊的标志物和符号。如一定国家的学位证书和毕业证书，学校的校徽、校旗、纪念章、校服，等等。它们是教育制度中目标系统和规范系统的物质化表现形式。另一类是比较具体的各种物质设备，包括一定的校舍、实验室、各种教学设备，以及各种教育活动所必需的硬件。所有这些，构成了教育制度的工具系统。由此，教育制度和教育活动呈现为一个实在的客观过程，并具有现实的力量。教育制度的工具系统对于实现教育制度的基本目标是非常关键的。作为一种公共制度，教育制度的工具系统可以保障教育经费的投入、教育资源的供给，以及教育活动的物资条件等等，因而具有基础性的功能。

教育制度的上述四个基本系统及其相互关系构成和决定了教育制度的基本性质与特点。尽管任何教育制度都具有这样四个系统，但是，不同教育制度的这四个系统的特点是不同的，它们之间的相互关系也是不同的。因此不同教育制度之间的区别常常体现在这些系统及其关系的差别上。换言之，研究教育制度的差异和变化发展时，应该充分注意这四个系统。同时，教育制度的改革，正是通过这四个系统的变革，以及调整它们之间的相互关系而实现的。

教育制度结构的另一种分析思路是剖析教育制度本身所包含的各种子制度，包括国家和学校的招生制度、考试制度、毕业制度，不同层次的教育制度，以及其他各种子制度，包括它们各自的功能。对教育制度的这种分析常常是与教育活动本身的多样性联系在一起的，其本身也成为一种特定的结构。这种制度结构与上述制度结构的分析方式是不同的。例如，可以对教育机构的举办、管理和办学主体进行分析，也可以对学校内部和外部的各种制度进行结构分析；同时，还可以根据各种不同的办学形式或教育活动的主体的各种制度化对教育制度进行结构分析。但任何一个具体的教育制度，本身也都可以按照前面的四个要素进行分析。

3. 教育制度的基本类型

教育制度的基本类型与其结构是紧密联系在一起的。从教育政治学的角度，人们可以区分出封建主义的教育制度、资本主义的教育制度、社会主义的教育制度；从文化学的角度，人们也能够提出传统的教育制度和现代的教育制度；等等。而教育社会学则是根据教育活动本身的特点进行概括和区分的。

一般而言，英国学者特纳的著名论文《赞助性流动、竞争性流动和学校制度》被认为是教育制度分类方面的经典。[①] 按照特纳的观点，教育制度或学校制度的类型主要是根据社会流动的模式和规范而形成的。他通过对英、美两个国家社会文化和组织规范，及其与教育制度的关系的考察，提出赞助性流动和竞争性流动，认为这两种流动模式对实行社会控制的价值观念的影响，能够直接或间接地形成不同的教育制度。正如他自己所说的那样："升迁性流动这一规范在社会中的广泛流行会对教育制度释放出一种恒常的张力，迫使教育制度与升迁性流动这一规范一致。"[②] 由此，不同的流动模式对教育制度的影响主要体现在以下几个方面。

首先，赞助性流动中的教育制度以培养英才文化为价值，而竞争性流动中的教育制度则是进取的手段；其次，赞助性流动中的教育制度注重灌输英才文化，而竞争性流动中的教育制度则强调竞争和机会；再次，赞助性流动中的教育制度注意培养学生的忠诚等，而竞争性流动中的教育制度重视的是学生的能力等；最后，赞助性流动中的教育制度强调遵守一定秩序和规则，而竞争性流动中的教育制度则重视学生对社会各种不同环境的适应。这些观点和看法，无疑对教育制度的分类产生了十分

---

① 张人杰.国外教育社会学基本文选 [M].上海：华东师范大学出版社，1989：113.
② 同①.

重要的影响。

霍珀对教育制度的类型做了进一步的分析和梳理，并提出了新的分类。在他看来，特纳对教育制度的分类过于简单，而大多数国家的教育制度不能根据这种两分法进行分类。他认为，"根据教育制度筛选过程的结构，就能基本了解教育制度的结构，尤其是工业社会中教育制度的结构"①。由此，他提出了影响教育制度分类的几个主要因素。

第一，教育筛选过程的集权与标准化程度，包括教育制度在多大程度上拥有中央控制的筛选程序，以及据此制定的教育制度的标准化程度。这种控制程度的大小对教育制度的类型具有非常直接的影响。由此，可以区分出高、中、低三种不同的制度类型。

第二，各种不同教育轨道的分化时间与专门化程度也是影响教育制度差异的重要因素。在这个方面，比较极端的类型有两种：一种是早期正式分轨和专门化程度比较高，在这种情况下，由于筛选的程序比较严格，合适的个体被排斥的可能性比较大；另一种是早期正式分轨和专门化程度比较低，由于筛选程序比较宽松，不合适的个体被吸收的可能性比较大。由此，也可以区分出高、中、低三种不同的制度类型。

第三，教育筛选的合法性标准，即社会中哪些人应该被挑选，他们为什么被挑选，等等，其中包括集体主义、个人主义、普遍性与特殊性四个方面。由此，可以形成共产主义式的、家长式的、英才式的和贵族式的四种类型。②

不难看到，特纳和霍珀关于教育制度的分类所依据的基本是教育的选拔功能，这是教育制度分类的一种基本方式。另外，人们也可以采用其他不同的分类依据，包括教育活动的功能、教育活动的目标、教育活动的基本规范、教育活动的基本手段等等。暂且不论特纳和霍珀本身观

---

① 张人杰.国外教育社会学基本文选 [M].上海：华东师范大学出版社，1989：115.
② 同① 115-122.

点的合理性如何，他们从社会流动和人才选拔的角度说明教育制度的不同类型，为分析和解释不同的教育制度提供了一个非常有意义的解释性模式。更重要的是，这些看法和观点也为教育制度的改革与创新提供了一个十分有价值的思路。过去，人们常常习惯于从意识形态的角度去分析和说明一定社会的教育制度，而没有看到教育制度本身实际上具有非常丰富的社会文化内涵，也体现了一定的历史传统和人们日常生活的价值取向。

4. 教育制度的主要功能

教育的社会功能在很大程度上是通过教育制度的功能而实现的，包括教育的政治功能、经济功能、文化功能和其他方面的功能。随着现代社会的发展，特别是信息社会和知识经济的到来，教育制度在整个社会中的功能将越来越重要，并主要表现在三个方面。

第一，培养社会合格公民的功能。

教育制度最重要的基本功能就是为一定社会和国家培养符合要求的建设者和接班人，以及德智体美劳全面发展的合格公民。一方面，教育制度与社会经济发展所需要的各种专门人才的培养，以及整个社会的分层和结构存在着非常密切的关系；另一方面，从某种意义上说，"学校教育的起源与发展并不是由于经济原因或社会分层体系的需要，而是因为民族国家和公民权的发展"①。换句话说，国家的发展和公民的培养是教育制度存在和发展的最直接的原因。从历史和现实中都可以看到，新兴阶级为了维护和巩固自己的统治，并在意识形态上解决政权和体制的合法性问题，总是力求建立一个体现国家意志和以一定的意识形态为基础的强制性的教育体系，特别是国家的义务教育系统，由此，使人们，特别是青少年对国家的政权、制度以及国家机器等的合法性，形成思想意识和行为上的认同，从而成为社会的合格公民。而所有这些，主要是通过一定的教育制度实现的。

---

① 朱国宏，桂勇.社会学视野里的经济现象 [M].成都：四川人民出版社，1998：268-269.

第二，促进社会公平的功能。

通过教育机会均等促进整个社会的公平常常是通过教育制度来实现的。换句话说，教育制度是实现教育机会均等的制度化基础。在现代社会中，充分认识教育制度在实现教育机会均等方面的作用，以及由此促进整个社会公平的功能，是十分重要的。

尽管人们对教育机会均等有各种不同的理解，但是，教育机会均等的理论与实践总是与一定的统一性和普遍性联系在一起的。这也就是说，教育机会均等所强调的是人们在接受教育方面的同等权利，以及人们在获得各种教育机会方面具有同等的条件，等等。这种统一性和普遍性恰恰是教育制度的基本形态。任何教育制度所强调的正是这样一种具有统一性和普遍性的教育活动。换句话说，教育制度所规定的并不是社会中所有的教育活动，它所规定的只是整个教育活动中带有统一性和普遍性的那些内容与方面。一方面，教育制度是根据一种统一和普遍的规范与原则对各种教育活动进行调整，即它所进行的是一种所谓的规范性调整，而不是一种个别性调整。例如，教育制度的各种具体表现形式，包括教育法律和各种政策，都是按照这样一种方式对教育活动进行调整的。另一方面，教育制度所调整和规范的又常常不是那些个别和特殊的教育活动，它所涉及的往往是那些具有普遍性和整体性的教育活动与领域，例如，教育的基本方针、培养目标、教育管理的原则，以及教育的基本权利，等等。这些方面与教育机会均等有非常直接的关系。可以说，社会中关于教育机会均等的各种原则和要求，基本上都能够在教育制度的各种形态中得到不同的规定。当然，教育机会均等方面存在的各种问题也能够在教育制度的各种形态中得到反映。所以，加强教育的制度化建设，是进一步促进教育机会均等的十分重要的途径。由于现代社会教育对人们在社会生活中的地位和发展具有越来越大的作用和意义，教育制度的建设在教育机会均等方面的功能与作用也越来越突出。

特别值得注意的是，在现代社会中，由于社会发展中的不断分化和文化的多元化，教育机会均等的实现条件和内涵也越来越复杂，同时，社会对教育的要求越来越高，施加的压力也越来越大。因此，如何进一步保证教育机会均等在一定程度上已经成为教育制度创新的重大课题，而且，它也在一定意义上成为教育制度改革中各种不同看法和意见的一个重要焦点。由于教育制度的改革和创新与教育机会均等具有如此密切的关系，所以，这种关系已经成为今天人们研究和分析教育制度改革和创新，以及对教育制度改革进行设计的一个非常重要的模式和根据。

第三，维护社会秩序的功能。

教育制度在维护社会秩序方面的功能显然并不是一个新话题。在帕森斯的社会行动系统理论中，教育活动的重要功能之一就是维护社会的秩序。但在现代社会中，教育制度所具有的这种维护社会秩序的功能又有了新的含义。

首先，教育制度在发展作为社会秩序基础的社会共有价值方面的功能不断扩大。所谓社会秩序，实际上也就是人们在社会交往中的秩序，或者说社会互动的秩序。如果按照一种所谓广义的社会交换理论来看，也可以认为其是社会交换的秩序。正常的社会秩序常常需要两个方面的条件：其一是社会互动和交往中的平等互惠，其二是必要的社会规范和角色的规定。一般而言，在小范围的社会交往和互动中，交换中的平等互惠常常可以比较简单地保证社会的正常秩序。因为在这种互动和交往中，价值规律这只"看不见的手"同样能够在社会交换中发挥作用。但是，在较大范围的社会互动和交往中，以一定的意识形态为基础的社会规范和角色规定，即一定的制度化因素，对于调整整个社会互动和交往的秩序，往往具有比较重要的作用。随着整个世界文化的交流和经济的全球化，以及人们社会和生活范围的不断扩大，这种影响社会和世界秩序的制度化因素往往显得越来越重要。正是在这种情况下，教育制度在维护社会秩序方面的作用和功能也越来越重要。应该指出的是，教育制度随着社会发展和全球化而形成的这种社会功能，是建立在一定社会互动和交往所依赖的社会共有价值的变化与发展的基础上的。其实，哪怕是面对面的互动和交往，也需要以两个人之间的共有价值为基础。这种共有价值可以通过简单的交换来形成。但是，随着社会互动和交往范围的不断扩大，乃至于具有了世界性，这种共有价值的形成与发展对于整个社会和世界的正常的秩序便具有了十分重要的意义。因为，缺少或没有达到一定程度的这种社会共有价值基础，社会互动和交往的正常秩序是不可能实现的。如果按照一种比较简单的理解，这种所谓的社会共有价值，实际上指的是人们对某些社会价值观念和行为规范的基本认同和遵守，它也可以表现为人们具有某些共同的行为期望和相互之间的基本信任。在现实生活中，这种具有一定普遍性的社会共有价值的形成和发展常常与一定的意识形态联系在一起，或者说，它往往以某种意识形态的形式出现，因而成为某种制度化的因素。也正是在这个意义上，教育制度在维护正常社会秩序方面所具有的功能才获得了格外重要的意义。因为，具有普遍性的共有价值是很难完全自发形成的，它必须通过文化的传播与交流而形成，必须通过一定的教育来实现。换句话说，一定的教育制度通过设定必要的教育目标、各种形式的课程与教学、一定的评价标准等等，而促使人们对社会的某些价值观念和社会意识形态形成基本的认同，并不断扩大这种认同的范围，调整认同的方式，从而为大范围的社会互动和交往提供必要的基础。近年来广泛开展的所谓文化的世界性与民族性关系的研究与讨论，实际上也在一定程度上反映了这个问题。对此，即使是认为公共教育制度存在一定危害的自由主义思想家哈耶克，也非常明确地承认："必须强调指出的是，普通教育（general education）并非只是一个——甚至有可能并不主要是一个——传播知识（communicating knowledge）的问题。这是因为在一个社会中，人们需要确立一些共同的价值标准（standards of values），而且尽管过多地强调此种必要性有可能会导致非常不自由的后果，但是，倘若没有那些共同的价值标准，那么人们便显然不可能和平共处。"[1] 而且，他还以美国为例，说道："如果美国没有借公立学校制度（public school system）在其社会中

---

[1]　哈耶克.自由秩序原理：下 [M].北京：生活·读书·新知三联书店，1997：160-161.

刻意推行那种'美国化'（Americanization）的政策，那么美国就不可能成为这样一个有效的'种族大熔炉'（melting pot），同时也很可能会面临种种极为棘手的问题。"①因此，维护社会秩序是教育制度的重要社会功能之一。

其次，教育制度在维护社会秩序方面的功能，还体现在它对于教育活动本身的协调方面。这种功能与现代社会教育本身的价值不断扩大，知识和文凭有了更大的社会交换价值等具有非常密切的关系。在现代社会中，由于教育与整个社会的关系越来越直接和密切，教育活动与社会互动的领域和范围越来越大，内容和形式越来越复杂，因此，教育活动的秩序已经在一定程度上成为影响整个社会秩序的最直接和重要的因素。然而，在现代社会中，随着教育活动本身的范围的扩大——这种扩大不仅反映在义务教育的范围扩大和年限增加，而且表现在其他的各种非义务教育的扩大，例如在整个世界范围内的高等教育的普及化趋势；另外，还体现在教育活动本身的类型越来越多——教育活动中的各种差异将越来越大，各种各样的矛盾也将越来越多。社会公众对教育的期望与诉求越来越多样化，教育活动与社会之间的冲突也越来越多。在这种情况下，协调教育活动的任务将越来越重要。这恰恰是现代社会和现代教育在制度化建设方面的新的任务。如果没有一个更合理和更完善的教育制度来协调教育活动的这些矛盾与冲突，教育活动本身将变得十分混乱，进而直接影响整个社会的正常秩序。目前在世界各个国家广泛进行的教育制度的改革，也恰恰说明了随着教育本身的发展和教育活动与社会的关系的变化，人们对教育制度更新的重视。当然，这种随着教育活动本身的不断扩大而提出的教育制度的更新，并不完全意味着对教育活动的更加集中统一的管理和对地方差异的否定，它也并不等于建立起某种大一统的制度化模式。在各个不同的国家和地区，这种教育制度的改革往往具有不同的模式和思路。其中，统一性与差异性的协调，教育制度的地方

---

① 哈耶克.自由秩序原理：下 [M].北京：生活·读书·新知三联书店，1997：161.

性与扩大教育机构的自主性，以及相应的问责制等，常常受到广泛的关注。

第二节　教育制度的社会定位

教育制度与社会中其他社会活动及其制度之间存在着非常密切的关系，这种关系一方面反映了教育制度的社会功能，另一方面也体现了教育制度本身的特点，是认识与研究教育制度的十分重要的切入点。

一、教育制度与经济活动

教育制度与经济活动具有十分密切的关系，而且，这种关系也是教育社会学研究的一个传统与重要的课题。在现代社会，教育制度与经济活动的关系更为密切，并且具有了新的特点，成为教育社会学的重要领域之一。

1.教育制度与经济活动之间关系的基本性质

教育制度与经济活动之间的关系是教育制度的社会定位中十分重要的内涵，对教育制度具有非常重要的影响。对此，有两种不同的观点。

第一种观点认为，教育制度与经济活动及其制度之间的关系是一种被决定与决定的关系，或作用与反作用的关系。经济活动在这种关系中是起决定性作用的，而教育制度则是处于被决定的地位，并具有反作用的功能。这是一种比较传统的观点，而且与人们对教育本质的认识是联系在一起的。这种观点的理论基础是将教育看成上层建筑的一部分，由此，教育制度与经济活动之间的关系实际上也就是一种上层建筑与经济基础之间的关系。由于教育制度本身的确具有上层建筑的特点，所以，这种讨论和研究教育制度与经济活动之间关系的模式和方法在一定程度上也是合理的。

第二种观点认为，教育制度与经济活动之间的关系是一种平等的相互作用的关系。这种观点认为，教育并不仅仅是上层建筑，而且同时具有经济基础的属性与特点，属于民生的领域。特别是随着"人力资本"理论和"知识经济"概念的提出与实践，教育活动本身已经逐渐成为知识要素和人力资本的生产性活动，人们也越来越把教育看作整个社会的基础设施和基础工程。在这种关于教育本质的观点和对教育价值的认识基础上，教育制度与经济活动之间的关系也有了新的内涵。教育制度与经济活动之间被决定与决定的关系模式，通常只是在讨论本体论问题时才有意义，而在现实层面上教育制度与经济活动之间的关系，更多的只是相互作用的关系，而不能简单地套用哲学思考中本体论的研究模式。从这个意义看，教育制度在现实社会中获得了更大的自主性，而且逐渐具有了社会的基础性地位。由此，教育制度对经济活动甚至具有一种引领性的作用，成为经济发展的一种非常重要的变量。这也是新时代教育制度与经济活动之间相互关系的新特点。

当然，由于教育制度本身的差异以及经济活动的不同，两者之间的关系也会出现若干变式。例如，义务教育与经济活动之间的关系常常是间接的，而非义务教育与经济活动之间则具有非常直接的关联性；而且，计划经济活动和市场经济活动往往与教育制度具有非常不同的相关性。20 世纪 90 年代，世界银行组织有关专家对 19 个国家 9—13 岁儿童的数学和自然科学学习成绩进行了调查和比较研究。这个调查和研究选择了三个观察点：对基本知识的认识、对基本知识的应用和在意外情况下对知识的应用。对应于这三个方面的基本能力分别是：运用特定的知识解决已知问题的能力、应用特定的技能解决新问题的能力和自行选择某种技能解决新问题的能力。为了进行比较研究，研究人员首先计算出 19 个国家儿童数学和自然科学测验的平均成绩。然后，对不同国家儿童的情况进行比较，在这种比较研究中，研究人员又挑选出分别实施计划经济和市场经济的国家进行了专门的比较。研究结果发现，在对基本知识的认识方面，实施计划经济的国家的儿童得分普遍高于实施市场经济的国家的儿童；在对基本知识的应用方面，实施计划经济的国家的儿童得分也略高于实施市场经济的国家的儿童，但差异并不显著；但是，在意外情况下对知识的应用方面，实施市场经济的国家的儿童得分却普遍高于实施计划经济的国家的儿童。当然，造成这种差异的原因可能是多方面的，但是，经济活动也不能不说是一个十分重要和明显的原因。根据世界银行有关专家的观点，这种差异与经济活动的关系是十分密切的。对此，世界银行1996年的"世界发展报告"中有一段这样的表述：计划经济体制下的教育制度一方面注重以对历史和国家的目标的统一诠释来教育所有的学生，另一方面注重只适用于专业面狭窄工作的固定的专门知识。因此，教育强调人人循规蹈矩，各自掌握专项技能。在这种思想指导下，计划经济体制下的教育制度至少在三个方面无法适应市场经济的需要。其一，尽管其基础教育在许多方面优于不少西方国家，但是后续教育过分强调对年纪尚小的学生进行专业训练。波兰的中等技术学校教授约300种职业技能，以满足中央计划长期不变的专业需要。德国则截然相反，16—18岁的青少年可以选择大约16种内容广泛的技能培训项目。其二，由于期望职工一生始终在第一个就业岗位工作，从而忽视市场经济中调换工作所必需的成人教育和培训。其三，认为诸如经济学、管理科学、法学和心理学等科目无关紧要，常常对之忽视或重视不足，而这些学科的知识在市场经济中却具有十分重要的地位。自由市场经济国家的教育除了传授知识和技能之外，也传播文化、政治和民族的价值观念。同中央计划经济体制下的教育制度形成鲜明对照的是，市场经济的教育制度更强调个人的责任心、思维的自由和解决问题的能力。①当然，计划经济活动与市场经济活动两者之间也并非一种绝对的零和关系，它们往往是你中有我、我中有你，彼此之间相容性的差异也对教育制度造成了

---

① 世界银行《1996年世界发展报告》编写组 .1996年世界发展报告：从计划到市场 [M].北京：中国财政经济出版社，1996：126.

非常不同的影响。

2. 教育制度与经济活动之间关系的两种主要模式

教育制度与经济活动之间相互关系的模式是非常复杂的，通常表现为两种模式，即结构功能主义与冲突主义。由此，形成了对教育制度与经济活动之间关系的不同分析思路。

第一，结构功能主义的关系模式。

所谓结构功能主义的关系模式，指的是教育制度与经济活动之间具有一种基本的和谐与均衡的关系，它们相互支持和补充，具有一种积极的互动关系。如果出现了矛盾冲突，则是不正常现象，需要进行调整。具体地说，教育的发展可以有力地推动经济的发展和社会生产力水平的提高；同样，经济的发展也可以有力地促进教育的发展，并不断提高教育的质量。例如，经济活动可以为教育制度的完善和发展创造必要的条件，能够不断地改善教育制度的外部条件，提供更多的教育资源，等等；教育制度则可以为经济体制的稳定和发展提供符合一定要求的劳动力，建立适应经济活动要求的教育系统，等等。一般而言，结构功能主义的关系模式有两种基本形式。其一，通过相互之间的结构关系发生彼此之间的功能作用，即教育制度对经济活动的功能性影响，以及经济活动对教育制度的功能性影响。这是比较常见的功能关系模式。其二，通过各自满足整个社会存在的某些必要条件而发生相互之间的功能关系，即教育制度和经济活动各自都能够满足社会的一定要求，从而使社会得以存在和发展，进而维护自身的存在和发展。前者可被称为直接的功能模式，后者为间接的功能模式。对于这两种形式的选择，也与一定的社会制度有关。在计划经济体制中，教育制度与经济活动之间的功能关系基本上属于第二种，即在中央政府的统一协调下，通过各自的主管部委进行功能的交换，而教育制度和经济活动之间往往缺少直接的交往和关系；与此相比较，在市场经济体制中，通过教育体制的改革，地方与学校都获得了较大的自主权，由此，教育制度与经济活动之间的关系就不是间接的，而是直接的，两者是结合在一起的。

第二，冲突主义的关系模式。

所谓冲突主义的关系模式，指的是教育制度与经济活动之间存在一定的矛盾和冲突。教育制度作为一种公共制度，强调的是社会效益，以及教育活动的公益性与外溢性，特别是对整个社会的普遍价值。而经济活动则更加重视效益取向与市场需求。所以，两者的价值取向与设计原则是非常不同的。冲突主义的关系模式非常明确地揭示了教育制度与经济活动之间的内在矛盾，特别是教育制度与经济活动之间的非连续性。实事求是地说，教育制度并不能简单地从经济活动那里找到自身的根据，也不能简单地复制经济活动的特点；同样，经济活动也不能粗暴地要求教育制度服从它的要求，而忽视两者之间的灰色地带。冲突主义的关系模式关心的是如何解释与协调两种制度之间的矛盾和冲突，并把这些冲突限制在一定的范围内。它不是简单或孤立地分析和说明教育制度与经济活动之间的矛盾关系，而是首先注重教育制度本身的矛盾和冲突，说明教育活动中的这些矛盾和冲突是如何产生的，以及它们又是如何对社会经济活动发生影响和作用的，然后进一步分析和研究彼此之间相互作用的机制和各种中介，等等。值得注意的是，在现代社会，特别是随着信息社会和知识经济社会的发展，与经济活动相关的教育活动中的各种矛盾和冲突，将会越来越激烈和紧张，另外包括社会再生产理论等等，也越来越成为教育社会学关注的热点。

3. 教育制度与经济活动之间关系的主要内容

教育制度与经济活动之间关系的内容是非常丰富的，包括两者的目标系统、规范系统、组织系统和工具系统之间的相互关系，以及两者改革发展之间的关系，等等。经济活动的各种不同组成部分，包括生产力的各个因素、生产关系的各个方面的特点和内涵都对教育制度各个方面产生十分重要的影响，它们制约了教育制度的基本目标和人才培养目标，甚至是人才培养的数量和质量的基本指标。正如马克思所说的那样，"要改变一般的人的本性，使它获得一定劳动部门的技能和技巧，成为发达的和专门的劳动力，就要有一定的教育或训练"①。同样，它们影响了对教育内容的选择，制约了学校中的课程体系与结构，以及教育的评价标准和选拔模式，学校的学科结构和专业建设都与经济发展的水平和特点存在非常明确的关系。21世纪经济的全球化，以及由此形成并逐渐发展的新的产业链与供应链等，也对教育制度产生了非常重要的影响。同样，教育制度也将积极主动地影响经济活动的存在与发展，包括为经济系统培养和输送合格的各种人才。研究教育制度与经济活动之间的关系，需要重点关注三个方面。

第一，教育与经济的接口机制。

所谓教育与经济的接口机制，指的是教育制度与经济活动之间相互关系的连接方式。现代社会中经济活动的主要特点之一，是经济活动本身的知识化与科技化的程度越来越高，以及由此形成的传统经济活动的分类与边界的模糊与重组。因而教育制度与经济活动之间的关系越来越密切，两者之间的渗透越来越广泛，彼此的交集也越来越大。由此，现代社会中教育制度与经济活动的接口机制已经从以往单纯的服务，转变为一种新的适应。换句话说，由于经济活动本身的知识化与科技化程度越来越高，教育制度对经济活动的适应需要有一种新的接口机制。这种新的接口机制有两个主要特点：其一是经济活动的变化对人才的综合素质，特别是道德素养提出了更高的要求，要求教育制度能够培养出更加敬业，并且具有创新意识与能力的人才；其二则是经济活动要求教育制度越来越重视与强调基础知识和基础理论的学习，进而适应企业或产业长远发展的需求。这些变化一方面反映了经济活动对教育制度的某种新的更高的要求，另一方面也能够体现教育活动在信息社会中的新价值与功能。这也是当前教育制度改革中特别强调立德树人与知识基础学习的重要原因。

① 马克思，恩格斯.马克思恩格斯全集：第23卷 [M].北京：人民出版社，1972：195.

第二，产业体系与学科体系的关系。

教育制度中的学科专业体系与经济活动中的产业行业体系之间的关系具有两种不同的形态。其一是普通教育与经济活动之间的间接关系。它们两者并不存在某种十分清晰的一对一关系，而是呈现出某种灰色的联系。换言之，学校的学科专业与产业行业的分类并不是一致的。所以，教育制度与经济活动之间的相互影响更多是间接的，特别是通过相关中介实现的。其二是职业教育与经济活动之间的关系具有某种直接性的特点，即学科专业与产业行业的岗位与职业具有比较大的一致性，甚至形成一种订单式培养的模式。需要指出的是，在现代信息社会中，经济活动与教育制度之间的关系发生了某种值得关注的变化。教育制度中的某些规定性可以从经济活动中得到清楚的解释；而经济活动中的某些变化，也能够对教育制度的改革产生直接的影响。其中，最典型的是教育制度中学科体系的改革。过去教育制度中学科体系常常是根据知识体系的内在逻辑进行设置与调整的，与经济活动的相关性往往是比较松散的。而现在教育制度中学科体系的设置则更多地按照不同的现实领域进行改革与调整。其中学科建设与布局的逻辑已经在一定程度上超越了知识逻辑的限制，而更多地考虑与参照经济领域的变化与经济活动的变革，体现为按照经济领域或产业行业设置学科的现象与趋势。例如，当下的环境学科、生命学科、海洋学科、文化学科，以及各种交叉学科的设立，都反映了这种趋势。按照学术的话语，这种变化是知识分化与综合的一种新的趋势。它越来越受到经济活动的制约与影响。由此，教育制度与经济活动之间相互作用的关系也越来越强。

第三，教育已经成为解释社会经济增长的新变量。

根据古典经济增长理论，决定经济增长的因素主要有土地、劳动力和资本。在土地因素固定的情况下，劳动力和资本的增加是解释经济增长的基本因素。近现代以来，人们开始发现，各国经济增长的总量中总是有一部分不能被劳动力和资本的投入增量所解释，并且把这些不能被解释的经济增长部分叫作"索洛残差"〔根据经济学家索洛（R. M.

Solow）的名字命名]。尽管人们对"索洛残差"的解释是多种多样的，但是，有两个理论非常值得注意。一个是舒尔茨的人力资本理论。他认为，"索洛残差"的最重要的部分可以归功于教育的作用。根据他的测算，美国 1929—1957 年的经济增长中有 33% 是教育的贡献。[①] 世界银行的报告也指出，"美国 1929—1982 年间人均 GDP 的增长中，25% 可由受教育年限的增长来解释"[②]。另一个重要理论来自美国加利福尼亚大学的罗默（P. M. Romer）。他认为，应该把知识因素作为经济增长的内生变量加以考虑，并认为，在经济增长模型中应该考虑四个因素：（1）资本；（2）非技术劳动力；（3）人力资本（按照接受教育时间的长短衡量）；（4）新思想（可按专利权数量衡量）。其中的新思想指的就是知识的因素。[③] 这里，不管是人力资本还是新思想，与教育都有非常密切的关系。而世界银行工作人员通过仔细测算也十分明确地指出，"与知识相关的三个因素与经济增长率是密切相关的。这三个因素是：教育、贸易开放程度及通信基础设施的供应状况"[④]。但是，世界银行的专家同时也指出，"不向创新和知识开放的教育将不会带来经济的增长"[⑤]。由此，为分析教育制度与经济活动的关系提供了一条非常重要的思路。

二、教育制度与科技进步

教育制度与科技进步具有休戚与共的一体化关系。科技进步是教育改革发展的重要推动力，教育也是科技进步的重要基础。认识和分析教育制度与科技进步的关系，是教育社会学研究的重要内容，也是解释教

---

① Schulz T W.Education and economic growth[M]//Henry N B. Social forces influencing American education.Chicago: National Society for the Study of Education,1961.

② 世界银行世界发展报告编写组 .1998/99 年世界发展报告：知识与发展 [M].北京：中国财政经济出版社，1999：20.

③ Romer P M. Increasing returns and long-run growth[J]. Journal of political economy,1986, 94(5): 1002-1037.

④ 同② 23.

⑤ 同② 21.

育制度的重要思路。

1. 认识世界的两种形式

教育与科技是现代社会中人类两种非常重要的实践活动，也是人类实践在发展分化过程中形成的两种形式，彼此具有一种非等级性与非目的性的关系。其中包括两个方面的含义。

第一，知识发展的两种机制。

教育与科技是人类实践中认识世界与社会，特别是知识发展的两种不同机制与途径。学校教育主要承担着文化传承、人才培养，以及维护社会稳定发展的重要任务，而科技更多地强调对客观世界与人类社会发展规律的探索与认识，发明各种新的技术与工具，改善人类与世界的关系。两者是缺一不可的。而且，两者都同样承担着知识发展与创新的责任与使命，彼此之间具有非常广泛的同一性与交集。从两者各自的特点、优势与侧重来说，学校教育中知识发展的主要机制与特点更多是人际互动，是通过教育活动中的师生交往与人才培养实现的。这种知识发展的独特价值与功能更多地具有一种思想性与理论性的取向，突出表现为基础知识的拓展与基本理论的进步。学校也是基础创新的重要平台，包括人的基本素质的养成、价值观念的培养、基本理论与知识的学习和探索等等。而科技进步的机制与特点则更多地表现为一种人与物之间的交往与互动，通过对自然界与客观现实的实验与探索，而形成对外部客观世界更多更深入的认识与理解。这种知识发展的独特价值与功能往往更多地具有一种现实性与工具性的取向。当然，这种分别并不是绝对的零和关系，它们两者常常是结合在一起的，更多只是一种分析角度的差异。需要强调的是，教育活动虽然具有非常广泛的社会责任，但它本身同样具有知识发展的功能，尤其是高等学校，也是探索新知识的重要平台。所以，如何进一步加强两者的协调统一是教育制度改革的重要任务。

第二，非等级性的相互关系。

教育与科技并不存在某种等级性的关系，它们是同等重要的。简单地认为科技活动承担着探索与发展新知识的责任，而教育更多只有一种知识再生产的功能，这是片面的。所谓非等级性的关系，指的是并不能简单地认为科技决定教育或高于教育，而教育只是跟随科技的进步，承担传递科技知识的任务。两者的非等级性关系强调的是彼此之间的尊重，进一步加强相互之间的合作与交流。这种非等级性关系是非常重要的。因为，科技往往希望将自己发展进步取得的成果转化为对教育的要求，以便能够得到延续与扩展。这是合理的，也是必要的。但它也是片面的。因为，科技活动的进步与新知识的发展实际上是人们对世界提问的结果，这种提问本身包含了十分重要的价值取向。它与教育发展的目标和价值观塑造具有十分密切的关系。科学的发展正是来源于人们对世界的提问，如同法庭审判一样，被委派的法官的质量以及他迫使证人回答他向他们提出的问题是获得有益结论的关键。"没有这种迫使，也就是说没有对认识的各种客体提出问题，科学知识根本不可能产生。"① 因此，"伴随着现代生态问题的产生，现代自然科学已经停止成为关于自然的实验研究的理论学科。自然科学在某种意义上早就成了我们对自然工作的社会科学"②。因此，充分肯定两者之间的非等级性关系，对教育与科技都是非常有益的。

2. 教育制度对科技进步的意义

教育制度对科技发展的影响是非常重要的。一个国家教育发展的质量与水平，直接影响了这个国家科技竞争力的水平。而教育制度的特点制约和影响了科技进步的方向。其中，特别重要的是两个方面。

第一，"学以致用"与"学以求真"。

科技的发展与教育制度的思想取向和基础具有非常密切的关系。结合中国的实际，它具体表现为两种非常不同的态度，即"学以致用"与"学以求真"。所谓"学以致用"，指的是一种比较功利的教育思想，它强

---

① 本纳 . 普通教育学：教育思想和行动基本结构的系统的和问题史的引论 [M]. 上海：华东师范大学出版社，2006：143.

② 同① 145.

调学习的实用性，注重对现实问题的解决与实际的效用。而所谓"学以求真"，则是指一种"只问耕耘，不问收获"的教育思想，它强调探索事物与世界的道理和本质，而并不在意教育或学习的实际功用。这两种取向都是必要的，但不能偏颇。实事求是地说，从科技进步与创新来说，教育制度应该更加重视"学以求真"的取向。中国科学社的创始人任鸿隽先生认为，"夫今之科学，其本能在求真，其旁能在致用"[1]。著名学者萧公权先生则认为，"所谓学以求知，就是爱好学术，或承认学术本身有价值，而去求学；至于学是否有'用'，并不在心目当中"[2]。而老子的《道德经》则是非常形象地以"母乳"比喻这种"学以求真"的态度与思想。老子对这种专注于求真的学者有一个非常生动的描述："众人皆有余，而我独若遗。我愚人之心也哉，沌沌兮！俗人昭昭，我独昏昏；俗人察察，我独闷闷。……我独异于人，而贵食母。"（《道德经》第20章）不难发现，这种"学以求真"的思想对科技创新与进步是非常关键的。

应该看到，在中国传统文化中，"学以致用"的思想往往更为强势。牟宗三先生曾经认为，"中国人的脾性对于抽象的东西是不感兴趣的，这自然有其历史的根据。……中国现在之有今日实在是由于这种脾性作祟。……具体感在中国人心身上甚普遍而穷尽；普遍于上下朝野各阶级，穷尽于思想言论及一切行动，这是它的势力。具体感的第一个意思就是只认识那有形可拘，有体可触，总之官觉所及的东西；凡是不能悦耳目，快口腹，不能手舞足蹈去践获，那必冒冒然去之而不顾"[3]。有的学者对中国传统文化中过分强调"学以致用"的学风进行了十分严厉的批评，认为由此将把普通教育与职业教育混为一谈，以至于影响了中国教育与科学的发展。所以，教育制度的思想基础如何，直接关系到创新人才的培养以及科技的进步。为此。任鸿隽先生指出，"是故建立学界

---

① 樊洪业，潘涛，王勇忠.中国近代思想家文库：任鸿隽卷[M].北京：中国人民大学出版社，2014：3.

② 萧公权.萧公权文集：迹园文录[M].北京：中国人民大学出版社，2014：105.

③ 牟宗三.寂寞中的独体[M].北京：新星出版社，2005：129-130.

之元素，在少数为学而学，乐以终身之哲人，而不在多数为利而学，以学为市之华士。彼身事问学，心萦好爵，以学术为梯荣致显之具，得之则弃若敝屣，绝然不复反顾者，其不足与学问之事"[①]。而萧公权先生则表示，"最低限度，号称最高学府中的人，应该有为读书而读书的态度。能有此种态度，学术方得进步。学者以学术的自身为目的，所以他的工作和贡献没有止境，假如一个学者治学的目的是在学问以外，目的一经达到，求知的事业即便停止，他自己也成了学术界中的死人"[②]。实事求是地说，"学以致用"是需要的，"学以求真"则更是创新人才培养的制度基础。

第二，教育评价制度的引导。

教育制度对科技进步的影响直接表现为教育评价制度的导向作用。教育评价制度对教育发展的引领，特别是对创新人才的成长，具有十分重要的意义。创新人才的成长与培养，尤其是原始性创新和颠覆性创新，与教育制度的思想基础具有非常密切的关系。尽管创新人才成长的规律仍需进一步的探索，但毋庸置疑的是，学生的个性化发展是创新人才培养的重要内容之一。而国家、社会与学校的教育制度能否为学生的个性化发展提供足够的制度空间，则直接关系到创新人才的成长，也由此对科技发展形成重要的影响。这里，所谓学生个性化发展的制度空间，包括高等学校课程安排中的选修课、学生的自主性、双学位与辅修制，以及专业的调换，等等。其中，一所大学的生均课程门数则是这种学生个性化发展的制度空间的一个关键指标。所谓的"生均课程门数"，指的是一所大学一年中为本科生或研究生提供的课程门数与学生总数的比例。这个指标的主要含义是，它给学生的自主选择与发展提供了更多的制度化空间。而这恰恰是创新人才成长的必要条件。而且，从比较的角度

---

① 樊洪业，潘涛，王勇忠.中国近代思想家文库：任鸿隽卷 [M].北京：中国人民大学出版社，2014：3.

② 萧公权.萧公权文集：迹园文录 [M].北京：中国人民大学出版社，2014：105.

可以发现，世界上高水平大学的普遍特点之一，就是生均课程门数比较多，能够为学生的个性化发展提供足够的制度空间，进而促进创新人才的成长。

3. 科技进步对教育制度的影响

科技进步对教育活动及其制度具有非常直接的影响。特别是随着信息技术的发展，全球经济正在从工业化走向信息化，产业数字化与数字产业化正在成为经济活动的新特点，人工智能的发展更是进一步促进了经济活动的变革。而教育信息化则是信息技术对教育的重要影响。到目前为止，这种教育信息化主要表现在三个方面，即教育信息化的工具形态、知识形态与社会形态。

第一，教育信息化的工具形态。

所谓教育信息化的工具形态，指的是信息技术作为教育的工具对教育活动的支持与帮助，包括改善教育教学的手段与方法，提供教育管理的新途径，提升教育评价的效能，等等。这方面的变化首先是教育环境的变化，如学校的互联网的接入率、多媒体教室的建设、网络教学环境的改善，以及国家公共数字教育资源公共服务体系的建设，等等。2021年，全国师生网络学习空间开通数量突破1亿个，慕课学习人数达3.1亿人次。其次是学生学习方式的变化，单纯"消化"书本知识的学习方式将成为过去，线上线下结合的体验式学习、项目制学习、小组合作学习，以及弹性学习和自主学习等等，正逐渐成为重要的学习方式。再次是教师角色的拓展。教师过去知识性的教学角色或将部分被人工智能取代，教师将从某些简单或重复性的工作中解放出来，进而有更多精力投入到对学生的个性化引导和培育中，教师与人工智能的高度协同将成为未来的大趋势。又次是教学形式的更新，包括远程专递课堂、网络空间教学、异地同步教学、翻转课堂、双师教学、校园在线课程、基于设计的学习、引导式移动探究、协同知识建构、能力导向式学习等。最后是评价体系的改善。利用教育大数据全程采集、记录、分析学生的学习过程，能够改变过去单一的评价模式，助力实现德智体美劳全面发展的素质教育，同时也有助于破除应试教育对教育整体跃迁的阻碍，释放智能教育对创新人才培养的巨大潜能。[①] 需要指出的是，教育信息化的工具形态是有条件和边界的。这种条件与边界的基本原则是，它应该有助于教育规律的实现，特别是有利于师生的交往与互动，而不是取代这种交往与互动。

第二，教育信息化的知识形态。

所谓教育信息化的知识形态，指的是信息技术与数字化，尤其是人工智能的发展，取代了现有的部分技能与职业，由此对信息社会中什么知识是最有价值的知识，以及学校教育应该传授怎样的知识与能力，提出了新的评价标准。

信息社会中经济活动对课程内容改革的影响是非常深远的，它直接表现为对什么知识是教育中最有价值的知识的重新定义与选择。对此，英国思想家斯宾塞早在 1859 年便认为，教育的目的应该是为将来完满的生活做准备。在他看来，评价什么知识最有价值的标准是"完满的生活"，不应该考虑"什么能获得最多的称赞、荣誉和尊敬。什么最能取得社会地位和影响，怎样表现得神气"。而所谓"完满的生活"则包括：直接有助于自我保全的活动，获得生活必需品从而间接有助于自我保全的活动，目的在于抚养和教育子女的活动，与维持正常的社会和政治关系有关的活动，在生活中的闲暇时间用于满足爱好和感情的各种活动。他非常明确地说道："总之，怎样运用我们的一切能力使对己对人最为有益，怎样去完满地生活？这个既是我们需要学的大事，当然也就是教育中应当教的大事。为我们的完满生活作准备是教育应尽的职责；而评判一门教学科目的唯一合理办法就是看它对这个职责尽到什么程度。"[②] 应该说，斯宾塞提出的问题至今仍然具有十分现实的意义。问题是，对于 21世纪完满生活的准备已经具有了新的内涵。其中，与经济活动直接相关的则是信息技术的发展，产业的数字化与数字的产业化，特别是人工智

① 雷朝滋．智能技术支撑教学改革与教育创新 [J]．中小学数字化教学，2021（1）：5-7.
② 斯宾塞．斯宾塞教育论著选 [M]．北京：人民教育出版社，1997：58.

能的发展，赋予了这个经典问题新的内涵。随着信息技术的发展，生产过程中越来越多的场景，越来越多的活动与技能，甚至是职业逐渐数字化，以至于被人工智能替代，就连诗歌创作这样的活动，人工智能也在与人类一比高下。正如世界银行《2019 年世界发展报告：工作性质的变革》所表明的那样，信息技术的发展需要人们具备新的素质、知识与能力，进而需要重新考虑什么知识是最有价值的知识。虽然机器替代人类的劳动是一个历史发展的必然，但信息技术的发展对教育领域中劳动的替代具有什么特别的规律，仍然是一个时代的课题。问题至少包括：信息社会中的这种替代有没有独特的规律？它的场景条件与边界是什么？有没有人类独有而不能替代的知识与能力？

　　至少到目前为止，学术界对这些问题的回答主要有三个方面：首先，以演绎逻辑为基础的全封闭的场景及其相关的知识与能力，包括相关的职业，是可以被计算机替代的；在这些场景中，知识与能力都是可以被编码或数字化，进而写成程序的。从知识体系的角度看，凡是以演绎逻辑为基础的课程与知识，包括某些常规性的数学计算等等，常常都能转换成适当的程序。其次，建立在大数据基础上，并且以归纳逻辑为基础，或者说，可以通过模式识别和迭代而进行编程与数字化的知识与能力，也是可以被替代的，如某些语音识别软件与人脸识别软件等等。这些知识与能力应用的封闭性场景是有条件的，因而也是有限的。最后，某些不能进行迭代，或者说不能被单纯的模式识别的活动，以及开放性场景中的知识与能力，则常常是不能被数字化或进行编程的，因而也是不能被计算机所替代的。这些活动是非常独特的，包括某些专门性的思考与复杂的交流等，并且常常是独一无二的创新性的活动。① 显然，在信息社会，特别是计算机化的工作场所中，能够为计算机所替代的往往是那些能够被编码或写成程序的活动和相关的知识与能力，或者说建立在大

---

① 参看：Levy F, Murnane R J.The new division of labor: how computer are creating the next job market[M].Princeton: Princeton University Press,2004；陈小平 . 封闭性场景：人工智能的产业化路径 [J]. 文化纵横，2020（1）：34-42，142.

数据基础上，能够被迭代和模式识别的活动及其知识。而不能被替代的则是那些不能被写成有意识的规则的人类的思想活动。从这个意义上说，斯宾塞的问题将转变为，什么样的思想与思维能力是最有价值的思想与思维能力。

第三，教育信息化的社会形态。

所谓教育信息化的社会形态，指的是随着互联网的发展，特别是虚拟现实与虚拟社会的发展，社会形态正在从传统的现实社会发展成为一种网络社会。而这种网络社会对教育，特别是教育活动中的自我认同的实现，产生了巨大的影响，进而形成对教育与人的发展的一种十分严峻的挑战。

网络社会，作为信息时代的社会形态，是在以互联网为核心的信息技术的作用下，人类社会发展的一个新阶段或者一种新形态。对此，美国学者卡斯特（M. Castells）非常明确地指出，"作为一种历史趋势，信息时代的支配性功能与过程日益以网络组织起来。网络建构了我们社会的新社会形态，而网络化逻辑的扩散实质地改变了生产、经验、权力与文化过程中的操作和结果。虽然社会组织的网络形式已经存在于其他时空中，新信息技术范式却为其渗透扩张遍及整个社会结构提供了物质基础。……在网络中现身或缺席，以及每个网络相对于其他网络的动态关系，都是我们社会中支配与变迁的关键根源：因此，我们可以称这个社会为网络社会（the network society）"。而且，他还将网络界定为"一组相互连接的节点（nodes）。节点是曲线与己身相交之处"。他进一步说道："由于网络是多重的，在网络之间操作的符码和开关机制，就变成塑造、指引与误导社会的基本来源。社会演变与信息技术的汇聚，创造了整个社会结构活动展现的新物质基础。在网络中建造的这个物质基础标示了支配性的社会过程，因而塑造了社会结构自身。"[①] 显然，这是一个与以往不同的社会形态。如果说从工业社会到网络社会的发展与以往的社会发

---

① 卡斯特.网络社会的崛起［M］.北京：社会科学文献出版社，2001：569-571.

展有什么不同，那么人们生存环境的变化就是其中十分重要的一个方面。网络社会中信息技术对教育的影响，包括挑战和机遇，并不仅仅只有某些工具和技术的变革，更重要的是社会环境的变化。信息技术发展对教育最根本的意义之一，就在于它改变了儿童和青少年成长发展的环境，甚至是改变了人们的生存环境。以往科技的进步也改变了人们的生存环境，但那种变化更多的是一种物理空间的变化与扩展。网络社会中信息技术所带来的新的环境变化则是一种从未有过的虚拟环境的形成。它极大地拓展了人们成长和生存的思维空间，进而使教育和人的成长过程出现了新的变量。这种环境的变化对教育的影响是非常重要的。因为，人们对自己的认识常常在很大程度上取决于生存的环境，环境的属性和特点时时影响和制约着人们认识自己的途径和方式，即自我认同的机制与途径。对此，杜威在讨论教育的方法是什么时，就非常明确地指出："一般地说，问题的回答就是：依靠环境的作用，引起某些反应。"这种教育环境是非常重要的，因为，"成人有意识地控制未成年人所受教育的唯一方法，是控制他们的环境。他们在这个环境中行动，因而也在这个环境中思考和感觉。我们从来不是直接地进行教育，而是间接地通过环境进行教育"。①

　　这种网络社会作为一种新的社会形态，正构成了教育的新环境，进而成为人们自我认同的新的镜子。因为，人的自我认识与概念恰恰是在与社会环境，包括与他人的互动中形成的。正如美国社会学家库利（C. H. Cooley）所说的那样："在许多情况下，与他人的联系依赖较为确定的想象形式，即想象他的自我——他专有的所有意识——是如何出现在他人意识中的。这种自我感觉决定于对想象的他人的意识的态度。这种社会自我则可以被称作反射自我或镜中自我：人们彼此都是一面镜子，映照着对方。"在这里，别人或社会好像一面镜子。我的自我意识则是我从

① 吕达，刘立德，邹海燕．杜威教育文集：第 2 卷［M］．北京：人民教育出版社，2008：15，23．

别人的心里看到别人怎么看我的。按照库利的说法，"这种自我认识似乎有三个主要成分：对别人眼里我们的形象的想象，对他对这一形象的判断的想象；某种自我感觉，如骄傲或耻辱等"①。显然，在社会这面"镜子"和自我认同的形成过程中，存在着三个非常重要的因素。第一，我对于我自己在他人心目中的形象的想象，即我以为别人看到我是怎样的。例如，我觉得自己在别人的眼中是一个聪明的人，或者是一个诚实的人，或者是一个勇敢的人，等等。这并不一定就是别人真的看到的我，或者就是我在他人心目中真正的形象，而只是我以为他看到的。任何正常的人都会产生这样的想象，而且，这种想象是自我意识形成的基础。第二，我以为别人看到我的这些形象后，我自己会有什么想法，即对于自己上述想象的思考或产生的想法。例如，当我以为自己在别人的眼中是一个怯弱的人时，我自己会产生什么样的想法呢？我会反思自己是不是这样的人，或产生其他的想法，等等。也许这并不真的就是别人有的想法，而是我以为他有的想法。值得注意的是，我对自己在不同的人眼中的形象的想象可能是不同的，由此形成的想法与反思也可能是不同的，甚至是相反和相互冲突的。第三，通过这样的想法和反思所产生的某种感觉，即我对自己是一个什么样的人，逐渐形成了比较稳定和统一的认识，对自己在社会中属于什么类型的人，自己具有什么样的个性，形成了比较一致的认识。这也就是社会心理学和教育学中所谓的"自我认同"和"社会认同"，即"我是谁"的问题。

然而，网络社会中的自我认同却面临着两面非常不同的镜子，一面是现实的镜子，另一面是虚拟的镜子，而人们在其中的表现与得到的反馈往往都是不一样的，由此也就形成了教育活动中自我认同的风险：究竟哪一面镜子中的"我"是真实的？如何将不同镜子中的"我"统一起来，进而实现人的自我认同？这就是教育信息化的社会形态对教育形成的挑战。

---

① 库利.人类本性与社会秩序［M］.北京：华夏出版社，2015：129.

三、教育制度与政治发展

教育制度与政治发展的相互关系具有直接的同一性特点。曾经有人这样说过，国家有什么，学校中就有什么。哈耶克也说道："在多民族的国家中，应当由谁来控制学校制度这个问题，已逐渐成为民族之间摩擦的主要根源。"[①]这也就十分明确地说明教育制度与政治发展之间的关系是十分密切的。

1. 教育制度与政治发展之间的同一性

教育制度与政治发展之间的关系具有非常直接的同一性特点。这种同一性常常通过政治发展对教育制度的某些方面的直接规定而体现出来，包括一定社会的教育方针、培养目标等。与此同时，教育制度本身的各种规定及其实现的状况，也常常直接影响社会的政治发展，包括社会的政治稳定和政治秩序等。这种同一性，一方面表现为在有些国家和地区，执政党与政府直接制定教育的具体制度与各种规定；另一方面，它也可以通过国家有关教育的法律法规非常清楚地表现出来。通过比较可以看到，教育制度往往可以在一定范围内，与不同的或者是混合的经济活动相联系，或者说，可以在一定范围内，和不同的经济活动相对应。因此，教育制度与经济活动之间并不存在直接的同一性；而有什么样的政治体制，就一定有什么样的教育制度，或者说，教育制度必定与相应的政治发展相关联。或者说，教育制度与政治发展在相互适应的过程中，各自调节和变换的范围较小。甚至可以认为，教育制度与政治发展之间相互适应的机制没有太大的弹性，属于一种"硬适应"，而不是"软适应"。

2. 教育制度与政治发展之间关系的基本模式与主要内容

按照结构功能主义的观点，教育制度与政治发展之间相互关系的基本模式是一种手段与目标之间的关系，即通过教育制度的手段维护目标

---

① 哈耶克. 自由秩序原理：下 [M]. 北京：生活·读书·新知三联书店，1997：163.

实现与在整个社会中确立目标及其社会发展中各个目标的顺序之间的相互关系。一般而言，社会的政治发展的主要功能是解决社会发展的基本目标的问题，包括在一定的目标系统中确立优先顺序，并调动社会的各种资源来实现这些目标。而社会的教育制度作为社会潜在的模式维护系统，其主要的功能则在于确保社会系统的各种行动者能够具有一定适当的行为特征，并处理好社会系统中各种行动者本身的各种紧张和各种行动者之间的各种紧张，从而维护目标的实现。

教育制度与政治发展之间相互关系的内容是比较复杂的，一般而言，这种关系既包括政治发展对教育制度的影响和制约，也有教育制度对政治发展的作用。就前者而言，包括政治发展对教育目的的影响，对教育管理的作用，以及对教育财政和人们受教育权的作用；就后者而言，包含了教育对政治民主化的功能，在政治社会化中的作用，等等。这里，重点说明两个方面的问题。

第一，政治发展的结构与教育制度的关系。

这是教育制度与政治发展的关系中最重要的内容之一。一般而言，可以把社会政治结构区分为中央集权和地方分权两种不同的基本结构。与这两种政治结构相适应的是两种不同的教育制度，并由此对教育制度与政治发展的各个方面的关系造成非常重要的影响。与中央集权的政治结构相适应的教育制度也是集中统一的，包括教育的管理体制、教育经费的拨付体制、学校的管理制度、学校的办学制度，以及各种教育的评估和选拔制度等等，它们都是集中统一的。而在与地方分权的政治结构相适应的教育制度下，除了个别事务归中央政府外，地方政府拥有大多数的自主权。当然，中央集权与地方分权的结构在现实中也有各种各样的模式，但是，政治发展的这两种结构一直是说明和解释不同教育制度的非常重要的依据，也是分析教育制度与政治发展之间相互关系的重要方面。这两种结构各有利弊。中央集权的制度和体制有其合理的方面，它有利于整个教育体制的统一性，有助于实现整个国家和地区教育发展的均衡等，特别是在一个社会经济发展不平衡的社会中，中央集权的制度和体制往往能够在一定程度上促进和保证义务教育和基础教育的均衡发展。而地方分权的制度和体制对于促进地方社会经济与教育的结合，提高地方参与教育改革和发展的积极性，以及提高教育管理的效率，等等，都是比较有效的。但是，地方分权的制度和体制也在一定程度上容易造成教育，尤其是义务教育发展的差异。而且，从实际情况看，基础教育特别是义务教育的公共性或外在性，也容易使地方政府出于直接利益上的考虑，而忽视甚至是在一定程度上放弃对地方义务教育和基础教育的责任。所以，政治发展对教育制度的影响往往是多方面的，不能简单或片面地认识与理解。

第二，政治民主化进程与教育制度的关系。

这是教育制度与政治发展关系中的一个非常重要的方面。一般而言，政治民主化包括人们的政治参与和政治整合。随着政治民主化程度的不断提高，人们的政治参与程度也将不断提高。[①] 首先，从政治参与的角度看，社会的个体和不同群体都会对教育提出更多和更高的要求，并通过政治发展获得必要的政治参与的知识与能力，以及更多政治参与的条件，包括更高的学历与更好的教育背景等作为政治参与的资本。而且，由于教育制度与政治发展关系的直接性，人们也会对教育制度提出各种不同的要求，从而使教育制度变得多元化。在现代社会中，教育领域在一定程度上已经成为一种表达政治意愿的场所，或者说教育程度和学历已经成为一种比较重要的政治资本，由此所形成的各种矛盾和冲突将更加复杂，而且对教育的批评会更加尖锐。其次，从政治整合的角度看，随着社会政治参与程度的提高，社会的政治整合也会形成更高的要求。整个社会发展和稳定也要求教育制度本身在模式维护方面发挥更大的作用和功能。由此，教育过去所具有的整合功能也面临着新的挑战。因为，政治参与的广泛性必然带来政治主张的多样性，以及这些多样性之间的差

---

① 阿尔蒙德，鲍威尔.比较政治学：体系、过程和政策 [M].上海：上海译文出版社，1987：41-42.

异和矛盾。甚至可以认为，实现教育的整合功能的模式需要一定的调整和变化。换句话说，政治发展的民主化进程实际上要求教育的整合功能的实现模式从过去的机械的同一性模式，转变为一种能够包含差异和矛盾，甚至是冲突的同一性整合模式。这也是分析和说明现代社会教育制度的变化与改革的各种现象的一个非常重要的依据和角度。

四、教育制度与社会文化

教育本身就是一种文化活动，学校的本质是一个文化机构，由此从根本上决定了社会文化对教育制度具有一种价值观的导向意义。一方面，社会的物质文化决定了教育活动的基本条件与现实形态；另一方面，社会的制度文化包含了教育活动的基本制度，社会的观念文化则通过各种途径影响着教育活动的内涵与形式。其中，价值观的导向是社会文化与教育制度之间相互关系的一个重要体现。

1. 价值观及其对教育制度的影响

价值观是社会文化中十分重要的内涵之一。所谓价值观，指的是人们对社会各种事物、活动，以及自身行为的意义与效益，或者是非好坏等的认识与评价标准，也反映了人们在事物与行为选择中的不同取向与原则。这种价值观主要反映在两个方面：首先是对人生意义的认识与评价，即人活着的意义是什么，人生的目的，以及人生道路的选择，等等。这是社会文化中最根本的问题之一，也是任何人都不得不面对与思考的问题。追问人生的意义与价值，是人的一种宿命。其次是职业价值观，即人生价值观在职业选择中的体现，反映了人们对不同职业的看法与评价，以及对不同职业目标的追求和向往。这种职业价值观也是社会文化中非常重要的内涵之一。自不待言，人生价值观与职业价值观都是教育制度中非常核心的问题，也是教育的主要内容。不同的价值观与价值取向直接影响和决定了教育制度的目标与特点，并且对教育活动中人们的选择形成了十分重要的导向。例如，社会文化中的功利性直接影响职业教育的发展。人生价值观中的集体主义与个人主义、社会本位与个体本位则常常成为教育制度中非常不同的价值取向。

社会文化中的价值取向对教育制度的影响主要有三种不同的类型。首先是市场需求所体现的价值取向对教育制度的影响。市场的供求关系及其变化非常直接地制约着教育制度的某些具体内容，包括学科、专业与课程知识的变化与发展。更重要的是，这种市场需求常常影响人们对教育活动的各种选择。而教育制度的具体内容也常常能够通过市场需求及其变化得到说明与解释。其次是市场需求的变化周期与发展趋势所体现的价值取向对教育制度的影响。显然，市场需求常常是变化起伏的，但这些变化起伏往往是有内在规律的。这种规律也反映了价值观的变化。有关市场需求的变化周期与发展趋势的认识与判断，对教育制度的影响是非常关键的。因为，教育制度往往反映了人们对社会发展及其人才需求的一种长远的预期与委托，教育发展的规划常常是根据人们对这种市场需求的周期与趋势的认识与判断而制定的，它也表现为教育制度中课程标准的研制与评价取向。最后是人的本性的内在需求所包含的价值取向对教育制度的影响。这种人的本性就是人的初心，是社会中最根本的价值取向。它决定了市场需求及其变化周期与发展趋势，由此所形成的价值观将从根本上制约教育制度的内容与形式。它从整体的意义上说明教育制度是为谁服务的，它的基本体系与特点，以及如何建立等一系列根本问题，因而也是人们认识、分析与解释教育制度非常重要的出发点和根据。

2. 价值塑造与身心发展

社会文化中的价值取向对教育制度的影响，以及教育对学生价值观的培养，是以人的身心发展规律为基础与根据的，因此，在教育制度中强调价值塑造是符合教育规律的。从发展心理学来看，儿童与青少年学生在成长过程中具有一种非常内在且十分迫切的对价值塑造与引领的需求。他们的所谓"幼稚""懵懂""年轻"等特征，按照学术性的话语表达，反映了他们与成年人比较，还没有获得某种稳定的社会角色，还不是一个现实性的存在，而只是一种可能性的存在。这种可能性对他们而言，无疑是一种巨大的优势，因为虽然他们目前什么也不是，但将来什么都可能是。而这也是他们之所以获得社会青睐的原因。但毋庸置疑的是，这种优势同样也是他们成长过程中的风险。因为，如何在自己发展的诸多可能性中进行合理的选择，使之转变为一种适合自己本身特质，同时也符合社会要求与发展趋势的现实存在，对他们来说，真的是一个极大的挑战。而且，随着社会的进步与发展，儿童与青少年学生的成长与发展空间越来越大，选择的机会越来越多，由此而来的风险也越来越大。实事求是地说，社会文化中的价值取向往往是鱼龙混杂、泥沙俱下的，有些甚至是光怪陆离的。儿童与青少年学生能否在这些诸多的可能性中进行合理的选择，是他们成长中的一个非常严峻的挑战，因而也是需要引导和帮助的。这恰恰是教育制度的责任。

从教育制度的角度分析，这种价值塑造的责任至少表现在三个方面。首先是帮助和引导学生科学地认识社会发展的主流与趋势，能够顺势而为。"时势造英雄"强调的正是认识与把握社会发展趋势的重要性。这种对社会发展趋势的认识与把握包括对市场需求以及变化周期的认识与把握，更重要的是对人的初心或人性的洞察与理解。这也是教育制度的设计与改革的重要目标与依据，特别是学校课程体系与标准制定的重要基础。其次是引导和帮助学生认识他们自己，即实现儿童与青少年学生成长过程中的自我认同。坦率地说，教育或学习当然应该教学生认识自然界与社会等外部世界，但更重要的是引导和帮助他们认识自己。而且，这种自我认识往往是更难的。其实，每个人都有一个自己生命的核心，它是个体灵魂中最敏感的地方，也是个体精神上的"痒处"。认识自我，最重要的就是能够把握住这个核心，能够挠到这个精神的"痒处"，由此便能够最大限度地激发人的积极性与创造性，以及学习和发展的热情。[①]最后则是将儿童与青少年学生对社会发展趋势的认识把握与自我认同结合起来，将个体的需求与社会的要求协调起来，在社会发展趋势中找到

---

① 王兴国．中国近代思想家文库：牟宗三卷 [M]．北京：中国人民大学出版社，2015．

自己的位置与空间，形成两者之间的交集，由此将自己发展的诸多可能性转化为合理的现实性，进而真正迸发出生命的活力。这也是教育制度对社会文化的贡献，是价值塑造的重要机制。

第三节　学校教育制度的社会透视

学校教育制度简称学制，是一个国家和社会中基本与正规的教育制度。这是国家根据教育方针、政策，对各级各类学校的任务、学习年限、入学条件等所做的规定。它是教育制度的主体，也是教育制度的核心内容。一般而言，学制常常包括各级各类学校的入学标准、学习年限与课程要求、不同类型学校之间的关系、不同层次或学段之间的衔接等。有时，学制还涉及一个社会中学校的结构及其设置原则、内部结构和运行机制，以及学校本身的基本制度，等等。简单地说，学制反映了一个国家或社会教育活动的基本秩序。

一、学制的主要内容

学制的内容是一个国家与社会教育制度非常具体的体现与展示，反映了教育制度的基本方向与主要内容，体现了教育制度的秩序安排与基本特点。根据中国教育的历史与现实，学制的主要内容有以下几个方面。

1. 学制的等级秩序

所谓学制的等级秩序，指的是学制中的不同层级及其关系。中国在历史上很早就对学校教育的等级秩序有非常明确的规定。在古代，中国有四类学校，即塾、庠、序、学。前三者为中小学，其后则为大学。学生从前三者毕业以后，便进入大学。"古者家有塾，党有庠，州有序，国有学。由州序以下，则中小学校也，举出于其乡者，始入于国学。所谓升于司徒，称为俊选，乃大学校之士也。"[①] 随着社会与教育的发展，学制中的等级或层次愈加丰富与复杂，包括学前教育、大学后的研究生教育等。另外，关于学制中的等级秩序，也有不同的分级方式，如基础教育与高等教育等。而等级秩序中的具体内容也可能不同，如基础教育中的等级秩序，就可以有小学、初中与高中，或者是九年制学校与高中，等等。影响学制等级秩序的重要因素是人的身心发展规律。例如，将学前教育和高中教育纳入义务教育的范围就是不合适的。因为，人的身心发展存在着统一性与差异性的矛盾。在儿童早期发展过程中，应该更多地尊重儿童本身成熟的阶段性需求，而不能简单地按照统一的要求进行管理；而在高中阶段，学生的发展有了越来越多样化的取向与需求，也不能简单地按照某种统一性的要求进行教育教学。这里的主要误区是将义务教育等同于免费教育。根据国家经济的发展水平与财政的状况，当然可以扩大免费教育的范围，包括学前教育与高中教育，甚至是大学本科教育。但是，义务教育并不等同于免费教育，它的实质是根据国家的要求，对教育教学内容进行统一的规定，是一种强制性教育。而这种统一的强制性的要求并不能充分体现和适应幼儿与高中学生的身心发展规律。由此可见，学制的改革必须充分尊重个体身心发展的基本规律。

2. 学制中课程的内容与体系

课程内容是学制中非常重要的方面。不同学段的课程内容是不同的。例如，在中国古代社会中，小学低段（大致为"塾"）的课程内容以启蒙为主，"课程学期俱简，农事毕登，余子皆入学是也，一年凡三阅月而毕业，其年分无明文可考，大率课程及格，始升于庠"[②]。所谓小学的高段，也就是过去的高小。此时的课程内容则逐渐走向专门化，如中国古代社会"其学课则习射、习御、习舞"等等。而且，这些义务教育的课程内

---

① 王东杰，陈阳 . 中国近代思想家文库：宋育仁卷 [M]. 北京：中国人民大学出版社，2015：129.

② 同① 130.

容都是规定性的。到中学以后，则出现分科性的课程，专门化水平日益提高。

一般而言，在基础教育阶段，课程内容主要包括社会成员所需要的普通知识与一般能力，它强调的是对人的培养；而高等教育阶段的课程内容更加强调和注重专门化知识与能力的学习与传授，它强调的是对专业人员的培养与训练。当然，这种差别也常常根据不同国家与地区学制中的分流时间而有所变化。分流时间比较早的学制中，专门化知识与能力的教学往往会更早一些，反之亦然。更重要的是，学制中不仅规定了课程的内容，同时也对课程内容的体系提出了相应的要求，例如，德智体美劳全面发展的要求，通识教育与专业教育相协调的要求，重视基础与创新的要求，等等。需要特别强调的是，学制对课程内容的规定具有十分明确的方向性，即体现正确的办学方向以及社会的要求与学生身心发展的规律。

在学制的课程内容与标准的制度安排中，高中教育的课程体系是一个非常重要的问题。这也是学制系统中高中教育的定位所决定的。从中国教育历史发展的角度看，根据高中教育与高等教育之间的衔接关系，高中教育可以有三种不同的定位以及相应的课程标准。

第一阶段，控制型定位。控制型定位的特征是高中教育和高等教育都是精英型的，其特点是高中的招生规模和大学的招生规模都非常小，占适龄人口的比例也非常小。这个阶段的高中学生绝大多数都准备进入大学继续深造，高中教育的主要目的就是为大学输送学生，因而高等教育对高中教育具有一种全面的主导作用，高中的课程、教材、教师培养等基本上受大学控制。这种控制关系成为该阶段高中教育标准的主要依据。

第二阶段，选拔型定位。顾名思义，其特征就是选拔性。这个阶段高中的招生人数大幅度攀升，高中教育逐渐走向大众化阶段；但高等教育的毛入学率始终徘徊在个位数，具有精英型的教育的特征。由于高中毕业生的数量远超大学招生规模，只有少数高中毕业生能够获得进入大学学习的机会，大多数高中毕业生必须走向社会和工作岗位，因此，这个阶段的高中教育可以定位为一种终结性教育。而这种选拔关系也成为这个阶段高中教育课程标准的主要依据。

第三阶段，共生型定位，即高等教育走向大众化与普及化，高中和高等教育的招生规模逐渐达到同步的状态，高等教育逐渐从精英型的教育走出来，发展成为大众化的教育以至普及化的教育。普通高中毕业生大多数都能获得上大学的机会，相当多的职业高中毕业生也可以在高等教育领域继续他们的学业。由于大多数高中毕业生有机会上大学，这个阶段的高中教育可以定位为预备性教育，由此也决定了高中教育的课程标准与基本内容。

3. 教育的类型与分流

教育或学校的类型与学生发展过程中的分流，是学制中特别重要的内容。这既反映了社会对教育以及不同类型人才的要求，也符合个体发展本身的内在需求。

第一，学校的类型。

学制需要对一个国家或社会中教育与学校的类型进行明确的规定，包括普通教育与职业教育，以及不同的学科与专业，等等，这些与学制中的层次或等级秩序具有非常密切的关系。在中国古代社会，"凡在学皆为士，而由国学与乡学分途。国学为大学，其在大学考成者，始进于朝；其在中小学卒业者，乃安于亩。进于朝则士从公、卿、大夫之后，谓之四选；安于亩则士居农、工、商之首，谓之四民。由大学而上，论于司马，始以预备百官之选；自中学校而下，掌于乡吏，乃以养成万民之格。备官材之数少，而成民格之数多"①。在现代教育体系中，学制中的学校类型往往是非常复杂的，而且日益呈现出一种分化与融合的态势。这种分化与融合的态势表现为，不同类型学校之间的界限越来越模糊，不

---

① 王东杰，陈阳.中国近代思想家文库：宋育仁卷 [M].北京：中国人民大学出版社，2015：129.

同学科与专业也出现了相互渗透的现象，甚至传统意义上的公立学校与私立学校的边界也变得不清晰了。例如，在基础教育中，尽管传统的"六三三"学制现在仍然存在，但小学与初中一体化的九年制学校也逐渐发展。在职业教育的制度安排里，不仅有短期的证书培训和学历型的职业教育，还可以有具有职业取向的普通教育等等。

第二，教育中的分流。

分流是学制中十分关键的一种制度安排，它关系到受教育者在人生发展过程中的选择与取向问题，而且是学校教育本身筛选功能的具体实施机制。所以，分流的时间节点与机制往往是反映一个学制特点与合理性的重要标志。从时间上看，现代社会学制中的分流通常有两个非常重要的节点。首先是从初中到高中的分流，这也常常是从义务教育向非义务教育过渡阶段的分流。一般而言，学制中普通教育与职业教育的分野往往也是在这个时间节点发生的。其次是从高中到高校的分流，这也是从基础教育向高等教育过渡阶段的分流。它体现了从一般社会化到结构社会化的过渡，即从一般的公民教育向专业教育的过渡。不同国家学制的差异之一也往往反映在这种分流的时间节点上。从机制上看，现代社会学制的分流机制常常具有两种不同的形态。其一是较具刚性的分流机制，即学生选择了一定的教育轨道以后，则很难进行调整与变换，以至于分流过程中的成本很高，甚至产生相应的教育风险；其二是较具弹性的分流机制，即分流机制中具有比较大的调整空间，不同教育轨道之间也是可以交互和融合的。实事求是地说，为了尽可能降低分流的成本与减少风险，这种弹性化的分流机制更加适合个体与社会发展的需要。

在学制系统的分流制度安排中，高中教育的分流是一个非常敏感的话题。换句话说，高中教育的结构中普通高中与职业高中的比例究竟如何才是合理的，已经成为一个非常重要的理论与现实问题。实事求是地说，高中教育的分流不仅是一个教育问题，更是一个社会问题。一方面，高中教育的分流受到一个社会高等教育结构的影响。特别是在高等教育进入普及化阶段以后，高中教育本身从传统意义上的终结性高中教育转变为预备性高中教育以后，无疑应该更多地考虑为高中学生接受高等教育做准备。即使是高等职业教育，实际上也非常需要普通教育与基础性的知识。当然，终身学习的发展也是影响高中教育分流的重要变量之一。另一方面，这种分流也是由社会经济发展对人才的需求特点所决定的。信息社会的发展，尤其是数字经济与智能化社会的发展，以及产业升级对终身学习的要求，已经对人的基础性知识与一般性能力提出了越来越高的要求；人的思维能力的发展，包括创新能力的提高，已经成为时代发展的必然要求。从这些角度看，进一步改革高中教育分流的制度安排，包括设置更多的综合性高中，完善学制中不同轨道的融合机制与"立交桥"，以及适当推迟高中教育分流的时间节点等，都是可以考虑的选项。

学制中的分流机制反映了一个国家或社会教育制度的基本特点，也是教育与社会之间相互影响的重要形态。同时，它也是教育改革发展的重要内容与难点之一。

4. 规定各类人才的基本规格

学制不仅仅反映一个国家或教育系统中学校教育制度的各种形式问题，而且还包含了对各类人才的基本规格的要求与规定。陶行知先生将学制比拟为盖房子的图纸，他认为，"学制是一种普遍的教育的组织。他的功用是要按着各种生活事业之需要划分各种学问的途径，规定各种学问的分量，使社会与个人都能依据他们的能力，在各种学问上适应他们需要。照这样看来，学制所应当包含的有三种要素：（一）社会之需要与能力　各种社会对于学问上之需要，有同的，有不同的。他们设学的能力，有大有小。（二）个人之需要与能力　各种学生对于学问上之需要有同的，有不同的。他们求学的能力，有大有小。（三）生活事业本体之需要　各种生活事业在学问上所需之基础有同的，有不同的。他们所需的准备的最低限度有大有小；这种基础与准备之伸缩可能，也有大小之不同"①。这种

---

① 陶行知 . 评学制草案标准 [M]// 董宝良 . 陶行知教育论著选 . 北京：人民教育出版社，1991：95. 这个学制草案指全国教育会联合会 1921 年在广州议决通过的学制草案，亦称新学制草案。

对人才规格的规定反映了社会经济发展对教育的要求，也成为一个国家学制改革的主要根据。

在现代社会与教育中，学制系统中各类人才的规格已经发生了非常大的变化。可以说，这种人才规格的变化主要反映在两个方面：首先，在基础教育中必备品格的培养成为核心素养的重要内涵。它在基础教育的不同阶段表现为不同的要求，简单地说，在学前教育阶段，它表现为天性的发挥与对不明智行为的约束；在小学教育阶段，它表现为形成一种积极的自我概念和自信心的发展；在中学阶段，则表现为自我认同的初步形成，等等。立德树人成为教育的根本任务。其次，在高等教育中，立德树人的任务则体现为价值观的塑造，并且这种价值观的塑造已经超越能力培养与知识传授，成为高水平创新人才培养体系的首要标志。

二、学制的主要功能

一个国家或社会的学制对整个学校教育的体系与制度安排具有非常重要的意义。它不仅能够为学校教育的办学方向、培养目标以及办学方式规定基本的方略，而且能够为学校教育与个体的个性化发展提供制度化的合理空间。

1. 维护学校教育的统一性

一个国家的教育必须具有统一性的要求与标准，这是学制最重要的功能。这种为整个国家的学校教育制定的规范主要表现在三个方面，即为谁办教育、办什么样的教育，以及怎样办教育。这是学制建设与改革的基本要求。

第一，规定学校教育的办学方向。

学制的功能首先是规定了学校教育的办学方向。这是所有国家和社会的学制的基本功能。它回答了为谁办教育、学校教育为什么人服务的根本问题。这种要求在学制系统中常常是由国家的教育法律所明确规定的，并且具体体现在教育方针中。尽管这种规定可以有直接与间接，或者是显性与隐性的不同形式，但都是客观存在的。一般而言，这种办学方向的规定性首先表现为为人民服务，即将人民群众对高水平教育的追求与期望作为办学的基本取向；其次是必须为现代化建设服务，培养社会发展所需要的人，就是培养社会发展、知识积累、文化传承、国家存续、制度运行所要求的人。所以，古今中外，每个国家都是按照自己的政治要求来培养人的。

第二，明确学校教育的培养目标。

学校教育的培养目标回答的是培养什么样的人的问题。对学校教育所培养的人才的基本规格与质量要求的规定是学制中十分重要的内容，也是学制非常关键的功能。这种对人才培养目标与规格的规定能够从整体上引导学校教育的运行，规范对教育与人才的评价，调整与优化教育机构的基础，并且成为制定各种教育制度与政策的基本依据。任何国家的学制都会以各种不同的方式规定学校教育的培养目标与质量要求，并且在教育法律法规中明确表达。德智体美劳全面发展的社会主义建设者和接班人是中国学制对学校教育培养目标的基本规定。

第三，明确学校教育的办学方式。

学校教育的办学方式回答的是如何培养人的问题。这也是学制的基本内容与重要功能。它关系到办学方向与培养目标能否有效实现，涉及办学中协调各类矛盾与相关因素之间关系的指导原则与基本思路，以及提高办学水平与人才培养质量的途径与道路。它对于学校教育课程体系的建设、资源的配置，以及教育的评价等，都具有非常重要的指导作用。首先是在协调德智体美劳五育之间的关系中，突出强调德育的重要性，将落实立德树人的根本任务作为学校办学的基本要求；其次是强调学校教育必须与生产劳动和社会实践相结合，包括在人才培养中紧密联系经济、社会、科技、文化发展的现实。这也是教育规律的基本要求。

2. 为学校教育的个性化留空间

学制的功能并不仅仅是为一个国家的教育活动提供统一性的规范性要求，而且它也能够为学校教育及人的个性化发展留有制度化的合理空间。这种个性化取向也是学制建设与改革的重要取向。

　　个性化的发展是反映一个国家学校教育质量与办学水平的重要取向之一。缺乏个性化的学校教育难以真正培养出高质量的创新人才。所以，学制的建设应该充分考虑这种人的个性化发展的要求，并且在制度设计上为其留有合理的必要空间。这种学制系统的个性化发展空间主要表现在以下三个方面。

　　第一，地方教育发展的自主权。

　　学制系统中个性化发展的制度空间首先表现为地方教育发展的自主权。这是现代社会多元化发展的要求，也是地缘教育发展的内在需求。这种地方教育发展的自主权涉及人才培养目标的具体内涵、地方课程与本土课程的建设、地方文化传统与环境特点的约束，以及地缘政治的特点，等等。这种地方教育发展的自主权可以有两种基本形态：其一是根据不同层次的教育进行分权，如将基础教育的管理权限交给地方，作为地方教育的自主权，而高等教育则全部由国家统一管理。其二是根据国家政体进行分权，即教育发展的基本权利由各个相对独立的地方（如州）政府管理，而某些涉及整个国家的教育权限则由中央政府管理。

　　第二，学校教育发展的自主权。

　　学校本身所具有的办学自主权，也是学制系统中个性化发展的制度空间的重要内涵。这里，包括义务教育的各级学校，但更主要的是非义务教育的各级各类学校。办学特色是一所高水平学校的基本特征之一。这种特色是学校办学历史的积淀，也是学校文化的凝练，还是学校非常重要的办学资源。而这种办学特色必须以学校的办学自主权为基础与保障。因此，学制的建设应该为学校教育的办学自主权留有合理的空间，并且充分保障学校教育的办学自主权。

　　第三，个人教育发展的选择权。

　　一个国家的学制还应该充分保障个体在接受教育时的个人选择权，这也是学制的必要内容与基本功能之一。教育是国家的事权，受教育是个人的权利。在个人接受教育的权利中，除了义务教育阶段之外，他或她拥有选择不同教育类型的权利，也拥有根据一定的政策，选择在不同时间、不同地方接受教育的权利，包括接受教育的不同路径与方式，以及在学校中选择不同课程的权利。随着终身学习与数字化教育的发展，这种个人教育发展的选择权将具有越来越重要的意义。这种个人教育发展的选择权与学制的统一性并不是矛盾的，它们可以是协调的，也是相得益彰的。这种协调性是学制的重要功能，也是学制建设与改革的重要内容。

第 | 九 | 章

教育结构的社会张力

　　教育结构作为教育活动的结构化形态，是教育社会学研究的视角之一，也是教育质量的重要指标之一。任何教育现象和教育活动都呈现出一定的结构形态，反映了特定社会的教育发展水平及特点，也在一定意义上反映了特定社会中教育要素之间的各种联系。所谓教育结构的社会张力，指的是教育结构的内在关系与矛盾，以及各种构成因素之间的相互关系。如果说教育制度反映的是教育活动的规范性和统一性，那么，教育结构则是从总体上反映了一定社会的教育资源配置。因此，分析和研究教育结构的社会张力，对于教育研究与实践都具有十分重要的意义。

第一节　教育结构的一般含义

教育结构作为教育社会学的基本内容，是认识与分析教育活动的重要视角。由此，把握教育结构的基本概念、内在矛盾，以及主要类型等，是非常必要的。

一、教育结构的概念与内涵

明确教育结构的含义和基本特征，是掌握结构分析思路、分析教育结构的前提。教育结构的基本内涵是教育系统内不同要素之间的相互关系，具有整体性、客观性、稳定性和建构性的特点。

1. 教育结构的含义

对于结构，不同的学科有不同的表达方式。在数学中，它指的是事物的量的关系和空间形式；在物理学中，它指的是物质的普遍存在方式；在生物学中，它指的是有机体的内部组织结构。从一般的意义上看，人们在谈到结构时，通常把它与某种构造形式或内部的关系系统等联系在一起。在社会学及相关学科中，"结构"却是一个含义非常广泛的概念，并且在结构功能主义、结构主义、后结构主义等理论旨趣大相径庭的学说中具有不同的意义。① 孔德、斯宾塞、涂尔干、布劳、帕森斯等结构功能主义学者普遍认为结构是一种由许多部分构成的更大整体的聚集模式，类似于有机体的解剖构造，帕森斯称其为"总体社会系统"，布劳称其为"社会关系的总和"。这里的结构被看作社会关系的网络模式，功能则表明了这些内在网络模式的实际运行效果。在结构主义理论中，"结构"

---

① 约阿斯，克诺伯.社会理论二十讲 [M].上海：上海人民出版社，2021：306-309.

不仅是功能主义者所说的经验实体或社会现实，而且是经验实体之下存在的一种"深层模式"，社会结构成为一种人们心中内在的、形塑表面现象的建构力量，或"逻辑组织"、普遍隐藏的法则，或无意识的模式等。结构主义和功能主义的共同特征是，它们都强调社会整体相对具有至高无上的地位。当然，后结构主义或解构主义对结构的客观实在性也存在不同的看法，结构主义内部关于结构内部的关系也有不同的观点。所有这些，都为认识教育结构及其特点与张力提供了各种角度。

所谓教育结构，指的是教育活动的各种要素及其相互关系根据一定的原则和理念所形成的系统，反映了一定的社会秩序和价值取向。一个社会的高等教育、中等教育、初等教育以及职业技术教育等不同教育类型和层次，按照一定的比例而构成的教育结构，正反映了经济社会发展、科技文化与历史积淀对教育的要求，以及教育系统自身的秩序与价值取向；而高等教育内部不同学科、不同专业按照一定的比例所形成的系统，体现了社会对高等教育目标和功能的需求，以及高等教育自身发展的秩序和价值取向。教育结构与其他社会结构一样，具有以下几个特点。

第一，整体性特点。教育结构中的各个要素或部分总是相互关联的，并且处在整体的相互关系之中，而它们的意义与价值在一定程度上也是由这种整体性所决定的。教育结构的整体性特点是反映和评价教育整体质量和发展水平的一个非常重要的指标。教育评价中人才培养的质量、教师队伍的建设等等，都与结构存在非常直接的关系。对一个国家的教育进行评价和分析时，它的整体结构则是一个非常重要的指标。这种结构性特点从整体上反映了一个教育体系与社会经济发展的关系，以及它在满足人民群众对教育的不同需求方面的基本状况。所谓教育体系的合理性，主要指的是它在结构上的合理性。而教育体系在结构上的落后，即整体结构的不合理，是一种比某些具体教育指标落后更加危险和可怕的事情。所以，调整和不断优化教育结构是教育改革的重要任务。

第二，客观性特点。教育结构是客观的，对于人们的教育活动具有一种必然的制约和影响。教育结构的客观性具有一种社会实在性的特点，它是通过人们有目的的活动而形成的，体现了某种社会的群体利益，是不以个人利益为转移的。这种有目的的建构活动本身是建立在客观的教育活动基础之上的，而且是社会历史和教育发展的产物。因此，教育结构的客观性受两方面因素影响：一方面受外部社会经济发展的制约；另一方面是内在地受到教育活动的规律，特别是教育结构本身发展的规律的决定。对于后者的认识非常重要，仅仅从外部社会经济的影响认识教育结构的变化和发展是不够的，甚至是有危险的。因为外部影响的不确定性，以及由此造成的教育结构的变化无常和不稳定性，反而会造成教育结构的随意性，其结果恰恰是否定了教育结构的客观性。所以，坚持按照教育活动和教育结构的内在逻辑与规律去调整和完善教育结构，也是保证和体现教育结构的客观性的重要方面。

第三，稳定性特点。教育的历史形态及制度等常常随着社会历史的变化，特别是随着社会形态的变化和社会生产力的发展不断调整。相比之下，教育结构具有一定的稳定性。从某种意义上说，教育结构的形态并不直接与特定的社会历史形态或教育的历史形态相联系。它可能在教育的社会历史形态发生变化之后仍维持原来的特征。例如，高等教育内部的各种学科和专业之间的结构关系，便常常在不同的教育历史形态中保持了相对的稳定性，这种稳定性也从一定角度反映了教育结构本身具有一定的独立性。这种独立性正是教育结构内在逻辑的体现。

第四，建构性特点。教育结构比其他社会结构具有更强的建构性特征，更多地反映了人们的价值观念和教育理念。这一方面是由教育活动在社会结构中的地位所决定的，因为教育活动的主要功能是维护社会统一与和谐，所以不得不受到人们主观意识和目标的制约；另一方面，教育活动本身所具有的指向未来和接受社会预期委托的特征也使得其不得不在更大程度上超越一定的现实而按照人们的愿望进行构造。这也是研究教育结构的意义所在，是分析教育结构与社会结构的相互关系的基础。教育模式虽然也是现实教育活动的概括和总结，但主要是从一定的教育理想和价值观念出发的，因而具有更加强烈的价值取向，体现了不同的目标选择。而教育结构本身却具有直接的现实性，是一种现实的客观存在。

2. 教育结构的内在矛盾

教育结构的核心矛盾是指教育结构中整体与个体孰先孰后的矛盾，以及何者具有结构上的优先性。这是分析教育结构的重要视角，也是长期以来教育社会学争论的焦点议题之一。实际上，教育结构的内在矛盾也是"结构"与"能动性"这一当代社会学理论的核心议题在教育活动中的表现。

整体主义取向的结构观点认为教育结构是一种整体，整体的重要性和优先性高于个体，结构的整体性决定了个体的行为特征，并且成为个体相互结合和相互作用的根据。持这种取向的结构主义和功能主义都承认教育结构独立于个体的意识之外，具有客观实在性，能支配个体的行为，具有强制性。在教育社会学奠基人涂尔干看来，个体的思维结构反映了社会关系的物质结构，个体的认知、信仰与社会结构紧密联系，个体的精神力量能否发生作用受社会结构的影响和规约。因此，具有客观实在性和整体性的教育结构应该在逻辑上优于个体的行为，个体的行为主要是由整个结构塑造的。

个体取向的结构观点则更加强调行动者的能动性，将个体看作具有理性选择能力的"能动者"，所谓的社会和社会结构则是通过人们所做的各种利益选择和决定来生成和维系的。持这种取向的解释学传统强调个体的意义、价值和行动，认为社会就是相对稳定的个体互动模式的总和，"社会结构被看做是由社会关系自身所组成，也就是被理解为行动者和他们的行动之间的因果联系和相互独立性以及他们所占据位置的模式"[①]。按照这种观点，教育结构的客观实在性取决于个体行为的客观性，个体行动者的重要性被突出，人们不再被视为只是教育结构中的棋子，而是具有理性选择的能动者，教育结构乃至整个教育体系都是通过人们所做的

---

① 洛佩兹，斯科特. 社会结构 [M]. 长春：吉林人民出版社，2007：4-5.

种种利益选择逐渐形成和延续的文化产物。因此，教育活动中的个体具有绝对的优先级，个体的行动和个体之间的互动具有影响甚或是改变教育结构的能力。

整体和个体的这对张力在各种学术发展脉络中都有所体现，符号互动论的"衣阿华学派"和"芝加哥学派"之间的争论就是典型代表。以库恩为代表的衣阿华学派在解释人类行动时，强调人的客体性，认为通过社会化亦即教育的过程，人类掌握了对自己较稳定的一套态度和意义。人们通过界定自己的角色和限定被置入社会情境中的客体，使核心自我塑造和限制他们解释情境的方式。人类个性是由此被建造起来的，且较为稳定，它使人类行为具有持续性和可预期性。以布鲁默为代表的芝加哥学派则强调人的主体性，认为人对社会客体的作用应依据该客体对他的意义，社会客体的意义来自社会互动，而意义则是在解释过程中获得和改变的。社会互动是符号的直接沟通，人能够设想他人或群体如何评价个人，即能够通过扮演经过概括化的他人角色，并相应地解释情境来决定自己的行为。①

教育结构的社会张力的实质是教育活动中主体与客体、行动与结构之间的关系与矛盾，这也是教育学，乃至整个社会科学理论的核心问题。历史上许多思想家常常是从两极中的一极去提出并试图解决上述问题。他们或者强调社会结构作为整体对个人及其行为的决定性制约作用，而把个人淹没在社会结构之中，或者相反，认为个人才是社会的唯一的构成要素，他们的行为、理性、动机和信仰等，是解释社会构成及其变迁的真正因子。正如本书第二章关于研究视角的分析中所提出的那样，伯格便是从个体的角度分析这种相互作用的。而帕森斯等社会学家则是从社会结构的角度对这种相互作用进行分析的。在这方面，英国社会学家吉登斯的结构化理论做了比较好的分析。根据他的结构二重性理论，社会结构既是由人类的行动建构起来的，同时又是行动得以建构起来的条

---

① 特纳.社会学理论的结构 [M].杭州：浙江人民出版社，1987：401-427.

件和中介。他认为，社会理论所要解决的，不是像决定论（例如结构主义和功能主义）所以为的那样，社会结构如何决定了人们的行动，也不是像阐释社会学或现象学所宣称的那样，人们的各种有目的的行动本身如何构成了社会。在他看来，社会理论要研究的是，行动是如何在日常的环境条件下被结构化的，与此同时，行动的这种结构化特性又是如何由于行动本身的作用而被再生产出来的。显然，吉登斯的这种结构化理论对于分析教育结构的社会张力是非常有启发的。

　　德国教育学家赫尔巴特则用"可塑性原则"和"主动性要求原则"之间的辩证关系来锚定这种调和机制。他说："为了澄清如何学会未知的东西，使得学习过程既不被他人意志决定，又不听凭学习者的随意性，就必须更准确地把握主动性要求原则与可塑性原则的辩证关系。"① 可塑性对于赫尔巴特来说不是天资决定人的确定性，而是道德意志的可塑性。可塑性是教育互动的原则，是一种相对原则，它把教育实践作为个体的、主体间的和代际的实践，拒绝把教育行动降格为仅仅是完成由天资或环境决定的影响。主动性要求原则与可塑性原则密切相关，意指受教育者通过教育互动真正地被要求参与自己的教养过程，通过这种主动性，受教育者才能在可塑性原则意义上找到自己接受和自发的肉体性、自由性、历史性和语言性的确定性。"我们如果把行动者同时为其活动的主体和客体的第一种活动称为思维活动，把行动者的活动对象与他本身不同的活动称为世界活动或行为，那么可以说主动性要求原则所努力争取的有两个方面：它试图激发思维活动和世界活动以及世界活动和思维活动的相互作用。"② 值得注意的是，主动性要求原则不是直接指向受教育者的思维活动和世界活动，而是试图促成思维和行动者主体自身的思维与行动及其相互作用。

---

① 本纳．普通教育学：教育思想和行动基本结构的系统的和问题史的引论［M］．上海：华东师范大学出版社，2006：62.

② 同① 64.

在协调结构与个体、社会与个体之间的矛盾时，中国教育传统的特点是"反求诸己"，即通过对自身的认识、自律与自我修养等等，达到与社会的一致和协调。《道德经》中所谓"知人者智，自知者也""胜人者有力，自胜者强"，就是在强调自我认识和自我控制的重要性。中国的传统教育正是通过格物致知、诚意正心、修身这样的教育和学习活动启发人的自觉，增强人的自律，再将这种个体的修养推广到社会公共事务中，进而达到治国、平天下的君子之治。这既是中国的大学之道，也为困扰西方社会和教育一个多世纪的结构和个体、社会化和个性发展之辩提供了中国智慧。

二、教育结构的类型和基本内容

现实的教育结构常常表现出不同的类型与内涵，它们从各自的角度呈现出教育结构的特点与形态，也形成了自身的取向，由此成为认识与分析教育结构十分重要的视角。

1. 教育结构的主要类型

教育活动中的各种要素都可以在不同的层次和系统中分别进行分析，换句话说，都可以被纳入不同的结构中进行理解。一般而言，这通常是在两个层次上进行的，即实体性的结构和规范性的结构。由此，也形成了对教育结构进行描述和研究的两个基本角度。

第一，实体性教育结构。

实体性教育结构指的是由一些具有实体性的结构要素与基本单元，如学校、教师、学生，以及其他各种看得见、摸得着或直接感受得到的要素和单元所构成的教育结构。它充分反映了教育结构的客观现实性，是分析教育结构的最基本的和最主要的方面。一般而言，这种实体性的教育结构主要表现在以下两个方面。

首先是教育的各种实体性要素组成的教育结构。这里的"实体性要素"主要指的是教育活动中的各个单个要素，如学校、班级、教材、教师等。它们按照一定的规则和秩序分布在不同的时空之中并结合在一起。

尽管这些单元实体本身具有相对独立的意义和内涵，但是这些意义与内涵只有基于结构才是现实的。

其次是各种教育要素作为结构实体而组成的教育结构。这里的"结构实体"主要指的是，一方面上述各种单元实体本身具有一定的内部结构，因而也是作为一种结构实体而存在的；另一方面，各种教育要素又可以通过其他不同层次的教育活动的内在规则和顺序进行配置，从而形成一定的子结构。例如，高等教育、职业技术教育、师范教育、基础教育等都具有一定的自身结构，同时又存在教师结构、学生结构、地区结构等。所谓一般的教育结构，通常是指这些教育的结构实体的组合与联系。

实体性教育结构反映了教育资源的配置状况。在关于教育结构的定量研究中，实体性教育结构是最基本的研究对象。通常有两种比较基本的研究进路：一种是对数量增长的分析，另一种是对结构变化的分析。在现实的研究中，这两种研究进路常常是同时存在的。由于教育的实体性结构具有直接性和具体性，因此它在整个教育结构中处于现象的层面，也是可以被人们所直接观察到的。所以它也常常是教育结构的改革与完善的重要切入点，是分析和研究教育结构的重要起点。

第二，规范性教育结构。

规范性教育结构指由一系列教育活动的规范和制度因素所构成的教育的结构形态。正如前面所指出的那样，尽管学校、班级、教师、课程、教材等都是实体性要素，但它们同样也是一种制度化的存在，体现了不同的教育规范与制度。这些实体性要素本身的各种活动以及要素之间的联系不是随心所欲的，而是有一定规范的。这种规范化和制度化也是认识上述各种教育活动的单元实体和结构实体以及它们之间的各种联系的重要角度。而且，正是这些制度和规范才使得这些实体具有了一定的意义。整个教育结构也正是凭借这些制度和规范才得以形成。所谓规范性教育结构，正是建立在这些制度与规范，特别是它们之间的相互联系的基础之上。

　　研究教育结构的功能，必须分析其中各种教育制度和教育规范的功能。但是，规范性教育结构的整体功能又不能简单地等同于其中各个教育制度和教育规范的功能的总和，教育制度和教育规范的不同构成方式可以形成教育结构不同的整体功能。如果说个别的教育制度和教育规范更多地是对具体教育活动及行为的调整，那么，规范性教育结构则更多地体现在对整个教育资源的配置原则上。从这种角度看，规范性教育结构大致可以有以下三方面的基本取向。

　　其一是适应性取向。适应社会的发展和要求是教育活动的一条基本规律。因而，从协调和调整教育活动与各种社会活动及因素的角度出发，建立规范性教育结构是调整和分析教育结构的一个基本取向。例如，一个国家的政治体制可以是中央集权制的，也可以是分权制的，不同的政治体制常常使规范性教育结构具有不同的特点。又如，一个国家或社会的发展本身所具有的差异程度，往往也使规范性教育结构形成不同的风格。从适应的角度对各种教育资源进行合理配置，是规范性教育结构的一个十分重要的方面。

　　其二是导向性取向。这是从教育活动的目标出发形成的一种规范性教育结构。任何教育活动和过程都指向一定的目标，并且总是力求去达到某种未来状态。这种目标和未来状态常常成为对各种教育资源进行配置的有效原则和导向，并由此决定了教育结构的特征和基本形态。这样一种导向性的规范性教育结构能够充分地调动和利用各种教育资源，保证教育活动指向一定的教育目标。由于教育活动本身的特点，在教育改革发展中，教育结构的导向性取向突出体现为教育供给侧的结构性改革，由此充分反映了国家与社会对教育资源配置的规划与原则，进而能够更好地实现国家教育发展的根本目标。

　　其三是整合性取向。整体性是教育活动的重要特点之一，也是一个国家与社会教育活动的发展原则。这种整体性必须依靠各种教育制度和教育规范之间的整合。这也恰恰是整合性取向的规范性教育结构的特点，也是教育资源配置的一项重要原则。整合性取向强调教育活动本身内在的统一性和协调性，以及形成合理的活动策略与顺序。这种整合性包括小学、中学和大学之间的统一与协调，普通教育和职业教育之间的协调，人文社会科学和自然科学之间的协调，以及各个学科、专业之间的协调，等等。如果说适应性取向强调的是教育活动和社会之间的统一与协调，那么，整合性取向强调的则是教育活动内部的统一与协调。

规范性教育结构的取向反映了教育资源配置中不同的价值原则。这也是研究和分析规范性教育结构的一个重要方面。从理想的角度看，上述几个取向应该是结合在一起的。但在现实的教育结构的建构过程中，人们总是根据社会发展和经济建设的战略，以及不同国家社会的文化历史传统等予以调整。

2. 教育结构的基本内容

教育结构的内容十分丰富，所涉及的方面也比较广泛。一般而言，可以从教育的层次结构、类型结构、形式结构和布局结构四个方面进行研究。这四个方面是教育结构最基本的内容，也是研究教育结构的四个基本视角。

第一，教育的层次结构。

按照国际教育的分类标准，教育的层次大致可以分为三级：以 6—12 岁小学教育为主的第一级教育，从 11—12 岁到 17—18 岁的中等教育为第二级教育，从 18 岁左右开始的为期 6—7 年的第三级教育。教育的层次结构指的是这三级教育及其比例关系。人们通常将教育的这种层次结构比喻为宝塔形，第一级教育即小学教育是整个教育层次结构的底部，而且是教育层次结构中比例最大的一部分，第三级教育即高等教育是整个教育层次结构的顶部，通常也是教育层次结构中比例最小的一部分。在社会的人口基数相对稳定的情况下，教育的层次结构通常表现为由宝塔形向梯形的转变。也就是说，随着社会的发展和高等教育的发展，过去接受教育人数极少的、精英型的高等教育，逐步转变为大众化的和普及化的高等教育。

教育的层次结构是由社会的经济政治文化条件以及教育自身发展的

逻辑所决定的。从社会条件来说，无论是从义务教育的普及程度，还是从教育投入和生均培养成本来看，一级教育乃至二级教育必然处在高度重要和优先发展的地位。而且，它们也是整个社会政治经济发展的基础。高等教育由于较高的办学成本和生均经费，以及社会对高级专门人才需求的有限性，在发展上必然会受到一定的限制，规模上小于一级和二级教育。从教育自身发展的逻辑来看，高等教育的发展必须以基础教育的发展为基础和前提。只有具备了良好的、普及的和发达的基础教育，高等教育才能获得充分的生源。而且接受高等教育的学生本身也是一种教育选择的结果，如果没有比较发达的基础教育，高等教育的选择就无从谈起。所以，普及且高质量的基础教育与社会的经济政治文化条件是高等教育发展的两个逻辑基础。当然，教育的层次结构还包含了不同层次本身的内在结构，如高等教育系统内部的专科、本科和研究生教育的层次结构，以及高等学校形态内的层级结构。

较之其他教育层次，高等教育的层次结构则更为复杂，对其进行设计和调整并不能仅仅根据教育本身的内在特征，而应该更多地考虑不同地区社会经济发展对高等教育的需要，以及不同高等学校与地方社会经济发展之间的联系。在任何一个国家的高等教育体系中，都存在着一些研究型大学、一大批普通高等学校，以及社区和专科的高等学校等。它们之间也应具有一种比较适当的层次结构关系。根据 20 世纪 70 年代美国加利福尼亚州的高等教育总体规划总设计师克尔的观点，高等教育系统一般可以分成三级：第一级是"高深知识和变化中的知识级"，常常是一些研究型大学；第二级是"既成的职业能力级"，常常是一些一般的大学和学院；第三级是"编集的技能级"，常常是一些技术学院和继续教育学院等。① 根据总体规划，加利福尼亚州高等教育的比例是（按等量全日制计算），第一级为 16%，第二级为 30%，第三级为 54%。这意味着在最

---

① 克尔.高等教育不能回避历史：21 世纪的问题 [M].杭州：浙江教育出版社，2001：105.

高的智力活动层次有效地使用专业人员，大约需要有在其他两级受到训练的 5—10 人相配。[①]这一层次结构比当时美国平均水平、日本、苏联等都更为合理。

第二，教育的类型结构。

教育的类型结构指的是普通教育、职业教育以及各种专业教育之间的比例关系。在现代社会中，教育的类型随着社会的分工和分化已经呈现出越来越复杂的变化。如果说教育的层次结构更多地与社会的纵向分化有关，那么教育的类型结构则是与社会的横向分化联系在一起。前者具有一种综合的趋势，而后者则具有一种不断分化的趋势。

教育的分类标准仍然是一个被持续探讨的话题，这里，仅仅从宏观教育结构的两个主要方面进行阐述。首先是普通教育与职业教育之间的关系。普通教育和职业教育有着千丝万缕的联系，并且它们之间的这种复杂关系也并非一成不变，而是随着产业的技术构成和生产生活的科技含量的变化而变化。一定的经济和社会发展需求、特定的文化历史积淀以及教育系统自身的规律和价值取向，都会影响普职关系的结构形态。其次是不同学科门类教育之间的关系，尤其是文理科之间的比例关系和贯通关系。从学科性质上看，文科（人文社会科学）指的是以人文社会现象为研究对象的各种学科与专业，探讨的是人与人以及人与社会的关系；而理科（自然科学）则主要是以自然世界及其现象为研究对象的各种学科和专业，探讨的主要是自然界的问题与规律。在一定的社会中，文科和理科的比例关系反映了人类社会在发展过程中不同发展要素之间轻重缓急的关系，其受到经济体制、产业结构以及社会经济发展对人才结构的需要的影响；而二者之间在多大程度上可以联结或者贯通则体现了人才培养的方向，更多地反映了教育的内在规律和价值追求，体现了教育发展的整体趋势。

---

① 克尔.高等教育不能回避历史：21 世纪的问题 [M].杭州：浙江教育出版社，2001：107.

第三，教育的形式结构。

教育的形式结构指的是一个社会中正规教育、非正规教育和非正式教育等教育形式之间的比例关系。根据联合国教科文组织的定义，正规教育主要指的是学校教育，包括从幼儿园、小学、中学直至大学所形成的比较系统的教育发展阶梯，是学生在有组织的教育机构中所受到的教育，毕业后可以获得相应的学历、文凭或资格证书。非正规教育是在正规教育以外的补充性教育，常出现在社区、工作场所或市民团体活动中。非正式教育指的是学习者无须通过报名、注册等形式即可开展学习的教育形式，是一种结构化和制度化比较弱的教育形式，强调从经验中学习。教育的形式结构建设的目标是形成教育社会化和学习社会化的教育体系。

教育的形式结构与教育在社会发展中所担任的角色，以及人们对教育意义的理解有关，主要体现在两个方面。首先是学校教育与社会教育之间横向的结构关系。从教育的发展历史看，这一关系经历了由两者并存到以学校教育为主、社会教育为辅的过程。在古代或传统社会，两者基本上是并存的且相互独立的。学校教育主要担负为统治阶级培养接班人和官员的任务，社会教育主要担负培养直接的劳动生产者的任务。近代社会以来，学校教育的发展突破了过去单纯为统治阶级服务的束缚，逐渐与生产劳动相联系，形成了包括学前教育和职业技术教育等在内的比较系统的近代学制。社会教育则更多地提供非学科性知识的传授和非智力素质的培养。学校教育与社会教育之间形成了一种主次的结构关系，社会教育逐渐成为学校教育的铺垫、延续和补充。在现代社会中，随着终身教育理念的发展，学校教育与社会教育之间的关系出现了新的形态，多种教育形式构成网状结构，亦被称作"立交桥"结构，发挥各自优势，为社会成员的生涯发展提供教育合力。

其次是学校教育与社会教育之间纵向的结构关系。这一关系大致表现在两个方面。其一是学校教育与学校教育之前的社会教育之间的关系，其功能在于保证义务教育建立在一种相对平等的基础之上。其二是学校教育与学校教育之后的社会教育之间的关系。学校教育可以开展多种形式的继续教育，参与社会教育；社会也应该举办各种形式的教育以满足学校教育之后人们接受各种教育的需要。二者应共同构建更为合理的终身教育体系。

在学习型社会中，教育的形式结构具有了新的意义与内涵。由于互联网的发展，人们获得知识的途径越来越多元化。非正规与非正式的学习正成为学习型社会与终身学习的重要形态。如何根据网络社会的发展，进一步调整与优化教育的形式结构，是现代教育改革发展的重大问题之一。

第四，教育的布局结构。

教育的布局结构指的是学校的分布结构，也就是教育的实体性要素——学校在空间位置上的分布及其相互关系。这种结构关系至少涉及两个方面的问题：首先是学校的空间分布，其次是各种学校本身的规模。随着生产社会化程度的不断提高，以及人口的流动与城市化进程，各种类型和层次的学校数量及学生规模在空间上的分布将应社会结构的变化而不断调整。这种布局结构的变化具有从分散到集中的趋势。随着农业工业化水平的提高和各种类型的城镇的建设，居民的居住地将相对集中，因此，过去比较分散的学校，特别是中小学的布局也将不断集中。学校的布局结构反映了学校本身的结构特点，它不仅仅是一个空间安排的问题，还涉及不同的教育思想和观念的问题。

影响这种布局结构的主要因素包括：社会经济发展水平的均衡程度和文化的同质性程度；教育本身的结构特点，如高等教育中本科教育和专科教育之间的比例、国家性的高等学校与地方性的高等学校之间的比例等；人口规模的变化以及教育普及的程度，比如在高等教育属于精英型的教育、大众化的教育和普及化的教育的不同阶段，由于高等教育所服务的对象的不同，其结构形态也有所不同。

除了上述四种不同的教育结构的形态之外，还可以从教育活动中办学主体的结构关系入手去研究教育结构的问题，如公立学校和私立学校之间的结构关系、教育活动的管理结构等。必须注意的是，上述各种结构形态之间都是相互联系和相互影响的。

3. 教育结构的社会文化基础

教育结构的形成具有十分复杂的原因，受到很多因素的影响，很难简单地归纳出一般性的几条规律，更难全面周延地解释教育结构的形成与发展。根据历史唯物主义的基本观点，一定社会的教育结构既是社会历史发展的产物，也是自身理性的逻辑规定的结果，这成为认识与分析教育结构的基本视角与途径，并主要表现在以下几个方面。

第一，社会经济结构对教育结构的影响。

首先，生产资料和生活资料的占有与管理结构对教育结构具有非常基础性的影响。在生产资料和生活资料占有方面具有优势的社会阶级与阶层正是力图把自身的利益和愿望通过对教育结构的规定表现出来，即根据自身的要求设置各种学校，规定一定的制度规范，并形成某种教育关系，进而把其物质资本的优势转变为文化资本的优势。与此同时，现代社会生产资料和生活资料的占有权与管理权在一定程度上发生了分离，也会在一定程度上影响社会的教育结构。生产资料和生活资料的占有阶级为了使其占有的这些"资本"获得更大的效益，必须形成比较合理的"资本"使用结构，并对直接管理者、专业技术人员和劳动者提出更高的要求，因此，受教育权就不能不扩大，受教育者的结构也必然发生变化。

其次，劳动分工以及由此形成的产业结构和就业结构也可以对教育结构形成一定的影响。与上述生产资料等的占有结构相比较，产业结构和就业结构的影响具有更直接的特点。例如，从劳动分工的角度看，脑力劳动与体力劳动的分工及其变化便常常决定了学校教育与社会教育的结构关系。古代社会的学校教育主要培养脑力劳动者，而体力劳动者主要是由社会教育培养的。随着脑力劳动和体力劳动之间差别的缩小，学校教育也要承担对劳动者的培养。而在现代社会，由于这种差别进一步缩小，教育与生产劳动相结合已经成为现代教育的基本特征。又如，产业结构主要指社会的第一产业、第二产业和第三产业的分工与比例关系，以及各种产业内部的分工及比例关系等，产业结构对学校的类型结构以及各种学校内部的学科结构、专业结构等都会产生一定的影响。同时，从社会的就业结构看，由于社会发展和经济建设的速度不断加快，职业结构的变化也日新月异。这一方面对各种人才的知识和能力基础提出了更高的要求，另一方面对各种专业人才的知识与能力等方面的综合性的要求也不断提高。从课程结构的角度看，应该加大基础课的比例和选修课的分量，不断改变过去陈旧的课程体系。从学校结构看，各级各类学校本身应该具有更大的开放性和弹性，它们之间应该有一定的沟通与交流。特别应该提出的是，由于社会和经济发展对人才的要求达到了更高的水平，因此完全依靠学校本身完成这样的培养任务常常是不可能的。学校教育与社会教育的结构关系也应该发生一定的变化。

最后，社会的人口结构也会对教育结构产生非常重要且比较直接的制约和影响。所谓社会的人口结构，主要指的是在社会的总人口中不同类型人口，如不同年龄、不同性别、不同文化程度等人口群体之间的比例关系。随着社会的发展，人口结构也是会不断变化的。不同类型的人口对教育有不同的需求，因此也会有不同的教育结构。例如，在一个低龄化的社会中，青少年人口的比例比较大，基础教育便在整个教育结构中占有较大的比例。而在老龄化的国家和地区，终身教育已经成为不可避免的趋势。由此，学校教育和社会教育之间的比例关系也将发生一定的变化。

第二，社会政治结构对教育结构的影响。

社会政治结构通过权力的分配、运用与维护，对社会公共事务进行管理，进而实现对教育结构的影响。社会政治结构对教育结构的影响主要是通过教育活动的公共性实现的。

根据政治学的基本理论，社会政治结构的重要功能之一是对社会公共事务的管理、协调、规划和监督。而教育活动正是一种十分重要的社会公共活动。这种公共性主要是指它更多地应该由社会的公共代表——政府来进行操作和管理，或者说，它更多地属于一种政府行为，而政治结构恰恰就是政府行为的结构形式之一；同时，它常常成为社会中各个阶级和利益集团争夺的领域，社会的统治阶级必然会通过其权力的运用和配置，对教育活动和教育结构进行有力的控制。所以，政治结构对教育结构的影响，比其他社会结构形态对教育结构的影响具有更重要和更直接的意义。而且，从教育发展的历史上看，教育活动的产生、义务教育的出现与发展、教育改革等，常常是与社会的政治活动联系在一起的，是与政府行为联系在一起的。因此，社会政治结构的状况与特点，常常直接地决定和影响教育结构的状况和特点。

第三，社会阶级和阶层结构对教育结构的影响。

社会阶级和阶层结构主要指由社会中的职业、收入、权力、生活方式、社会声望、宗教信仰、文化水平等因素所决定的各种利益集团之间的结构关系。这种结构在社会生活中具有一定的独立性和稳定性，其对教育结构的影响主要是通过社会的地位结构实现的。由于不同地位的社会阶级和阶层对教育具有不同的认识、要求和权力等，因此，社会的地位结构对教育结构的影响与作用成为研究教育结构的社会历史基础的重要方面。这种影响主要体现在以下两个方面。

首先，社会阶级和阶层结构的规模对教育结构的影响。在社会生产力发展水平比较低的传统社会中，由于社会分化水平比较低，社会中的阶级或阶层的数量比较少，由此形成的阶级和阶层结构也比较简单。在这种情况下，相应的教育结构也是比较简单的。现代社会由于生产力的发展达到了较高的程度，社会阶级和阶层的结构也出现了较大的分化，形成了各种各样的利益集团，社会地位也日趋复杂。显然，与此相对应的是，现代社会的教育结构也呈现出比较复杂的形态。这也恰恰是现代社会教育的基本特征之一。

其次，社会阶级和阶层结构的性质对教育结构的影响。这里主要指的是社会中不同阶级和阶层的社会地位的基本特征以及它们之间的关系特点。这种关系主要表现为两类：一类是纵向的关系，包括具有不同经济收入、社会声望和权力的社会阶级与阶层之间的关系，这些因素将引起社会阶级和阶层结构的纵向分化；另一类是横向的关系，包括具有不同文化程度、不同职业、不同信仰以及不同生活方式等的社会阶级与阶层之间的关系，这些因素将引起社会阶级和阶层结构的横向分化。这样两种不同的结构对教育结构的影响及其结果是不一样的。与社会阶级和阶层的纵向结构相对应的教育结构具有更多的层次；与社会阶级和阶层的横向结构相对应的教育结构具有比较丰富的类型。在古代社会，经济和政治等因素是影响社会阶级和阶层结构的主要因素，当时的教育结构因此更多地表现出纵向的差异，而在某一层次内部教育的差异不大；而在现代社会，除了经济和政治等传统因素之外，职业、信仰、文化程度和生活方式等越来越成为影响社会阶级和阶层分化的主要因素，因此，现代教育结构中横向的差异比纵向的差异要更为突出和明显，它在一定程度上正在成为影响教育结构基本性质的主要因素。

第四，社会文化对教育结构的影响。

社会文化对教育结构的影响指的是社会的各种观念和思潮对教育结构的影响，主要是社会的价值观念对教育结构的影响，包括人们对于教育的基本价值的看法，以及对于不同教育的价值的评价，这些都将导致不同的教育结构。崇尚教育的民族，必然促进整个社会教育的普及，从而使这一社会的基础教育在整个教育结构中占有极大的比重；而在对于人文价值和技术价值具有不同评价的社会中，必然出现具有不同特点的教育结构。在现代社会中，由于经济活动与教育活动的关系日益密切，特别是随着人力资本理论的提出，"教育是一种十分重要的投资活动"已经成为人们的一种比较普遍的认识和价值观。由于各种不同类型的教育活动对于社会和个人有不同的回报，因此，在这种社会和个人需求的推动下，教育结构也将出现一些新的特征。

当然，教育结构的协调与特点不仅受到社会发展的约束，也与教育结构本身有关，而且，外部影响是通过教育本身的内在因素与现有逻辑发挥作用的。诚然，教育结构区别于一般的社会结构之处就在于其建构性的特点，教育结构在某种程度上确实也是社会结构的再现、映射和表征，但这并不等于可以否认教育结构的客观性。实际上，教育结构作为一种社会事实具有独立于社会环境的自主性和实在性，不能被还原为社会形态或社会关系形式，更不能被简单化约为各种形式的权力进行博弈和控制的场所。教育结构一方面维系着与外部社会环境的密切关系，如前文所述，外部的经济、政治、社会阶级和阶层、文化等都深刻影响着教育结构，但更为重要却常常被忽视的一方面是，教育结构又相对独立于外部社会环境，受到自身特有的逻辑支配，有其本身比较稳定的规范性秩序和原则。如果忽略了教育结构的这种客观实在性和内在规律，完全按照外部因素的影响来规定和调整教育的结构，就很有可能在促进教育发展的道路上南辕北辙。

第二节　教育结构的张力分析

教育结构中各个要素或部分之间的关系往往并不是非常和谐的，而是彼此矛盾与冲突的，教育结构的这种内在张力是正常的，也是教育结构不断调整与优化的内生动力。这里主要分析普通教育和职业教育之间、文科和理科之间，以及理论性知识和应用性知识之间的张力。

一、普通教育和职业教育

普通教育与职业教育是两种不同类型的教育，在人才培养、课程教学、功能定位等方面有各自的特点和规律。普通教育与职业教育之间的张力主要表现为二者在教育体系中的地位与比例关系，是理解教育结构的重要抓手。

1. 基本含义

所谓普通教育，指为发展学习者的普通知识、技艺和能力以及读写和计算技能而设计的教育课程。它是按照学科本身的要求和基本规律所进行的教育，注重教育活动的理论性、系统性和基础性。所谓职业教育，主要指为学习者掌握在某一特定的职业或者行业或某类职业或行业从业所需的特有的知识、技艺和能力而设计的教育课程。[①]它根据社会经济建设发展的要求和工作岗位的特点设计专业、人才培养目标以及课程体系和教学模式，注重教学内容的应用性、专门性和操作性。普通教育与职业教育是一个国家或社会中学制的重要内容，是调整和优化教育结构的重要方面。

2. 两者的结构性张力

普通教育与职业教育之间的张力主要表现为职业教育在教育结构中的地位与比例。它可以呈现为纵向和横向两个方面。在一个国家或社会的纵向教育结构中，职业教育究竟应该处在什么位置上？从不同国家的情况看，它既可以成为中等教育甚至是初中教育的一部分，也可以是大学后教育甚至是高等教育的一部分。这种结构性安排主要与一个国家教育发展的整体水平有关。在教育发展整体水平比较低的国家与历史时期，职业教育往往成为初等中学教育的一部分。而随着教育整体发展水平的提高，职业教育在教育结构中的层级得以提高，成为大学后教育的一部分。这是职业教育发展的一个基本规律，也是调整教育结构中普通教育与职业教育之间张力的重要思路。质言之，提高整个教育发展水平是提高职业教育地位的基础性思路。

在一个国家或社会的横向教育结构中，职业教育应该具有什么地位，在中等教育和高等教育中的比例应该是多少？一般而言，职业教育的这种地位常常取决于社会经济发展的阶段与水平，并由此表现为三种不同的阶段性形态。第一种情况是在生产力发展水平比较低的社会中，由于社会发展和经济建设本身的技术含量比较低，所需要的人才素质只是一

---

① UNESCO Institute for Statistics. International standard classification of education: ISCED 2011[EB/OL].[2022-11-20].https://unesdoc.unesco.org/ark: /48223/ pf0000219109_chi.

般性的基础性识字和计算能力等，因此，社会的普通基础教育常常有更大的发展，并成为教育发展的重点，而职业教育在整个教育结构中并不占很大的比重。第二种情况是社会的生产力水平达到了中等发达阶段，经济社会的参与与行业的分化越来越强，职业与技能本身的专业化和专门化程度也越来越高，由此对职业教育的需求也越来越大，受过各种专门化的技能训练成为经济社会发展所需要的人才特征，具体的技术和工艺在社会财富的增长方面扮演了十分重要的角色。由于职业教育能够更好地满足更多依靠技术和工艺而发展的社会经济建设对人才的需要，因而处在高速发展的阶段，并在整个教育结构中占有比较大的份额。第三种情况是当社会的生产力发展达到了比较高的水平和阶段时，由于社会和经济发展中某些重复性的工作与操作性的技能越来越多地被机器或人工智能替代，而生产过程与管理水平更多地依靠人们的基础性素质，因此职业教育与普通教育，尤其是学历型的职业教育与具有职业取向的普通教育之间，便具有了更大的共通性，两者之间的相融与交集也越来越大。这也是教育结构中普通教育与职业教育之间张力变化的一个趋势。

教育结构中普通教育与职业教育之间的张力具有非常现实的意义，并且突出表现为学制中的分流机制，也是直接影响受教育者发展取向与人生路径的重要因素。一方面，教育的纵向结构中职业教育的地位决定了教育分流的时间节点；另一方面，教育的横向结构中职业教育的地位则直接决定教育分流中职业教育的比例。因此，调整与优化教育结构中普通教育与职业教育之间的张力，成为教育改革发展中的重要内容之一。

二、文科和理科

文科与理科是教育结构中两种非常重要的类型，而且成为教育结构中十分重要的张力之一，由此构成不同教育结构与体制的特点。

1.基本含义

所谓文科和理科之间的张力，主要指的是人文社会科学教育与自然科学教育在教育结构中的比例与相互关系，包括二者之间的相互冲突与贯通等等。这是教育结构中十分基本的内容，也是一个国家与社会教育结构特点的表征之一。显然，这两类学科都是教育结构中不可或缺的因素，但它们之间又是不同的，具有不同的研究对象、研究方法与规律，以及功能与价值，等等。在一个国家或社会的教育结构中，两者之间究竟应该是一个怎样的比例，是教育结构中的重要问题，是教育改革的重要抓手之一，而且是教育结构中的内在张力之一。

教育结构中文科与理科之间的相互关系及其张力可以表现为微观与宏观两个方面。所谓微观方面，指的是在一个学校或专业的课程体系与学分构成中，人文社会科学知识与自然科学知识之间的结构性关系。它直接关系到人才培养的质量，是影响一个学校人才培养体系与课程体系的直接变量。而且，这两者之间的比例关系常常是体现一所学校定位与特色的重要指标之一。所谓宏观方面，指的是文科与理科在整个国家的学科结构中的地位与比例关系，包括文科与理科之间资源配置、发展规模，以及地位功能方面的差异及其联系。它反映了一个国家或社会教育体制的特点，以及教育与社会经济发展之间的相互关系，也直接体现了教育改革发展的价值取向，等等。

2. 影响因素

教育结构中文科与理科之间张力的影响因素是多样化的。首先，它是一个历史的范畴。在社会经济发展的不同阶段，这种内在张力常常与发展任务的时序性或优先性等因素直接相关。在古代或传统社会，由于教育活动与生产劳动相脱离，文科在整个教育结构中占有绝对的比重；随着教育活动不断地与生产劳动相结合，以及社会和经济发展对各种技能型人才要求的提高，理科在整个教育结构中的比例不断加大，甚至成为占据主导地位的学科。当今社会随着知识经济的发展和科学技术的飞速发展，各种社会、环境、伦理问题日益严重，人们又开始关注对社会和人本身的研究，因而文科的地位与比例又开始提高。

其次，它也受到体制的影响，与社会经济形态密切相关。根据世界银行的有关研究报告，在计划经济体制下，由于人们往往是根据国家和政府的指令从事各种不同的工作，各个不同的部门都是按照计划进行生产活动和销售，整个经济活动也都是依照已经规定好的方式运行。对个体而言，根本用不着考虑自己应该干什么，一切根据计划进行即可。对个体而言，重要的是做事的能力，而不需要过多地考虑与选择做什么事。所以，教育的重点是专业技能，尤其是专业性非常强的固定的理科的专门知识与能力。在市场经济的条件下，人才的流动和多样性得到极大鼓励，因为人们面对更多的风险和机会，不仅要学会做什么，更加重要的是学会对各种不同的事情进行价值判断和选择，对风险和机会进行评价和预测，这就要求各种人才具有更加丰富的人文社会科学的知识和理论。而这也是社会转型对一个国家和地区教育的学科类型结构的要求。

再次，人才培养模式也是影响与制约这种张力的一个重要内生变量。这种内生变量主要包括两种模式，即专业教育与通识教育：在专业教育的模式下，专门性的知识与技能，特别是理科的知识与技能往往受到更多的重视；在通识教育甚至某些宽口径的专业教育的模式下，更加强调文科的知识与素养。在高等教育普及化阶段，特别是由于研究生教育规模的不断扩大，高等教育中的本科教育在某些研究型大学逐渐成为一种预备性的教育。由此，在本科教育与课程体系中，文科的分量往往也会加大。当然，由于高等教育中的基础知识与基础理论受到了越来越大的重视，而创新人才的培养也对学生的人文素质提出了更高的要求，这些都促进了文科的发展研究以及文科与理科的相互融合。

最后，经济产业结构也影响了对不同人才规格和类型的需求。这种影响主要通过三次产业在整个经济领域中的地位及其变化而发生作用。在工业化时代，第二产业对科技人才的需求无疑极大地促进了理工科的发展，由此使得理工科的地位与规模上升，成为整个教育结构中的主要部分。而随着第三产业的发展，经济学、管理学、法学、语言学、文学等人文社会科学常常得到相应的快速发展，学生的规模也逐渐扩大。根据"配第－克拉克定理"，产业结构变化的一般规律为：劳动力先由第一产业向第二产业转移，人均收入进一步提高后，第三产业比重显著增加。

在现代发展中国家，随着经济的快速发展，第三产业比重不断上升，并逐渐超过第二产业成为占比最大的产业，整个教育结构中文科的地位与规模也呈现不断的上升趋势。这正是高等教育结构对转型时期社会对人才需求结构变化的主动适应。

3. 制度与技术

教育结构中文科与理科之间张力的各种影响因素可以概括为两种具有普遍性的变量，即制度变量与技术变量。在这种变化中，影响社会发展的制度变量与技术变量往往也是制约文科与理科之间相互关系的主要因素。它们也是认识与分析教育结构中文科与理科之间张力的重要思路。

当制度变量成为影响社会经济发展的重要因素时，文科往往能够受到更大的重视，进而获得更高的地位。例如，当整个社会的生产力处于相对平稳的水平，仅仅依靠技术进步无法实现重大突破，或现行体制出现某些问题阻碍社会经济发展时，制度变量需要发挥更大的作用，以调节整个社会经济的发展方向，这时候就需要更多具备顶层设计能力和宏观战略能力的人才。因为如果没有科学合理的制度安排，再强大的技术力量也无法发挥出其全部作用。文科的研究对象是人与社会，其培养的人才致力于解决与人的思想观念和精神价值、社会的发展规律等有关的重大理论和实践问题，因此能为国家的战略、制度、政策等做出科学的规划和解释。当制度变量主导社会经济发展时，也需要更多的管理人才，对社会的人、财、物等资源分配做出科学的调控，这就需要大力发展文科，也意味着提高文科在教育中的地位和作用。

而当技术变量成为主导因素时，理科往往成为教育改革发展中的重点。当一个社会的政治制度、经济体制进入稳定发展的阶段，且国际的竞争主要依赖于物质生产的效率、科技创新的程度、军事力量的强弱等因素时，就需要技术变量起到主导作用。例如，在工业革命或工业化时期，一方面需要更多的技术性人才以提高生产效率，另一方面需要自然科学的创新以实现技术的突破性进展，分别对应了工科和理科的人才需求。今天的世界各国已经从工业革命转向科技革命，国际竞争也主要是以经济、科技和军事实力为核心的综合国力的竞争，科学技术人才的培养已成为国家重大发展战略。科学技术人才可以通过更加直接地推动技术进步推动社会经济发展。

4. 文科与理科的融合

从古典文科教育的兴盛传统，到现代工业社会理科占据主导地位，文理科的此消彼长在人类教育历史上存在了千年之久。进入 21 世纪，这种张力逐渐趋近一个新的平衡点①，即进入现代人文社会科学教育与自然科学教育并重的时代②。这从人才培养的角度则意味着文科与理科、人文社会科学教育与自然科学教育的平衡与互补，由狭窄的专业教育模式转向文理贯通的教育模式。当然，这种文理贯通的模式在现实中可以有不同的实现路径与形态，包括通识课程、能力倾向的教育模式、问题导向的教学方法以及交叉学科的发展等等。但总的来说，随着社会的发展与科学的进步，尤其是科学价值观的发展变化，文科与理科之间具有了越来越大的交集。

这种科学价值观的发展及其对文科和理科之间关系的影响大致表现为三个历史阶段。

在传统社会中，特别是在科学作为宗教的奴仆的时代，所有的科学，包括文科与理科的发展，主要是一种目的论的知识模式。对自然界与社会的内在规律与秩序的探讨，仅仅是为了证明神或上天的伟大与无所不能，由此建立一种神性的科学，其中，启示高于理性，知识服从信仰，科学成为神学的奴仆。由此，以神学为代表的传统文科成为显学。

在近代社会，随着人的解放与科学的发展，特别是自文艺复兴以来，引入计量化的自然科学，以及由此所引发的自然研究的变化，一种"思想方式的革命"发生，由此形成新的近代科学价值观。正如孔德所说的

---

① 文辅相.我国本科教育目标应当作战略性调整："高等教育培养目标系统和规格的研究"课题研究报告摘要 [J].高等教育研究，1996（6）：12-16.

② 文辅相.21 世纪的大学教育目标：高科技水平与高文化素养 [J].高等教育研究，1995（6）：6-15，27，2.

那样,"知识为了预言,预言为了权利"①。而近现代科学的重要特点之一,就是"用一种统合的科学,数学化地解释所有现实领域。把一切世界现象、自然进程、心理和社会进程作为多重因果关系进行解码、计算和预测,以便借此进行计划"②。知识成为人们认识与控制自然和社会的工具与手段,人们力图控制与统治自然与社会。为此,"波普把近代科学定义为把解释和统治世界的网眼越织越密的尝试"。而且,"人类统治的加强被认为是值得争取和有意义的"。③那些说明、解释与预测自然与社会发展的专门性知识,包括能够有助于人们驾驭与利用自然条件与社会因素的学科,特别是某些自然科学,则成为时代的宠儿,得到了社会的关注与极高的地位。所以,在近现代社会中,理科的发展成为世界教育发展的普遍趋势,理科在各个国家的教育结构中普遍地占有主要地位与最大的比例。然而,这种科学价值观在理论与现实中遭遇了越来越大的挑战。正如波普自己所承认的那样,"不管我们把网眼织得多密,世界还是可以漏过去,所以世界永远不等于我们所能捕捉和所能知道的"④。实际上,我们对这个世界的认识仍然是非常初步的,而且,那些未知的存在很可能正是人类文明的基础以及科学知识的重要变量。"我们的文明实乃是以我们都从我们并不拥有的知识中受益这个事实为基础的";"人的行动之所以在很大程度上获得成功……,实乃是因为人的行动既适应于他所知道的特定事实,而且也适应于他所不知道甚至不可能知道的大量其他的事实"。⑤更重要的是,这种科学知识的工具崇拜将导致大自然即客观现实对人类的惩罚。著名历史学家威尔·杜兰特说道:"在我们这个觉醒的世纪里,最令人沮丧的发现之一,就是科学的中立:它随时愿为我们疗伤,

---

① 本纳.普通教育学:教育思想和行动基本结构的系统的和问题史的引论[M].上海:华东师范大学出版社,2006:30.

② 同①.

③ 同① 31.

④ 同① 31.

⑤ 哈耶克.法律、立法与自由:第一卷[M].北京:中国大百科全书出版社,2000:13,8.

也随时愿为我们杀人；它能为我们建设，破坏起来也更厉害。现在想起来，培根骄傲的名言'知识就是力量'是多么不合适啊！"[①]

在 21 世纪，随着社会的进步，特别是气候变化的挑战与生态文明的发展，科学价值观出现了新的变化。科技并不是一种单纯的工具，更不是控制与统治自然的某种手段，而是人类的一种生存方式，是人与大自然之间和谐相处的一种交往形式。而且，这也正是科学的本质所在。从科技史中可以看到，科学的进步与知识的发展都是通过人们对世界的提问而发生的，而科学成果与进展只是世界对我们提出的问题做出的回答。这种对世界与社会的提问本身体现了一种人文素养与价值导向，也是文科的重要内涵与责任。所以，科学知识的产生只能适当地作为人和世界的相互作用来理解。这种相互作用表现为新的科学价值观。实际上，如前所述，"伴随着现代生态问题的产生，现代自然科学已经停止成为关于自然的实验研究的理论学科。自然科学在某种意义上早就成了我们对自然工作的社会科学"。由此可见，文科与理科之间的结构性张力将获得一种新的意义，它将成为促进两者融合的内生动力。

三、理论性知识和应用性知识

理论性知识与应用性知识之间的关系是教育结构中一种十分基本的内在张力。它们也构成了教育活动中的基本矛盾。理论性知识作为对自然、社会与人的发展的基本规律的认识，是教育的生命所在；应用性知识是现代教育的主要内容，是学校教育与社会经济发展联系的一个基本标志，是提升和加强学生实践能力的必要基础，对人们认识与改造客观世界具有非常重要的意义与价值。二者之间的关系反映了社会对两种知识的价值和功用优先级的判断以及不同知识生产和应用模式的特征。

---

① 威尔·杜兰特，阿里尔·杜兰特.历史的教训 [M].成都：四川人民出版社，2015：167-168.

1. 基本含义

理论性知识是反映事物内在规律的知识，是一种超越具体情境的、高度概念化的、普遍性的知识，这种知识的形式特点是抽象性。应用性知识主要面向工作实践，是情境依赖的、经验性的、操作性的知识，这种知识的形式特点是具体性。从某种意义上说，理论性知识与应用性知识的关系也可被看成科学与技术的关系。

理论性知识和实践性知识的张力自古有之。亚里士多德将理论（theoria）、实践（praxis）和生产（poiesis）区分为涉及不同知识形式的人类活动。在他的学科体系中，理论科学，如天文学和物理学，形成自身精确的知识；实践科学，如伦理学和政治学，通过对实践行为的规范性反思，形成实践智慧、思考和行动的能力；生产科学，如造船和修辞学，通过合理的建造方法培养技术或制造某种特定产品（适航的船或精心制作的演讲）的能力。在亚里士多德看来，这些知识形式虽然不同，但相互关联。实践可以通过有限的理论以及生产活动来进行，但实践作为一种深思熟虑的行为，不能归结为理论或技术。①

涂尔干对知识进行了"神圣"和"世俗"的二元划分，"神圣的知识"亦即理论性知识，由相互关联但不可观测的概念体系构成，这些概念与具体物体或事件无关，但却能帮助人们将日常经验中看似不关联的物体和事件建立联系，进行解释和预测。"世俗的知识"亦即应用性知识，则是人们以实践的、即时的和特定的方式回应其日常世界的知识类型。在涂尔干看来，所有社会都有对这两类知识的某种程度的专门化，区分不同社会的不是专门化本身，或者抽象的、不可观测的概念的可得性，而是专门化的范围、概念的本质以及它们被经验检验、批判的程度。当代英国教育社会学家伯恩斯坦在继承涂尔干二元知识划分的基础上进一步探究理论性知识的不同形式，用"垂直话语"与"水平话语"、"强语法"

① Craig R T. Theory and practice[M]// Jensen K B, Craig R T. The international encyclopedia of communication: vol. 4. Malden, MA: Wiley Blackwell, 2016: 2049-2068.

和"弱语法"、显性的传播方式和缄默的传播模式等概念对理论性知识和应用性知识之间的关系进行了新的概念化。①

教育结构中理论性知识和应用性知识之间的张力包含了十分丰富的内容，它可以体现在人们的价值观与教育思想中，也能够反映在教育的学科与专业中，蕴含在课程体系中，还可以表现在教育的评价标准等方面，并且与知识的生产方式，以及劳动力市场的特点有关。但教育结构中理论性知识与应用性知识之间最突出和最具代表性的张力，则是科学与技术之间的关系。

2. 学以求真与学以致用

科学与技术之间的关系是教育结构中理论性知识与应用性知识之间最突出的张力之一。科学与技术都是教育活动中非常重要的内容，但同时也在教育结构中处于不同的地位，具有不同的特点，并且在一定程度上形成彼此之间的矛盾与张力。这种张力具体表现为教育活动中两者非常不同的价值取向与地位，即学以求真与学以致用。

第一，学以求真。

所谓学以求真，指的是一种科学的精神与态度，反映的是科学知识的基本特征。这里的"真"，核心要义就是事物的内在规律，反映的是世界"是什么"。根据雅斯贝尔斯的观点，所谓科学，指的是通过方法论获取的知识。这种科学知识具有绝对的肯定性，即能够解释并且说明知识的范围，肯定性地判断非确定性、可能性或不可能性。科学的态度将必然的已知与必然的无知区别开来，它希望和认识一起，通过对知识的意义和界限的界定方法来获得这一知识，它寻求不受限制的批评。科学的态度反对日常谈话的大概性，它追求限定之物的明确性，以及对理由阐释的具体性。同时，这种科学知识还具有普遍的有效性，能够获得人们一致性的理解与认同。这种科学知识的普遍性强调，世界上的任何事物

---

① 扬.把知识带回来：教育社会学从社会建构主义到社会实在论的转向[M].北京：教育科学出版社，2019：59-60.

与思想都是科学的研究对象，它对所有事物都不会无动于衷，包括最个别的事物；它具有一种刨根问底的态度，而且要在最终的普遍性中实现这种彻底性。同时，它从根本上来说又是未完成的，是一种始终保持着对世界的敬畏态度，并且不断追求知识的边界与背后原因的知识。① 中国学者任鸿隽先生则认为，"科学是有统系的知识"，而不是片段的；它是"依一定方法研究出来的结果"，而不是偶然的；它根据自然现象而发现其关系法则，而不是空虚的思想。他甚至为了说明起见，将科学知识简单地等同于自然科学知识。② 简言之，科学追求的是一种对世界内在规律的准确的认识与把握。

第二，学以致用。

所谓学以致用，指的是一种以追求知识的实用性为目的的知识观。它认为，经世致用是知识与学习最根本的价值。没有实用性的知识往往是没有价值的。它的核心要义是知识能够解决世界的具体问题，是反映"有什么用"的评价标准。正如雅斯贝尔斯所说的那样，"我们将技术毫无例外地定义为以产生有用的对象和效果为目标而作用于物质和自然力的操作过程"③。技术的本质特征包括两个方面。其一是理智，任何技术知识都反映了一种理智的思考，并且以这种理智为基础。这种理智表达的是对事物发展的可能性的预感和推测相关的估量。它以机械论的方式进行思考，并将一切转化为数量和关系。归根到底，它是合理化的一部分。其二，技术是一种力量，就技术的目的而言，其处理方式是外在的，是为了解决外在的问题。这一能力是制作和支配的能力，而不是创造和产生的能力。技术以自然力对抗自然力，通过自然间接地控制自然。这种技术的意义就在于将人从其对自然的动物性禁锢中解放出来，让人在面

---

① 雅斯贝尔斯.论历史的起源与目标 [M].上海：华东师范大学出版社，2018：97，102-103.

② 樊洪业，潘涛，王勇忠.中国近代思想家文库：任鸿隽卷 [M].北京：中国人民大学出版社，2014：224.

③ 同① 118.

对自然时获得自由。所以，技术知识也是教育中非常重要的内容，是教育结构中不可或缺的部分。

第三，两者的关系。

学以求真与学以致用的关系是科学界与教育界中一个争论不休的问题。无疑，科学与技术之间是相互联系的，它们的共同基础就是理性，因而都是教育活动的重要内容与必要的学习对象。但科学与技术也有各自发生发展的根源。有的学者认为，"自然科学在没有考虑到技术的情况下产生了它的世界。有一些杰出的自然科学发现，至少暂时是与技术没有关系的，有很多也许永远是没有关系的。……在科学与技术之间并没有可预见的关系"；同时，"发明精神即便没有特殊的现代科学，也能做出杰出的贡献。……自近一个半世纪以来在所有的领域都出现了大量的发明，这些发明好久以来就处于可能的范围内，并且根本不需要任何现代科学"。[①] 当然，科学与技术也并非是完全没有关系的，科学发现需要技术的创造性思想，才能够变得有用；而有一些技术的发明，则需要以科学认识为前提。也有学者认为，科学知识与技术知识是不可分割的。任鸿隽先生把科学知识与技术知识比作"本根"与"枝叶"，他认为，"且夫本根与枝叶，固各有其效用之方，而两者尤有相倚之关系焉"，但他仍然认为科学知识的价值与地位优于技术知识。因为"本根之效用不著，其枝叶即无由发达，而效用之不可期"。[②] 也有学者认为，有足够的理由，将技术和科学看成两个独立的平行系统，而不是将技术看成科学的附庸。技术的历史比科学更长，就是理由之一。另一个重要理由是，许多科学理论，恰恰是靠技术的力量才得以证实、光大乃至"封神"的。而且，真正改变世界和人类生活的是技术。[③] 可以认

① 雅斯贝尔斯.论历史的起源与目标 [M].上海：华东师范大学出版社，2018：121.
② 樊洪业，潘涛，王勇忠.中国近代思想家文库：任鸿隽卷 [M].北京：中国人民大学出版社，2014：155.
③ 江晓原对话刘兵：我们有足够的理由，不将技术看作科学的附庸 [EB/OL].（2021-09-07）[2022-06-11].https：//www. guanchua.cn/jiangxiaoyuan/2021-09-07_606075_s.shtml.

为，科学知识与技术知识之间的张力仍然是教育结构中不容忽视的问题，是一个非常有学术价值的问题。从中国传统文化的特点来看，深入思考与关注两者的关系，往往具有更加现实的意义。曾经有学者认为，中国传统文化往往强调的是经世致用的价值观，而缺乏对学以求真的追求。①

第三节　教育结构的社会功能

教育结构对于教育活动的发展与教育质量的提高具有非常重要的功能与意义，它是反映教育质量的重要指标之一，也是促进教育创新的基本抓手，还是不断改进教育以适应社会经济发展的重要途径。

一、反映教育质量的重要指标

教育质量的表现形式是多种多样的，而教育结构则是从整体上反映教育质量的重要指标之一，优化教育结构是提高教育质量的重要思路。

1. 结构是一种质量

教育结构是反映一个国家教育质量的重要指标，具体而言有两方面的含义：一是教育系统内部各个要素、各个环节的相互联系和相互作用，反映了教育系统各部分发挥功能的状况，以及在整体上实现教育系统功能的状况；二是教育结构与外部结构的关系，从整体上反映了一个国家的教育体系与社会经济发展的关系及其满足人民群众对教育多样需求的状况。正如一个人的颜值取决于五官的搭配结构以及身体发育的匀称程

---

① 王兴国.中国近代思想家文库：牟宗三卷 [M].北京：中国人民大学出版社，2015；
　　萧公权.萧公权文集：问学谏往录 [M].北京：中国人民大学出版社，2014.

度一样，教育的整体质量也取决于教育体系的结构优势，合理的教育结构本身就是一种教育质量。

教育结构的质量含义是非常丰富的，它至少包括以下几个方面：一是人才培养体系中不同层次、类型人才的结构性关系，这种结构反映了教育满足社会经济发展对人才要求的水平与适应程度；二是一所学校所覆盖与包括的学科与专业之间的相互关系，由此反映这所学校的结构性水平与优势；三是教育结构中不同学科与专业本身内在的知识结构，这种结构包括相关学科或专业所包含的不同类型的知识与理论的比例及其相互关系，表现了不同学科与专业建设和发展的质量与水平；四是课程体系中不同内容之间的结构性特点，由此反映一门课程的质量与特点；五是一个人成长与发展过程中个性、知识与技能等因素之间的相互关系，由此体现出一个人的素质水平与特点等。

2. 教育结构的优化

所谓教育结构的优化，指的是通过调整教育活动的各个要素和环节之间的比例和联系，达到一种比较合理的相互关系，进而提升教育质量。教育结构的优化可以分为内部优化和外部优化两个方面。

内部优化指的是教育结构内部各个要素、各个环节的优化配置，从而形成一种协调的相互联系和相互作用，由此提高教育质量与贡献力。按照结构功能主义的观点，教育结构的内部优化是与教育结构的内部功能发挥联系在一起的。无论从宏观还是微观进行分析，就教育内部而言，各个要素或环节不仅能够发挥各自的功能，而且可以共同实现整体教育结构的功能，或共同维护教育结构的整体存在。所以，教育结构的内部优化具有两个方面的含义：其一，教育结构中每一个要素和环节各自能够实现其本身最大的功能；其二，各个要素或环节之间相互协调，从而形成整体的最大功能。有必要说明的是，教育结构的内部优化常常是相对于教育的浪费而言的。教育的浪费主要指由于教育结构中各种资源的不合理配置，造成一定的教育资源不能实现其应有的功能，例如高等教育中相同学科的低水平重复设置和高等学校规模效益不高等问题。

教育结构的外部优化主要是指教育结构与整个社会结构之间的协调，它与内部优化存在十分密切的联系。外部优化既包括教育结构作为一个整体与社会之间的关系，也包括教育结构中的各种要素、环节与社会之间的关系。从功能主义的角度看，教育结构的外部优化也是指它能够充分地发挥其社会功能。需要指出的是，对于不同的社会，以及在社会发展的不同历史时期，教育结构的外部功能发挥具有不同的标准：它可以是补充性的和模式维护的，也可以是批判和解放性的；它可以维护社会结构的稳定，也可以通过各种方式促进社会的变革与发展。教育结构的外部优化还可以从教育机构能否更好地从社会获得更多的资源进行分析，这也是衡量教育结构是否优化的重要标准。

教育结构的外部优化的原则与教育结构的优化标准联系在一起。这种联系的基本原则包括三个。一是多主体适应的原则。这一原则主要是指教育结构的优化应该通过教育活动的多个主体对社会的适应来实现。所谓的多主体，主要指政府主体（即教育行政管理部门）和学校主体。由于社会的发展与变化和教育体制的改革，特别是学校与政府关系的变化，除了政府这一适应主体之外，各级各类学校本身也应作为适应主体，这已经是教育发展和适应社会要求的客观趋势。政府不应该包揽教育结构优化的全部责任，而应该要求学校承担自己适应社会发展的责任；各级各类学校本身也应该积极作为适应主体，调整自己的办学方式和办学思想，包括学校的学科与专业结构等。

二是差异性原则。教育结构对社会经济结构的适应并不是完全直接的，而是应该存在一定差异的。教育结构的优化是通过教育结构对社会的间接适应而非直接适应来实现的。随着社会发展和教育改革，教育活动与社会经济活动之间的关系比过去更为复杂。一般而言，这种复杂性主要表现在两个方面。第一，经济活动与教育活动的差异。经济活动，特别是劳动力和人才的配置活动，更多地是按照市场经济活动的规律进行的，主要受价值规律约束；而教育活动由于其公共性，更多地具有计划的特点，不能完全按市场经济的规律运行。这样两类不同性质的活动显然不能在其中某一类活动的基础上进行协调和统一，否则，要么就是完全否定教育应该适应社会主义市场经济的要求，要么就是把整个教育市场化。第二，职业和就业结构与学校的学科和专业结构的差异。当代社会的职业与就业结构出现了一些新的现象：一方面，随着科学技术水平的提高，生产活动的分工越来越复杂，这种复杂性不仅表现为量的增加和新旧职业的更替，而且表现为它们之间的相互联系更加复杂；另一方面，社会的发展，尤其是数字技术对传统生产模式的挑战，使得工作性质发生了变革，对高级认知技能、社会行为技能及与更高适应能力相关的技能组合的需求量持续增加。[①] 为适应上述职业和就业结构的变化，学校的学科和专业结构不能划分过细，也不可能完全按照现有的职业结构设置学校的各种学科和专业。相反，它还必须在一定程度上拓宽学科和专业的内涵与外延，使学生的知识基础更加扎实、视野更加宽阔、综合能力更加提升。因此，如果学校的学科和专业都完全直接按照劳动力市场和产业结构中的职业分化进行设置，整个学校教育将变成一种单纯的职业培训，反而不能很好地适应社会经济的发展。因此，充分认识这些差异，并且在肯定和包含差异的基础上优化教育结构，是当前教育体制改革与教育发展的迫切需要。

三是双重约束原则，即教育结构的外部优化是通过"资源约束"和"需求约束"这两种约束实现的。"资源约束"指主要根据教育活动能够从社会获得的资源多少及其特性来考虑教育结构的各种特点；"需求约束"指根据社会结构对教育的需求来决定教育的结构、规模与发展速度（主要考虑教育系统的入口需求，而暂时不考虑出口需求）。这里主要涉及两种不同的适应取向，即教育结构应该主要以资源的多少，还是主要以社会需求的大小作为自己发展的依据。当然，社会需求再大，没有相应的资源，教育结构的优化也是不可能的。问题在于如何看待教育发展

---

① 世界银行.世界发展报告2019：工作性质的变革 [EB/OL].[2022-11-20].https：//www.shihang.org/zh/publication/wdr2019.

所需要的资源。如果把教育作为一种免费的教育，那么资源的约束就是绝对的，因为教育的经费来源是唯一的；而如果把教育结构中的某些部分作为有偿教育，那么约束教育结构及其发展的资源本身就成为一个变量，而其影响因素至少包括接受教育的人数，以及个人付出的学费和国家提供的办学经费之间的比例。单纯的"资源约束"是计划经济体制下教育结构的特点，而完全的"需求约束"又忽视了教育活动本身的公共性。事实证明，通过教育投资体制和招生体制的改革，教育的经费来源已经在一定程度上多元化了，而不是单纯依靠国家的投入，这也是通过"需求约束"优化教育结构的现实基础。

此外，教育结构的优化还应该充分考虑教育活动对社会的主动适应、教育结构的整体性，以及教育结构与社会结构之间的整合等。

综上，通过对教育结构进行调整和优化进而提升教育质量，既需要充分考虑到外部社会发展的需求，使教育结构能够适应外部社会政治经济文化结构，同时也需要充分考虑教育活动自身内在的规定性，凸显教育规律、教育思想、教育价值观念在结构调整中的主体性作用。而在认识和协调教育的内外部规律之间的关系时，不同的社会和不同的教育理论有各种不同的看法。有观点认为它们应该是高度整合和有序的，应该是以协调与和谐为本位的；也有观点认为，教育结构的优化实际上是一种冲突的产物。根据我国教育改革和发展的特点，显然外部结构对教育结构的影响更为明显，教育自身的规律、理论、思想、价值的主体性作用发挥得还不够充分。总的来说，教育结构的内部优化与外部优化是密切联系在一起的，只有处理好二者之间的张力才能实现教育质量的提升。

二、实现教育创新的路径

教育创新可以理解为通过教育生产函数的改变产生新的教育效益的提升路径。教育生产函数的本质就是不同教育要素之间的结构关系。教育结构调整是实现教育创新的主要路径。

1. 教育创新

"教育创新"（educational innovation）起源于"创新"这一概念在教育领域的扩散。对教育创新的探讨有以下两个背景：一方面，随着人力资本理论与知识经济盛行，教育被认为是一种具有社会力量的且政治上可行的手段，被赋予了解决广泛且差异性很大的社会经济问题的功能，[①]这引发了对教育领域的创新与变革的设想与讨论。经济合作与发展组织在其报告中指出，教育创新可以达到以下四个目标：改善学习成果和教育质量；提高学习成果和学习机会的公平和平等；提高效率、最小化成本和最大化资金价值；更新教育系统，以便适应社会经济的变化与需求。另外，伴随着国际上相应教育变革的实施，对于教育变革的讨论与反思进一步促进了对于教育创新的理解。[②]

根据熊彼特（J. A. Schumpeter）的创新理论，所谓创新就是要"建立一种新的生产函数"，即对各生产要素和生产条件进行重新组合。熊彼特认为，不改变旧有循环模式，只是在原有基础上的小修小补，不算是真正意义上的创新。为此，他形象地比喻："你不管把多大数量的驿路马车或邮车连续相加，也决不能从而获得一条铁路。"[③]这种要素和条件的重新组合，构成了新的生产函数，其本质上就是在投入端对结构进行调整，从而在产出端形成新的经济效益提升路径。这一过程就是创新。新的生产函数有五种情况：（1）采用一种新的产品；（2）采用一种新的方法；（3）开辟一个新的市场；（4）掠夺或控制原材料或半制成品的一种新的供应来源；（5）创造出一种工业的新的组织。[④]

① Papagiannis G J, Klees S J, Bickel R N.Toward a political economy of educational innovation[J]. Review of educational research,1982,52(2): 245-290.

② Cerna L. Innovation, governance and reform in education[C]. OECD:unpublished CERI conference background paper, 2014.

③ 熊彼特. 经济发展理论：对于利润、资本、信贷、利息和经济周期的考察 [M].北京：商务印书馆，1990：72.

④ 同③ 73-74.

虽然熊彼特的创新理论主要针对的是经济生产领域，但通过对要素进行结构性重组进而达到创新的思路在教育中也具有一定的适用性。每一种教育体系都意味着某种特定的教育要素组合，不同的教育体系只有通过调整教育要素组合的方式才能加以区别。也就是说，仅仅是教育要素规模的扩大并不意味着教育创新，要实现教育创新必须进行教育结构的调整。通过在投入端改变教育活动的各要素和条件（如课程、专业、学科、组织形式、资源等）之间的比例和关系，或者引入一些新的要素和条件，如信息化技术、新制度等，可以形成教育要素的"新组合"，从而在不同要素之间形成新的联系，产生新的意义，甚至是实现质的变化，在产出端形成新的教育效益提升路径。这实际上就是通过改变教育生产函数，激发教育的内生动力，从而实现教育创新。教育创新需要得到一定程度的扩散，一旦实施，能够达到提高学习效率、改善学习质量、创造教育价值的目的。

2.教育结构与教育创新

根据国际上有关学者的研究以及熊彼特的创新理论，我们把促进教育创新的教育结构调整概括为以下几种形式：（1）引入新的教育思想或教育理念，比如"以学生为中心"的教育理念、"可持续发展教育"理念等等；（2）采用一种新的教学产品，比如新的教学理论、新的教科书、微课程、微学分、学习徽章（learning badge）等等；（3）引入一种新的教学方法或教学技术，比如信息化技术、虚拟现实（VR）技术、学习分析技术等；（4）开辟一个新的教育领域，比如国际教育、远程教育、服务终身学习的教育等；（5）创造一种新的教育组织形式，比如支撑学科交叉的学院或中心、创业型大学等。

通过教育结构的调整，能实现以下几种形式的教育创新：一是人才培养模式和体系的创新，二是基于科学研究的知识与技术创新，三是院校治理模式的创新。

第一，通过课程体系、教学方法、评价模式、组织机构等结构的重新组合，促进人才培养模式和体系的创新，培养拔尖创新人才。数字化和智能化时代重塑了工作性质，互联网或物联网的发展所建构的虚拟空间使得产业的发展超越了传统的物理空间，使得不在工作现场的因素具有了现实的意义。生产活动中重复性、程序性的工作与岗位很可能被机器人所替代；越来越多有条件的工作场景将为人工智能所覆盖，智能化逐渐延伸和扩展到越来越广泛的领域。这种新的产业形态对人才的要求不仅仅是技术水平的提高，而且是适应新型工作性质所需的思维能力的提升，具体来说包括创造性思考、决策性思考、解决问题的思考、想象力、学习能力以及逻辑能力等等。① 为了培养这样的能力素质，教育的知识内容、课程体系、教学方式、组织模式等要素需要进行相应的结构性重构。这种培养体系颠覆了以知识为中心的传统教育模式，主张从面向未来的能力素养出发，从而赋予学校教育更广阔的学习视域。

第二，通过学科、专业等的结构性重组，促进基于科学研究的知识与技术创新。衡量一个学科进步与否，关键不在于发表了多少论文，申报了多少项目，而在于这一学科的结构或分类是否有所突破。以化学学科为例，有机化学、无机化学、分析化学、物理化学这四大传统的化学分支已经延续了近百年，而事实上，随着人类认识的进步，原有的学科分类模式已经无法满足知识发展的需要，现代化学学科的发展在很大程度上突破了这一传统的分类模式，产生了包括材料化学、电化学、高分子化学等在内的新分支。再比如，随着新一轮科技革命和产业变革加速演进，一些重要科学问题和关键核心技术已经呈现出革命性突破的先兆，问题的复杂性使其已不是单一学科能够解决的，需要深度交叉融合多个学科。比如，脑科学研究涉及生物、信息技术、物理、化学、数学、材料、控制等多个学科，以及从基础到临床、从科学到工程等多个侧面，因此脑科学研究需要脑科学工作者与其他学科工作者高度协同，合作开展研究，提升系统能力。因此，正如日本学者所言，所谓"科学"的含

---

① 谢维和.把职业教育的事想清楚：兼谈职业教育的地方性[J].中国职业技术教育，2022（6）：5-10.

义就是"分科之学",言下之意即将原来混沌而笼统的知识,按照其系统性与专门性分成不同的学科,每次分类就体现了人类对社会、对自然的认识的进步。

第三,通过引入新的教育治理模式,促进院校治理模式的创新,推动国家创新体系的完善。过去,中国大学基本上是作为政治的一个部门或直接接受教育部管理,因而在其整个治理体系中只包括学校与政府二元主体。而随着社会主义市场经济的深入发展,教育的治理模式也逐渐演变,学校不仅要面对政府、社会,还要面向市场。相应地,这一转变对学校的治理结构与治理能力提出了更高的要求,例如高校需要开拓资金筹集渠道,扩大利益相关者的参与途径,借助信息技术手段加强治理能力等,从而进一步调动教师和学生的积极性和创造性,提升院校的办学效率,更好地服务社会发展。

不容忽视的是,在通过教育结构调整促进教育创新的过程中,教育思想的解放发挥着指导性与基础性作用。要使教育能够肩负起实现国家创新战略、促进社会经济发展的职责,教育自身必须能率先进行自我革新,这种革新可以是对既有认知的建设性探讨,也可以是对未来发展的前瞻性探索。在时代变革与社会转型时期,教育需要思想与理论的引领,必须有更加清醒的头脑,进而能够在各种可能性中更加明睿地分析与判断自身的选择与走向。

三、教育结构的社会经济功能

教育结构是教育活动实现其社会经济功能的重要路径,合理的教育结构有利于社会发展和经济进步。教育结构本身的特点和差异,也将影响这些社会经济功能的发挥。

1.教育结构的社会功能

教育结构通过为社会选拔和分配人才实现对社会结构的复制或者优化。不同社会和不同历史时期的各种教育结构,都会通过它的形态和特点,影响和制约社会的人才选拔和流动。教育结构通过其本身的不同层次、类别、形式和布局，使社会中的各种受教育者进入不同层次和不同类型的教育机构学习，从而获得不同的学习机会，掌握不同的本领和技能，进而获得不同的文凭，并由此进入社会的不同岗位。从教育结构的角度来讲，教育的选拔功能主要是通过义务教育之后教育的各种分流来实现的，如职业教育和普通教育的分流、专科与本科的分流、各个学科和各种专业之间的分流等等，从而使适龄学生进入各个层次和类型的教育机构。这种教育的分流已经成为社会选拔和分配人才的主要机制。

同时，教育分流体制本身也具有一定的相对独立性，会影响社会的职业体制和经济体制。例如，过度发展的高等教育将会造成就业中"教育过度"的现象，即本来只需要高中学历的工作岗位却使用了大学毕业生，进而带来人力资源浪费、生产效率低下等不良后果。此外，教育分流体制通过教育制度和教学内容的作用，也会对社会结构进行复制或者优化。

教育结构可以复制社会结构，即通过各种层次和类型的教育，以及它们对于各种人才的选拔与分配，使社会已经存在的各种结构，包括社会的经济结构、政治结构、阶级和阶层结构、文化结构以及人口结构等得以保存和延续。教育结构通过对社会结构的复制，实现和强化社会分层，这也就是社会结构的再生产。教育结构的再生产功能是教育社会学关注的核心议题。韦伯提出，社会中的优势群体往往是通过对知识，特别是文凭的控制来保护自己获得的地位，同时排斥其他社会群体对自己的侵犯。在现代社会中，知识以及作为知识证明的文凭是不同群体之间斗争的主要机制。[1] 布迪厄明确指出了教育的再生产功能，且这种再生产主要是通过文化资本实现的。文化资本包括技能、文凭、爱好和言语，其中，文凭可以作为媒介与其他资本进行交换。教育结构对社会结构的复制和再生产，实际上也正是通过社会上统治阶级对教育的控制、对各种文凭或知识凭证的控制而实现的，其本质上是对教育分流的各种标准

---

[1]　Saha L J. International encyclopedia of the sociology of education[M].Cambridge:Pergamon,1997:16.

和条件的操纵和控制。

教育结构也可以通过其选拔和再生产功能，调整和改变社会结构中存在的不合理现象，促进社会的平等与公正，从而实现对社会结构的优化。一般而言，教育结构对社会结构的优化，通常体现在两个方面：第一，通过教育的普及使更多的人接受教育，改变教育作为少数人特权的不公正现象，从而促进社会平等。比如，义务教育的扩大，已经明显地改变了过去社会结构中的不平等现象。第二，通过教育促进社会的合理流动，特别是使人们通过各种类型的教育，充分发挥自己的个性和才能，从而使每个人都能够各得其所。比如，基础教育体制中双轨制的存在与否，也直接与社会结构的平等程度相联系。

2. 教育结构的经济功能

教育结构的经济功能主要表现在两个方面：一是形成一定的人力资源结构，适应和促进产业结构调整，进而推动经济发展；二是培养创新型人才和实现科学技术创新，为经济发展增添新动力。

第一，教育结构的经济功能主要是通过教育的人力资本功能实现的。人力资本理论认为，教育投资是对经济增长具有举足轻重作用的生产性投资，具有有效配置资源、及时调整企业和国家经济发展战略的应变能力。[①] 因此，经济发展和产业升级都需要相应的人力资源积累作为支撑，其中，既可以因人力资源积累到一定程度而引发产业结构调整，也可能因产业结构调整而吸引人力资源积累，并促进其继续发展。二者之间也没有固定的时间先后关系，如果产业结构调整比较迅速，人力资本积累速度滞后，经济发展就会缺乏动力；相反，随着教育制度的完善，人才培养速度加快，也可能出现产业调整滞后和人力资源过度积累，即教育过度的问题。[②]

---

① 闵维方，马莉萍. 教育经济学 [M]. 北京：北京大学出版社，2020：54-83.
② 闵维方，蒋承. 产业与人力资源结构双调整背景下的大学生就业：一个历史和比较的视角 [J]. 北京大学教育评论，2012（1）：2-12，187.

　　具体来说，产业结构与前面提到的教育的层次结构、类型结构都有密切的关系。首先，教育的层次结构，即各级教育之间的比例关系以及高等教育内部的院校分层，是与地区经济发展直接相关的，其定位和发展需要满足不同地区社会经济发展对人力资源的需要。例如，研究型大学更多地培养学术研究型人才，应用型大学更多地培养工程技术型人才，高等职业院校则更多地培养技术技能人才，一个地区经济发展的需求和主要支点不同，对各层各类人才的需求也有所不同。实现不同层次高等学校的功能的合理定位，不仅能更好地满足当地的经济发展需要，也将有效解决劳动力市场中供需错位的问题。其次，教育的类型结构，即教育中普通教育和职业教育之间的关系，以及各种学科门类之间的比例关系，则更多地是通过影响产业结构来推动经济发展的。例如，普通教育与职业教育的关系随着产业的技术构成和生产生活的科技含量的变化而变化。进入智能化时代，随着产业高新技术含量提高、企业生产自动化水平提高，对技术人才的专业知识、能力水平等都有了新的要求，也因此需要重新思考普通教育和职业教育之间区分和融合的关系。此外，教育的科类结构，突出表现为文科和理科之间的关系，也直接与产业结构相适应。如前文所说，随着产业结构的优化升级，即从第一产业向第二、三产业转移，高等教育结构不断主动适应转型时期社会对人才需求结构的变化，文科地位不断上升，并与理科进一步地相互融合。教育结构的调整推动人力资源结构的不断优化，既是适应产业发展的需要，也是推动经济发展的直接动力。

　　第二，教育结构的经济功能还表现在教育结构的变化会实现人的创新能力和素养的提升，并带来科学技术的创新，进而为经济增长增添新动力。新经济增长理论认为，技术进步是经济增长的核心，而前者取决于知识积累、人力资本的溢出等外部效应[1]。人力资本的创造性、创新性

---

① Lucas R E, Jr. On the mechanics of economic development[J]. Journal of monetary economics, 1998, 22(1): 3-42.

是技术创新的主要动力，但这是以一定的教育结构为前提的。经济的不同发展阶段对创新有不同的需求，例如，随着发展中国家从低技能优势竞争向高技能优势竞争转变，科技和市场的变化使得对技能的要求有所改变[①]，而很多发展中国家面临的"中等收入陷阱"在很大程度上就是因为教育投资不足、人力资本质量较低或数量不足，导致自身创新能力不强而形成的。[②] 这就需要提高人力资本的质量，优化教育结构，注重培养拔尖创新人才和科技领军人物，为技术创新和经济发展提供内生动力。

---

① 闵维方，马莉萍.教育经济学 [M].北京：北京大学出版社，2020：78-80.
② 同① 78.

第 | 十 | 章

教育发展的社会机制

　　教育发展是教育活动的重要形式之一，是
教育社会学分析和研究的一个十分重要的领域。
所谓教育发展的社会机制，指的是教育发展的
主要模式及其与社会发展的关系，以及影响教
育发展的各种因素的关系。教育发展的社会机
制与教育的现代化是紧密联系在一起的，与整
个社会的现代化具有非常密切的关系。

第一节　教育发展的一般含义

教育发展是教育社会学的一个重要理论与概念，也是非常基本的教育问题。准确认识与理解教育发展的基本概念与内涵，以及基本的模式，对于促进教育的健康发展具有基础性的意义。

一、教育发展的概念与内涵

教育发展的概念与内涵是比较复杂且容易混淆的，它与社会发展的关系也并不完全是一致的。这是教育发展概念非常重要的特点。

1. 基本概念与特点

所谓教育发展，指的是"教育系统在总体上从低级形态到高级形态不断生成、变化和更新的过程"[①]。教育发展主要指一个国家或社会的整体的教育发展，而不是个体的成长与发展，它是社会学意义的教育发展，而不是心理学意义的个体发展。但是，"发展"这个词自最初的表述以来，从未有过非常严谨的定义，而且其内涵一直在不断地扩大。所以，"教育发展"的概念也由于"发展"这个概念的演变而演变。教育发展曾经被认为是促进社会将科学和技术应用于生产，从而有计划地增加产品和提高服务的总量的必备前提之一；它也被认为是促进参与生产的不同群体之间平等分配创造的财富，全民参与制定发展和保护社区文化认同的目标和途径的决策过程的表现形式的发展；而近年来教育发展则常常被看作世界上克服全球发展不平衡的重要力量的发展；等等。由此可见，"教育发展"是一个规范化的概念，而不是一个描述性的概念。它表达了教

---

① 顾明远.中国教育大百科全书：第 1 卷 [M].上海：上海教育出版社，2012：700-701.

育应该如何发展与变化，而不是单纯地描述经济的实际变化。[①] 在理解教育发展的问题时，至少应该注意以下几个方面的问题。

第一，教育发展包含了教育的增长，但不能等同于教育的增长。教育发展并非完全体现为一种量的变化，或者说，不应该仅仅用数量的指标去说明教育的发展。诚然，数量是教育发展中的重要因素，包括学校的发展、接受教育的人口的增加、教育经费的增长等，这些数量的变化和发展的确可以反映一定社会和国家教育发展的水平，但是，教育发展决不能仅仅归结于这些数量方面的变化。正如古代教育与现代教育，以及奴隶社会的教育和资本主义社会的教育之间的区别不能仅仅以数量的差异为依据一样，教育发展具有一种质的性质和特点，它反映了教育形态从低级到高级的演进，体现了质的特点与内涵的变化。而且，教育思想和教育观念的变化也是教育发展的重要内容之一。

第二，教育改革是教育发展的重要内涵，但不能等同于教育发展。无疑，教育改革是推动与促进教育发展的重要因素，也是教育发展的形式之一。教育改革的目的正是对不能适应社会经济发展与人们的需求的教育状况进行有目的的调整，以使其适应这些需求。然而，教育改革作为一种调整手段，其结果可能是成功，也可能是不能达到其预期的目标，因而教育改革并不必然带来教育的发展。反之，教育的发展则会催生新的矛盾，带来新的问题，因而教育发展是新一轮教育改革的基础，并且高质量的教育发展也为教育改革的深化创造了客观条件。

第三，教育发展可以表现为教育变迁，但也不能等同于教育变迁。从理论上看，后者更多地只是一种对于教育活动变化的描述和记录，反映的是某种客观的现实变化；而教育发展却具有一种价值判断的特点。换句话说，教育发展是一个自觉的有目的的过程，是人们主观意志的反映。实事求是地说，教育并不是一种无目的的自然而然的过程。即使从个体的角度看，生长的过程受到其内在因素的约束，但这个过程并不是

[①] Husen T，Postlethwaite T N. 国际教育百科全书：第 3 卷 [M]. 贵阳：贵州教育出版社，1990：91-92.

孤立的，它必须对各种成长的可能性做出一定的选择。因为，教育发展是人们认识到社会对教育的各种要求，并且根据人的身心发展规律所进行的一种主动的教育实践与变革，其本身还包含了对这种实践与变革所进行的判断，因而与人们的主观愿望是紧密联系在一起的。

第四，教育发展也不能等同于教育现代化。教育现代化既是社会现代化的应有之义，反映了特定阶段的社会发展对于教育提出的要求，同时也是社会现代化的必然产物，分享着社会现代化的基本特征。就其内涵来看，教育现代化包括教育的民主性和公平性、终身性和全时空性、生产性和社会性、个性性和创造性、多样性和差异性、信息化和创新性、国际性和开放性、科学性和法制性等特征。① 因此，教育现代化更多是对社会现代化的一种反映，体现的是时代发展对教育提出的要求；但教育发展并不仅仅局限于教育现代化，它是一个持续性的教育活动，反映了教育本身不断适应与满足社会经济和人民群众需求而改进与创新的过程。教育现代化只是教育发展在特定历史阶段的形态，并不能完全取代教育发展的全部内涵。

2. 教育发展与社会发展的非同步性

诚然，教育发展作为一种社会发展，自然具有社会发展的一般特点，例如，发展的多样性、目的性、合理性和阶段性等。根据历史的经验和现代社会教育发展与改革的事实，教育发展与经济发展和社会其他方面的发展并不是完全同步的。从历史的角度看，教育发展往往具有一种滞后的特点，是在社会其他因素的影响和带动下进行的，并直接或者间接地受到其他方面因素发展状况的制约。造成这种情况的原因也许是多方面的，但也与教育活动本身的特点有关。这些原因大致包括以下几个方面。第一，人的培养需要比较长的周期，它要求教育活动具有一定的稳定性，因而这一特点要求教育活动的发展是渐进的。第二，教育活动是一项制度化程度较高的社会活动，并且属于一种社会公共事务。这

---

① 顾明远.试论教育现代化的基本特征 [J].教育研究，2012（9）：4-10，26.

一属性使得其开展往往涉及整个社会的事物和利益，因而在改革与发展方面较为慎重。第三，教育活动本身的社会功能也决定了它的改革与发展具有比较缓慢的特点。按照帕森斯对社会系统的分析，教育活动的功能就是作为社会文化模式的维护系统。它所要消除的，恰恰是变革和发展中社会上的各种紧张与冲突。人们在现实中已经看到，教育改革与发展常常是比较困难的，过程中充满了各种斗争和阻力。日本学者大河内一男和海后宗臣等人曾经十分明确地指出："学校一经组织成为一个完整的制度体系，那它在社会上就固定下来了，只有在特殊情况下，才能改变学校的体制，在整体上是很难变动的。虽然也会逐渐地出现一些缓慢的变化，但是学校体制本身及其所具有的学校性质是不能改变的。从这点来看，学校及其教育可以说是保守的。这种保守性是近代以来的学校所表现出来的基本特点，因此，常常受到社会的批评，说学校跟不上时代的发展，施行着无用的教育。然而，学校并不能总是把社会上认为有用的东西随时拿来立刻进行讲授。社会认为有用的知识能影响到社会基本职能之一的教育并经过教学而取得其效果，这一过程是需要一定的时间的。"①强调教育发展的这种滞后性，其目的一方面是希望人们更重视教育发展的基本规律，投入更多的精力进行教育改革，促进教育发展。没有这样的投入和重视，教育的改革与发展往往是比较缓慢的。另一方面，这种滞后性也提醒我们，在教育改革和发展上切不可急于求成和急功近利，必须具备一定的条件和基础。改革与发展也是一个长期的过程，动辄对教育改革与发展进行批评和指责亦是有失公允的。

从现实的角度看，教育发展与社会发展的非同步性还表现为现代社会中教育的优先发展。这种教育优先发展的政策含义主要表现在三个方面：首先是切实保证经济社会发展规划优先安排教育发展，由此反映了教育在整个社会发展格局中的地位；其次是财政资金优先保障教育发展，由此反映了教育在国家财政预算中的地位，包括财政性教育经费的比例、

---

① 大河内一男，海后宗臣，等.教育学的理论问题 [M].北京：教育科学出版社，1984: 59.

国家公共预算支出中教育支出的增长率，以及各种教育拨款的增长等；最后是公共资源优先满足教育和人力资源开发的需要，它反映了教育在整个国家公共资源安排中的地位。这种教育优先发展的地位充分体现了在现代社会中教育的先导性。需要进一步指出的是，教育优先发展的地位并不否定社会对教育发展的基础性，可以说，这种优先发展的地位也正是社会发展对教育发展的新的要求。它表明了教育发展的一种新模式。有所不同的是，这种教育优先发展的新模式需要更加强调教育的创新，进一步凸显了教育本身的活力与发展的内生动力。教育发展的这种新模式的内涵主要有三个方面：首先，教育不仅仅需要承担文化传承的任务，而且应该担负起文化创新的责任与使命；其次，这种新发展模式意味着人才培养的一种新标准，并由此带动学校教育教学体系、学科与专业体系，以及课程与方法等的变革；最后，它要求教育不是单纯适应社会发展的要求，而是能够有资格、有能力引领社会的进步与发展，要求教育能够对社会经济发展与人类文明做出更大的贡献。而这种教育优先发展的机制仍然是需要进一步探讨的课题。

二、教育发展的基本维度

从历史和现实的角度看，教育发展的内涵是非常丰富的。参照国际上关于"发展"概念及其与教育发展的联系的观点，教育发展的主要内涵包括以下几个方面：首先它既是一个政府的责任与任务，也是老百姓参与的过程；其次，教育发展一定是有效地保存与发展民族国家和地区的文化同一性的过程；最后，教育发展必须是能够促进社会将新财富公平地分配给所有参与者的过程，而且首先是分配给相关地区最贫穷者的过程[①]。因此，教育发展通常有两个基本维度。其一是教育活动的数量与规模发展的维度，其二是教育活动的质量发展的维度。前者反映教育活动发展的普及方面，后者反映教育活动发展的提高方面。当然，这两个

---

① Husen T，Postlethwaite T N. 国际教育百科全书：第 3 卷 [M]. 贵阳：贵州教育出版社，1990：94.

方面也常常结合在一起，反映了教育发展的不同阶段，并且体现教育发展的某种规律。

1. 数量与规模维度

所谓教育发展的数量与规模维度，即反映教育发展的各种数量方面变化的指标，包括入学率、百分比、增长率等。这是教育发展中一个十分重要的方面，也是衡量教育发展水平的一个十分重要的维度。例如，衡量一个国家义务教育发展水平的基本指标之一就是它的普及程度。中国在义务教育发展中所设立的一个基本目标就是在2000年基本普及九年义务教育；而其中的"基本"，也是一个数量指标，即覆盖85%的人口地区。又如，高等教育的普及化和高等教育的大众化作为高等教育发展的不同水平，实际上也就是由在一定年龄段内接受高等教育的人口数量所决定的。此外，教育的经费投入、学校数量、在校生规模等，都是反映教育发展的重要指标。

教育发展的数量与规模维度和教育的普及程度是联系在一起的。换句话说，教育的普及作为教育发展的一个重要方面，主要通过数量和规模这一维度进行衡量。随着社会的发展和生活水平的提高，人们对教育的要求越来越高，需求也越来越大，因此，教育的数量和规模的发展将一直是教育发展的一个重要方面。

教育发展的数量与规模是反映教育增长的主要指标，也是体现教育进步的重要方面。当然，这也是教育发展的重要基础。在一个国家与社会教育现代化的初始阶段中，这种数量与规模的维度常常是需要优先考虑的，而且是教育发展初期的主要任务。在教育发展的理论中，这种数量与规模的维度及其水平常常是划分不同教育发展阶段的重要标准。国际上关于精英型的高等教育、大众化的高等教育，以及普及化的高等教育的阶段性的判断，正是根据这种数量与规模的指标做出的。

2. 质量维度

所谓教育发展的质量维度，主要指的是反映教育发展内在特质与水平的指标。教育的质量是一个内涵非常丰富的概念，从发展的角度看，它至少包括三个方面的含义：其一是适应性，即教育发展在满足社会经济与人的发展的需求方面达到的水平，包括教育所培养的各类人才能否适应社会经济发展的需求，以及教育结构与社会经济结构之间相互和谐与补充促进的程度，等等。其二是效率，即教育发展的效益，特别是社会效益，以及反映教育投入与教育产出之间关系的各种指标，以及教育发展对社会经济发展的贡献。从微观上看，它也可以指教育测量所反映的学生学习成绩的优秀率、合格率、升学率等等。其三是教育公平与教育机会均等。这是教育现代化与教育民主化中非常基本的指标，也是教育质量的核心内涵。在现代社会中，人的受教育权是最基本的人权。所以，维护与不断提高教育公平与教育机会均等的水平，是教育发展中不断提高教育质量的重要任务。

教育发展中质量维度和数量与规模维度是存在差异的，但也并非对立的。教育发展的质量常常也可以，甚至必须通过一定的数量方式进行描述与测量。例如，由于教育质量在很大程度上取决于教学设备与教师水平，而这两者又受到教育经费水平的直接影响，因而有研究在衡量教育发展质量时采用生均教育经费这一指标来进行间接测量。[1] 但需要明确的是，教育发展的质量并不能单纯地通过增加教育的投入或扩大教育的规模而提高，它更加需要的是某种内涵的变革。

3. 教育发展的倒 U 形曲线的假设

教育发展中数量与规模和公平之间的关系，是教育发展中数量与规模维度和质量维度之间相互关系的核心内容，构成了教育发展中一个十分重要的矛盾。这个矛盾的发展及其变化在教育发展过程中呈现出一种倒 U 形曲线的形态。这也是教育发展的一种假设。其主要包括三个阶段。

首先，在教育发展的初期，教育增长成为教育发展的主要方面，突出表现为教育规模的扩大与教育供给的增加，主要目的是满足人们"上

---

① 杜育红. 地区间教育发展差异的实证分析 [D]. 北京：北京师范大学，1999.

学"的目的。这个阶段教育发展的主要特点之一是教育增长与教育不公平的并存。从历史来看，教育发展的早期通常以数量与规模维度为主，旨在为人们提供更多的受教育机会，让更多的人可以上学。而教育公平的要求虽然也是教育发展的内涵，但却往往没有成为重点。相反，在教育发展的初期阶段，随着教育规模的扩大与供给的增加，教育不公平的现象往往还会有所扩大。坦率地说，教育发展的早期以扩大规模与增加供给为主的战略选择是合理的。而且，这种安排也是符合人民群众的要求的。这种教育增长是教育发展的第一步，也是基础性的一步，是提高教育公平与质量的数量基础，这也是避免"不患寡而患不均"现象的实事求是的做法。

其次，随着社会和教育的进步，特别是教育发展的规模已经达到普及化的水平以后，尤其是教育公平逐渐成为人们对教育的主要诉求与教育质量的重要内涵以后，教育发展开始出现基本取向由数量与规模维度向质量维度过渡的节点。如果说在教育发展的初期，教育改革与发展主要是以数量与规模维度为主，目的是吸收更多的教育经费，建立更多的学校，扩大接受各种教育的人数等，那么，随着改革发展的深入，教育公平与质量问题逐渐成为教育发展的主题和重点。这个节点的出现在不同的国家可能是不同的，而且它也可能会呈现出一个时间上长短不一的状况，但它必定是教育发展过程中的一个非常重要的转折点，由此形成不同教育发展模式与战略的变化。

最后，教育发展进入一个注重教育公平与质量的新阶段。与教育发展的初期比较，这个阶段则是进一步提升教育机会均等水平与提高教育质量，并以此作为评价教育发展的主要标准。这个阶段的主要特点有三个方面：其一是教育的内涵发展，其主要形态是教育结构的不断优化与调整，包括教育的类型结构与内部的微观基础，由此教育本身的内生动力也成为教育发展的主要动能。其二是教育评价的改革成为教育发展中越来越关键的因素，也是教育改革发展的难点之一。特别是在注重教育评价中各种数量指标的同时，进一步强调与突出各种质量的指标。其三是更加强调教育发展的稳定性。这种稳定性，一方面表现为教育规模的稳定性，不再出现大型的规模变化；另一方面表现为教育政策的持续性，而且进一步保障教育活动的自主性。

教育发展的这种倒 U 形曲线的模式虽然只是一个理论的假设（参考库兹涅茨的经济发展理论），但世界不同国家教育发展的实际已经在一定程度上证明了这个教育发展假设的合理性。它也是中国教育改革发展的实践对教育发展理论的贡献。

第二节　教育发展的理论解释

教育发展的影响因素或变量是一个比较复杂的问题，具有各种不同的理论与看法。探索与分析教育发展的解释模式，也是教育基本理论与教育社会学的重要任务。当然，关于教育发展的不同解释模型也是反映不同国家与社会教育发展的特点的重要方面。

一、教育发展的理论流派

关于教育发展的原因与影响因素，存在着各种不同的理论取向与方法论，并由此形成不同的流派。它们对于认识与分析教育发展具有非常重要的价值与现实意义。

1. 结构功能主义

所谓结构功能主义的解释模式，指的是按照结构功能主义的理论分析教育的发展和学校的发展。尽管结构功能主义近年来受到各种各样的诟病与挑战，但它的范式仍然为教育发展的解释提供了基本的框架。结构功能主义的基本观点是，现代社会的复杂性、对更高认知技能的需要、对文化和道德认识同一性的要求，以及对知识与才能的分类和选拔等，都促进了学校教育的发展，也使延长学校教育成为必要。

首先，现代社会工业化和城市化的进程使得许多传统职业遭到破坏或淘汰，取而代之的是众多更为复杂也更为专门化的新兴职业。在这一背景下，传统社会的学徒制度不再能适应工业化社会的教育要求，同时也无力满足机器大生产对劳动力的大量需求，因而学校教育便成为培养工业社会劳动者的主要渠道。其次，由于现代生产的技术水平越来越高，在生产管理过程中，对价格和利润的计算，以及对工作程序和市场的记录等，都对从事生产管理的白领职员以及直接参与生产的专业技术人员提出了更高的教育要求，从而进一步推动了中等教育与高等教育的发展。再次，现代社会的发展在解放人们思想与个性的同时，也使人与人之间的联系变得空前紧密，也正因如此，社会的整合和秩序常常面临着严峻挑战。对此，学校教育能够在这方面发挥家庭教育所不具有的作用，通过社会公共道德与价值观念的教育，使人们自觉遵循社会的公共准则，成为合格的社会公民。最后，现代社会的民主与平等在人才选拔方面的一个重要标志就在于，它根据的不是人们的家庭和政治经济因素，而是每个人的能力。因此，大众教育快速发展的一个重要原因就在于，它能够培养具有真才实学的人才，并以一种平等公正的方式对人才进行选拔。

结构功能主义是根据社会发展的要求和教育的基本功能，以及它们之间的关系，解释和说明现代社会教育的发展。这种观点和解释模式在一定程度上是合理的，也具有一定的解释力。但是，这种模式的分析思路比较理想化，没有看到现代社会本身的各种矛盾和冲突，以及这些矛盾和冲突与教育的关系。比较而言，结构功能主义肯定了学校教育在传授重要认知技能、传递社会共同的价值观念上所发挥的作用，从而把学校教育作为实现社会平等的一种途径。正因如此，结构功能主义把学校教育的发展和扩张看成自由和理性对无知与偏见的胜利，认为学校教育是比传统的社会化方式更好的教育途经，而且可以推动自由、理性、社会平等等价值观念的发展和进步。

2. 社会冲突与批判理论

社会冲突与批判理论认为，教育发展并不是像结构功能主义所说的那样，是适应社会经济发展的需要，是满足和通向更大的机会均等的途径。根据其代表人物鲍尔斯和吉丁斯的看法，现代教育的发展和扩张，主要是由于资本主义生产的需要，以及社会的精英阶层利益的需要，是社会经济和各阶层之间冲突的反映。这一理论取向关于教育发展的解释模式主要表现在以下几个方面。

首先，义务教育的发展和扩张与工业化时期经济的增长以及都市化并没有非常直接的关系。早期工厂主之所以关心义务教育，是因为他们相信，只有学校教育才能为他们提供符合资本主义生产方式需要的、勤劳的、有一定技术的和顺从的劳动者。因此，义务教育的兴起常常与对贫困阶层的改造联系在一起，学校组织的形式并不是缘于社会各个阶层的要求和教育活动的规律，而是出于工厂生产制度的需要。其次，中等学校教育的扩张也是满足资本主义生产需要的一种体现。随着工业化生产的高度组织化，仅有驯服的劳动者已经不再能满足生产方式变化对高级管理人员的需求。在这一背景下，综合中学的出现恰能解决这一问题。其中，职业教育可以传授各种技术和职业道德，从而继续在贫困阶层中培养言听计从的劳动者，而经过改造的古典课程也能够为中产阶级的子女成为白领做准备，进而满足资本主义生产方式对高级管理者的需要。最后，高等教育的发展是资本主义生产发展的结果和要求。不同于培养技术工人与白领阶层的初级学院，大学培养的是社会精英，在推动资本主义生产和社会管理向更高阶段发展方面发挥着重要作用。

显然，在关于学校教育发展的看法上，社会冲突与批判理论的观点与结构功能主义的观点是不同的。前者认为，学校教育实际上是培养学生成为符合资产阶级需要的温顺服从的工具，是把资产阶级精英的价值观念强加在大众身上，以所谓的机会均等来掩盖学校教育在生产社会不平等方面的作用。在关于学校教育发展和扩张的动力的看法上，它也不同意结构功能主义的看法。它认为，这种动力并不是整个社会的需要，而是资产阶级精英的需要，是资本主义生产方式追求利润的需要。也正因如此，社会冲突与批判理论认为，学校教育的发展尽管在一定程度上可以推动和促进人类智力和道德潜能的发展，但在资本主义社会中，这些作用是有限的，它们在一定意义上也压抑了人的发展，并仍然反映了资产阶级的利益和要求。

3. 地位竞争理论

地位竞争型的教育发展模式主要是依据科林斯等人的理论而形成的。他们从根本上否定结构功能主义关于教育发展的理论解释，认为引起教育发展的各种教育需求并不是由工业和商业的需要来决定的，而是由社会的文化市场决定的。根据他们的观点，教育的扩张与发展主要根源于社会中各个群体之间争夺地位和声望的竞争，而非作为一个整体的社会对各种人才的需要。因为，教育和文凭与社会中的权力和地位有着十分密切的联系，各个不同的社会群体为了维护和改善其社会地位，总是力求让他们的孩子能够接受比他们自己更多的教育。但是，社会处境不利群体在这方面的成功，又会刺激社会中产阶级和上层群体也不断地提高其自身的教育层次，从而维护他们在社会结构中的地位。同样，社会处境不利群体为了能够在这场竞争中获得成功的机会，又不得不为他们的孩子寻求更多的教育。这样，尽管在一定历史时期社会所需要的各种人才已经足够，但社会上对于教育的需要总是会不断地增加。因此，正是这样的竞争成为教育发展的重要原因。[①]

显然，这样一种理论在整体上属于冲突主义的理论范畴。而且，在一个学历化的社会中，这种理论具有较大的解释价值。因为，学历化社会的一个主要特征就在于，学历和文凭是人们在社会中取得各种社会地位的重要途径；而且，学历和文凭的高低常常是社会分层的重要标准。应该承认，在分析和解释中国目前高等教育的入学压力与竞争现象时，

---

① Hurn C J. The limits and possibilities of schooling: an introduction to the sociology [M].Boston: Allyn and Bacon, 1985: 95.

这种理论也具有相当的价值。目前在中国城市中，由于就业的压力与竞争，被教育经济学理论称为"教育过度"的现象已经大量存在。人们为了获得更好的就业机会，往往不断地争取更高的学历。所以，这一理论告诉我们，在分析社会的教育需求时，不能简单地将其理解为社会发展的需求，而应该冷静地认识其中的需求基础。

4. 新制度主义

新制度主义理论由美国经济史学家诺斯等人创立，在20世纪80年代被广泛应用于经济学、政治学、社会学等研究领域。与旧制度主义相比，新制度主义拓展了"制度"概念本身的内涵，不仅包括单纯意义上的社会"规范"，还包括正式的"法令规章体系"，以及影响制度产生的"文化认知体系"。与结构功能主义和社会冲突与批判理论对教育发展的解释不同，新制度主义并不将教育的发展视为对社会体系结构的被动反应，也不将其视为利益群体相互斗争的必然结果，而是将教育作为一种独立自主的社会制度来看待。因此，除了外部环境变化引发的制度变迁外，任何发生在教育制度的法令、规范与认知层面的变化也都会促使教育本身发生变革。

有关研究表明，"二战"后，尽管世界各国所处的经济社会发展阶段不同，推行的政治制度各异，但发展大众教育、扩大教育规模成为全球教育发展的共同趋势。对此，一些学者从新制度主义理论的视角出发，为这一普遍性的教育发展模式提供了一种可能的解释。首先，在这种所谓普遍性的教育发展模式中，一种深奥抽象的关于进步和公正的理想成为教育话语的基础。由此，整个教育发展获得了一种非常坚实的合法性基础，并进而成为人们思想和行为的基本规范，甚至成为衡量与评价教育改革和发展的基本标准。其次，这种教育发展的理想话语往往以"会议 – 宣言 – 国家计划"为主要发展机制。通过国际会议中的各种宣言，有关教育发展的理想话语便拥有了对其成员国 / 地区的约束性，而通过这些国家和地区的教育改革，这些理想话语便得以转变为现实的行动和教育发展的现实。最后，教育的专业化发展和专业化的教育人员在"制度化和修订教育的发展话语"中发挥着重要作用。一方面，他们对抽象但具有普遍性的教育话语进行提炼与发展，从而使共同的教育发展理念得到世界各国的认可与响应；另一方面，他们通过口头或书面的方式对全球教育蓝图进行推广与传播，从而使教育发展的全球话语产生更加广泛的影响力。

5. 人力资本理论

与结构功能主义、社会冲突与批判理论和新制度主义相比，人力资本理论是一个更为微观具体的理论视角，但其在当今教育发展中的影响力与解释力却丝毫不亚于前述任何一个理论。20 世纪 50 年代，世界各国的经济增长呈现出了极大差异，部分发达国家经济快速恢复并出现高速增长，而另一些国家则始终处于低速增长甚至停滞的状态。为了解释这一经济发展中存在的差异，众多学者提出了不同的观点。以舒尔茨、贝克尔为代表的经济学家在 20 世纪 60 年代提出了"人力资本"的概念，在传统的土地、资本和劳动力数量之外，引入了劳动力质量这一全新的生产要素，试图从知识与能力的视角来分析经济增长的原因。所谓"人力资本"，即人所具有的知识、能力与健康；培养人力资本的途径包括正规教育、在职培训、成人教育、保健与卫生设施，以及为工作机会而进行的迁徙；健康、教育和培训是人力资本投资的主要方式。根据人力资本理论，对人力资本进行投资将有助于提高个人劳动生产率，从而促进经济增长；不仅如此，人力资本投资具有收益递增的特点，因而是比物质资本更为重要的经济增长因素。

人力资本理论的提出与广泛传播使得教育在提高个人经济收入、促进国家经济增长中的巨大作用日益为人们所认识，并直接影响了 20 世纪下半叶世界各国的教育发展政策。统计数据表明，1960 年全球国民生产总值为 14180.6 亿美元，1981 年为 110010.5 亿美元，20 年间增长了约 6.8 倍；在世界教育公共总支出方面，1960 年为 515 亿美元，1981 年为 6276 亿美元，增长幅度约 11.2 倍。同期，世界人均国民生产总值增长了 4.2

倍，而人均教育投资增长了 7 倍。[①] 应该说，在如今各国的政策话语中，优先发展教育、通过教育拉动经济增长等政策取向，其背后的学理依据很大程度上便来源于人力资本理论。但随着教育和社会发展水平的不断提高，人们也开始反思人力资本理论背后的工具主义取向，对以生产效率和个人收入来表征人力资本的方式提出了质疑，并对教育投资所带来的非经济收益予以越来越多的关注。

二、教育发展的内生变量

教育发展不仅受到各种外部因素的影响，而且直接受到教育活动本身内生变量的制约。而且，从教育活动本身的内生变量解释与分析教育发展，更有助于认识教育发展的某种必然性。这种教育活动的内生变量体现为教育发展的内在逻辑与规划。

1. 教育发展的内在逻辑

所谓教育发展的内在逻辑，指的是教育活动本身的相对独立性对教育发展的影响。这种影响主要表现为教育活动中人的身心发展的基本规律对教育发展的内在制约。无疑，教育发展必须适应社会经济发展的要求，这是教育发展的基本规律之一。但这种适应性必须与人的身心发展规律相结合。而教育发展中的这种适应性的不同及其变化，特别是这种适应性在教育的不同层级的特定形态及其相关性，则十分鲜明地体现了教育发展的内在逻辑。

教育活动的基本规律无疑是教育发展的根本遵循，教育规律的形态也直接影响教育的发展，进而表现为教育发展的内在逻辑。这种内在逻辑在教育的层级中表现为由强到弱的渐变过程，具体表现为三种形态。首先，在学前教育与初等教育阶段，教育发展更多地受到个体身心发展规律的影响，社会变化的要求对教育发展的约束相对比较弱，教育发展本身呈现出较强的独立性。在不同的社会环境中，教育常常具有很大的

---

① 白秀杰，杜剑华.教育学 [M].北京：首都师范大学出版社，2017：64.

同一性。其次，在中等教育阶段，随着个体的逐渐成熟，教育发展过程既要受到个体身心发展规律的制约，同时也需要不断受到适应社会发展要求规律的制约，而且两者处于一种势均力敌、旗鼓相当的地位。在这个阶段，教育发展在适应个体身心发展规律的时候，常常更多地受到社会发展要求的限制与制约，教育发展的内在逻辑往往呈现出一种相互制约的特点。当然，教育发展适应社会发展要求的规律则更多是通过适应身心发展规律而发挥作用。最后，在高等教育阶段，由于社会发展的要求，以及高等教育作为一种与社会直接联系的终结性教育，适应社会发展要求的规律在教育发展中具有越来越强的决定作用。所以，教育的发展则更多地需要服从社会发展的要求。教育发展的这种内在逻辑的变化及其特点对分析教育发展是非常重要的。换言之，在教育初级层级或早期阶段，人的身心发展规律是分析与解释教育发展的重要变量。随着教育层级的提高，教育发展的特点及其变化常常需要更多地从社会发展的角度进行分析与解释。

2. 教育发展的规划

教育发展的规划对教育发展的影响是非常重要的，也是影响教育发展十分重要的内生变量。教育发展的各种外部因素的影响往往也是通过教育规划而发生作用的。虽然在教育发展的过程中教育适应社会发展要求的规律呈现出逐渐强化的作用与影响，但这种影响往往通过教育中长期规划的制定而转化为教育发展本身的内在逻辑。

所谓教育规划，主要指的是从国家的层面，根据社会发展的要求与教育本身的特点，遵循教育发展的基本规律，对教育中长期发展的目标、思路与主要指标等做出的某种宏观的制度设计与政策安排。这种教育规划通常有以下几个主要特点。首先，它常常具有比较大的时间跨度，一般为5—10年，有的甚至可以更长一些。这种时间跨度与教育活动的周期性特点是一致的，因而对教育的健康与稳定发展是非常有益的。这种中长期的时间跨度也要求教育规划本身对社会发展的需求与教育本身的相对独立性有更加准确与合理的认识和判断。其次，这种教育规划常常体现了一种政策调控的功能与意义。由于教育的不同层级与类型的差异，教育发展中政策变量与市场变量的影响是同时存在的，并且在不同层级与领域发挥着不同的作用。而教育规划也需要重视与考虑市场变量或因素的影响，但它更多地反映了国家的意志与政策对教育发展的调控力量。所以，教育规划在不同层级或类型教育中的作用与影响是不同的。由于不同国家的制度差异，这种教育规划在不同体制中的地位也是不同的。再次，这种教育规划更多的是一种宏观的设计与安排，并不能对教育发展的细节做出非常具体的规定。它体现了一个国家或社会教育发展的总体格局，以及教育在整个社会经济发展中的地位，具有一种建构整个教育的四梁八柱的功能。所以，教育规划的合理性往往取决于它的结构性，特别是对为谁培养人、培养什么人，以及如何培养人等重大问题的规定。最后，教育规划本身既有配置教育资源的现实功能，也有一种在全社会形成对教育发展的共识的意义。对教育发展而言，这种社会的共识是非常重要的，它充分体现了教育发展的内在约束，具有一种价值观的引领意义。在社会发展与转型时期，教育规划在某些方面的变化与调整常常是必要的，但关于教育发展的共识则能够对教育活动的持续稳定推进发挥十分重要的作用。

教育规划的功能是多方面的，其中十分重要的是将社会经济发展对教育的要求转变为教育发展本身的内在逻辑。这种教育规划的内在逻辑可以帮助人们对教育发展形成一种比较长期的预期，进而在一定程度上避免或减少教育发展中的短期行为以及在某些方面的急功近利现象，并有助于教育的基础性建设。同时，它也有利于促进与提高教育公平的水平，不断提升教育活动的质量，优化教育与社会其他领域的关系。

第三节　教育发展的基本取向

教育发展作为一个有目的的过程，必然具有一定的主观取向。这种发展取向决定了教育发展的价值判断与基本定位，也直接影响着教育发展的模式与特点。

一、人本取向与工具取向

人本取向与工具取向是教育发展中两种非常基本的定位，也是教育发展理论中的主要内容。

1. 基本含义

所谓"教育发展的人本取向"，言下之意即教育发展的目标更多是促进个人的发展。具体来看，这种"个人的发展"拥有丰富的意涵，既包括德智体美劳等方面的全方位发展，也包括贯穿人终身的多层次发展。在人本取向的教育发展话语中，教育更多地被视为一项基本的人权，尤其强调个体的参与和个人的福利。相比之下，"教育发展的工具取向"以整个社会的整体利益为本位，主张个人接受教育或发展教育事业主要是为了整个国家的发展。而"国家的发展"亦是多层次的，包括经济增长、政治巩固、文化传承、民族发展等社会生活的方方面面。在工具取向的教育发展话语中，教育更多地被视为一项促进国家和社会发展的工具，而非一种以个人价值和个人发展为出发点的权利。在目前各种关于教育发展的理论中，人力资本理论所代表的工具取向主导了教育发展的基本模式。应该说，在教育发展的早期，这种教育发展的工具取向是主要的发展模式，它极大地推动和促进了教育的发展，也极大地推动和促进了整个国家和社会的经济发展。

从历史来看，人本取向与工具取向的交替更迭始终是教育发展的主旋律。教育发展的人本取向盛行于 18 世纪至 19 世纪上半叶，以卢梭、纽曼等为代表的教育家或从自然人个性发展的视角出发，或立足于认识论学科知识的视角，对教育发展的本体价值予以高度重视。这一教育理论取向在教育实践中的反映便是自然主义教育中对个性解放的推崇，以及古典教育中对实用知识的排斥。到了 19 世纪下半叶，随着民族国家建设的不断开展，教育的社会功能日益受到重视，教育发展的工具取向亦逐渐占据上风。以涂尔干、孔德为代表的结构功能主义学派，以及以凯兴斯泰纳为代表的公民教育论者，均主张将教育视为服务社会繁荣稳定、满足社会客观需求的一项工具，在提高教育社会地位的同时，也对教育的社会功能提出了诸多要求。这一时期，教育发展的工具取向在实践中的典型表现便是现代大学的形成。布鲁贝克在《高等教育哲学》中指出，高等教育拥有认识论与政治论两种合法性基础。如果说在 19 世纪以前，高等教育是以关注学科知识本体价值的认识论哲学为主导的话，那么"威斯康星理念"以及"多元巨型大学"的形成则反映了高等教育的政治论哲学开始与认识论哲学并驾齐驱，甚至有压倒认识论哲学的趋势。在高等教育已然成为现代社会"轴心机构"的当下，大学在社会发展中所扮演的角色日益重要，但批判精神的缺失与人文价值的失落也使得人们开始对大学服务社会的边界进行再度审视。

从上述高等教育的发展过程可以看到，尽管在理论分析的视角下，对教育发展的人本取向与工具取向各自的强调具有非常不同的意义，但在实践的视角下，二者并非完全矛盾。从本质上说，人是一种社会动物，人的发展受到社会发展的限制，同时社会的发展也离不开人的发展；而教育正是通过培养人来实现个人发展与社会发展的和谐统一。正如杜威所说，"一个进步的社会把个别差异视为珍宝，因为它在个别差异中找到它自己生长的手段。"[①] 从某种意义上说，教育的个人价值与社会价值、本体价值与工具价值、内在价值与外在价值并非二元对立的关系，它们本

---

① 　杜威. 民主主义与教育 [M]. 2 版. 北京：人民教育出版社，2001：324.

身更像是一体两面、相互包含的关系，只是在不同的发展阶段和发展条件下才有所偏重。例如，将教育视为一项人权的人本取向教育发展观常见于联合国以及一些非政府教育援助组织的话语体系中，而将教育视为一种发展性投资的工具取向教育发展观则主导了世界银行等机构的话语体系。在"二战"后相当长的一段时间内，世界各国出于战后重建和现代化发展的需要，大多采取工具取向的教育发展观，通过保证教育事业的投入来推动经济增长，配合社会结构调整的需要；然而近年来，全球教育发展趋势表明，教育发展的概念正在不断泛化，世界各国关注的发展指标正在从狭隘的经济增长转变为兼顾个人福利和人权问题，这一趋势也预示着人本取向教育发展观在当代的复兴。

2. 公平与效率

公平与效率分别是教育发展中人本取向与工具取向的主要内容。在教育政策的语境下，公平与效率之间的张力一直以来都是教育理论与实践无法回避的一大难题。无疑，在现代社会中，教育的效益必须通过不断增加教育投入而提高，对教师质量、教材、作业和在学校的时间等方面的投入都可以改善学生的学习成绩。但是人们不清楚的是，在各种投入中，哪一种投入才是最有效的？类似地，在总体资源有限的情况下，国家的决策究竟是应该注重让更多的年轻人上学，还是应该更多地关心那些有才能的学生？要回答此类问题，关键便是处理好公平与效率之间的关系。

所谓"公平"，既有公正的含义，又有平等的内涵。人们通常以"公平"为标尺，来衡量自身"所得"与"应得"之间的差异大小。从理论层面来看，学者们普遍认为，每个个体在享有生命权、自由权和财产权等基本权利方面是"完全平等"的；然而，就非基本权利而言，对"公平"的理解便有所不同。例如，柏拉图、阿玛蒂亚·森等人主张基于能力的平等观，即应当根据每个人能力水平的高低来进行差异化分配；而罗尔斯、德沃金等人则倾向于补偿性的平等观，即强调对处境不利群体予以更多的关注。与之相应，"教育发展的公平取向"指的是体现公正和平等要求的教育发展模式。在国内外相关研究中，通常采用教育机会均等来反映教育公平的要求。美国学者科尔曼和莱文的研究在这一领域具有较大影响力，他们提出教育机会均等应包含以下四个维度，分别是入学机会均等、参与教育过程均等、教育结果的均等、教育效果的均等，这一划分拓展了人们对教育公平的认识，同时也与罗尔斯等人所主张的补偿性原则有着异曲同工之妙。

而所谓"效率"，即经济学意义上的投入与产出之比，它所关注的是一定条件下，通过有限的人、财、物等资源调配所带来的功能与效益。在教育的语境下，"教育发展的效率取向"是指通过最小投入换取最大产出的教育发展模式。20世纪70年代以来，英美等主要资本主义国家大多采用"效率取向"的教育发展模式。在以"客户导向"和"市场驱动"为核心的新自由主义理念的影响下，各国政府纷纷采取缩减公共拨款、提高学费、兴办营利性高校、拓展留学教育产业等措施，激发高等教育活力，提高资源配置效率。然而，尽管效率取向的发展模式一度推动了各国高等教育的复苏与繁荣，但新自由主义理念中的市场模型从未真正得以实现。一方面，高等教育所具有的公共品属性在市场规则的背景下使得人们对于公平的呼声日益高涨；另一方面，日益扩大的贫富差距与教育鸿沟也迫使政府对市场规则进行必要的干预。因此，从这一角度来说，所谓"公平"与"效率"的概念都是相对的，有必要对大多数人的公平与少数人的公平进行区分，也有必要对国家、社会和个体的长远效益与眼前效益进行辨别。

就二者的关系而言，公平与效率之间并不必然存在矛盾。公平所关注的更多的是教育发展资源的分配问题，其影响因素主要来自教育外部，反映的是教育发展的理想追求；而效率所关注的更多是教育发展的贡献与效益问题，其影响因素主要来自教育内部，体现的是教育发展的现实需要。因此，与其说教育的公平与效率是一种相互矛盾的关系，不如说二者是一对互为补充且相辅相成的概念。公平的资源配置是保障竞争效率的先决条件，而良好的效率表现则是促进教育公平的有效手段。不仅如此，作为教育发展取向的公平与效率都以"教育发展"为根本衡量准则，可以说正是通过教育的实质性发展，从而实现了教育公平与教育质量在更高水平上的统一。

然而，正所谓"不患寡而患不均"，尽管我们在目标理念中给予公平和效率以同等的重视，但在教育资源配置、发展战略和公共政策的制定过程中，仍然免不了需要对二者进行实践意义上的排序。在教育发展的政策话语中，一般存在三种处理公平与效率关系的不同观点，即"效率优先，兼顾公平""公平优先，兼顾效率"，以及"教育公平与教育效率并重"。在经济与社会转型时期，教育发展往往更多地选择"效率优先，兼顾公平"的取向，通过某些重点学校、重点项目与若干政府主导的建设计划，不断提高教育发展的效率。社会民主的发展和人权意识的普及也在很大程度上影响着教育发展模式的选择，特别是教育发展达到普及化阶段与水平以后，"公平优先，兼顾效率"的教育取向往往在教育发展战略中获得了优先的地位，一系列旨在促进教育机会均等、保障弱势群体的教育权利的措施也引导着教育的发展模式。此外，教育发展取向的选择也因所在教育层次的不同而异。例如，基础教育承担着保障国民基本素质的教育任务，是后续所有教育阶段的前提所在，因而基础教育的发展应以"公平优先，兼顾效率"为价值统领，以均衡发展为目标。相比之下，高等教育作为培养高层次专门人才的教育阶段，需要通过一定程度的竞争性与排他性来激发高校办学活力与人才发展动力，因而"效率优先，兼顾公平"在今天普及化后的高等教育发展中具有更加重要的意义。

二、内涵取向与外延取向

这两种取向是教育在不同历史阶段与发展过程中的重要形态，反映了教育发展的重点与主要机制，以及对发展动能的选择与关注。

1. 基本含义

"内涵取向"与"外延取向"是关于教育发展机制与动能的两种理论

设定。所谓"内涵发展"指的是通过教育活动本身的改革与调整,尤其是对教育活动与体系内部各种因素之间相互关系的调整,不断激发教育的活力,促进教育质量的提高与增强服务社会的能力。这种内涵发展的取向并不否定外部资源的投入与推动,以及社会发展对教育的影响,但它更倾向于教育活动本身的内在张力对教育发展的推动作用。这种对教育活动与体系内部各种因素之间相互关系的调整思路主要表现为对教育结构的优化,包括不同层次的教育结构、不同类型的教育结构、教育的区域分布结构,以及不同形式的教育结构等等。例如,高中教育作为整个学制中承上启下的关键环节,其定位的调整常常能够直接或间接地带动教育的发展,包括对中等教育中初中与高中之间关系的影响,以及对中等教育中分流的重要影响;同时,普通高中定位的变化,也直接影响了中等教育与高等教育之间的关系,它不仅推动了高考制度与内容的改革,而且由此促进了高等教育的普及化,并且使高中教育从以往的终结性教育转变为一种预备性教育。当然,在高等教育中这种内涵取向的含义则更多是通过大学内部学科专业与课程体系的调整,不断提升大学的办学水平与人才培养质量等等。虽然教育的内涵发展并不完全否定教育规模的扩张,但它的主要意义是促进教育内部各个因素之间的协调与均衡。所以,从教育改革的角度看,教育发展的内涵取向常常体现为一种教育的存量改革。而这种存量改革的目的往往与教育公平和教育质量的提高具有非常密切的关系。

所谓教育发展的外延取向,主要指的是通过对教育规模的调整与扩张,调整教育活动与各种社会活动之间的关系,不断提高教育适应社会发展的水平与能力。尽管这种外延取向并不完全否定教育活动内部关系的调整,但它的主要特点之一是规模的扩大与供给的增加。从历史与发展的角度看,这种外延取向是合理的,在教育发展的初期甚至是非常必要的。它对于解决教育的供给具有不可替代的作用。一般而言,教育发展的外延取向可以表现为若干数量或规模的指标,如义务教育的普及率,高等教育的大众化、普及化,等等。应该肯定的是,这些反映教育发展外延取向的指标是非常重要的，也是体现教育发展水平的基本标志。

"内涵"与"外延"本就是一对相互联系、具有派生关系的概念，因而教育发展的"内涵取向"与"外延取向"尽管存在着力点与发展机制的差异，但并非是非此即彼、相互对立的，二者之间存在着非常密切的相辅相成的关系。在教育发展的不同阶段，它们分别发挥着各自的作用。在教育发展的初级阶段，外延取向往往扮演了更重要的角色，而在教育发展的普及化阶段，内涵取向则获得了更多的青睐。而且，外延取向的发展常常会引起内涵取向的变化。例如，高等教育发展中毛入学率的提高，特别是由此引起的高中学生接受高等教育的机会不断持续增加，一方面使高等教育从精英型的高等教育转变为大众化的高等教育，进而发展到普及化的高等教育；另一方面，高等教育毛入学率的提高也促进了高中教育从传统的终结性教育转变为一种预备性教育，由此引起整个高中教育教学模式与课程体系和评价方式的变化。显然，这种内涵取向的发展机制充分反映了教育发展这两种取向之间的协同关系，也提升了整个国家人才培养的层次，提高了全社会劳动力的文化水平与教育服务社会经济发展的能力。

2. 增量改革与存量改革

增量改革与存量改革是分别与教育发展中外延取向与内涵取向相对应的改革思路。所谓的增量改革，指的是通过各种教育资源的投入与增加，特别是教育规模的扩大，不断改变教育的内部结构，促进教育体制机制的变化，增强教育服务社会发展的能力。这种增量改革中资源的增加与规模的扩大，表现为不断增加教育的供给，提高入学率，增加学校的数量，包括教师编制的扩大、教学设施的改善、教育经费的投入、教育机构的增加，以及高等教育毛入学率的提高、高等学校数量的扩大与层次的升级，等等。这种增量改革的主要特点是，它对于整个教育体制机制的影响更多的是某种体量的改变，由此促进整个教育体制机制的变化。或者说，这种增量改革的主要功能是通过增量部分的变革，进而改变整个教育的格局与促进教育的发展。例如，在教师队伍的改革中，增量改革主要是在新引进的教师中实施新的政策，而传统体制中的教师队伍并不发生根本性的变革。所谓"新人新办法、老人老办法"就反映了这种增量改革的特点与功能。但毋庸置疑的是，这种增量改革也能够在一定程度上推动整个教育体制机制的变化，并由此呈现出一种增量带动发展的形态。

与此不同的是，存量改革则是着眼于教育内部体制机制的改革，而并不过分地依靠外部资源的投入与数量规模的增加。它的主要特点是，通过对学校、教育机构或系统内部的资源配置进行全面的调整与改革，进而达到进一步优化学校或教育机构内部的各类教育结构的目的，由此激发学校的办学活力与内在动机，继而形成学校或办学机构的结构性优势，提高人才培养质量，增强服务社会经济发展与国家需要的能力。如果说，增量改革所涉及的是招生学校或教育机构中的一部分人或实体，那么，存量改革则是整个学校的全面改革。存量改革当然也并不完全否定或拒绝外部资源的投入，但这些外部资源的投入必须服从学校本身存量改革的要求。如果说增量改革的基本思路是以做"加法"为主，那么，存量改革的基本思路则是做"乘法与除法"，甚至是"减法"，它要求根据国家社会经济与科技发展的变化，对学校原有的学科、专业与课程体系，以及已有的院系与学术机构等进行调整，甚至是必要的撤销与兼并，当然也包括组建新的学科专业或学术机构。实事求是地说，存量改革相比增量改革来说，具有更大的难度与挑战。它常常涉及整个资源配置结构与分配机制的变化，因而影响了利益相关者原有的地位。它不仅仅是一种实体性的变革，而且深深地关系到利益相关者的思想观念。但这种存量改革是必须的，而且体现了一种深层次的改革。由此形成的结构性优势将进一步提升教育的质量及其为社会经济服务的能力。

教育的增量改革与存量改革并不是完全对立的。一般而言，教育发展往往是从增量改革开始的，它的主要任务是扩大规模，增加供给，为社会提供更多的教育机会，所以，它是教育发展的重要基础。而存量改革则反映了教育深化发展的要求与特点，其本身是增量改革的延续与深化。需要强调的是，存量改革的重要意义与价值在于，它的改革与发展机制本身体现了教育的创新。正如熊彼特先生所指出的那样："我们所指的'发展'只是经济生活中并非从外部强加于它的，而是从内部自行发生的变化。"①虽然外部投入的资本与劳动力数量的变化，也能够导致经济生活的变化，但这并不是唯一的经济变化；还有另一种经济变化，它是不能用从外部施加的数据的影响来说明的，而是从经济体系内部发生的。而在他看来，这种经济变化就是"创新"。这个道理同样适用于教育。我们甚至可以说，教育规模的扩大与体量的增加更多地只是反映教育的增长，只有存量改革才能够真正反映教育的发展与创新。

三、教育的可持续发展取向

可持续发展是一种新的教育发展模式，它体现了 21 世纪全球可持续发展的基本理念，反映了一种教育发展的价值观与新思路。

1. 基本含义

教育的可持续发展取向强调的是教育发展在生态系统背景下所应当采取的一种基本立场。这里，所谓的"生态系统"具有广泛的含义，既包括自然界的生态系统，也包括人类社会的生态系统。从某种意义上说，教育的可持续发展取向产生于人们对现代化进程的反思，这一取向中包含的对于人与人、人与社会、人与自然等诸多关系的思考蕴含了人文主义的思想关怀。

从可持续发展概念的提出过程来看，教育的可持续发展取向大致经历了三个发展阶段。首先，20 世纪 70 年代是教育的可持续发展取向的萌芽阶段。这一时期，经济社会高速发展的同时，以牺牲生态环境为代价，产生了环境污染、资源枯竭、人口剧增等一系列问题。在此背景下，

---

① 熊彼特. 经济发展理论：对于利润、资本、信贷、利息和经济周期的考察 [M]. 北京：商务印书馆，1990：70.

1972 年，由 30 位科学家、教育家和经济学家组成的罗马俱乐部发布《增长的极限》研究报告，开启了世界各国对自身发展模式的反思。同年 6 月，联合国人类环境会议在瑞典斯德哥尔摩举行，会议通过的《人类环境会议宣言》标志着人类社会在保护和改善环境方面首次达成共识。此后，联合国教科文组织先后在 1975 年和 1977 年与联合国环境规划署（The United Nations Development Programme, UNDP）共同发布《贝尔格莱德宪章》与《第比利斯宣言》，对教育在促进环境保护中所发挥的作用与承担的任务进行了明确表述。在实践层面，这一时期教育的可持续发展取向主要表现为环境教育在学校教育中的渗透，例如美国在 1969 年通过《环境教育法》，率先在大学课程中加强环境保护主题的教育。

其次，20 世纪 80 年代至 21 世纪的头十年是教育的可持续发展取向的形成阶段。1987 年，世界环境与发展委员会发布《我们共同的未来》，在这份报告中首次提出了"可持续发展"的概念，并将其界定为既满足当代人的需求，又不危及后代人满足其需求的发展。1992 年，联合国环境与发展会议通过《21 世纪议程》，将教育与科学、政治意愿一同视为实现可持续发展目标的三大主要支撑手段，并强调要将环境和发展融合到各级教育之中。与此同时，可持续发展的概念内涵也在这一时期有所丰富。例如，国际 21 世纪教育委员会在 1996 年发布的《教育——财富蕴藏其中》，从人和社会的持续协调发展角度出发，对教育的重要作用进行了强调；联合国教科文组织在 2005 年启动的《联合国可持续发展教育十年（2005—2014 年）实施计划》中亦对可持续发展的外延进行了扩展，不仅包括传统的环境保护领域，也包括经济和社会文化的持续发展。具体来看，"可持续发展"在这一时期取代"环境保护"，成为教育发展中的核心理念；而在实践层面，主要表现为高等教育面向可持续发展开展跨学科人才培养，以及"绿色大学""可持续大学"理念的推行。

最后，以 2012 年联合国可持续发展大会的召开为标志，教育的可持续发展取向进入了不断完善的新阶段。2013 年，联合国教科文组织推出《可持续发展教育全球行动计划（2015—2019）》，一方面强调要重新定位教育和学习，培养个人为可持续发展做贡献的知识、技能、价值观和态度；另一方面则旨在突出教育在可持续发展中的地位，要在促进可持续发展的所有议程、项目和活动中强化教育和学习。^①2015 年，联合国可持续发展峰会明确提出了 17 项可持续发展目标（Sustainable Development Goals, SDGs），其中 SDG4 对教育自身的可持续发展进行了表述，即"确保包容和公平的优质教育，让全民终身享有学习机会"。随后，联合国教科文组织发布《2030 年教育行动框架》，为通过教育落实可持续发展目标制定了具体行动方案。这一时期，教育的可持续发展取向更为系统全面，不仅重视可持续发展教育在正规、非正规和非正式学习中的推广，而且关注教育工作者的能力建设，通过完善教师培训、设立认证标准等措施促进可持续理念的全方位渗透。

　　通过上述梳理可以发现，教育的可持续发展取向的内涵伴随实践过程而不断演化。由于教育活动并非孤立于社会之外，教育本身便是整个社会系统的一部分，因此教育的可持续发展取向至少包括两个层面的内涵：其一为通过教育促进人类社会的可持续发展，其二为促进教育本身的可持续发展。其中，前者将教育视为推动可持续发展的一项工具，后者则将教育本身视为可持续发展的目标之一。当前，世界各国在践行教育的可持续发展取向上所采取的行动大多着眼于教育的工具价值，通过在各级各类教育中融入生态文明教育，来深化学生对全球性问题的认识，进而赋能给青年，使其更好地应对未来的挑战。虽然"可持续发展"是一个全球性的发展话语，但其蕴含的人与自然和谐统一的思想却是与我国"天人合一""道法自然"等传统文化一脉相承的。

　　2. 可持续发展取向的价值分析

　　教育的可持续发展取向体现了教育发展的一种新的价值观，反映了

---

① UNESCO General Conference. Proposal for a global action programme on education for sustainable development as follow-up to the United Nations decade of education for sustainable development (DESD) after 2014[Z]. Paris: UNESCO, 2013: 2.

教育发展的新的定位与目的，由此直接影响整个教育发展的机制与评价。

从教育发展的历史中可以看到，在传统社会，教育发展往往具有一种神学目的论的价值观。这种教育发展的价值观认为，教育发展的根本目的是证明神与上天的伟大，以及造物主的存在，等等。虽然教育的发展是探讨自然界的内在规律与秩序，但这种追问与探讨的目的是证明世界的第一因（上帝），希望建立一种神性的自然观。在这种教育发展中，神的启示高于人的理性，知识必须服从信仰，科学则必须臣服于神学。在这种教育发展的基本图景中，世界的发展具有一种普遍的目的性的总体秩序，知识的发展就是要证明这种目的因或神圣秩序的存在，体现创世主的伟大，进而证明人的活动是合目的性的。这里，最典型的是西方古代"三学、四艺"的知识体系，前者指语法学、修辞学和逻辑学，后者包括算术、几何、音乐和天文学；前者是关于自身与社会的知识，后者是关于客观世界的知识。这是在中世纪的教会学校中必修的课程，证明和体现造物主的伟大与神定秩序的存在。"三学、四艺"并不是偶然的。在犹太－基督教文化中，"七"是一个有魔力的数字，所以，神学家奥古斯丁认为自由艺术也应是七个学科。所以，"七艺"都是能将灵魂引向终极真善美的学问。因此，在中世纪的教会学校里，人们学习与研究的对象也许是自然界与社会，而且发展出了非常严密的逻辑，但所有的研究与探讨都是为了证明神或上帝的智慧与伟大。

在近现代社会，教育发展获得了一种新的价值观。与古代传统社会不同，这种价值观不再使教育的发展服务于神与上帝，而是力求去证明人的伟大，由此体现了一种工具论的价值观。对此，"康德把自文艺复兴以来通过引入计量化的自然科学所完成的自然研究的变化称之为'思想方式的革命'。这种革命不再从对世界个别现实的经验向关于所有存在的目的因的知识前进，而是根据假设性地建构并由实验所验证它们的原理来梳理自然现象。把数学运用于自然现象的现代自然研究不仅是另一种知识观的基础，同时也是另一种学习观和教学观的基础"①，由此形成近代科学与古代科学、近代实践哲学与古代实践哲学的不同。这样的知识体系，虽然也研究事物之间的因果关系或相关性，但近现代科技的因果关系与古代科学的因果关系不一样。经验或研究成果并不是要证明造物主的存在或力量，而是要论证科学的理论及假设。在这种教育发展的价值观中，培根的"知识就是力量"成为时代的箴言。教育的价值是认识、征服自然，并且力图控制与统治自然与社会。如前所述，孔德把它称作"知识为了预言，预言为了权利"，而"波普在他的研究的逻辑中做了如此的概括：'理论是一张网。我们把它抛出去，为了捕捉'世界'，——也就是使世界合理化，得到解释和统治。我们正努力把网眼越织越密"。而且，"人类统治的加强被认为是值得争取和有意义的"。②当然，这种教育发展的价值观在一定的历史时期是有意义的。但随着教育与科技的发展，它本身的问题也表现得越来越明显，甚至给人类社会与教育发展带来破坏与灾难。

教育发展的这种价值观试图建立起人对自然界的控制与统治是非常错误的，也是不可能的，因为，"不管我们把网眼织得多密，世界还是可以漏过去，所以世界永远不等于我们所能捕捉和所能知道的"③。更重要的是，这种控制与统治的价值观本身就包含了非常大的风险。正如达尔文的进化论及其发展所昭示的那样，今天的科学在努力通过基因控制有计划地来促进在达尔文看来是偶然的变异。什么样的变异促进或阻止了生物在生存斗争中对给定的环境条件的什么样的适应能力，这已不再是自然史的重建了。而科学开始实验性地制造变异，然后探讨通过变异而产生适应能力的问题，再使机体与生物通过实验制造的变异而产生所期望的适应能力，成为在工业上可支配的。而这是非常可怕的现象。而教育的可持续发展取向则是力求建立一种人与自然和谐相处的知识观与发展

---

① 本纳.普通教育学：教育思想和行动基本结构的系统的和问题史的引论 [M].上海：华东师范大学出版社，2006：207.

② 同① 30-31.

③ 同① 31.

观。

　　这种可持续发展的价值观的主要特点之一，就是要改变过去长期存在的自然科学与人文社会科学分离甚至是对立的现象，在教育发展中建立起两者的和谐关系。实际上，在现代社会与科学发展中，自然科学与人文社会科学的关系已经发生了根本性的变化。人们在教育与科学发展过程中已经越来越清晰地认识到，科学的发展与知识的进步，往往取决于人们对责任与社会的提问。这种提问本身包含某种价值观，而且受到人文思想的引导。任何的科学知识都是对人们对世界的提问的某种回答。科学知识的产生只能适当地作为人和世界的相互作用来理解。这种相互作用在科学的态度中得到发展，得到了历史学和社会学的描述；而且，如前所述"伴随着新的生态问题的产生，现代自然科学已经停止成为关于自然的实验研究的理论学科，自然科学在某种意义上早就成了我们对自然工作的社会科学"。因此，在教育发展中，必须重塑自然科学与人文社会科学之间的关系。这也正是教育的可持续发展取向的价值与意义。

第四节　教育发展与社会发展

　　教育发展与社会发展之间存在着休戚与共的关系，两者是不可分离的。它包括教育发展与经济发展、政治发展和社会现代化之间的关系。认识与分析两者之间的关系，对把握教育发展的机理与特点是非常必要的。

一、适应与引领

　　教育发展与社会发展之间的关系历来是学界中一个争论不休的问题。总体来看，学者们对这一关系的解读大致可总结为两种不同的分析思路和模式，即"教育发展适应社会发展"与"教育发展引领社会发展"。两者之间的关系是教育社会学的重要内容。所谓适应说，指的是教育发展是随着社会发展而发展的，是社会发展的结果和反映，因而在对于教育发展的分析中，常常从人口的变化、城市化的形成、社会流动的状态与特点、政治经济的情况等方面来说明教育的发展。引领说则认为，教育发展是社会发展的条件和动力，尤其强调教育在实现思想观念变化、通过人才培养促进经济发展等方面所发挥的作用（甚至起到引领作用）。对此，本书认为，随着社会的发展，特别是随着教育活动本身功能的变化和扩大，教育正越来越成为整个社会发展的重要力量，也越来越具有社会的基础性地位。在一些教育阶段，比如高等教育阶段，教育甚至起到了引领社会发展的作用。

1. 适应说

20 世纪 80 年代，潘懋元先生最早提出了"适应论"的教育发展观点。这一观点以高等教育为论述对象，提出教育发展需要遵循外部与内部的双重规律；其中，外部规律指"教育必须受一定社会的政治、经济、文化科学所制约，并为一定社会的政治、经济、文化科学服务"，内部规律则指"社会主义教育必须通过德育、智育、体育培养全面发展的人"。[①]在后续研究中，潘懋元先生与其他学者进一步对"适应"的内涵进行了详细阐释。一方面，从适应的方式来看，教育发展对社会发展的适应应当是积极的、主动的，而非消极的、被动的；另一方面，从适应的对象来看，教育发展对社会发展的适应应当是多维的、有选择的，而非不加辨别地对社会的欲望或不合理的要求全盘接受。从教育发展的客观条件来看，"适应论"的教育发展观在一定程度上反映了教育在社会系统中的外部关系，换言之，教育的发展必须从社会发展的实际情况与需求出发，不能脱离社会发展的基本国情，也不能回避现实中亟待解决的普遍问题。

在具体的发展机制上，教育对社会发展的"适应"主要表现在以下

---

① 潘懋元. 高等教育学讲座：增订本 [M].2 版. 北京：人民教育出版社，1985：34，44.

几个方面：其一是教育规模的扩张。在当前知识经济和信息社会的发展背景下，对人才和知识资本的需要日益迫切，人们的生活水平和质量也在不断提升，因此，社会对教育需求的这一变化将极大地刺激和带动教育供给的发展与扩张。这种规模的扩大，一方面表现为普通教育的层次提高和规模扩大，例如我国在建设小康社会的目标中明确地提出了普及高中阶段教育的目标，而有些发达地区和城市，已经基本普及了高中阶段的教育；另一方面，各种非正规教育的规模也在迅速扩大，特别是各种类型的培训，正在成为学校教育之外的重要学习途径。其二是教育形式与类型的多样化。这种形式和类型的多样化是随着教育规模的扩大而出现的。因为，接受教育的人越多，他们对教育的需求也就越多样化，由此也就带来了教育供给的多样化。其三是教育内涵的丰富与拓展。从现实的角度看，这种教育内涵的丰富与拓展，一方面表现在教育自身的不断分化，包括教育机构和实体的分化、各种教育功能的不断分化、教育活动内部各种关系的分化，以及在这些分化基础上所形成的新的整合；另一方面则表现在教育与社会各个方面的关系也越来越密切和多样化，这种外部的影响和联系激活了教育活动本身的各种潜在功能和价值，给教育带来了更多的机会和动力，也给教育创造了更大的发挥自己作用的空间。

2. 引领说

近年来，随着知识经济在全球的发展，教育在社会中的地位已经有了非常明显的变化。教育在科学技术创新和人才培养中发挥的作用已变得日益突出，成为一项具有全局性、先导性的活动。因此，从这一角度来看，发挥教育发展对社会发展的"引领"作用正成为现代社会和教育改革的一个重要趋势与发展方向。一方面，教育发展"引领"社会发展意味着教育发展是社会发展的必要条件，承载着人们对于实现社会公平、施展个人抱负的强烈期许。要想了解一个社会发展水平的高低，通过其教育发展水平便可略知一二。另一方面，教育发展是社会发展的重要支撑，通过推动教育自身的发展，能够为社会的发展注入新鲜活力，从而为发展模式的转型升级提供人力和智力上的支持。

　　具体来看，教育发展对社会发展的"引领"作用在不同层次与不同类型的教育中有着不同的表现。其中，高等教育由于与社会经济的互动联系最为密切，因而在区域和地方的发展中扮演着重要角色，正日益成为区域性发展的"新地标"[①]。从教育对社会的"引领"作用来看，高等教育对地方发展的贡献主要表现在以下四个方面：第一，人才贡献，即不同层次与类型的大学通过培养与输送地方各行各业所需要的人才，特别是能够适应和促进相关行业创新发展的各类人才，进而为地方经济的高质量可持续发展提供人力资源储备。第二，知识贡献，即高校通过研究地方经济社会发展中的若干重大问题，为突破制约其发展的瓶颈因素寻找新的解决方案，进而促进地方经济的转型与产业升级。第三，文化贡献，即高校在教学与科研过程中，以正式或非正式的方式对地方优秀传统文化进行弘扬，促进当地社会风气的建设，并在社会主义核心价值观的宣传与实践方面发挥重要作用。第四，政策贡献，即通过建设高校智库，促进高校科研成果与政府决策间的充分转化，从而为公共政策的制定提供科学合理的依据，保障其最大限度地惠及最大多数的人民群众。

　　然而，需要指出的是，尽管我们为了研究和分析的方便将教育发展与社会发展的关系简单概括为"适应"与"引领"这两种类型，但并不意味着两者是非此即彼的关系，两者之间也并不存在正确与否或高低优劣之分。事实上，适应社会与引领社会可以是教育所同时承担的两大社会功能。前者意味着教育具有整合社会和传承文化的功能，是维持社会稳定的必要组成部分；后者则意味着教育具有开拓创新和引领未来的潜力，是激发社会活力的重要动力来源。此外，教育系统本身也是一个拥有不同分工的有机整体，因而其各组成部分在适应社会与引领社会上的能力与职责亦各不相同。例如，基础教育与社会发展更多是一种适应的关系，力求通过优质教育资源的全覆盖来满足社会的教育需要；相比之

---

① 谢维和. 高等教育：区域发展的新地标 [J]. 中国高教研究，2018（4）：12-15.

下，高等教育拥有更强的引领社会发展的能力，但在其内部亦有分工上的不同，如职业技术院校可能仍然以服务地方经济发展对技术人才的需要为首要目标，而研究型大学的职能则更多体现在创新人才培养、重大技术攻关等对社会发展的引领作用上。因此，在讨论教育发展与社会发展的相互关系时，不仅需要综合考虑所处的社会经济发展阶段，同时也要关注教育系统内部的复杂性与差异性。

二、教育发展与社会发展的关系

教育发展与社会发展具有非常密切的关系，教育发展既受到社会发展的制约与影响，同时，教育发展也是社会发展的重要变量之一。一般而言，教育发展与社会发展的关系主要表现为教育发展与经济发展的关系、与政治发展的关系，以及与社会现代化的关系等等。这里仅仅就其中的某些方面做一些简要的分析。

1.教育发展与经济发展的关系

教育发展与经济发展的关系无疑是教育发展与社会发展的关系中十分重要的内容之一。在这个方面，最典型和通常的基本假定是人力资本理论。围绕这一理论所进行的各项研究表明，教育的投入对社会和经济建设的回报率常常高于其他方面的投入。进一步的研究表明，教育投入的回报率较高的现象还可以反映在不同的方面。首先，对第一级教育的投入回报率常常要高于对第二级和第三级教育的投入回报率；其次，在不同层次上，教育投入的个人回报率和社会回报率也常常是不同的。根据帕查罗鲍勒斯的观点，这种教育的收益大致表现在四个方面："（1）小学教育的收益高于其它层级教育的收益；（2）私人收益超过社会收益，在大学层级尤其如此；（3）所有的教育收益率都高于10%（这是一个被公认的、关于资本的机会成本的估计）；（4）越是贫穷的国家，教育的收益越高，表明这些国家非常缺乏训练有素的人力。"[①]他从1973年开始，对32个国家的教育投入回报率进行研究，截至90年代中期，研究对象已囊括全球78个国家。这一研究发现，发展中国家初等教育投入的社会回报率根据地区的不同，在17.9%—24.3%，而中等教育和高等教育的社会回报率则分别为12.8%—18.2%和11.2%—12.3%。这些数字均高于同期经济合作与发展组织国家对这三级教育的投入的社会回报率，即14.4%、10.2%和8.7%。[②]此外，"总的说来，普通教育的收益率高于技术、科学和各种更为专门的职业训练的收益率"[③]。在研究教育发展与经济增长之间关系的各种模式中，比较常用的研究方法是将工资收入作为生产能力的主要标志，而且，"的确有大量的经验研究显示，在许多不同的国家里，学校教育与工资之间存在着预料到的积极联系"[④]。总之，通过这种人力资本理论，我们可以比较具体地认识教育发展与经济发展之间的积极关系。

不同的观点认为，尽管教育发展与个体层面的经济、政治和文化发展之间的关系是非常清晰的，但它对集体层面的影响往往是含糊不清的。[⑤]另外，教育发展并不必然会促进经济的发展，相反，如果维持一个过大而不适当的教育结构，其结果很可能是导致经济危机。有的学者认为，教育发展并不会自动地促进经济发展，社会的平等程度、教育与工作的联系，以及教育的改革等，都是影响教育决策的重要因素，所以，教育的投入一定会促进经济的增长是一种误解。也有学者认为，教育经济学的黄金时代在20世纪70年代早期已经结束，就业关系的不完善以及劳动力市场的分割等，都可以解释为何教育的膨胀和发展无法带来人

① Husen T，Postlethwaite T N. 国际教育百科全书：第3卷 [M]. 贵阳：贵州教育出版社，1990：270.

② Saha L J. International encyclopedia of the sociology of education[M].Cambridge:Pergamon,1997: 34.

③ 同① 261.

④ 哈里楠. 教育社会学手册 [M]. 上海：华东师范大学出版社，2004：219.

⑤ 同④ 217.

们所期望的经济增长。①

究竟应该如何看待人力资本的理论呢？它们是不是就完全过时了呢？根据科利斯和伊斯顿的观点，人们对此有两种不同的看法。一种观点认为，制度化的因素，即社会行为模式等，将在一定程度上影响和制约教育的供给与需求。在这种情况下，劳动力市场的分割和地方劳动力市场等因素可以是解释教育投入为何无法引起所期望的经济增长的重要变量。这样，也就为按照人力资本的理论模式解释教育与经济的关系提供了新的思路。另一种观点则认为，由于教育导致了社会不平等现象的再生产，所以对教育的投入实际上对经济增长具有消极作用。而且，由此形成的教育政策也会产生更多的问题，而不是使问题得到解决。这方面最突出的代表是新马克思主义的观点。②此外，"更广阔的社会学评论认为，简单扩张接受更多教育的个体的数量并不一定导致更多的富有生产力的工作岗位的增加"，"由此看来，学校教育主要是一种分类和分配的机构；学校是社会分层组织，用更高的证书战胜较低的证书来谋取报酬更优厚的工作"。③

除此之外，还有一些对教育与经济发展之间关系的更加细致的分类研究，其主要观点包括：初等教育和中等教育比高等教育对经济发展具有更强的影响力，而高等教育对经济发展的影响则比较小；具有较高科技含量的教育往往会带来比较普遍和积极的经济结果；与高等教育相比，女性在接受中等教育方面的发展也对经济发展有比较明显的影响。另外，

---

① 在这方面，值得注意的学者和作品有：Coombs P H.The world educational crisis: a systems analysis[M]. New York:Oxford University Press,1968; Coombs P H.The world crisis in education: the view from the eighties[M]. New York:Oxford University Press, 1985; Weiler H N.Education and development:from the age of innocence to the age of scepticism[J]. Comparative education,1978,14(3): 179-198;Blaug M.Where are we now in the economics of education?[J].Economics of education review,1985,4(1):17-28.

② Easton P,Klees S J. Education and the economy: considering alternative perspectives[J]. Prospects: quarterly review of education,1990,20(4):413-428.

③ 哈里楠.教育社会学手册 [M].上海：华东师范大学出版社，2004：220.

有专家在研究中发现，学校教育与经济发展之间的积极关系往往在一些发展中国家体现得更为明显。①

总之，关于教育发展必然会促进经济发展的观点是需要进一步深入研究的。在这种关系中，我们应该考虑教育的类型、经济发展的类型以及一定经济发展的目标指向，即为谁的经济发展等问题。

2. 教育发展与社会现代化的关系

教育发展与社会现代化之间的关系是教育界非常关注的话题。特别是教育对人们生活质量、生活方式、态度、价值观和信仰方面的现代化的影响，常常是教育社会学讨论与研究的重要领域。

迄今为止，关于现代化概念的含义一直存在着不同的看法，而在目前的各种用法中，现代化一词的意义也是含混不清且是多种取向的，有时还是以西方的模式为标准的。但是，现代化一直以来都是各种研究的重要对象，而且，在不同地区和国家的教育发展政策与计划中，现代化常常是一个自觉或不自觉的参照系和目标。按照英克尔斯（A. Inkeles）等关于现代化的规定和标准，所谓的现代人至少应该具有以下基本特点：（1）对新经验的开放性；（2）随时准备接受社会变化；（3）能够认识到不同的态度和意见，但是也能够坚持自己的看法；（4）实事求是地形成意见；（5）面向现在和未来，而不是过去；（6）具有一种个人功效的意识；（7）具有长期计划的取向；（8）对社会制度和个人的信任；（9）对各种技术技能的重视；（10）对教育的高度重视；（11）尊重他人的尊严和理解生产与工业的逻辑。同时，英克尔斯认为，现代化的实现如果没有现代化的个人是不可能的。而且，现代化的理论还认为，如果人们不能参与到现代化的各种结构中去，特别是参与到教育机构和工业机构中去，他们是不可能成为现代人的。②

由此可见，学校和其他教育机构是非常重要和有效的现代化机构。

---

① 哈里楠. 教育社会学手册［M］. 上海：华东师范大学出版社，2004：219-223.

② Inkeles A, Smith D H. Becoming modern: individual change in six developing countries［M］. Cambridge, MA: Harvard University Press, 1974.

如果一个人能够接受更高的教育，或者达到更高层次的教育水平，那么他在上述各种现代化的指标方面也能够达到比较高的水平。当然，所有这些观点并不仅仅是理论的分析和逻辑的演绎，更是来自实际的调查和研究。[①] 概括地说，这些研究的成果和观点主要有以下几个方面。

第一，凡是接受过中等学校教育的人，通常具有较高水平的心理移情。也就是说，他们具有一种对不断变化的环境进行有效判断的能力。这种观点在中东地区的成人教育中得到了证明。

第二，教育的层次与政治参与的热情常常具有正相关的关系。这一观点可以在美国、英国、德国、意大利和墨西哥等地的研究中得到证实。

第三，教育对于个人现代性的形成所起的作用是非常重要的。而且，在个人现代性的形成过程中，教育比大众传播媒介和职业经验的发展作用更大。而且可以认为，在这三个因素中，教育是最重要的现代化机构。这一观点已经在阿根廷、智利、孟加拉国、印度等国的成人教育研究中得到证实。

第四，学校是十分重要的地区现代化机构，与此相比较，大众传播媒介却不能起到学校的功能。而且，学校在促进现代化而又不陷入西方化方面，具有一定的潜力。同时，具有较强动员体制的国家比其他具有较弱动员体制的国家可以更好地利用教育，使之作为现代化的有效机构。这种见解已经在一项涉及49个低发展中国家的研究中得到说明。

然而，尽管人们普遍认为教育是现代化的一个重要机构，但对于这种观点的批评也不绝于耳。其中，最重要的批评之一是认为学校教育与现代化之间并不存在必然的联系，或者说，学校教育不会必然地引起现代化。根据有关研究资料，对于上述教育与现代化之间关系观点的批评主要有以下三个方面。

第一，在一定的环境条件下，学校教育可能不利于现代化发展，而

---

① 这方面特别值得提出的有勒纳1964年的研究、阿尔蒙德与维巴1965年的研究、德拉克洛瓦和拉金1978年的研究、英克尔斯和史密斯1974年的研究等等。

非促进现代化。而且，这一阻碍作用主要通过学校教育的课程形成，而非学校的组织。例如，对某些宗教或教会学校的研究表明，它们在某种程度上限制了人们体验现代化的价值。而且，在那些具有较强排外性的国家中，学校是一种非常成功的传统化的机制。

第二，很多关于现代化的研究都是建立在对于态度和价值的问卷调查上。而这些问卷调查常常是具有学校取向的，因此，对于教育成就和现代化的研究事实上也就是关于学校学习的研究。同时，由于学校是一种选择性的机构，因此，现代化价值的调查常常只是对于某些因素而不是对于学校本身的调查。

第三，学校教育和现代化理论都是建立在现代化必然促进发展的假定上的。但是，现代化对于发展可能是有害的。发展中国家受过教育的和有技术的人才的流失，社会联系的崩溃，有用的传统社会制度的瓦解，以及脱离人民大众的现代精英的增加，等等，这些都是社会现代化发展进程中的消极后果。

关于教育发展与现代化的关系，另外一个非常重要但也同样存在异议的看法是教育发展对社会公平的作用。一般的观点认为，教育发展能够促进社会公平，因为它可以改变传统社会中世袭性的流动模式，转而形成一种现代社会中竞争性的流动模式。所以，人们常常认为教育发展能够使一个社会更加开放和平等。然而，也有研究发现，在那些收入差距较小的国家，教育也并未有更大扩展；而且，还有研究表明，"受教育更多的人不一定更加支持政府缩小男女不平等的努力"[①]。

3. 教育发展与政治发展的关系

所谓的政治发展，主要是指社会中政治整合和政治参与的程度及其发展，包括高度的政治稳定、低水平的政治冲突，以及高度的政治动员等。这是一个发展的过程，主要表现为政治的社会化、政治领导人的培养、政治整合和国家政治意识的发展等方面。政治发展在整个社会发展

---

① 哈里楠.教育社会学手册[M].上海：华东师范大学出版社，2004：226.

的过程中具有十分重要的意义，它可以为教育与经济、社会发展之间关系的建立提供重要且明确的目标。关于教育发展对政治发展所具有的影响，主要表现为"拥有更多学校教育的个体似乎对他们自己的政治制度所知更多，有更为积极的政治价值和政治态度。后者经常被界定为参与的、民主的、宽容的价值观和态度"①。这里，主要从政治社会化、政治领导人的培养与选拔以及民族国家的建立三个方面进行分析。

第一，教育发展与政治社会化具有十分密切的联系。

无疑，教育是政治社会化的重要机制，它对于人们政治态度、价值观以及行为的灌输和形成具有十分重要的意义。教育发展对政治社会化的影响能够很好地解释社会的变化与社会的持续。而且，这种解释常常与一定国家和社会的机构性特点具有十分重要的联系。例如，在某些低度发展的国家中，尽管学校的官方课程反映了国家的意识形态，但学校的教育却常常促进学生更多地接受政治变化的价值观，而不是政治稳定的态度。例如，在一些发展中国家，学生常常把发展和现代化看成比维护习惯和传统更重要的事。同时，在教育发展与政治社会化的联系中，还常常有这样的情况，即学校所教授的政治价值观往往与政治领导人所倡导的不一样，有时还会形成公开的冲突。

第二，教育与政治领导人的培养和选拔。

教育系统的确是政治领导人培养和选拔的正规途径。在一些发达国家中，学校是政治精英的训练基地。而在一些发展中国家，情况则有所不同。特别是在一些低度发展的国家和地区，政治精英和领导人的吸收和训练常常是在正规教育系统形成之前发生的，对他们的选择也更多地建立在关于上帝、神话和民间传说的知识上。而现代社会的精英却常常是教育的产物，并追求一种与大众不同的生活方式。当然，根据一些学者的观点，这些学校在传播现代化的知识时，也造就了未来社会精英的地位。值得注意的是，如果社会精英与人民大众之间的差异太大，那么

---

① 哈里楠.教育社会学手册［M］.上海：华东师范大学出版社，2004：223.

将会出现政治的不稳定。因此，学校教育在吸收和训练政治领导人的同时，还必须保证政治精英与人民大众之间的联系。并且，学校教育需要在决定政治领导人的保守和变革取向方面发挥一定的作用。当然，教育发展与政治领导人的培养和选拔方式的变化之间的联系，仍然是一个有待深入研究的问题。

第三，教育发展与民族国家的建立。

这种关系突出表现在民族国家的建立所需要的对国家的认同、民族意识的形成和教育的功能等方面。一方面，教育的发展，可以促进对国家和民族的各种可见符号和观念的传播与灌输，进而帮助人们冲破狭隘的地方意识，形成一定的公民意识和对整个国家与民族的忠诚。另一方面，经验也常常会带来社会的分裂和冲突。一些学者发现，当教育作为一种商品在社会中得到不平等的分配时，那么它所产生的将不再是社会的整合，而是社会的分裂。而且，教育发展所产生的这种对社会整合的反面影响已经在部分发展中国家得到证实。总之，教育发展可能是政治发展的必要但不是完全有效的条件。然而，在考虑这些关系时，我们必须注意到一个社会中政治系统实际控制和构造教育系统性质的程度。

但是，近年来一些研究对早期教育发展与政治发展之间的积极关系提出了疑问。这种质疑的主要对象并不完全是这种结论本身，而是这种关系的条件问题。"这就是说，研究者不能依据学校教育与价值的个别资料来推断教育扩张对政治民主化的积极影响，需要直接研究教育对构成政治民主的制度性游戏规则的影响，不是从个体层面的资料中推断出结论。"[1]这里实际上也涉及了对于教育发展与政治民主化之间关系的研究方法问题。例如，在研究教育发展与政治民主化之间的关系时，我们一定要把相关的条件考虑进去，包括在确定教育与政治上的民主信仰和价值关系时，学校运行的政治背景可能是一种重要的随机影响因素。

---

① 　哈里楠.教育社会学手册［M］.上海：华东师范大学出版社，2004：224.

　　教育发展与社会发展关系中非常重要的一个问题是教育与社会不同领域之间究竟存在的是某种从属的关系，还是一种相互对立的平等关系，由此对两者之间的关系形成了不同的分析与研究机制。对此，德国教育学家本纳进行了非常深入的探索。他认为，人类的共同生活与共存是由六种基本现象决定的，它们是经济、伦理、政治、艺术、宗教与教育。更重要的是，"这六种基本现象无法相互演绎或简化为更少的几个共存领域，而是相互影响，以至于任何领域都无法要求一种封闭的独立性，这正是人类共同生存的本体"[①]。在他看来，教育与经济、政治文化等之间，并不存在某种等级性的关系，而是具有一种"非等级－非目的论秩序"。简单地说，它们之间并不存在某种等级性的从属关系，而是相互平等的。正如本纳所说的那样，"在人类共存的基本现象中，任何一种实践都不能要求具有优先于其他实践的地位。它们无法由一种导出另一种，而是有同样的缘起性，……各种实践领域间的互相作用将不是直线的，而是借助于人类实践创造性的肉体性、自由、历史性和语言性来传递的。反过来，如果否定人类实践这种行为学秩序理念，给予一种或一组实践对于其他实践的优先地位，那么人类总体实践优先就将受到个别实践优先的片面性的危害"[②]。本纳特别提到了经济实践"可能将把本身作为目的，使得财富的增长，而不是公共福利作为城邦发展目标"。应该承认，这样的看法是非常重要的。它与教育公平具有非常直接的关系。因为，"与非等级－非目的论秩序不可分割的是普遍的人的教育的观念。它不再使个体适应自己生来就被预先确定的社会等级和职业"[③]。所以，这种关于教育与群体社会实践之间关系的理论对于认识与分析教育发展与社会发展之间的关系，是非常有启发意义的。

---

① 本纳.普通教育学：教育思想和行动基本结构的系统的和问题史的引论 [M].上海：华东师范大学出版社，2006：8.

② 同①28-29.

③ 同①10.

第 | 十一 | 章

教育公平的社会价值

　　教育公平是教育社会学的基本问题，也是整个教育基本理论的重要内容。所谓教育公平的社会价值，指的是从社会发展与公平正义的角度，分析教育公平的发展变化及其意义与功能。教育公平是一个非常复杂的理论与现实问题，涉及几乎所有的社会科学。但教育社会学对教育公平的研究是其中最重要与直接的部分。缺乏对教育公平的讨论与研究，教育社会学就是没有意义的。从社会价值的角度讨论教育公平的意义与功能，包括教育公平的基本含义与特点、教育公平与教育机会均等的关系，以及教育公平与社会分层之间的关系等等，能够深化与拓展对教育公平的认识，不断改进与完善教育公平的思路。

第一节　教育公平的含义与影响变量

教育公平是一个理论问题，也是一个现实问题，更是一个多年来始终争论不休的话题。这正是教育公平的魅力与价值所在。认识教育公平的含义、特点与影响变量，是教育工作者的基本功。

一、教育公平的含义

1. 教育发展水平的基本标志

教育公平既是一个古老的话题，也是一个现代的热点问题；既是一个国际性的难题，同样也是任何一个国家在社会经济改革开放和教育发展中都要面对的一个十分关键的问题。可以这样认为，在教育改革和发展的过程中，教育公平是一个无法回避的问题，而它也是评价国家和地区教育改革与发展成效和水平的一个基本的标准。如果一个国家和社会的教育发展不能不断地提高其教育公平的水平，那么，无论这个国家和社会的教育取得了什么样的成绩，它都不能说是高水平的教育。因为，教育公平并不仅仅是教育发展的某一个具体指标，它反映和体现的是教育的根本宗旨和基本目标，是任何一个国家和社会中教育改革与发展的基本价值。也许不同的教育学流派可以对衡量与评价教育发展的各种具体指标形成各种不同的看法，包括可以有各种不同的取舍，但是，可以这样认为，所有的观点和学派都必须尊重教育公平的价值地位，而不能有任何的轻视和慢待。所以，时时关注和分析教育公平的问题，既是一个政府对教育改革和发展的责任，也是教育研究人员本身的责任和使命。

也正是由于教育公平在教育本身以及教育改革和发展中具有如此重

要的地位，所以关于教育公平也历来是众说纷纭、争论不休，甚至包括对教育公平的定义和概念的阐述，也往往有不同的版本和说法。例如，在教育发展历史上，有平等经验主义的研究，有解释性的研究，有批判理论、女权主义，以及所谓后现代主义的研究。[①] 还有学者把教育公平分成水平的公平、垂直的公平，以及代际的公平。[②] 当然，这里既有学术上对教育公平的解释的话语权之争，也不排除不同的利益群体和阶层将自己的利益与这种关于教育公平的规定性联系在一起而形成的冲突。在这里，既有关于教育公平的起点、过程与结果的不同看法，也有不同的平等观对教育公平的定位；既有强调一元文化的教育公平理论，也有肯定文化多元论的教育公平的主张；既有从政策层面上强调的教育机会均等，也有从观念层面上突出的教育公平的理念价值；等等。应该说，这些不同的看法和规定都从不同的方面丰富了人们在理论上对教育公平的认识，也从不同的角度促进了教育公平的实践。但是，同样应该看到的是，社会经济发展的现实，以及教育改革与发展的实际，往往使得我们的理论显得那样的迟缓和苍白。特别是新的社会问题和教育发展中新的挑战，往往使得我们的教育公平的理论在应对时显得力不从心。社会经济的发展，特别是教育改革和发展的不断深入，呼唤着教育理论，包括教育公平理论的不断创新，这已经在一定程度上成为当前教育改革与发展中的重大理论与实践课题，实事求是和科学地面对与回答这些新的问题，也是当代教育研究人员的责任与使命。

2. 教育公平作为价值判断的含义

学术界关于公平的研究和讨论是非常多的，其中的争论和分歧也是非常多的。但绝大多数文献和学者都认可或同意的是，公平和教育公平不仅是一个客观的概念，而且同时是一个主观的价值判断的概念和范畴。

---

① 哈里楠.教育社会学手册 [M].上海：华东师范大学出版社，2004：111.
② 吴清山，林天祐.教育新辞书 [M].台北：高等教育文化事业有限公司，2005：78.

这种认识反映了教育公平的本质特征，也是研究教育公平的一个非常关键的方法论基础。

就教育理论而言，有的学者认为，教育公平是一个历史的和相对的概念和范畴，而且，"教育公平是一个主观价值判断范畴，具有主观性"，"其主观性主要表现为教育公平感，即对教育公平问题进行评价时所产生的一种心理感受。它与客观存在的教育公平问题，既具有一致性，又具有不对称性。教育公平感实际是公平感与不公平感的总称。客观存在的教育公平事实与主观心理预期完全吻合时，便产生公平感；不完全吻合，则产生不公平感。当然，在完全吻合与不完全吻合之间存在着一定的区间，从而使得公平感与不公平感都有一定的强度差异"。① 这种看法是合理的。因为，教育的不公平感往往来自教育现实中的各种差异与不同的评价角度；更重要的是，教育公平的问题常常是通过横向比较而形成的，特别是通过与自己参考群体的比较，以及在这种比较中的选择性对比，这非常容易产生一种不公平的感受。所以，教育公平不仅仅是一个客观范畴，具有客观性，而且也是一种价值规范与判断。

从经济学来看，公平就是一个包含价值判断和含义的概念。有学者就认为，"'公平'概念是对社会关系的一种度量，属规范范畴。定义'公平'逻辑上乃是一种价值陈述，其实质是一种价值选择。'机会平等'或'结果平等'乃是两种价值取向的公平定义，从人的价值实现而言，'机会平等'才是公平概念的真实内涵"。② 还有学者认为，公平不仅是一个结果的概念，而且是一个起点的概念："公平既是人类追求的目标和结果，同时又是人类的价值判断尺度，也即人类自身的认识和感觉，这就决定了公平具有既是终点又是起点的双重属性。当它作为人们追求的目标的时候，是追求的结果，具有终点的属性；当它作为价值评判标准，在人们

---

① 李润洲.试论教育公平的基本特征［J］.教育评论，2002（5）：14-16.
② 转引自谢维和，李乐夫，孙凤，等.中国的教育公平与教育发展：1990—2005［M］.北京：教育科学出版社，2008：12.

用它来规范和指导自己的行动的时候，它又具有起点的性质。"①

从政治学和社会学来看，公平也是一个包含价值判断的概念和范畴。有学者对公平概念的历史发展以及它的含义进行了比较详细的说明和阐述，指出，"在古希腊，最初的公平观念来自于对不公平的社会关系的调节。……（梭伦）认为，公平就是不偏不倚。……伯利克利认为，法律对所有人都同样地公平。普罗塔哥拉认为人是万物的尺度，每人具有公平、诚实与其他政治德行，把公平理解为规矩认可的行动。亚里士多德首先把公平原则从形式上系统表述为同样的情况同样对待，平等的应当平等对待，不平等的应当不平等对待。除此之外，他把公平的表现形态分为相对公平和绝对公平。相对公平也即法律上的公平，而绝对公平，是不受时空限制的公平，是建立在自然法基础上的公平。把公平与自然法联系起来，表明他实际上把公平理解为一种最高价值。……中世纪基督教教义中的公平等同于合理性、合法性，即把公平视之为至善。……到了近现代，……自由主义和平等主义各执一词。概括地讲，自由主义思想家们以生存、自由、财产等等个人权利的观念当作道德原则的假定，他们所理解的一切人有权得到的唯一平等就是过程公平，过程公平包括机会均等、按劳分配等方面。在自由主义者看来，这种平等趋于最大限度地扩大个人的行动自由，尤其是在经济领域中获得经济成果和经济价值的自由。他们认为，既然人们按照自由的方式对经济作贡献，而且他们所作的贡献是他自由选择的结果，因此，按各人的贡献分配经济负担和经济利益就是公平的。与把公平过程作为过程公平、机会均等的自由主义理解相反，平等主义者较多地把公平理解为条件平等。在他们看来，公平是就一种分配状态、结果状态而言的，这一理解的核心是无论个人之间有何差异，人人都应受到平等的对待。不仅在道德、政治领域，而且在经济领域，具有人性就是实现公平分配起决定作用的、可以比较的方面。马

---

① 转引自谢维和，李乐夫，孙凤，等. 中国的教育公平与教育发展：1990—2005 ［M］.
北京：教育科学出版社，2008：12.

克思主义认为，公平问题根源于人类社会实践的发展，其中最根本的实践是劳动实践。人类劳动实践过程中形成了各种关系，对各种社会关系的调节，就提出了公平的问题。公平是不同的实践主体在社会文化活动中，按双方都能接受的规则和标准采取行动和处理它们之间的关系的准则。人们关于公平的观念，不是抽象的，而是具体的；不是固定不变的，而是处于不断的发展变化之中的。社会公平的实现程度总是同一定的社会制度相联系，是一个历史的过程"[①]。所以，教育公平是一个历史范畴，具有历史性。公平只是现存经济关系——或者反映其保守方面，或者反映其革命方面的观念化的神圣化的表现。[②] 公平的状态，从根本上说，取决于社会生产力的发展水平和社会性质。因此，公平在任何时代都不是抽象的、一成不变的，而是具体的、发展变化着的。在现实生活中，不同社会、不同阶级及阶层的人对公平的理解和认识是迥然有别的。正如恩格斯所指出的那样，"关于永恒公平的观念不仅因时因地而变，甚至也因人而异"[③]。公平是一定社会关系下的相对的公平，其标准是历史的。就不同的社会制度而言，人们评价某一社会制度更公平，是相对于以前的社会制度而言的；人们评价同一社会制度时，公平总是相对于某一特定尺度而论。在认识和评价是否公平上，人们总是从特定的目的出发，评价的标准和尺度带有明显的主观色彩和极大的差异性。当然，科学的公平观必须符合历史规律性，必须与历史的客观事实相一致，并随着历史发展而发展。

因此，教育公平不仅是一个客观事实的问题，而且也是一个主观的价值判断的问题，或者说它是关系到人们的主观感受或评价的问题。这也恰恰是公平或平等这类涉及价值判断和主观评价的问题所具有的基本特点。关于教育公平的这个特点，可以从两个不同的方面进行说明。首先，研究教育公平的方法论的变化说明不能简单地通过对教育领域内不

---

① 洋龙.平等与公平、正义、公正之比较［J］.文史哲，2004（4）：145-146.

② 臧峰宇.晚年恩格斯对"正义"的规定及其实践原则［J］.哲学研究，2020（12）：13-19，123.

③ 同②14.

平等的客观事实描述和研究教育的不公平。在过去相当长的时期内，一直是经验主义的方法论在教育公平的研究中占据统治的地位，即根据对经验事实的描述来研究教育公平的问题。它们所强调的也正是教育不公平的客观现实。但是，随着研究的深入，人们逐渐开始应用其他各种不同的方法进行研究，包括解释性的研究方法，以及批判理论、女权主义和所谓的后现代主义。人们所采用的质性研究方法或者定性的研究方法，都从不同的角度突出了教育不公平中的主观方面。其次，这种变化也反映在教育公平的研究话语和重点上。例如，持批判理论的学者在研究教育公平时，就"重新集中探讨从关心消费的平等率到知识本性和教育自身的权力控制模式的教育平等问题。教育不再被界定为一种没有问题的物品；一个人得到的越多他生活得就越好"①。而且，在这种对于教育公平的研究中，他们强调了性别、种族等社会排除的现象，甚至"辩论的语言也从不平等变为有差别；重点放在了身份、文化和认识上而不是分层、选拔和分配上"②。因此，随着教育的发展和教育公平问题的发展，单纯按照简单的客观事实去分析教育公平已经显得不够了，教育公平的问题包含了越来越多的主观评价和感受。这也正是中国社会教育公平现象的一个十分重要的特点。

二、教育公平的影响变量

所谓教育公平的影响变量，指的是造成教育不公平的各种内外部原因。这种变量的研究对于认识与分析教育公平是非常必要的，也是促进教育公平的基础。然而，关于这些变量的看法却常常是仁者见仁，智者见智。根据有关学者的概括，历史上关于教育不公平的来源的理论研究和分析主要集中在以下十一个方面③。

---

① 哈里楠.教育社会学手册 [M].上海：华东师范大学出版社，2004：116.

② 同① 117.

③ Husen T，Postlethwaite T N.国际教育百科全书：第 3 卷 [M].贵阳：贵州教育出版社，1990：436.

第一，个体能力多样性的遗传继承，不同的社会群体重视不同的能力群，在接受智育的重要的特殊能力方面，个体的能力群是不一样的。

第二，个体在理解教育对生活目标的价值方面，在积极地获取教育并且确保教育的质量方面，在阻碍他人接受教育的方面，在利用使教育有效的东西方面，以及在取得教育成功方面所处的社会阶级。

第三，政府、社会阶级和个体提供和获得教育的政治权力。

第四，国家和私人为教育提供的资源。

第五，教育层级之间的资源分配。

第六，在各个地理区域配置的和向社会各个群体提供的教育机构的差异。

第七，教育机构与其群体之间在资源、能力和成就方面的差异。

第八，教师教育能力之间的差异。

第九，家庭在教育方面的直接成本或间接成本。

第十，不同教育层级的选拔。

第十一，代际教育资源的分配。

综上所述，教育不公平的起源大致可以归纳为以下五个方面，即国家的政策、社会经济、家庭的背景、教育机构与教育本身的因素。

1. 社会经济决定论

这种理论解释或观点认为，教育中的不公平现象主要是由社会经济发展的不平衡和差距造成的，特别是社会分配差距的扩大和社会地位的进一步分化。

实事求是地说，在社会经济发展与转型过程中，不同地方社会经济发展的不平衡和差距，不同社会阶层和群体之间收入差距的扩大，以及在改革过程中人们社会地位的急剧分化等，都在一定程度上导致和影响了教育发展的不公平现象。有些地区教育的整体状况已经明显优于其他地区，无论是校舍、图书馆和教学设备等基本的办学条件，还是学校的教师队伍的学历层次与水平，发达地区与贫困地区之间的差别是非常明显的。同时，由于不同社会阶层和社会群体收入分配差距的扩大，其为子女所能够提供的教育资源和发展空间也是不同的，甚至所传递的文化资本也是不同的，由此不同社会阶层、社会群体和家庭为其子女接受各种教育所做的准备和提供的条件也是非常不同的。当然，其子女各自在接受教育过程中所付出的机会成本也是不一样的。在这种情况下，不同地区和不同社会阶层、群体和家庭的子女实际获得的教育机会和教育资源显然是不同的；而且，即使在获得同样的教育资源的情况下，他们利用这些教育资源的能力以及由此产生的效率也是不一样的。当然，教育对他们各自发展的意义和价值也是不同的。另外，由于社会转型时期人们的社会地位的急剧分化，不同社会地位的人对教育的需求和期望也是有差别的，有些人已经不满足于一般的学校教育，他们希望能够得到更多的机会和更大的发展空间，希望能够获得更高层次的教育，包括各种个性化的教育服务，而有的人还在为基本的教育机会而努力，甚至为基本的学费而发愁。由此也形成了对教育的各种不同的评价，激化了教育的不公平。

应该肯定的是，经济变量是教育公平的直接影响因素之一，但它对不同类型与层次教育公平的影响是不同的。对于义务教育的公平而言，经济因素则不能也不应该成为主要的解释变量。

2. 资源分配决定论

这种观点认为，教育领域中的各种不公平现象，主要是由教育资源分配不合理或不公平所引起的。应该承认，由于教育管理体制的改革和分权，整个社会发展的不平衡，以及人们对不同层次教育的认识上的差异，教育资源的配置和分配的确存在不公平的现象。由于教育资源分配或配置上的不公平或不均衡而出现的教育不公平主要有四个影响因素。首先是体制的因素，即不同的分权与管理体制导致教育资源的分配与配置出现不均衡的现象；其次是教育系统本身的因素，特别是大学自主权扩大所形成的不同学校之间的差异，以及由此产生的教育资源的分配差异；再次是历史的因素，学校的分布结构往往与历史中的各种因素具有非常密切的关系，它们的差异与不平衡是在历史中形成的；最后是政策的因素，特别是重点学校与一般学校之间的关系，以及由此导致的教育资源配置的差异。

客观地说，教育资源的分配和配置是影响教育公平的一个非常直接的因素。实际上，理论界和社会上批评教育不公平，主要也是针对这种教育资源的分配和配置上的不公平。许多国家的政府在解决教育公平问题时，所采用的政策手段也常常是不断调整教育资源的分配模式，包括通过各种财政转移支付、中央政府的专项资金，以及某些特殊政策的杠杆，协调这些因资源配置的差异而导致的不公平现象。

然而，也正是在资源分配或配置的问题上，存在着教育公平理论和实践中的许多争论和不同意见。由于不存在绝对的资源分配的公平与公正，那么，什么才是公平或公正分配教育资源的模式呢？这里至少存在着三个方面的问题。

第一，教育资源分配的原则问题，即社会上各种不同的教育资源究竟按照什么样的原则进行公平分配，而在这其中，同一性与补偿性就是两个非常典型而又不同的分配原则。所谓同一性的原则，指的是保证社会中的每一个人都能够均等获得质量均等的教育资源，而不管个人的社会经济背景，种族、性别和宗教信仰等差异。从表面和形式上看，这种教育公平上的同一性是有道理的。但是，从现实的角度可以发现，这种同一性的教育公平的制度安排实际上是不公平的。因为，社会中的人本身就存在着客观差异，包括与生俱来的生理差异，以及后天的社会经济差异等，所以，在形式上给予所有的人同样的教育机会和条件，实质上是不公平的。所以，"为了公平地消除人们之间、环境之间的不平等，国家应该提供不均等的教育机会，那就是说，应该向那些由于遗传天资、环境或其他偶发事件而条件不利的人提供并使他们有能力利用比条件更好的人更多的教育机会"[①]。也正是由于如此，关于教育机会均等的某些定义，常常把这种均等的含义理解为一种对弱势群体的补偿。

---

① Husen T，Postlethwaite T N. 国际教育百科全书：第 3 卷 [M]. 贵阳：贵州教育出版社，1990：437.

第二，教育资源分配的标准问题，即教育资源应该按照什么样的标准进行分配。在这个问题上同样存在着差异和争论。其中最典型的就是高等学校的招生指标的分配，究竟是应该按照分数的高低进行分配，还是应该考虑到不同地区的差异而按照地区进行分配。显然，按照分数的高低进行分配是有道理的，因为这样对所有报考大学的人都是公平的。特别是如果整个高考是按照统一的试卷进行的话，那么按照分数的高低分配招生指标当然是合理的。但是，深入分析就可以看到，由于不同地区社会经济发展水平的差异，以及与此有关的教育发展水平的差异，不同地区报考大学的人的条件是有差异的，如果按照同一个标准进行录取，必然导致实际上的不公平，所以有必要按照不同地区进行招生指标的分配。但这样对那些比较发达的地区的考生不公平。这的确是一个非常大的矛盾。在不同的国家和地区，这种教育资源分配的标准的矛盾也常常以各种方式表现出来。

第三，教育资源分配的定位问题，即是按照接受教育的机会、教育过程，还是按照教育的结果，来确定教育资源分配的公平呢？这也是理论和模式中存在的一个主要矛盾。而且，它与前面提到的两个矛盾也是相互联系的。显然，这样三种不同的定位，将产生完全不同的三种教育资源分配的模式，形成三种非常不同的公平观。

3. 文化资本决定论

这种观点认为，不能简单地把影响教育公平的教育资源都认为是物质形态或类似于货币那样有形的资源，实际上，真正在民主社会中影响教育不公平的资源是一种文化的资源。而这种观点是与现代社会中文化资本等理论的兴起联系在一起的。

这种文化资本决定论的主要根据是，社会的发展已经进入了越来越民主化的阶段，任何一个国家和社会的体制和制度都不可能允许社会各个不同的阶层和群体，包括个人，出于物质和经济的原因而失去接受教育的机会，或者说，出现教育的不公平。在这种情况下，各种非物质和经济的文化因素往往对教育公平的影响作用更加突出和重要。这些非物质和经济的文化因素常常被认为是文化资本。而按照法国思想家布迪厄的理论，这些文化因素本身也具有一种资本的功能。尽管这种文化资本对教育公平的影响作用是多方面的，但其中最重要的是它给予了人们不同的理解和认识能力，也正是这种不同个体在学习和接受教育过程中的理解与认识能力的差异，导致了教育发展的不公平。显然，不同社会阶层、群体和家庭的文化资本是不同的，包括数量的不同和质量的差异。一般而言，那些在经济社会上占有统治地位，并且取得优势的社会阶层与群体，往往在文化资本的数量和质量上也具有一定的优势。这种文化资本的优势常常使得他们的子女能够在成长过程中获得比其他社会阶层和群体的子女更多更好的文化资本，进而形成对学校课程和教学更强和更加贴近的理解和认识能力，以及对学校和社会上各种教育资源的更好的利用能力，由此也能够获得更好的学习成绩和更强的竞争力，并形成教育的不公平。这种学习成绩上的差异自然会影响他们在争取接受高一级教育上的机会，影响他们在获得更好的教育方面的差异，以至于影响他们的终身发展。同时，由于这个理论从深层次上揭示了现代民主社会教育不公平的原因，因而获得比较大的解释力，也得到了越来越多的学者的认可和进一步发展。

但是，这种理论在解释中国当前教育的不公平现象和回应各种批评时也是有局限的。这种局限性主要体现在两个方面：第一，无论文化资本多么重要，它仍然是以经济为基础的，是建立在经济资本的基础上的。即使在文化资本的首倡者布迪厄那里，经济资本仍然具有理论和现实上的优先性。在他看来，文化资本仍然从属于经济资本，是经济资本的"从属的"和"被支配的"形式。所以，他非常明确地指出，"经济资本处于所有其他资本类型"——比如文化资本、社会资本以及象征资本——"的最根本处"。[①] 而文化资本等只是经济资本的转化和伪装的形

---

① Bourdieu P. The form of capital[M]//Richardson G. Handbook of theory and research for the sociology of education. New York: Greenwood Press, 1986:241-258.

式[①]。所以，应用这种文化资本的理论解释教育不公平现象时，不能忘记更加根本的经济资本的作用和力量。第二，完全按照这种文化资本的力量解释教育不公平的现象，同样会出现单纯按照经济资本解释教育不公平现象的问题，即尽管那些在文化资本的占有上处于劣势的社会阶层和群体也会对这种因素引起的教育不公平提出批评，但是，那些对教育不公平批评得最厉害最尖锐的，往往并不是那些在文化资本上处于劣势的社会阶层和群体，而是具有优势的社会阶层和群体。而那些真正处于劣势的社会阶层和群体的声音往往比较小。这显然是有问题的，是文化资本的理论所不能解释的。

4.教育需求决定论

这种观点和理论认为，社会对教育不公平的批评，在很大程度上是由于整个社会和人民群众对教育的需求发生了变化，至少是部分发生了变化，并且与现有的教育公平政策发生了矛盾和差异；或者说，教育公平的供给模式与教育公平的需求模式之间发生了矛盾。

这种看法和解释提出了一个十分重要的问题，即对教育公平的现象并不能够简单地按照某一种统一的观点和标准进行分析，而需要根据不同的需求进行研究。如果简单地按照同一个标准和模式去提供平等的教育产品和服务，对于具有不同需求的个体和群体而言，显然是不适当的，也是不公平的。应该说，在社会结构不断分化的过程中，用这种观点来解释教育不公平的现象是有一定道理的。

这种教育需求决定论的意义，主要体现在分析上面所提到的那些在社会经济领域已经居于优势地位的社会阶层和群体往往对教育不公平的批评更加强烈的现象上。显然，就政府促进教育公平的基本目标而言，无疑应该首先考虑一种最基本的教育公平，或者说，保证一种底线的公平，而不可能保证一种高线的公平。但是，这种底线的教育公平是不能

---

① 参看：斯沃茨.文化与权力：布尔迪厄的社会学［M］.上海：上海译文出版社，2006：218-247.

满足那些已经达到或者超过底线要求的社会阶层与群体需求的，其会根据自己的发展需要提出更高的教育目标和要求，并且把自己的这种要求纳入教育公平的内容中去。更重要的是，由于教育本身发展的不均衡，不同地方学校的发展水平也不一样，这种差距以及那些优质教育资源的分配本身所存在的不合理现象，往往也进一步强化了这些社会阶层和群体的不公平感。但是，由于在部分地区存在这样的重点或高水平的学校，那些条件相对比较差的地区和竞争力不够的社会阶层与群体，常常又要批评这种不均衡带来的不公平。

这里提出了一个新的问题，教育公平究竟是保证整个社会中每个人在接受教育方面能够有同样的机会，还是应该针对每个人的不同需要而提供适合不同人的教育呢？在一个文化多元化的社会和经济体系中，人们对教育的要求显然是不同的，进而对教育公平的理解和要求也是不同的，由此不管社会提供的教育如何，总是有一部分人因感到他们的要求不能满足而产生不公平感。根据社会发展的理论和实践，当一个国家或地区的年人均国内生产总值达到或超过一千美元时，社会和经济发展将进入一个需求多元化的阶段，进而对传统的社会经济结构形成一种新的要求和挑战。按照国际上关于教育公平理论的发展，目前已经有学者针对传统上教育公平的文化基础提出了一种新的理论。这种理论认为，传统的教育公平的理论在社会经济发展水平比较低的情况下是合理的，但是，在社会经济发展水平达到一个比较高的层次时，则会出现这种理论不能解释的现象与问题。新的理论认为，之所以出现这样的情况，是因为传统的教育公平理论中非常关键的一个问题是，它往往以一种一元的文化作为教育公平的基础，进而也按照一个同一的标准和要求去实现教育公平，或者评价教育公平的发展。这对于具有不同的教育需求的社会个体与群体而言，对于具有不同文化背景和价值观念的各个社会阶层与利益集团而言，都是不合适的，甚至是矛盾和有冲突的。换句话说，传统的教育公平理论根据其同一的文化基础和价值观念，对教育公平中的差异性是否定的，甚至要取消教育中的差异性，因为它认为存在这种差异性就是不公平。相反，由于新的教育公平理论强调以多元文化作为其基础，同时也充分肯定教育公平中不同的价值取向和要求，所以，它是维护和尊重教育公平中的差异性的，甚至是以这种个体教育发展与追求的差异性为目标的。显然，在社会经济发展程度已经达到一个新阶段的时候，当社会和人们对教育的需求也已经进入一个新的发展阶段时，如果仍然按照传统的教育公平理论模式进行实践，则必然会形成事倍功半，甚至是南辕北辙的结果。几乎所有的社会阶层和群体都在批评教育的不公平，都在要求新的教育公平，恰恰反映了这种对教育公平的多元化诉求。

5. 教育自身决定论

所谓教育自身决定论，指的是教育系统内部的各种因素对教育公平的影响，如选拔机制（评价模式）、课程模式、教育结构、教育观念等因素对教育公平的影响。这是一个非常复杂的问题，但也是客观存在的，甚至是更加隐蔽地存在和发挥作用的。所以，对它的分析和描述往往也更加困难。这里，主要介绍和分析三个方面。

首先是教育的各种评价制度，它无疑是影响教育公平的一个非常关键的因素，而且是一个非常直接的因素。因为，所谓的评价实际上也就是一种选拔制度和机制。问题的关键是，教育评价直接关系到如何实现教育的选拔功能，而教育的选拔又直接影响到教育的公平。从目前看，虽然政府管理部门和教育机构也十分注重评价制度的改革与创新，但是，实事求是地说，这仍然是当前影响教育发展的最关键的因素之一，而且也是困难比较大的领域之一。

其次是教育结构的状况和特点，它也直接关系到教育资源的分配，特别是教育机会的分配。从实体的角度看，教育结构反映的是不同类型学校的分布状况，但从实质上看，教育结构体现的是一个国家和社会教育资源的分布状况，因而与教育公平具有十分密切的关系。在这种教育结构中，教育的层次结构与类型结构往往又是特别敏感的方面。可以认为，关于教育结构对教育公平的影响，最尖锐和常见的批评就是教育结构本身的层次差异与类型差异，或者说学校的差异，包括各种类型的重点学校，特别是中小学中的重点学校、高等教育中的重点大学与普通学校的差异，以及普通教育与职业教育学校的差异。

最后，教育系统内部各种因素对教育公平的影响还潜在地体现在学校的课程体系中。从表面上看，课程的内容和形式往往具有一种客观的公平性，因为，它显得对所有人都是一样的和平等的。但是，随着教育研究的深入，人们发现表面上看似十分公平的课程实际上包含了不公平的倾向。因为，构成课程内容的各种文本，往往体现了一定社会阶层和利益群体的要求和价值，它本身所选择的语言方式和内在逻辑，也常常与社会中某些阶层的文化品位具有更加密切的联系和一致性。因此，当不同社会经济和家庭背景的学生学习这些体现和包含不同文化倾向与品位的课程时，其成功的机会显然也是不同的。那些家庭文化资本的秉性与课程的文化特征比较一致的学生，当然更加容易取得学业的成功。而这也正是所谓的教育再生产理论的基本含义。

当然，除了上述各种理论解释和因素外，人们还可以从其他方面进行说明和解释。例如，人们可以从整个社会和个体的主观期望的角度解释教育公平的各种问题。但由此可见，教育公平的归因问题与变量分析是一个非常复杂的理论与现实问题，可能是教育社会学研究中一个永恒的开放性的话题。

三、教育公平的三种类型

根据教育公平理论与现实的发展历史，以及关于教育公平的各种讨论，教育公平的形态大致可以概括为具有不同特点的三种类型，这是认识与分析教育公平非常重要的框架。

1. 基本的教育公平

所谓基本的教育公平，指的是所有人，不管他们生活在农村还是城市，不管他们生长在什么样的家庭，也不管他们的民族、信仰、经济状况以及性别等，都应该享有同样和同等的学习与接受教育的机会。所以，这种基本的教育公平也是教育公平中的最低纲领。它的根本内容就是，"人类在尊严和价值上是平等的，因此值得平等地被关心和受尊重"[①]。应该承认，这种基本的教育公平是我们实现和争取教育公平的首要目标。无论哪种提高和保证教育公平的政策措施，都应该以它作为最重要和最基本的目标。

这种基本的教育公平是非常重要的。它对于维护和保障社会中处于不利地位的弱势群体的教育权利具有非常重要的意义。例如，它致力于解决边远地区的农村和贫困地区的基础教育尤其是义务教育问题，某些少数民族地区的基础教育尤其是义务教育的发展问题，以及城市中那些处境不利的弱势群体和阶层的子女的受教育问题，特别是那些家庭经济条件比较差的儿童青少年的教育问题。国家在制定和实施各种有关教育公平的政策时，首要目标也是解决这些地区以及社会阶层、群体和家庭的儿童的教育问题，帮助他们比较顺利地完成基础教育尤其是义务教育，而不至于出于各种原因而失去了接受基础教育尤其是义务教育的机会。显然，这种意义上的教育不公平是社会和人们所不能容忍的，因为它涉及人的基本权利，关系到人在教育机会上的一种最基本的公平。

这种基本的教育公平是一个历史的范畴和动态的概念。虽然从理论和实践上说，它是一种底线的公平，但是，随着社会整体的进步和教育的发展，这个底线也是会变化和上升的。也许在社会经济发展水平比较低的年代，人们会把接受初等教育作为教育公平的底线，因为那个时期整个社会的教育水平比较低。而随着社会经济发展水平的不断提高，这个底线也在不断变化与提升。所以，这种基本的教育公平的含义也是不断变化的。现在的问题是，超越这种基本的教育公平的各种教育中的不公平和不平等，包括前面所说的教育中的各种差别，已经赋予教育公平更加丰富和复杂的含义。

值得注意的是，这种基本的教育公平为什么会出现这样的问题？十

---

① 哈里楠.教育社会学手册 [M].上海：华东师范大学出版社，2004：119.

分重要的原因之一是，这种基本的教育公平或平等，"用的是来自平等的自由而不是走向平等的自由的话语"①。这个观点是非常重要的。它的基本意思是，这种基本的教育公平或平等，依据的是人的基本人权和基本平等。所以，按照有关专家的说法，这种基本的教育公平，实际上是一种消极的公平，或者说，是"用基本上是消极的术语定义了平等"②。它并没有体现出人们去争取更大的自由的平等，或者说，并没有真正表达出一种教育平等对人的自由发展所具有的积极意义。换句话说，这种基本的教育公平是一种作为由基本的天赋人权所引起或要求的"结果"的公平，是一种公平的因果关系中的"果"，而不是作为一种能够给人带来更多结果或自由发展的"原因"的公平。而所谓走向自由的教育公平，所强调的则是作为一种"原因"的教育公平，这也正是在下面所要讨论的教育公平或平等的主要特点和内容。

2. 自由的教育公平

所谓自由的教育公平，也可以被称为自由的教育平等，它开始摆脱了基本的教育公平所包含的消极意义和内涵，而具有了一种更加积极的含义。换句话说，这种教育公平或平等所强调的是人们为了达到一种更高的目标所需要的教育公平或平等。按照有关专家的观点，"自由的平等在政策领域一般与机会平等原则相联系"，"它认识到社会是分层的，建议平等的政策应指向为在分层系统内给各种类型的流动（教育的、职业的、生涯的、代际的等）以平等化的机会"③。这种自由的教育公平或平等，也就是所谓的"参与的平等"。而这样一种教育公平或平等，从一定的方面反映了 20 世纪末和 21 世纪初世界范围内整个社会对教育公平的要求和批判的基本特点。

显然，这种自由的教育公平已经超越了基本的教育公平。这种超越主要反映在人们对这种公平的期望和要求，已经并不停留在满足一种基

---

① 哈里楠.教育社会学手册［M］.上海：华东师范大学出版社，2004：119.

② 同①.

③ 同①.

本的权利，而是认为所有的人在争取更大的幸福和自由的过程中，需要获得更多的和更好的教育机会。所以，这种自由的教育公平在一定程度上反映了人们在获得基本的教育公平以后，对于更高和更好的教育资源与机会的平等的要求。如果说过去人们对教育公平的要求更多地体现在基础教育中，那么，随着社会与教育的发展，高等教育也已经承载了人们对教育公平的期望。如果说基本的公平总体上仍然属于一种"分配的公平或平等"，那么，这种自由的公平或平等，则属于一种既有分配的公平或平等，又有争取的公平或平等。它不仅需要整个社会和政府制定比较合理和公平的制度以保证优质教育资源的分配，也需要不同的个体通过自己的努力去争取获得这样的优质教育资源与机会。特别是在一个民主化的社会中，在一个越来越世俗化的社会中，以及在一个充满竞争的社会中，人们对这种自由的教育公平的要求往往是非常高的。

　3. 激进的教育公平

　　所谓激进的教育公平，指的是不仅要求机会的平等、参与率的平等，而且要求整个教育结果或教育成功上的平等。按照这种激进的教育公平的观点与理论，教育公平恰恰是"依据教育内部边缘人群的教育成就或成功率来测量的"[①]。按照有关专家的观点和我们的理解，这种激进的教育公平并不满意基本的教育公平和自由的教育公平，"他们主张为促进平等要在机构和社会的建构方面进行一场激烈的变革。他们特别关注实质性的经济平等和政治平等的重要性，认为自由主义者仅仅关心各群体间重新分配不平等的方式，而不是首先怎样消除主要的不平等和层级"[②]。在这种激进的教育公平的理论看来，只有教育结果或成功的平等，才能够真正改变社会的结构和层级，进而消除不平等的根源。应该说，这个观点的确抓住了教育中的各种不公平和不平等现象的根本原因，它看到了正是社会经济和政治中的各种不平等，才从根本上导致了教育中的不平等。

---

① 　哈里楠.教育社会学手册［M］.上海：华东师范大学出版社，2004：121.
② 　同①119.

所以，如果要防止教育活动仅仅成为一种社会阶级和结构的再生产，仅仅成为一种对现有的社会结构的复制，就不能仅仅保证机会和参与的平等，而必须实现教育结果或成功方面的平等，由此实现对社会经济结构的变革。

20世纪末和21世纪初社会对教育公平的要求，在一定程度上也包含了这样一种类型或形态的特点。这种看法主要依据两个方面：首先是对教育公平的要求已经涉及了它的社会经济基础，包括不同地区社会经济发展水平的差距，不同社会阶层与群体收入水平的差距，以及不同的利益团体在教育领域中的话语权利的大小，等等。人们已经越来越看清了在社会转型时期社会分化对教育公平的影响，而且在不断地呼吁要通过改变社会经济发展中的不平衡和差距，来减少教育领域中的不公平。其次，目前教育公平已经不仅是教育领域中的学者和相关人员，而且也是整个社会各个方面以及不同学科领域都普遍关注的一个问题。且不说社会舆论和新闻媒体对教育公平的关注，就是社会科学领域的各个方面也都从不同的角度对教育不公平现象进行了分析和研究。从客观的角度看，由于优质教育资源的分配在目前往往更多地取决于个人的能力和条件，包括他们各自所拥有的社会资本和各种资源的总和，所以，社会经济和权力因素仍然在这个方面具有决定性的作用，由此也自然引导人们把批评的矛头指向社会经济结构这个基础因素。而这也正是激进的教育公平观所具有的社会基础。

根据有关学者的观点，这种激进的教育公平或平等，往往具有一种定量的属性。按照这些学者的说法，"当参与到某一特定的教育领域时，特别是大学教育，经常被含蓄而非明确地确定为教育成功的顶点"[①]。随着高等教育的大众化与普及化，这种观点仍然不能很好地解释当前教育中的各种不公平现象。因为，高等教育本身的各种差异，以及学生大学毕业以后就业等方面存在的差异，仍然是人们诟病教育有失公平的方面。

① 哈里楠.教育社会学手册[M].上海：华东师范大学出版社，2004：121.

从某些国家的现实可以发现，随着高等教育的发展与入学水平的提高，社会对教育不公平的批评比过去更多，而且更加尖锐。

这三种不同的教育公平的类型都从一定的角度说明和解释了教育领域中对于教育公平的要求，对更加全面地认识教育公平的问题提供了更加开阔的视野。当然，它们也为寻求解决教育不公平问题的各种具体政策措施，提供了比较好的理论支持。

第二节　教育机会均等

如果说教育公平更多地是一个理论问题，或者说是一个基础性的教育观念，那么，教育机会均等则是一个现实的政策话题，具有更强的操作性与实践性。它们之间具有非常密切的联系，但在分析方法与实际工作中却常常是不同的，将教育公平与教育机会均等简单地混同起来是不合适的。认识与研究教育机会均等可以进一步深化对教育公平的理解与落实。

一、教育机会均等的含义

教育机会均等是教育基本理论中的一个十分重要的问题，也一直是教育社会学的重要研究对象，没有一个教育社会学的学者没有讨论和分析过教育机会均等的问题。[①] 与其他学科有所不同的是，教育社会学在研究教育机会均等问题时，所注重的是作为一种社会公平的教育机会均等，所关注的是教育机会均等与社会的关系，并着重从社会的角度分析和研

---

① 参看张人杰主编《国外教育社会学基本文选》（华东师范大学出版社 1989 年版）中有关教育机会均等的部分。

究教育机会均等问题。

1. 基本含义及历史发展

所谓教育机会均等，指的是每一个社会成员在自然、社会或文化方面的不利条件均可以在教育中得到补偿。所有社会成员，不论其种族、性别、宗教信仰、经济地位和政治地位等方面有什么不同，都可以享受同等的接受教育的机会。这里的均等是指机会的均等，而不是接受教育的结果均等，主要表现为：每个社会成员都享有同等的机会接受最基本的教育，即共同性的义务教育，又称国民教育；每个社会成员都享有同等的机会接受符合其发展能力的教育，即非共同性的教育，又称人才教育；向身心有缺陷的儿童提供符合其能力特征的教育，即特殊教育。[①] 联合国《世界人权宣言》的第 26 款指出，人人都有受教育的权利。而罗尔斯在《正义论》中认为，教育机会均等作为一种社会的公正，不仅是对于一般或聪明儿童来说的，而且应该是对于不聪明的儿童来说的。由于这些儿童是基因和环境的偶然分配的产物，所以，教育机会均等的要求应该是使这些不聪明的儿童受到这样的教育，这种教育将能够使他们同聪明的儿童至少稳定在一个不变的水平上，以维持他们与聪明儿童之间的差距。还有一种观点认为，教育机会均等是指，"社会的责任仅仅是想尽一切办法，保证使合适群体中的每个成员都能均等地得到质量均等的教育便利条件"[②]。当然，除了上述各种对于教育机会均等的规定之外，各个国家和地区的学者也都从不同的角度对教育机会均等的概念或含义做出了各自的解释和规定。比较集中地说明了教育机会均等的概念和含义的是瑞典教育家胡森。根据他的观点，在社会和教育改革与发展的过程中，教育机会均等的理论和观点大致经历了三个阶段及其变化。按照金一鸣先生的解释，这三个阶段及其内容分别是：第一阶段，第一次世界

---

① 中国大百科全书总编辑委员会《社会学》编辑委员会，中国大百科全书出版社编辑部.中国大百科全书：社会学 [M].北京：中国大百科全书出版社，1991：116.

② Husen T，Postlethwaite T N. 国际教育百科全书：第 3 卷 [M].贵阳：贵州教育出版社，1990：436.

大战前的起点均等论；第二阶段，20 世纪 50—60 年代的过程均等论；第三阶段，20 世纪 60 年代后期的结果均等论。[①]

2. 教育机会均等的基本特征

应该强调的是，教育机会均等的实质是一种人的基本权利的均等。具体地说，也就是人们在社会中接受教育的基本权利的平等。作为人们在社会中的一种基本权利，教育机会均等应该具有以下两个基本特征。

首先，这一基本权利必须以整个社会中具有享受和行使这一基本权利的最低条件的社会群体和人口的基本状况为依据。换句话说，既然教育机会均等是社会中所有人的一项基本权利，那么，它的实现必须以社会中生存条件最差的人口群体为基础和前提。否则，社会中人们的基本权利就不可能真正得到实现。不难看到，教育机会均等这一基本权利的享受和行使所需要的条件如果只是社会中的某些阶层和群体才具备，而不是社会中的所有阶层和群体都具备，那么它就不能算是社会的基本权利。即使在名义上被宣布为人的基本权利，它在现实中也是不能实现的。当然，也许有人会说，国家可以或应该帮助那些在社会中处于不利地位的阶层和群体享受和行使这些基本权利，而不一定非要按照社会的最低标准设计这些基本权利。但应该看到，社会中人的基本权利的享受和行使不仅需要国家提供一定的帮助和创造必要的政策环境，它同样还需要个人不受自身的某些特殊条件和因素的影响与制约。换句话说，社会中的基本人权必须从社会和个人两个角度进行保证。实际上，有些国家和社会尽管从政策和形式上提供了教育机会均等的各项制度保证，但是，教育机会均等的现实目标仍然很难实现。其中的重要原因之一就是个人常常由于自身的某些特殊因素而不能享受和行使这些基本权利。例如，一些地区的贫困家庭的儿童常常就因为接受义务教育所需要的机会成本的约束，而不得不放弃接受义务教育的权利。这些机会成本包括儿童对家庭生计方面的帮助，例如家务劳动、家庭的生产，以及各种形式的虽

① 　金一鸣. 教育社会学 [M]. 南京：江苏教育出版社，1992：78-80.

然是临时性的但却是对家庭生计有所帮助的劳动。

其次，由于教育机会均等属于社会中人们的基本权利，因此，这一基本权利主要应该是由国家和整个社会来保证的基本权利。换句话说，保障这一权利的平等必须是国家和整个社会的责任。尽管国家和整个社会对教育机会均等的保证对于不同层次和类型的教育是有所不同的，但是，从本质上看，这种平等与市场交换的平等是有所不同的。这里，可以把教育机会均等看成由国家和政府在整个社会中进行分配的平等，这种分配的原则和标准对于整个社会来说必须是完全同一的、没有差别的。否则，它就不能成为基本的人权。

认识这样两个基本特征是非常重要的。它们是充分保证教育机会均等能够得到真正落实的重要条件。从某种意义上说，它们也是教育机会均等的基本特点。

二、社会基础与影响因素

教育机会均等的社会基础和影响因素，既是一个大众化的话题，又是一个专业性的话题。一方面，教育机会均等的社会基础和影响因素常常比较直接地表现在社会生活中，并且为人们所感知；另一方面，教育机会均等的社会基础和各种影响因素又是非常复杂的，而且，在理论研究和分析中它们往往涉及各种不同的学科，并通过一系列专门化的概念和术语表现出来，因而需要深入的分析和比较。下面根据奥森哈姆的归纳，对社会基础和影响因素这两个方面进行简要的介绍。

1.教育机会均等的社会基础

教育机会均等问题的产生和发展并不是偶然的，它们的含义和特点都与一定的社会基础联系在一起。充分认识与理解这些社会基础及其特点，可以提供更加广泛的分析角度，对于进一步研究教育机会均等的问题是非常必要的。

第一，社会本身的不平等。教育机会均等从根本上说是一个社会问题，是由社会的不平等所引起的。可以这样认为，在目前所有社会中，不管是发达的社会，还是发展中的社会，不平等现象都是客观存在的，表现在财富、收入、社会地位、职业地位、政治权力等等方面，而且这些不平等现象还将一直存在下去。也正是由于这些社会的不平等现象影响了社会的发展，并成为教育机会不均等现象存在的主要原因，所以，在整个世界范围内，消除社会中存在的各种不平等现象，一直是各个国家和政府的基本目标。而且，这也是不断提高教育机会均等水平的基本途径。同时，由于社会经济的平等与教育机会均等两者之间存在着十分密切的关系，因此，就人民大众来说，对社会平等的要求越来越高，相应地对教育机会均等的要求也越强烈。

　　第二，教育与个人社会地位之间的关系越来越密切。在现代社会中，由于教育活动的公共性程度越来越高，教育机会均等的问题越来越具有一种普遍和规范的特点与性质，并且已经成为人们生活质量的评价标准之一。从人才选拔的角度看，由于现代社会要求根据每个人的素质选拔各级各类的人才，而且，这种选拔的标准必须具有公正性与可比性，而与其他社会标准相比较，教育在这方面恰恰是一个相对客观和具有一定普遍性的标准，因此，能否接受更多更好的教育，教育机会是否均等，无疑成为评判现代社会公平正义的一个重要方面。从职业获得的角度看，在现代社会，教育的程度以及学历，已经成为判断一个人是否有资格从事某种特定范围的职业和获得某种特定份额收入的一项公认的和客观的标准。而人们之所以把现代社会看作一种"学历化社会"，原因也在于此。更重要的是，由于现代社会经济活动中的科技与知识的含量越来越高，对劳动者的文化水平的要求也越来越高，因此，一般而言，接受过教育的人要比没有接受过教育的人具有更大的生产能力，对社会的贡献也更大。同样，接受更多教育的人要比接受教育少的人具有更大的贡献和生产能力，他们的经济收入相对也要高一些。正是出于这些原因，在现代社会中教育机会均等的问题越来越受到人们的关注和重视。

　　第三，信息社会中知识的重要性进一步强化了教育机会均等的价值。信息社会中经济形态与生产要素的变化，尤其是智能化、数字化，以及人工智能的发展，将给整个社会带来一系列新的变化，进而影响教育机会均等。由于新经济与社会形态中知识对人们生活质量的影响越来越大，并且成为现代社会经济增长的主要因素，甚至成为一种重要的生产要素或资本，因此，能否接受更多更好的教育，能否拥有更多的知识，在一定程度上已经成为个人、群体或社会是否具有更强的竞争力的重要标志。由此，教育机会均等的问题也就显得越来越重要。不难发现，如果没有知识，或者如果没有更多的知识和能力，那么在现代社会中的消费能力都将大大地打折扣。

2. 教育机会均等的影响因素

现代社会中影响教育机会均等的因素是很多的，它们与教育机会均等的关系也是比较复杂的。它们包括直接与间接的因素、显性或隐性的因素，以及社会与个体的因素等等。

从教育活动的外部因素看，影响教育机会均等的主要因素有：个体能力多样性的遗传继承，不同个体和群体对于教育价值的理解差异，政府、社会和个人提供和获得教育的政治权力，国家和私人为教育提供的各种资源，家庭在教育方面的直接成本和间接成本，等等。

从教育活动的内部因素看，影响教育机会均等的主要因素有：教育层级之间的资源分配，在各个地区配置的和向社会各群体提供的教育机构的差异，教育机构之间在资源、能力和成就方面的差异，教师教育能力之间的差异，不同教育层级的选拔，代际教育资源的分配，等等。

这些因素对教育机会均等的影响是有所不同的，而且，在不同的条件下，它们的影响机制是有差异的，在各种社会经济体制和社会历史文化环境中研究的结果往往也是不同的。但应该非常清楚地看到，随着社会的民主化程度与水平的日益提高，教育本身的因素正在发挥越来越重要的作用。而且，教育活动中的各种微观因素也逐渐成为影响教育机会均等的重要变量。其中，教育评价是一个非常关键的因素，并且对教育机会均等具有十分直接与具体的影响。不断改革教育评价的模式与方法，包括改进结果评价、完善过程评价、加强增值评价与完善综合评价等等，对于提高教育机会均等的水平是非常有意义的。

三、教育机会均等的类型分析

教育机会均等的类型研究是一个非常重要的学术问题，如何对教育机会均等进行分类，反映了教育理论对这个问题的认识水平。而且，教育机会均等的实现也需要有针对性地推进。这里主要从两个方面进行初步的分析。

1. 义务教育与非义务教育的机会均等

按照义务教育的标准对教育机会均等进行分析与研究是一个非常一般但十分重要的角度，义务教育与非义务教育是非常重要的教育机会均等的领域，并体现出自身的特点。

第一，义务教育的机会均等。

所谓义务教育的机会均等，指的是在义务教育中所实行的教育机会均等。由于义务教育是由国家法律所规定的，每一个人都必须接受的基本教育，所以，义务教育的机会均等具有三个最基本的特点。首先，这种教育机会均等对于个人来说，既是一种权利，同时也是一种义务。也就是说，任何公民既有同等的接受义务教育的权利，也有同样的接受义务教育的义务。因为，如果每个人不能或无法履行这样的义务，那么，义务教育的机会均等的实现也是不可能的。所以，从某种程度上说，作为一种人的基本权利，它与其他的人权比较，又是一种不可放弃的权利。换句话说，义务教育中的平等权利同时也是一种平等的义务。其次，义务教育中的机会均等是一种国家的责任。这种责任一方面是给所有适龄儿童提供接受义务教育的机会，但另一方面，更重要的是，它必须帮助并保证所有适龄儿童都有能力去承担接受义务教育的义务。可以认为，义务教育中机会均等的困难主要来自后者。最后，国家和政府在义务教育的机会均等中所承担的责任不仅仅是为这种教育机会均等的实现创造必要的外部条件，而且必须从内在的方面保证它的实现。换句话说，国家和政府不仅要通过法律的力量对这种基本权利进行分配，而且必须通过教育行政管理结构直接干预这些基本权利的分配，并通过对学校、教师、教学内容、招生等具体教育环节和过程的规定，保证教育机会均等的落实。所以，义务教育的机会均等是一种分配的均等。

第二，非义务教育的机会均等。

所谓非义务教育，指的是义务教育之外的所有教育活动。与义务教育的机会均等有所不同的是，非义务教育的机会均等作为人们一项平等的基本权利和社会公正，并不完全是一种国家和政府分配的平等和公正，而是一种争取性的平等与公正。因为，这些非义务教育的权利和机会的获得，在一定程度上需要个人的努力以及通过这些努力而达到的某种水平或具备的某些能力。人们需要通过他或她的这些努力和由此获得的能力与水平去争取接受这些非义务教育的权利，而不是完全依靠国家和政府的给予。但是，这种争取性的平等与公正也需要国家和政府的保障，因为人们争取获得这些非义务教育的平等权利的外部环境和条件必须是平等的，而且这些外部环境和条件的平等也必须是由国家和政府所提供和保证的。例如，所有适龄高中毕业生都具有接受高等教育的权利，并不会因为他们个人的某些外在条件而失去上大学的机会，包括他们的性别、民族、宗教、肤色、经济或政治原因等等。但他们仍然需要通过自己的努力去实现自己的这种权利。而政府则必须保证这种争取性的公平具有一个良好与公正的外部环境与合理的程序。同时，对某些弱势群体给予必要的帮助与支持，使他们获得相应的竞争能力。当然，由于各种因素的影响，个体的内在能力仍然存在一定的差异，这恰恰是非义务教育中机会均等的难题。

2. 区间与区内的教育机会均等

所谓区间与区内的教育机会均等，指的是一种对教育机会均等的地区差异进行分析的研究角度。它体现了一种地区分布结构中的教育机会均等，也是反映一个国家和不同地区教育机会均等水平的重要标准。

第一，区间的教育机会均等。

所谓区间的教育机会均等，指的是不同地区之间教育机会均等的差异程度。显然，由于不同地区社会经济文化发展水平的不同，教育机会均等的实现程度是有差异的，由此表现为区间教育机会均等水平的不同。这里所谓的"区间"，可以是不同省、自治区、直辖市，也可以是不同的其他城市或区域，等等。这种区间教育机会均等的差异可以通过一系列教育发展的指标进行比较，由此反映不同地区教育机会均等的水平，以及整个地区教育改革发展的水平与质量。

第二，区内的教育机会均等。

所谓区内的教育机会均等，指的是在一个地区内部的各个教育行政管理区域，教育机会均等的发展水平及其差异。通常可以是某个省份内部不同城市或区县之间的比较。这种区内教育机会均等反映的是地区内部教育发展水平的差异。出于各种历史与现实的原因，即使在一个地区内部，也往往存在社会经济与教育发展水平的区别，以至于造成了内部不同地方教育发展水平的不同。

需要指出的是，对于教育机会均等的主观感受与评价而言，区内教育机会均等的发展水平往往比区间教育机会均等具有更加直接和重要的意义。因为，人们往往是从自己身边的各种教育现象出发评价教育机会均等的。而且，教育机会均等的评价也常常是以区内的群体为主要参考的。所以，从教育机会均等的政策制定与实施逻辑来说，区内教育机会均等往往具有政策与实践上的优先性。这也是教育机会均等的发展思路。

四、教育机会均等与社会公平

教育机会均等的问题绝不仅仅是一个教育的问题，而且是一个社会的问题，是一个社会公平和正义的问题。由此，在对教育机会均等的分析中，至少应该注意以下两个思路。

1.社会公平的重要部分

教育机会均等是社会公平的一个十分重要的组成部分，与整个社会的公平是联系在一起的。如果把整个社会的公平作为一个结构形态看待，那么，教育机会均等是这个公平结构中的一个部分，并且与社会的其他公平和平等是相互联系在一起的。而且，它也受到社会其他方面的公平和平等的制约与影响。因此，研究教育机会均等，理解教育机会均等的意义与实现，必须十分清楚地认识它在社会整个的公平和平等结构中的地位。而且，教育机会均等与社会平等的关系也是教育与社会之间相互关系的具体体现。教育机会不均等也是社会不平等的一种现象。需要指出的是，教育机会均等与社会平等之间的关系并不是一种简单的被决定与决定的关系。如果说，在传统社会中教育机会均等的状况常常是由社会平等程度所决定的，那么，随着教育的普及与发展水平的提高，教育机会均等对整个社会的平等公正往往具有更加积极与主动的意义。这也是现代社会教育与社会之间关系的一种新的特点。但是，尽管教育机会均等已成为社会的一种基本人权，仍然不能简单地希望通过教育机会均等的实现而解决整个社会的不平等，也不能一厢情愿地希望教育的发展能够直接促进整个社会的公平正义。从根本的意义看，教育机会均等是一种人的派生性的基本权利，而不是人的一种最基本的本原性权利，因此，它应该属于某种比较特殊的平等和权利。换句话说，由于这种派生性和特殊性，教育机会均等所体现的平等和权利应该是一种有限制的平等和权利，而不是绝对的平等和权利。这是研究和追求教育机会均等时所应该明确的。

2. 术语的变化

所谓术语的变化，指的是教育机会均等的概念从"equality"转变为"equity"。这种变化是非常重要的。根据现代西方社会学和教育社会学思潮中新右派（New Right）的观点，现代社会和现代教育中的教育机会均等已经不是过去科尔曼研究时所设定的含义。按照新右派的观点和我个人的理解，科尔曼所谓的教育机会均等，特别是他所强调的和设想的结果的均等，实际上是建立在一种一元文化或所谓"同质化"社会和文化的前提之上的。换句话说，科尔曼是按照同一个文化标准去说明和追求教育机会均等，去要求实现这样一种教育机会均等。但根据新右派的观点，社会文化本身就是多元的。在这种多元的基础上，按照同一个文化标准去实现教育机会均等，这本身就是不公平的。为此，新右派采用了一个新的术语替代过去所使用的概念，即用"equity"代替过去在表述教育机会均等时所用的"equality"，进而表达他们的主张。对此，布朗（P. Brown）等人比较概括地反映了他们的基本意思：对于那些为文化上自主的学校而斗争的群体来说，它可以用来表达一种差异的政治学（politics of difference），由此，不同文化的学校系统可以发展不同的合格性。平等（equity）将被看成类似于尊重的平等（parity of esteem），也就是说，不同系统的合格性将被认为是相同的或同样的。这样一种观点与科尔曼关于结果均等的概念是不同的，因为他所设想的是根据合格性而同样的结果。在这种情况下，从"equality"到"equity"这样术语上的转换，反映了从一个具有某种线性的合格性结构的教育系统，到一个具有平行结构的教育系统的根本性转变。[①] 按照新右派的这种观点，教育机会均等将由于社会文化的变化而在现代社会中具有新的含义。

第三节　教育公平与社会分层

社会分层是教育的社会功能之一，与教育公平和教育机会均等具有非常密切的关系。在现代社会，教育已经成为社会分层最重要和最基本的机制之一。这种教育成层的机制主要通过体制、结构、评价以及教育过程中的分流等因素，形成筛选与选拔作用，将各种不同类型的人才输送到社会的不同层次的位置，进而影响社会分层。这也是现代社会与人

---

① Brown P,Halsey A H,Lauder H,et al.The transformation of education and society:an introduction[M]//Halsey A H,Lauder H,Brown P,et al.Education:culture,economy and society. Oxford:Oxford University Press,1997: 1-44.

民群众日益重视教育的重要原因之一。这种教育成层充分体现了教育公平的社会功能概念与价值。

一、社会分层的含义与影响因素

社会分层是一个非常重要的社会现象与社会学的研究课题，也是教育社会学的重要领域。说明社会分层的含义与影响因素，能够使人们更好地认识教育公平与教育机会均等对社会分层的意义。

1.社会分层的基本含义

所谓社会分层，既可以是一种社会现象，也可以是一种分析和研究社会现象与结构的方法。所谓社会分层，指的是依据一定的标准，把社会成员划分为不同层次的过程。或者更详细地说，社会分层是指人们在社会分工的基础上，依据社会关系不同层面上的同一性而形成的社会层次结构。这种社会层次结构是社会分工出现以来客观存在的社会现象，并随着社会分工的发展而发展。值得注意的是，这种社会分层与社会分工又是有所不同的。社会分工对于社会结构的影响可以是两个方面的：一方面是促进社会横向的类别发展，即社会横向之间差异的分化与变化；另一方面则是促进社会纵向的层次发展，即社会纵向差异的分化和变化。因此，社会的分层结构常常与社会纵向的层次结构具有十分密切的联系。个人在社会中的具体地位往往就是由社会结构中这样两个方面的因素决定的。

不难看到，社会分层实际上反映了人们对社会资源的占有状况。社会分层的基本假设是：任何社会通常都存在着一整套比较固定的社会地位系统，以及与这些社会地位系统相联系的一整套与各种社会地位相适应的条件与社会资源。人们要获得一定的社会地位，至少必须符合或满足这一地位所要求的基本条件。换言之，人们必须已经具有或获得了一定的社会资源和社会身份，才能获得一定的社会地位。反过来，这种社会地位又能够进一步帮助人们获得更多的社会资源。当然，这些条件或一定社会地位所要求的社会资源的标准，也是不断变化和发展的。

　　社会分层的动态分析反映了一个社会的代际流动与社会公平的程度。在传统社会中，社会的层次结构往往是非常稳定的，由于世袭等因素，代际社会地位的变化是非常微小的，甚至是不可能的。而在现代社会中，竞争性流动促进了社会层次结构的变化以及代际流动的扩大。而社会分层的变量、途径与机制也逐渐成为一个越来越受到关注的社会问题与学术问题。究竟是什么因素促进了社会层次结构的变化以及代际流动的发生，什么样的变化与流动是合理的，等等，成为影响社会公平的社会问题。

　　2. 影响社会分层的因素分析

　　影响社会分层的因素是非常复杂丰富的，各种解释的理论也是见仁见智。根据社会学家布劳的理论，影响社会分化的各种因素可以分成两个类别：其一是影响社会类别结构分化的因素，他称之为"名义参数"，包括个人的性别、职业、种族和宗教等，这些因素能够直接地引起人们之间在类别上的差异；其二是影响社会层次结构分化的各种因素，他称之为"等级参数"，包括人们的经济收入、受教育的程度、权力等等，这些因素能够引起人们之间在等级上的差异。当然，上述"名义参数"在实际生活中也会引起人们等级之间的差异，例如，个人的种族往往可以与一定的经济收入、受教育程度和权力相联系。对此，布劳称之为"团结－交叉参数"。另外，德国著名社会学家韦伯在分析人们社会地位的高低时，所引用的分析参数是经济收入、社会声望和权力。而法国社会学家布迪厄在分析这一问题时，却引入了"资本"的概念，并以对各种资本占有的状况作为影响人们社会地位的主要因素。在这方面，他提出了四种资本：经济资本、社会资本、文化资本和符号资本。日本学者天野郁夫也指出，"现代产业社会里，人们社会地位的高低，取决于他拥有多少'社会资源'。所谓社会资源，一般是指财富、权力、威望、知识和技能四者。人们对这些资源的拥有量越大，其社会地位就越高"①。所有这些，都在一定程度上为分析社会层次结构的分化提供了有价值的角度。

一定的条件或对一定资源的占有，并不是与一定的社会地位直接相联系的，在现实社会中，它往往是通过一定的中介而实现的。这种中介之一便是社会中的各种身份团体或者一定的社会群体。换句话说，人们首先必须被一定的身份团体或社会群体接纳，才能获得一定的社会地位。例如，具有某种手艺的人，首先必须被所属的行业所认可，才能够获得一定的社会地位。这些身份团体或社会群体的重要特征之一，是构成这种团体或群体之间边界的或形成这些团体或群体的主要因素，往往并不是单纯的经济因素或政治因素，而常常是某种文化因素。由此，形成某种特殊的身份文化或群体文化，从而使某些人集合在一起并与其他人或其他团体区别开来。因此，一定的身份文化或群体文化，常常也是影响社会分层结构的重要因素。应该特别指出的是，在现代社会中，身份在社会分层中的作用往往越来越大。而且，身份也不仅是一种精神的象征和符号，它也常常具有十分重要的实际内涵。正如英国学者霍珀所说的那样，身份团体不仅涉及"团体成员在获取'积极的或消极的社会荣誉'方面的机会，而且也涉及由团体的身份特权产生的生活命运"，"比如，取得某种类型的财产，求得某种职业、获得最佳上升路线等等"。②也正是由于身份的这种意义，"在工业社会中，阶级和身份团体趋向于一致"③。尤其值得注意的是，在现代社会中，由于"工业化过程中必然出现的某些政治和经济倾向……，使得社会阶级的身份状况比阶级状况要重要得多"④。所以，在现代社会学关于社会分层的研究中，身份的因素常常是人们非常关注的问题。由于这种身份的因素与社会文化的因素具有十分密切的关系，实际上，社会分层的问题与文化的关系也越来越密切。从社

---

① 张人杰.国外教育社会学基本文选[M].上海：华东师范大学出版社，1989：152.

② 同① 68.

③ 同① 69.

④ 同① 70-71.

会生活的现实可以看到，社会中各种群体的形成和变化，越来越依据人们的生活品位和情趣，特别是人们的价值观念等主观因素，而不仅是根据人们的职业、居住地、血缘等传统社会中社会分层的因素。也正是由于这个变化，教育与社会分层之间的关系也越来越密切。

二、社会分层与教育公平

从教育社会学的角度看，人们接受教育的重要收益之一，便是获得某种社会与文化的身份，这正是教育公平影响社会分层的重要机制。科林斯曾说道："在现代美国，教育在取得职业成就的过程中已变得极为重要。因此，在分析产生社会成层和社会流动的原因时，教育占据了中心地位。"① 社会分层与教育公平的这种关系至少包括两个方面：一方面是社会分层对教育公平的作用与影响，另一方面是教育公平对社会分层的作用与影响。由于在现代社会中，教育活动对于人们的社会地位的影响越来越大，因此，人们在教育活动中的地位或者是教育公平，将直接或间接地影响或决定他们在社会中的地位。也正是由于教育公平或教育机会均等具有这样的价值和作用，所以，在现代社会中，人们对社会分层和教育公平的关系及其重要性给予了越来越大的关注。

1. 教育成层的含义

所谓教育成层，又叫教育分层或教育层化。根据《教育大辞典》的解释，它是指"社会成员因具有不同的教育程度，而对社会地位、社会财富、权力、文化和职业进行再分配，使原有的阶级或阶层不断得到补充、再生，使新的阶级或阶层得以形成的过程"②。教育社会学对教育成层的研究，在很大程度上出自社会学对社会分层的研究，特别是在社会分层的研究中，人们发现教育对整个社会分层所具有的意义和作用越来越大，以至于它逐渐形成了一个相对独立的研究课题。

---

① 张人杰. 国外教育社会学基本文选 [M]. 上海：华东师范大学出版社，1989：42.
② 教育大辞典编纂委员会. 教育大辞典：第 6 卷 [M]. 上海：上海教育出版社，1992：412.

　　教育成层的问题至少包括了两个方面的内容。第一，教育对于社会分层的作用和影响。这个方面的探讨着重研究教育的结果如何影响人们的社会地位的获得，如何制约一定社会的阶级和阶层的结构的形成。例如，教育社会学中结构功能主义的研究，以及新马克思主义的文化和社会再生产的理论等。这个方面的研究已经使人们越来越重视教育的价值和地位。第二，教育活动本身内在的分层作用，换句话说，人们之所以会获得和形成不同的教育结果和教育成就，得到各种不同的教育文凭，进而在社会结构中获得各种不同的地位，重要原因还在于教育活动本身对人的分化与选择。例如，英国教育社会学家伯恩斯坦关于知识和课程的研究，以及当代社会中批判性话语分析的观点等，都是着重于这种教育活动内部的研究，特别是关注造成教育活动内部各种差异的原因的研究。

　　教育成层的两个方面的含义，实际上也反映了人们对教育成层的研究的不断深入，以及这种研究过程中的两个发展阶段。简单地说，人们在研究教育成层理论和实践时，首先关注的是教育对社会阶级、阶层结构的影响这样宏观的问题。但是，随着教育活动在社会生活中的地位不断提高，以及人们对教育活动影响社会分层的内在机制的探讨，教育活动本身的分层机制逐渐成为人们关心的问题。值得注意的是，尽管人们都充分肯定了教育成层对社会分层的作用和影响，但对于这种影响和作用的说明却存在两种不同的解释模式。第一是功能主义的解释模式。这种观点认为，在社会中，通常存在着一整套比较固定的社会地位和职业，与这些地位和职业相对应的是各种不同的条件和专门性的技术要求。只有具备这些条件或技术要求的人们才能获得这些地位和职业。而教育在这方面所起的作用是非常重要的。第二是冲突主义的解释模式和理论。这种理论和模式认为，教育与职业之间的联系并不是直接的，而是间接地通过某种身份文化而实现的。教育的类型常常直接地与某种身份和职业团体的成员资格相联系。换句话说，教育恰恰是通过培养具有不同文化身份的人，从而使人们进入不同的社会位置和职业。如果某种类型的学校的文化与某种职业团体的文化差异很大，那么教育与社会分层和流动往往没有太大的关系。① 由此可见，教育成层对社会分层的确具有非常大的影响。

2.教育成层对社会分层的影响

教育在现代社会分层中具有越来越重要的作用，而教育公平是影响社会分层的直接因素。对此，可以从社会形态的历史比较入手进行研究。

第一，在传统社会中，教育对于社会分层的影响和作用主要是通过对入学资格与条件的规定和控制，以及对教育结构和系统的建构来实现的。首先，从入学的资格和条件来看，规定一定的学费和入学身份（如一定的社会等级等），使在经济和政治上占统治地位的阶级和阶层能够维护他们的地位，从而保证他们的子女与后代能够继续获得更好的社会地位与政治、经济特权。由于原来就处于社会下层的阶层在经济上的拮据，其一方面无法交纳昂贵的学费，另一方面也需要其子女参加家庭的各种劳动，维持家庭的生活。而且，由于社会中不平等的身份差异和等级等，很多劳动人民的子女常常被排斥在正规学校教育的门外。这样，由于他们得不到一定的教育，也就无法获得一定的社会地位。其次，随着社会的改革与发展，特别是封建社会的瓦解和资产阶级革命，平等、正义等观念和意识已经逐步成为社会普遍的价值观，接受教育的权利也逐步成为社会中人们的基本权利。在这种情况下，与过去的学费和入学资格条件等方面的因素相比较，教育结构和学校系统本身的建构，以及由此产生的结构差异逐渐成为教育影响社会分层的主要因素。具体来说，曾经在欧洲实行过的"双轨制"就是一个典型的例了。尽管所有人都可以上学，但是，由于不同的学校具有不同的培养目标和模式，所以，不同社会等级的人们所接受的教育仍然是不同的。由此，人们在社会中所获得的地位也是有差异的。在18、19世纪的欧洲，上层社会和下层社会分别具有两种不同的教育安排。而且，这在当时的欧洲可以说是一种非常普

---

① 张人杰.国外教育社会学基本文选［M］.上海：华东师范大学出版社，1989：45-57.

遍的现象。对于社会中的高官显贵来说，一些一流的名牌学校，例如，德国的法学院、法国的大学校、英国的公学，以及一些历史悠久的学校，几乎都是为他们的家庭所准备的，也是对这些社会阶级和阶层的文化进行维护、传递和更新的工具。

可以看到，传统社会中教育对社会分层的影响具有两个十分重要的特点。首先，教育对社会分层的影响和作用主要是通过教育活动的外部因素来决定的。这些外部因素包括受教育者的经济条件、社会身份和家庭背景等方面的要求，以及整个教育体制和结构的特点等。当然，这些外部因素在不同的国家与地区可能是不同的。而且，教育作为社会流动的重要机制之一，其特点与传统社会整个的社会流动机制的特点也是一致的。换句话说，在传统社会中，整个社会流动的机制在整体上就是由这样一些外部因素来决定的。其次，教育对社会分层的作用和影响也常常是由一些比较宏观的教育因素决定的，如同上面所说，是由教育结构的力量和因素决定的。应该看到，在现代社会，上述因素尽管仍然在一定程度上起作用，但是，它们已经更多地让位于其他一些因素。

第二，在现代社会中，教育对社会分层的影响与作用表现得更加突出和重要。而且，正规教育程度正在成为越来越重要的社会地位象征。这种变化一方面是由于现代社会和现代生产劳动中技术和知识的含量越来越高，生产过程的复杂程度也不断提高，相应地也要求劳动者必须具备更高的教育水平和更广博的知识；另一方面，由于现代社会中的人事制度日益向科层制方向发展，也就使现代社会的人才选拔必须建立在一种既能够适应社会发展，又能够提供均等机会的比较客观的标准之上。而教育恰恰可以说具有这样的条件和功能。所以，在现代社会的各种人才选拔的活动和过程中，包括政府在录用工作人员和提拔干部时，教育，特别是正规教育的程度，常常是一个比较通用，并具有一定的合理性的客观标准。

与传统社会的教育成层比较，可以进一步看到，在现代社会中，教育对社会分层的影响和作用更多地具有内在的特征。换句话说，它更多地是受教育活动本身内在的各种因素所决定和影响的。例如，许多教育社会学学者和研究人员针对过去所谓"学校几乎没有造成学生学业成绩上的不平等"的结论所进行的大量研究表明，"与家庭背景相比，学校的规范、期望、组织和学校社会系统的其它方面，同样能解释或能更好地解释学生学业成绩方面的差异"。[①] 而麦克尔·扬则是从教育知识分层的角度说明学校和教育活动内部的分层作用的。他认为，由于知识被人们赋予不同的价值，知识领域之间的关系和人们接受、学习知识时所受到的限制是不同的，不同的知识在教育知识系统内所占有的地位是不同的。而教育知识的选择、确定与组织的过程乃是教育知识的成层过程。这样，不同的学生在学校教育过程中将接受和掌握不同层次的知识。而学校教育的过程实际上也就是教育知识的分配过程，由此，导致学生在学业成绩上出现差异。此外，伯恩斯坦则从学校教育知识的语言编码的不同，特别是学校教育知识的语言编码比较适合社会中上阶层儿童的生活经验而与下层阶级儿童的生活经验存在较大的差异性，说明教育活动中不同学生在学业成绩上的分化。[②] 如果把传统社会中的这种作用看作直接性的作用，那么也可以把现代社会中的这些作用看作间接性的作用。这些内在的间接作用主要体现在两个方面。首先，通过教育活动内部和教育过程中受教育者学业成就的分化和分层，受教育者进而获得不同的教育资格证书或文凭等。这些表示接受教育的不同水平、结果或成就的证书，将在整个社会交换过程中被拥有者作为一种比较特殊的一般等价物，与其他反映人们的社会地位的各种具体因素进行交换，包括经济地位、政治地位和一定的权力等等，而被拥有者由此获得必要的社会地位。这些也恰恰是韦伯和布迪厄思想与理论的重要内容之一。从这个意义上来说，教育或者知识[③] 在整个社会中就成为一种非常有价值的一般等价物。而

---

① 瞿葆奎.教育学文集：第1卷：教育与教育学 [M].北京：人民教育出版社，1993：815.

② 吴康宁.当今欧美教育社会学三大学派 [J].教育研究，1986（9）：45-50.

③ 我们假定在一般情况下，知识的多少和能力的大小与接受教育的时间是直接相关的。

且，相比较而言，这种一般等价物甚至比货币具有更高的价值和通用性。因为，人们可以凭借一定的教育证书和知识去获得各种经济收入，但是，人们却不可能仅仅凭借自己所拥有的金钱去使自己拥有和获得知识。从这一方面看，教育资本或知识资本可能具有比货币资本更大的力量和交换价值。其次，教育活动通过赋予受教育者一定的社会身份，以及在赋予各种社会身份上的差异影响社会的分层。根据科林斯的观点，作为身份文化的教育，"不论在课堂内还是在课堂外，学校主要的活动是教学生接受特殊的身份文化"①。按照他的观点，学校主要教会学生如何使用一定的语言、衣着方式、美的意识、价值观和风度等。而学校所教授的各种专业知识等，实际上也是这种身份文化的内容。而且，由于学校之间的层次、类型和等级方面的差异，学生所获得的身份文化无疑是不同的。即使在同一所学校中，学生所获得和形成的社会身份文化也是有差异的。而这样的身份文化，恰恰是获得一定社会地位的重要因素。因为，"在组织中，当处于不同地位的身份团体成员形成了自己的团体（中等地位、低等地位等）时，它们总是努力吸收更多的属于自身团体的新成员"②。实际上，这也就是布迪厄所讲的影响人们社会地位的所谓"符号资本"。而教育活动给人们所提供的，恰恰也就是这样一种"符号资本"。这些身份文化在个人生活中表现为他们的语言、行为方式、文字、衣着、价值观，以及与个人工作生活紧密联系的各种有形的和无形的符号。其实，根据社会学的一般原理，身份本身就是一种十分重要的社会归属，而且在社会的分层结构中一直是一个十分重要的因素。在传统社会中，影响社会分层的主要是一种所谓的等级身份。这种等级身份在封建社会中常常是由政治、法律、宗教，以及血缘等因素所决定的。而且，它们也常常是世袭的。在现代社会中，过去的等级身份逐渐转变为一种职业身份。这样的职业身份往往与个人的能力与基本素质联系在一起，进而，也就与

---

① 张人杰.国外教育社会学基本文选 [M].上海：华东师范大学出版社，1989：55.
② 同①.

教育具有了十分密切的关系。自不待言，不同学校给予人们的这些不同的身份文化，影响着人们的职业和社会地位的获得，在现实社会中，这是一个客观存在的现象。

此外，也有学者从分化和选择的不同说明传统社会和现代社会教育成层的特点。也就是说，在故步自封式的社会结构中，教育具有较大的分化功能，以维系不同社会阶级的生活形态；反之，在开放式的社会结构中，教育则具有较大的选择功能，以适应社会工业化发展等多方面对人力的需要。韦伯较早认为，教育的主要目的是分化，使个人适应其特殊形态的"生活行为"。社会工业化程度提高以后，社会学者又侧重于强调教育的选择功能。他们认为教育是为社会进行选择的工具，是促进社会流动的一种力量。[①] 尽管在传统社会和现代社会中，教育对社会分层的影响和作用的方式与特点存在一定的差异，但是，我们也可以十分清楚地看到，教育或学校的入学机制（例如，在学生入学机制中存在的选择性入学与非选择性入学）、教育结构和学校体制的特点、学生在教育过程和学校学习过程中学业成就的差异，以及学校在培养和形成学生不同社会身份文化上的不同（后两者与教育和学校的评价制度存在非常密切的关系），是教育影响社会分层的四个主要因素。而且，从发展的角度分析也可以看到，随着社会和教育的发展，教育成层的机制和重心也正在发生从教育的入学机制和结构特点向教育和学校过程本身转移的变化。人们对教育成层的研究也越来越深入到教育或学校内部的过程中，或者说教育和学校本身的分层机制中。而戈斯林（D. A. Goslin）是这样描述学校在社会单位选择中的作用的："随着大众化教育的兴起，学校作为社会地位分配过程中的一个主要部分，是从以下四个方面起作用的：（1）提供个人能够展示其才能的场合，（2）开辟个人通向不同职业方向或职业阶级的道路，（3）提供达到各种社会地位标准所需要的特殊技能，（4）把

---

① 　卫纯 . 欧美各国教育社会学简介 [J]. 教育研究，1981（10）：92-95.

学校自身特异的威望传递给个人。"①但是，也应该客观地指出，有些学者认为，教育对于社会分层的作用和影响，并不像人们通常想象的那样重要。例如，尽管许多研究证明，教育对于人们社会地位的获得具有十分重要的意义，特别是在能人占统治地位的社会里，教育被认为是社会流动的决定因素。但是，也有些研究表明，教育只能说明一个人社会流动性的一小部分。而且，即使是能人占统治地位的社会，也未必会向那些已经达到高等教育水准的人提供比那些教育水准较低的人更多的升迁机会。另外，在关于教育与经济收入之间关系的研究和分析中，也很少有非常一致的看法。有些研究发现教育是收入的决定性因素，而有些研究则发现，教育对于人们的经济收入来说几乎是无关紧要的。还有研究表明，教育与经济收入之间的相关更多只是在 30—40 岁这一阶段有一定的意义。②

三、教育成层的选拔功能、机制与基础

教育成层的具体途径是多种多样的。它可以通过教育结构进行，可以通过在一个国家和社会的学制体系中的不同阶段的分流来实现，也可以通过学校中的各种教育评价来体现。正如美国教育社会学家巴兰坦所指出的那样：教育系统充满了分层过程，这种过程既反映了社会和学校分层，又说明学校是强化和持续社会分层的一种机制。③英国学者霍珀也十分明确地指出："取得成人地位的流动和非流动途径在教育系统内已经形成了。"④

1. 教育成层的选拔功能

选拔功能是教育成层十分重要的功能之一。这种选拔功能包括两个

---

① 范斯科德，克拉夫特，哈斯 . 美国教育基础：社会展望 [M]. 北京：教育科学出版社，1984：137.

② Fägerlind I.Formal education and adult earnings: a longitudinal study on the economic benefits of education[M]. Stockholm: Almqvist & Wiksell International,1975.

③ 巴兰坦 . 美国教育社会学 [M]. 北京：春秋出版社，1989：124.

④ 张人杰 . 国外教育社会学基本文选 [M]. 上海：华东师范大学出版社，1989：87.

方面：一是对不同类型的人才的选拔，这种选拔可以促进和影响整个社会的横向结构；二是对不同层次的人才的选拔，这种选拔可以使各种不同的人才进入社会结构的不同层次。一般而言，如果说对不同类型的人才的选拔所注重的是人们之间素质与能力等方面质的差异性，那么，对不同层次的人才的选拔所强调的更多是人们之间素质与能力等方面量的差别。在研究教育成层的各种具体途径时，我们注意的主要是教育活动和过程中引起人们的素质与能力等方面量的差异的各种因素。例如，考试的成绩、学历与学位的高低、学校背景的差异等等。可以这样说，与这些因素相关的各种教育活动都是教育成层的主要途径。这里，也许最明显的例子算是中考和高考。不同的分数线恰恰就是使不同的学生进入不同层次的学校和不同等级的学校的标准，从而形成最典型的教育成层的机制。

教育成层的选拔功能也体现在学校的教育教学过程中。科林斯非常明确地说道："职业在教育系统内已被设计好了。"[5] 根据上面的说明，我们也可以把教育成层的过程看成对各种教育资源进行分配的过程。从正规教育的角度看，学校中可以进行分配的各种资源是比较丰富的，包括学习成绩、各种文凭、学位、各种奖励和荣誉以及各种精神性的资源。因此，学校中分配这些资源的方式和制度便对教育成层具有十分重要的影响。这里有必要指出的是，学校中分配各种资源的权力不仅把握在学校管理者的手中，而且也在各个教师的手中。换句话说，每一位教师都可以影响学校中的教育成层。同时，从学生自我学习和发展的角度看，学校和教育活动中各种教育资源的分配和获得机制与学生也存在一定的关系。

2. 教育成层的机制分析

现代社会中教育成层与学校内部的教育教学过程的联系越来越密切，进而形成教育成层的内在机制。这种教育成层的机制是教育社会学研究的重要领域之一，并且形成了不同的理论主张。

---

⑤　张人杰.国外教育社会学基本文选 [M].上海：华东师范大学出版社，1989：44.

第一，按照接受学校教育的年限进行分层的观点。佩舍尔（J. L. Pescher）和穆勒（J. S. Muller）便持此观点。这种观点认为，对于具有较高的教育层次和成就的人是否可以获得更好的流动机会这个问题，应该首先肯定，个人通过教育所获得的能力是一个十分重要的方面，包括认知能力和其他方面的发展。由于这种认知方面的信息在分层中常常很难进行操作，所以，教育的各种文凭或证书，以及接受学校教育的年限等也可以作为分层标准的替代物。当然，这些替代物也常常是不可比较的，因为，在不同的地区和国家它们具有不同的特点。根据教育成层对社会分层的作用与影响的分析，可以进一步看到，正是通过这样的分类，不同教育层次的人们获得了各种不同的文化资本，进而通过进一步的交换，获得各种不同的经济收入、社会声望和政治权力，以至于获得各种不同的社会地位。

第二，按照"教育途径"说明社会分层的观点。这种观点认为，仅仅根据接受教育的年限说明教育成层是不够的，它只是反映了一种程度的不同，而没有反映类型的差异。实际上，仅仅程度上的差异并不能完全说明教育成层对社会分层的作用。对此，英国学者霍珀提出了"教育途径"的观点。根据他的观点，这种所谓的"教育途径"，实际上指的是受教育程度相同的人，由于就学于不同的学校，例如毕业于英国的曼彻斯特大学和剑桥大学的人，在获得社会地位和职业方面是不同的。[①]

第三，按照不同标签进行选拔的观点。这种观点认为，教育对社会分层的作用和影响，主要不是通过教育对人们知识、能力方面的改变，或人们通过教育所获得的教育成就来实现的，而主要是通过对个人赋予不同的特征并进行选拔而实现的，也就是说，给不同的个人贴上不同的"标签"，而社会更多地是凭借这些"标签"进行选择的[②]，由此形成不同

①　Bowles S, Gintis H.Schooling in capitalist American:educational reform and the contradictions of economic life[M]. New York: Basic Books, 1976. 另参见：张人杰 . 国外教育社会学基本文选 [M].上海：华东师范大学出版社，1989：87.

②　Berg I.Education and jobs:the great training robbery[M].New York:Praeger, 1970.

的社会阶层。

此外，新马克思主义的学者也十分强调教育对劳动力社会分工的再现作用。例如，鲍尔斯和金蒂斯认为，学校的基本作用就是为儿童获得阶级结构中的位置而做准备，这个阶级结构已经由儿童的出身所决定。各级学校的课程及其文化因此也与一定的职业等级和一定的社会阶级结构相适应。[①]

必须看到，教育成层的这种过程和机制是非常复杂的。从非义务教育的情况看，这种分层或选拔的机制至少应该包括两个方面：一方面，是国家和不同地区对于各种不同类型和不同层次学校的分类标准，以及各级各类学校本身对于具有各种不同学习能力和结果的学生进行分层和选拔的标准；另一方面，这种分层或选拔机制还包括学生自己本身的因素，正如温克勒所说的那样，虽然学校在选拔中发挥积极作用，但选拔的主要人是学生自己，学生根据自己的特长对自己进行分类。[②]

尽管教育成层的作用也可以通过各种途径潜移默化地渗透在早期教育或义务教育阶段，但教育成层的过程主要发生在非义务教育（除早期教育外）的阶段。早期教育与义务教育的任务主要是"人"的培养，而不是"人才"的培养。早期教育与义务教育的教师更多应该是"园丁"，而不是"伯乐"。而且，早期教育与义务教育关注的是儿童与青少年学生的个性发展，而不是教育成层。换言之，早期教育与义务教育的主要任务并不是进行选拔，特别不是进行分层的选拔。相反，非义务教育阶段的成层功能，应该是分析非义务教育效益的重要方面之一。所以，非义务教育不仅要为国家与社会培养更多更好的人才，而且还要提供各种不同的人才。这样，才能适应社会选拔的需要。

3. 教育成层的社会基础

教育成层的社会基础是人们十分关心的热点，也是一个长期以来缺

---

① Husen T，Postlethwaite T N. 国际教育百科全书：第 8 卷 [M]. 贵阳：贵州教育出版社，1990：288.

② 同① 114.

乏深入研究的问题。正如霍珀所说的那样，"关于社会成层和教育的关系，以往几乎没有进行过研究"[1]。当然，人们也从不同的角度提出了一些影响教育成层的因素，以及解释社会分层对教育成层的影响的理论模式。在影响因素方面，包括父母的职业和文化程度，生活态度、价值观、信仰，对子女的期望，家庭背景，居住地的文化特点，等等。在理论模式方面，包括价值整合的方法、语言符号的理论、文化再生产的理论、社会资本的理论，以及网络的理论等等。例如，斯宾莱（B. M. Spinley）通过对伦敦地区两组不同社会背景学生的人格差异的研究，发现不同社会阶层的家庭对子女行为和性格特征的影响是不同的；伯恩斯坦在调查中则发现，来自低社会阶层的儿童的语言结构中，句子比较短，词汇少，形容词少，抽象句少，说话时常常辅以动作，而来自中上社会阶层的儿童的语言形态特征则相反；另外，郎屈里（S. Rowntree）对工人阶级的子女进入的学校类型进行了研究。这些，都反映了社会分层对教育成层的影响。[2] 然而，这些观点和理论通常存在这样两个问题：第一，由于空间的限制，这些观点和理论常常得不到比较深入的说明和缺少精确性，而常常流于一般；第二，经验材料对这些理论和观点的支持常常并不是很有力[3]。所以，关于社会分层如何影响和作用于教育成层，仍然是一个值得进一步研究和探讨的课题。但是，在这方面的研究中，有些基本的思路和观点仍然是值得注意的。例如，从韦伯所举有关事例和研究中可以得出这样的结论：教育的结构，特别是高等教育的习惯做法，是由统治阶级或者所谓的"决策集团"的思想观念所决定的。也有学者认为，教育和社会分层之间相互影响，但是，它们之间的关系并不是对称的。从程度上说，社会分层在规模和内容上对教育供给的改变比教育成果对它的改变要大

① 张人杰. 国外教育社会学基本文选 [M]. 上海：华东师范大学出版社，1989：87.

② 卫纯. 欧美各国教育社会学简介 [J]. 教育研究，1981（10）：92-95.

③ Saha L J. International encyclopedia of the sociology of education[M].Cambridge: Pergamon, 1997: 389.

得多。[①] 此外，我国台湾的陈奎熹先生分析社会经济阶层对教育的影响时所采用的模式也是值得借鉴的。他采用一系列中介变量来表示社会经济阶层的不同，包括物质生活条件、父母的教育态度、教养方式、价值观念、语言类型、智力因素、成就动机、抱负水平、学习环境等等；同时，他也把教育分成不同的方面，进而分别说明和分析反映不同社会经济阶层的各种因素对教育不同方面的影响。[②] 根据有关学者的研究，我个人认为值得肯定的是，学校和教育系统本身的特点和状况将在一定程度上制约这种社会分层对教育成层的影响。首先，从学校的角度看，学校入学制度的差异将在很大程度上影响社会分层对教育内部成层的影响。这里，最明显的是选择性入学与非选择性入学制度的差异。例如，由于选择性入学制度是根据学生以前的学习成就和行为决定学生的入学，因此，在这些学校中，学生之间的异质性程度是非常低的。所以，在这些学校中，社会背景对教育结果的影响是比较小的。相反，在具有比较或完全开放的入学制度的学校中，由于学校对学生的非选择性，因此，各种各样的学生都进入学校，而社会背景和各种其他的社会因素也都进入了学校和教育过程。在这种情况下，社会分层与教育成层之间无疑具有更大的相关性。其次，从教育制度来看，起作用的因素至少包括以下几个方面：一个国家义务教育年限的长短，选择性入学时间的早晚，教育制度的集权制和分权制的不同，教育结构的特点，以及学历和文凭在社会中的地位，等等。因此，在分析社会背景和社会分层等因素对教育成层的影响时，也必须考虑教育活动本身的特点和各种制度化因素。

教育公平不仅仅是一个教育的问题，而且具有非常明显的外溢性，是一个全社会都关心的问题，具有越来越重要的社会价值。同时，在现代社会中，教育公平是人民群众对美好生活的向往的具体内涵之一，体现了一个国家与地区的教育质量，是反映一个社会发展水平高低的一个基本指标。

① Husen T，Postlethwaite T N. 国际教育百科全书：第 8 卷 [M]. 贵阳：贵州教育出版社，1990：292.

② 陈奎熹. 教育社会学 [M]. 台北：三民书局，1980：107-113.

第 十二 章

教育政策的社会取向

　　教育政策是教育活动的一种特殊形态，也是现代教育社会学研究的一个非常重要的对象。所谓教育政策的社会取向，指的是从社会的角度分析教育政策的合理性与对教育活动的影响。在现代教育的改革发展中，教育政策作为政府引导与规范教育活动的重要途径，发挥着越来越重要的作用，并且越来越成为社会公众与公共舆论的关注对象。

第一节　教育政策的含义与特点

教育政策是一个非常宽泛的话题，涉及许多学科领域与社会因素，教育政策与学术研究之间的关系也存在各种不同的形态，因而是一个比较复杂的问题。

一、教育政策的含义

教育政策是具有非常明显的时代性的话题，对教育理论与实践的发展都发挥了非常重要的作用。从社会发展的阶段性与时代特征分析教育政策的若干问题，是教育政策研究中一个十分重要的视角。

1. 教育政策的时代性

在传统教育社会学的体系和学科结构中，很少讨论教育政策的问题。教育政策之所以能够在现代教育社会学的体系和学科结构中获得一席之地，并且占据一个非常显要的地位，有两个十分重要的原因。一是现代社会中受教育已经成为整个社会所有人的一种权利，进而成为一个公共政策的议题，而不仅是少数社会阶层的专利，因而涉及了更加广泛的社会群体和利益集团，而且，教育政策在调节和引导教育活动中的功能已经越来越重要；二是现代社会中的教育政策已经不再是统治者的一家之言，而是逐渐成为社会中各种不同力量和利益集团相互斗争与"谈判"的过程和场所，或者说，它已经成为一个社会过程。正是在这样的意义上，教育政策本身就获得了更加丰富的内涵与价值，进而成为教育活动的分析对象。

2. 教育政策的概念

根据特罗（M. Trow）的观点，政策分析作为一门正式学科产生于20

世纪 70 年代中期，它源自对大量社会科学观点和工作的汇集。这些观点和工作包括作战行动研究、新形式的微观经济学、公共行政管理工作中持久不衰的传统、政治科学中兴起并越来越强的行为主义倾向、组织理论、应用社会学和社会心理学的某些流派，以及正在兴起的对公共政策中法律作用的兴趣。因此，政策分析的知识渊源是多方面的，是一门由多种学科交叉生成的边缘学科。① 同时，按照《牛津大学社会学词典》中的有关内容，政策分析又可以叫作政策研究，它一般是应用社会科学发现的材料去解决客户，主要是政府部门所提出的问题。所以，政策研究和分析"将是描述性的、分析的，或者是处理因果关系的过程和解释；它能够评价某个新的或现存的政策，描述典型的实践案例，以及测量所发生的社会变化，根据大范围的模式试验，或者是由在现实生活环境中已经进行了若干年或数十年之久的大规模经验研究，对事物的发展提出预测。大多数政策研究和分析都采用了多学科的研究方法，并且避免狭隘的学科行话。因此，政策研究并不完全是社会学的，当然，相比其他学科而言，社会学对于政策研究和分析的理论基础、设计以及方法论都具有更大的贡献。一般而言，政策研究和分析将集中在比较大范围内动态的和可变性的社会因素上，而不仅是理论研究"②。例如，在儿童的性别角色的形成上虽然家庭具有十分重要的作用，但是，就政策研究和分析来说，它所关心的是公共教育系统在其中所具有的作用。

　　教育政策的研究可以有不同的模式，根据特罗的说法，在教育领域中比较常见的是两类。一类是"政治模式"，是指政治决策者有目的地使用研究来加强论点，为已被采纳的见解做辩护或通过将有争论的问题放进研究而避免做出或者避免不得不做出不受欢迎的决策。这实际上是将研究作为决策中争论问题的避难所，这样的决策缺乏有力的理性依据而

① 参看《国际教育百科全书：第 3 卷》（贵州教育出版社 1990 年版）中教育政策一节的有关内容。

② Scott J, Marshall G.Oxford dictionary of sociology[M].3d ed.Oxford:Oxford University Press,2005:497.

带有些许专断的意味。另一类是"阐释模式"或"渗透模式",这种模式研究怎样通过进入决策者的意识领域和形成有关政策选择的讨论术语来间接影响政策,它的这种微妙性即是政策分析所起的理性的劝导作用。实际上,对教育政策的研究本身也能够发挥政策的传播与引导作用。教育政策研究的渗透模式具有比较普遍的意义。当然,至于这样的研究能否或是否对教育决策形成一定的渗透作用,或者像特罗所说的那样,这样的政策研究是否能够进入决策者的思想观念,或者能够通过教育政策研究的有关术语来影响教育政策的制定与实施,是一个客观的过程。由于现代社会中政府教育管理部门本身具有很强的专业性,它们在教育政策的制定与实施过程中,也越来越重视教育政策的研究,并且非常关注社会对教育政策的评价与分析。

二、教育政策的特点

教育政策与其他公共政策是有所不同的。它的对象与表述方式等等,都具有教育本身的特点,而且,由于教育的外溢性,教育政策的公共性也具有非常明显的社会约束。一般而言,教育政策的特点主要体现在以下几个方面。

1. 比较大的应然性

与其他公共政策比较,教育政策更多地强调"应该如何",而不是非常实然的要求。换句话说,教育政策常常具有一种"号召"的特征,而并不仅仅是一种单纯的"命令"。在教育系统中,各个不同的学校,尤其是高等学校,一般都具有相当的自主权。随着教育的体制改革,特别是教育管理体制的改革,学校和地方的自主权也越来越大。同时,不同层次的教育法律和法规,也都在不同程度上保证了学校和地方的这种自主权。当然,教育政策的这种"应然性"并非一种理想化的要求,它也是非常现实的。这种现实性就在于它的要求与学校或地方的实际的一致性,或者说,它所提出的号召必须反映了教育发展的一般趋势与共同问题,适应了教育改革的需要以及社会对教育政策的需求。

2.原则性的表述形式

通常，教育政策具有一种比较原则性的表述方式，或者说比较抽象或一般性的要求与规定。因此，教育政策往往具有一种比较大的弹性，它的实施常常与不同地方的现实和具体实际有关，因而对于它的分析和评估，也常常采用比较注重过程性的分析模式。之所以会这样，是因为教育政策所规定的更多地是教育活动的目标，而对于整个过程和手段往往缺乏非常明确和具体的规定。对于学校本身的活动和教育教学活动的规定，更是如此。所以，在分析教育政策时，除了对目标本身进行分析以外，比较重要的是考察政策目标与手段或实施途径之间的一致性。

3.时间周期长

一般而言，教育政策具有时间周期比较长的特点。这种特点是与教育活动本身的特点联系在一起的。与其他社会经济活动比较，教育活动的效果常常具有一定的滞后性，它需要一个比较长的时间才能够表现出来，而不能具有一种所谓"立竿见影"的效果。因此，衡量和评价教育政策，不能简单地根据一时一地的结果做结论，也不能由于一时的好坏进行判断，并且因而就匆忙地修改教育政策，改变以往的政策目标和措施。应该说，强调教育政策的这个特点是非常重要的。而且，教育政策的这种特点与教育活动的基本规律也是非常一致的。这种长时间性是影响教育政策质量的重要变量之一。

三、教育政策的张力与支点

所谓教育政策的张力与支点，指的是影响与制约教育政策制定与分析的某些内在矛盾，以及协调这些矛盾冲突的立足点。这是分析教育政策非常重要的思路。

1.教育政策的内在张力

教育的公平与效率是教育政策制定与分析过程中一种非常内在的张力。一般而言，公平与效率之间的矛盾表现在两个方面。一方面，教育政策必须承担促进教育公平或教育机会均等的责任，通过政策调整，实现教育资源配置的均衡化。特别是对贫困地区教育处境不利的弱势群体，给予必要的政策支持与救济，帮助他们能够享受社会经济发展与进步的成果和社会的福利。这也是制定与评价教育政策的一个非常根本的取向。另一方面，教育政策同样具有促进与提高教育发展的效率的责任与任务，尤其是根据社会经济科技发展的需要，培养高水平人才，不断提高整个民族的文化素质。而且，为了提高国家的竞争力，还需要某些比较特殊的政策措施，采取若干重点支持的方式，推动教育某些领域的快速发展，等等。虽然教育的公平与效率之间并不是一种绝对的零和关系，但实事求是地说，两者在教育资源的配置中确实存在一定的矛盾，并且往往需要根据不同时期的发展目标与任务而做出不同的调整与安排。

在制定与分析教育政策时还存在另外一种内在的矛盾，即在教育政策的制定中是更多地通过教育规划促进教育的发展，还是通过更加自由宽松的政策环境，放任不同地区、学校或个人的自主发展，或者说，通过某种市场化的方式，促进与强化教育中的竞争，实现教育发展的目的。显然，教育规划与市场化这两种途径都可以促进教育发展与提高教育效率，但两者确实存在很大的不同，包括方式与效果的差异。尽管在这两种途径中都存在政府的干预，但它们的主要区别是政策干预力度的大小，以及政策干预对象的不同。前者体现了政策的强干预，而后者则反映了一种政策的弱干预；前者反映了一种对整个教育活动过程的干预，而后者则往往更加注重对结果的评估。

任何教育政策的制定与实施都不得不充分考虑与兼顾这两类矛盾，而且都必须在这样两类矛盾中取得一种均衡。这是制定与评价教育政策十分基本的参照系。而在这种兼顾与均衡中如何定位，则能够折射出不同时代教育改革发展的任务与矛盾，以及政府的意向与重点。

2. 教育政策的支点

协调与清除教育政策的内在张力，必须明确教育政策的着力点应该在什么地方，进而能够最大限度地促进公平与效率的共同提高与整体状况的改善，以及使政府教育政策的干预力度处于一个比较合理的范围。

这是保证教育政策的科学性与合理性的关键，也是教育政策的重要特点之一。在教育发展较不均衡的国家中，如何把握这个支点，实现"中庸"的原则，的确并非易事。自不待言，教育政策的绝对化是违反教育规律的现象，而且对教育活动本身是一个很大的伤害。但究竟如何把握这个支点呢？如何在教育政策的公平取向与效率取向的频谱中，找到一个恰当的位置，进而实现目标的最大化？这个问题如同在一个学生差异化程度比较大的班级中，教师的教学应该主要针对不同程度的学生中的哪一部分，以至于能够最大限度地提高全班学生的学习成绩与发展水平。显然，仅仅注重成绩好的部分学生是不公平的，但如果只是适应成绩比较差的部分学生，对其他学生也是不合适的。同样，教育政策仅仅适应发展水平高或者水平低的地区都是不合适的，仅仅考虑好学校或基础薄弱学校也是不合适的。同样，在提高教育发展效率的过程中，如何在政策干预的程度与方式，或者说在政策干预与市场化之间保持一种适当的均衡，也是政策制定中一个非常重要的问题。这也往往是评价教育政策的一个重要角度。

对此，中国传统文化中的"中庸"是一个非常有效的原则与思路。这种"中庸"，绝不是一种单纯的折中，也并非简单的平均主义。它的要义是一种"时中"，即把握好事物的分寸，不偏不倚。[1] 能够结合不同方面的要求，吸收各种诉求与主张，并且把握一定的分寸，最大限度地满足最大多数人民群众的利益，这是制定教育政策时非常重要的一个原则，即充分考虑不同方面的诉求与利益，以及短期稳定与长期发展之间的关系，进而能够最大限度地兼顾到最大范围利益相关者的要求。需要指出的是，这种"中庸"与时间是联系在一起的。因为，这种"时中"思想，即是随时以处中、与时偕行，是根据不同时间而变化与调整的。这种"中庸"的思想是非常重要的，尤其是在中国这样一个教育发展较不均衡的国家，通过教育政策的调整，实现教育公平与效率的最佳协调，以及

---

[1]　参看《中庸》："仲尼曰：'君子中庸，小人反中庸。君子之中庸也，君子而时中。'"

政府干预与市场调节之间的综合平衡，乃是教育政策的重要责任。同时，还应根据不同时代发展的目的与问题，赋予这种"中庸"不同的内涵，进而达到教育政策的最佳效果。

第二节　教育政策分析的主要模式

教育政策的分析可以有各种各样不同的模式。按照有关学者的研究和概括，有描述性的政策分析，也有规范性的政策分析；有过程取向的政策分析，有因果取向的政策分析，还有处方取向的政策分析，等等。[①] 有的学者提出了教育政策的分析框架，包括对现状的分析、政策选项的产生、对政策选项的评估、做出决策、对政策实施的规划、政策效果的评价，以及下一个政策周期等。[②] 这些不同的模式和取向都是有意义的。总体上看，这些不同的分析模式常常被概括为四种不同取向：一是发生学取向的分析模式，二是过程取向的分析模式，三是目的取向的分析模式，四是政策话语的分析模式。尽管还有其他各种不同的分析方法，但它们都能够以不同的方式与这些分析模式相结合。

一、发生学取向的分析模式

所谓发生学取向的政策分析模式，指的是围绕政策本身的形成和发生而进行的分析，简单地说，是解释和分析教育政策的产生机制。显然，随着现代社会中教育民主化程度的提高，教育政策已经不是统治阶层的

---

① 吴政达.教育政策分析：概念、方法与应用 [M].台北：高等教育文化事业有限公司，2002.

② Inbar D E，Haddad W D，Demsky T，et al.教育政策基础 [M].北京：教育科学出版社，2003：101.

垄断领域和一家之言，由于教育平等的目标和要求，以及人们对教育的直接参与及其广泛性，教育政策在一定程度上已经成为一个社会不同利益阶层，以及统治阶层与其他社会阶层之间进行"博弈"和斗争的场所，甚至是统治阶层内部相互"讨价还价"的领域。尽管统治阶层总是希望在教育政策领域中维护自己的利益，但也常常不得不同时在一定程度上顾及其他社会阶层的要求。这种发生学取向的分析模式大概有三种不同的形态。

1.利益相关者的分析模式

所谓利益相关者的分析模式，指的是基于教育政策的利益相关者的权力和利益之间的关系，对教育政策的形成和发展进行解释和分析。显然，无论是从教育的现实问题和各种诉求看，还是从教育政策的形成过程中的社会参与来看，任何教育政策都是各种不同利益相关者之间相互作用的产物。而这些不同利益相关者的社会地位和权力及它们之间的关系，以及由此形成的教育政策的社会网络与社群，无疑成为认识一定教育政策的重要思路。例如，政府机构内外的利益团体与压力团体，政党、专业团体等，在政策形成和制定过程中所发挥的影响力以及相互关系，就是这样的社会网络与社群。同时，在现实中还可以发现，即使在政府的教育管理部门内部，这样的相互博弈和影响也是存在的，因为对于同一个教育政策，相关者各自的利益也是不同的，甚至是有冲突的。而这种政府科层机构内部对教育政策的影响，则构成了一种在教育政策领域中的公共选择的多元论，它包括了政府机构内部不同部门的科层关系，以及不同层次政府机构中的科层关系及其利益冲突。

值得注意的是，在这种利益相关者的分析模式中，社会和教育精英所发挥的作用是十分突出和重要的。因为，虽然不同社会利益集团和阶层都在力求影响教育政策的形成，但是政府的政策选择不尽然全由社会因素所促成。事实上，一定政府的教育政策往往与政策精英的作用有很大的关系。这些政策精英在影响教育政策方面所发挥的作用主要可以表现在对政策问题的界定上，对政策目标的选择上，对政策话语的描述上，以及对政策的解释方面等。比较来看，在发展中国家这些政策精英对教育政策的影响和作用尤其明显。因此，这种政策分析模式特别关注占据主要职位者、有比较高的社会地位的人，以及专门的所谓政策知识分子等对决策的影响力，认为他们的经验、背景、信念、意识形态、主流文化等，对政策的形成和结果会造成显著的影响。显然，这种政策分析模式在一般的政策分析中是比较常见的，这样的现实例子也是非常多的。

2. 制度因素的分析模式

这里所强调的是制度系统内部各个制度因素对教育政策形成和发生的影响及对其进行的分析。如果说前面主要分析的是教育政策形成和发生过程中人的因素，这里所强调的则是其中的制度因素。一般而言，这种制度因素的分析模式主要关心各种限制政策的因素，通常采用制度分析的方法，重点是政府组织本身的特征，如组织的历史、结构、意识形态、与其他组织的相互关系等，并认为规范、价值、关系、权力结构、标准运作程序等都可能影响政策的形成。显然，不同政府和政治制度的这些方面的因素是不同的。值得注意的是，在这种制度因素的分析模式中，国家的整体发展目标对教育政策的影响作用是非常重要的。尤其是发展中国家的教育政策，特别强调整个国家和民族的发展目标的地位。因为，在这些国家中，教育活动和政策往往用来凝聚国家共识，有利于稳定国家发展；而且，国家也借助于教育的扩张，确立其政权的合法性与权威性，进而提升自身在世界系统中的地位。而且，那些在管理上比较集中统一的国家，也常常利用教育机制，包括课程、教材、仪式等，作为宣传和巩固其意识形态的工具，以促进人们对国家的认同。所以，在这种制度因素的教育政策分析模式中，国家和民族的发展目标是一个非常关键的分析变量。另外，有必要深入说明的是，在这种制度因素的分析模式中，整个国家意识形态和体制所具有的作用也是影响和解释教育政策形成和发展的重要因素之一。当然，这种分析思路往往取决于一定国家和地区意识形态的成熟程度。在那些政治制度的历史比较长久的社会中，这种意识形态对精英政策的影响往往更加突出和重要。而且，它对精英政策所发挥的这种决定和制约作用往往也比较隐晦。

3. 历史性的分析模式

这种分析模式所重视的是历史背景和条件对教育政策形成和发展所具有的作用。因为，任何精英政策都是历史的产物，都不能脱离一定的历史环境和条件。所以，历史也是分析和解释教育政策形成的一个十分重要的角度和思路。在这种分析模式中，应该特别看到的是，任何教育政策的形成所需要的各种条件和规则本身都是在历史中形成的，而这些条件和规则又是能够决定教育政策的各种话语和结构的重要因素。然而，影响这些条件和规则的历史因素往往又不是非常清晰的，它们常常是断断续续的，甚至有时是相互矛盾的。所以对教育政策的历史性分析也就是一种考究政策形成要素与条件的分析模式，目的是还原政策形成的动态过程，借以了解在政策形成的过程中，主事者如何排除他者的话语，从而达到既定的目的。这样的意义在于确立政策形成的规则，而且提醒政策行动者除了了解政策问题的形成之外，还要洞悉政策形成的条件与时机，进而了解政策权力在水平面向上的各种关系，以免误用滥用知识/权力，或者是为知识/权力所利用而不知道。应该说，这正是福柯所提出的"知识考古学"的重要意义及其在教育政策分析上的应用。

二、过程取向的分析模式

教育政策的制定与分析不仅要关注政策的形成，而且要重视政策实施的过程及其变化，这也是教育政策分析的重要思路。

1. 基本含义

所谓过程取向的政策分析模式，主要强调的是对教育政策的实施进行过程性的分析。它与其他分析模式有所不同的是，它重视的是教育政策的实践过程和方面。尽管教育政策的形成是非常重要的分析取向，但是，真正发挥作用的是教育政策的实施过程。所以，这种过程取向的分析也是十分重要的。这种过程取向的分析模式更加强调和重视的是教育政策的执行行为以及在这种执行过程中的变化。结合中国的实际和国际上的有关理论，这种过程取向的分析模式主要有两种形态：一种是所谓自上而下的过程分析。这种形态的主要特征是政策决策者作为执行的主体，对政策进行说明，并且逐级解释和制定细则，进而保证教育政策的落实。这种过程分析的重点是自上而下说明和解释过程中政策含义的变化，以及这种变化的原因和条件。而且在这种分析模式中，决策者与执行者之间的权力界限是非常清楚的。另一种是所谓自下而上的过程分析。它的主要特征是基层的执行者，包括基层的官员，学校的校长、教师和职工等，根据地方和学校的实际对教育政策进行重新说明和解释。这种过程分析的重点是政策执行者对政策进行了什么样的新的解释，以及这种解释所具有的意义。当然，在这种模式中，执行者本身也具有了决策的实际权力。所谓"上有政策，下有对策"正是这个意思。

显然，这种过程取向的分析模式注重的是不同类型的权力在政策执行过程中的相互作用。根据有关学者的看法，这种相互作用不仅包括对政策含义的重新界定，而且涉及对整个政策结构的调整，甚至是政策执行的规则的变化。

2. 过程中的影响变量

在教育政策的过程取向的分析模式中，一个比较突出的问题是，政策执行或实施的过程是否可以得到控制？而这个问题的答案往往又取决于对整个教育政策执行或实施中的各种变量及它们之间相互关系的认识与控制。在教育政策的实施过程中，以下变量往往具有非常直接的影响。

首先是政策的标准与目标，这些因素具有导向性的意义；其次是教育政策的资源因素，这种政策资源主要指的是经费和必要的支撑与鼓励方式；再次是教育机构本身的结构特征，这种教育结构的内在特征，特别是其中的组织化程度，直接影响教育政策的实施；最后是政策实施机构的特质，包括正式的组织机构的特质与非正式的人员的特质，有些学者还提出了实施机构人员的规模与素质，以及在实施过程中，官方体系的控制程度。

当然，由于教育政策的公共性，各种相关的社会环境与合法的经济、政治、社会机构及其态度，对政策实施的影响是非常大的；同时，政策实施者本身的素质，包括对教育政策的理解与认同程度等，对教育政策的效果都能够产生直接的影响。

当然，即使获得了对这些变量的认识和掌握，对教育政策执行或实施的控制仍然是一个比较复杂的问题和过程。因为，现实的政策实施过程中仍然存在许多不确定的因素。但是，这种关于教育政策的过程分析已经成为教育政策评估的一个非常重要的方面。

三、目的取向的分析模式

由于教育政策的表述与协调往往特别重视和强调目标的要求与实现，所以，目的取向的分析模式常常具有特别重要的意义。

1. 基本含义与特点

所谓目的取向的政策分析模式，指的是从政策目标的角度出发对教育政策进行分析。因此，在这种政策分析中，研究对象主要是教育政策与目标之间的关系，包括教育政策中的各个因素与政策目标的关系。如果说，前面的发生学的分析主要是从政策产生的角度分析教育政策，过程分析主要是从政策实施和执行的角度分析教育政策，那么目的取向的分析则是从目标的角度去评价教育政策的各个因素。

目的取向的政策分析有两个比较重要的特点。其一是它的合理性分析，即对教育政策的目的表述的合理性的分析。这种分析所应用的模式常常是结构功能主义的范式，即根据更大范围的社会经济文化发展的水平与条件等，分析政策目的的适当性。其二是它的评价功能，即根据教育政策的目的评价教育政策的各项内容，包括具体的举措、思路与途径的合理性，因而成为教育评价的重要根据。

2. 主要影响因素

目的取向的分析模式主要涉及三个方面的因素。

一是教育活动本身的各种因素，包括学科、课程、教师与学生等，及其与教育政策目标的关系，包括它们在解决有关政策问题时所具有的作用和功能。例如，关于学科和课程的改革与调整能否有利于政策目标的实现，以及教师在相关教育政策的调整中所做出的反应与整个政策目标的关系如何，等等。这些因素应该是这一分析的内在因素。

二是与实现教育政策相关的各种制度性因素及其与政策目标之间的关系，包括政治、经济和其他各种制度对实现教育政策目标的影响。这一分析主要考虑的是相关教育政策的实施所需要的外部制度环境是否支持政策目标的实现。当然，从另一个角度说，这一分析也是考察教育政策与外部制度性因素的相关性。例如，尽管教育政策的重要目标是能够在更大程度上达到教育的公平，并制定若干促进教育公平的政策，但是，由于整个社会经济发展程度还没有能够达到一定的水平和支持这一教育公平的政策目标的实现，这样的教育政策也是有问题的，因为它是不能达到预定目标的，是很难实现的。

三是在解决政策对象和有关问题时的文化因素，这种文化因素发挥影响和作用的形式常常具有潜在的特点，它们常常是在教育政策实施中无意识地发挥作用的。而且，这种文化因素涉及的主要是一种价值观的问题。由于教育政策本身就具有非常强的价值色彩，所以，如果一种教育政策缺乏一定的价值支持，那么它往往是很难实现的。例如，在大力发展职业教育的有关政策中，尽管政府采取了各种各样的策略和方式来支持职业教育的发展，但是职业教育的发展总是不尽如人意。当然，这里所涉及的因素是非常复杂的，但其中有一个十分重要的因素是中国传统文化的制约。从操作的角度讲，这种从文化的角度分析教育政策的方法实际上也就是考察政策措施与一定文化价值观念之间的相关性。

目的取向的分析模式常常是学术性政策分析的主要特征。如果说政府管理部门本身的教育政策分析更多地关注实现政策目标的途径、条件与手段等，那么学术性政策分析则更多地重视对政策目标的分析，包括对目标的合理性分析。如果说，前者更多地考虑教育政策的工具合理性，那么后者则更多地关心教育政策的价值合理性。这种从价值角度对教育政策的分析是非常重要的，它也是目的取向的教育政策分析的机制与特点之一。

四、政策话语的分析模式

教育政策的话语是教育政策分析中越来越受到关注与重视的分析对象。应用语言学的某些成果与方法对教育政策的话语进行阐释，对认识教育政策的含义是非常必要的。

1. 基本含义与特点

政策话语的分析模式是近年来在教育政策研究和分析中经常为学者采用的一种模式，也是随着话语研究的方法出现而发展起来的。它主要是通过话语分析的方法来分析教育政策的有关问题。

它的主要特点反映在两个方面：首先，话语作为一种分析工具，能够非常具体深入地解析教育政策的语义与内在的精神，包括教育政策话语中的主客体关系，以及对其中政策措施与目标的认识与领会；其次，由于话语不仅仅是一种表达意愿或诉求的工具，更是越来越成为人们的一种生存方式，能够比较具体与形象地反映人们对教育的感受与评价，因而受到了比较广泛的关注。同时，因为教育政策的目标、举措与思路，包括教育政策的出台背景与针对性等等，都是通过各种各样的话语形式表达出来的，所以，通过对相关话语的分析也能够对教育政策进行比较准确的评价与认识。其中，对教育政策中关键词的概念分析，往往成为这种话语分析的重要部分之一。

2. 主要形式

政策话语的分析模式可以是多种多样的，这里主要介绍其中的三种形式。

第一，关于教育政策的修辞分析。关于教育政策的修辞分析主要是描述和研究教育政策的表述方式与逻辑结构问题，它直接关系到教育政策的准确性与严谨性。无论什么样的教育政策都是通过一定的语言和词汇进行表达和描述的，这些语言与词汇实际上就不同程度地反映了政策制定者的意图和目标指向，以及他们对相关教育问题的认识特征。这也是所谓政策的"修辞学框架"，即在实践中设定、议论所面临的教育政策问题的论述方法的框架；通过这个框架，对政策对象进行描述和界定，使人们了解政策所要解决的问题，以及问题本身的基本特点。例如，如果在分析中发现教育政策的表达更多采用了经济学的语言和词汇，或者是一套伦理学的概念，那么，便能够在一定程度上认为政策制定者实际上是将相关的教育问题认定为一种经济问题或道德问题，进而希望通过经济或道德的方式来解决问题。

第二，关于教育政策的话语分析。话语是在特定的社会情况和历史条件下所产生的一套相关叙述。话语分析认为语言形式与意义之间存在一定的联系，而且，这种联系与其所产生的社会脉络具有非常特殊的关系，特别是与一定的权力制度有关。因此，话语分析的政策分析模式，主要是通过文本分析（描述）、过程分析（说明）和社会解释（解释）三种类型，分析政策的三个面向，包括分析的对象（语言的、视觉的或语言和视觉的文本）、对象产生与接受的历程（写作、演讲、设计、阅读、倾听、观察），以及管理这些过程的社会历史情况，由此对政策的脉络进行梳理，并且认识政策和达到对政策的理解与领会。不难发现，这种话语分析实际上不仅强调教育政策的语言与词汇结构，不仅按照一种语法分析教育政策，而且是结合一定的社会文化和权力背景，分析一定教育政策的表述结构背后的文化规则，以及这些文化规则与教育政策的关系。显然，这样一种话语分析所希望达到的目的，就是要走到政策文本的背后，去认识和分析一定政策文本的意义与价值。

第三，关于教育政策的概念分析。对教育政策的核心概念或关键词的定义是教育政策分析中一个十分重要的方面。这种关键词的定义是否准确合理，是直接影响教育政策效应的重要因素，由此也可以非常清楚地认识与理解教育政策的任务与调整范围。一般而言，这种关键词的定义通常可以有三种形式：其一是纲领性定义，即根据国家教育改革发展的要求和教育政策的目标，对关键词进行定义。这种定义方式通常体现在规划性的教育政策中，体现了教育发展的追求与理想，具有一种应然性的特点。其二是描述性定义，即根据教育活动的现实状况，对关键词进行定义。这种定义方式的特点是以教育实际为基础，常常表现在针对某些具体的教育问题的教育政策中，并且具有一种非常强的现实性的特点。其三是规定性定义，即根据教育政策本身的任务与目标，对关键词进行一种独特的定义。这种定义方式具有某种特指的含义，往往是针对某些具体问题而建立的一种规定，进而达到统一认识与协调行动的目标。但无论如何，如果一项教育政策对其中的关键词缺乏清晰的定义，那就往往很难达到它的目标，甚至会给政策的履行与实施造成一定的困难，更有甚者会影响教育活动的正常秩序。

当然，教育政策的分析模式还可以有其他各种形式，而且，对一个具体的教育政策的分析，往往也是多个分析模式的综合应用。值得关注的是，教育政策的研究自 20 世纪 60—70 年代以来，其特点与模式发生了非常重要的变化。早期的教育政策研究主要是一种实证主义的模式，其特点是将教育现象与问题作为一种客观的社会事实，将教育政策作为政府解决教育问题的手段与方法，即政府为实现特定的公众目标，而在众多与该目标相关联的措施中选择最有效的政策措施并予以落实的一种政府行动，其结果是有关公众议题得到技术性的控制以至解决。[①] 其中，教育政策的目标、原因分析、政策措施、决策与执行，以及评价与检讨，成为教育政策分析的主要内容。20 世纪 60 年代美国国会委托科尔曼所进行的"教育机会均等"调查等便是这种模式的典型案例。[②] 当然，这种模式具有很强的操作性，也能够比较有效地解决教育发展中的某些问题。然而，这种貌似非常客观科学的教育政策分析模式自 20 世纪 70 年代以来，受到了越来越大的挑战。其中的关键问题是，人们并不将教育发展中的问题看成一种单纯客观的现象，而认为它是一种人们建构出来的现

---

① 曾荣光.教育政策研究：议论批判的视域 [J].北京大学教育评论，2007（4）：2-30，184.

② 同①.

实与话题，包含了人们的主观愿望与价值取向，是特定时空中不同的社会群体或利益相关者对教育问题做出的意义阐释与价值判断。关键是，这种意义阐释与价值判断并非仅仅是政府的"专利"，在信息社会中也成为社会公众进行博弈的内容。所以，不能单纯应用过去"目标－手段"的描述进行处理与评价，由此也进一步反映了教育政策作为一种公共政策所具有的参与性。①尽管在这个过程中形成了更多的利益相关者，但政府作为教育政策的主要制定者，仍然需要发挥积极的作用。当然，教育政策本身的制定与评价就比过去显得更加复杂，具有了更多的影响因素与变量，具有了更大的空间，以及更高的成本与风险。这种变化极大地促进着教育政策分析的理论发展，包括各种社会经济机构与非政府组织参与教育政策的研究，以至于教育项目的设计与实施也需要社会评估的环节，进而使教育政策分析成为教育学科中的一门显学。这也恰恰是21世纪教育政策分析研究的价值与功能所在。

第三节　教育政策的功能与特点

　　教育政策具有非常重要且越来越大的社会功能与教育功能，对教育改革发展能够形成直接和具体的导向。而且，这种功能与教育政策的特点具有十分密切的关系。

---

① 曾荣光.教育政策研究：议论批判的视域 [J].北京大学教育评论，2007（4）：2-30，184.

一、教育政策的主要功能

教育政策实际上是一种非常重要和独特的教育资源。这种教育资源的重要意义主要表现在以下几个方面。

1. 引导性功能

教育政策作为政府的一种垄断性资源，它在一定程度上反映了国家的意志与对教育发展方向的引领，以及控制教育改革与发展的力度的大小。显然，与其他教育资源比较，教育政策是政府所具有的一种垄断性资源，因而它具有一种唯一性。然而，也正是这样一种垄断性和唯一性，使得教育政策的变化在一定程度上体现了政府对教育改革和发展的意志和愿望。尽管教育政策本身的形成和变化也包含了不同利益集团和力量的协商，甚至是冲突与妥协等，但就总体上看，教育政策仍然反映了政府对教育的要求，体现了政府的意志。由于教育政策的这种基本属性，所以，教育政策本身及其变化客观上也反映了政府对教育活动的一种控制和主导的力度。显然，教育政策的数量越多，表明政府对教育活动的控制或主导程度越大；反之，则说明政府的这种控制或主导程度越小。而且，按照不同领域中教育政策的变化进行分析，也可以进一步了解在某些领域中政府对教育活动的控制或主导的情况。由此，它也构成了教育政策分析中的一个重要维度。

正是由于教育政策具有这种引导性，因而它的变化也能够从某个方面体现教育改革和发展的基本脉络。教育活动本身作为一种公共产品和公共服务，具有一种非常鲜明的公共性，加上政府在教育改革和发展过程中起主导作用，所以，教育政策及其变化客观上也能够在一定意义上体现教育宏观发展的基本脉络与轨迹。显然，不同发展阶段中教育活动的重点与特殊矛盾，往往都能够通过这种教育政策的出台和变化得以反映。同样，一定历史阶段的教育政策因而也能够直接或间接地表明这一阶段教育活动本身的复杂性。更加重要的是，教育政策实际上反映了政府在一定社会发展阶段对于教育发展不同途径和方向的选择性，而这些选择无疑体现了教育改革和发展的宏观变化。

2. 资源配置功能

教育政策本身是一种比较特殊的体制性教育资源。这种所谓的体制性教育资源反映了政府或教育管理部门所掌握的教育权力，体现了政府的导向与目标。由于教育活动是一种具有很大的外溢性的公共活动，政府的管理与控制成为影响教育活动的重要变量。所以，争取获得政策的支持，已经成为教育活动的重要内容，包括各种各样的试点、不同类型的国家项目，以及为实现某些政策目标而实施的特殊支持，等等。教育政策的资源性功能，通常表现在两个方面：其一，某些教育政策往往与一定的经费或资源结合在一起，它本身反映了国家和政府在教育领域中的一种资源配置与分配形式，特别是某些涉及重点建设项目的政策，包括学科建设、专业建设，以及学校招生计划等等，都带有非常丰富的资源。其二，某些教育政策能够直接或间接地增强学校或教育机构获得资源的能力。它能够为某些教育机构赋权，进而使其获得更大的发展空间与更多的机会；可以给予某些教育机构特定的"品牌"，以至于提升它们在教育体系与社会中的地位和影响力；等等。在现代社会中，教育政策本身的资源价值已经为越来越多的人所认识，而且，教育政策常常也成为解释教育资源配置的重要变量之一，进而使得教育政策成为一个社会各个方面进行博弈的领域。

3. 合法性功能

教育政策的"合法性"的功能主要体现在两个方面：一是它能够赋予某些教育活动合法地位，也可以否定某些教育活动的合法地位；二是它能够在各种教育活动的价值序列中赋予某些教育活动更高的地位，而给予某些教育活动相对次要的地位。这样一种合法性功能可以使不同的教育活动在获取其他类型的教育资源上形成不同的地位，进而成为一种教育资源的配置原则，同时，它本身还可以对整个社会教育资源的变化产生一种积极的带动作用。更加重要的是，教育政策是实现整个国家教育发展目标的重要手段，它本身承载了非常明确的价值取向，因而也具有一种十分重要的引导功能。但是，需要看到的是，教育政策作为一种教育资源，与其他各种教育的物质、经费和人力资源等不同的是，它还有一个非常重要的特点，即它本身有好坏之分。好的教育政策固然能够积极地推动教育的改革和发展，为教育提供一个良好的环境；但如果是不好的，或者是不适当的教育政策，则常常会对教育的改革和发展形成一种不良的导向，甚至会阻碍教育的发展。从这个意义上说，教育政策作为一种教育资源，实际上往往还需要一个非常重要的边界条件，即它是能够适应和推动教育发展的，是符合教育实际和教育规律的。因此，在教育改革和发展的研究与分析中，教育政策是一个非常重要的变量。

总之，教育政策的功能不仅具有非常重要的理论意义，而且是一个十分重要的现实问题。由于教育的普及化以及教育的社会经济功能的不断提升，政府对教育的重视程度也日益提高，教育政策的质量提升已经成为教育治理的一个重点任务，教育政策的研究也成为教育研究中的一个热门话题。

二、教育政策分析的特点与形态

教育政策的特点与时代性具有非常密切的关系，教育政策的分析也是教育社会学与教育政治学的一个重要领域。由于教育与社会之间的关系越来越密切，教育政策分析不仅成为教育机构本身的一个任务，而且成为许多经济组织与各种社会机构的关注对象，进而也形成了自身的研究特色，并且形成了各种不同的专门性的研究机构，由此参与教育政策的制定与变革。

1. 主要特点

综合近年来各种教育政策分析的文本与研究报告，可以看到，教育政策的分析通常具有以下几个特点。

第一，清晰的问题意识。

具有明确、突出的问题意识，而且直面现实，是教育政策分析的一个非常突出的特点。这种分析反映了对教育现实的关切和研究问题的突出。而且，相关研究报告所讨论的问题往往都是当前最为重要的热点或难点问题，或者是在一定时期内整个教育改革和发展中具有前瞻性的问题。然而，这种研究报告所具有的现实性，与一般的现实性又有所不同。其一，它们不是一般意义上的个案研究。目前有些现实问题的研究往往是一些个案研究，甚至认为个案研究才是现实研究，才是有意义的。而与个案研究相比，这些研究报告所关切的现实问题是具有一定普遍性的现实问题。其二，这种具有一定普遍性的现实问题往往具有更加重要的意义。特别是对于政策研究来说，首先，它们可以提供更加恢宏的视野，从而对问题进行比较恰当的判断和评价；其次，它们并不是简单地采取一种同化的方式去描述和呈现问题，也没有简单地将现实的问题装入某个理论的框架去进行描述和分析，而是比较客观地，或者说是以一种顺应的态度和方式给人们呈现出现实的问题，促使人们在对问题的认识上获得更加真切的感受，当然，也能给人们更多阅读上的真实性和冲击力。

第二，非常强烈的导向性。

教育政策分析的选题、研究的角度、研究的方法，以及评价的标准等，常常具有非常明确的导向性，或者说，它们往往就是根据某种政策制定的要求而确定的，或者本身是根据国家和地区社会经济发展的需要而开展的研究。这种政策导向的基本体现之一，就是这些研究具有非常强的操作性。它们十分注重实现一定政策目标的过程和技术程序，强调研究的相关因素和社会经济背景。而且，在这种研究中，成果的实用性和对政府政治战略的意义，往往具有价值上的优先性。当然，与此相关的是，这种研究在取向上往往也并不十分注重理论上的完整性和系统性。应该说，这样一种政策的研究角度，使得教育理论的研究与现实问题和国家的政策目标形成了更加直接的联系，同时，也为教育的理论研究提供了许多十分重要和现实的课题。从教育科学发展的角度看，许多理论性的问题和思考，常常就是出自这样的政策研究报告，或者更准确地说，这些政策研究报告极大地促进了教育科学的发展，影响了教育实践。

第三，体现不同的声音和观点。

教育政策分析的报告常常可以包含各种不同的看法和观点，而且能够比较全面地反映社会方方面面的意见与观点，体现一定的舆情，涉及政府官员、学校的校长和教师、社会经济领域的人士，以及教育科学的研究人员等。也正是由于这样，教育政策分析往往具有比较强的综合性。它们既反映了各种不同的声音和观点，也是对这些不同看法的整合和加工。当然，这种教育政策分析往往也在某种程度上反映了一定的利益群体或者所谓的院外集团对政府的影响与诉求。从形式上看，这种研究大多是由某种专门委员会和小组来进行的，而这些专门委员会和小组则集中了来自各个不同方面的人员。通过各种不同声音和观点的碰撞，这种研究往往能够产生和形成一些比较有价值的结论和政策建议。

第四，采用实证性的方法。

教育政策分析的一个非常突出的特点，是它们大多具有十分翔实的材料和数据，或是以某些统计材料和实证调查为根据的。这些材料和数据的确非常宝贵和难得，并且，它们比较系统。也正是由于这种研究报告的实证性，由此得出的结论往往也比较可靠和真实。从另外一个角度说，这些报告中所包含的大量材料与数据，实际上也为其他的教育研究提供了许多十分重要和有价值的借鉴和依据。当然，由于文化的差异，有些材料和数据具有相当强的本土特点，它们反映的也常常是某些国家和地区特定的社会经济发展状况，以及教育改革和发展的情况。所以，在引用和借鉴这些材料和数据时，也应该考虑其在中国的适用性。

第五，理论与实践的结合。

无疑，教育政策分析非常突出和强调现实性与操作性，注重问题的解决和技术，但这并不否定理论的重要性。教育政策的现实性与操作性本身或背后都蕴含了非常深刻的理论基础。当然，如果按照传统的理论标准来评价这种政策分析或研究报告，它们的确可能有这样那样的问题和不足，也确实显得理论性不足。但是，这些研究报告恰恰以它们特有的方式和风格，创造和形成了一种新的理论研究的方式和形态。而且，这种新的理论研究的方式和形态与整个信息社会和知识社会的基本特点也是联系在一起的。它甚至更加鲜明地体现了信息社会的特点，即通过某种新的形式将传统意义上的各种联系进行重新建构，对教育活动的各个领域与因素进行重新分类。其中比较突出的就是所谓传统意义上理论与应用的划分和界限，而且更加强调理论与实践的结合。可以认为，教育政策分析本身所体现的理论研究的方式和形态，正在一定程度上反映了知识社会的这种变化和要求，即能够打破传统的知识分类的逻辑，从教育领域的角度进行研究和分析问题。换句话说，是在一定领域的平台上描述和综合问题，形成一定的系统性，由此构成一个比较专门化的理论。而这种理论具有与传统理论同样的学术与实践价值。

2. 教育智库的建设

教育智库的建设是近年来出现的关于教育政策研究的一种重要形态与平台，反映了教育政策领域的社会参与机制，也体现了教育政策的公共性所具有的广泛的社会基础，以及教育的学术研究对教育政策的关注，进而成为教育政策分析的重要特点。从目前的发展看，教育政策的智库主要有两种比较典型的分析思路与特点。

第一，工具性的分析思路。

所谓工具性的分析思路，指的是主要针对教育政策的实施途径与履行模式进行研究，并且提供相关的政策咨询与建议。这种分析思路的特点是经验性，包括各种实证性的材料、调查问卷的结果、各种定量的数据等等。显然，这些工具性的分析思路对教育政策的制定与实施都具有非常重要的意义，而且特别有利于提升教育政策的精确性与针对性。需要指出的是，由于实证材料与数据本身的经验性，它们往往具有某种情境性与主观性的局限。孤立地利用某些实证材料与数据往往容易导致片面性。所以，这种工具性的分析思路需要特别注重对实证材料与数据的信度与效度的把握，特别是加强实证材料与数据的理论基础，包括对相关历史材料与数据的比较研究，进而为不同实证材料与数据之间的相关性提供科学的依据，并建立更加合理的编码系统。

第二，价值性的分析思路。

所谓价值性的分析思路，指的是对教育政策本身的价值与意义的研究，特别是对教育政策本身的合理性的研究。这种分析思路可以有助于进一步明确教育政策的目标，以及教育政策与社会发展总体目标之间的关系。一般而言，这种价值性分析思路的特点是思想性，包括教育本身的价值导向、社会发展的总体目标，以及人的发展的一般理论，等等。因此，这种价值性的分析思路往往具有某种思辨的特点。实际上，智库（thinking tank）本身的含义与定位也正是基于这种思想性。缺乏思想性，就很难真正体现智库的价值。所以，从思想性的高度与角度分析教育政策，是教育智库建设的基本取向。

第四节　教育政策的需求与供给

教育政策作为一种公共产品，其社会取向的重要形式之一，便是需求与供给的相互关系。教育政策的需求与供给反映了教育活动中政府治理的范围与程度，以及教育活动中的自主性。

一、教育政策的需求与供给的含义

教育政策作为一个社会的公共产品同样存在需求与供给的关系。教育政策的需求与供给具有自身的含义与特点。

1.教育政策的需求及特点

教育政策的需求实质上是教育活动的公共性的某种诉求与体现。同时，教育政策的需求也在一定程度上反映了不同利益相关者对教育的愿望与要求。所以，教育政策的需求常常反映了教育与社会的关系，是教育政策分析的重要对象之一。一般而言，这种教育政策的需求具有两个特点。

第一，多样性。

教育政策的需求往往呈现出多样性的特点，即它们的诉求往往并不是单一的，而是多元化的，反映了不同地区、不同群体，以及不同社会阶层的利益与愿望。而且，这种教育政策需求的多样性还常常表现为某种对立的态势。这是分析与研究教育政策需求时需要特别注意的。

教育政策需求的多样性具有两个非常重要的意义。首先，它是分析与研究教育中各种矛盾冲突的一个十分直接的对象，也是教育研究中诸多社会调查的主要目标之一。社会对教育的各种不同的诉求常常能够非常明显地反映在对教育政策的各种需求中。这种多样性的政策需求是正常的。而且，这种多样性对教育政策的结构性优化与调整也具有一定的参考价值。其次，这种多样性在一定程度上反映了教育政策的准确性与普遍性。如果一项教育政策能够在社会中产生广泛的影响，形成积极的社会动员与普遍的社会参与，那就从某种角度反映了这项教育政策的价值与意义，特别是它所具有的公共性。所以，充分全面地理解教育政策的需求状况，是教育社会学研究中一个非常有价值的任务。

第二，非均衡性。

教育政策的需求及其表达，常常具有一种非均衡性的特点。这是分析教育政策需求时需要特别关注的。显然，在教育政策需求的表达途径方面，社会中存在着客观的不平等。某些社会群体往往具有更多的资源与渠道去反映自身的诉求与愿望，而另一些社会群体，特别是某些弱势群体，以及农村贫困与边远地区的人们，往往处于明显的劣势。由此，在利益表达方面，也形成了某种非均衡的现象。因此，并不能简单地从教育政策的需求规模与力度角度分析社会的真正诉求，而必须从需求主体的角度分析其中的利益关联与类型差异。在社会中往往会出现某些强势群体的声音比较大的现象。尤其是在自媒体的时代，掌握信息资源与网络条件的人，比起其他网络弱势群体，往往更能够也更容易具有更大的表达力量和发出更响的声音。这也是信息社会教育公平中的新现象与新挑战。

2. 教育政策的供给及特点

教育政策的供给是关系到教育治理体系与治理能力现代化的重要问题，是坚持教育方针与发展方向，维护教育公平，促进教育发展的重要工具与途径。合理且有效的教育政策的供给，是一个国家教育发展水平与质量的重要保障与基本特征。

教育政策的供给从根本上反映了一个国家对教育活动的指导与管理模式。由于教育活动本身的复杂性，特别是教育改革的变化，仅仅依靠教育的法律法规是不够的。而教育政策在调整与规范教育活动方面往往能够发挥更主要的作用。不难看到，教育政策供给首先能够很好地满足和体现国家对教育活动的要求与大政方针，适应国家在不同社会发展阶段对教育的要求及其变化。这是教育政策供给的基本任务。其次，教育政策供给还可以及时与合理地满足社会不同利益相关者对教育改革发展的诉求，争取最大限度地体现国家整体利益与不同利益群体的利益之间的共有价值。一般而言，教育政策供给具有以下几个特点。

第一，前瞻性。

如果说经济与产业政策的供给往往具有某种当下与具体的特点，那么，教育政策的供给则并非完全如此。虽然教育政策也必须适应时代发展与老百姓的现实需要，但从整体上看，教育政策的供给往往具有前瞻性的特点。也就是说，教育政策的供给往往需要考虑教育发展的长远需求，而并非追求某种"立竿见影"的效果，更不是简单的"病急乱投医"。这种前瞻性的具体内涵是，它需要考虑某项教育政策在未来具有的效应，进而适应教育发展周期性的特点。因为，某个教育政策的社会效果并不能在短时期内显现出来，而需要较长时间的宣传、动员与展开。教育政策供给中的"朝令夕改"是违反教育规律的现象。这种前瞻性有两个具体表现形式：其一是通过研究与分析，尽可能准确地把握教育改革发展的未来趋势与各种可能性，并以此作为教育政策供给的基本变量，在适当的时间推出和实施，中国的五年规划则是一种非常典型的模式；

其二是某种跨周期的供给，即尽可能从更长的时间维度考虑教育政策的供给，而中国在现代化建设中的时间目标则是一个非常典型的模式。这种前瞻性的政策供给反映了教育活动的内在规律及其发展的稳定性，也体现了国家对教育发展的自信与长远规划。

第二，协调性。

教育政策的供给常常具有一种教育公平的取向，从而维护与推进整个社会的教育的均衡发展。这种协调性并不是单纯的折中或缺乏原则的调和矛盾，而是一种体现教育导向与教育公平的协调与综合。坦率地说，教育需求中的差异是非常大的，甚至是对立的。如何协调这些不同的诉求，是教育政策供给中的一个非常关键的问题。而公平则是教育政策供给的一个基本原则。这种协调性恰恰体现了政府对教育的责任，也是教育政策最重要的社会功能。一般而言，教育政策供给中的这种协调性可以具有两种不同的形态。其一是努力维护教育系统内部各个地区、各种类型、各个层级，以及不同社会群体之间的公平与均衡发展，进而体现教育系统本身的协调。例如，对某些贫困地区教育的支持，对某些弱势群体的扶持，以及在教育资源配置中的某种倾斜，等等。其二是努力实现教育与社会其他方面发展之间的一致性与均衡性，包括教育发展与经济发展、社会发展与科技文化发展之间的协调。这也是教育政策供给的重要目标。例如，在信息社会中充分强调教育优先发展的地位，包括在财政支出、社会经济发展规划以及公共资源的安排等方面，优先考虑教育的改革发展。

二、教育政策的需求与供给的关系

教育政策的需求与供给的关系，其实质是教育活动中政府治理与教育活动自主性之间的关系问题。教育政策的供给并不能充分满足所有的政策需求，而是一种选择性的供给。这也是教育政策分析与研究中的一个非常重要的问题。

1. 政府治理与教育自主性

无疑，教育政策本身体现了一种政府对教育活动的治理。这种治理是必要的，反映了国家对教育活动的导向性，以及对教育公益性的维护，等等。但这种治理也应该是有限的，而不能是无所不包的。众所周知，教育活动作为一种公共性社会活动，具有明显的意识形态的属性，以及很强的公益性或外溢性。它们需要有明确、系统与稳定的教育政策的保障，并且通过持续与及时的政策供给，维护这种导向性与公益性。同时，教育活动作为一种具有自身规律的社会活动，也具有一定的相对独立性，需要按照自身的规律运行和发展。所以，教育政策的供给必须是有边界的。这种边界通常表现为三个方面：国家整体性教育政策的层级性，如国家某些教育政策的制定与实施，往往要考虑给地方政府的办学自主权留有合理与必要的余地；不同教育类型的空间性，如政府与教育管理部门必须充分保障对义务教育的政策供给，而对非义务教育，则在提供政策指导的同时，会更多地尊重教育活动本身的规律；不同形式的教育活动的领域性，如对于某些学校本身的学术性活动，则应该按照教育法律法规的要求，充分尊重学校自身的自主权与学术活动的内在规律，等等。当然，充分保障地方教育与学校办学的自主权，也是国家教育政策的责任。

随着社会与教育的发展，特别是多元文化的发展，教育公平与教育质量对教育政策的要求越来越高，教育政策供给所面临的压力也越来越大。如何合理有效地协调各方面的诉求，平衡不同立场的利益相关者和社会群体对教育政策的需求，已经是现代社会与教育改革发展中一个非常关键的问题，也是教育政策研究的重大课题。由此，科学地认识教育政策的社会功能与供给机制是非常重要的。

教育政策的需求与供给是教育政策分析中的一对矛盾。一方面，随着社会与老百姓对教育的关注程度越来越高，政府和教育管理部门为了更好地主导和引领教育改革和发展，为了保持教育的稳定和有序，总是希望能够充分尊重教育发展的规律，通过各种政策的力量，维护教育的健康发展；另一方面，社会经济发展的现实及其对教育的需求和压力，又往往使得教育管理和政策部门不得不把适应社会经济发展以及人民群众对教育的需求作为政策建设和调整的首要选择，因而也不得不常常为了保证这些需要的满足而在一定程度上放弃了教育活动本身所需要的教育政策的稳定性和有序性，甚至放弃了教育政策自身建设的内在逻辑和规律。显然，这是一个两难选择。如果政府和教育管理与政策部门按照教育活动本身的内在逻辑与规律，希望更加有序地通过政策本身的稳定保持教育活动的稳定与有序，那么，它们往往需要不为某些暂时的和局部的困难与问题所动摇，而坚持教育政策的稳定性，而这在一定程度上必将导致社会对教育的批评，甚至出现一定的不稳定；但是，如果政府和教育管理与政策部门一味地根据社会经济发展以及人民群众不断变化的要求，不断地调整和改变教育政策，尽管可能会暂时地消除某些社会上的批评和人们的不满意，形成一定时期和阶段教育发展的稳定性，但往往会在整体上形成教育发展的不稳定性，并且对于教育的长期稳定发展是非常不利的。而这种矛盾和两难选择也正是研究和分析教育政策供给的一个非常重要的基础和基本框架。

2. 政策供给的分析方法

教育政策的供给机制是教育社会学的一个重要研究领域。它包括教育政策供给的类型分析、数量分析与效应分析，由此反映出供给机制的方向与力度，以及教育政策供给的效果。

第一，类型分析。

所谓教育政策供给的类型分析，主要指的是从教育活动的不同领域或类型的角度分析教育政策的供给，包括义务教育、基础教育、高等教育，以及教师、学生、教育经费等等。这种类型分析能够比较清晰地反映教育政策供给的重点与国家教育改革发展的导向等。在这种类型分析中，管理与教学是两个非常重要的领域。政府作为教育的管理者，为教育活动提供必要和充分的政策供给是它本身的责任与义务，包括对为谁培养人、培养什么人和怎样培养人等给予明确的规定，同时，对地方与学校自身的教育管理提供必要的指导和督导。正是由于如此，教育管理领域的政策供给是非常重要的。尤其是在改革发展时期，这种教育管理领域的政策供给常常是政策供给的主要内容，也是教育政策供给的主要任务。更重要的是，教育管理领域的教育政策供给往往具有指令性，甚至是普遍性的特点。

另一方面，在教学领域，大多数教育政策的供给往往具有一种指导性的特点，而不是指令性的。一方面，根据教育法律法规的相关条款，学科与专业性教学活动往往属于学校办学自主权的范围，需要学校自己根据本身的实际进行调整与规范；另一方面，教学活动往往具有非常强的学术性，它可以允许各种不同的看法与观点，甚至是相互对立的意见，所以，不宜简单地按照某种政策进行统一的规范。尤其是在高等教育领域，教育政策供给的这种类型差异是需要充分关注的。

第二，数量分析。

所谓教育政策供给的数量分析，指的是根据一定时期内不同层级政府或教育管理部门颁布的教育政策的规模与数量，对教育政策需求与供给的关系进行研究。这种数量分析至少包括两个方面。其一，在某一时期内，对某个教育问题或领域内政策供给数量的分析，由此反映教育政策的稳定性与波动性。显然，由于教育活动本身的稳定性与教育政策本身所具有的长周期特点，在某一教育领域中针对某个问题频繁地颁布各种政策是不妥的。它一方面反映了教育政策本身的不成熟，另一方面也说明对教育活动的规律性认识不足，在一定程度上影响了社会对教育的信心与合理的预期。

其二，不同类型教育政策供给数量的比较研究，由此反映教育政策的需求与供给的重点和政府对教育活动治理的力度与对象。由于教育中各领域本身的差异，及其对教育政策需求的不同，在不同领域中教育政策供给的数量常常能够反映出一个国家教育治理的特点与机制。一般而言，义务教育与非义务教育领域中教育政策供给的状况应该是不同的。首先，它们的目标不一样。基础教育旨在提高人民群众和整个民族的文化素质，特别是义务教育，体现了社会和国家的要求，是一种培养合格公民的教育，而高等教育是培养高层次专门人才的教育。其次，基础教育更多地是一种义务教育，而高等教育则是一种非义务教育。最后，基础教育往往更多地具有一种普通性和基础性的特点，而高等教育则常常具有一种十分突出的专业性。显然，这样一些差别也就使得它们对教育政策的需求是不同的。同时，教育管理领域常常是教育政策供给的"大户"，而教学领域则应该更多地尊重学校的办学自主权。

客观地说，教育政策供给的数量分析有两个非常重要的意义。首先，它可以在一定程度上反映某个地区教育活动的总体状况。教育政策的供给数量并不是越多越好，从某种意义上说，政策供给的数量少反而能够说明教育活动的稳定性与成熟。其次，它也能够体现政府管控教育活动的力度。可以认为，教育政策供给的数量越多，表明政府对教育活动的管控力度越大。当然，它也从一定的侧面反映了教育改革和发展的速度之快以及对教育政策的需求是十分强烈的，并且说明了政府在促进教育改革和发展方面的主动性与积极性。尤其在社会的转型期间，政府在教育改革和发展过程中的主导作用是非常必要的。

第三，效应分析。

所谓的效应分析，指的是对教育政策的实施效果以及在社会中产生的反应程度的分析研究。这是教育政策分析的重要任务。某项教育政策的效应，是评价该教育政策最重要的指标。这种效应包括政策目标的实现、政策的动员程度，以及政策所具有的连带效果，等等。教育政策供给的效应分析主要包括两个方面。

首先是政策供给的时空分析。任何教育政策的供给都需要考虑时间与空间的适宜性。所谓时间的适宜性，指的是教育政策的颁布需要考虑合理的时间节点。一般而言，教育政策的颁布时间最好是"青萍之末，微澜之间"，即能够在某种教育问题悄然萌发，但尚未成为一种社会热点之时。一旦某个教育问题成为社会热点，教育政策的实施往往需要更大的成本。所以，未雨绸缪往往是教育政策供给的适当要求。所谓空间的适宜性，指的是教育政策供给必须充分顾及外部客观条件的约束。这些外部客观条件的内容是非常丰富的，包括资源、环境、历史与文化传统等等，但其中最主要的是必须保证教育活动的有序进行，而不能影响教育活动的正常秩序。这是对教育政策供给最重要的约束，也是影响效应的主要因素。

其次是教育政策的履行模式的分析。所谓教育政策的履行模式，指的是教育政策的实施与落实机制。这是影响教育政策效应的一个重要变量。而这种分析的主要关注点是教育政策在履行或实施过程中的变形现象。当然，任何政策在履行与实施过程中都会出现一定程度的变形，这也是教育政策适应不同地方实际所伴生的现象。一般而言，这种履行模式的分析主要关注两个方面。其一是政策变形的边界。适应不同地方实际而进行的合理"变通"是必要的，但任何违背教育政策基本精神与原则的变形都是不被允许的。其二是教育政策本身的"弹性"。换言之，教育政策本身需要有一定的弹性，即需要给政策履行与实施中的合理变通留有一定的余地。而这种弹性的大小则往往需要根据不同教育政策的对象与层级而决定。

需要指出的是，由于个体的成长与教育活动的影响本身具有某种不可逆性，同时，为了有效地控制教育政策在履行与实施中的变形或变通，教育政策的供给往往需要有一个试点的环节。这种试点是保证教育政策合理性的重要措施，是维护教育政策权威性的必要途径，也是提高和保障教育政策效应的有效条件。缺乏必要试点的教育政策供给往往是有风险的。

第 十三 章

教育评价的社会约束

　　教育评价在整个教育活动中具有引领性的作用，教育评价事关教育发展方向，有什么样的评价指挥棒，就有什么样的办学导向。这也是教育界与社会高度关注的领域。所谓教育评价的社会约束，指的是教育评价不仅要遵循教育本身的内在规律，也必须受到社会的约束，成为教育与社会之间关系中一个十分重要的部分与内容。教育作为一种外溢性非常强的社会活动，其发展水平与办学质量必须接受社会的评判和检验。这就是教育评价的社会约束的基本含义。所以，教育评价已经成为教育社会学的一个十分专业化的领域。而教育社会学关于教育评价的研究则突出表现为对教育评价的社会约束的分析。

第一节　教育评价的含义与类型

教育评价是一项非常专业化的教育活动，它具有很丰富的学术内涵以及不同的类型，对教育活动本身具有一种十分重要的导向作用。

一、教育评价的基本含义

教育评价是一种专业性的评价活动，具有自己的特定对象、专门的方法以及独特的形态。教育评价既要遵循学术评价的要求，也必须服从社会评价的特点，并且具有强烈的价值取向。

1. 教育评价的概念

教育评价的概念具有非常丰富的内涵，也可以有多种表达方式，如教育测验、教育评鉴、教育评价、教育评估等等。区分这些不同概念的含义是非常重要的。

第一，教育测验。

它是对学生的学力，包括学习能力、学习成绩及其相关的心理状态进行了解的一种方法。与心理测验着重了解学生的心理能力、个别差异不同，它多用于学校招生、分班、编级工作，以了解学生的实际，还可以用于研究教材教法的改进。教育测验盛行于 20 世纪初期，其主要特点是对学生学习成绩的关注，代表人物是美国教育心理学家桑代克。[①]

第二，教育评鉴。

它是指利用现代可行的评鉴技术手段评量教育宗旨所要求的一切

---

① 颜庆祥，汤维玲.教育百科辞典 [M].台北：五南图书出版股份有限公司，1994：428.

教育效果。1933—1940 年，美国进步主义教育联盟在会长艾钦（W. M. Aikin）的领导下，进行了八年的实验研究。研究者认为，教育测验有很大的片面性，不能反映受教育者各方面的学习效果；教师以教科书为中心所采取的考试方法和测验方式，使受教育者易于养成被动学习的态度，不符合学生的发展和社会需要。因此，他们在对课程内容进行改革实验的同时，特别重视提出一套有别于教育测验的成绩考查方法，并成立了以泰勒为主的评鉴委员会来主持其事。泰勒认为，教育不能只是知识的灌输，要以全面发展受教育者的才能为目标，所以要有一套新的评鉴方法，对教育效果进行全面的判定。①

第三，教育评价（assessment）。

它是对学习者成就潜力与现实成就的测量。对成就潜力的评价可以采用态度测试，或者采用智能或语言的敏锐性的测试。然而，在通常的教育情境中，大多数评价集中在成就测量上。它们可以分为诊断性的（diagnostic）、构成性的（formative）、自比性的（ipsative）或者总结性的（summative）。②而《格林伍德教育词典》对教育评价的定义则为用于更好地理解某个学生掌握的相关知识的任何方法。这种评价可以影响分级、进步、地位与教学需要，以及课程的决策。收集的信息可以包括社会的、教育的、心理方面的观察，以便于确定某个个体的优点与弱点。这种方法可以用于收集与解释关于学生、学校与项目的信息的方法与程序，可以用于评估、评价与认证。③assessment 的词根来自拉丁文，意思是"to sit by"，即陪伴，涉及教师与学生坐在一起，并且发现学生的反应。而现在教育评价则与考试联系在一起，并且通过百分比、等级或分数等量化工具，对学生进行分类。④

---

① 颜庆祥，汤维玲.教育百科辞典 [M].台北：五南图书出版股份有限公司，1994：429.

② Wallace S.Oxford dictionary of education[M].Oxford:Oxford University Press,2009:15.

③ Collins J W, O'Brien N P.The Greenwood dictionary of education[M].New York: Greenwood Press,2003:29.

④ McCulloch G,Crook D.The Routledge international encyclopedia of education[M]. London:Routledge,2008:37.

第四，教育评估（evaluation）。

这是在各种不同的证据中，根据相关学习者的观点与回应，对科目、课程或学习项目的有效性的测量，它们构成了课程或科目对学习者成就水平形成的影响的质性的证据，以及定量的评价。在为了质量保障的制度化目标而实施的正式评估中，教师常常被鼓励去评价他们自身在计划、教学、评价中的表现，并且被支持通过对自己专业实践的反馈过程进行学习。[①] 而《格林伍德教育词典》则认为，所谓教育评估，是指"对某个特定的教育项目的执行过程和结果的系统的调查，与'项目评价'是同义的。这种调查要回应问责，帮助决策，引导项目发展和计划，并且服务研究。在项目评价的意义上，现行的教育评价强调综合性，以及超越单纯依靠定量分析的自然的方法论"[②]。

这里，关键是教育评价与教育评估两者的关系。从各类工具书的表述看，评价指的是对学习者学习活动的评价，而评估指的是对各类教育机构本身及其提供的教育服务与教育项目等的评价。但国际上对此仍然存在不同的看法。一种观点认为，"评估是一种与评价完全不同的过程。当学生的成就能够被评价时，它反映了过程的有效性，这个过程能够有助于学生的学习，而这种学习正是评估的重点。尽管这可能包括使用作为某种证据的成就的评价数据"[③]。但在有些文献的表述中，这两个词又常常是交叉的。例如，"评估（evaluation）经常与所有学生测验的形式是同义的，……在某些专业文献中，评估与评价（assessment）也是可以互换的"[④]。在中国教育评价的文献与政策中，也存在两者合一的现象。因此，在本书的讨论中，暂且将两者统称为教育评价。

---

① Wallace S.Oxford dictionary of education[M].Oxford:Oxford University Press,2009:96.

② Collins J W, O'Brien N P.The greenwood dictionary of education[M].New York: Greenwood Press,2003:130.

③ 同① 15.

④ 同②.

　　教育评价的对象是非常多样化的，它是一个内容非常丰富的概念。它既包括国家设立的某些全国性的教育改革与发展的重大项目，各级教育行政管理部门支持与管理的某些宏观或中观的教育研究项目等，也涉及学校的课程建设与教育；它既指的是对地区教育规划与管理工作的评价，以及对不同学校办学水平的评估，也关系到对教师教育教学质量的评价，以及对学生学习结果与进展的评价，等等。所以，教育评价是一种内涵与外延都非常广泛，对象十分复杂的教育活动。在现代社会与教育发展中，教育评价是整个教育体系与教育活动中一个越来越重要的环节，对教育质量具有非常直接的影响。

　　在教育评价的内涵中，包含了一个非常关键的要素，即"教育的评价研究"或"教育评价研究"。它指的是一种具有研究与探索特征的教育评价活动，或者说，教育评价与教育研究具有非常密切的关系。这种教育的评价研究与教育评价的复杂性是密切相关的。因为，评价对象的差异性、变量的复杂性，以及时空条件的多样性等等，使得教育评价本身具有了一种内在的研究性。同时，在社会转型与教育变革时期，这种"教育的评价研究"，则指的是对教育的"某个创新、动议，某项政策或某个项目的价值、优点，以及重要性进行系统的评估和调查。在测量某个创新的价值和重要性时，评价常常用以衡量某些有争议的干预或动议的'有效性''效果''效率'或'影响'"[①]。

　　总之，教育评价是教育活动中非常重要的环节，也是一个非常复杂的环节。重要，是因为它在教育活动中具有一种"牛鼻子"的引领与导向功能；复杂，是因为它所涉及的对象、变量和边界条件比较多，而且，这些变量之间的相关性也是模糊的。它需要严格的程序与规范，也具有很强的学术性。更重要的是，教育评价又是一种价值判断的活动，具

---

① McCulloch G,Crook D.The Routledge international encyclopedia of education[M].London:Routledge,2008:237.

有一种很强的主观性与时代取向。①

2. 教育评价的特点与关键词

在认识与理解教育评价时，有几个非常重要的特点与关键词需要被给予特别充分的关注。

首先是决策与问责的根据，即由此检验某些教育服务、教育政策、教育改革的举措，某个教育项目，或者是某种教育教学方法的实施是否达到了预期的目标，并且通过预期成效与实际结果的比较，发现存在的差距，分析其中的原因以及责任的归属，寻求解决问题与改进的方法，等等。由于教育是国家公共财政非常基本的支出领域，关系到人民群众的根本利益与国家的战略目标，因此，教育评价在问责方面的作用显得越来越重要，甚至在一定程度上成为资源配置的根据与政府相关部门的重要政绩之一。所以，无论是政府的决策，还是学校本身的改革、教师的教育教学，等等，都需要通过教育评价进行检验与证明，进而总结经验，发现规律，认识问题，因而教育评价是教育活动十分重要的一个环节。所以，教育评价本身具有非常强的导向性与目标约束的功能。这种导向性要求教育评价必须遵循严格的程序与科学的方法，占有大量翔实可靠的材料与数据，尽可能得出具有说服力和公信力的结论与建议。它不仅是对教育活动的结果进行分析与判断，同时也是反映教育活动实际状况的有效工具与手段，能够为教育实践提供经验与科学的依据。由于教育活动及其相关政策的效用常常涉及非常复杂的边界条件与变量，因此，如果要比较准确客观地对某项教育活动与政策给出恰当的判断，包括实际的状况、取得的成绩、存在的差距、发展的趋势，以及潜在的问题与风险，等等，就需要对教育活动的现实进行认真仔细的观察与经验性的了解，同时也必须秉持科学的态度与严谨的程序方法，提供解决问

---

① 参看：McCulloch G, Crook D. The Routledge international encyclopedia of education[M]. London: Routledge, 2008: 236. 该百科全书将评价分成不同的类型，其中两种基本的类型是：民主型（democratic），或者称为参与型（participative），相对于非民主型（non-democratic）；科学型（scientific），或者称为实践型（experimental），相对于自然主义型（naturalistic）。

题的方法，以及实事求是与经得起历史检验的判断。

其次，教育评价具有非常重要的选拔功能。社会通过教育评价，对人们的不同素质、特长与发展取向进行某种定位或指向，进而实现教育的选拔功能，并由此形成不同的教育结构与布局。这也是教育评价非常重要的社会功能。尤其在中等教育与高等教育实现普及化以后，教育过程中的分流逐渐成为学生发展中的重大事项。这种分流主要表现在两个方面：其一是中等教育过程中初中到高中的分流，集中体现在普通教育与职业教育的分流；其二是高中教育到大学教育的分流，主要表现为学校、学科与专业的分流。在教育发展进入普及化阶段后，教育评价的选拔功能愈发显得突出与重要。由于这些分流关系到学生的发展前途，以及利益相关者的直接利益，所以，针对教育分流中的各种问题的批评往往越来越多，而且常常集中在教育评价方面，特别是某些具有高度选拔性的考试，或者所谓的标准化能力测试。[①] 无疑，社会经济发展需要不同类型与特点的人才，教育也需要培养不同类型与层次的人才。而教育评价正是根据学生不同的素质与性向对他们进行分流的重要机制与方式。这是近年来教育评价受到广泛关注的重要原因，也是教育评价的社会约束的重要机制之一。

再次，教育评价是教育不断适应和满足社会需求，以及为人民群众行使自身教育权利与进行学习选择提供的一项必要的社会服务。显然，随着教育的普及化，教育逐渐成为人们十分重要的一种权利，从某种意义上说，甚至成为人们的一种义务。特别是教育本身经济社会功能与价值的提高，使教育在某种程度上已经成为人生非常重要的一种投资活动。社会公众与人民群众，特别是利益相关者有权知道教育的改革发展情况，以及与其相关的各项教育活动的效果与进展等信息。而政府和教育机构在帮助人们履行教育权利与实施教育投资的过程中，也有责任为社会和利益相关者提供必要且充分的信息，反映教育的实际状况与特点，以及

---

① 哈里楠.教育社会学手册［M］.上海：华东师范大学出版社，2004：402.

关于不同地区和不同学校的办学质量、不同学科的发展地位、教师队伍的水平等方面的数据。从某种意义上说，某些反映学校办学质量与水平的"排行榜"，也正是从某个侧面体现与适应了社会发展对教育的这种需求。从教育适应社会发展与人民群众的要求，提供人民满意的教育来看，教育评价必须为社会和人们提供这样的服务。显然，社会发展的新特点与人民群众对教育的这种新需求对教育的改革发展提出了非常高的要求。教育评价必须科学合理地反映教育发展的各种差异与特点，做到既能够适应社会与利益相关者的需求，又能够很好地引导教育本身的发展。

最后，教育评价本身包含了一定的风险，是非常容易引起争议的一种教育活动。这也是教育评价的一个比较鲜明的特征。一方面，由于教育活动本身具有长周期的特点，某些教育项目的客观成效与价值常常很难在短时间中反映出来，也不容易在某个单一的局部表现出来，有时甚至会出现"有心栽花花不开，无心插柳柳成荫"的现象；另一方面，社会公众与某些利益相关者往往缺乏必要的耐心，对教育项目的结果具有一种"立竿见影"的期望，甚至有些教育管理者也对教育改革发展抱有一种直接的因果关系的逻辑，希望能够很快地得到某种十分明确的结果。同时，教育对人的成长的帮助，以及对社会发展的影响和贡献，常常具有一种比较模糊、难以量化或者实证的特点，甚至有些"说不清楚"；而社会公众与某些教育管理者却总是希望教育机构尤其是学校或者教育评价部门能够拿出某些可以量化的结果或变化，或者简单地以某种计量化的方式表达教育评价的结果，等等。更重要的是，评价标准的同一性与评价对象的差异性的矛盾，评价本身的阶段性特征与学生成长的连续性之间的矛盾，以及教育评价与选拔之间界限的模糊性，等等，也都常常容易造成评价的失误。这样的矛盾与张力往往在一定程度上导致教育评价活动的变形，甚至是形成错误的结论与导向。所以，通过恰当的方式，建立必要的避险机制，减少教育评价中的误判与错判，或者是某些不够严谨的结论，进而减少对教育改革发展产生的负面影响，也是教育评价中需要特别关注的问题。而坚持教育活动以及教育评价本身的规律也成为直接影响教育评价质量的重要因素。同时，教育评价的这种风险性也是对教育工作者耐心与意志力的磨砺与考验，它要求教育工作者能够具有一种勇气，能够排除某些干扰与诱惑，使得教育评价的结果或结论能够经得起实践与历史的检验。这也是教育专业化水平的一个重要标志。

为此，教育评价有三个非常重要，且具有高度共识性的关键词：第一是教育评价中证据的充分性（sufficiency），这种充分性要求评价的判断有足够充分的根据；第二是教育评价的有效性（validity），即教育评价的效度，特别是所选择和建立的评价指标或编码系统，能够有效地反映它所测量的对象；第三是教育评价的可靠性（reliability），这种可靠性要求教育评价的结果能够进行重复检验，并且可以得出同样的结论。

3.教育评价的价值取向

教育评价具有非常明显与客观的导向功能，因而鲜明的价值取向是教育评价的基本特征之一，也是教育评价本身的基础。每个国家和民族都是按照自己的政治要求与文化传统来培养人的，所有的教育活动都是在服务自己国家与社会的发展中发展的。任何国家也都要求培养能够接受与认同自身意识形态与民族文化的建设者和接班人。古今中外，概莫能外。教育评价的这种价值取向，体现为在各种教育活动中突出德育的地位。

关于德育在教育活动及其评价中的地位，有各种各样的说法，包括"德育为先""德育为本""德育为首"等等。而"立德树人"则是非常恰当的一种表述，体现了教育评价中价值取向的引导功能与教育活动表述的内在逻辑。对此，古今中外著名的教育家都提出了十分明确的观点。例如，德国教育学家赫尔巴特就非常明确地指出，"德行是整个教育目的的代名词，它是一种内心自由的观念，将在一个人身上发展成为根深蒂固的现实"[1]。王国维在《论教育之宗旨》一文中指出，"古今中外之哲人无

---

[1]　赫尔巴特.教育学讲授纲要[M].北京：人民教育出版社，2015：9.

不以道德为重于知识者,故古今中外之教育无不以道德为中心点"[①]。司马光在《资治通鉴·周纪》中十分明确地说道:"才者,德之资也;德者,才之帅也。"杜威在《德育原理》一书中也非常确切地指出,德育与教育过程是同一的。他甚至认为,广义地说,道德就是教育,等等。可以说,没有德育,就没有教育;德育搞不好,就是教育最大的失败。

德育在教育评价中的价值取向主要表现在三个方面。首先,德育与道德发展对学生的成长具有非常重要的导向功能。中国传统文化非常重视道德素养的重要性,所谓"才者,德之资也;德者,才之帅也",恰恰反映了德育的这种导向性。它直接影响儿童与青少年学生成长和发展的方向,提供了他们在成长过程中分辨是非的原则与标准。在现代信息社会中,面对社会中的各种不确定性与越来越多的选择,包括鱼龙混杂的信息等,德育的这种导向功能显得愈发重要,它旨在为学生扣好人生的"第一粒扣子"。

其次,德育是儿童与青少年学生教育活动中影响最深远的教育,能够伴随人的成长,影响和贯穿于人生的始终。而且,这种道德意识以及相关的德性可以制约人的发展。中国有一句俗语"三岁看大、七岁看老",说的正是这个道理。虽然这里的"三岁""七岁"只具有象征性的含义,具体的年龄往往会有所变化,但它充分肯定了早期道德教育的重要性。因为,这里所谓的"看",看的并不是儿童和青少年学生的认知发展水平或其他素质,而是他们的道德发展水平与性格特征。这种德性与性格常常制约了人的其他方面的发展,而且伴随人的一生。对此,国际有关实证性研究也充分证明了德育及个体早年道德品质与德性的养成对人生发展的这种价值,进而说明了教育评价中德育的价值取向。由此可见,德育是教育评价中最根本的价值取向。抓住了德育,就抓住了教育的"龙头",把握了整个教育的方向与关键因素。德育是教育质量最主要的内涵,是教育评价最根本的观测点。

---

① 王国维.王国维作品精选集[M].太原:山西人民出版社,2020:384.

　　最后，德育与道德发展是影响儿童与青少年学生全面发展，包括认知水平提高的最重要和根本性的因素。这是教育基本理论中非常重要的内容，是教育活动的诸多内生关系中最根本的方面。显然，影响儿童与青少年学生发展的变量与因素是非常丰富且复杂的，包括资源的投入、教师队伍的素质、教育管理的水平、课程教材的建设，以及社会方面的支持与参与，等等。但需要非常清醒地认识到的是，德育，或者学生道德品质的培养与养成，包括学生德性的发展与性格的形成，是促进儿童与青少年学生全面健康发展最根本和内在的因素与变量。当然，这种德育并不是一种空洞的说教，也并非与各种学科教学没有逻辑关系的知识传授。它应该是渗透在学校教育的规律与学科教学中的活生生的德育，是贯穿在儿童与青少年学生发展之中的鲜活的指导与帮助。大量丰富的实践经验已经充分证明，无论在学校，还是在家庭，那些具有较高自觉性与自制力的儿童与青少年学生，往往都是发展比较全面，认知水平与学习成绩比较好的学生。换言之，学生的自觉性与自制力和他们的全面发展及认知水平之间的相关性，明显地高于其他变量与学生发展及认知水平之间的相关性。[①] 而这种自觉性与自制力，恰恰是道德品质与德性的表现，是道德素养的基本特征。如果说法律的主要特征是他律，而这种自律则是道德的主要特征。这种自觉性与自制力的培养和发展正是德育

---

① 所谓"10000 小时练习"的说法，即只要大量练习做任何事情——吹长笛、解方程、流畅地写作——你就会变得更好。要想跻身任何领域的精英行列，实践必不可少。但这并不意味着大量、专注的练习本身就可以弥合那些仅仅擅长某事的人和真正伟大的人之间的差距。1993 年，佛罗里达州立大学心理学家埃里克森及其同事进行了一项研究，要求被分为三个不同等级的小提琴手估算自己当时积累了多少练习时间。最高级别的小提琴手，估计（在 20 岁时）平均约为 10000 小时，高于其他两个较低水平组别的平均值。该研究和其他一些研究已被作为刻意练习在成功中的重要性的证据。在这条规则成为一种文化基石后，埃里克森自己"踩下了刹车"。埃里克森在 2013 年写道，一定程度的练习会自动使某人成为专家的想法是"在互联网上流传的简单化观点"。此外，有研究也挑战了这一"神话"。在 2014 年的一项研究中，心理学家们分析了 80 多项跨领域的表现研究，包括体育和音乐。他们发现，刻意练习最多只占差异成因的四分之一左右。

十分重要的内容，也是儿童与青少年学生成长与全面发展的规律，是教育的基本规律，因而也是教育评价的价值取向。

教育评价的价值取向就是立德树人。真正高水平的学校，必须是善于开展德育的学校；真正优秀的教师，必须是精通德育的教师；真正高质量的教育，必须具有高质量的德育。

二、教育评价的主要类型与方法

教育评价的类型与方法是非常丰富的。针对不同的对象，可以有不同的评价类型与方式办法，包括学校评估、学科评估、教师评价、课程评价、项目评价等，以及定量的方法、定性的方法，历史的方法，所谓同行评议的方法，等等。在这些不同类型与方式的教育评价中，社会约束的力度与方式也是不同的。这里主要介绍分析结果评价、过程评价、社会评估，以及教育的质量认证。

1. 结果评价

所谓的结果评价，在教育上亦可以称为"终结性评价"，是指在学习任务或者活动结束后，评价和决定学生学习的最终结果，包括对分数和作品的评议等。它有时被称为"关于学习的评价"，简称"AOL"（assessment of learning）。需要指出的是，从学生学习评价的角度看，这里所谓"关于"的含义，也已经超越了单纯对分数或学习成绩的客观记录，而是更加强调对学生分数或学习成绩及其变化的某种主观的价值判断，突出的是对学习成绩的变化及其原因的分析。当然，针对不同的评价对象，"结果"的含义也是非常不同的。例如，对学校办学水平的评价、对教师教育教学的评价、对学科与专业建设的评价，以及对课程的评价等等，"结果"的内涵都是不一样的。这种"结果"的内涵反映了教育本身对特定教育活动的一种目标要求，也体现了社会发展对教育活动的一种期望与需要。从某种意义上说，结果评价中关于"结果"的规定，也就包含了教育评价的标准或基本指标。

显然，这是在教育活动中最常见的一种教育评价，也是内涵十分丰富，且很容易让人产生误解或被简单化的一类教育评价。其中，至少包含了两种可能。首先是对"结果"的误解或简单化认识，即单纯将具有实证性或者可量化的表征作为结果，其中最简单的就是以考试分数或学习成绩作为结果，殊不知教育的结果可以呈现为各种不同的形态，包括不同的艺术作品、劳动的成果、体育的成绩、行为方式的变化，以及意志品质的提升，等等。特别是教育的结果，尤其是儿童与青少年学生通过教育而获得的成长与变化，有很多是看不见、摸不着的，具有隐性或模糊的特点，甚至是不可实证与量化的。其次是将教育评价中的优秀简单地与少数等同起来，将教育评价的选拔功能单一化。换句话说，在许多人的潜意识里，优秀往往与少数联系在一起。这实在是一种非常大的偏见。其实，优秀也同样可以与多数联系在一起。关键是评价标准的数量问题。显然，如果只有单一的评价标准，优秀只能是少数人的权利；而如果能够有更多的评价标准，则可以有更多的途径让人们优秀起来。而这种评价标准的多元化则需要超越单纯认知或学术本身，能够更多地考虑与尊重学生本身的实际和社会发展的需要。

结果评价的改进方式与路径是多种多样的。这种结果形态的多样性至少可以有三种形式：首先，它不能仅仅根据某种单一的评价标准及其结果进行判断，而是能够尽可能参考各种不同的评价标准或模式，进行适当的比较与分析，由此得出比较全面的看法；其次，它不能单纯依据某一次的评价结果或成绩进行判断，而应该尽可能有一个较大的时间跨度，特别是要看多次的表现与成绩，从变化中发现与进行评价；最后，它不能凭借在某单一空间的表现而进行判断，或者说，对于一个教育项目的得失成败，往往需要对不同场合中的效果进行比较才能够得出恰当的结论。

不难发现，结果评价的质量往往与两个变量具有非常密切的关系。首先是学校教育中作业与试题的设计对于结果评价的改进具有非常直接的意义，而且是其中十分重要的实现形式之一。一般而言，封闭性的结构化的作业与试题由于其答案的唯一性，而可能只体现出少数人的优秀与个别人的拔尖。而开放性的非结构化的作业与试题则由于允许答案的多样化，而能够产生更多的优秀者。结果评价的这种差异不仅缘自教育本身的不同，而且反映了不同社会经济体制与社会形态对教育的要求。根据有关国际机构的调查与比较研究，计划经济体制中教育机构的作业与试题更多地具有某种封闭性与结构化的特征，而市场经济体制中教育机构的作业与试题则往往更多地具有开放性与非结构化的特征。显然，这种差异与不同经济体制对人才的要求相关，反映了不同社会对教育评价的影响与约束。[①] 其次是结果评价与评价对象的关系。换言之，结果评价中的"结果"，应该根据评价对象为其特定服务对象提供的教育产品与服务质量来评价。显然，不同的教育活动具有各自的定位，指向不同的服务层次与对象，因而其结果也具有了不同的意义与价值。高层次教育活动的结果并非一定是高质量的；而低层次教育活动却由于能够为特定的教育对象提供高质量的教育产品与服务，而获得较高的评价。这种现象也反映了教育评价的社会约束。

2. 过程评价

所谓的"过程评价"，亦可以称为"形成性评价"，主要指在教育教学过程中评价者把握评价对象，例如教师评价学生的进步，提供即时反馈指导学生，调整他们的努力方向，或者澄清错误的认识。人们越来越多地把这种过程评价或形成性评价称为"促进学习的评价"，简称"AFL"（assessment for learning）。从学校教育评价的角度看，这种"促进"的主要特征包括：让学生明确学习目标，并规定成功的阶段性标准；在学习过程中对学生学习的进步进行及时的评价；通过口头与书面反馈使学生能够了解他们已经取得的成就以及如何继续在学习中进步；学生要参与同伴评价及自我评价；教师与学生要为在教室中创造成功的氛围而共同努力。一般而言，这种过程评价包含三个非常重要的环节或因素。

---

① 参看《1996 年世界发展报告：从计划到市场》（中国财政经济出版社 1996 年版）中的有关介绍和论述。

第一，证据。

所谓证据，指的是学生的学习成绩、考试成绩，或者完成某些任务和作品的情况。其中，最直接的形式就是分数，或者各种不同的成绩等级。这是教育评价的依据之一。这种评价证据的特点是现实性，它能够比较客观地反映学生认知发展所达到的水平，以及在某些科目的学习中的现实表现。需要指出的是，将学生的成绩定义为他们在正式测试和测试过程中的能力水平，是一种简单化的表现。简单地说，教育的结果是一种证据。

第二，判断。

过程评价中的判断，指的是对学生的发展和进步，包括他们在学习不同科目中的优势与短板所进行的判断。这种判断并不是单纯根据教师的要求或者是某种标准的答案做出的，而是根据两个基本的参照系做出的：其一是横向的比较，即与其他学生的比较；其二是纵向的比较，即考察学生的进步与变化。在教育评价的判断中，后者应该是主要的，它强调参考某个学生以往的学习成绩或分数，以及与当下分数或成绩的比较。这种判断在过程评价中是一个非常关键的环节，而且体现了一种对结果的认识。

第三，结论。

所谓结论，则是根据对学生在某个科目或领域中的分数或学习成绩的判断，对下一步的学习提出的调整和改进的意见与具体措施，包括应该采取的某些实际的行动等，由此建立起新的办法与所期望的学习成绩之间的因果关系。这种结论必须是建设性的，而且能够有很好的操作性。

过程评价的这三个环节或因素是缺一不可的，它们构成了一个完整系统的评价过程。而且，它们与上述结果评价也是联系在一起的，是对结果评价的一种延伸与拓展。在这种过程评价中，恰当地认识学习者学习过程中的阶段性是非常重要的。其中包括从消极经验的产生，到积极经验的形成与发展。而这种学习过程中的阶段性，恰恰从个体发展的角度呈现了一般社会发展中分化、冲突、适应和整合四个不同却又相互衔接的阶段。在过程评价中，必须准确恰当地分析评价对象的成长处在什么阶段、具有什么相应的特点，以及它与其他阶段的联系，进而根据这个阶段的一般特点对评价证据进行判断与得出结论。由此也体现了社会发展的阶段性规律对教育评价的约束与指导。

过程评价中的判断与结论是非常关键的因素。一般而言，做出关于证据的判断与结论主要有两种路径。其一是增值评价。所谓的增值评价，亦可以称为"成长幅度"的评价。这种增值评价的基本思路并不是简单地看当下的结果，而是从历史与发展的角度看评价对象的进步与变化，或者说，从变化或进步出发对证据进行判断。这种增值评价体现了一种发展性的评价思路与辩证的评价方法。它强调的并非一时一事的结果与证据，而是能够从发展与变化的角度对结果或证据进行判断。因此，增值评价往往能够更加有效和准确地判断评价结果的意义与反映评价对象的变化。增值评价的重要特征之一是对评价对象的纵向比较与分析。

其二是综合评价，即根据评价对象各个方面的表现与成绩，进行综合分析与判断，进而给出恰当的结论。尽管综合评价重视指标与数据的广泛性，但它的抓手仍然是"综合"，即如何把各种不同的数据与指标"合"起来，进而尽可能准确地反映评价对象的主要特征。而体现"综合"的关键词是"高度关联性"，即能够在众多数据与指标中找到或发现牵一发而动全身的核心指标或特征，或者是具有某种提纲挈领功能的具体指标或特征。发现与寻找这种具有"高度关联性"的指标或特征的方法主要有两种：一种是聚类或合并同类项的办法，即尽可能找出各项指标中的共同特征；另一种是优先性的办法，即在各项指标或特征中发现那些对证据的影响居于优先地位的因素。与增值评价相比较，综合评价具有一种横向的特征。

3. 社会评估

所谓社会评估，指的是某些重大教育项目的立项过程中的评价环节，通常在项目最后立项之前进行，并作为立项决策的重要依据。这种社会评估如同技术、经济与环境评估等一样，也是影响若干重大教育项目能否立项的重要控制性变量，是教育评价中越来越重要的形式之一。一般而言，教育评价中的社会评估的主要目的是分析教育项目的实施对教育社会功能或社会效益的影响，特别是对项目的利益相关者或社会群体的社会公平的影响，所以，在教育改革与发展中具有非常重要的意义。特别是涉及全局性或长期性的重大教育项目的立项，包括教育中长期规划的制定，以及具有广泛影响的教育政策的制定等，通常都需要经过这种社会评估。

一般而言，教育活动的社会评估主要由某个具有相对独立性的第三方进行。它们可以根据教育项目的立项宗旨与执行者的可行性方案，选择具有广泛代表性的样本群体，进行问卷调查或其他形式的访谈，尽可能收集各个方面的意见与想法，反映不同利益群体的要求，包括期望、忧虑与诉求等等。由此对该教育项目能否真正实现立项宗旨，会不会造成社会的不公平，或者影响一部分社会群体的利益，提供专业性的评价意见，并且成为该教育项目能否最后立项的重要参考依据。

教育项目的社会评估的最主要目标是保障与评价教育的社会效益，特别是实现教育公平。这也是教育项目社会评估的主要意义与价值。尽管教育项目也有技术与条件的可行性、经济方面的成本约束，以及环境等因素的限制，等等，但保障与促进教育公平是社会评估最主要的功能。这种社会评估关注的教育公平通常集中在两个方面。首先是检查与评估教育项目的投入资源能否得到公平的配置。由于这类重大教育项目在地域与利益相关者方面常常具有非常大的覆盖面，所以，受益面广与受众量大常常是这种教育项目资源配置的基本要求之一。它至少能够保障有更广泛的社会群体与成员可以享有合法的权利、获得教育资源的支持。尤其是社会经济发展水平比较低的地区，以及社会的弱势群体，必须是社会评估特别关注的对象。这种资源配置的公平常常表现为两种类型：一是义务教育项目资源配置的公平。这种公平是一种分配性的公平，它的基本特点是，无论项目相关地区与受众之间存在什么差异，必须在资源配置上达到同样的标准与水平。而且，更重要的是，这种资源配置的公平必须是由政府来保障的，甚至是受到法律法规约束与限制的。这也是社会评估的重要依据。二是非义务教育项目资源配置的公平。这种公平是在政府监督下的争取性的公平，如对某些国家长远战略规划的重点项目或某些特殊项目的支持等等。它的基本特点是，政府或项目主管部门必须制定公平、公开与合理的程序，保证不同的教育机构或社会群体能够具有公平参加项目与资源竞争的权利，而不是由政府或主管部门直接分配项目或相关资源。这种程序性的公平也是社会评估的重要对象。

其次，社会评估必须检查与评估教育项目所产生的预期效益是否能够在相关社会群体，乃至整个社会中得到公平的分享，从而增进整个教育的发展与全社会的福祉。这是教育本身的外在性特征所要求的，也是社会评估的重要任务与对象。即使是某些竞争性的教育项目，所产生的效益也必须能够让全社会公平分享，能够促进整个教育水平的提高，以及通过某些重点项目的支持，提升国家教育的竞争力，进而带来广泛的社会效益。

不难发现，教育项目的社会评估是教育评价的社会约束的重要体现形式之一，也是教育外在性的重要实现途径之一。所以，教育项目的社会评估必须始终坚持教育评价的社会约束，以教育的社会效益作为评估的基准与依据，进而促进教育的发展。

4. 质量认证

教育机构与项目的质量认证是教育评价中一种被越来越广泛使用的形式，非常典型地反映了教育评价的社会约束，受到越来越广泛的接受与认可，并且正在成为非常具有权威性的质量保障方式。教育质量的认证涉及两个非常基本的概念，即信用与认证。

所谓信用，指的是在得到或提供货物或服务后，并不立即而是允诺在将来支付报酬的做法。而教育信用则指的是学校或其他教育机构因能够履行自身的诺言而取得的社会信任，是学校或其他教育机构通过长时间办学而在社会与教育领域中积累的信任和诚信度，是难得易失的；它是存在于学校与社会之间的一种相互信任的社会关系。这种体现教育对社会与利益相关者的某种承诺的信用具有特别重要的意义，因为教育是一种社会预期的委托（并非当场"交货"），特别需要获得一种信用。然而，由于教育本身的特点，以及教育质量本身的复杂性与教育评价的多元化，教育质量很难在社会上取得必要的共识，甚至在教育领域内也常常受到各种质疑，由此也很难在社会与公众中形成必要的口碑。虽然学校自己也能够通过各种方式做出相应的承诺，但往往不容易得到社会、公众，以及劳动力市场等方面的信任。所以，在现代社会中，建立教育与学校的质量信用是促进教育与社会良性互动与相互支持的非常重要的途径。

而认证恰恰是获得信用的基本途径与方式。所谓质量认证，指的是一种信用保证形式，它通常由某个领域和行业的权威人士、相关专家与特定的利益相关者组成的权威性认证机构实施，通过一系列非常严格且具有实证性方式的检验，证明产品、服务、管理体系符合相关技术规范的强制性要求或者标准的合格评定活动。而教育认证正是这样一种获得教育质量的社会信用的重要方式。它是"一种程序，由此某个权威性机构正式地认可机构或个体具有资格从事某种任务。在教育中，这种认证过程通常是让教育机构自己去接受外部的调查，并且满足质量保障的标准。这种认证机构可以是地方或中央政府的部门，或者是一个有资格的机构、一个专业性的委员会……。为了获得认证，教育机构将正式地提供非常清晰的证据，表明培养的过程、课程、评估、质量，与相关法律的一致性，以及对持续改进的相关措施与策略的安排。一般而言，认证机构常常定期地，如三年，对课程进行认证，而教育机构则必须接受考察"[①]。由此可见，教育质量的认证中有两个非常关键的因素。首先是认证机构的权威性，它可以是政府部门，特别是政府教育管理部门，也可以

[①] 参看：McCulloch G,Crook D.The Routledge international encyclopedia of education[M]. London: Routledge, 2008.关于教育认证的内涵与定义还可以参考 Wallace S. Oxford dictionary of education[M].Oxford:Oxford University Press,2009.

是具有权威性的专业性机构；其次是某种规定的质量标准，这种质量标准是得到政府或相关行业部门认可的，是具有社会共识的。当然，从教育质量的认证对象或类型来说，教育质量的认证可以包括宏观与微观两类。宏观的教育质量认证主要指的是对学校或其他教育机构的整体办学水平与质量的认证。它是比较全面系统的，关系到整个学校在社会或行业领域的声誉与认可度。微观的教育质量认证主要指的是对学科、专业或课程的认证。它往往具有非常强的专业性，而且，对相关学科与专业的社会认可，包括吸收优秀的生源与毕业生的就业等，都具有十分重要的意义。以往，教育质量的认证常常局限于教师教育或某些课程，如今，已经扩大到越来越多的学科领域，并且成为教育全球化与质量和学分互认过程中十分必要的环节。

显然，这种教育质量的认证是非常重要的，它对进一步提高教育质量与办学水平，促进教育与社会之间的相互支持，改善教育管理都是非常重要的。总体上看，由于这种认证本身具有非常严格的程序和标准，在一定程度上有助于提高专业建设的规范化程度和质量，帮助教育机构获得社会的认可，对劳动力市场聘用合格的毕业生提供指导与参考，并且引导家庭与学生选择满意的专业与课程；它可以给学校和学院带来可靠的信誉和更多的资源，帮助人才培养机构建立健全有效的质量体系；同时，有助于促进教育质量保障体系的建设，节约大量评估费用；而且，政府与教育管理部门可以将质量认证制度作为提高教育质量的重要手段。所以，实行教育质量的认证制度是国家保护学生与学校及利益相关者的有效手段，是促进国际交流的有效途径，能够更好地提高教育与人才培养在国际上的竞争能力。

第二节 教育评价与教育质量

教育评价与教育质量具有非常直接的关系。一方面，教育评价就是教育质量的保障机制之一，是维护与提升教育质量的机制之一；另一方面，教育质量又是教育评价的基础，教育质量的内涵与变化制约了教育评价的标准与方式。没有教育质量，就没有教育评价。

一、教育质量的含义

教育质量常常是一个见仁见智的概念，在教育领域中很难形成共识，在某些教育工具书中甚至没有教育质量的词条，它涉及很多的因素与变量。但有一点是肯定的，即教育质量在很大程度上是由社会因素决定的，因而是教育社会学研究的一个重要对象。

1. 教育质量的内涵

究竟教育质量是什么，在学术界或教育领域常常缺乏明确或具有共识性的规定。一般而言，所谓的教育质量，指的是教育水平的高低和效果的优劣，并最终体现为培养对象的质量。教育质量的衡量标准是教育目的和各级各类学校的培养目标。前者规定受培养者的一般质量要求，亦是教育的根本质量要求；后者规定受培养者的具体质量要求，是衡量人才是否合格的质量规格。参考有关教育辞书关于"品质"的说明，可以非常简明地将教育质量规定为"与众人期望相符合的程度。符合程度越高品质越高，符合程度越低品质越低"；而教育质量的管理则是指"应用客观的原理原则与方法，使教育规划、执行与结果都能够符合教育理念以及多数人的期望，甚至超越众人的期望"。[①] 尽管学术界和公众对教育

---

① 吴清山，林天祐.教育新辞书 [M].台北：高等教育文化事业有限公司，2005：58-59.

质量有各种不同的看法与观点，但至少存在两个非常基本的要点。

首先，教育质量具有外部性，即教育质量通常是由外部标准决定的，这也是教育质量十分重要的特征之一。科尔曼在他的研究报告中曾经明确提出了"教育质量的外部标准说"。他认为："虽然地方学校在教学上有相对的自主权，但哪些课程内容必须传授，学生应该而且能够掌握哪些知识都是外部标准决定的。"①这种教育质量的外部性特征并不否定教育活动自身的内在规律，而是强调了教育质量的社会取向。换言之，教育质量必须维护国家的整体利益，保证社会公众的福祉，而不能仅仅自说自话。所以，教育质量的外部性特征也恰恰充分体现了教育必须适应社会发展规律的要求。

其次，教育质量与教育层次是不同的。教育质量指的是教育活动的服务水平的高低，而教育层次指的是教育活动服务对象的差异。服务对象的高层次，并不意味着教育质量的高水平，高层次的教育活动也可能是低水平或低质量的；同理，服务对象的低层次，也并不意味着教育质量的低水平，低层次的教育活动同样可以是高水平或高质量的。简单地将教育质量与教育层次等同起来是不合理的。只要能够为服务对象提供高水平的教育服务，就是高质量的。高等教育可以是高质量的，也可能是低质量的；而学前教育可以是低水平的，也可以是高水平的。

2. 教育质量的特点

教育评价常常呈现出仁者见仁、智者见智的现象。这种现象与教育质量的特点是相关的，也可以被认为是教育质量本身的表现形式。一般而言，教育质量的特点主要反映在两个方面。

首先，虽然教育质量的标准具有很强的外部性，但恰恰是这种外部性使得教育质量具有一种很强的主观性特点。显然，社会与公众对教育质量的看法是多种多样的，并且常常是根据自身的主观偏好对教育质量做出判断。这种主观偏好是正常的，反映了人们对教育质量的认识与理

---

① Coleman J S, Schneider B, Plank S, et al. Redesigning American education[M]. Boulder, CO: Westview Press, 1997.

解，包括什么样的知识是最有价值的，什么样的技能更适合现代社会发展的要求，以及什么样的品行更能够符合时代的要求，等等。特别是随着信息社会的发展与知识总量的扩大，究竟什么样的核心素养才是教育真正应该传授的，已经成为整个社会与教育界关心的话题，也成为一个充满争议的政策领域。[①] 这种教育质量的主观性特点使得教育评价本身的公共性，以及教育评价的导向政策具有了越来越多的意义。

其次，教育质量具有非常突出与鲜明的个体性特点。随着整个教育的普及化，接受教育逐渐从某种特权转变为人们的一种普遍的人权，学生本身的差异性日益扩大。这种差异性首先是学生家庭的社会阶层与文化背景之间的差异性，以及由此引起的不同学生群体中文化资本的差异性与学业成就取向和追求方面的分化；其次是由不同地区，尤其是城市与乡村、大城市与中小城市的发展和教育的差别导致的学生学术视野与世界观方面的差异性；最后是学生自身个性与偏好方面的差异性。正如德国哲学家莱布尼茨所说的那样，世界上没有完全相同的两片树叶。同样，世界上没有完全相同的两个学生。他们具有非常不同的个性特征、知识基础、文化视野、发展兴趣、学术追求、人生目标等等，进而对教育以及教育质量形成了一种越来越广泛的个性化要求。在基础教育领域，个性的全面发展是教育质量的重要内涵。在高等教育领域，正如特罗在美国高等教育大众化阶段就指出的那样，"随着每年同一年龄段越来越多的学生进入学院或大学，上大学的意义发生了变化：首先从特权变成了权利，然后成为一种近乎义务的东西。上大学的意义和重要的转变对学生的动机产生了巨大的影响，也对大学的课程和智识氛围产生了巨大的影响"。他还认为，这种变化"对学术标准的影响也同样清晰——在精英教育的系统和院校中，这些标准被广泛共享，且相对较高。在大众高等教育的系统和院校中，标准变得多元化；在系统或院校的不同部分，标

---

① 参看近年来关于"核心素养"的各种学术讨论与公众的意见。

准的程度和性质会有所不同"。①

二、教育质量的主要取向

教育质量的内涵是非常丰富的，具有不同的取向与特点，它体现了教育活动的某些共同特征，也反映了教育活动的整体状况，而且呈现出不同的形态。一般而言，可以从可比性指标、结构变量、质性判断、思想成分与特色指标五个方面进行分析。

1.教育质量的可比性指标

教育质量的可比性指标反映的是教育质量中具有共性的若干标准与取向。这种教育质量的可比性指标通常具有一种定量描述与实证性的特点，而且反映了教育质量的客观水平。它作为反映教育质量的基础性数据，通常用于教育活动的结果评价中。

一般而言，教育质量的可比性指标可以分为三类：第一类是所谓的输入性指标，包括招生录取、课程建设、教师队伍的规模与水平、实验室的设备及条件、图书馆的藏书、实践条件、各种相关的数据等。这种输入性的可比性指标反映的是教育质量的外生性变量，对教育质量具有一种基础性的影响。第二类是所谓的过程性指标，指的是教育过程中的各个环节与因素之间的相互影响，如教师的投入程度、学生的参与状况、课程建设的水平，以及管理水平与相关政策的影响，等等。这种过程性指标往往具有一种内生性的特点，是教育内涵发展的主要内容。第三类是所谓的输出性指标，主要包括学生的学业成绩、教师与学生的各项成果、学生的就业及其去向、学业表现等。这种输出性指标比较直观地反映了教育活动的成效，也是教育质量评价中的重要根据。

教育质量的可比性指标的科学性主要表现在两个方面：首先是它的同一性，即各项指标本身的内涵是一致的，这也是可比性指标影响教育

---

① 赫曼诺维奇.博雅教育的命运及可能的未来：美国大众高等教育的经验 [J].北京大学教育评论，2021（1）：2-16，189.

质量评价的关键。这种同一性不仅反映在教育活动主体的可比性上，而且体现为教育活动的领域与对象的可比性。有时甚至需要考虑教育活动的制度与环境因素的可比性等。所以，在选择教育质量的可比性指标时，必要的条件限定是非常关键的，由此才能够比较准确地反映教育质量的差异。其次，可比性指标的科学性还体现为可比性指标的效度。这种效度不仅仅是与教育质量的相关性，更重要的是它们的集约程度，即能够以尽可能少的具有高度关联性的若干具体指标，抓住某种教育活动的核心价值，进而反映教育活动的质量。这需要对各种具有可比性的数据进行聚类分析，或者是分析其中具有优先性的因素，由此形成比较简要、清晰的可比性指标。

2. 教育质量的结构变量

结构是教育质量的一个非常重要的变量，也是影响教育质量的一个非常关键的因素，以及进行质量建设的重要路径。结构变量通常指的是，教育活动中各种成分与因素的结合方式或相互关系，以及由此形成的总体状况。同样的教育因素、人员与资源等，往往由于组合方式不同，而形成不同的功能与质量。所以，教育质量的结构变量是一个整体性的关系概念。

任何教育活动都是社会性的活动，是由各种不同的因素组成的。由此，组合的合理程度与方式如何，直接影响教育活动的质量。正如五官的构成方式与特点决定了人的外貌，一个球队的排兵布阵直接制约了球队的水平一样，一所学校的师生员工以及各类教育资源的配置模式也常常决定了这所学校的水平；一个活动的设计以及结构特点也往往决定了整个教育活动的质量。换句话说，教育质量的高低不仅取决于教育活动中个体因素的水平，更重要的是取决于其中所有因素的结合方式与相互关系。这就是所谓的"结构性优势"或"结构性落后"的含义。当然，这也是反映教育管理水平的重要取向之一，是教育领导力的意义与价值所在，是教育质量建设的一个重要途径。从某种意义上说，教育质量的结构变量比教育质量的数量变量更加重要。例如，所谓的"教育强国"，就不仅仅是一种数量概念，或者是简单的排行榜的表征，而更多地是一种结构性的概念。

教育质量的结构变量可以有两种不同的形态。其一是外部形态，即教育活动与社会之间的关系；其二是内部形态，即教育活动自身内部各种因素之间的关系。所谓的外部形态，主要指的是教育与国家经济社会科技文化发展的关系，包括教育与经济社会发展的结构性关系，不同地区、不同类型教育机构与地方经济社会发展之间的结构性关系，以及不同学科的发展和定位与不同行业和领域之间的结构性关系。所谓的内部形态，主要包括学校的学科结构、专业结构、课程结构、功能结构、教师结构、生源结构、资源结构等之间的协调性与合理性。

教育的结构及其调整是教育内涵发展的重要抓手之一，也是教育体制的存量改革的基本思路，并且已经成为影响教育质量的重要变量。这里，至少存在两种不同的形态，即教育质量的结构性优势与结构性落后。所谓结构性优势，指的是教育活动各种内外部因素之间能够形成一种比较合理的配置，形成一种相得益彰与互补的相互关系，进而达到整体竞争力与效益大于各部分机械相加的效果。所谓结构性落后，则是相反，各个构成因素之间缺乏某种合理的配置，形成内在矛盾与冲突，以及所谓的"内卷"与无序，以至于整体竞争力与效益小于各部分相加之和。

这种教育质量的结构变量同样适用于学生的培养质量。和谐均衡与全面发展是优秀学生的普遍性特征之一，包括其文理科学业的共同发展、个性化发展与社会发展的协调性，以及某方面特长与宽厚基础的统一性，等等。

3. 教育质量的质性判断

教育质量既具有一种量的规定性，也具有一种质的规定性。它既具有一种实证性的特点，同时也包含了一种思辨性的判断。这种质的规定性与思辨性判断，不仅仅适用于人文社会学科的质量认定与分析，而且对理工科同样有效。

　　教育质量的存在方式是多样的。它能够以某种数量或客观的形式存在，包括规模与体量等等，也能够以某种非数量或主观的形式存在，包括所谓的社会声誉、深刻性、愉悦性、思想性等等。一般而言，这种教育质量的质性判断可以有两种比较普遍的形态。一种是宏观的质量形态，即对某些宏观教育活动或教育机构的教育质量的判断。例如，当前国际上许多教育质量评价机构使用的"社会声誉"指标。类似的指标还有口碑、特色、传统等。这里值得关注的是所谓"影响力"的质量评价指标。这种影响力包括学科影响力、行业影响力，以及社会影响力。按照国际有关学者的看法，这种影响力包括奖赏的力量、压制的力量、参照的力量、法定的力量、专家的力量①，以及信息的力量②。当然，这种宏观的教育质量指标还包括吸引力、软实力、学校的特色与文化传统。非常重要的是，对于一所学校而言，能形成自身的风格，包括具有能够为大家认可的学风、格言与故事等，也是反映一所学校教育质量的重要指标，是一所好学校的标志。另一种是微观的质量形态，如对某些人文社会科学研究成果、课程教学与毕业论文等的质量评价。这种微观领域教育质量的评价指标包括：第一，清晰，即明晰、透彻、精准、论证严格、条理清楚、表达精练等，这是质量的先决条件，体现了清楚有序的思维能力。第二，质量，即技能娴熟、有深度、注意细节、周密性等，与"严谨"和"可靠"相对应，指的是学理上和实证上的准确性。第三，原创性，即给科学知识增加新的发现。通过创新，产生或多或少的增量积累，知识得以进步，包括新方法、新思路、新理论、新材料、新的主题、新的发现。第四，重要性，包括两个方面：一是学术或理论的意义，即一个项目能否跳出就事论事的圈子而提出一般性结论，或者引出更深远的理论问题或进展；二是社会或政治意义，即能否为弱势群体代言或者生

①　French J R P, Jr, Raven B. The bases of social power[M]// Cartwright D.Studies in social power. Ann Arbor, MI: Institute for Social Research,1989:150−167.

②　Raven B H. Social influence and power[M]//Steiner I D, Fishbein M.Current studies in social psychology. New York: Holt, Rinehart, Winston,1965:371−382.

产出对社会有益的知识，包括主题与结果的影响。方法论，如理论与材料的相互配合与一致性。第五，可行性，指的是研究项目的范围（包括时间表、研究计划和预算等），以及申请人对项目的准备情况（包括语言能力、以往的研究经历和指导者等），等等。① 除此之外，还有一些比较个性化与非正式和非稳定的指标。第一，才智，如表达能力、能够胜任、聪明、具有天分等；第二，优雅和文化资本，如自如的文化适应、渊博的文化知识等；第三，个人气质，如有趣、幽默、令人振奋等；第四，道德品质，如毅力、谦虚、真诚的献身精神等。② 应该说，这些教育质量的质的规定性具有普遍性的价值。

4. 教育质量的思想成分

尽管教育质量的内涵与影响因素非常丰富且复杂，但不能不承认的是，一个国家、一所学校或一个教育项目的质量，都与其中思想的成分和理论的成熟具有非常密切的关系。而且，对于它们的学术与社会地位的取得而言，其中的思想含量与理论成分往往具有非常关键性的作用。20 世纪英国著名的哲学家、牛津大学沃尔夫森学院首任院长伯林爵士在其《通识教育》一文中非常睿智地说道："我认为，一个学科的学术价值，很大程度上取决于它所含观念与事实的比例。较之'比例'，'相互作用'一词无疑更适于描述这种关系；'比例'一词却更清楚地指出，人们可能忽视思维成分的重要作用，无论是直观思维、经验思维或逻辑思维（演绎、假说—演绎、归纳等思维方式）。"③ 他认为，评价一个学科的学术价值、地位与水平的高低，关键是看这个学科中观念或思想的份额有多大，或者说，其中思想与事实之间的比例如何。如果在这个学科中，大多数是一些客观事实，而缺乏思想的成分，那么，这个学科的学术价值就不太高；反之，如果一个学科中包含了比较多的思想或观念的成分，

---

① 拉蒙特.教授们怎么想：在神秘的学术评判体系内 [M].北京：高等教育出版社，2011：165-171.
② 同① 187-189.
③ 伯林.观念的力量 [M].南京：译林出版社，2019：327.

它的学术价值就比较高。在伯林看来，逻辑或纯数学，就是没有什么事实因素，主要是观念或思想因素的学科，而这些学科在科学体系中往往具有很高的学术地位。为了进一步阐明这个观点，伯林举了 19 世纪人们研究某个十年中丹麦奶酪的出口量涨落变化的例子。他认为，这个研究"对经济史家很有帮助，他能据此在这个领域进行创造性研究；另一方面，这些资料也可用来证明某种能预测经济变化的新方法。较之某种精心构思的拓扑想象，研究丹麦奶酪销售量的专家的工作也许更有社会意义"。他接着说，"尽管如此，我们对奶酪专家并不怀有崇高的敬意；我们尊重他的工作，却不尊敬他，理由只有一个：这项劳神费力但难度不大的工作，缺乏思想含量——假说、推理能力、概括能力、对构成整体的不同因素之间的关系的认识"。他还说，如果一个学者"能比较观念与事实在这些学科相互作用的不同方式，那一定会让人兴奋不已，受益良多。这样的学生不仅会觉得，而且必定是在他那个时代的知识界怡然自得"。[①] 尽管伯林为了强调思想的重要性而不无偏颇地将观念与事实对立起来，但重要的是，伯林实际上提出了一个非常简便，同时可以测量分析的学科评价的方法与模式，即这个学科的建设发展是不是提出或者形成了更多的思想性的成果，或产生了对观念文化的影响。因为，任何事实都是会变化的，都具有非常复杂和具体的边界条件，因而也是不稳定的。而思想则是一种对规律与发展趋势的认识，具有一种普遍性的价值。而这也恰恰是思想的意义与功能。

　　中国优秀传统文化对这种思想的价值有着非常精彩与简练的论述。正如中国古代思想家老子所说的那样，"大方无隅，大器免成，大音希声，大象无形，道隐无名"（《道德经》第 41 章）。[②] 根据文献记载，楚成王与车轮工匠伦扁有一段关于读书的对话。伦扁对楚成王说，仅仅读先贤

---

① 　伯林. 观念的力量 [M]. 南京：译林出版社，2019：328.

② 　参看高亨《老子注译》(清华大学出版社 2010 年版)。"大器免成" 的根据是马王堆出土的《道德经》。

的书是不够的，关键是要领会其中的思想。他说："以臣轮言之，夫以规为圆，矩为方，此其可传乎子孙也。若夫三木而为一，应乎心，动乎体，其不可得而传者也。"《诗经》说："上天之载，无声无臭。"这就是说思想是没有声音，没有味道，看不见的。而所谓"有声之声不过百里，无声之声延及四海"（《韩诗外传》）。所有这些，都充分说明了思想的价值。

显然，教育思想与理论的重要性恰恰在于它反映了人们对教育规律的认识水平，体现了一个国家的教育、一所学校或学科在发展过程中的自觉程度，包括对自身个性、特色以及发展方向的认识与把握。正如梁漱溟先生所说的那样，"'自觉'真真是人类最可宝贵的东西！只有在我的心里清楚明白的时候，才是我超越对象、涵盖对象的时候；只有在超越涵盖对象的时候，一个人才能够对自己有办法。人类优越的力量是完全从此处来的。……求自己生命中之机械性能够减少，培养自己内里常常清明自觉的力量。中国人之所谓学养，实在就是指的这个"[①]。而加强教育学科的思想理论建设，正是提高教育质量的必由之路。

5. 教育质量的特色指标

特色是教育质量的重要指标之一，这种特色指标体现了一所学校或其他教育机构服务社会与人才培养的独特功能与价值。这种教育质量的特色指标通常可以表现在两个方面：文化传统与独门绝技。

首先是一所学校的文化传统。这种文化传统是人才培养十分重要的资源，特别是学生价值观塑造与道德品质养成的重要基础。这种文化传统构成了教育机构的个性特点，成为其具有标志性的文化品牌。当然，这种文化传统并不是一种虚无的东西，它具有非常具体的形态与实体性。简单地说，由这种文化传统的积淀所形成的特色可以表现为两种具体的实体性存在。其一是学校的校史与校志。大凡具有非常系统的校史与校志的学校，都是非常好的学校。因为，这种校史与校志的建设反映了学校文化的稳定性与延续性，体现了学校教职员工对学校办学方向以及

---

① 梁漱溟. 梁漱溟全集：第 2 卷 [M]. 2 版. 济南：山东人民出版社，2005：45-46.

文化的认同，以及社会对学校成就的认可。同时，这种校史与校志也成为学校中无形的规约与导向，成为引导师生努力的重要力量。更重要的是，这种校史与校志是学校凝聚力的重要基础，是学校治理与教育质量的重要保障。其二是学校的格言与故事。存在有口皆碑与耳熟能详的各种格言与故事的学校，通常都是非常好的学校。它们反映了一所学校文化建设的水平，体现了一所学校的成熟与稳定。因为，这些格言与故事说明了这个学校的价值观是一致的，而且是口口相传的。而且，这些格言与故事也是学校人才培养的无可替代的重要资源。

其次，一所学校或一个学科是否具有自身的"独门绝技"，也是教育质量的特色指标。这种独门绝技反映了一所学校或一个学科在长期建设中所积累的成果，也是其对社会与行业能够做出独特贡献的支点。一般而言，这种独门绝技往往需要长期积累才能够形成，而且常常需要几代人的接续奋斗才能够达到很高的水平。所以，这种独门绝技的特色指标可以反映一所学校或一个学科建设的方向性与稳定性。更重要的是，这种独门绝技也是一所学校与一个学科人才培养的特色所在。从知识发展与学科评价的角度看，这种独门绝技说明了一所学校与一个学科在学术体系中的不可替代性，因而是其在学术界与特定行业领域话语权的基础。还需要指出的是，这种独门绝技本身绝不是孤立的，它在一定程度上体现了学术团队的整体性水平，反映了一所学校或一个学科的综合性质量。所以，在现代学术体系与学科评价中，这种学校与学科的独门绝技应该是一个十分重要的指标，而且是一个具有高度关联性的具体指标。

第三节　教育评价的二重性

影响教育评价的内外变量与边界条件是十分多样且复杂的。这些内外变量和边界条件可以概括为教育评价的双重约束，即科学性的约束与公共性的约束。这种双重约束实际上也就是教育评价的效率与公平的要求。而且，它们之间也是相得益彰和统一的。

教育评价的这种二重性体现了教育评价本身的内在张力。一方面，教育评价本身具有非常明显的外在性，即教育活动本身的质量与效果，往往取决于社会的评价，特别是利益相关者的看法，由此给教育评价带来了非常强烈的张力。教育评价的这种外在性特点常常又和参与者的主观感受联系在一起，以至于形成一种仁者见仁、智者见智、莫衷一是的现象。尤其是对高等教育的评价，往往具有更为直接的外在性。这种外在性使教育评价不能不具有一种综合性的特点。另一方面，教育活动本身具有相对独立性，教育评价亦必须始终遵循人的身心发展的规律，能够始终坚持按照教育规律对教育活动的现实与变化做出专业性的科学分析与准确判断，包括形成与提供某些非常具体和实证性的证据与数据，以及总结出历史性的发展趋势，由此尽可能客观全面地反映教育的真实状况，而绝不能由于教育活动的外在性而放弃教育活动本身的内在要求。这种二重性是教育评价十分重要的特点之一，也是制约教育评价的内在矛盾。应该非常明确的是，正如任何科学都具有一定的边界或内在矛盾一样，教育活动的这种内在张力正是教育评价的基本矛盾与基本问题，是教育评价能够成为一门学问的重要基础与边界条件。

一、教育评价的科学性

所谓教育评价的科学性，指的是根据教育活动的内在规律，特别是人的身心发展的规律的要求，对教育评价活动满足主体需要的程度，或者对教育活动现实的或潜在的价值水平与结果做出判断与评价的过程。这种教育评价的科学性，具有两个方面的基本含义。

1.科学性的基本内涵

教育评价的科学性内涵可以反映在两个方面。首先是它的专业性，即根据教育活动的不同类型进行评价。这是科学性的基本要求，也是科学的特点。这种分类是保证教育评价合理性的重要基础。无疑，用自然科学教育的规律和价值标准评价人文社会科学教育的发展，显然是不适当的。同时，用高等教育的质量标准评价基础教育，用普通教育的指标去衡量职业教育的发展水平等，也是不合理的。所以，教育评价的科学性首先要求对评价对象进行合理的分类。其次，教育评价的科学性还要求能够在影响价值判断的诸多相关变量中，通过聚类等手段，发现和找出具有高度关联性的具体变量，或者是需要优先考虑的重要变量，由此能够反映评价对象的价值和功能。需要指出的是，这种具有高度关联性的变量应该符合两个条件：其一是数量少，彼此不具有内生性关系。例如，在对高中教育定位的评价中，这种高度关联性的变量就是高中毕业生能够上大学的比例。如果大部分高中毕业生能够上大学，这种高中就是预备性高中；如果只有少数人能够上大学，这种高中则是终结性高中。[①] 由此形成不同的评价标准与体系。另外，就高等教育国际化发展水平而言，虽然可以从各种不同的角度或指标描述与评价，但毋庸置疑的是，能否成为世界上优秀青年向往的地方，就是评价一所大学国际化水平与办学质量最核心的基本指标。教育评价的变量或者指标过多，实际上往往反映了对评价对象核心因素与本质特征的认识是不清楚的。其二

---

① Trow M. The second transformation of American secondary education[J]. International journal of comparative sociology,1961(2):144-166.

是教育评价的科学性要求评价指标的内涵必须简明准确，不会产生歧义，具有高度说服力。例如，在评价大学教师教学的学术性水平时，相关专业领域的同行教师听课则是一个比较科学的指标。又如，在对高等教育发展阶段的评价中，目前比较公认和简单的指标就是适龄人口接受高等教育的比例，达到 15% 即为大众化阶段，达到 50% 则为普及化阶段。而寻求这种具有高度关联性的变量则是关系到教育评价合理性的重要工作。

2. 科学性的影响因素

教育评价的科学性约束包含了三个非常重要的影响因素。第一是对评价对象的价值认识，即评价对象本身最核心的教育意义与价值是什么。[①]这是教育评价合理性与科学性最根本的制约因素。由于教育内部各个因素之间的相关性非常模糊，有的专家甚至认为，学校组织几乎是一个从来没有人知道和了解的黑箱，其中的变量和边界条件是十分复杂的，它们并不是一种简单的线性关系。[②]所以，究竟什么变量对学校的办学水平或学生的学习发展具有更重要的影响，一直是教育评价中非常关键的问题。同时，按照科学的要求，不同类型的教育活动具有不同的价值。因此，教育评价能否充分准确地识别该教育活动的核心价值，是关系到教育评价科学性的最重要的条件。例如，对于学者学术研究能力与水平的评价，就不能仅仅考虑论文发表的数量，而应该根据已经被学术界认可的"代表性论文"的标准进行评价，由此能够更好地反映学者的学术水平。因为，这种"代表性论文"与学者的研究深度和专业水平等，都具有高度的关联性。而单纯的数量指标，包括所谓的引用率等等，则很容易出现偏颇。在教育活动核心价值的识别方面，对体育的评价特别具有典型性。显然，对体育的评价并不能单纯以学生的身体素质与运动成

---

① 各种教育工具书在谈及教育评价时，常用两个名词：评估（evaluation）和评价（assessment）。本书在讨论教育评价时，区分了教育测量与教育评价或评估，更多地将教育测量看作一种基本的评价步骤。教育评价或评估则着重于对测量结果的一种价值判断。本书主要讨论教育评价或评估。

② 哈里楠.教育社会学手册 [M].上海：华东师范大学出版社，2004：50-52.

绩为根据，这对于身体素质不同的学生是不合理的，也不能反映体育本身的核心价值。对此，梁漱溟先生在《丹麦的教育与我们的教育》一文中引述了一位丹麦教育家的论述，"体育并不是为军事或其他特殊目的训练，亦不是单单为了锻炼人身的体力和敏捷。体育的目的，是全人格的发展。他要联合教育和锻炼以发展人类和动物不同的地方；这当然不仅是身体的发育。一个人纵然经长久的锻炼而能有强大的体力和敏捷的技能，亦决不能赶上牛的体力或猿的敏捷。但他能超越各种动物之上，只是因为他能用他的意志来驾驭他的身体"①。而这种意志力的训练和培养，以及由此所体现的自律的道德品质的养成，正是体育最根本的价值。当然，这也是体育评价的主要标准之一。

第二是教育评价的空间因素，即评价对象的空间特点对教育评价的制约。显然，教育评价对象的意义和价值与其所处的空间具有非常密切的关系，甚至可以认为，这种空间特点对教育活动的要求是不同的。一般而言，教育评价的空间因素指的是，不同学校的服务范围与服务对象的地区分布。有些学校的服务范围与服务对象的地区分布可能是国际性的，或者是地区性的，有些可能只是地方性的，由此也决定了它们的服务对象与评价标准是不同的。由于这些不同空间的特点与需求不同，学生的特点不一样，因而不能简单地应用同一性的标准进行评价。如果将这种教育评价的空间特征概括为学校的办学层次，那么，办学层次与办学水平是不一样的。办学层次指的是服务对象的差异，而办学水平指的是服务质量的高低。所以，高层次的学校也可以由于服务质量不高而水平低，而低层次的学校也完全能够通过高质量的服务而达到高水平。而这种差别则是由于教育活动的空间特点决定的。忽视教育活动或者评价对象的空间特点的评价是不合理的。更重要的是，充分考虑教育活动的空间特点的教育评价，能够非常有效地引导地方高等学校更好地服务地方社会经济文化的发展，并且对高层次的教育活动形成更高的质量要求。

---

① 梁漱溟.梁漱溟全集：第 7 卷 [M].2 版.济南：山东人民出版社，2005：666-667.

　　第三是教育评价的时间因素，即根据教育活动的时间特点或者时效特点进行评价。众所周知，时间或时效是教育活动的一个非常突出的特征，教育作为社会的一种预期的委托，它的效果往往需要比较长的时间才能够比较充分地反映出来。教育活动当然需要能够有助于解决当下的问题，但同时也需要经得起历史的检验。而遵循教育活动的内在规律往往能够更有效地提高教育评价的历史价值。需要强调的是，这种教育评价的时间变量对于不同的学科而言也具有不同的特征，进而成为不同学科评价的重要制约条件。其中，自然科学和人文社会科学的研究成果的时间性或时效性就是非常不同的。同时，相比于应用研究的评价，基础研究的评价则需要更长的时间周期，甚至是十几年或者几十年。对此，美国著名社会学家默顿曾经介绍了一个关于不同学科研究论文的引文的比较研究。这个研究发现，在自然科学的研究论文的引文中，大多数为论文发表前五年的研究成果，如在物理学中，以《物理学评论》（*The Physical Review*）和《天体物理学杂志》（*The Astrophysical Journal*）为代表，60%—70% 的引文来自五年内的出版物，而出自五年前论文的引文则比较少。在社会学科研究论文的引文中，出自前五年研究成果的引文数量则比较少，如以《美国社会学评论》（*American Sociological Review*）、《美国社会学杂志》（*American Journal of Sociology*）和《英国心理学杂志》（*British Journal of Psychology*）为代表，30%—50% 的引文来自五年内的出版物。而在人文学科研究论文的引文中，出自前五年的引文数量则是最少的，如以《美国历史评论》（*The American Historical Review*）和《艺术论坛》（*Art Bulletin*）、《美学与艺术批评杂志》（*The Journal of Aesthetics and Art Criticism*）为代表，10%—20% 的引文来自五年内的出版物，而大多数引文都是出自五年前的论文，甚至更早的研究成果。[①] 这一研究案例充分说明，自然科学的评价与人文社会科学的评价具有非常不同的时

---

① 参看默顿《社会理论和社会结构》（译林出版社 2008 年版）所借鉴的普赖斯关于 154 种不同领域杂志的引文资料。

间周期。前者往往比较短，而后者的时间更长，故不能简单地"一视同仁"。这也就充分说明，教育评价应该考虑不同对象的时间或时效特点，尊重不同学科的时间特点。

对学术成果中引文的时间跨度的分析，对于教育评价的科学性来说，还有另一个非常重要的意义。自不待言，如果一个学科建设与发展中学术研究的引文仅仅来自近几年的学术文献，那么它的价值往往就只能是在学术与学科发展中追求小数点后面的位数或精度，或者是比较明显的所谓基准（benchmarks）。这只能是一种"追随"或"下游"的学术创新，其结果只能是当某一波时尚的方法退潮之后，这种研究与学科发展就会慢慢失去根基和原创力。相反，如果能够认真地分析 10 年前、20 年前、30 年前，甚至更早的论文，关注当时的一些思想和框架性的东西，能够在更大的历史尺度中检索与引用本学科领域或行业发展的科学文献，分析其中变化的规律，则常常能够形成具有创新性的课题，并且真正引导学科的进步与发展。

显然，这种科学性是教育评价的基本约束，也是保证教育评价合理性的基础。它需要对教育活动的内在规律，以及评价对象的意义和价值有充分准确的认识，并且进行科学的分类和提炼。

二、教育评价的公共性

教育评价的公共性反映了教育活动的外溢性对教育评价的要求，也是保证教育质量，特别是促进教育公平十分重要的途径。

1. 教育评价公共性的含义

所谓教育评价的公共性，指的是教育评价本身具有一种公共政策的属性和特点。所以，教育评价属于公共政策的范畴，它的合理性也必须受到公共政策的约束与规范。从教育评价的社会约束来说，这种公共性恰恰是教育本身的一种独特价值。按照杜威的观点，教育与社会公众的关系与其他任何专业工作都是不同的。在他看来，甚至个人的健康或法定权利的保护与恢复都不是公众事务。因为，教育具有改变社会秩序的力量，而除了国家以外，任何其他机构都没有这个特点。所以，杜威非常明确地说道："教育就主要是一桩公众的事务，其次才是一种专门职业。因此，教育界以外的人永远有权就公立学校的办理发表一些意见。"①

教育评价的公共性与教育活动的基本属性是紧密相关的，也是由教育活动的外溢性（或称为外在性）所决定的。许多非常著名的教育学家与经济学家都非常鲜明地从教育外溢性的产生主体和接受主体的角度，说明和讨论过教育活动的这种外溢性（诸如弗里德曼、卢卡斯等著名经济学家的论述）。而且，教育活动的这种巨大的外部效益，可以使个人和社会都获得很大的经济和非经济的效益（著名教育经济学家王善迈先生的论述）。②当然，教育的这种外溢性具有正反两种不同的效益。它有可能形成非常积极的外溢性，但也可能由于教育本身的问题而产生消极或者是负面的外溢性。为此，教育活动的评价不能不成为公共政策的一个非常重要的议题。特别是在现代社会，随着教育的普及化及其对人们发展的重要性的提升，它已经成为人们最关心和最现实的利益问题。③在许多国家，教育的议题常常是国家领导人特别关注的一个领域，是国家公共政策中越来越受到关注的议题，甚至成为国家主要领导人施政和演讲的重要内容。而且，在某些国家和地区，教育的议题还成为不同党派争取选票的重要途径。

2. 教育评价的公共性与教育公平

如果说教育评价的科学性所追求的是教育活动的效率，那么，教育活动的公共性主要表现为对教育公平的要求。而且，这两者之间也是统一的。在现代社会，教育公平本身也是教育质量的主要内涵，是教育活动合理性的基本要求。保障教育公平，并且不断提高教育公平的水平与层次，是教育现代化的重要目标。所以，教育公平是教育评价的公共性的重要内涵。而教育活动及其评价的公共性的主要目的之一就是不断维护和促进教育公平，并且能够更加有效地提高教育评价的科学性。当然，

---

① 吕达，刘立德，邹海燕.杜威教育文集：第1卷[M].北京：人民教育出版社，2008：131.

② 许长青.教育投资的外溢效应及其内在化[J].教育学术月刊，2015（3）：40-47.

③ 参看《中共中央关于全面深化改革若干重大问题的决定》。

由于时代的发展与教育本身的进步，教育公平本身也具有了更加丰富的内涵与新的特点。在 21 世纪，教育评价的公共性约束对教育公平的意义至少具有三个新的特点。

第一，教育公平已经成为影响人们发展与社会进步的自变量。教育公平所依据的传统的"基本平等"的理论和观念，正在发生一种非常明显的变化。根据贝克的观点，所谓的"基本平等"是所有平等理论的基本原则。"这种观念就是人类在尊严和价值上是平等的，因此值得平等地被关心和受尊重。"由于在这里平等是作为因果关系中的结果而出现的，所以，"它用基本上是消极的术语定义了平等，用的是来自平等的自由而不是走向平等的自由的话语"。[①] 而新的教育公平已经开始用更加积极的术语进行定义，即教育公平并不是作为因果关系中的结果或"因变量"而存在，而是成为人类发展中的"自变量"，成为人们其他方面平等的重要原因。所以，教育公平受到了全社会越来越大的重视和关注。在中国社会涉及民生的五大领域（教育、医疗卫生、就业、收入分配与社会保障）中，教育成为首要的问题。[②]

第二，教育本身的差异性对教育公平形成了更加严峻的挑战。显然，义务教育的普及，特别是高等教育的普及化，是教育公平的一个非常重大的进步。它为更多的人提供了教育机会。然而，这种教育参与水平和程度的提高，也对教育公平提出了更加严峻的挑战。因为，这种参与水平与程度的提高也从客观上扩大了教育内在的差异性，包括教育本身的分化、不同的利益相关者对教育的不同诉求，以及受教育者本身学业水平和文化基础的差别等等。如何能够更好地满足不同利益相关者的要求，提供适应不同个性、条件与需求的受教育者的服务，促进人们的共同发展和社会的公平，也将成为教育公平的新难题。尤其是在社会转型期间，人们参考群体的变化，以及在比较过程中相对剥夺感的强化，使人们对

---

① 哈里楠.教育社会学手册［M］.上海：华东师范大学出版社，2004：119.
② 参看《中共中央关于全面深化改革若干重大问题的决定》。

教育公平的关注和诉求变得越来越强烈。

第三，结果公平逐渐成为人们追求教育公平的主要目标。在 21 世纪的社会发展与教育改革中，教育公平的目标也正在发生变化。根据有关学者的研究，机会平等是根据相对处境不利人群在分层化社会和教育系统内所受不同水平的教育确定的。参与平等超越了机会平等，是根据参与率而不是机会率和 / 或不同群体在教育的不同部门和领域参与的质量和性质来测量的。结果或成功平等则是依据教育内部边缘人群的教育成就或成功率来测量的。而大学教育经常被含蓄而非明确地确定为教育成功的顶点。[①] 显然，目前中国在高考改革中所面临的挑战，恰恰反映了这种结果的公平正在成为人们追求教育公平的目标。

因此，教育评价的公共性约束必须协调教育领域不同利益相关者的诉求，在保证教育的机会公平、参与公平的同时，力求不断实现教育的结果公平，进而最大限度地实现整个社会的教育公平。所以，教育评价的公共性约束对教育改革发展具有导向功能，有助于教育资源的合理分配，规范利益相关者的行为，协调各种矛盾，进而促进教育的发展。用一个并不太恰当的比喻，这种教育评价的公共性正如同让具有不同口味的人都能够认同某顿宴席的菜肴一样，关键并不完全是饭菜的质量高低，而更主要的是寻求不同用餐人之间的共识，包括相互协调，以及彼此之间一定程度的妥协。而这正是教育评价中公共政策的主要功能与价值之一。

一般而言，这种教育评价的公共性和相关公共政策的制定有两种不同的实现途径与环节。首先是根据公开、公正与规范的程序与方式，通过有代表性的利益相关者的参与，对教育的某项公共政策议题进行广泛的讨论，尽可能由此获得最大限度的共识。这种公共参与是教育评价的公共性约束的非常重要的途径与形式，是保证和提高教育评价合理性的必要程序和环节，也是制定教育评价标准的重要社会基础。例如，教师

---

① 哈里楠.教育社会学手册 [M].上海：华东师范大学出版社，2004：121.

评价中评价程序的合理性往往需要各个不同学科的利益相关者参与讨论，由此形成能够得到大多数人认可的程序。又如，在学科评估的过程中，由于涉及不同地方与不同学科之间的差异，为了能够形成大家对评估标准的共识，有关主管和实施部门邀请有关方面的专家和代表，对评估方案进行讨论，提出意见，进行修改完善，最终在综合不同方面意见与建议的基础上，形成评估方案。

其次是通过放权或分权的途径与方式落实和体现教育评价的公共性。在某些教育活动的外溢性具有比较大的差异、冲突和分歧，进而难以通过某些适当的程序形成一定的共识和统一的评价方案时，则往往需要通过放权或分权的方式实施教育评价。这种放权或分权的教育评价指的是，通过委托或者授权的机制，由不同层次和类型的评价机构，根据一定的原则，对相关教育活动和教育机构进行评价，由此保证教育评价的合理性。教育评价中的这种分权或放权是必要的，也是合理的。特别是对教育活动中某些专业性非常强的领域和部门进行评价时，常常很难在具有专门性的不同教育活动中形成共识性的评价标准和方案，而不得不委托或者授权专业性的机构进行评价。需要指出的是，虽然这种放权或分权具有一定的差异性，但它却是更加公平合理的。因为，它能够适应不同学科和专业领域的特点与具体规律，建立起更加实事求是的参照标准，因而也更能够得到人们的认可，进一步促进教育的改革发展。当然，这种放权或分权并非没有统一的要求，它通常是集中与分权的统一。实践证明，通过这种有导向的放权或分权实施教育评价，往往能够更好地实现教育评价的合理性和公平性，有效地推动教育的改革发展。

可以看到，教育评价的公共性与科学性之间并不是矛盾的，而是统一的。因为，这种公共性能够更好地实现教育评价中共有价值的最大化和均衡化，获得不同利益相关者最广泛的认可，而这也正是科学性的内在要求。

第 |十四| 章

教育风险的社会控制

  教育活动对社会与个人的发展都具有非常大的价值，而与教育的价值高度相关的则是各种潜在的教育风险。而且，教育的价值越大，教育的风险也越大。所谓教育风险的社会控制，指的是从社会的角度认识教育存在的各种风险，并且探讨对教育风险进行有效的社会控制的路径与思路。在现代社会中，教育活动的各种风险已经受到社会公众与政府越来越大的关注，也直接影响与制约了教育的改革发展的稳定性。所以，充分认识教育的风险，进而从社会控制的角度缓解与避免教育的风险，是教育社会学的重要内容。

第一节　教育风险的含义

对教育社会学来说，教育风险是一个比较新的概念与研究领域，但又是一个越来越重要的现象与领域。尤其是在现代教育所覆盖的人口群体与地域越来越广泛，涉及的变量越来越多的情况下，教育活动本身出现各种风险的可能性也越来越大。所以，认识教育风险的含义与特点是非常必要的。

一、教育风险的概念

在现代教育的理论与实践中，风险是一个需要高度关注，却常常被忽视的话题。它直接关系到教育的质量与学生的身心健康发展，是直接影响学校教育办学质量与水平的现实问题。认识与理解教育的风险，对科学认识和充分理解教育规律是非常必要的，并且具有十分重要的现实意义。

1. 教育风险的定义

教育风险可以指各种非教育性的因素对教育的负面影响，以及对儿童或青少年学生的健康成长有可能产生危害或负面影响的事件与行为。本书中的教育风险则主要指的是，由于教育活动本身的不当或者违反教育规律的各种行为或现象而形成的对教育的负面影响，主要是对儿童与青少年学生健康成长所产生的危害，也可以称之为受教育者成长的风险。简单地说，它指的是一种教育性的风险。所以，这种教育风险并不是一般意义上对教育或学生可能出现的危害，也并非简单的伤病或打击等等，而是一种与学生的健康成长密切相关的教育性事件和行为。换句话说，由于教育实践活动中的某些失误或对教育规律缺乏正确的认识，儿童与青少年学生在成长过程中面临各种各样的风险。

　　教育风险的存在具有一定的必然性。从理论与实践的角度看，教育风险的必然性主要包括两个方面的含义。首先，儿童与青少年学生的成长本身便包含这种风险的必然性。幼儿园与学校教育的阶段，往往是一个人成长过程中变化最大，也最为迅速的阶段。在这个阶段中，个体的成长往往要经历若干个非常重要的节点，包括去自我中心化、自我的形成、青春期的逆反等等。而未成年人本身处于一种弱小、懵懂与依赖的未成熟状态，缺乏必要的自我调整与保护的能力，因而很可能在这个过程中发生各种磕磕碰碰的问题与风险。也正是因为儿童与青少年学生的这种弱小与依赖性，不同国家都出台了保护未成年人的相关法律。特别是通过学校等正规教育机构实施对未成年人的教育，帮助他们避免各种可能的成长风险，顺利渡过这种成长的关键期。从某种意义上说，教育制度本身恰恰表明了儿童与青少年学生成长风险的必然性。而教育风险的这种必然性，也恰恰表明了教育的可行性与价值。因为，这种未成熟、弱小与依赖性不仅是未成年人生理上的重要特征，而且是儿童与青少年学生的可教育性的内在体现，反映了他们的可塑性。"生长的首要条件是未成熟状态"[①]，所以，应该从积极的和建设性的角度去理解儿童与青少年学生的成长风险。"依赖伴随着能力的成长，而不是越来越陷入寄生状态，这个事实表明依赖已是某种建设性的东西。"[②]这也是我们认识和处理教育风险的主要基础与基本导向，即"化险为夷"。

　　其次，这种教育风险也是教育活动本身的应有之义。坦率地说，教育活动本身就包含了某种产生风险的内在因素。毋庸置疑，人们在从事教育活动时是有可能出现错误的，包括教育工作者对教育规律的认识偏差，对教育目标的领会不当，以及对教材、课程与学生等理解的错位，等等。随着现实中各种因素的变化及其影响的增加，教育领域中发生错

[①]　吕达，刘立德，邹海燕.杜威教育文集：第 2 卷 [M].北京：人民教育出版社，2008：44.

[②]　同[①] 45.

误与风险的可能性也越来越大。更重要的是，由于教育活动本身包含了一种内在张力，它既要鼓励与培养未成年人的自主性与独立的能力，促进他们的自由发展，又要进行必要的控制与引导，阻止他们的某些不明智的行为，消除其内心某些不合理的欲望与冲动。而两者的协调本身就是一种非常大的风险。这正是教育风险或未成年人成长风险的重要基础。当然，教育活动应该遵循人的身心发展的规律与适应社会发展的要求的规律。然而，如何将这两条规律结合起来却是一个巨大的挑战，是一门十分重要的学问。尤其是如何在不同的教育阶段或未成年人成长的不同阶段合理地协调这两条规律，更是一个教育学的专业性问题。因此，能否给予儿童与青少年学生合理与必要的引导与帮助，真正尊重人的身心发展的规律与社会发展的要求，促进受教育者在德智体美劳各方面全面发展，是教育者面临的十分重要的挑战与责任。

教育的这种风险充分体现了教育的专业性。高质量的教育必须能够科学地认识儿童与青少年学生健康成长中可能遇到的各种风险，高水平的教育工作者必须具备专业化的知识与技能储备，进而能够清晰准确地认识和把握教育的这些风险。正如一名高水平的医务工作者并非仅仅能够使用各种药物与做手术，更能够准确地认识和把握人类各种可能发生的疾病一样。所谓教育风险的社会控制，正是力求从社会的角度，认识、缓解与避免这种教育风险。

2.教育风险的特点

教育风险与其他社会活动的风险具有许多相似的方面，但也有自己的特点。教育风险的特点与人的成长发展具有直接的联系，其中，最突出的是它的时间性。

教育风险的时间性，指的是在学生成长过程中，没有能够适当地完成这个特定年龄阶段的教育与必需的学习任务，以及未达到预定的发展目标而出现的风险。它体现的是儿童与青少年学生成长的不可逆性而可能产生的各种风险，这是教育风险中一个十分基本的特点。时间是教育活动中一个非常强的约束变量。根据发展心理学的研究，特定的年龄和成长阶段具有特定的发展目标与任务，这也就是所谓身心发展的基本规律，也是一个国家与教育系统中学制的基础与根据。违背了这种成长阶段与相关发展任务的一致性与协调性，正是未成年人成长中一个非常大的风险，对他们以后的成长与发展都将产生极大与长远的影响。

教育的时间性是教育规律的基本内涵与教育活动的基本要求，也是中国教育传统的重要内容与优势和特色。中国著名的儒家经典《论语》中，第一句便是"学而时习之"。其中的"时"强调的就是学习的时间因素。这种时间的内涵主要体现在两个方面：首先，它表明了学习本身应该是一个长期的、经常性的和持续的活动，而不能是一种随意性的、缺乏内在联系的活动。它要求学习的各种活动之间、学习的对象之间，以及不同的学习时间之间有某种稳定的联系，由此保证学习活动的持续性和效果。其次，也是更重要的是，它指出了学习应该注重时间的安排和分配。因为，人的成长过程中什么阶段学习什么内容比较合适，或者说，什么知识与能力在什么阶段学习比较合适等，是教育的一个重大课题。中国传统的教育文献《学记》也专门论述了学习的时间问题。所谓的"时"，按照《学记》的观点，则是"当其可之谓时"，即在适当的时机进行教育。而孟子在评价孔子时，也认为他是"圣之时者也"（《孟子·万章下》）。根据中国传统教育文献的观点，教育活动中学习与时间的关系，包括不同的时节与成长阶段等，主要体现在三个方面。

第一，"身中为时"。

所谓"受学之道，择时为先"，讲的就是在教育和学习规律中，首先要把握的就是时间的恰当性。所谓"身中为时"，强调的是人的一生中什么阶段学习什么内容比较合适，或者说，什么知识与能力在什么阶段学习比较合适。如《礼记·内则》指出："六年，教之数与方名。七年，男女不同席，不共食。八年，出入门户及即席饮食，必后长者，始教之让。九年，教之数日。十年，出就外傅，居宿于外，学书计，衣不帛襦裤，礼帅初，朝夕学幼仪，请肄简谅。十有三年，学乐，诵诗，舞勺。成童，舞象，学射御。二十而冠，始学礼，可以衣裘帛，舞大夏。"^① 由此，非常清楚地说明了学习内容与年龄的关系，人的学习不能滞后于或超越这种时间的要求。

第二，"年中为时"。

"年中为时"，即一年中什么时候学习什么内容比较合适。例如，《礼记·王制》中非常明确地说，春夏学《诗》《乐》，秋冬学《书》《礼》。南朝的皇侃在《论语义疏》中这样解释道："春夏是阳，阳体轻清，《诗》《乐》是声，声亦轻清。轻清时学轻清之业则为易入也。秋冬是阴，阴体重浊，《书》《礼》是事，事亦重浊。重浊时学重浊之业亦易入也。"这就非常明确地指出了一年中不同季节与学习内容的关系。

第三，"日中为时"。

"日中为时"，即强调在每天不同的时间中安排自己的学习。比如，早晨、上午、下午与晚上的时间安排；同时做到每天坚持练习而不辍，日日修习不暂废也。正如人的生物钟对睡眠的对应性一样，每天的学习也有一定的时间约束。

这些观点对学习与时间之间关系的强调是合理的。它表明了教育或学习在学生成长阶段或时间上的适宜性，有助于提高学校的教育质量和学生的学习效果。而阶段或时间上的错位与延误等，将直接降低学习的热情与效果，甚至使学生产生厌学的情绪等。这些都是教育可能存在的风险。当然，这种学习与时间的关系及其内涵也会随着时代社会的发展而变化，但可以肯定的是，时间是学习活动的基本存在形式。同时，它

---

① 其意为：到了六岁，要教他识数和辨认东南西北。到了七岁，开始教以男女有别，男孩和女孩坐不同席，吃饭也不同席。到了八岁，出门进门，坐桌吃饭，一定要让长者在前，开始让他懂得敬让长者的道理。到了九岁，要教他知道朔望和会用干支记日。到了十岁，女孩就要留在家里，而男孩则要离开家跟着外边的老师学习，在外边的小学里住宿，学习识字和算术。这时候穿的衣裤都不用帛来做，以防止产生奢侈之心。此前所教的规矩，还要遵循勿怠。早晚学习洒扫进退的礼节，勤习简策，学习以诚待人。到了十三岁，开始学习乐器，诵读诗歌，学习舞《勺》。到了十五岁，要学习舞《象》，学习射箭和驾车。到了二十岁，举行加冠礼，表示已是成人了，就要开始学习五礼。这时候可以穿皮衣，穿帛制之衣，舞《大夏》之舞。

也非常明确地指出，在学生成长的过程中，这种不同时间阶段与学习内容的对应关系是非常重要的。这也就是教育风险的时间约束，即教育及其阶段必须对应相关的学习任务与内容。这种教育风险的时间性特点对大学生也同样重要。梁启超先生曾经对年轻的大学生说道："当知吾今所历者为一生最危险之时代。凡人，一生之命运，二十岁以前则既略定矣，苟不以此时缔构立身基础，过此以往，将末由自振。然此时期中血气未定，情感纷苗，又新离家庭之顾复，孑身以投入团体生活，所遇之新事物，在在足以移情丧志，稍不自慎，将堕落而永不可拔。又寸阴尺璧，毕生皆然，而少年光阴，可宝尤甚，凡记忆力之应用，理想力之启发，一过其时，则用力倍蓰，而收效不逮十一。……然则吾侪在学校时代，刻刻皆吾终身生死关键所系，言念及此，能无戒惧？"①更重要的是，这种成长阶段与学习任务的对应性往往具有不可逆性。这种不可逆性是青少年学生教育与成长过程中特别重要的一个特点。而学生成长时期中发展阶段与学习任务之间相关性的不可逆性也正是教育风险的生理基础。

二、教育风险的主要类型

教育风险的存在具有各种不同的形态，它们反映了教育活动中违背教育规律的现象与发生风险的不同方式。这里主要讨论其中的三种形态：时间性的风险、强制性的风险与可能性的风险。

1. 时间性的风险

所谓时间性的风险，指的是教育所施加的影响和要求与受教育者年龄和身心发展阶段的不一致而形成的风险。这是教育领域中常常出现的一种现象，也是比较常见的一种教育风险。一般而言，这种时间性的教育风险可以表现为两种不同的形式。

一是超前的风险，即超越受教育者的身心发展阶段，尤其是儿童的发育水平，对受教育者施加不当影响或提出过高要求，由此对受教育

---

① 梁启超. 梁启超论教育 [M]. 北京：商务印书馆，2017：151-152.

者的发展产生负面影响的风险。在现实生活中，这种超前的教育风险常常表现为幼儿园小学化，或者小学教育中学化等。所谓"不能输在起跑线"的说法，则是造成这种教育风险的重要原因之一。似乎学得越早越好，殊不知，这恰恰是教育的风险，是对受教育者非常不利的做法，甚至会导致南辕北辙的后果。这种现象与风险在学前教育领域表现得尤为突出。导致这种风险的理论原因之一则是强调了不同成长阶段的连续性，而忽视了它们之间的间断性。学前教育与小学教育当然是一个连续的过程，学前教育阶段也是儿童学习的一个重要阶段。但这个阶段与小学教育阶段的特点和任务是有所不同的。这种不同主要表现在学前教育阶段儿童的学习主要是获得一种"消极经验"。简单地说，这种消极经验指的是，在面对外部世界或各种学习对象时，学生获得了单凭自己的力量无法对学习对象做出理解的经验①。从教育规律的角度，以及儿童成长的阶段性看，学前教育中的这种"消极经验"则是儿童在身心发育尚不成熟，认知与行为能力仍然比较弱时，出于自己的本能与兴趣，在一定的环境与条件下，自我自发地认识、探索与学习的某种感受与体验。这种"消极经验"的重要特征之一是儿童在面对未知世界时形成的各种问题，其主要形式则常常是"为什么、干什么、凭什么"等等。正如赫尔巴特所说的那样，"在儿童努力谋求获得新经验的过程中常常会产生各种天真的问题，他们假设教育者是无所不知者，……他们的许多问题仅仅涉及一些话语，只要对他们有疑问的事情说出合适的名称就可以加以消除的。……尽管有些问题不能回答，有些问题不允许回答，但就整体而言必须使儿童爱问的倾向不断得到鼓励"②。必须指出的是，儿童的这种"问题"与成人的问题是不同的。它们通常具有两个比较重要的特点：其一，情绪化，即"他们的提问没有目的，而取决于一时的情绪"③，因而也是表层性的、

---

① 本纳.教育与教化的区别及其对当今教学研究的意义：论教化性的教育性教学 [J].基础教育，2018（6）：5-14.

② 赫尔巴特.教育学讲授纲要 [M].北京：人民教育出版社，2015：111.

③ 同②.

不稳定的；其二，儿童的这种提问或问题本身并不具有某种功利性，它们常常是比较单纯的。根据卢梭的说法，儿童的学习就是从消极经验开始的。这种消极经验可以分成四种不同的类型：首先是在外部世界的客观事物上产生的消极经验；其次是在与周围的他人进行交往时形成的消极经验，"有一些问题是关于事件的关系，特别是人的行为的目的"[①]等等；再次则是理论反思中的消极经验，包括道德与政治方面的反思等等；最后是在法律与公正方面的消极经验，由此形成羞耻感和不公正的感觉。[②]需要说明的是，学前教育中儿童的"消极经验"并不等同于一种"负面经验"，它并不会导致儿童的自卑感或不安全感等。它在儿童的生活与内心更多地表现为某种好奇心、探索的欲望、疑虑的心态，以及获得帮助与指导的愿望，包括追求成功的心情与对各种陌生事物的兴趣，特别是某种自发的求知欲没有得到满足时形成的感受与体验，等等。更重要的是，这种消极经验及其问题意识正是学前教育与小学教育之间真正内在的连续性。因为，这种消极经验往往能够有效地转化为儿童在学前教育中形成的"学习愿望"与"学习体验"，进而成为高一阶段学校教育与学习的基础，甚至为他们整体的发展做准备。所以，这是教育规律的体现。正如康德所说的那样，借助积极经验是无法越过消极经验的。他甚至认为，合理的教育本质上是"消极的"，它放弃了直接的说教，而通过教育性的措施要求未成年人自己获得和理解基本的经验。[③]柏拉图则认为，教化过程是由消极经验引起的。如果儿童缺乏这种"消极经验"，则会对他们后期的成长发展产生非常可怕的影响。对此，赫尔巴特非常敏锐和极其深刻地指出，在儿童的这些问题中"存在着原始的兴趣，教育者在以后往往会对这种兴趣有一种难言的失落感，而用任何办法也不能再重新产生这种兴趣。儿童的提问在这里提供了机会，我们可以把解答问题同

① 赫尔巴特.教育学讲授纲要 [M].北京：人民教育出版社，2015：111.
② 彭韬，本纳.现代教育自身逻辑的问题史反思 [J].北京大学教育评论，2017（3）：109-122，190.
③ 同②.

许多必须为今后教学打下基础的工作结合起来"①。由此可见，儿童的提问本身是何等的重要，而且是不可逆的。实事求是地说，这种"失落感"已经成为今天教育界中一种十分普遍的情绪。因此，超前的教育不仅是个人发展的风险，而且对整个国家民族的创新性具有非常大的危害。

二是滞后的风险，即受教育者没有能够在相应的年龄与成长阶段完成必要的发展任务，达到成长的预定目标，以至于对后期的学习发展造成了极大的负面影响。例如，由于小学教育未能帮助儿童形成对世界的直接的整体性认识，因而他们在中学学习分科性课程时常常容易出现某种片面性，不能够自觉地将各个学科的知识结合起来，形成对世界的间接的整体性把握。在这种滞后的教育风险中，自我的认同感危机是一个具有普遍性的现象。当然，自我认同感危机的出现或许是青少年学生成长中的必然现象。教育的根本任务与责任就是要指导与帮助青少年学生认识他们自己，克服自我认同感的危机，进而帮助他们正常成长。而自我认同的滞后则意味着某些青少年学生未能在中学阶段完成对自我的初步认识，进而回答"我是谁"的问题。这种自我认同的滞后往往表现为三种形式：首先是青少年学生对于自我的认识仅仅是在父母或成人的替代或"规定"中完成的。他们自己并不真正知道"我是谁"，只是父母或成人告诉他/她"是谁"。其次是随大流的自我认同的实现方式，即青少年学生不能从本身的实际出发认识自己，又缺乏必要的指导，以至于受到同辈群体的影响，人云亦云地跟着别人走。最后是某种放弃型或退缩型的自我认同。由于青少年学生在自我认同过程中接收到不同的，甚至是相互对立的反馈，以至于从中找不到一个统一和稳定的自我，因而放弃了对"我是谁"的回答，从自我认同的成长任务中退缩了。有学者将这种自我认同中的问题概括为认同感混乱、认同感早闭、认同感延

---

① 赫尔巴特.教育学讲授纲要 [M].北京：人民教育出版社，2015：111.

缓^①。这些现象对青少年学生的发展都是非常有害的，进而造成人生的困惑。如果总无法获得明确的认同感，处于漫无目的的混乱水平，会最终使个体变得压抑和失去自信；也有可能导致埃里克森所说的消极认同，成为害群之马、罪犯或者失败者。^② 当然，自我认同的滞后现象有着非常复杂的原因，但注重学生的全面发展，特别是个性与社会性的均衡发展，包括家校合作，以及各种教育影响的协同，形成合力，对于帮助青少年学生实现自我认同是非常重要的。

2. 强制性的风险

所谓强制性的风险，指的是在个体成长过程中，由于强制性方法使用不当，而对儿童与青少年学生成长产生的负面影响与风险。显然，由于未成年人本身的可塑性，教育活动中的强制是必要的，也是教育规律的应有之义。例如，学前教育中某种适当的强制性就是教育上允许的。它并不是为了教育未成年人而追求积极的目的，而是为了阻止他们做出不明智的行为。^③ 所以，在儿童成长过程中给予某些合理的强制是必要的，如果完全听任儿童，其结果只能是种下恶的种子，导致令人惋惜的败坏，甚至把儿童未来的人格本身也置于种种危险之中。同时，这种学前教育对儿童的强制必须旨在帮助儿童将这种外来的意志转变为自己的意志。正如康德所说的那样，"必须向儿童表明，对他施加压迫，是为了引导他能够运用他自己的自由，也就是说，之所以对他进行教化，就是使他将来能够自由，即不依赖于他人的呵护"^④。而赫尔巴特则把这种为了儿童的自由发展而实施的强制概括为四种形式。首先是教育的威胁，即

---

① Shaffer D R，Kipp K.发展心理学：儿童与青少年：第八版 [M].北京：中国轻工业出版社，2009：449.

② 同① 450.

③ 本纳.教育与教化的区别及其对当今教学研究的意义：论教化性的教育性教学 [J].基础教育，2018（6）：5-14.

④ 本纳.普通教育学：教育思想和行动基本结构的系统的和问题史的引论 [M].上海：华东师范大学出版社，2006：183.

不是扑灭儿童的意志并预示着教育惩罚，而是向儿童指出他的某一行为方式可能给自己或他人带来的危险。这种威胁不仅要表达出来，同时其效果还必须在对儿童的监督之中得到检查。按照赫尔巴特的说法，"所谓教育性的惩罚就是通过自然结果使学生聪明起来的惩罚"[⑤]。这里所谓的"自然结果"，指的是"让学生自己体会，例如学生玩火被烧痛的经验与教训。所以，这是让学生明白道理的一种惩罚"。其次是管理性的教育监督，即对儿童的行为以及他们与上述危险物打交道的方式方法进行监督。这样的监督并不是以一个规范化的行为结果为取向的，而是要给成长着的一代一个学习处理生活中危险的活动空间。它具有一种不可避免的消极性。再次是技术的爱。这种"爱"不是一种对儿童的消极管理，也不是成人借以通过爱的取消来寻求控制儿童的行为的措施；而是把爱理解为在儿童被成年关系人无动机地认可并感觉到成人的善意之后而对他们表示的一种好感。最后是权威的管理，这种管理与爱具有可比性。教育权威不允许做出专制的命令，它源于一种认可的辩证法，即教育行动参与者之间权威关系的确立的前提是，管理措施只是为了阻止不明智的行为，而不是为了扑灭儿童的意志。确切地说，这些人的权威要在受教育者的信任中得到认可，即相信管理措施只是为了避免伤害，而不是扑灭意志。[⑥] 他甚至为实施这些儿童管理中的强制提供了非常具体的方法与案例。

然而，这种教育活动中的强制性常常会越界或变形。这种越界与变形通常有两种形式。其一是卢梭主张的所谓无为的"自然教育"，他希望完全取消强制性，而让儿童完全顺其自然地发展。这种观点不啻于放弃与取消了教育。其二则是凭借某种强制性"扑灭儿童的意志并预示着教育惩罚"（赫尔巴特语），或者是"成人借以通过爱的取消来寻求控制儿童的行为的措施"（赫尔巴特语），由此形成教育者外在的权威性，并换取

---

⑤　赫尔巴特. 教育学讲授纲要 [M]. 北京：人民教育出版社，2015：10.
⑥　赫尔巴特. 普通教育学 [M]. 北京：人民教育出版社，2015：18-20.

未成年人的顺从与听话。实事求是地说，现实中这种强制性的越界与变形往往是比较常见的。或者出于认识上的原因，或者出于某种简单化的心理，等等，有些教育者比较习惯于使用某些强制性措施，可往往又掌握不好教育活动中强制性的基本准则，即"强制实施的目的在于阻止不明智行为，而不能寻求对教育强制对象的任何动机范围内的目的"[①]，进而导致教育风险或成长的风险。因为，凡是在惩罚实施时把强制的消极功能提升为积极功能并忽视了向教育行动的其他两个维度（即通过教学而实施教养性的说明和引导强制对象理性地参与人的总体实践的活动）转化的地方，"就会出现这样一个危险，即对于理应受罚者的强制会挑起新的强制，使违规者'相互传授'，并为其重返社会时更为娴熟地从事违法行为作好准备"[②]。而且，赫尔巴特也提醒道："惩罚……不可使人变得比他们过去更坏，像在一个违法者去教育另一个违法者的监狱里那样。"[③]这真的是教育活动与儿童和青少年学生成长中非常大的风险。

3. 可能性的风险

所谓可能性的风险，指的是未成年人或学生本身的成长和发展过程中的诸多可能性所包含的风险，特别是其中存在的某种坏的可能性。学生的未成熟状态，或者说"年轻"，用教育学的学术话语来说，并非简单地只是某种朝气与活力，也并不仅仅是年龄的代名词等等。"学生"或者"年轻"，意味着他们当下还不是一种现实性的存在，而只是一种可能性的存在。相对而言，成年人则更多地是一种现实性的存在，已经没有太多的可能性了。所以，从教育学的角度说，青少年的"年轻"，正是成长的内涵，是教育的基础，也是他们生命的本质性意义。而教育或成长的风险也蕴含在这种"年轻"的内涵之中。

---

① 本纳. 普通教育学：教育思想和行动基本结构的系统的和问题史的引论 [M]. 上海：华东师范大学出版社，2006：197.

② 同①.

③ 同①.

这种可能性就是青少年学生的"可塑性"。它既反映了他们向着积极方向发展的可能性，也包含了其他的各种可能性。从积极的角度看，青少年学生在成长过程中能够有更多的选择与机会，这种成长的可能性正是青少年的优势所在。他们能够更加充分地发展自己的个性与才华，实现自身的梦想。尽管他们眼下什么也不是，或者说，还没有真正地走上社会，承担一个具体的社会角色；但毋庸置疑的是，他们在将来则什么都可能是，他们可能会成为一名科学家，成为一名工程师，或者成为一名企业家、教师、管理者等等。从消极的角度看，这些可能性也使得他们的成长充满了各种挑战与风险，包括成为其他某种人，甚至是坏人……。所以，这种成长的可能性也是青少年的困惑与"软肋"所在。它所显示出来的斑驳陆离与五光十色，常常会使青少年的眼睛迷离，以至于让他们产生困惑。这些成长的可能性本身所具有的各种外在的诱惑，也往往会让青少年感到无所适从、不知所措，以至于使他们左右为难、无法取舍。在青少年成长中，他们可能会遇到某些高人、贵人与好人，以至于成长得非常幸福与快乐，并且一帆风顺地到达人生的成功的彼岸；他们也可能平平淡淡，无所作为，庸庸碌碌地了此一生；他们还可能步履蹒跚，一路上磕磕碰碰、跌跌撞撞，甚至走上歧途；等等。坦率地说，这种成长的可能性对于涉世未深，甚至多少有些懵懂与稚嫩的青少年来说，真的是一种很大的挑战与"麻烦"，是他们成长中非常大的风险。

更有甚者，这种青少年成长的可能性还是一个不断发展变化的历史范畴。如果说在生产力与社会发展水平非常落后的传统社会，青少年成长的可能性也非常有限，甚至自己的前途命运是受某种前定的方式而决定的，那么，在现代社会，青少年成长的可能性则会随着社会的发展与进步而变得越来越丰富与多样化。对于青少年而言，社会的发展与进步就意味着他们的人生有了更多的选项与机会。因为，人类文明的发展与进步已经赋予了人们更多的自主权，社会的民主化也让青少年有了更多决定自己命运的权利。由此，青少年成长的可能性越来越多了，人生的前景越来越开阔了。同样，随着社会的发展进步，青少年成长的纠结与困惑也越来越多了，成长中的茫然也越来越多了。他们一方面陶醉于自己成长的自主权，另一方面又不知道如何真正运用自己的权利。更有甚者，在信息技术发展的虚拟空间里，青少年往往将自己分化成各种各样不同的"分人"。他们可以在现实生活中扮演一定的角色，呈现出某种形象。而在虚拟空间中，或者在网络世界里，他们则扮演着另一些角色，成为某种所谓的"键盘侠"。这种形象的分离常常使青少年难以分清，究竟现实中的"我"是真实的"我"，还是虚拟空间或网络中的"我"是真实的"我"，以至于出现一种人格的"分裂"。在这些众多的"分人"中，究竟有没有一个统一的自我，已经成为青少年认识自己的一个重大的问题。这种现象已经不是某种虚构的情节，而是客观的现实。

这种成长的可能性就是教育的风险，甚至是前所未有的一种教育风险，是一种内在的成长的风险。如果用教育学的术语来说，则是所谓青少年成长中形成自我认同与社会认同的风险。因为，教育最主要的目的与任务，不仅是帮助青少年认识社会与责任，认识外部环境与他人，更重要的是帮助与引导他们认识自己，帮助与引导他们回答"我是谁"的人生追问。如果教育不能很好地对现代社会中这些现象做出合理的解释与回应，为青少年成长提供有价值的明确的引导，则真的是教育最大的风险。

当然，教育风险还可以有其他形式，而且，在个体不同的成长阶段与教育的不同形态中，教育风险的内容与特点也是不同的。而现代学校教育的发展本身则包含着一个巨大的风险。

第二节　学校教育的风险

学校教育的出现与发展是社会进步的重要标志之一，也是文化传承中守正创新的需要，是政治、经济与科技发展的要求。同时，随着现代教育的发达，各种变量与相关因素越来越多、越来越复杂，学校系统的脆弱性也日益呈现，形成了各种风险。这些风险的出现具有一定的必然性与客观性，对人才培养具有十分重要的影响。所以，深入分析学校教育的风险是教育基本理论建设与实践的重要任务。

一、教育的肢解

所谓教育的肢解，指的是教育活动或经验结构中各个要素之间的分离与孤立，特别是学校教育中的各个环节，以及经验的结构发生了分离与割裂，出现了某些因素与环节孤立与脱节的问题，由此造成了学校教育与儿童和青少年学生成长的风险。简单地说，这种分离与孤立的主要特征之一，就是教育、学习与经验中的身体活动和心智活动分离开，孤立起来并且绝对化。这是一种非常危险的现象，是一种违背教育规律的现象。但它们的出现也具有一定的社会基础与教育的内在原因。

1. 经验的结构

按照杜威的观点，"生长的理想归结为这样的观点，即教育是经验的继续不断的改组和改造。……这样我们就得到一个教育的专门定义：教育就是经验的改造或改组"①。这种经验并不是一种单纯的刺激-反应的机械

---

① 吕达，刘立德，邹海燕. 杜威教育文集：第 2 卷 [M].北京：人民教育出版社，2008：76-77.

性的行为，而是一种能够体现人的特点的现象。这种经验的结构"包含一个主动的因素和一个被动的因素，这两个因素以特有形式结合着。……在主动的方面，经验就是尝试——这个意义，用实验这个术语来表达就清楚了。在被动的方面，经验就是承受结果。我们对事物有所作为，然后它回过来对我们有所影响，这就是一种特殊的结合"①。这种"主动的方面"，必须是具有主动性与直接性的身体器官参与的活动；而"被动的方面"，则是个体必须承担自己活动的后果，包括积极的或消极的后果。更重要的是，这种经验的改组或改造还意味着一种将两者结合起来的反思活动，从中获取知识与能力。必须强调的是，经验的改造绝不仅仅是一种单纯精神的认识活动②，而是身体与心理共同参与并结合的活动。关于这种"主动的因素"与"被动的因素"的结合机制与意义，杜威做了非常详尽的说明。他说道："经验作为一个主动的过程是占据时间的，它的后一段时间完成它的前一段时间；它把经验所包含的、但一直未被察觉的联系显露出来。因此，后面的结果揭露前面的结果的意义，而经验的整体就养成对具有这种意义的事物的爱好或倾向。所有这种继续不断的经验或活动是有教育作用的，一切教育存在于这种经验之中。"③可以认为，这种经验的结构就是教育活动的基本结构，是所有教育活动的基础性结构。而这种经验结构中各个因素的分离与孤立，或者是割裂等，本质上就是对教育的破坏，也是教育风险出现的内在原因。

2. 经验的分离

教育风险，或者是成长的风险，就是不断改造的经验的结构的肢解、分离与孤立等，以及由此对儿童和青少年学生成长造成的危害。这种分离主要有以下几种形式。首先是自由与责任的分离，或者说经验中主动的因素与被动的因素之间的分离。在这种分离中，一种比较常见与极端

---

① 吕达，刘立德，邹海燕.杜威教育文集：第 2 卷 [M].北京：人民教育出版社，2008：137.
② 同①138.
③ 同①79.

的现象则是过分地强调自己的自由或自主性，而不能或不愿承担自己行为的后果与责任。儿童和青少年学生对自由或自主性有一种天然的渴望与追求。同时，由于其生理、心理发育的水平，儿童和青少年学生还未能形成必要的行为能力，并且受到成年人的照顾与看护，由此很容易形成一种自主性与责任之间的分离。这种分离所导致的直接后果就是个体的放任或任性，甚至是一种对自由的否定。其次是直接与间接的分离，即直接经验与间接经验的分离。这种间接经验的学习常常容易出现抽象性与形式化的现象。尤其是知识学习与劳动实践的分离，使受教育者对现实生活的认识与领会出现了虚幻的现象，进而导致受教育者脱离实际，尤其是脱离现实，以为学习就是一种单纯的精神性的认识活动。学生是主动地获得经验，还是单纯被动地接受经验，两者的关系如何，就是教育中的根本问题。最后是个体与社会的分离，即受教育者在成长过程中个性化与社会性之间的分离。学习活动与社会交往的分离，很容易使受教育者以为文化和学习可以是一种孤立的活动，可以独自完成，由此而形成一种自私自利的心态，使自己的社会性与社会交往的发展受到很大的影响。对此，杜威曾经非常明确地说道："在学校里，学生往往过分被人看做求取知识的理论的旁观者，他们通过直接的智慧力量占有知识。学生一词，几乎是指直接吸收知识而不从事获得有效经验的人。所谓心智或意识，和活动的身体器官隔离开来。……活动和使我们认识经验意义的承受活动结果的紧密结合被破坏了；结果我们有了两个断片：一方面是单纯的身体活动，另一方面是靠'精神'活动直接领会的意义。"[1]而这恰恰是教育或成长的风险。

---

① 吕达，刘立德，邹海燕.杜威教育文集：第 2 卷 [M].北京：人民教育出版社，2008：138.

二、现代学校教育的风险与特点

现代社会的教育取得了很大的进步，同时，教育风险也在不断增加与放大，并且对受教育者的成长产生着越来越大的危害。所以，充分认识与深入分析现代社会中教育风险的内涵、特点与危害，是教育学与教育社会学理论建设与实践探索的重要任务。

1.古代教育的特点

古代社会中教育的风险相对而言是比较小的。这种现象与古代教育的特点是相关的。从教育史中可以看到古代社会中教育的形态与特点，其对于教育与成长的风险具有一种纯朴和简单的控制方法。

简单地说，古代教育通常具有以下特点。首先，古代教育常常具有一种直接性的形态，即在实际的生产劳动中进行教育和学习，包括通过实践活动中的耳濡目染与因材施教进行学习与教育。在中国古代的传统教育中，这种直接性的教育形态是非常丰富的，也是比较有效的。由于生产力水平低，这种直接性的教育往往又以家庭教育为主要载体，并且以体力劳动的技能训练为主。其次，古代教育也有某些间接性的形态。在中国古代社会中，这种间接性的教育形态常常是受教育者或青少年通过日常生活中的各种游戏或表演，特别是节日或日常生活中的各种仪式，对社会活动或生产劳动中各种行为方式进行模仿而获得社会交往与生产劳动的各种知识与技能。可以说，传统社会"主要依靠儿童通过参与成年人的活动，学习成人的风俗习惯，获得他们的情感倾向和种种观念。这种参与一部分是直接的，参与成人的各种职业活动，当他们的学徒；一部分是间接的，通过演戏，儿童重复成人的行动，从而学会了解他们像什么"①。不难发现，在古代社会中，教育的结构是比较完整的，主动的因素与被动的因素是统一的，思与行也是同一的，并且都具有一种社会

① 吕达，刘立德，邹海燕.杜威教育文集：第2卷 [M].北京：人民教育出版社，2008：12.

性。所以，在古代社会的传统教育中，教育活动或教育结构中各种因素之间出现分离的可能性是比较小的。

2. 现代学校教育的风险

随着从古代社会的传统教育发展到现代社会的教育，以往以直接经验为主的生活教育，转变为以间接经验为主的正规学校教育。随着教育形态的转型，教育面临着明显的风险，即教育与经验的结构存在着被分解和割裂的可能性[①]。这种教育风险主要表现在以下几个方面。

第一，具体与抽象的分离。

从生活的教育转到正规的学校教育，首要的风险是学习对象从具体的存在转变为某种抽象的存在。以往在实践活动中的耳濡目染的学习能够直接参与实际的事务，不管是直接地或者间接地在游戏中参与，这种学习至少是亲切的、有生气的。尽管古代教育的视野比较狭窄，但这种直接性的教育能够在一定程度上补偿学习的成效。与此相反，正规学校教育的学习对象常常是某种抽象的间接经验与知识，与鲜活的日常生活经验是分离的，因而"正规的教学容易变得冷漠和死板——用通常的贬义词来说，变得抽象和书生气"[②]。

第二，现实与符号的分离。

古代社会所积累的知识，至少是付诸实践的；它们是现实的，其内涵是具体的。这种知识由于包含在日常生活与事务之中而具有十分鲜活的形态与直接颠覆意义。但是，在文化发达的社会，很多必须学习的东西都储存在符号里，它们与日常生活具体事务中的行为与对象是分离的，至少其关系是模糊的。这种学习材料往往是比较专门的和肤浅的。由此，教育或学习也是缺乏生气的。因为，"词是观念的摹本，但是，很容易把词当做观念。如果心理活动和主动关心外界分离开来，和做事情分离开来，不把施与受联结起来，在同样程度上，词和符号代替了

---

① 吕达，刘立德，邹海燕. 杜威教育文集：第 2 卷 [M]. 北京：人民教育出版社，2008：12.
② 杜威. 民主主义与教育 [M]. 2 版. 北京：人民教育出版社，2001：13.

观念"①。同时，识别事物的关系是真正有关智力的事情，因而也就是有教育意义的事情。由于儿童和青少年学生缺乏生活经验，不能理解和领会经验中的主动尝试与被动承受的结合。"他们认为只要'心灵'能集中注意，不论情况如何，心灵能随意注意，那么它就能掌握事物的关系。因而若明若暗的观察和字面上的观念泛滥成灾，食而不化的'知识'贻害世界。"② 这无疑是非常危险的。

第三，自然与人为的分离。

所谓自然与人为的分离，指的是现代学校教育中的学习对象或教材用通常的现实标准来衡量，常常具有一种人为加工的特点，而失去了其原生态的特征。显然，课程建设中的这种加工是必要的，能够对各种知识进行更好的梳理与整合，也有利于学生的学习。然而，实事求是地说，这种人为的建构的确隐含了一定的风险。因为，"正规教学的材料仅仅是学校中的教材，和生活经验的教材脱节。……因此，我们有了这样一个通常的教育概念：这种概念忽视教育的社会必要性，不顾教育与影响有意识的生活的一切人类群体的一致性，把教育和传授有关遥远的事物的知识，和通过语言符号即文字传递学问等同起来"③。由此，无疑对学生认识与了解真实的世界是有害的。

对此，杜威曾经非常明确地指出，随着正规教学和训练的范围的扩大，在比较直接的联合中所获得的经验和在学校所获得的经验之间，有产生不良的割裂现象的危险，鉴于几个世纪以来知识和专门技能的迅猛发展，这种危险从来没有像现在这样严重。"教育哲学必须解决的一个最重要的问题，就是要在非正规的和正规的、偶然的和有意识的教育形式之间保持恰当的平衡。如果所获得的知识和专门的智力技能不能影响社会倾向的形成，平常的充满活力的经验的意义不能增进，而学校教

---

① 吕达，刘立德，邹海燕 . 杜威教育文集：第 2 卷 [M].北京：人民教育出版社，2008：141.

② 同①.

③ 同① 13.

育只能制造学习上的'骗子'——自私自利的专家。"① 而这种"学习上的'骗子'——自私自利的专家",在今天还获得了另一种名称,即"精致的利己主义者"(钱理群语)。同时,随着信息社会中网络空间和虚拟现实的发展,以及教育的数字化,这种分离的风险也达到了一个新的阶段,并且出现了新的特点。学校的课程知识出现了越来越符号化的现象。

三、网络社会中的教育风险

网络社会中现实世界与虚拟世界之间的分离与并存,进一步强化了学校教育的风险。这种教育风险放大了经验结构的分离,为教育和人的成长带来了一系列新的风险。

1. 教育环境的变化

现代社会的教育通过信息化与数字化的途径,得到了极大的发展与提升,一种新的教育环境正在形成,即网络社会的形成。这种新的教育环境为教育的发展带来了极大的机遇与空间,也同时蕴含着新的教育风险。

关于现代教育发展的这种新的社会环境,美国学者卡斯特将它称为"网络社会"。自不待言,现代社会中信息技术对教育产生的并不仅仅是工具性或知识性的影响,也不仅仅是某种教育模式的影响,更重要的是对人的成长过程中自我认同机制的影响。其中的风险则是人本身的分离,是人失去自己。

2. 自我认同的风险

网络社会中教育风险最典型的表现是自我认同机制面临的挑战。根据教育学的基本理论,人对自己的认识是通过社会形成的。对此,库利在《人类本性与社会秩序》一书中,对社会环境和人的自我认识之间的

---

① 吕达,刘立德,邹海燕.杜威教育文集:第2卷[M].北京:人民教育出版社,2008:13.

关系提出了一个非常贴切而又十分准确的比喻，即所谓"镜中我"的理论。在库利看来，心智不但不是像笛卡尔所认为的那样超然于外在的世界，反倒是个人与社会、世界和他人之间相互影响的产物。对此，他以"镜中我"，有时也叫作"反射自我"（looking-glass self）来形容自我是与别人或社会面对面互动的产物。他说，"在许多情况下，与他人的联系依赖较为确定的想象形式，即想象他的自我——他专有的所有意识——是如何出现在他人意识中的。这种自我感觉决定于对想象的他人的意识的态度。这种社会自我则可以被称作反射自我或镜中自我"，"人们彼此都是一面镜子"，"映照着对方"。① 在这里，社会好像一面镜子，人的自我意识则是"我"从别人身上看到别人怎么看"我"的。按照库利的说法，"这种自我认识似乎有三个主要成分：对别人眼里我们的形象的想象，对他对这一形象的判断的想象；某种自我感觉，如骄傲或耻辱等"②。用通俗的话说，一个人要知道自己是一个什么样的人，就必须参与社会，通过与社会交往和互动，特别是借助他人对自己的评价、态度等，经由自己本身的反思，达到对自己的理解，并且由此形成一种比较稳定的人格特征。而库利的"镜中我"理论，则非常形象地描述和表达了这个自我认同的逻辑过程和内在机制。其实，我们在社会环境中的实践活动，包括与他人的各种交往，以及在这种实践活动和社会交往中对自身的认识和调整，就如同在一面镜子面前不断地看到自己，认识自己，甚至是不断地"妆扮"自己。因此，自我本身就是一种社会存在，是在与社会的相互作用中发展和成长的。

　　然而，在网络社会中，人们借以认识自我的镜子发生了变化，出现了两面不同的"镜子"：一面是现实社会的镜子，另一面是虚拟社会的镜子。它们具有不同的存在形态，与人之间存在着不同的联系形式，由此也使得人们在两面"镜子"中看到的是不同的自己。有些人在现实中是

---

① 库利. 人类本性与社会秩序 [M]. 北京：华夏出版社，2015：129.

② 同①.

一种样子，而在网络的虚拟环境里却是完全不同的另外一种样子。这些镜像是那么的不同，有时甚至判若两人。而对于人自己而言，则会在如此差异化的镜像中产生困惑，失去正常的判断力，以至于不知道哪一面镜子中的自我才是真实的自己。这是网络社会或信息技术发展对教育提出的更为严峻的挑战，是学校教育面临的更为内在的风险。因为，教育的目的与根本任务不仅仅是认识外部世界与社会，更重要的是让青少年学生学习认识自己，回答"我是谁"的自我认同问题。这种教育环境的变化不仅仅体现于学习对象中，而且反映在师生关系上，以及社会与家庭教育等各个方面。如何能够把人在不同环境中的形象协调起来，特别是将现实环境与虚拟环境中的自我统一起来，成为现代社会教育发展与人的成长过程中面临的最突出的问题。

第三节　劳动教育的功能分析

劳动教育是与德智体美四育密切相关的一种教育形态，具有综合性的功能。它对于加强经验结构中各个因素之间的联系与结合，增进受教育者在学习中的主动性与被动性之间的协调与均衡，进而控制与缓解教育风险，促进受教育者的全面发展，具有不可替代的价值。

一、劳动教育及其特点

劳动教育是德智体美劳五育中不可缺少与不可替代的一个重要方面，也是实现人的自由和全面发展的必要途径。这种劳动教育并不简单地等同于通常的劳动，而具有自身的特点，并且在受教育者的成长中具有非常重要的地位。

1. 劳动与劳动教育

劳动是一个耳熟能详的概念，但对它的确切定义却往往是不甚了了。德国思想家雅斯贝尔斯在谈到"劳动的定义"时，非常明确地指出，"劳动能够以三种方式来予以确定"[①]。第一，劳动是体力劳动。它是一种非常紧张的努力活动，特别是由于肌肉的劳动而导致的疲劳与筋疲力尽。从这个意义上说，人的劳动与动物是一样的。第二，人的劳动是有计划的行为。它是有意图的有目的的行为，是通过有意识和有计划的媒介来满足其需要的活动。这种劳动反映了人们想要获得满足需求的手段的某种希望。也正是由于劳动中的这种手段或工具，人脱离了与自然的直接关联，因而也使人与动物区别开来，进而使人成为人。所以，这种劳动既是体力的，也是精神性的，而且还是有规则的。第三，劳动是"人之存在"的基本行为。按照雅斯贝尔斯的观点，正是人的这种劳动，将自然存在的世界转变成了人的世界。而这是人与动物最根本的区别。在这种劳动中，形成了必要的分工以及适当的组织，因而形成了人的社会。[②] 雅斯贝尔斯关于劳动的观点对认识与理解劳动是非常有启发的，而且对理解劳动教育具有十分重要的意义。

所谓劳动教育，简单地说，就是一种身体与精神相互作用，主动与被动相互结合，个性与社会性彼此融汇，实现知行合一，促进受教育者身心协调与均衡发展的综合性教育。这种劳动教育并不取代德智体美四育的功能，而是与它们密切相关的一种教育形态。劳动教育的功能主要是通过劳动的现实环境所实现的。这种环境既是自然环境，也指劳动的社会环境，它包括了劳动过程中人与自然的交往，人与人的交往、合作、竞争，以及劳动成果的得失与分配等。首先，它可以有助于道德品质的养成。显然，劳动本身对意志品质的磨砺具有一种不可替代的功能。同时，真正有效的价值判断是人在劳动实践与环境中体会到的。因为，价

---

① 雅斯贝尔斯. 论历史的起源与目标 [M]. 上海：华东师范大学出版社，2018：123.
② 同① 123–124.

值观"是一个人习惯地参与的情境所构成的","凡是我们不经研究或思考而视为当然的东西，正是决定我们有意识的思想和决定我们的结论的东西。这些不经思考的习惯，恰恰是我们在和别人日常交际的授受关系中形成的"。① 而且，儿童和青少年学生正是在劳动实践的过程中，在各种不同的反馈和磨砺中，不断实现着自我认同的成长任务，真正知道了自己是一个什么样的人，即"我是谁"。其次，劳动教育可以有效地带动认知水平的提升，特别是使人通过对外部世界的改造不断获得对事物发展规律的认识，以及相应技能的掌握。例如，在环境中，语言的学习是一件非常自然的事情。"在兴奋的时候，有意识地学会的言语模式常常消失，恢复他们真正的本族语"。② 再次，劳动教育也有助于增进审美意识的发展。因为，美感的形成与发展是在环境中实现的。"如果眼睛常常接触形式和色彩华美和谐的事物，审美的标准自然会发展起来。一个俗气的、没有秩序的和装潢过度的环境会败坏美感，正如贫乏而荒芜的环境会饿死美的愿望一样。在这样的不利条件下，有意识的教导不过传达一些别人讲过的第二手的有关美感的旧话罢了。"③ 最后，劳动教育还具有促进身体素质的健康与塑造健美身材的效果。自不待言，劳动过程中对体力的锻炼能够带来肌肉的健壮。而且，"榜样的力量比格言大得多"，"尽管有意识的改正和教导不停地起着作用，但是，周围的气氛和精神最终在形成仪表方面是主要力量"。④ 由此，劳动教育与德智体美四育是相辅相成的，而且能够从整体上促进受教育者的自由全面发展。正如马克思在《资本论》一书中所说的那样："未来教育对所有已满一定年龄的儿童来说，就是生产劳动同智育和体育相结合，它不仅是提高社会生产的一种方法，而且是造就社会全面发展的人的唯一方法。"⑤ 而且，劳动教育也

① 吕达，刘立德，邹海燕. 杜威教育文集：第 2 卷 [M]. 北京：人民教育出版社，2008：22-23.

② 同① 22.

③ 同① 22.

④ 同① 22.

⑤ 马克思，恩格斯. 马克思恩格斯全集：第 23 卷 [M]. 北京：人民出版社，1972：530.

是从儿童向成人转变过程中的关键。

2. 劳动教育的特点

显然，并非所有的劳动都具有教育的资格。从教育活动本身的要求来看，具有教育功能与价值的劳动，至少应该具备以下几个特点。

第一，能够为受教育者提供直接教育。

具有教育功能的劳动必须能够为受教育者提供直接的经验，从而帮助受教育者更好地达到对学习对象的认识。这种提供直接经验的功能主要表现为两个方面：首先，它能够帮助儿童和青少年学生从主观想象的生存状态走向现实的生存状态。儿童与青少年学生的认识活动常常具有一种主观联想的特点。这种"主观联想"，指的是儿童与青少年学生对世界的认识常常带有一种主观的色彩，他们常常用一种主观的想象去建立起世界中各种事物之间的联系。例如，将自己与学校的教师之间的关系当成在家庭中自己与父母的关系，等等。对此，著名教育心理学家维果茨基在《思维和言语》中指出，"儿童的知觉、思维、动作中都显露出，根据统一的印象将各式各样缺乏内在联系的成分连接成不能分割的混合的形象的趋势"。有的学者将这种现象称为"儿童知觉的含混主义"或者"儿童思维的无条理连接"，即"儿童用过多的主观联系弥补客观联系的不足，并把印象和思维当做物品联系的一种趋势。主观联系的这种再生产当然有巨大的意义，它是儿童思维进一步发展的因素，因为它是儿童选择符合客观现实的、经过实践检验的联系的进一步过程的基础"。[①] 而劳动过程中的直接经验则能够帮助儿童与青少年学生将他们学习过程中的这种主观联想客观化，进而达到对学习对象的正确认识。其次，这种直接经验能够与学校教育提供的间接经验结合起来，弥补受教育者间接经验的不足。正如杜威所说的那样，"为灌输知识而组织的实物教学，不管有多少，绝不能代替关于农场和田园的动植物的直接知识，这种直接知识是通过在动植物中的实际生活和照料动植物而获得的"。而且，"学校

---

① 维果茨基.维果茨基教育论著选 [M].北京：人民教育出版社，2005：133.

中为了训练而设的感官训练的学科，总不能跟从每天亲切有味的普通的职业活动中得来的那种生动的、丰富的感官生活相比拟"。显然，单纯的间接经验是不够的，甚至是空洞的。因为，"文字记忆力在所指定的课业中能得到训练，推理力也能在数理课里得到一定的训练。但是，这同必须去做些事情，有实际的动机在推动并预见到实际的效果，从而获得注意力和判断力的那种训练相比较，毕竟总是有点间接的、空洞的"。[①] 提供直接经验恰恰是劳动教育所具有的优势。

第二，具有一种目的性。

劳动教育是一个主动建构的过程，一种主观见之于客观的过程。换言之，具有教育资格的劳动必须是一种具有目的性的主动的活动，它是一种着眼于改造外部世界，使之与人的生存发展相适应的活动。这种目的性的主要标志之一，就是使用或制造工具。正如恩格斯所说的那样，真正的"劳动是从制造工具开始的"[②]，因为，真正制造工具的过程体现了人并非单纯地适应自然与社会，而是主动地改造自然和社会，由此也改变了自己。所以，这里强调的是一种主动的、创造性的劳动。这是人的劳动区别于人工智能的重要特点之一。这也是人区别于动物的重要特征。众所周知，动物仅仅利用外部自然界，单纯地以自己的存在来使自然界改变；而人则通过他所做出的改变来使自然界为自己的目的服务，来支配自然界（人类比动物强，是因为人能够认识和正确地运用自然规律）。这便是人同动物的最后的本质的区别，而造成这一切区别的还是劳动。需要特别指出的是，这种劳动正是教育的必要条件之一。在教育或者学习活动中，最神奇的地方就是知识与各种能力是如何进入人的头脑之中，并且转变为人的智慧和能力的。而外部的社会控制如何转化为人的自我控制，由此完成从儿童向成人的转变，则永远是教育的魅力所在。而在这个转化过程中，劳动具有不可替代的价值。

---

① 杜威.学校与社会·明日之学校 [M].北京：人民教育出版社，1994：30.
② 马克思，恩格斯.马克思恩格斯全集：第 20 卷 [M].北京：人民出版社，1971：515.

第三，连续性的内在机制。

具有教育功能的劳动必须是连续的。这种连续性的内涵非常丰富，它包括劳动过程中直接经验与间接经验之间的连续性，劳动内容与学校教育或学习内容的连续性，以及劳动活动本身具有的内在的连续性，即这种劳动是一种系统的、有规划、有组织的劳动，而不是一种偶然的或零散的劳动。劳动教育的这种连续性是学习本身的特点所决定的。人与外部环境之间简单的刺激－反应，以及由此产生的生理机能的某些变化，更多地只是一种条件反射，而并不是人的学习。学习过程必须是一种连续不断的活动，它的必要条件之一是通过人与环境的相互作用，引起人的心理机能与认知结构发生持续不断与长久稳定的变化。

显然，劳动的这些特点使之具有了一种十分重要的功能与价值，而且，这些功能与价值对于促进人的全面发展具有十分重要的意义。对此，美国著名学者爱默生曾经说道："当心灵得到劳动与创造的支撑时，任何书籍都会页页生辉，意义倍增。每一个句子的含义都扩展了，作者的意识变得像世界一样宽广"，"当我开始听到人们谈论劳动的尊严与必要性时，我便感到喜悦。对于有知识或无知识的人来说，锄头与铁锹里也是藏有美德的"。① 而控制教育风险，也是劳动教育十分独特且不可替代的功能。

二、劳动教育对教育风险的控制

不难发现，劳动教育恰恰具备了杜威所说的经验的连续改造过程的特点，因而对学校教育以及个体成长的风险具有一种天然的控制功能。一般而言，劳动教育对教育风险的控制可以表现在三个方面。

1.知行合一

劳动教育作为一种知行合一的活动，对防止经验改造或教育活动中

---

① 爱默生.美国学者：爱默生讲演集［M］.北京：生活·读书·新知三联书店，1998：11，17.

认知与行动之间的分离是非常必要的。在劳动教育中，劳动必须具备某种行动的要求，这种行动可以是身体器官的直接活动，也可以是借助某些工具从事的行动。这种行动，体现了劳动教育的客观性，也是劳动过程中精神活动的生理基础。因为，"教育并不是一件'告诉'和被告知的事情，而是一个主动的和建设性的过程"①。教育作为一种经验的改造，本来就不是一件单纯的认识方面的事情。同时，劳动教育又涉及受教育者的主动参与，它必须是一种包含精神与心理活动的过程。真正的劳动并非单纯地适应自然与社会的活动，而是主动地改造社会和自然的有目的的活动，是一种主动的、创造性的活动。劳动教育的这种精神内涵突出表现在制造工具上。更重要的是，劳动教育必须是行动与认识的合一，是彼此相辅相成的统一体，是改造客观世界与改造主观世界的统一。作为一个主观见之于客观的过程，人们在改造外部世界的同时，也在改造自己的主观世界，促进人的全面发展。对此毛泽东指出："世上最可笑的是那些'知识里手'，有了道听途说的一知半解，便自封为'天下第一'，适足见其不自量而已。……你要有知识，你就得参加变革现实的实践。你要知道梨子的滋味，你就得变革梨子，亲口吃一吃。你要知道原子的组织同性质，你就得实行物理学和化学的实验，变革原子的情况。……中国人有一句老话：'不入虎穴，焉得虎子。'这句话对于人们的实践是真理，对于认识论也是真理。离开实践的认识是不可能的。"②

2. 直接经验与间接经验的结合

劳动教育作为直接经验与间接经验的结合，对于控制与缓解学校教育与个体成长的风险是非常有效的。这是劳动教育非常重要的价值之一。通过劳动教育中生动感性的直接经验，受教育者能够从主观想象的生存状态走向现实的生存状态。现代教育的主要特点与优势之一当然是能够最大限度地对前人的经验与知识进行整合，不断地提炼与概括，进而达

① 吕达，刘立德，邹海燕．杜威教育文集：第 2 卷 [M].北京：人民教育出版社，2008：42.
② 毛泽东．毛泽东选集：第 1 卷 [M].2 版．北京：人民出版社，1991：287-288.

到一种非常抽象化的水平，以及符号化的形态。但这个过程往往以牺牲学习对象的直接性或差异性为代价，以至于出现受教育者的学习脱离现实实际的风险。正如杜威所说的那样，"学校却同社会生活的通常情况和动机如此隔离，如此孤立起来"，以至于"儿童被送去受训练的地方正是世界上最难得到经验的场所，而经验正是一切有价值的训练的源泉"。[①]这里所说的经验，正是一种直接经验，是在现实社会环境中通过亲身参与而获得的丰富而生动的感受与体会。它能够提供间接经验中被丢弃的许多现实中的细节，能够获得抽象知识与理论中的各种差异性，进而得到一种包含特殊性的普遍性知识，以及一种包含差异性的抽象理论。如果说人们的认识过程首先是一种从具体到抽象的过程，那么，劳动教育中的直接经验则能够帮助受教育者在学习中把抽象的理论与鲜活的具体结合起来，进而防止学校教育中单纯传授间接经验所包含的风险。

3. 个性与社会性的协调

劳动教育中所体现的受教育者的个性发展与社会性发展的统一性，对于控制与预防成长中的风险具有特别重要的功能。所有的劳动教育都能够给受教育者提供一种与他人合作，进而在实际社会环境中进行互动的机会。这是劳动教育以及相关劳动课程非常重要的一个基本特征和条件。正如恩格斯所说的那样，劳动的发展必然促使社会成员更紧密地互相结合起来，因为它使互相帮助和共同协作的场合增多了，并且使每个人都清楚地意识到这种共同协作的好处。"如果每个人把自己行动的结果看做和别人所做的事情有关，并考虑他们的行为对他自己的后果，那么他们就有了共同的思想，他们的行为就有了共同的意愿。在各个人之间有一种了解，这种共同的了解控制着每个人的行动。"[②]在这种社会性的现实环境中，受教育者能够学会与他人建立某种共同的心思与彼此间的理解，而人们只有通过这种"共同心思和理解"的建立，才能够形成将社

---

① 杜威.学校与社会·明日之学校 [M].北京：人民教育出版社，1994：33-34.

② 吕达，刘立德，邹海燕.杜威教育文集：第 2 卷 [M].北京：人民教育出版社，2008：34.

会的外部控制转变为自我控制的能力。

　　由此可见，劳动教育对于教育风险的控制具有十分重要的功能，它能够非常有效地避免教育活动或经验结构中各种要素之间的分离与割裂，缓解学校教育与受教育者成长的风险，进而促进人的全面发展。这也是劳动教育在五育中的独特地位之体现。

第一版后记

这本书的研究、写作、修改和出版，得到了许多人的帮助和支持。如果说它有一些价值，也应该主要归功于他们。本来，我也想到了许多华丽的辞藻，许多溢美的文字，以及动人的话语，但是，我觉得，这并不能真正地表达我的心情。这里，只是将给予我帮助和支持的人们做一个简单的列举，而且，这种列举的目的是告诉读者，这本书也是他们的成果。

我首先应该提到的是北京师范大学教育系，这是一个非常好的学习与研究环境，是一个能够让人们得到极大的锻炼，并充分展示自己的才干的环境。在我对教育社会学的研究才刚刚起步的时候，北京师范大学教育系就让我参加了这个学科的研究生培养工作和一些研究课题，使我在实践中得到了非常好的锻炼，也迫使我开始动手对教育社会学进行比较系统的研究和分析。可以这样说，没有教育系这样的环境，没有教育系领导和教师给予我这样的机会和鼓励，本书的写作和出版是不可能的。

如果说过去对"教学相长"更多地只是理论的理解，那么，这本书的写作，特别是它的不断修改和完善，则使我真正认识了"教学相长"的内在含义和价值。本书作为一本教育社会学的教材，曾经多次在研究生和其他层次与类型的学生中讲授。特别是在我与自己的硕士生、博士生和访问学者进行讨论的过程中，他们的意见和批评，对于本书某些观点和部分内容的修改起了非常重要的作用。而且，我特别看重他们的意见，因为，作为教材，能否为学生所接受是非常重要的。当然，我也会同他们争论，但是，当我不是以一种完全同化的思路，而是以一种开放和顺应的思路去思考和接纳他们的意见时，我会发现他们的看法常常是很有见地的，因而，也就能够很好地吸收他们的观点和意见。

我的妻子郭小莉对我的帮助和支持在本书的写作、研究和出版中是至关重要的。这些年，大量的学校行政工作使我只能充分利用晚上和周末的时间进行研究和写作。这样，繁重的家庭事务便几乎全部落在她的身上。为了支持我的工作，为了不影响我的思考和写作，她甚至常常放弃自己的娱乐和兴趣。为此，我的研究生在他们学位论文的致谢中，每每提到她，感谢她对我的关心和支持，同时，也感谢她对他们的关心和帮助。

最后，我还应该提到的是，我的学生刘生全同志，对全书进行了整理；北京大学社会学系副主任谢立中教授作为专家，对全书进行了严格的审读，并提出了许多非常宝贵的意见和建议。

这里，我必须特别感谢的是教育科学出版社的韦禾同志，她极为仔细认真的审读和编辑使我感到惭愧。她的工作精神和态度让我敬佩，同时也使我对教育科学出版社的编辑质量产生了高度的信任。我想，如果我还有值得出版的著作，仍然希望交给教育科学出版社出版。

我还要说明的是，本书只是我在教育社会学研究和教学过程中的一个阶段性成果，它还有许多问题和缺陷，这些，都有待于人们和我自己的批判。但是，在这里可以告诉大家的是，如果本书有可能再版，除了它本身的进一步完善之外，在内容上将增加一些新的部分。例如，在"教育社会学的分析视角和方法"一章中，本来我想增加关于教育社会学研究范式的内容，根据我自己对于研究范式的分类，它将包括理性主义的研究范式、现象学的研究范式、科学主义的研究范式和日常生活的研究范式，并通过当前社会学和教育社会学研究中的各种不同流派对它们的性质与特点进行说明。又如，课程的教育社会学分析也将是一个新的部分，应该说，国内外有许多学者和专家从教育社会学的角度，对课程问题已经进行了十分出色的研究，取得了许多非常有价值的成果。进一步从理论上对这些成果进行概括和总结，并阐明自己的看法和观点，是非常必要的。另外，原书设计中关于教育的各种社会问题部分，包括教育与性别、教育与民族、教育与人口等等，目前也正处于收集和整理资料，以及分析和写作的过程中。同时，近年来，我主持和参与的部分研究课题的成果和内容，由于时间的关系，在这次出版中也未能收入。例如，关于中国高等教育的公平性的调查研究报告，样本涉及接近 40 所高等学校 1994 级和 1997 级两个年级的接近 7 万名学生。又如，世界银行"高等教育发展"贷款项目的社会评估研究。我们课题组分别调查了 4 所高等学校，发放了调查问卷，进行了座谈和实地考察，以及对部分学生、教师进行了访谈，对当前中国高等学校教育教学改革和发展的情况做了比较深入的调查研究，获得了大量十分宝贵的资料和数据，但由于项目协议的要求，这个部分的研究成果我个人还不能单独使用，等等。总之，这本书只是我自己在教育社会学研究方面的一点十分粗浅的体会和心得，衷心希望能够得到大家的帮助。

谢维和

1999 年 11 月

耐 | 烦

——修订版后记

一般而言，在书的后记中，作者常常要感谢出版社、编辑，以及所有帮助他的人和朋友。在本书第一版的后记中，我也是这样做的。而且，在修订版的后记中，我也想这样做。但是，我又觉得，我的朋友们这样帮助我，更多地是希望我能够做得更好一些，更多地是希望通过他们的帮助使我认识到自己的不足，而不仅仅是得到我的感谢。实际上，他们的愿望已经得到了实现。因为，在对本书修订版的清样进行进一步完善和修改的过程中，我的确又有了一些体会和收获。一方面，我感到本书中有些地方仍然存在一定的问题，有些地方还没有完全说清楚，有些部分还可以写得更加好一些。当然，在修改清样的过程中，我已经做了一些工作，但仍然存有遗憾。另一方面，在修改的过程中，我也形成了一些新的思考，产生了一些新的研究与创作的欲望。但是，我想在这里说的是，我感觉通过这次的修改清样，我的确对自己有了一次反思，而且在心态上有了一点新的认识和体验，简单地说，这种认识和体验就是：耐烦。

在对清样的修改过程中，我常常表现出一种十分"不耐烦"的心态，常常觉得有些地方不需要再修改了，由于一些外国人名字的英文需要从各个方面寻找出处，所以也常常表现出不耐烦；另外，有些地方虽然编辑已经提出了修改的建议，有时也不愿意再花功夫，只是随便调整一下就算了；还有其他一些方面，都不同程度地反映了自己的不耐烦。这恰恰也是自己仍然缺乏"修炼"的表现。这里，我想起了多年以前阅读沈从文先生的著作时所看到和体会到的沈从文先生的文风和态度。他对于自己所写的文章总是不断地修改，甚至在这些文章已经发表以后，也还是在进行修改。而这也就是他常常说的"耐烦"。沈从文先生对自己的评价和对别人的夸奖，都是"耐烦"。当然，对于这个"耐烦"的含义，恐怕很难进行非常全面的界定，但根据上海辞书出版社所编纂的《辞海》中对于"耐烦"的简单解释，它指的是"忍受得住；禁得起"。当然，沈从文先生所说的"耐烦"所包含的意义，已经大大地超越了这个解释。但是我想，即使是这样简单的规定，对于我们这些从事研究工作的人而言，也已经足矣。当然，对于沈从文先生的成就，我难以望其项背。但他的这种"耐烦"的文风和治学态度，却是非常值得我们学习和品味的。反省我自己，在学问上至少有多方面是"不够耐烦"的。

其一，浅尝辄止——读书不够耐烦。

尽管这些年自己买了不少书，也承蒙朋友的厚爱得到了不少的赠书，书房中书架的承载与日俱增，尽管自己也有一定的读书计划，甚至是读书任务，要求自己每个月能够完成一定的阅读量，但是，坦率地说，像过去在读研究生时那样"啃书"的劲头已经很少了，而往往是一种近乎"功利主义"的读书，需要什么，就东翻西翻地到处找，这本书看看，那本书查查，断章取义地寻找自己所需要的内容，甚至不能非常完整地读完一本书。尽管有时也会废寝忘食，但也常常是为了完成一定的任务和课题。更谈不上对一些名著名篇和名句反复地咀嚼和细细地品味。最让我感到恐惧的是，似乎现在已经没有了当初大学和研究生时代的那种读书的激情，特别是没有了过去那种完全没有任何写作目的的纯粹的阅读，以及在那种自由阅读时的愉悦。

其二，敷衍了事——讨论不够耐烦。

讨论是一种十分重要的学术活动和形式，它可以激发人们的灵感，启迪彼此的思考，磨砺思维的敏锐，以及催发知识的创新。实际上讨论也是反映一个学者学品和人品的"镜子"。如果说，自己过去还能够也愿意与学生、同事和朋友们在一起讨论一些学术问题，并且能够把这些讨论作为自己学习的一种重要形式，现在的我，已经逐渐自觉和不自觉地在回避讨论，淡化讨论，甚至是敷衍讨论。有时感到这样的讨论似乎是浪费时间，没有价值；有时则是认为在讨论中不同意见的交锋常常会引起不必要的矛盾和对立。而且，更加可怕的是，在一些与青年学生和教师的学术讨论中，自己已经显现出一种"老"态，即常常用自己的某些观点和理论去"同化"这些青年学生和教师的不同意见和一些新的想法，而不能更多地采取一种"顺应"的态度去认真和谦虚地听取他们的研究与观点，更多地反思自己理论和观点中的缺陷与不足，甚至还没有听完别人的话，或者是粗暴地打断别人的话，迫不及待地用自己的理论去解释对方的问题。

其三，得过且过——修改不够耐烦。

文章是需要"磨"的，只有经过反复的修改和"磨"，才能够像画家黄宾虹所说的那样，使得自己的作品不仅是"能品"和"精品"，而且能够成为"神品"和"逸品"。当然，在创作和写作的过程中，我们的确需要一种激情和所谓的一气呵成，但是，激情之余和呵气之间，也往往需要一种冷静和从容。而这恰恰就是对文章和作品进行修改时所需要的态度。这些年，我已经感到自己对修改文章没有了这样的冷静和从容，往往是非常草率地浏览几遍，觉得大模样没有问题便草草收笔，而不能比较仔细地对结构、逻辑、方法，以及叙述和语句等进行反复的修改。有时是嫌麻烦，有时则是自认为，一篇文章贵在它的"神"，而个别文字和逻辑等的瑕疵，则无伤大雅。更让我自己感到羞愧的是，近年来甚至出现了这样的事情，有时看到自己已经发表的文章被编辑进行了修改，还满不高兴，认为是影响了自己所谓的风格。

其实，说起耐烦，我也想起了2005年的一件事情。当时我应邀参加中国社会科学院哲学研究所的建所五十周年庆祝活动。会议过程中，许多哲学所的老师和研究人员纷纷回忆哲学所历史上的名人逸事，缅怀哲学所历史上的各种事迹。哲学所研究员、著名哲学家叶秀山先生在发言中，提到了我的博士研究生导师王玖兴先生的治学态度。他说道，当时我的导师王玖兴先生有一个并非贬义的外号"王久磨"，意思是任何的文稿到了王先生那里，总是要拖比较长的时间，甚至是耽误了规定的交稿时间。但是，只要是经过他手的文稿，基本上是不用再修改了，是可以放心的。我自己就经历了一次这样的事情。当时，哲学所由王先生主持翻译卢卡奇的名著《理性的毁灭》，我们几个年轻的研究人员和研究生都参加了翻译工作。由于文字和作者本人风格的缘故，这本书的确是非常的难译。后来，等我们把翻译的初稿都交给王先生以后，就一直没有消息，我们也都十分着急。但是，等到王先生把他修改过的译稿给我们重新誊正时，我发现在当时那种大稿纸的四周，竟然全部是王先生修改的文字，可以说，他几乎是把我翻译的部分全部重新翻译了，而且，经过对比，我真是感到自己的翻译水平实在是太差了。后来，出版社也基本上是按照王先生的译稿出版了。所以，对于叶先生的发言，我是由衷地赞成的。没有想到的是，自叶先生发言以后，几乎所有后来的发言者都提到了王玖兴先生治学的这种态度和严谨的作风，而且也都批评现在的文风过于浮躁，缺乏过去王玖兴先生的作风。这次会议真是让我十分的感动，而且受到了一次非常深刻的教育。与我的老师比较，我也是十分的惭愧。

因此，与沈从文先生的"耐烦"相比，与王玖兴先生的"磨"相比，我真是感到了自己学品的差距。其实，沈从文先生对自己和他人所要求的这种"耐烦"，王玖兴先生的这种"磨"，又岂止是一种文风和做学问的态度，它们更是一种人品和做人的态度。这里，首先反映的是他们做人的一种境界，因为，文章的水平实际上是一个人人生境界的表现。你的境界达到什么程度，你的文章也才能达到这样的境界。人生境界的高低也决定了学术水平和文章水平的高低。其次，这种"耐烦"和"磨"实际上也是一个人品位的体现。因为，做人的品位在很大程度上决定了人的情趣和眼界，它直接影响了研究人员对自己的要求和标准，以及个人的价值追求。品位低的人是做不出高水平的作品的。当然，这样的"耐烦"和"磨"可能会影响与限制作品的数量，因为这样做，是不可能一年出版好几本书，或者是发表几十篇文章的。但是，即使这样，也丝毫不影响沈从文先生和王玖兴先生的学术声誉。坦率地说，在现在的学术圈中，这样的"耐烦"和"磨"实在是太少了；与沈先生和王先生比较，我们实在是太惭愧了。而且，我也在想，为什么我们今天就不能做到这样的"耐烦"和"磨"呢？究竟是什么因素使得我们这一代做学问的人当中有些人丢掉了中国学术传统中的这种精神和态度呢？为什么我们这一代做研究的人就不能有比较高的人生境界和学术品位呢？其实，我们是可以做到的，问题在于一种学术的自律，包括个人的自律和整个学术界的整体自律。而沈从文先生的"耐烦"和王玖兴先生的"磨"，正是这样的一种自律。

谢维和

2007 年夏写于荷清苑

"反求诸己"之不易

——第三版修订后记

孟子曰："爱人不亲，反其仁；治人不治，反其智；礼人不答，反其敬。行有不得者皆反求诸己。"①（《孟子·离娄上》）此话反映了中国传统文化的重要特点，以及中国人道德修养的基本方式，也道出了一种做学问的境界。然而，真正要在现实生活中做到反求诸己，真的不是一件容易的事情。这也是我在本书第三版修订过程中非常切身的一个体会。

中国有这样一句谚语："文章是自己的好。"言下之意是，要想对自己的文章狠下杀手，包括做一些删除、修改、完善与精简，都实属不易。我甚至发现，即使是文章中的错别字或某些笔误，自己也很难发现，往往需要求助于别人。所以，这次对《教育社会学》（原书名为《教育活动的社会学分析》）的修订，是我对此书三次修订中最难的一次，由此也对做学问与写书，特别是修改工作有了一点点深入的体会。我把它概括为作者修改完善自己著述的"三难"。

其一，精简难。

第三版修订的主要工作之一是删减第二版的篇幅，尽可能让书薄一些，包括删除了原书中相当一部分内容，以及某些具有较强时效性的具

---

① 其意为：我爱别人而别人却不亲近我，应反问自己的仁爱之心够不够；我管理别人而未能管理好，应反问自己的管理方法是不是合适；我礼貌待人而得不到回应，要反问自己态度够不够恭敬。任何行为得不到预期效果，都应反躬自问，好好检查自己。

体问题与材料，还有一些案例以及经验性的内容。其中，特别是对某些理论与观点的叙述与说明，尤其是某些论证的部分进行了适当的压缩与精简，等等。实事求是地说，在补充自己的某些新认识与新观点时，笔头是比较顺畅的，往往一气呵成；而在精简与订正过去的某些表述与论证时，则笔头常常迟滞难行，甚至有一种割肉的心痛。其中最难的则是删除那些"不太干净"的叙述与论证部分：唯恐自己没有说清楚，或者担心别人看不懂，于是每一个字都舍不得放弃。其实，有些看法与叙述的确是不确切的，甚至是片面的，有些也是冗余的。原计划是把第二版60多万字的规模压缩15万字，现在看来也只实现了原计划的三分之二。有的学者认为，"人第知落纸淋漓，顷刻数百言为至乐，而不知从事剃剪，顷刻数十行，亦为至乐"①。可我却没有这样的境界，常常感到删改过程本身并没有那么快乐，甚至是一件难事。这的确反映了自身学识修养的阙如。

这种精简难的现象，好像还有点普遍性。就我自己的体会而言，常常是写起文章来动辄洋洋洒洒地数万言，好像不把世界上的词汇用完不罢休；参加某些学术会议或论坛，则往往是滔滔不绝地长篇大论，甚至得意忘形地充耳不闻主持人的提醒。如果说以往的时代人们缺少信息，那么如今整个社会的信息往往是 too much（太多），甚至让人们眼花缭乱，不知所措，以至于在阅读时找不到北，抓不住重点。就我个人的感受而言，写多比写少更容易。真正要写短小的有内容的文章，以尽可能少的篇幅把道理说明白，那才是高水平。能够在浩如烟海、汗牛充栋的知识与信息中进行筛选，在不断更新迭代的知识发展中抓住那些关键的核心观点，这是信息社会中一种十分重要的学术能力，也是高质量论著的重要标志之一。所谓"药灵丸不大，棋妙子无多"（唐代徐仲雅《赠江处士》），说的正是这个道理。对此，毛泽东同志在《反对党八股》一文中把那种冗长的文章比喻为"懒婆娘的裹脚，又长又臭"。我过去在厦门大学读书时，有一位教政治经济学的李老师在这个方面给我留下了非常

① 阿英.夜航集[M].北京：中国文联出版社，2002：53.

深刻的印象。他对期末考试卷中名词解释的答题做了一个规定：一个名词解释不能超过25个字，否则就要扣分。这真是难为了那些不能真正把握名词概念的要义，把名词解释写成一篇小论文，让老师在其中找答案的学生。当然，这也提高与锻炼了我们在学术研究中注重精炼准确的意识与能力。由此，我想说的是，删改与精简自己的文章其实就是一种学术上的反求诸己。

其二，"顺应"难。

第三版对第二版的某些观点与论述进行了比较大的删改，也补充了我自第二版出版以来对相关问题与领域的研究成果，以及对书中某些观点进行了完善，包括提出了某些自认为是创新的观点与理论。同时，对全书各个章节的题目进行了系统的调整，并且采取了一种新的表述风格，更加具体生动地说明教育与社会的关系。在修改与订正的过程中，我也征求了一些朋友的看法，包括编辑在审稿时的意见，其中，大多数朋友的意见是赞许的、认可的，真正提出意见的不多。然而，在这个过程中，我却越来越感到自己在学术思想与观念上已经有些"僵化"了，或者是，真的是有点"老"了。因为，当我听到各种不同的意见时，常常不由自主地会采取一种"同化"的认知模式与思想态度，即总是将这些意见与看法纳入自己头脑中已经形成的思想体系，或者书稿的理论框架中，以自己原有的知识系统与认知结构去解释它们，而不能自觉地采取一种"顺应"的认知模式与思想态度，切实地根据某些有价值的新观点，修改与调整自己的认知结构或理论体系，进而纠正书稿中某些片面的内容与观点。这真的是一件好可怕的事情。

"同化"与"顺应"是著名心理学家皮亚杰的理论观点。他认为，人的认知发展中有两种不同的模式：一种叫作同化，即认知结构不发生改变，将外界刺激直接纳入原有认知结构；或者说，这是个体利用已有图式把新刺激纳入已有知识结构的过程。这种同化是认知结构的一种量变的过程。顺应是当我们不能解释现象时，改变认知结构接受知识，或者是，个体改变已有图式或者形成新图式来适应新刺激的过程。这种顺应是认知结构的一种质变的过程。简言之，同化是客体对主体的适应，顺应是主体对客体的适应。相比较而言，顺应往往代表着一种不断的进步与成长，而同化则更多地反映了一种停滞，至少是一种迟缓。一般而言，在儿童与青少年的认知发展过程中，由于学习的需要，顺应常常是一种主要的认知模式。而随着年龄的增大以及经验的积累和思想的成熟，个体的认知模式常常会发生从顺应向同化的转变。而老年人认知模式的特点之一就是这种同化。而在这次修订中，我便表现出十分强烈的"同化"取向。其实，岂止是这次书稿的修订，自己平时与同行交流以及与学生讨论问题时，这样一种"同化"的取向已经表现得非常充分与明显了。这难道不正反映自己的学术生命已经呈现出一种"老态"了吗？！需要警醒啊！

其实，我过去不是这样的，在与同事同人，包括学生交流时，都能够虚心地接受他们的想法与意见，修改与完善自己的观点。可现在怎么会这样呢？在反思中我越来越发现，这种"顺应"的认知模式是随着自身的社会与学术地位的提高而逐渐让位于"同化"的认知模式了。于是，在很多场合中，包括遇到某些新的现象与理论时，总是无意识地运用自己已经形成的认知框架去解释与说明；如果发现某些新的提法与观点，则不经思虑地将它们纳入现成的理论体系。或者如同拉卡托斯在《科学研究纲领方法论》中所说的那样，在不改变自己理论的硬核的前提下，通过对理论的保护带的调整与修改，去面对和接受那些不能被自身理论解释的现象与观点。当然，对自身理论与思想观点的自信是必要的，但一旦陷入习惯性的"同化"的认知模式，对学术发展则是非常有害的，甚至会出现"皇帝的新衣"一般的笑谈。

时代的发展日新月异，学术的变化推陈出新。我非常希望自己在学术研究中能够"年轻"一点，少一点同化取向的认知模式，多一点顺应取向的认知模式。

其三，平和难。

第三版修订中十分重要的一个初衷，是尽可能将原书中某些比较抽象、晦涩的话语与言辞进行修改，尽可能地通俗一些。虽然还难以做到所谓的"大俗大雅"，但力求写得平和一点。实事求是地说，由于我自己的学科背景是哲学，所以在论述与说明过程中，总是非常习惯于思辨的分析，并且在叙述中常常比较理论化。本书第一版的读者曾经跟我反映，书比较难读，有些地方也看不懂，还有些地方好像没有说透彻，等等。对此，我有时还在心里想，现实社会与教育本身就是如此的复杂，甚至也存在许多看不懂的地方，反映现实社会与教育的研究成果怎么可能太简单呢？！实际上，这恰恰反映了自己对现实社会与教育的认识不够透彻，还不能达到一种简约与通透的程度。

其实，从读者的角度来说，他们还是喜欢看朴实平和的文章。从文字的风格看，朴实指的是语言朴实无华，通俗易懂，不追求某种气势磅礴的大话，没有什么晦涩艰深的词汇，也不见某些标新立异的字眼，更不用某些故弄玄虚和似是而非的概念；而平和指的是叙述心平气和，循循善诱，没有某些激动人心的排比，或者那种咄咄逼人的质疑，没有什么居高临下的说教，或者是辛辣刺激的嘲讽，也看不到哗众取宠的煽情。这样的语言和叙述读起来爽口悦心，容易入眼入脑。这也是我在这次修订中对自己的要求之一。

朴实平和的教育文章一定是比较好看的，它能够让人们喜欢读、容易懂，看起来不紧张，而且能够很愉悦。可以说，这是教育研究的基本功之一，也是教育研究的一种专业要求。如果说文学作品追求更多的是峰回路转、起伏跌宕的情节与"噱头"，哲学论文讲究更多的是鞭辟入里、反复诘难的思辨与沉思，自然科学论文追求更多的是严谨缜密、重复验证的实验与数据，那么，教育研究的文章则一定要有教育性。这种教育性在文字上的表现与特征之一则是朴实平和，甚至可以是"大白话"，是有乡土与生活气息的话语，由此形成非常有效的可接受性。

德国思想家哈贝马斯在谈到社会交往中语言的有效性时，第一条原则就是真实性。这种真实性不仅说的是语言内容的客观性与实事求是，而且强调能够得到交往双方彼此之间的理解与领会。不能被语言交流的双方所理解的语言，又何从谈得上真实呢？缺乏彼此之间对语义的共同理解，则没有语言交往的效果。哈贝马斯所提出的真诚性原则，更是进一步突出了语言的感染力，将语言交往中相互之间的可接受性作为语言交流有效性的重要条件。这些都体现了写文章的基本规范：语言文字与叙述的朴实平和，由此才能产生最有效的交流。教育研究的文章想要达到有效的教育意义，就应该特别重视这种真实性和真诚性的原则。无论教育领域的政策制定者还是教育实践工作者，都非常需要和喜欢这种朴实平和的学术文章。

朴实的语言与平和的叙述，并不意味着教育研究的学术文章没有水平。恰恰相反，真正有质量、有深度，能够产生广泛影响力的高水平的教育学术文章，常常是非常朴实平和的。进一步来说，朴实平和其实是优秀和高水平学术文章的重要标准之一。因为，能够用某种朴实平和的语言写出有思想的理论文章，能够用简单明了的文字表达深刻的道理与观点，能够明明白白地写出人们心里朦朦胧胧但无以言表的想法，以及将教育实践工作者丰富的实践感受与直接经验相结合，提炼与概括成通俗易懂的理论，直观地反映了学者和教育研究工作者的学术水平。正如中国传统上所认为的那样，"唯得道之深者，然后能浅言"。这样的文章不仅从现实走进了理论，而且从理论中走出来，回到了现实，达到了一种学术与实践的融合，是一种具有实践价值的理论；不仅从具体上升到了抽象，而且又从抽象回到了具体，达到了一种具体的抽象，一种包含了特殊性的普遍性。同时，我在修订中越来越发现，如果自己没有能够全面地理解和领会教育的某些问题，由此写出来的文字语句往往也会让读者一头雾水。

著名思想家布伯曾经非常通俗地表达了他关于人与人对话的理论。他认为，真正合理的人与人的对话，就是一种"我与你"的对话，而不是"我与它"的对话。前者将对话者看作一个人、一个与自己同样的主体，而后者则是把对话者看成一个物、一个单纯的客体。这种"我与你"的对话则是一种朴实平和、能够彼此共情的语言交流，一种相互尊重和惺惺相惜的平等叙述。布伯的理论是非常深邃的，可他的语言和叙述却是十分的朴实与平和。所以，能否写出朴实平和的好文章，关键还在于研究要到位，学问要到家。其实，国内外许多非常有名的教育家和学术大师，如陶行知、叶圣陶、晏阳初、丰子恺，以及杜威、苏霍姆林斯基、蒙台梭利等人，他们的文章都是非常朴实平和的。

当然，在第三版的修订中，尽管自己一直在向这个方向努力，但还没有能够达到这种平和的程度。说到底，这里最主要的原因仍然是自己的学术修养不够，对教育的认识与理解有差距，对实践的体验与提炼没有达到从抽象回到具体，进而实现一种包含抽象的具体的话语水平。更重要的是，朴实平和的写作风格与作者长期扎实的学术训练息息相关，也与在教育实践领域的工作经历密不可分。正所谓文如其人，我想，做教育研究的人，首先应该是朴实与平和的人，能够看懂教育的实际，体会教育的内涵，了解教育领域的人们在做什么、想什么、烦什么、苦什么、难什么、要什么……，能够彼此尊重和相互学习。这样，才能够写出朴实平和的文章来。

第三版的修订对我而言是一个重新认识与学习的过程，是一个不断反求诸己的过程。我越来越感到，对于从事教育学术写作的人来说，反求诸己是非常重要的，这是一种学者的自我革命，是提升自身学识修养的重要途径，需要坚韧与毅力。

谢维和

2022 壬寅年冬月于清华园荷清苑

出 版 人　郑豪杰
责任编辑　方檀香　薛　莉
版式设计　京久科创　郝晓红
责任校对　张晓雯
责任印制　叶小峰

图书在版编目（CIP）数据

教育社会学／谢维和，文雯著 . —3 版 . —北京：
教育科学出版社，2023.6（2023.9 重印）
　ISBN 978-7-5191-3487-7

　Ⅰ . ①教… 　Ⅱ . ①谢… 　②文… 　Ⅲ . ①教育社会学
Ⅳ . ① G40-052

　中国国家版本馆 CIP 数据核字（2023）第 088669 号

教育社会学
JIAOYU SHEHUI XUE

出 版 发 行	教育科学出版社		
社　　　址	北京・朝阳区安慧北里安园甲9号	邮　　编	100101
总编室电话	010-64981290	编辑部电话	010-64981252
出版部电话	010-64989487	市场部电话	010-64989009
传　　　真	010-64891796	网　　址	http://www.esph.com.cn
经　　　销	各地新华书店		
制　　　作	北京京久科创文化有限公司	版　　次	2000年4月第1版
印　　　刷	唐山玺诚印务有限公司		2007年11月第2版
开　　　本	720毫米×1020毫米　1/16		2023年6月第3版
印　　　张	42.25	印　　次	2023年9月第2次印刷
字　　　数	569千	定　　价	128.00元